Monika Schwarz-Friesel und Jehuda Reinharz
Die Sprache der Judenfeindschaft im 21. Jahrhundert

Europäisch-jüdische Studien
Beiträge

—

Herausgegeben vom Moses Mendelssohn Zentrum
für europäisch-jüdische Studien, Potsdam,
in Kooperation mit dem Zentrum Jüdische Studien
Berlin-Brandenburg

Redaktion: Werner Treß

Band 7

Monika Schwarz-Friesel und Jehuda Reinharz

Die Sprache der Judenfeindschaft im 21. Jahrhundert

DE GRUYTER

ISBN 978-3-11-055398-7
e-ISBN 978-3-11-027772-2
ISSN 2192-9602

Library of Congress Cataloging-in-Publication Data
A CIP catalog record for this book has been applied for at the Library of Congress.

Bibliografische Information der Deutschen Nationalbibliothek
Die Deutsche Nationalbibliothek verzeichnet diese Publikation in der Deutschen Nationalbibliografie; detaillierte bibliografische Daten sind im Internet über http://dnb.dnb.de abrufbar.

© 2017 Walter de Gruyter GmbH, Berlin/Boston
Dieser Band ist text- und seitenidentisch mit der 2013 erschienenen gebundenen Ausgabe.
Satz: Michael Peschke, Berlin
Druck und Bindung: Hubert & Co. GmbH & Co. KG, Göttingen

♾ Gedruckt auf säurefreiem Papier
Printed in Germany

www.degruyter.com

Vorwort

Dies ist eine wissenschaftliche Abhandlung zum Thema aktuelle Judenfeindschaft in Deutschland im Medium der Sprache. Bei diesem Thema muss man heute die Frage antizipieren: „Noch ein Buch zu Antisemitismus?" In den letzten Jahren sind in der Tat sehr viele Abhandlungen dazu publiziert worden; aber unser Buch ist anders: Zum einen aufgrund des Datenmaterials, das unsere empirische Basis ist. Uns ist keine andere Analyse bekannt, die auf einem quantitativ so umfangreichen und qualitativ so authentischen sowie für den antisemitischen Diskurs repräsentativen Korpus basiert. Zum anderen durch die Fokussierung auf die herausragende Relevanz der sprachlichen Vermittlung von Judenfeindschaft und der Wechselwirkung von kognitiven Stereotypen sowie emotionalen Einstellungen, die durch die verbal-antisemitischen Äußerungen transparent werden. Die Spezifika der sprachlich kodierten Antisemitismen finden in den anderen Werken der Antisemitismusforschung generell nicht die Beachtung, die sie verdienen. Schließlich ist auch die Interdisziplinarität unseres Ansatzes zu betonen, da wir historische Reflexion mit sprach- und kognitionswissenschaftlichen Textanalysen verbinden.

Als wir vor sieben Jahren anfingen, die Tausenden von E-Mails, Briefen, Postkarten und Faxe, die an den Zentralrat der Juden in Deutschland und die Israelische Botschaft in Berlin aus allen Regionen Deutschlands und von den verschiedensten Personen geschickt wurden, zu sammeln, zu klassifizieren und zu analysieren, wussten wir nicht, was uns erwartete. Wir haben in den vergangenen Jahren über die sprachlichen Manifestationen in die kognitiv und emotional geprägten Konzeptualisierungen von antisemitisch eingestellten Menschen geblickt. Wir haben tausendfach verbalisiert irrealen Hass und obsessive Wut gegenüber Juden gesehen, gekoppelt an uralte Stereotype, die nach der Holocausterfahrung aufgedeckt und beseitigt zu sein schienen. Eine Form der Ablehnung, Feindschaft und Abwehrhaltung wurde transparent, die nach den Jahrzehnten der Erinnerungs- und Aufklärungsarbeit in diesem Ausmaß nicht mehr möglich zu sein schien. So bedrückend die Rezeption der vulgär-antisemitischen Gewalt-Schreiben der Extremisten auch war, viel belastender war für alle an den Textanalysen Beteiligten das Lesen der Schreiben judenfeindlicher Verfasser aus der Mitte der Gesellschaft. Es waren Wissenschaftler, Rechtsanwälte, Ärzte, Bankangestellte, Pfarrer und Studierende, die Äußerungen kommunizierten, aus denen das uralte judeophobe Ressentiment sprach, ungebrochen durch die Erfahrung Auschwitz, trotz Bildung und Reflexion über die Sprache artikuliert, Botschaften der Intoleranz und Verblendung. Hinzu kam, dass in Gesprächen mit Kolleg(inn)en oft ungläubiges Staunen und Kopfschütteln die Reaktion auf die von uns angesprochenen Befunde war, zum Teil zusammen mit dem etwas hilflosen Versuch, die Ergebnisse zu relativieren oder erklärbar zu machen durch den Hinweis, es könne sich doch bei diesen Schreibern nur um „Ewiggestrige", „Gestörte", „nicht repräsentative Randfiguren" handeln. Wir erlebten also, wie schwer es für die meisten Menschen ist, zu akzeptieren, dass der Holocaust und seine intensive Aufarbeitung nicht bei allen Deutschen eine grundlegende mentale Zäsur in Bezug auf Judenfeindschaft gebracht hatte.

Doch unsere Daten (zusammen mit den Analysen zu Äußerungen im öffentlichen Kommunikationsraum sowie zu Tausenden von Internet-Kommentaren in sozialen Netzwerken und Chat-Foren) zeigen, dass es sich bei den von uns beschriebenen Verbal-Antisemitismen keinesfalls um marginale Sonderformen handelt, sondern um weitgehend habitualisierte Manifestationsmuster. Judenfeindschaft war und ist nie nur an den Rändern der Gesellschaft anzutreffen, und sie war und ist nie ausschließlich als ein Phänomen der Psychopathologie zu klassifizieren. Judenfeindschaft ist auch mitten in der Gesellschaft verankert und auch unter klugen, sehr gebildeten und gefühlvollen Menschen zu beobachten. Seit vielen Jahrhunderten sind judeophobe Verbalmanifestationen Teil des kommunikativen und kulturellen Gedächtnisses. Die von uns analysierten Sprachgebrauchsmuster werden weithin in der Gesellschaft benutzt – teils bewusst, teils unbewusst – und unreflektiert (re)produziert, und sie tradieren judenfeindliches Gedankengut im gesamtgesellschaftlichen Kommunikationsraum. Sprachliche Äußerungen, die anti-jüdische Stereotype vermitteln, haben das Potenzial, Bewusstseinsinhalte, Einstellungen und Gefühle maßgeblich zu prägen, ohne dass dies unbedingt bewusst wird. Sprache ist somit ein gefährliches Manipulationsinstrument. Habitualisierte Sprachgebrauchsmuster können gewaltigen Einfluss auf individuelle und kollektive Denk- und Bewertungsprozesse haben.

Dieses Buch zeigt einerseits die vielen Varianten verbaler Judenfeindschaft auf, die in Bezug auf ihre Semantik erstaunlich homogen sind, andererseits ist es ein Plädoyer dafür, das Macht- und Gewaltpotenzial von Sprache kritischer zu reflektieren, denn seit Jahrhunderten tragen judenfeindliche Äußerungen das Ressentiment gegen Juden von Generation zu Generation weiter.

Wir danken allen Mitarbeitern, die trotz der enormen emotionalen Belastung die Herausforderung angenommen haben und voller Engagement mit uns zusammen die Texte über Jahre hinweg klassifiziert und analysiert haben. Wenngleich wir alle angesichts der erschütternden Zuschriften oft an die Grenzen unserer professionellen Wissenschaftlerperspektive stießen, half uns die Überzeugung, dass es notwendig sei, die Arbeit weiterzuführen und die Ergebnisse der Öffentlichkeit zugänglich zu machen.

Dank gebührt Robert Beyer, der über drei Jahre lang engagiert als wissenschaftlicher Mitarbeiter im Projekt „Konzeptualisierungs- und Verbalisierungsformen des aktuellen Antisemitismus in Deutschland" Tausende von Schreiben katalogisiert und klassifiziert hat. Danken möchten wir auch den Projektgruppenmitgliedern Dirk Hertrampf, Judith Malicke, Eva Leuschner, John Reichel, Franziska Schmidtke und Patrick Schneider. In der Schlussphase haben Matthias Becker, Konstanze Marx, Gerrit Kotzur, Jan-Henning Kromminga, Jonas Nölle, Stephan Peters und Sabine Reichelt geholfen, das Manuskript von Tippfehlern zu befreien. Marie-Luise und Wolfgang Höbelt waren geduldige Testleser, die wertvolle Anmerkungen zur Textverständlichkeit des Manuskripts gaben. Von Joseph Shatzmiller und Moshe David Herr erhielten wir in anregenden Gesprächen in Jerusalem wertvolle Hinweise zur historischen Judenfeindschaft. Wir danken Laura Sturm und Matthias Becker für die Übersetzung der spanischen E-Mails und Annick Trellu für die der französischen Texte ins Deutsche. Helge Skirl hat alle Kapitel gründlich gelesen und kommentiert sowie eine hervorragende Redaktionsarbeit geleistet.

Wir danken dem Zentralrat der Juden in Deutschland sowie der Israelischen Botschaft in Berlin, hier vor allen anderen Janine Khoschlessan, für die Bereitstellung und Übermittlung der Schreiben. Dem Botschaftspersonal in Wien, Bern, Den Haag, Madrid, Brüssel, London, Dublin und Stockholm und dem Forum gegen Antisemitismus in Wien gilt ebenfalls unser Dank. Dem Tauber Institute der Brandeis University danken wir für die jahrelange Unterstützung und Kooperation.

Wir danken dem de Gruyter Verlag, vor allem Julia Brauch und Alice Keller, für die konstruktive und angenehme Zusammenarbeit.

Vor allen anderen aber gilt unser tiefer Dank Evyatar (Sigi) Friesel, und zwar nicht nur für seine hilfreichen und stets kritischen Kommentare zu jedem Buchkapitel, sondern vor allem für seine Liebe und Freundschaft sowie sein unerschütterliches Vertrauen in unsere Arbeit und seinen Glauben an die Relevanz dieser Analysen. Ihm ist dieses Buch gewidmet.

Monika Schwarz-Friesel, Jehuda Reinharz

Inhalt

Vorwort —— V

1   **Einführung: Zum Anliegen des Buches** —— 1

2   **Das Kernkorpus: Briefe an den Zentralrat der Juden in Deutschland und die Israelische Botschaft in Berlin, 2002 bis 2012** —— 7
2.1   Zur Relevanz von Korpusanalysen und der Notwendigkeit einer Methodenerweiterung in der Antisemitismusforschung —— 7
2.2   Spezifika des Korpus —— 13

3   **Judenfeindschaft und Sprache: Verbale Macht- und Gewaltausübung** —— 33
3.1   Sprache als geistiges System und kommunikatives Handlungsinstrument —— 33
3.2   Macht der Sprache als Gewalt durch Sprache —— 39
3.3   Zur Rekonstruktion von antisemitischen Konzeptualisierungen: Sprachliche Äußerungen als Spuren kultureller, kognitiver und emotionaler Prozesse —— 44
3.4   Konzeptueller und verbaler Antisemitismus —— 47

4   **Judenfeindliche Stereotype und ihre historische Verankerung** —— 58
4.1   Zur Genese des Ressentiments: Warum die Juden? —— 58
4.2   Erhalt und Resistenz judenfeindlicher Stereotype in der Moderne —— 72
4.3   Antisemitismus als Staatsdoktrin: Die Endlösung als letzte Konsequenz des Judenhasses —— 85
4.4   Judenfeindschaft nach 1945: Marginalisierung des Zivilisationsbruchs und Empathieverweigerung —— 91
4.5   Aktuelle Judenfeindschaft: Zur Diskussion um den „neuen" Antisemitismus im 21. Jahrhundert —— 98

5   **Aktuelle Stereotyp-Verbalisierungen** —— 106
5.1   Stereotype, mentale Modelle, Vorurteile, Klischees und Floskeln: Terminologische Klärungen und konzeptuelle Erklärungen —— 106
5.2   Aktuelle Stereotype und ihre verbalen Manifestationen —— 115

6		**Das Echo der Vergangenheit: *„Der freche Jude hetzt wieder gegen Deutsche!"* —— 174**
6.1		Versatzstücke der NS-Sprache im judenfeindlichen Gegenwartsdiskurs —— 174
6.2		Lexemanalysen zu *Frechheit/frech* und *hetzen/Hetze* —— 186
7		**Anti-Israelismus als moderne Formvariante des Verbal-Antisemitismus: Die moderne Konzeptualisierung des kollektiven Juden —— 194**
7.1		Israel-Kritik versus Anti-Israelismus: Zwei verschiedene Sprachhandlungen —— 194
7.1.1		Zur Problematik —— 194
7.1.2		Israel-Kritik als kommunikative Handlung —— 199
7.1.3		Anti-Israelismus als „Ismus" und verbale Gewalt —— 203
7.2		Kennzeichen des antisemitischen Anti-Israelismus —— 209
7.2.1		De-Realisierung: Falschaussagen, Ausblendungen, Verzerrungen, Monoperspektivierungen —— 209
7.2.2		Mittel der Dämonisierung: *„israel ist der teufel"* —— 222
7.2.3		Fokussierung, unikaler Bewertungsmaßstab und Delegitimierung —— 233
7.3		*„Wie ich gerade in meiner Tageszeitung las ..."* Intertextuelle Verweise und verbale Konvergenzen: Zum Wirkungspotenzial monoperspektivischer Nahostkonfliktberichterstattung —— 243
8		**Europa im Vergleich: Ergebnisse einer kontrastiven Korpusanalyse —— 251**
9		**Die emotionale Basis von moderner Judenfeindschaft —— 264**
9.1		Zur Relevanz von Emotionen bei der Analyse von Antisemitismus —— 264
9.2		Das Emotionspotenzial antisemitischer Texte: Emotionsausdruck und Gefühlsbezeichnungen —— 267
9.3		Die obsessive Dimension —— 277
9.3.1		Grausamkeit und Gefühlskälte —— 277
9.3.2		Überdrussmentalität und Empathieverweigerung —— 280
9.4		Wider die Vernunft: Zur Dominanz der irrationalen Dimension in antisemitischen Texten —— 283
9.4.1		Trugschlüsse und selbsterfüllende Prophezeiungen —— 283
9.4.2		Widersprüche und Paradoxien: Aussagen in Kollision —— 291
9.5		Hass ohne reales Referenzobjekt: *Jude als Abstraktum* —— 295

10	**Handlungen der verbalen Gewalt** —— **299**
10.1	Beschimpfen/Beleidigen, Drohen, Verwünschen —— 300
10.2	Judenfeindschaft als Missionarsdrang: Moralappelle und Ratschläge —— 323
10.3	Lösungsvorschläge für das „Judenproblem": „*Endgültig ausrotten!*" und „*Den Staat Israel auflösen*" —— 335

11	**Textstrategien und Argumentationsmuster** —— **346**
11.1	Kommunikative Strategien und argumentative Elaboration —— 346
11.2	Legitimierungsstrategien und offensive Selbsterhöhung: „*Ich bin durch und durch Humanist!*" —— 351
11.3	Vermeidungsstrategien und defensive Selbstverteidigung: „*Ich bin kein Antisemit!*" —— 357
11.4	Rechtfertigungsstrategien: „*Sie provozieren das!*" —— 369
11.5	Relativierungsstrategien: „*Wir schreiben das Jahr 2007*" —— 383
11.6	Abgrenzungsstrategien: „*Sie sind eine Truppe*" —— 391

Anhang: Ausgewählte vollständige Texte —— 399

Literaturverzeichnis —— **414**
Quellen —— 414
Forschungsliteratur —— 416

Register —— **436**

1 Einführung: Zum Anliegen des Buches

Judenfeindschaft zeigt sich seit vielen Jahrhunderten nicht nur in physischer Gewalt und sozialer Diskriminierung, sondern auch in zahlreichen sprachlichen Äußerungen, die Juden stigmatisieren und diffamieren. Verbaler Antisemitismus manifestiert sich als Gewalt durch Sprache, Gewalt in Form von diskriminierenden, beleidigenden und realitätsverzerrenden Sprachhandlungen gegenüber Juden. Mittels Sprache werden Feindbilder konstruiert bzw. aufrechterhalten, spezifische Negativbilder von Juden vermittelt, uralte tradierte Stereotype weitergegeben. Die Sprache spielt bei der Aufrechterhaltung und der Vermittlung antisemitischer Ressentiments eine besondere Rolle: Sprachliche Äußerungen aktivieren bzw. konstruieren spezifische Konzeptualisierungen von Juden als fremde, seltsame und schlechte Wesen und evozieren negative Gefühle. Historisch tradiertes Wissen wird in kollektiv verankerten Konzepten mittels sprachlicher Formen erhalten, und über den Sprachgebrauch werden judeophobe Vorstellungen zum Teil über viele Jahrhunderte hinweg transportiert. Juden werden als *Unmenschen, Teufel* und *Unholde* bezeichnet und somit dämonisiert; sie werden als *geldgierige Wucherer, hinterhältige Verschwörer* und *rachsüchtige Nutznießer* charakterisiert und dadurch moralisch diskreditiert; sie werden *fremd, arrogant, halsstarrig* sowie *anders* genannt und auf diese Weise als Minderheit negativ diskriminiert; das Judentum wird assoziiert mit Attributen wie *atavistisch, brutal, seltsam, den wahren Glauben negierend* und damit als Religion delegitimiert. Wiederholte Diskurserfahrungen mit klischeebelasteten Äußerungen und Floskeln führen zur Konstruktion teils bewusster, teils unbewusster mentaler Repräsentationen, die sich zu permanenten Einstellungen, Glaubenssystemen und sogar kompletten Weltbildern verdichten können. Vielfach fehlt jedoch das Bewusstsein für diese über Generationen hinweg bestehenden Sprachgebrauchsmuster und ihr Wirkungspotenzial hinsichtlich Ausgrenzung und Entwertung. Dabei sind negative Einstellungen und Feindbildkonstruktionen gegenüber Juden (weder in der Vergangenheit noch in der Gegenwart) keineswegs nur an den Rändern der Gesellschaft zu finden, sondern auch in der (politisch nicht radikalen, ökonomisch gut situierten und gebildeten) Mitte.[1] Oft wird in diesem Zusammenhang missachtet oder verkannt, wie gefährlich die Verwendung sprachlicher Mittel und Strukturen sein kann, zumal wenn diese alte Muster der Judenfeindschaft zum Ausdruck bringen und unreflektiert reproduziert werden.

---

[1] In der Antisemitismusforschung beobachtet man schon seit Jahren, dass sich „die Zone der Akzeptanz von antisemitischen Vorurteilen in den letzten Jahren gewandelt oder vergrößert hat" (Rensmann/Schoeps 2008: 19). S. hierzu auch Schwarz-Friesel et al. (2010) und Schwarz-Friesel (2010a). Vgl. hierzu auch BMI (2011: 68).

Es ist daher ein wichtiges Anliegen dieses Buches, die Macht und die Gewalt aufzuzeigen, die von Sprache bzw. ihrer spezifischen Verwendung ausgehen kann. Wir werden anhand umfangreicher empirischer Quellen zeigen, dass sich im aktuellen Sprachgebrauch trotz aller Aufklärungsarbeit nach dem Holocaust die gesamte Palette tradierter judenfeindlicher Stereotype und emotionaler Ressentiments abzeichnet und dass antisemitisches Gedankengut nicht nur von Rechts- und Linksextremisten artikuliert wird. Auch gebildete Menschen produzieren teils intentional, teils nicht-intentional Äußerungen mit judenfeindlichen Inhalten. Dabei sind unterschiedliche Typen von Verbal-Antisemitismen zu unterscheiden: Kommunikativ kann Judeophobie explizit, also manifest und offensichtlich, oder implizit, also indirekt und über Schlussfolgerungen und Kontextwissen erkennbar, ausgedrückt werden. Die spezifischen Charakteristika der aktuellen judenfeindlichen Sprachverwendung[2] sind bislang nur unzureichend analysiert und beschrieben worden.[3] Insbesondere die (zunehmend im öffentlichen Diskurs zu hörenden/lesenden) impliziten Formen des Verbal-Antisemitismus, die über Implikaturen kontextuell erschließbar sind, gehören zu den noch nicht hinreichend bekannten und erforschten Phänomenen: Das Wort *Jude(n)* muss keineswegs in einer Äußerung vorkommen, um diese als antisemitisch klassifizieren zu können. Es gibt viele verschiedene Möglichkeiten, über Anspielungen, bestimmte Paraphrasen oder die Verknüpfung spezifischer Argumente judenfeindliche Inhalte auszudrücken.

Das Buch behandelt die verschiedenen Verbalmanifestationen der aktuellen Judenfeindschaft und die ihnen zugrundeliegenden geistigen Vorstellungen zu Juden/Judentum sowohl aus (diskurs)historischer als auch aus sprach- und kognitionswissenschaftlicher Perspektive.

Eine Analyse der lexikalischen, semantischen, syntaktischen und argumentativ-konzeptuellen Besonderheiten des antisemitischen Sprachgebrauchs ist also nicht nur eine notwendige Voraussetzung für ein besseres Verständnis der in ihm zum Ausdruck kommenden Stereotype und emotional geprägten Vorurteile, sondern auch allgemein für ein umfassendes Verständnis des kulturell, sozial, kognitiv und emotional geprägten Phänomens der Judenfeindschaft.[4]

---

2 Die letzten detaillierten linguistischen Untersuchungen zum verbalen Nachkriegsantisemitismus auf empirischer Basis liegen zwanzig Jahre zurück (s. Wodak 1990 und Wodak et al. 1990, die Analysen zum Sprachgebrauch in Österreich vorgenommen hatten).
3 So stellt auch die Expertenkommission des Bundestages fest (BMI 2011: 72): „Während vergleichbare Phänomene antisemitischer Stereotypenbildung und der Verankerung antisemitischer Codes für vergangene Epochen relativ gut untersucht sind, besteht für die Alltagskultur der jüngsten Zeit, gerade unter dem Gesichtspunkt des 'modernisierten Antisemitismus', noch erheblicher Forschungsbedarf."
4 Vgl. BMI (2011: 179): „Angesichts der relativ weiten Verbreitung antisemitischer

Angesichts der immer wieder aufflammenden, zum Teil heftig und stark emotional geführten Debatten in der deutschen Gesellschaft, ob eine mündliche oder schriftliche Äußerung überhaupt als antisemitisch einzustufen sei, ist es zudem auch gesellschaftlich von großer Relevanz, Klarheit zu schaffen und eindeutige Klassifikationskriterien für die Beantwortung dieser Frage vorzulegen. Neben der Beschreibung der Charakteristika der aktuellen Judenfeindschaft als Verbal-Antisemitismus ist es daher auch ein Ziel des Buches, textwissenschaftliche Klassifikationsindikatoren hinsichtlich der Frage[5] „Wann ist eine sprachliche Äußerung antisemitisch?" vorzulegen.

Empirische Basis unserer Untersuchung ist eine umfangreiche Korpusanalyse, die vor allem qualitativ[6] ausgerichtet ist, wenngleich auch einige quantitative Erhebungen Berücksichtigung finden, sofern sie helfen, das Phänomen der modernen Manifestationen des verbalen Antisemitismus besser zu veranschaulichen. Der Studie liegt die Analyse von über 14.000 E-Mails und Briefen an den Zentralrat der Juden (aus den Jahren 2002 bis 2009) und an die Israelische Botschaft in Deutschland (aus den Jahren 2004 bis 2012) zugrunde, die Einblick in die Einstellungen, Gedanken und Gefühle der Schreiber geben und damit die modernen Formen der Judenfeindschaft[7] im 21. Jahrhundert transparent machen. Ergänzt wird diese Korpusanalyse der E-Mails, Faxe und Briefe durch die Untersu-

---

Einstellungen in der Bevölkerung und der Präsenz von Judenfeindschaft im Alltag stellt sich [...] die bisher vollkommen unbeantwortete Frage, wie antisemitische Stereotype, Vorurteile und Einstellungen in unserer Gesellschaft tradiert werden. Von der Beantwortung dieser Frage hängt insbesondere die Entwicklung wirksamer Gegenstrategien ab."

[5] Angesichts der immer wieder aufs Neue geführten, die Wissenschaft zumeist völlig ignorierenden Debatten (s. zuletzt die intensive Debatte um den israel-feindlichen Text von Günter Grass) sowie der zahlreichen Beleidigungsklagen und Gerichtsprozesse, ist es von nicht unerheblicher Relevanz, wenn die Wissenschaft klar Auskunft darüber geben kann, wann eine Äußerung als antisemitisch einzustufen ist. Zurzeit wird bei nahezu jedem „sprachlichen Delikt" nach einer Ausrede oder Umdeutung gesucht, gerieren sich die Sprachproduzenten oft als Opfer einer angeblichen „Antisemitismus-Keule". Eine gesellschaftlich auf breiter Basis bekannte, wissenschaftliche Klassifikation von Verbal-Antisemitismus könnte hier also hilfreich sein.

[6] Korpusanalysen sind mittlerweile in den Sprach- und Kognitionswissenschaften die wichtigste Methodik zur systematischen und repräsentativen Erfassung sprachlicher und kognitiver Phänomene. Eine qualitative Korpusanalyse konzentriert sich auf die Ermittlung, Klassifizierung und Interpretation sprachlicher Phänomene. Eine quantitative Analyse hingegen richtet sich auf die Eruierung von Frequenzen bestimmter Phänomene (vgl. hierzu auch Scherer 2006: 36 f., Bubenhofer 2009). Nur qualitative Korpusanalysen können also die inhaltlichen Grundlagen aktueller Judenfeindschaft erfassen.

[7] Die Mehrzahl der Schreiben ist als judenfeindlich einzustufen, wenngleich es auch eine Reihe von Zuschriften gibt, die entweder philosemitisch oder einfach solidarisch-unterstützend sind (s. hierzu die Angaben in Kap. 2.2).

chung repräsentativer Sprachgebrauchsbeispiele aus dem öffentlichen, massenmedialen Diskurs (z. B. anhand der Textsorten Leserbriefe, Zeitungsartikel, Plakattexte, Blogeinträge). Diese stichprobenartig erhobenen Daten belegen, dass die Stereotype und Argumentationsmuster keineswegs auf die Textsorte E-Mail/Brief beschränkt, sondern typisch für weite Teile der öffentlichen Kommunikation sind. Somit können wir anhand einer repräsentativen Studie[8] zeigen, wie sich Judenfeindschaft im aktuellen Sprachgebrauch manifestiert, und erörtern, inwiefern sich die Interaktion von kognitiver Kategorisierung und emotionaler Bewertung auf den verschiedenen Strukturebenen dieser Muster zeigt. Damit erfassen wir nicht nur die verbalen Charakteristika des antisemitischen Sprachgebrauchs, sondern auch die zugrundeliegenden konzeptuellen Einstellungen. Sie transparent zu machen, ist besonders wichtig, da nur über ihre Erfassung erklärt werden kann, was Judenfeindschaft als mentales und affektives Phänomen auszeichnet. Die moderne Antisemitismusforschung muss zukünftig diesem Anspruch stärker gerecht werden und vermehrt qualitative Diskursanalysen durchführen.

Die Fragen, die sich vorrangig bei der textwissenschaftlichen Analyse der Korpusdaten stellen, beziehen sich auf die verbalen Charakteristika des antisemitischen Sprachgebrauchs sowie die ihnen zugrundeliegenden geistigen Kategorisierungs- und Bewertungsstrukturen: Welche (tradierten) anti-jüdischen Stereotype spiegeln sich in den aktuellen Texten explizit und/oder implizit wider und in welchen (neuen) Konzeptkombinationen treten sie auf? Welche emotionalen Einstellungen liegen der Verbalisierung judenfeindlicher Gesinnungen zugrunde? Mittels welcher argumentativen Strategien werden antisemitische Inhalte artikuliert und gerechtfertigt? Welche Mittel und Strukturen in Texten sind es, die judenfeindliche Inhalte darstellen und ausdrücken? Welche dieser Ausdrucksformen vermitteln per se, also allein über die Semantik, kontextfrei Antisemitismus, welche dagegen ergeben erst im Kontext und kulturanalytisch betrachtet eine judenfeindliche Lesart?

Bei allen Analysen gehen wir von der Grundannahme aus, dass sprachliche Äußerungen Spuren der kognitiven und emotionalen Aktivität derjenigen sind, die sie produziert haben. Die Texte geben entsprechend Aufschluss über die Denkstrukturen, Einstellungen und Gefühle ihrer Verfasser. Dem Buch liegt insgesamt ein interdisziplinärer Untersuchungsansatz zugrunde: Wir verbinden geschichtswissenschaftliche Reflexion und sprachwissenschaftliche Text-

---

8 Das Kriterium der Repräsentativität bezieht sich hier auf das themenspezifische Korpus und damit auf den antisemitischen Sprachgebrauch. Die Korpusdaten sind repräsentativ für genau diesen Diskurs. Sie zeigen, welche Mittel und Strategien typisch für judenfeindliche Sprache in Deutschland sind. Das bedeutet nicht, dass sie repräsentativ für die gesamte Kommunikation über Juden in Deutschland wären oder etwa Angaben über alle Deutschen machen würden.

analyse, um das Phänomen der Judenfeindschaft eingehend, in seinem historischen Kontext so präzise wie möglich in all seinen Ausprägungsvarianten zu erfassen. Bislang liegt in der Antisemitismusforschung ein solcher Ansatz noch nicht vor, wenngleich das Desiderat dafür bereits öfter genannt wurde. Nur historisch, soziologisch oder allgemein philologisch orientierte Abhandlungen zur Judenfeindschaft lassen zumeist textuelle Detailanalysen vermissen. Viele wichtige Aspekte werden zudem nicht präzise genug erklärt. Es finden sich oft lediglich sehr allgemeine und vage Aussagen zu antisemitischen Äußerungen, und viele Phänomene werden nicht hinreichend erklärt, zumal häufig Begriffe wie „Chiffre", „Klischee", „Stereotyp" (oft gar wie Synonyme) benutzt werden, ohne dass sie hinreichend definiert und voneinander abgegrenzt werden. Auch Begriffe wie „latent", „manifest", „implizit", „explizit", „direkt", „indirekt" etc. werden außerhalb der Linguistik zumeist heterogen benutzt und bilden dann die Basis für Verwirrung und Unklarheit. Andererseits ergehen sich rein linguistisch ausgerichtete Abhandlungen zu Verbal-Antisemitismus oft nur in deskriptiven Aufzählungen von stilistisch-rhetorischen, lexikalischen und syntaktischen Besonderheiten, ohne diese in ihrer Kontextabhängigkeit, ihrer langjährigen kulturellen Einbettung und kognitiven Verankerung sowie ihrer kommunikativ-manipulativen Relevanz zu erklären. Zudem erschwert oft der sehr spezifische fachwissenschaftliche Jargon die Verständlichkeit von sprachwissenschaftlichen Detailanalysen und macht sie daher in der Rezeption wenig attraktiv bzw. schwer zugänglich für Nicht-Linguisten. Wir möchten in diesem Buch einerseits die für wissenschaftliche Textanalysen sprachlicher Äußerungen notwendige Präzision mittels klarer Erläuterungen und exakter Verwendung von Fachtermini einhalten, andererseits aber diese Erläuterungen insgesamt so verständlich wie möglich formulieren. Alle theoretisch und wissenschaftlich relevanten Aspekte werden stets anhand von konkreten Beispielen aus dem Korpus erörtert. Wir sind davon überzeugt, dass gerade die vielen authentischen Äußerungsbeispiele dem Leser einen besonders anschaulichen Eindruck des Potenzials judenfeindlicher Sprache vermitteln können. Die übergeordneten Reflexionen aus geschichts- und kognitionswissenschaftlicher Perspektive sollen dabei helfen, das Phänomen der modernen Judenfeindschaft im Rahmen seiner soziokulturellen Verankerung und seiner kognitiv-emotionalen Interaktion zu verstehen.

Wir werden, nach einer kurzen Abhandlung zur Relevanz und Funktion von Sprache bei der Etablierung sowie Tradierung judenfeindlicher Inhalte, zunächst anhand von historischen Texten aufzeigen, inwiefern bestimmte mentale Stereotype über alle Epochen hinweg im kulturellen Gedächtnis sowie der kommunikativen Praxis erhalten und sprachlich auf eine erstaunlich homogene Weise wiederholt werden. Wir gehen dabei auch auf die Genese von Judenhass ein. Nach einer Charakterisierung judenfeindlicher Äußerungsformen aus dem 19. und 20.

Jahrhundert, deren Kenntnis für ein Verständnis des Antisemitismus als einem kontinuierlich auftretenden Phänomen unerlässlich ist, konzentrieren wir uns auf aktuelle verbale Realisierungen antisemitischen Gedankengutes in den ersten zehn Jahren des 21. Jahrhunderts in Deutschland. Hierfür ist zu konstatieren, dass der Holocaust keineswegs die grundlegende Zäsur in Bezug auf die Überwindung von Vorurteilsstrukturen und Hassgefühlen gegenüber Juden darstellte, wie weithin angenommen wird, da eine tiefgreifende, selbstkritische Reflexion und eine alle Gesellschaftsstrukturen umfassende Vergangenheitsaufarbeitung nach 1945 nicht so stattfand, wie der Zivilisationsbruch es erfordert hätte.

Entsprechend treten die meisten konzeptuellen Muster der zweitausend Jahre alten Judenfeindschaft ungebrochen teils in überlieferten, teils in neuen Ausdrucksvarianten auf. Wir werden in diesem Zusammenhang auch zeigen, dass bis heute viele Versatzstücke (Wörter, Phrasen, Metaphern) aus dem ideologiegeprägten NS-Sprachgebrauch reproduziert werden. Die modernen judenfeindlichen Stereotype, Argumente und Strategien sowie deren sprachliche Realisierungen werden in ihrem Kontext beschrieben und erklärt. Erörtert wird dabei auch, inwiefern der Anti-Israelismus die dominante Formvariante des aktuellen Verbal-Antisemitismus darstellt und wie über die Bezugnahme auf den jüdischen Staat Israel generell Judenhass artikuliert wird. Eine kurze Vergleichsstudie zu verbal-antisemitischen Texten anderer europäischer Länder schließt sich an und lenkt den Blick auf die wesentlichen konzeptuellen Gemeinsamkeiten judenfeindlicher Gesinnungen in Europa. Im deutschen Diskurs wird Judenfeindschaft aufgrund der NS-Vergangenheit allerdings wesentlich stärker durch emotionale Schuld-, Scham- und Erinnerungsabwehrtendenzen, Verantwortungsverdrängung und eine Überdruss-Mentalität bestimmt. Daher werden wir auch auf die emotionale Dimension des modernen Judenhasses eingehen und zeigen, welche Gefühle (in Interaktion mit stereotypen Denkstrukturen) die affektive und irrationale Grundlage von Judenfeindschaft bilden. Judenfeindschaft basiert maßgeblich auf einem tief sitzenden, von der abendländischen Kultur geprägten Ressentiment, das sich als sehr resistent gegenüber Fakten, Aufklärung und Argumentation erweist. Umso wichtiger ist es, die diversen Formen von Verdrängung, Leugnung und Umdeutung im modernen antisemitischen Diskurs nicht nur zu beschreiben, sondern auch in der Breite der Gesellschaft das kritische Bewusstsein für ihre Existenz sowie Frequenz zu schaffen und damit Möglichkeiten ihrer Bekämpfung zu entwickeln.

2 Das Kernkorpus: Briefe an den Zentralrat der Juden in Deutschland und die Israelische Botschaft in Berlin, 2002 bis 2012

2.1 Zur Relevanz von Korpusanalysen und der Notwendigkeit einer Methodenerweiterung in der Antisemitismusforschung

Bei unserer Untersuchung geht es um die Verbalmanifestationen der aktuellen Judenfeindschaft in Deutschland und die in diesen zum Ausdruck kommenden Denkstrukturen und Gefühle. Um empirisch fundierte Aussagen zu einem bestimmten sprachlichen oder kommunikativen Phänomen machen zu können, greift man in den Sprach-, Kommunikations- und Kognitionswissenschaften[1] vermehrt auf Korpusanalysen zurück. Korpora sind Mengen von Texten, die zu einem bestimmten Thema über eine spezifische Zeitspanne erfasst wurden, um (über Einzelbeispiele hinausgehend) geeignete Vergleichsdaten quantitativ sowie qualitativ analysieren zu können (zur Korpusanalyse s. Scherer 2006: 36 f. und Bubenhofer 2009). Die Größenordnung kann je nach Bereich, Anlass oder Themenrelevanz variieren: Einige hundert Texte können ausreichend sein, um Grundmuster und deren Vorkommenshäufigkeiten zu erkennen, in der Regel handelt es sich aber um mehrere tausend oder sogar zehntausende Texte. Zeitlich kann sich die Korpuserhebung auf Tage, Monate oder (bei Langzeitstudien) auf Jahre erstrecken. So belief sich unsere Datenerhebung anlässlich der öffentlichen Debatte um den anti-israelischen Text von Günter Grass im Internet auf einige Tage, die zur Nahostberichterstattung in den Print- und Online-Medien dagegen auf mehrere Jahre und erfasste jeweils anlässlich bestimmter Krisensituationen in den Medien der Mitte publizierte Berichte und Kommentare. Der Fokus kann auf einem Medium und dort einem spezifischen Gebiet zu einem bestimmten Thema liegen (z. B. Online-Kommentare von Internetnutzern in Kommentarbereichen der Mainstreampresse im Berichtzeitraum zur Gaza-Flottillen-Aktion oder Äußerungen von Lesern in den Leserbrief-Rubriken der Printmedien zum Libanonkonflikt).

Bei dem unseren Textanalysen zugrunde gelegten Kernkorpus handelt es sich um eine Sammlung von über 14.000 E-Mails, Briefen, Postkarten und Faxen,

---

[1] Von der Basisannahme ausgehend, dass sprachliche Äußerungen Spuren der kognitiven und emotionalen Aktivität der Sprachbenutzer sind, lassen sich entsprechend Rückschlüsse auf die Einstellungen der Verfasser der Texte ziehen (vgl. Kap. 3).

die zwischen 2002 und 2012 an den Zentralrat der Juden in Deutschland und die Israelische Botschaft Berlin gesendet wurden (zu den genauen Angaben s. 2.2). Gemeinsam haben alle diese Texte, dass sie Diskursformen zum Thema[2] Juden/Judentum (in Deutschland) und/oder Israel sind, die von Sprachproduzenten aus dem deutschsprachigen Raum verfasst wurden und unaufgefordert an die beiden Institutionen geschickt wurden. Als Vergleichskorpus (das ebenfalls die Textsorte Brief/E-Mail umfasst) fungiert eine Menge von weit über 1.000 Texten, die 2004 an Michael Wolffsohn gesendet wurden (s. hierzu bereits Schwarz-Friesel 2007: 354) sowie eine Sammlung von 1.002 Zuschriften an die Israelischen Botschaften in Wien, Bern, Den Haag, Madrid, Brüssel, London, Dublin und Stockholm aus den Jahren 2010 bis 2011. Zudem wurden 29 Briefe bzw. E-Mails an die Journalistin des Hessischen Rundfunks, Esther Schapira, einbezogen, die diese als Reaktion auf den Film *Drei Kugeln und ein totes Kind* (ausgestrahlt am 18.03.2002 in der ARD-Reihe *Das rote Quadrat*) erhalten hatte. Vom Forum gegen Antisemitismus in Wien erhielten wir außerdem eine Übersicht zu judenfeindlichen Vorfällen mit einer Auswahl von repräsentativen Schmähbriefen, die zwischen 2000 und 2012 an jüdische Organisationen in Österreich geschickt wurden.

Es wurde keine spezifische (Vor-)Auswahl getroffen: Alle Schreiben (auch die positiven und solidarischen) sind berücksichtigt worden. Ergänzt werden diese Daten zusätzlich durch spezifische Subkorpora zu Texten aus dem öffentlichen Kommunikationsraum (vor allem Printmedien und Internetdiskurse), die dasselbe Thema zum Gegenstand haben und damit sowohl dem Vergleich als auch der Ergänzung unserer Untersuchungen dienen.

Der Abgleich mit diesen Textsorten zeigt, dass ähnliche Muster wiederkehren, weil sich die Mehrheit der Sprachproduzenten auch in (halb)öffentlichen Diskursen zu den jeweiligen Themen genauso äußert wie die Verfasser in den persönlichen E-Mails und Briefen. Weiterhin greifen wir mit der Untersuchung von Texten, die 2010 und 2011 an die Israelischen Botschaften in Österreich, der Schweiz, in Belgien, England, Irland, den Niederlanden, Schweden und Spanien geschickt wurden, auf ein Vergleichskorpus zurück, das kontrastive Analysen hinsichtlich des Anti-Israelismus in Europa zulässt.

Obgleich mittlerweile in vielen Disziplinen die korpusanalytische Methode benutzt wird, basieren die meisten Untersuchungen innerhalb der Antisemitismusforschung noch immer primär auf Einzelbeispielen (s. z. B. Benz 2004,

---

2 S. hierzu Busse/Teubert (1994: 14), die als Diskurs ein virtuelles Textkorpus sehen, dessen „Zusammensetzung durch im weitesten Sinne inhaltliche bzw. semantische Kriterien bestimmt wird". Die zu einem bestimmten Korpus gehörenden Texte sind diejenigen, die sich aufgrund der Thematik mit einem spezifischen Diskursphänomen befassen und daher als repräsentativ für genau diesen Diskurs zu erachten sind. Vgl. hierzu auch Bubenhofer (2009).

Rensmann 2004, Wistrich 2010). Die korpusbasierte Analyse ist einer auf unsystematisch ausgewählten Belegzitaten basierenden Herangehensweise jedoch überlegen, da sie durch ihre Datenvalidität stärker empirische Evidenz erbringt. Die Validität ergibt sich aus den großen Textmengen, die (zumeist elektronisch verfügbare) Korpora umfassen (vgl. Bubenhofer 2008: 407 ff. und 2009 sowie Stefanowitsch/Gries 2006). In den letzten zehn Jahren hat insbesondere die Korpuslinguistik[3] gezeigt, wie durch elektronische Such- und statistische Berechnungsoperationen reliable Daten erhoben werden können, die bei unsystematischer Suche und Auswertung nicht hätten ermittelt werden können. Dabei ist jedoch zu betonen, dass eine quantitative Analyse im Bereich von Sprachgebrauchsmustern und Diskurseigenschaften die qualitative Inhaltsanalyse nicht ersetzen kann: Viele relevante Phänomene wie Implikaturen, Bewertungen und Stereotypausdruck lassen sich nur bei einer Detailanalyse, die Kontext und Spezifik des jeweiligen Textes berücksichtigt, und nur durch das Urteil eines menschlichen Betrachters erfassen. Erst die methodische Kombination von qualitativer kognitionslinguistischer Textanalyse mit der quantitativen, statistischen Korpusanalyse ermöglicht es, die Ergebnisse der Detailanalysen angemessen zu bewerten. Im Vordergrund der mikrostrukturellen Textanalyse steht das Herausarbeiten der spezifischen Verbalisierungsformen antisemitischer Stereotype und Argumentationsmuster. Die quantitative Analyse gibt Auskunft über die Häufigkeitsverteilung (generell und im zeitlichen Verlauf) von spezifischen antisemitischen Verbalisierungsformen.

Die quantitativ ausgerichteten Umfragen zu Juden und Judentum sowie Israel/Nahostkonflikt, die in der Soziologie und Psychologie turnusmäßig durchgeführt werden, können dagegen die Denk- und Gefühlsstrukturen der Befragten nicht oder nur sehr begrenzt erfassen, da sie stets mit sehr wenigen, vorformulierten und daher beeinflussenden Pauschalaussagen arbeiten (die aus semantisch begrenzten Werturteilen wie „Juden haben in unserer Gesellschaft zu viel Einfluss" oder „Israel ist ein aggressiver Staat" bestehen). Verbalisierungsmuster werden gar nicht erfasst, da die Befragten lediglich „ja", „nein" oder „weiß nicht" ankreuzen oder sagen müssen.

Solche vorformulierten Aussagen können sogenannte Primingeffekte hervorrufen: Der Befragte wird unter Umständen erst durch die Rezeption des Satzes stimuliert, eine bestimmte Antwort zu geben. Faktoren wie soziale Erwünschtheit (Looking-good-Tendenz) können ebenfalls eine Rolle spielen (vgl. Brosius/

---

[3] Die kritische Diskursanalyse betont ebenfalls seit Jahren die Relevanz von diskursorientierten Analysen, die textwissenschaftliche Methoden mit historischen und kulturwissenschaftlichen Untersuchungen verbinden (s. Wodak 1997 und Reisigl/Wodak 2001, Jäger [3]2001).

Koschel 2001: 113 f.). Es ist daher nicht zu entscheiden, ob die aus den Antworten ermittelten Einstellungen bereits bei den Befragten als permanente mentale Einstellungsmanifestation verankert waren oder ob sie durch die spezifische Aussage kontext- und situationsspezifisch aktiviert bzw. aktualisiert wurden. Siehe hierzu auch Scherer (2006: 2):

> „Beide Methoden, die Sprecherbefragung wie auch das Experiment, haben aber den Nachteil, dass die Versuchspersonen vielleicht nicht die Antworten geben werden, die ihrem spontanen Sprachgebrauch entsprechen."

Quantitative Studien zu antisemitischen Einstellungen in Deutschland (wie von Bergmann/Erb 1991, Heitmeyer 2002 bis 2012, Bergmann/Heitmeyer 2005b) berufen sich neben den Gütekriterien von Validität und Reliabilität des Erhebungsinstrumentes auf eine strukturgleiche Stichprobe aus der Gesamtpopulation. Über zufallsbasierte Auswahlverfahren sollen Stichproben gezogen werden, die die Bevölkerung in ihrer Gesamtheit repräsentieren. Umfang und Struktur der Stichprobe sind gerade bei Befragungen die zentralen Gütekriterien, obwohl aus logischen Gründen niemals die Merkmalsverteilungen in ihrer gesamten Vielzahl abgebildet werden können und die Redewendung von „repräsentativen Stichproben/Querschnitten" somit auch stets nur eine Art Metapher[4] ist (vgl. Diekmann [19]2008: 430).

Vor diesem Hintergrund muss hinsichtlich der Repräsentativität des korpusbasierten Untersuchungsmaterials Folgendes festgestellt werden:

Statistisch betrachtet lassen sich zur Repräsentativität des von uns untersuchten Korpus bezüglich der Gesamtbevölkerung keine Aussagen treffen. In der Regel beschränken sich die von den Schreibern gemachten Angaben auf Name und Adresse, häufig auch Alter und Beruf; sonstige demographische Daten sind aber unbekannt. Auf Basis der bekannten Angaben und der formalen und inhaltlichen Gestaltung der Zuschriften ist aber ersichtlich, dass das Korpus nicht auf (rechtsextreme oder anders geartete) Randgruppen oder von vornherein als antisemitisch klassifizierte Merkmalsträger begrenzt ist (wie z.B. bei Decker et al. 2006, Scherr/Schäuble 2007, Salzborn 2008). Rechtsextreme Schreiber sind mit

---

[4] Dazu Diekmann ([19]2008: 432): „'Repräsentative' Stichproben, vor allem Zufallsstrichproben, sind in der Praxis der Sozialforschung wichtig für bestimmte Zwecke: zur Schätzung von Verteilungen, also z. B. Anteils- oder Mittelwerten in der Population. Für andere Zwecke, wie die Prüfung allgemeiner Hypothesen, sind Repräsentativitätsproben meist entbehrlich. Wenn man dazu noch bedenkt, dass 'repräsentative Querschnitte' im Wortsinn nicht existieren, kann man mit einiger Berechtigung auch von einem Mythos der repräsentativen Stichprobe sprechen." Zu Fehlerquellen bei der Befragung s. ebenfalls Diekmann ([19]2008: 446 ff.). Vgl. auch Brosius/ Koschel (2001: 122), Kirchhoff et al. ([3]2003) und Porst (2008).

elf Prozent (Kategorien 'rechts' und 'eher rechts' zusammen genommen) im Korpus vertreten, die Mehrheit bilden jedoch nicht sie, sondern Absender aus der politischen und sozioökonomischen Gesellschaftsmitte. So sind neben Schülern oder Angestellten auch viele Selbstständige, Beamte, Studenten und Akademiker vertreten. Viele der Absender thematisieren ihre politische Einstellung explizit und verorten sich selbst mehrheitlich in der Mitte oder geben sogar die Mitgliedschaft in einer der großen Volksparteien an. Auch hinsichtlich der geographischen Verteilung und der Altersangaben ist das Korpus ausgesprochen vielfältig.[5]

Nicht alle Deutschen sind in gleichem Maße motiviert, ihre Meinung zu Juden und Israel kundzutun (unabhängig davon, ob diese Meinung positiv, negativ oder gar antisemitisch ist). Der Grad der Betroffenheit bzw. des Bezugs zu wesentlichen Überzeugungen und Vorstellungen ist also für unser Korpus sehr hoch. Allerdings hat dies den Vorteil, dass das Kriterium der Zentralität[6] auf jeden Fall erfüllt ist und Probleme mit „non opinions" oder einem gleichgültigen Meinungsverhalten nicht vorliegen (vgl. Atteslander [12]2008: 61f.). Damit ist anzunehmen, dass das untersuchte Material für die antisemitischen Konzepte und Stereotype derjenigen Deutschen, die antisemitisch eingestellt sind, Einblicke in typische Muster gestattet.[7] Das Kriterium der „Repräsentativität" bezieht sich bei der Korpusanalyse also auf den aktuellen antisemitischen Sprachgebrauch. Die Korpusdaten sind repräsentativ hinsichtlich der Sprachgebrauchsmuster im antisemitischen Diskurs, d. h. sie zeigen, welche Mittel und Strategien typisch für

---

5 Die Repräsentativität der Ergebnisse kann zudem dadurch erhöht werden, dass innerhalb des Gesamtkorpus einzelne Quotenstichproben gezogen werden bzw. nach sachlogischen Erwägungen eine bewusste Auswahl des Untersuchungsmaterials erfolgt (vgl. Brosius/Koschel 2001: 91). Dazu werden alle eher links oder eher rechts orientierten Zuschriften gefiltert, und aus ihnen wird eine eigene Stichprobe zusammengefasst und jeweils getrennt analysiert. Die Ergebnisse für diese Teilkorpora sind dann repräsentativ für die einzelnen Bevölkerungsgruppen wie Linksextreme, Rechtsextreme, Mitte usw. Durch eine solche Quotierung sind vergleichende Aussagen zwischen diesen Gruppen überhaupt erst möglich. Da dazu eine bewusste Einordnung in die Kategorien erfolgen muss, ist eine wahrscheinlichkeitstheoretische Prüfung der Ergebnisse jedoch nicht mehr möglich; die Erfahrung und Kenntnis des Forschers sind daher Indikator für die Zuverlässigkeit der Resultate (vgl. Atteslander [12]2008: 259).
6 Zentralität bezeichnet den Grad der Betroffenheit der Befragten bzw. den Bezug zu wesentlichen Überzeugungen und Vorstellungen (vgl. Atteslander [12]2008: 61f.).
7 Einen besonderen Stellenwert haben bei der Analyse die Zeiträume, in denen relativ konstant besonders viele Zuschriften bei Zentralrat und Botschaft eingetroffen sind (2002, 2006, 2008/2009), weil mit der steigenden Zuschriftenzahl der Einfluss konfundierender Faktoren sinkt bzw. diese Faktoren eher normalverteilt sind. Zu den Aufmerksamkeitshöhepunkten sind zudem auch Personen bereit, sich zu äußern, die sonst eher eine geringe Motivation dazu verspüren oder eher moderate Einstellungen vertreten.

judenfeindliche Sprache in Deutschland sind. Das bedeutet aber nicht, dass sie auch repräsentativ für die gesamte Kommunikation über Juden in Deutschland sind oder etwa Angaben über alle Deutschen machen.

Im Vergleich zu quantitativen Befragungsstudien ergeben sich zudem folgende Vorteile bei einer umfassenden Korpusanalyse: Es handelt sich bei den Zuschriften um selbstmotivierte Äußerungen und damit Versprachlichungen eigens gebildeter Bewusstseinsinhalte und nicht um Antworten auf vorformulierte Fragen, welche bestimmte Inhalte fokussieren oder auf einzelne Aspekte einschränken. Damit geht unser Ansatz über die Erfassung der spontanen Einstellungsebene hinaus und erhebt Informationen zu mental stabilen Denk- und Gefühlswerten zu Juden/Judentum und Israel. Eine Beeinflussung über die Frageformulierung ist ausgeschlossen; und es kommt nicht zu inhaltlichen oder emotionalen Ausstrahlungseffekten von Frage zu Frage, wie sie z. B. bei den Fragebögen Heitmeyers u. a. wegen der Fülle und Nähe vorurteilsbehafteter Fragen wahrscheinlich sind (vgl. Brosius/Koschel 2001: 122, Kirchhoff et al. [3]2003, Porst 2008). Auch entfallen eventuell unerwünschte Effekte, die bei Befragungen als reaktive Methode auftreten, wie z. B. Tendenzen der sozialen Erwünschtheit bzw. des Looking-good-Effekts oder Versuchsleitereffekte (vgl. Brosius/Koschel 2001: 146 ff., Diekmann [19]2008: 446 ff.).

Eine Diskrepanz zwischen einer in einer Befragung ermittelten Einstellung und dem tatsächlichen Verhalten eines Probanden, wie sie bei Interviews und Befragungen auftreten kann (vgl. Atteslander [12]2008: 161), tritt bei der Analyse von Zuschriften an den ZJD und die IBD ebenfalls nicht auf. Bei den sprachlichen Äußerungen handelt es sich um manifestierte Einstellungen, weil sprachliche Äußerungen in Form einer adressierten Zuschrift Handlungen sind und zugleich Ausdruck einer emotionalen und kognitiven Haltung.

Die meisten Umfragen werden der Komplexität des Phänomens Antisemitismus nicht gerecht,[8] d. h. eine differenzierte Befragung, die israel-kritische Haltungen und Antisemitismus sowie dessen verschiedene Ausprägungen berücksichtigt, findet nicht statt.

Zwar stellen empirische Umfragen wichtige Methoden zur Feststellung gesamtgesellschaftlicher Tendenzen dar, doch tiefergehende Analysen oder

---

8 Sie können es wohl auch nicht, weil es gar nicht möglich ist, eine große Anzahl an Personen (die für eine repräsentative Stichprobe nötig wäre) in einer kurzen Befragungssituation mit präzisen Detailfragen zu Judentum, Geschichtsbild und Israel zu konfrontieren bzw. diese Fragen zu standardisieren. Zudem zeichnet sich bei Befragungsmethoden ab, dass Lernprozesse und Reflexionen der Probanden dazu führen, ihnen gestellte Fragen im Laufe der Befragung kritischer zu sehen und vorsichtig(er) zu beantworten. Dies schränkt Validität und Reliabilität von Befragungen generell ein.

gar Erklärungen erlauben sie nicht. Sie decken keine mentalen Verknüpfungen zwischen Stereotypen auf, sie geben keine Auskunft darüber, wie über verbale Mittel und Strategien Denk- und Gefühlsstrukturen der Judenfeindschaft tradiert werden, und sie geben keinen Einblick in die personenbezogenen Einstellungsmuster und Weltbilder.

Die sozialwissenschaftlichen Studien müssen daher um kognitionswissenschaftliche Analysen individueller Einstellungsrepräsentationen ergänzt werden, die sich aus den spontanen Verbalisierungsmustern erschließen lassen. Nur so können wir die tatsächlichen mentalen Repräsentationen zu Juden und Israel eruieren und eine eventuelle Kontinuität bzw. Veränderung von Stereotypen und Klischees postulieren. Die aktuelle Antisemitismusforschung muss sich also methodisch öffnen und neben den üblichen, „konservativen" Methoden der sozialwissenschaftlichen Befragung und der historischen Deskription von Einzelereignissen (interdisziplinäre) Korpusanalysen und text- wie kognitionslinguistische Detailanalysen einbeziehen, will sie dem Anspruch gerecht werden, Judenfeindschaft in ihren diversen Facetten und Erscheinungsformen inhaltlich angemessen und repräsentativ zu erfassen. Vgl. hierzu auch Rensmann/Schoeps (2008: 31): „[...] es braucht vielmehr ein breites Set von diskursanalytischen und diskurshistorischen Zugängen [...]."

2.2 Spezifika des Korpus

Umfang des Korpus, Subkorpora und Stichprobenanalysen

Das Kernkorpus unserer Untersuchung besteht aus über 14.000 Zuschriften in Form von Briefen, E-Mails oder Faxen, die in den Jahren 2002 bis 2012 beim Zentralrat der Juden in Deutschland (vom 31.03.2002 bis 24.07.2009) und der Israelischen Botschaft in Deutschland (vom 17.10.2003 bis 10.04.2012) eingingen. Die Schreiben sind in der Regel an die damalige Vorsitzende des Zentralrats Charlotte Knobloch (und zuvor an Paul Spiegel) und den israelischen Botschafter Yoram Ben-Zeev (zuvor Shimon Stein) adressiert, zum Teil aber auch ohne Anrede lediglich an die Institutionen abgeschickt. Das von uns katalogisierte Material umfasst in den Jahren 2002 bis Anfang 2012 insgesamt 14.003 Zuschriften an die beiden Institutionen.

Themenschwerpunkte bzw. Zusammenhang mit relevanten Diskursereignissen

Die Zahl der Zuschriften fluktuiert zwischen 2002 und 2005 stark, dies liegt zum einen an der Bereitstellung durch die beiden Institutionen,[9] zum anderen an der unterschiedlichen Aufmerksamkeit, die den zentralen politischen Diskursereignissen gewidmet wird. Ab dem Jahr 2006 ist das Material nach Aussage der beiden Institutionen jedoch lückenlos an unsere Forschergruppe übermittelt worden. Die auftretenden Schwankungen sind demnach durch diskursive Verschiebungen bedingt und aufschlussreich für die quantitative Analyse. Etwa zwei Drittel des Materials stammen von der Israelischen Botschaft, sie erhielt in den Jahren 2006 bis 2009 mehr Zuschriften als der Zentralrat. So gingen 2006 anlässlich des Libanonkrieges beim Zentralrat 1.170, bei der Botschaft 2.100 Schreiben ein; 2009 waren es anlässlich der Operation „Gegossenes Blei" nochmals doppelt so viele Zuschriften. Der Zentralrat hingegen sticht im Jahr 2002 hervor, als er im Zuge der Möllemann-Friedman-Debatte[10] im Zentrum der Aufmerksamkeit steht.

Als Themenanlässe fungieren in der Regel Verlautbarungen des Zentralrates oder mediale Berichte über politische Entwicklungen in Israel bzw. im israelisch-palästinensischen Konflikt. Im Jahr 2006 ist es der Libanonkrieg, 2007 die Eskalation im Gazastreifen. Allein in den Sommermonaten des Jahres 2006 trafen knapp 2.000 Zuschriften bei der Botschaft ein, beim Zentralrat über 1.000, bei beiden Institutionen bildet der Juli das Maximum (Botschaft Juli n = 1.155; vgl. Abbildung 1).

---

9 Bis 2006 stellten Botschaft und Zentralrat die Zuschriften sporadisch zur Verfügung, Rückantworten fehlen zumeist, Attachments sind oft unvollständig. Die starke Fluktuation spricht dafür, dass beide Institutionen nicht alle Zuschriften systematisch sammeln, sondern ggf. auch nach eigenen Kriterien archivieren (so z. B. die Kommentierung „Hassmails" oder „Soli"). Des Weiteren finden sich einige hundert Briefe an die Israelische Botschaft und ca. 200 Briefe an den Zentralrat der Juden in Deutschland des Zeitraums 2000 bis 2003 im Archiv des Zentrums für Antisemitismusforschung in Berlin. Der Zentralrat stellte ferner Samuel Salzborn mehrere Hundert Zuschriften zur Verfügung, die in den Wochen und Monaten nach Kardinal Meisners Predigt im Januar 2005 eingingen (vgl. Salzborn 2005: 919).
10 Die Zuschriften zur Möllemann-Friedman-Auseinandersetzung aus dem Jahr 2002 beschränken sich auf den Zentralrat der Juden. Ob und in welcher Größenordnung die IBD Schreiben erhielt, konnte nicht mehr rekonstruiert werden.

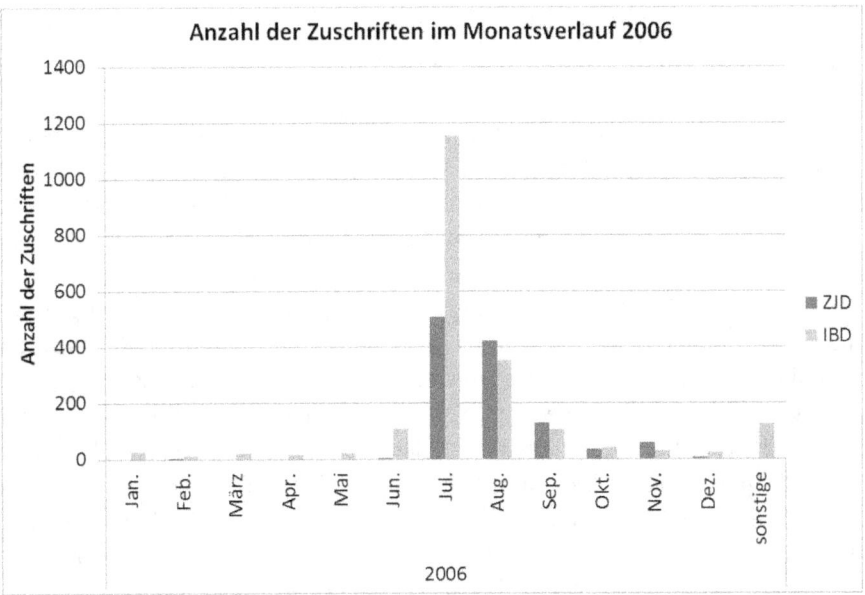

Abbildung 1: Zuschriften im Monatsverlauf 2006.

Auffällig ist, dass sich von Juli bis September 2006 eine große Zahl an Schreibern an den Zentralrat der Juden in Deutschland wendet (n = 1.067) und diesen wegen der Situation im Libanon zum Einlenken auffordert. Diese Schreiber sehen demnach einen Handlungsbedarf auf Seiten des Zentralrats, wenn es um die Außenpolitik oder das militärische Vorgehen des Staates Israel geht. Dies mag zum Teil auf die Solidaritätsaufforderungen des Zentralrats zurückzuführen sein;[11] es deutet aber stark darauf hin, dass Juden in Deutschland für die Politik des israelischen Staates verantwortlich gemacht werden. Des Weiteren ist hierin ein Indiz für die konzeptuelle Verschmelzung der Konzepte JUDE(N) und ISRAELI(S) zu sehen (s. hierzu ausführlich die Kap. 5.2 und 7). Im Konflikt zwischen der Hisbollah und Israel im Libanon im Jahr 2006 stehen die Äußerungen der Entwicklungshilfeministerin Heidemarie Wieczorek-Zeul wochenlang im Mittelpunkt des Interesses. Deren Kritik an von Israel verwendeten Streubomben wird in der Mehrzahl der Briefe aufgenommen. In diesem Zusammenhang wird dem Zentralrat eine parteiische Sicht auf den Nahostkonflikt vorgeworfen und seine Solidaritätsaufrufe für Israel werden abgelehnt. Über das gesamte Jahr 2007

---

[11] Der ZJD rief 2006 mehrfach zur Solidarität mit Israel und den entführten Soldaten auf, so z. B. am 19. Juli 2006 (vgl. http://www.zentralratdjuden.de/de/article/1060.html; letzter Zugriff am 02.09.2012).

bleiben die Zuschriften an die IBD relativ konstant bei ca. 100 pro Monat, beim Zentralrat gehen pro Monat zwischen 10 und 20 Schreiben ein; eine Ausnahme bildet beim ZJD der Monat April.

Der Gaza-Konflikt führt zum Jahreswechsel 2008/2009 zu einem neuen Anstieg: Bei der Botschaft gehen 4.028 Schreiben, beim Zentralrat 867 Texte ein. Insgesamt spiegelt sich im Zuschriftenaufkommen die mediale Aufmerksamkeit, die den jeweiligen Eskalationsphasen in Deutschland gewidmet wird, wider; je ausführlicher und kontroverser das Geschehen in Nahost in den Medien dargestellt und in der (internationalen und deutschen) Politik debattiert wird, desto mehr Zuschriften erhalten Botschaft und Zentralrat (s. Abbildung 1). In der Regel schreiben die Verfasser ihre Texte unmittelbar nach Veröffentlichung einer Äußerung vom ZJD oder einer medialen Sendung: Einer Art Reiz-Reaktions-Schema folgend äußern sich die Schreiber entweder sofort nach der Rezeption der Äußerung oder am darauffolgenden Tag. Seit 2006 sind Medienberichte der ausschlaggebende Anlass für die Schreiber. Häufig sind diese Berichte oder Pressemeldungen als Attachments angefügt oder verlinkt bzw. es wird explizit auf diese Texte verwiesen (s. hierzu Kap. 7.3). Zudem nimmt die Anzahl angehängter Bilder und PDF-Dateien im Verlauf von 2002 bis 2012 stark zu, ebenso steigt die Zahl von Sammel-E-Mails, Petitionen und Unterschriftenlisten.

Das 60. Staatsjubiläum Israels bildet im Mai 2008 den Hauptanlass für Zuschriften, hier ist zum ersten Mal im gesamten Korpus ein hoher Anteil solidarischer E-Mails und vor allem von Glückwunschschreiben zu verzeichnen. Ein ähnlicher Trend zeichnet sich im Zusammenhang mit dem Gefangenenaustausch zwischen Israel und der Hisbolla ab, bei dem die Leichname von Eldad Regev und Ehud Goldwasser an Israel übergeben wurden. Hier sind viele Solidaritätsbekundungen mit den Angehörigen der Soldaten, aber auch mit dem Staat Israel allgemein zu konstatieren. Mit diesen Zuschriften wenden sich nun auch vermehrt Personen, die Israel gegenüber positiv eingestellt sind, an die Botschaft, welche das Sicherheitsbedürfnis und die Gefährdung des Staates Israel ansprechen (und sich zum Teil auch medienkritisch gegen anti-israelische oder monoperspektivierte Berichterstattung aussprechen).

Andererseits ist jedoch in den israel-kritischen und antisemitischen Zuschriften zugleich ein deutlicher Anstieg expliziter und sehr aggressiver Hassmails zu verzeichnen. Immer mehr Schreiber benutzen seit Anfang 2009 (Gaza-Konflikt) brachiale Sprachgebrauchsmuster,[12] Beleidigungen, Beschimpfungen, direkte

---

[12] Die Agentur für Grundrechte der Europäischen Union (FRA) spricht von einer Zunahme des Antisemitismus im Zuge des Gaza-Konflikts (vgl. FRA 2009). Die vom Bundesinnenministerium im April 2009 veröffentlichten Zahlen zu antisemitischen Straftaten werden von unseren Befunden ebenfalls dahingehend bestätigt, dass eine Radikalisierung der Ausdrucksformen

Drohungen und Verwünschungen nehmen zu (s. hierzu Kap. 10.1). Auffällig oft werden nun auch explizite NS-Vergleiche gezogen. Auch die Ausdrucksformen von Schreibern aus der Mitte der Gesellschaft radikalisieren sich zunehmend. Die Berichterstattung zum Stopp der türkischen Gaza-Flottille durch die israelische Armee Ende Mai 2010 führt zu einer Flut von 830 Schreiben an die Botschaft, die sich mehrheitlich durch drastische Verbal-Aggressivitäten auszeichnen.

Katalogisierung, Stichprobenumfang und Subkorpora

Jede einzelne der 14.003 Zuschriften wurde bis Ende 2011 mit einer Sigle der Art [ZJD_29.05.2007_Sch_002] versehen, um die Zitierweise einheitlich und übersichtlich gestalten zu können sowie die Identifizierbarkeit/Auffindbarkeit im Gesamtkorpus zu gewährleisten. Das Kürzel gibt einige grundlegende Informationen an: ZJD steht für Zentralrat der Juden in Deutschland, mit IBD beginnende Kürzel hingegen markieren Zuschriften, die bei der Israelischen Botschaft in Deutschland eingegangen sind. Das Datum gibt an, an welchem Tag der ZJD oder die IBD die Zuschrift erhielt; für den Namen des Schreibers bzw. der Schreiberin wurde ein anonymisierendes Kürzel der ersten zwei bzw. drei Buchstaben eingesetzt. 001 und 002 geben an, dass es sich um die erste oder zweite Zuschrift desselben Sprachproduzenten handelt. So können Mehrfachschreiber identifiziert werden.

Eine detaillierte Klassifikation und Einzelanalyse aller 14.003 Zuschriften nach den relevanten formalen und inhaltlichen Kategorien (s. das Variablenset) war nicht möglich, insbesondere nach dem exorbitanten Anstieg an Zuschriften ab 2009. Hier spielt auch der Umfang der Zuschriften eine Rolle, zur quantifizierenden Analyse müssen die häufig mehrseitigen Texte stets komplett gelesen werden. Um dennoch quantitative Angaben machen zu können, wurde eine repräsentative Stichprobe erstellt: Hierfür wurde der Zeitraum 01.01.2002 bis 31.12.2007 ausgewählt. Innerhalb dieses Zeitraums liegen 4.912 Zuschriften, die sich auf für den Zentralrat und die Israelische Botschaft relevante Ereignisse beziehen. Der gewählte Zeitraum deckt also eine Vielzahl relevanter Themenanlässe ab und ist groß genug, um Veränderungen im Jahresverlauf nachzeich-

---

stattfindet. Das BMI konstatierte ein Rekordhoch der politisch motivierten Straftaten seit Beginn der Erhebung 2001, insgesamt wurden über 31.000 Delikte verzeichnet. Einen starken Anstieg gab es bei rechtsextremen Straftaten (plus 16 Prozent) auf 20.422. Dazu hätten 2008 vor allem von unbekannten Tätern verübte „Propagandadelikte" (der NS-Verherrlichung) beigetragen, diese Propagandadelikte machten mittlerweile 69,9 Prozent aller rechten Straftaten aus.

nen zu können. Zu beachten ist auch, dass mit dem Anstieg im Jahr 2009 eine große Menge sehr homogenen Materials eingegangen ist, es handelt sich dabei fast ausschließlich um E-Mails. Deren Schreibanlässe bilden stets die israelische Politik oder Militäreinsätze. Das Material, welches ab 2008 eingegangen ist, wurde daher stichprobenartig auf Auffälligkeiten oder Veränderungen geprüft. Wenn spezifische Verbalisierungen oder argumentative Muster oder besondere Neuerungen auffielen, wurde deren quantitative Relevanz mittels entsprechender Stichwortsuche oder kursorischen Lesens geschätzt. Die Analysen wurden durch linguistisch geschulte Kodierer vorgenommen, die über die entsprechenden Kriterien informiert waren (also kein Blind-Kodieren). Über die Analyse und Kategorisierung prototypischer Fälle sowie Diskussion problematischer Zuschriften waren die Kodierer entsprechend geschult (Probekodierungen wurden bereits während der explorativen Phase durchgeführt). Während des Kodierprozesses[13] wurden unabhängige Doppelkodierungen vorgenommen und dann in der Forschergruppe abgeglichen.

In die qualitativen Einzelanalysen wurden Textbeispiele auch des Materials aus den Jahren 2009 bis 2012 mit einbezogen, um darzustellen, dass die hier skizzierten Veränderungen nur wenige Einzelaspekte betreffen und die meisten verbalisierten Stereotype und textuellen Strategien fortbestehen und sich seit 2006/2007 wenig verändert haben. Die Ergebnisse, die sich auf die quantitativ klassifizierte Stichprobe[14] beziehen, sind daher für die Grundgesamtheit der Daten generalisierbar. Aus der Stichprobenerhebung zu den 4.912 Zuschriften und deren Inhaltsanalysen lassen sich folgende Tendenzen hinsichtlich der politischen Ausrichtung der Schreiber feststellen:

---

[13] Es wurde immer konservativ kodiert: War also eine unklare Tendenz oder eine graduelle Abstufung in der Analyseeinheit Zuschrift abzuwägen, wurde jeweils die geringere Variablenausprägung gewählt.
[14] Als Vergleichsinformation: Die Forsa-Umfragen, die Trends in der Gesamtbevölkerung von 82 Millionen Deutschen erheben wollen, basieren in der Regel auf 2.000 bis 4.000 Befragungen. Die Heitmeyer-Studie *Deutsche Zustände* involviert in der Haupterhebung 2.000 Personen und über die Jahre 23.000.

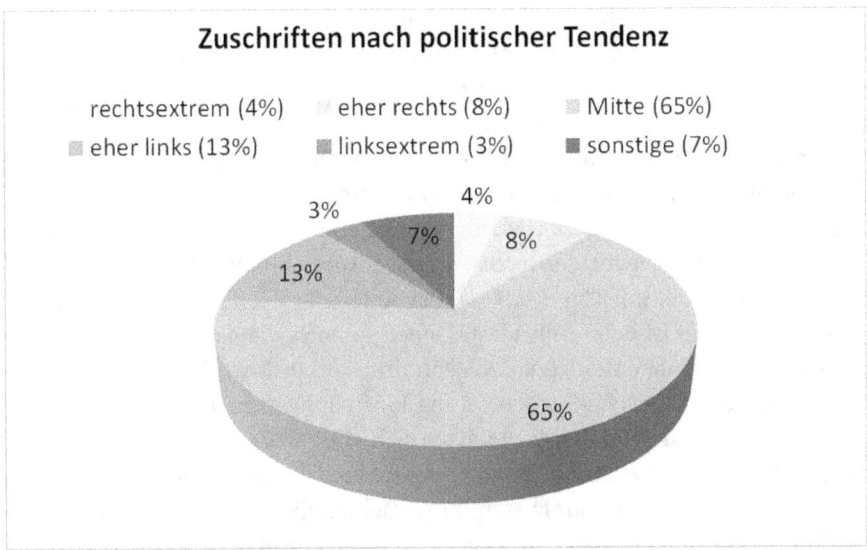

Abbildung 2: Verteilung der Zuschriften nach politischem Spektrum.

Die klare Mehrheit der Schreiber ist der politischen Mitte[15] zuzuordnen (n = 3.204, 65 %), dies belegt die Relevanz des Themas „Antisemitismus – ein Phänomen der Mitte" (s. Schwarz-Friesel et al. 2010).

Das Konzept der Mitte prägt unsere Vorstellung von politischer Normalität und Stabilität (vgl. Heitmeyer 2007: 27); die Mitte wird in der Regel als eine Positionierung jenseits extremistischer und antisemitischer Einstellungen verstanden bzw. gilt als von diesen Rändern abgrenzbar (vgl. z. B. Backes 1989, Backes/Jesse 1989). Die Projektanalysen zeigen aber, dass Meinungen, die in solche Extrempositionen übergehen, auch in breiten gesellschaftlichen Schichten bzw. in der Mitte oder Mehrheit vertreten werden.

Abiturienten, Studierende, Anwälte, Journalisten, Ärzte, Pfarrer, Selbständige und Lokalpolitiker, aber auch Professoren artikulieren in ihren Schreiben zahlreiche Stereotype (s. hierzu Kap. 5). Von den Schreibern geben neun Prozent (bei Schreiben an die IBD) bzw. sieben Prozent (bei Texten an den ZJD) einen aka-

---

[15] Politische und soziale Mitte sind häufig nicht deckungsgleich (vgl. Heitmeyer 2007: 28); die Definition nach sozioökonomischen Merkmalen ist daher für unsere Analyse sinnvoller. Typischerweise zählen zur Mitte der Gesellschaft insgesamt politisch nicht radikale, ökonomisch gut situierte und gebildete Bürger. Vgl. Hradil/Schmidt (2007: 169 f.) und Nolte/Hilpert (2007: 31 ff.). Zum Phänomen und Begriff der „Mitte" s. auch Rensmann (2004: 104) und Zick/Küpper (2006b: 115): „Die Mitte ist vielschichtig und mehrdimensional. Bei der Analyse sozialer Vorurteile erscheint sie primär als politische Position."

demischen Titel an, haben also mindestens ein Hochschulstudium abgeschlossen. Hier wird ersichtlich, dass sich auch gesellschaftliche Eliten und Hochgebildete (erkennbar z. B. an genannten Berufsbezeichnungen) mit antisemitischen Äußerungen an die IBD und den ZJD wenden.

Rechtsextreme und linksextreme Zuschriften halten sich in etwa die Waage und kommen mit jeweils unter vier Prozent überraschend selten vor. Zuschriften, die als „eher links" klassifiziert werden können, kommen fast doppelt so oft vor wie Zuschriften „eher rechter/rechtskonservativer Schreiber" (für „eher rechts" n = 7,6 %; für „eher links" n = 12,7 %). Der Anteil der Rechtsextremen bzw. eher rechten Schreiber ist beim Zentralrat doppelt so hoch wie bei der Botschaft, was vermutlich am Themenhorizont des Zentralratskorpus liegt; Rechtsextreme vertreten häufiger klassische Stereotype und Einstellungen und weniger neue israelbezogene Vorurteile, daher wenden sie sich eher an den Zentralrat als an die Botschaft. Die Zahl der Zuschriften Linksextremer ist bei der Botschaft höher als beim Zentralrat; sie kommunizieren ihre israelfeindlichen oder israel-kritischen Positionen eher an die Botschaft, weil sie zum Teil dezidiert eine Differenzierung zwischen Judentum und Israel vornehmen bzw. sich als antizionistisch und antiantisemitisch definieren.

Klar ersichtlich ist, dass keinesfalls die Zuschriften aus extremen Randgruppen das Schwergewicht des Korpus bilden. Vielmehr sind Menschen der sogenannten Gesellschaftsmitte in hohem Maße motiviert, sich an den Zentralrat oder die Botschaft zu wenden. Das Aufkommen rechts- oder linksextremer Zuschriften beim ZJD scheint zu dem Personenpotenzial des Links- bzw. Rechtsextremismus in Deutschland, welches die Verfassungsschutzberichte jährlich ausweisen, äquivalent zu sein.[16] Die Zahlen decken sich auch in etwa mit den von Zick/Küpper (2006b: 118) erfragten politischen Selbsteinschätzungen: Demnach bezeichnen sich im Jahr 2005 sieben Prozent der Befragten als links, 22 Prozent als eher links, 13 Prozent als eher rechts und knapp vier Prozent als rechts, während sich 54 Prozent genau der Mitte zuordnen (vgl. auch Hradil/Schmidt 2007: 174).

Der Residualkategorie (ambige bzw. nicht klar klassifizierbare, islamistische[17] oder psychopathologische Zuschriften) gehören 368 Zuschriften an (zusammen 7,5 Prozent). Der Anteil der Schreiber mit islamistischem Hintergrund ist bei der Botschaft höher als beim ZJD (dabei sind eigene Gruppenidentität, Solidarisie-

---

16 Zum rechtsextremen Personenpotenzial in Parteien und freien Kameradschaften vgl. http://www.verfassungsschutz.de/de/arbeitsfelder/af_rechtsextremismus/; zur Bedeutung des Linksextremismus in Deutschland siehe http://www.verfassungsschutz.de/de/arbeitsfelder/af_linksextremismus/; letzter Zugriff jeweils am 02.09.2012.
17 Von Islamisten oder Exil-Palästinensern abgesendete Schreiben sind von so geringer Zahl, dass eine gesonderte Aufführung nicht indiziert ist.

rung mit den „palästinensischen Brüdern" bzw. eine Art „Religionssolidarität" relevant), insgesamt aber zu vernachlässigen. Bei den muslimischen Schreibern stellt eventuell auch ein Mangel an Sprachkompetenz ein Hemmnis dar, weshalb deren Prozentsatz so gering ist.

	ZJD		IBD		gesamt	
	n	Prozent	n	Prozent	n	Prozent
Mitte	1418	65,3 %	1786	65,2 %	3204	65,2 %
eher links	244	11,2 %	379	13,8 %	623	12,7 %
linksextrem	37	1,7 %	125	4,6 %	162	3,3 %
eher rechts	247	11,4 %	126	4,6 %	373	7,6 %
rechtsextrem	106	4,9 %	76	2,8 %	182	3,7 %
islamistisch	23	1,1 %	106	3,9 %	129	2,6 %
psych. auffällig	14	0,6 %	71	2,6 %	85	1,7 %
sonstige	82	3,8 %	72	2,6 %	154	3,1 %
gesamt	2171		2741		4912	

Tabelle 1: Anzahl der Zuschriften nach politischer Tendenz.

In Bezug auf die soziale Schichtung und die geographische Verteilung ergeben sich kaum Auffälligkeiten. Die Zuschriften verteilen sich relativ gleichmäßig auf Ost- und Westdeutschland sowie Städte und ländliche Regionen.

Es wurden spezifische Subkorpora innerhalb des Gesamtkorpus gesondert analysiert, um kontrastive Analysen bei Intergruppenvergleichen deutlicher zu erfassen: z. B. Sprachgebrauchsmuster bei Extremisten und bei Verfassern aus der Mitte, Unterschiede zwischen Zuschriften an den ZJD und die IBD, Zuschriften anlässlich der Möllemann-Friedman-Debatte. Als interessantes Teilkorpus wurden auch die Zuschriften herausgegriffen, die sich auf die Trauerrede des baden-württembergischen Ministerpräsidenten Günther Oettinger für Hans Filbinger bzw. auf die Kritik des Zentralrats der Juden an dieser Rede beziehen, da hier thematisch ein unmittelbarer Bezug zur deutschen NS-Vergangenheit gegeben ist. Auch ist ein Vergleich im Zeitverlauf nach Jahren interessant, weil so veränderte Kommunikationsstrukturen ablesbar sind (z. B. hinsichtlich der Verwendung von NS-Vergleichen oder der Abnahme indirekter Sprechakte zugunsten direkter Sprachhandlungen sowie der Artikulation klassischer judenfeindlicher Stereotype).

Um Wörter, die mit einem bestimmten anderen Wort signifikant häufig in bestimmten Kontexten erscheinen, also Kollokationen (im Sinne von Häufung benutzter Wortverbindungen) bilden, erfassen zu können, wurden zu Subkorpora Kookkurrenz- bzw. Kollokationsanalysen durchgeführt (vgl. Perkuhn/Belica

2004). Zusätzlich wurden anhand von Stichproben (die in der Regel um die 1.000 Texte erfassen) Charakteristika von auffälligen Wortfeldern bzw. semantischen Feldern untersucht (vgl. Schwarz/Chur ⁵2007: 60 f.).

Zuschriftenart und Anonymität

Bei den vorliegenden Zuschriftenarten ergibt sich für Zentralrat und Botschaft zwischen 2002 und 2007 ein einheitliches Bild: Bei beiden überwiegen E-Mails (rund 65 Prozent), gefolgt von Briefsendungen (inklusive Postkarten knapp 28 Prozent), am seltensten werden Telefaxe (jeweils unter 10 Prozent) geschickt. In der gewählten Zuschriftenart vollzieht sich über die Jahre hinweg ein Wandel: Während im Jahr 2002 noch klassische Briefsendungen überwiegen, werden in den Jahren 2006/2007 mehrheitlich E-Mails versendet. Die schnelle und kostengünstige Kommunikationsform (die seit 2008 die mit geschätzten 90 Prozent dominante Informationsvermittlung darstellt) bietet die Möglichkeit, sich schnell und unkompliziert (ggf. unverbindlich und anonym) an die Institutionen zu wenden.

Zuschriftenart	ZJD		IBD		gesamt	
	n	Prozent	n	Prozent	n	Prozent
Briefe (inkl. P/Ph)	599	27,6 %	755	27,5 %	1354	27,6 %
Faxe	171	7,9 %	159	5,8 %	330	6,7 %
E-Mails	1401	64,5 %	1827	66,7 %	3228	65,7 %
	2171		2741		4912	

Tabelle 2: Art der Zuschrift.

Die meisten Zuschriften werden jedoch mit Namen und Adresse eingeschickt, nur etwa 13 Prozent der Nachrichten werden anonym versendet (bei IBD und ZJD). Bei 41 Prozent (ZJD) bzw. 37 Prozent (IBD) der Zusendungen ist neben dem Namen auch die vollständige Postanschrift, unter Umständen auch die Telefonnummer oder eine Homepage angegeben. Bei den E-Mails überwiegen aber Zuschriften, bei denen neben dem Namen nur der Wohnort (und natürlich die E-Mail-Adresse) angegeben werden. E-Mails sind diejenigen Zuschriften, die am häufigsten anonym verfasst sind. Im Zeitraum 2002 bis 2007 schwankt der Prozentsatz von anonymen Absendern im Jahresverlauf zwischen 9 und 15 Prozent. Es gibt quantitativ keinen klaren Trend zu einer Zu- oder Abnahme von anonym versendeten Texten. Dagegen ist eindeutig zu konstatieren, dass sich insgesamt mehr Menschen mit Namen und Adresse an den ZJD oder die IBD wenden und dennoch (zum Teil extreme Formen von) Verbal-Antisemitismus artikulieren.

Interessant ist die Verteilung der anonymen Zuschriften im politischen Rechts-Mitte-Links-Spektrum. Die als gesellschaftliche oder politische Mitte kategorisierten Zuschriften sind am seltensten anonym verfasst. Die Mitte ist am wenigsten geneigt bzw. sieht es am wenigsten für nötig an, Angaben zur eigenen Person geheim zu halten. Diese Schreiber halten ihre Meinung also für öffentlich sagbar/vertretbar (und würden dies wahrscheinlich auch in anderer Form als einer Briefsendung oder E-Mail an den ZJD oder die IBD tun). Dieser Befund korrespondiert mit der häufigen Thematisierung der eigenen Integrität und dem Phänomen der individuellen Antisemitismus-Abwehr; diese Menschen begreifen sich selbst bzw. ihre Meinung nicht als antisemitisch oder problematisch, sie sehen ihre Standpunkte als notwendig und berechtigt an und bürgen dafür mit ihrem Namen.

Davon heben sich die extremistischen Schreiber[18] deutlich ab, sowohl unter Rechts- als auch Linksextremen (bzw. deren abgeschwächten Varianten „eher links"/„eher rechts") sind die Anonymitätswerte zweistellig, d. h. bei diesen Gruppen schätzen wesentlich mehr Schreiber ihre Äußerungen als so problematisch ein, dass sie ihren Namen lieber nicht nennen (sei es aus Angst vor vermuteten Sanktionen, was zum Teil in absurde Hinweise auf die angeblichen Tätigkeiten des israelischen Geheimdienstes ausufert). Den höchsten Anonymitätswert weisen die Rechtsextremen auf; fast 43 Prozent der Rechtsextremen (für die Botschaft allein betrachtet betrifft es sogar die Hälfte aller rechtsextremen Absender) schreiben anonym. Das ist ein deutliches Indiz dafür, dass diese Personen ihre Ansichten und Meinungen als nicht sagbar oder konsensfähig erachten. Hier deckt sich die individuelle Einschätzung mit der Ideologie der rechtsextremistischen Parteien und der freien Kameradschaften, die hinsichtlich ihrer klassischen Positionen wie Fremdenfeindlichkeit, EU-Ablehnung usw. ein Meinungsdiktat in

---

18 Als Indikatoren für rechtsextreme Zuschriften sind zu nennen: Grußformeln (z. B. *mit germanischem Gruß*), Sprachmuster aus der Zeit des Nationalsozialismus (z. B. *der Jud Scharon*), Einzellexeme wie *Reichshauptstadt* oder Ironisierungen wie *sogenannte BRD*, Fahnen- und Hochwertwörter des Rechtsextremismus (wie *Volk*, *Reich* usw.), extensiver Gebrauch des Attributs *deutsch*, stark rassistische oder migrantenfeindliche Konzeptualisierungen und Verbalisierungen, auffällige E-Mail-Adressen oder Pseudonyme (wie *wotan...@web.de* oder *ein aufrichtiger Deutscher*), Verweise auf Parteimitgliedschaft bzw. Nähe zu NPD oder Republikanern. Indikatoren für linksextreme Zuschriften sind u. a.: Verweise auf einschlägige linksextreme Medien (z. B. *Rote Fahne*), aber auch Verweise auf die israelische Friedensbewegung, Amnesty International und deren stark globalisierungs- und kapitalismuskritische Argumentationen, Kopplung mit extremem Anti-Amerikanismus (Zielperson George W. Bush), Verweise auf Parteimitgliedschaft bzw. Nähe zur Partei Die Linke.

Deutschland konstatieren und sich selbst als Opfer dieser Zensur gerieren. Um ihre radikale Meinung trotzdem kundzutun, schreiben Rechtsextreme ihre Briefe und E-Mails also im Schutz der Anonymität (bzw. greifen auf Umwegkommunikationen bzw. sprachliche Implizitheit zurück). Insgesamt zeichnet sich damit ab, dass Anonymität (neben den oben genannten Kriterien) ein deutlicher Hinweis darauf ist, dass der Schreiber eine extremistische Position vertritt.

Die analysierten Zuschriften geben in vielfältiger Weise direkte und indirekte Hinweise auf den sozioökonomischen Status ihrer Autoren: Einerseits geben sie sehr häufig selbst explizit Auskünfte über ihren Bildungsstand, ihren Beruf oder ihre Familien- und Lebensumstände. So beginnen viele Zuschriften mit Aussagen wie *als x-jähriger Renter aus X* oder *als x-jähriger Student habe ich folgende Fragen*... Eine weitere Form der Selbstauskunft bilden ausführliche Schilderungen der eigenen Familiengeschichte oder das Nennen von Interessengebieten oder Beweggründen zum Schreiben (wie z. B. *... beschäftige ich mich als Lehrer schon lange mit der Geschichte der Juden* ...; *möchte ich meinen Kindern erklären* ...; *... für Toleranz und Offenheit einstehend, muss ich* ...). In der Regel spielt bei diesen Formen vor allem die positive Selbstdarstellung eine Rolle (vgl. Kap. 11.2). Andererseits liefern formale Merkmale der Zuschriften wie Berufsbezeichnungen (vor allem *Pfarrer, Lehrer, Beamter, Kaufmann* usw.) oder akademische Titel aber auch Firmenbriefköpfe (z. B. *Malerfachbetrieb, Consulting GmbH* usw.) und Links auf Websites Hinweise zur Verortung in der Gesellschaftsmitte. Zu erwähnen bleibt, dass die Autoren häufig natürlich auch dezidiert ihre politische Einstellung thematisieren bzw. explizit angeben, keiner (vor allem rechts)extremen Ideologie anzuhängen und vielmehr Teil der ganz „normalen" Mitte zu sein. Hier wird deutlich, dass auch die Schreiber, die sich an die IBD und den ZJD wenden, ganz verschiedene Kriterien nennen, die sie ihrer Meinung nach als Mitte charakterisieren.

Hinsichtlich des Explizitheitsgrades ist auffällig, dass extreme, explizit (vulgär)antisemitische Zuschriften (vor allem der rechts- und linksextremen Tendenz) eher als E-Mails versendet werden und vom Umfang sehr kurz sind, während vorsichtige, vor allem indirekt und implizit argumentierende Schreiber ausführlicher formulieren und oft eine formal ansprechende Briefform bevorzugen. Viele E-Mails sind lang, d. h. sie umfassen oft mehrere Seiten. Häufig sind Anhänge hinzugefügt; vielfach werden (von den Schreibern aus der Mitte) Kopien an Zeitungsredaktionen und Politiker gesendet.

Im Zeitverlauf nimmt die Zahl der explizit antisemitischen und aggressiven Zuschriften deutlich zu. Explizite Hass- und Drohmails, wie sie ab 2006 zu beobachten sind, kommen in den Jahren 2002 bis 2005 noch nicht bzw. nur selten vor.[19]

Klassifikationskriterien (Variablenset) für die qualitativen Einzeltextanalysen

Die einzelnen Zuschriften wurden textwissenschaftlich und inhaltsorientiert auf der Basis eines Variablensets nach bestimmten, linguistischen und diskurshistorischen Klassifikationskriterien analysiert. Das Variablenset (vgl. zu den Variablen und ihren jeweiligen Ausprägungen Tabelle 3) setzt sich aus formalen Variablen, wozu u. a. die Identifikationsvariablen („Chiffre und Speicherort"), aber auch Angaben zum Absender („Name, Vorname, Titel, Adresse, Ort, E-Mail-Adresse/ Telefonnummer") und der Umfang der Zuschrift gehören, und Bewertungs- bzw. Valenzvariablen zusammen.[20]

Die Variablen sind in der Mehrzahl nominal skaliert (nur zum Teil waren Mehrfachnennungen möglich, z. B. bei der dominanten Stereotypklasse „tradiert/neu"). Wegen ihrer großen Streubreite wird die Variable „verbale Auffälligkeiten/Besonderheiten" offen kodiert, die Kodierer können also ohne Kategorienraster angeben, welche verbalen oder konzeptuellen Muster innerhalb der Zuschrift hervorstechen bzw. dominant sind. Zu den Bewertungsvariablen gehört eine Reihe dichotomer Kriterien, mit denen das Vorkommen bestimmter Strategien oder Manifestationsformen erhoben wird (jeweils Ausprägung „positiv" und „negativ" für Auftreten bzw. Fehlen):

Die Variable „NS-Vergleich" gibt an, ob in der Zuschrift ein oder mehrere NS-Vergleiche gezogen werden. Bei „Emotion" wird kodiert, ob in der Zuschrift Emotionen genannt oder ausgedrückt werden (Indikatoren sind emotionsbezeichnende und emotionsausdrückende Lexeme, aber auch para-verbale Signale wie (Farb)Markierungen, Emoticons oder extensiver Gebrauch von Satzzeichen u. Ä.). Zudem wird festgehalten, wenn sich die Schreiber unspezifisch auf Medien beziehen („indirekter Medienbezug", z. B. durch Aussagen wie *habe ich gelesen, habe ich erfahren* usw.), oder wenn sie spezifische Medienberichte nennen, zitieren oder als Anhang beifügen („konkreter Medienbezug", z. B. *... habe ich gestern in der Frankfurter Allgemeinen Zeitung den Artikel von ...*). Unter „Stereotype ja/nein" wird die Verbalisierung von antisemitischen Stereotypen erfasst, ein wesentli-

---

[19] Ein Anzeichen dafür, dass sich (wie es u. a. Rensmann 2004 konstatiert hat) die Opportunitätsstrukturen des Antisemitismus tendenziell verändert haben und das Feld des Sagbaren sich ausgeweitet hat.
[20] Eine Differenz zwischen Analyse- und Auswahleinheit besteht nicht bzw. diese fallen stets zusammen, weil sich das gesamte Variablenset auf die gesamte Zuschrift bezieht.

cher Indikator dafür, ob eine Zuschrift verbal-antisemitisch ist oder nicht. Die Variable „Art der Stereotype" gibt über entsprechende Kürzel die dominante Stereotypform an.[21] Hierbei wird angegeben, ob die auftretenden Stereotype mehrheitlich als klassisch antisemitisch (KlA; wie z. B. JUDEN = GOTTESMÖRDER, JUDEN = WUCHERER, WELTVERSCHWÖRUNG usw.), Post-Holocaust-antisemitisch[22] (PHA; z. B. JUDEN NUTZEN DEN HOLOCAUST AUS, KRITIKTABU usw.) oder anti-israelisch (Anti-I; d. h. auf Israel bezogen wie z. B. ISRAELISCHER SONDERSTATUS, STÖRENFRIED usw.) zu klassifizieren sind. Hier ist eine Mehrfachnennung möglich (z. B. KlA/PHA oder KlA/Anti-I), eine Stereotypenhäufung wird bei „verbale Auffälligkeiten/Besonderheiten" vermerkt. Die wichtigste Bewertungsvariable ist „verbalantisemitischer Status".[23] Je nach Ausprägung der Stereotyp-Variablen sowie der NS-Vergleich-Variable, und nach Berücksichtigung der im Text verbalisierten Strategien (z. B. Legitimierungsstrategien, Antisemitismus-Abwehr) und der auf den Holocaust zielenden Verantwortungsabwehr oder Schuldrelativierungen sowie der israel-feindlichen Perspektivierungen und Konzeptualisierungen wird geprüft, ob die Zuschrift in ihrer Gesamtheit (bzw. nach ihrer globalen Funktion) als antisemitisch, israel-kritisch oder israel-feindlich zu klassifizieren ist. Als verbal-antisemitisch werden auch die Texte kodiert, bei denen anti-judaistische Redewendungen und Floskeln (wie *Auge um Auge, Zahn um Zahn* etc.) argumentativ gegen Juden oder Israelis verwendet werden, oder antisemitische Konzeptualisierungen offensichtlich nicht-intentional geäußert werden (z. B. wenn von Juden als *Gästen/Ausländern* gesprochen wird, sonst aber eine gänzlich positive und/oder solidarische Bewertung von Juden vorgenommen wird). „Solidarisch" steht für Zusendungen, in denen keine antisemitischen oder israel-kritischen Konzeptualisierungen und stattdessen Solidaritätsbekundungen ausgedrückt werden. Als philosemitisch werden Zuschriften kodiert, die auf Juden bezogene positive Stereotype enthalten.

Das sprachliche und argumentative Niveau der Zuschriften, also die Eloquenz der verbalen Ausführungen, wird als „normal" (bzw. „unauffällig"), „bildungsfern", „vulgär" oder „elaboriert" klassifiziert. So kann unter Umständen

---

21 Natürlich nur dann, wenn die Variable „Stereotyp ja/nein" positiv kodiert wurde.
22 Wir lehnen die Terminologie *primär* versus *sekundär antisemitisch* ab, da die Termini semantisch keine angemessenen Lesarten liefern und inadäquate Inferenzen aktivieren können (s. hierzu auch Kap. 4.4, Fußnote 53).
23 Die Kodierung richtet sich hier vor allem nach der Zuordnung von judenfeindlichen Stereotypen. Hinzu treten – mit Blick auf den israelbezogenen Antisemitismus – NS-Vergleiche, das Abstreiten des Existenzrechts Israels und doppelte (moralische wie politische) Standards (vgl. u. a. EUMC 2004: 229, Gessler 2004: 10, 15, Heyder et al. 2005: 146 f., Pfahl-Traughber 2007a).

ein Zusammenhang zwischen Bildungsniveau und der Verbalisierung antisemitischer Stereotype oder NS-Vergleiche aufgedeckt werden.

Als weitere Bewertungsvariable ist die „politische Tendenz" der Autoren zu nennen. Hier sind neben inhaltlichen Indikatoren auch formale Kontextfaktoren zu beachten, welche auf die politische Haltung oder Tendenz im klassischen Rechts-Mitte-Links-Spektrum hindeuten. In der Regel handelt es sich dabei um explizite oder implizite Selbstauskünfte der Schreiber im Briefkopf/E-Mail-Header oder Fließtext. Die jeweilige abgeschwächte bzw. moderate Form dieser Indikatoren spricht für die Kategorien „eher links" bzw. „eher rechts". Relevant sind auch das Fehlen solcher Indikatoren und die Angabe von sozialen Schichtungsmerkmalen, die für die sozioökonomische Mitte kennzeichnend sind (z. B. Titel, Berufsbezeichnungen, Bildungsgrad usw.), oder die Parteimitgliedschaft bzw. Nähe zu einer der etablierten Parteien. Hinzu tritt die explizite Selbstattribuierung, zur Gesellschaftsmehrheit oder -mitte zu gehören bzw. Antisemitismus und Rechtsextremismus strikt abzulehnen.

formale Variablen		
Chiffre	ZJD_TT.MM.JJJJ_XXX_Nr.	jeweilige Signatur
Art d. Zuschrift	E	E-Mail
	B	Brief
	Bh	Brief (handschriftlich)
	F	Fax
	Fh	Fax (handschriftlich)
	P	Postkarte
	Ph	Postkarte (handschriftlich)
Name	[...]	
Vorname	[...]	
Titel	Prof./Dr./Dipl. usw.	akademischer Titel
Adresse	ja	Straße und Wohnort angegeben
	nein	Straße und Wohnort nicht angegeben
Ort	[...]	Name vom Ort
E-Mail/Tel.	T	Telefonnummer angegeben
	E	E-Mail-Adresse angegeben
	E/T	E-Mail und Tel. angegeben
Umfang	kurz	Text umfasst wenige Zeilen
	mittel	Text umfasst weniger als 1 Seite
	lang	Text umfasst mehr als 1 Seite
Speicherort	Ordner	Zuschrift liegt papieren vor
	PC	Zuschrift liegt digital vor
	PC/Ordner	Zuschrift liegt sowohl papieren als auch digital vor

Bewertungsvariablen / Valenzvariablen

polit. Tendenz	r.ex.	rechtsextrem
	Mr	eher rechts/rechtskonservativ
	Mitte	gesell. Mitte
	Ml	eher links
	l.ex.	linksextrem
	islam	islamistisch
	psych	psychopathologisch
sprachl. Niveau	norm	normal/unauffällig
	elab	elaboriert/hohes sprachliches Niveau
	bild	„bildungsfern"/niedriges sprachliches Niveau
	vul	vulgär
antisem. Status	neutr	neutral (deskriptiv; nicht antisemitisch)
	sol	solidarisch
	phil	philosemitisch
	ik	israel-kritisch (jedoch nicht antisemitisch)
	eas	explizit verbal-antisemitisch
	ias	implizit verbal-antisemitisch
Art des Antisem.	KlA	klassischer Antisemitismus
	PHA	Post-Holocaust-Antisemitismus
	IA	israelbezogener Antisemitismus
Stereotyp ja/nein	ja	judeophobe Stereotype kommen vor
	nein	es kommen keine Stereotype vor
Art der Stereotype	KlA	klassisch antisemitische Stereotype
	PHA	Post-Holocaust-antisemitische Stereotype
	anti-israelisch	neue (israelbezogene) Stereotype
NS-Vgl.	ja	NS-Vergleiche kommen vor
	nein	es kommen keine NS-Vergleiche vor
Medienbezug	–	keine Medienbezug
	ind. MB	indirekter Medienbezug
	konk. MB	konkreter Medienbezug (auf Einzelmedium/-text)
Emotion	ja	Emotionen werden ausgedrückt/benannt
	nein	Emotionen werden nicht ausgedrückt/benannt
auffällig	[...]	auffälligste verbale/konzeptuelle Merkmale
Sonstiges/Anmerkungen	[...]	Anmerkungen für Team (z. B. „Textteile fehlen")

Tabelle 3: Übersicht Variablen und Ausprägungen.

Die Ergebnisse der Textanalysen sind zwar digital erfasst, es wurde jedoch keine computergestützte Analyse durchgeführt, weil diese u. a. keine impliziten Bedeutungskomponenten erfassen kann. Die Analyse richtet sich nach der Äußerungsbedeutung im spezifischen Kontext der jeweiligen Äußerung. So lässt sich der Tendenz entgegenwirken, durch numerische Kodierungen die semantischen und kontextuellen Bedeutungen praktisch zu eliminieren.[24]

Verbal-Antisemitismus: Quantitative Befunde

Obgleich unsere Korpusanalyse primär qualitativ ausgerichtet ist, wurden auch quantitative Analysen durchgeführt, um z. B. Angaben über signifikante Verteilungsmuster machen zu können.

Bei der Bewertungsvalenz der Zuschriften ist offensichtlich, dass die Meinungsposition der Schreiber in ihrer Mehrheit negativ gegenüber Juden/Judentum ist. 72,6 Prozent aller Zuschriften sind als antisemitisch zu bewerten. Bei den extremistischen Randgruppen sind annähernd alle Zuschriften antisemitisch. Aber auch über ein Drittel der Schreiber der Mitte artikuliert klar antisemitisches Gedankengut (hier bestätigen sich sozialwissenschaftliche Erhebungen, die eine Antisemitismusrate von über 20 Prozent angeben).[25] Auffällig ist, dass der Anteil für den Zentralrat höher ist als für die Botschaft; die Zuschriften an den ZJD sind häufiger als eindeutig antisemitisch zu klassifizieren als die der Botschaft.

Dem stehen nur neun Prozent neutrale oder legitim kritische Reaktionen entgegen sowie 14 Prozent positive bzw. solidarische Zuschriften. Philosemitische Zuschriften liegen bei 0,4 Prozent. Die Mehrheit der Solidaritätsschreiben ist Teil einer Postkarten-Aktion der Israelischen Botschaft, bei der ca. 230 Sympathiebekundungen eingereicht wurden, oder sie beziehen sich auf das Staatsjubiläum Israels. Darüber hinaus treten solidarische oder positive Zuschriften nur vereinzelt auf. Ab dem Jahr 2007 sind sie aber kontinuierlich im Korpus vorhanden. Neben expliziten Solidaritätsbekundungen wird in diesen Schreiben häufig die deutsche Berichterstattung über Israel als einseitig oder israel-feindlich kritisiert.

Die solidarischen Zuschriften (aus der Mitte der Gesellschaft) richten sich stets an die Botschaft, nicht an den Zentralrat: Uneingeschränkte Solidaritätsschreiben kommen nur in Hinsicht auf Israel vor; Schreiben an den Zentralrat,

---

[24] Vgl. Brosius/Koschel (2001: 202).
[25] So gibt z. B. das Pew Research Center (2008) für Deutschland einen Anteil von 25 Prozent Antisemiten an. Der höhere Wert von 32 Prozent könnte u. a. damit erklärt werden, dass soziale Erwünschtheit und Reaktivitätseffekte bei Befragungen deren Ergebnisse beeinflussen und sich daher tendenziell eher geringere Werte ergeben.

die parallel ein Gedenken an den Holocaust fordern oder befürworten, treten dagegen kaum auf.

Vier Prozent der Schreiben stellen völlig inkohärente und semantisch konfuse Texte dar, die keiner Kategorie zugeordnet werden können. Mehr als die Hälfte der beim ZJD eingegangen Zuschriften (n = 1.209, 55,7 Prozent) ist als explizit antisemitisch klassifiziert worden, diese Texte weisen also die Indikatoren für Verbal-Antisemitismus in manifester Form auf, und die Verfasser drücken tradierte judenfeindliche Stereotype (Juden als WUCHERER, LÜGNER, Schuld- oder Antisemitismus-Abwehr, Revisionismus etc.) aus. Für das Teilkorpus der Israelischen Botschaft ist dieser Wert mit 25,8 Prozent geringer, dort überwiegen anti-israelische Zuschriften mit 33,9 Prozent, die jedoch oft implizit Stereotypkodierungen erkennen lassen und auf NS-Vergleiche zurückgreifen. Konzeptuelle Verschiebungen und Erweiterungen von tradierten Stereotypen auf aktuelle Negativ-Klischees sind hier frequent zu beobachten (s. Kap. 7).

Für das Stichprobenkorpus 2002 bis 2007 ergibt sich folgende Verteilung für NS-Vergleiche:

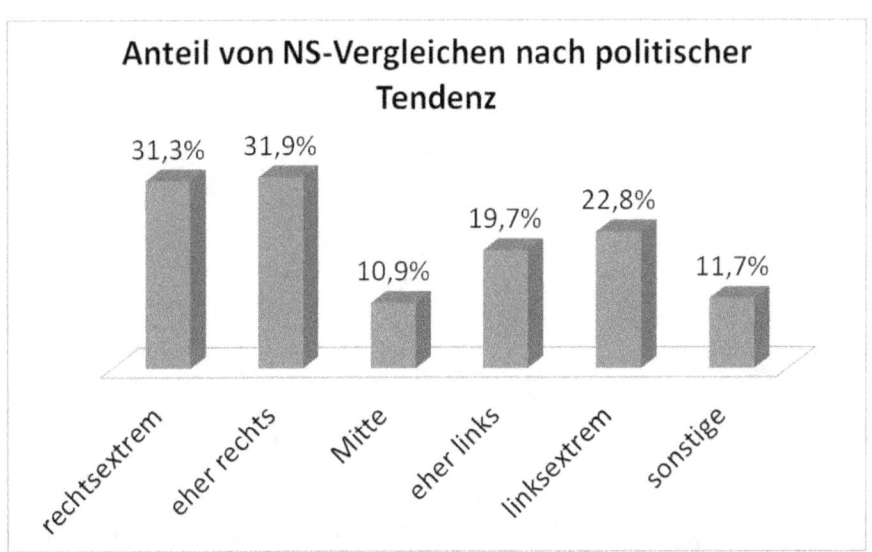

Abbildung 3: Häufigkeit von NS-Vergleichen nach politischer Tendenz.

Die Stichproben für das Material ab 2008 zeigen aber kontinuierlich einen starken Anstieg der NS-Vergleiche seit der Eskalation im Gaza-Streifen; insbesondere ist bei den Schreibern aus der Mitte eine deutliche Zunahme zu verzeichnen: Repräsentative Stichproben innerhalb des neuen Materials bis Ende 2011 deuten hier auf einen Prozentsatz von über 30 Prozent hin, d. h. es besteht demzufolge kein Unterschied mehr zwischen Mitte und Rechts- sowie Linksextremen bezüglich der Verwendung solcher inadäquaten Sprachgebrauchsmuster.

Notationskonventionen

Alle orthographischen und grammatischen Fehler in den Beispielen entsprechen den Originaldokumenten.

Den Konventionen der Kognitionswissenschaft und Linguistik folgend, werden Belegbeispiele vom Text abgesetzt und nummeriert. Im Fließtext erwähnte sprachliche Ausdrücke und Beispiele werden durch Kursivierung hervorgehoben. Konzeptuelle, d. h. mental-geistige Entitäten und Strukturen werden mittels durchgängiger Großschreibung (Kapitälchen) kenntlich gemacht. Bedeutungsparaphrasen, Argumente und Schlussfolgerungen werden in einfache Anführungszeichen gesetzt.

3 Judenfeindschaft und Sprache: Verbale Macht- und Gewaltausübung

3.1 Sprache als geistiges System und kommunikatives Handlungsinstrument

Die Möglichkeit, mittels Sprache zu kommunizieren, gehört zu den wichtigsten geistigen und sozialen Fähigkeiten des Menschen. Sprachliche Kommunikation ist Grundlage jeder Gesellschaft. Alle wesentlichen sozialen Interaktionen, Strukturen und Institutionen basieren auf sprachlichen Prozessen. Sprachliche Äußerungen vermitteln allgemeine und individuelle Kenntnisse, speichern kollektives Wissen, drücken politische und ideologische Einstellungen aus, ermöglichen komplexe Denkprozesse und die Tradierung enzyklopädischer Informationen, aktivieren Gefühle, beeinflussen Bewusstseinsinhalte, erweitern Wissensrepräsentationen, lösen Assoziations- und Lernprozesse aus. Über das kognitiv und kulturell geprägte Kenntnissystem Sprache vermitteln Menschen ihre Wahrnehmungen, Eindrücke und Urteile, ihre Ideen, Vorstellungen und Überzeugungen, ihre Wünsche, Erwartungen und Ziele. Die Sprache ist das bei allen individuellen Unterschieden und subjektiven Ausrichtungen menschlicher Existenzen in einer Gemeinschaft von allen geteilte und benutzte, überindividuell verstandene Kenntnis- und Kodierungssystem.[1] Ein System, das es ermöglicht, mittels regelgeleitet erzeugter Symbolstrukturen Informationen über die Welt nicht nur langfristig in einem Medium zu speichern, sondern diese auch an unsere Mitmenschen weiterzugeben. Ein System, das den Austausch von Informationen über Zeichen ermöglicht und damit gewährleistet, dass Menschen als Subjekte intersubjektiv zu anderen Kontakt aufnehmen und sich elaboriert mitteilen können. Mentale, d. h. nicht beobachtbare Gedanken werden mittels sprachlicher Formen in ein konkretes Medium gebracht und erhalten damit eine objektivierbare Dimension. Gemeintes wird zum Gesagten und damit Teil des gesellschaftlichen Prozesses und der sozialen Interaktion.

Mit Sprache beziehen wir uns auf die außersprachliche Welt. Wir beziehen uns auf Personen, Dinge, Sachverhalte, bilden Realitätsstrukturen ab, stellen verbal Zusammenhänge (kausaler, temporaler und räumlicher Art) dar, geben Urteile über die Wahrheit oder Falschheit von Aussagen. Sprache bildet Realität

---

[1] Sprache umfasst als Kenntnissystem bestimmte Subsysteme (Lexik, Morphophonologie, Syntax, Semantik) mit spezifischen Regeln. Maßgeblich ist, dass immer Formen an Inhalte gekoppelt werden. Nur Formen allein sind bedeutungslos, die geistigen Inhalte dagegen lassen sich ohne Formanknüpfung nicht kommunizieren.

aber nie einfach nur ab, da die Wahl der Mittel und die Art der Informationsanordnung stets schon eine spezifische Perspektivierung und Evaluierung vermitteln. Jede verbale Realitätsdarstellung kann so durch die Gestaltung der Äußerung variiert und der Sprecherintention gemäß geformt werden. Lexikon und Grammatik liefern ein Reservoir an unterschiedlichen Wörtern für Benennungen sowie die Möglichkeit, syntaktische Strukturen flexibel auszuwählen, um Inhalte semantisch und strukturell verschiedenartig darzustellen. Je nach Perspektive und Einstellung können z. B. Juden referenziell neutral, meliorativ, pejorativ, vage oder falsch bezeichnet werden als *jüdische Mitbürger, Juden, Drecksjuden, Saujuden, Judenschweine, jüdische Parasiten, bestimmte Kreise, jene Religionsgemeinschaft, Ostküstenlobby, Zionisten, Israelis, Semiten* etc. Durch die Synonymverwendung der Wörter *Jude(n)* und *Israeli(s)*, die zwei Bedeutungen haben und sich außersprachlich auf verschiedene Referentengruppen beziehen, wird eine Identitätsrelation ausgedrückt, die de facto[2] nicht richtig ist.

So erzeugt die jeweilige sprachliche Konstruktion immer eine subjektiv geprägte Darstellung von Realität. Sprachliche Äußerungen schaffen zum Teil eigene Realitäten, und über die Semantik, also die Bedeutungen der involvierten Strukturen werden ganze mentale Modelle[3] erzeugt, die mit der außersprachlichen Realität nichts gemeinsam haben. Wie in dem (als klassisch für judeophobe Fiktionen zu bezeichnenden) Satz, der von Heinrich von Treitschke 1879 artikuliert und von den Nationalsozialisten 50 Jahre später in jeder *Stürmer*-Ausgabe als Schlagzeile reproduziert wurde:

(1)   „die Juden sind unser Unglück!" (Treitschke 1879: 575)

Hiermit wird kollektiv allen Juden die Verantwortung für die Probleme und die Zukunft des deutschen Volkes zugesprochen (ein Urteil, das angesichts der damaligen Realität ebenso falsch wie grotesk[4] war; s. hierzu Kap. 4.2). Zudem wird durch die additive Gegenüberstellung grammatisch die Abgrenzung von Juden und Deutschen verbalisiert. Die aktuelle Äußerung (2) aus dem Jahr 2007:

---

2 Nicht nur, dass selbstverständlich nicht alle Juden Israelis sind, sondern Deutsche, Franzosen, Amerikaner etc., es sind auch nicht alle Israelis Juden: Es gibt arabische (muslimische und christliche) Israelis, die Staatsbürger von Israel sind.
3 Äußerungen evozieren nicht nur einzelne Konzepte, sondern komplexe Schemata, d. h. Konzeptverbindungen, die als Modellkonstruktionen mentale Realitätsstrukturen widerspiegeln (s. Schwarz ³2008: 115 ff.).
4 Im 19. Jahrhundert stellten die Juden ca. ein Prozent der deutschen Bevölkerung und sahen sich zudem massiven Anfeindungen und sozialen Behinderungen ausgesetzt. Von einer wesentlichen Einflussnahme, die dem deutschen Volk hätte Schaden zufügen können, konnte

(2) „Juden sind das Übel der Menschheit und bedrohen den Weltfrieden."
[ZJD_29.05.2007_Sch_002][5]

spiegelt ebenfalls die realitätsverzerrende und zugleich realitätskonstituierende Komponente wider, die durch den hyperbolischen und generischen Sprachgebrauch entsteht. Ein Feind- und Gefahren-Szenario wird etabliert, das allein im Kopf des Sprachproduzenten existiert, jedoch über die Verbalisierung als weltabbildend kommuniziert wird.

Sprachliche Äußerungen erzeugen also beobachterabhängige Text-Welten, kognitive Zwischenebenen, die oft kein Äquivalent in der realen Welt[6] haben. Die realitäts- und gegenstandskonstituierende Funktion von Sprache wird besonders deutlich, wenn wir auf fiktive Texte blicken. Der Produzent eines literarischen Werkes kreiert mittels sprachlicher Strukturen eine eigenständige, komplexe, in sich durchaus kohärente, aber fiktive Wirklichkeit. Ähnlich ist es bei den Konstrukten der Judenfeindschaft: Die zum Teil seit Jahrhunderten tradierten judeophoben Stereotype haben mehrheitlich keinerlei reale Basis, sondern sind kognitiv hergestellte und sprachlich vermittelte Fiktionen (s. hierzu Kap. 4), die als Konzeptualisierungsmuster in den Köpfen ihrer Benutzer gespeichert sind (oder kulturell als kommunikativer Kode in den Sprachformen konserviert werden). Die Weltverschwörungspläne in den *Protokollen der Weisen von Zion* oder die seit dem Mittelalter kodierten Vorstellungen von Juden als kindermordenden Blutkultanhängern sind nachweislich reine Phantasieprodukte, aber sie werden weltweit

---

also nicht einmal im Entferntesten ausgegangen werden (s. Friesel 1990). Genauso realitätsfern war die Aussage in der NS-Zeit.

5 Dieses Kürzel zeigt an, dass es sich bei einem Beispiel um einen authentischen Text aus dem E-Mail-und-Brief-Korpus handelt. In diesem Fall steht ZJD für Zentralrat der Juden in Deutschland, mit dem Datum, an dem der ZJD die E-Mail erhielt; für den Namen des Schreibers bzw. der Schreiberin wurde ein anonymisierendes Kürzel eingesetzt. Mit IBD beginnende Kürzel hingegen markieren Zuschriften, die bei der Israelischen Botschaft in Deutschland eingegangen sind.

6 Auch wenn hier nicht ein naiver Realismus angenommen wird, sondern die Annahme des Konstruktivismus, dass Realität immer im Kopf des Betrachters entsteht, so können wir doch nicht darauf verzichten, Realitätseinschätzungen in Form von Vergleichen vorzunehmen, da wir sonst in unserer Gesellschaft in eine totale Unverbindlichkeit abgleiten würden. Wir nehmen in unserem Leben immer an, dass es eine Realität gibt, die als Basis für Wahr-oder-falsch-Urteile dient. Die reale Welt hat für uns den Charakter eines verbindlichen, normalerweise nicht in Frage gestellten Bezugsystems; sie liefert die Grundlage für unsere Bewertungen, unsere Wahrheitsansprüche, unsere rechtlichen Entscheidungen. Wir orientieren uns an dieser Realität und es gehört zu unseren kognitiven Fähigkeiten, dass wir normalerweise die reale Welt und die fiktionalen Welten auseinanderhalten können.

von Millionen von Menschen geglaubt und über diverse Texte[7] in der kommunikativen Praxis erhalten und tradiert. Verdichten sich die judeophoben Konzepte zu einem komplexen Glaubenssystem, entsteht ein für Fakten geschlossenes Weltbild, in dem sich pseudo-rational alles kohärent zusammenfügt. Innerhalb des Systems wird jede Information plausibel integriert bzw. als passend umgedeutet: Werden z. B. Juden Opfer von verbaler und/oder nonverbaler Gewalt, so ist dies aus der systemimmanenten Sicht des antisemitischen Betrachters immer deren eigene Schuld.

Aggressive Sprache und Judenfeindschaft verbindet eine lange Symbiose. Die Sprachgebrauchsgeschichte zeigt, wie Juden über die Jahrhunderte hinweg (trotz wechselnder sozialer Konstellationen) weitgehend semantisch homogen abgewertet und ausgegrenzt wurden. Die Sprache erweist sich als kulturelles Erbe und kollektives Wissensreservoir, als Konservierungsmittel für Mythen und Stereotype, die unhinterfragt tradiert werden, die zum kollektiven Wissen einer Gesellschaft gehören, obgleich ihr Geltungsanspruch nicht empirisch unterlegt ist. Sprache trägt, lenkt und prägt maßgeblich unser Denken. Sprache ermöglicht, Identität auszudrücken (*Ich als junger Deutscher der Nachkriegsgeneration*), nationales Selbstbewusstsein zu erfahren (*Ich bin stolz auf mein Land Deutschland*), Sprache stiftet Gemeinsamkeit und Identität, grenzt gleichzeitig ab; individuelles und kollektives Ego und Alter Ego werden mittels Sprache über gruppenzuweisende Merkmale definiert (vgl. 'Wir Deutschen versus Ihr Juden'). Sprache vermittelt Urteile und Bewertungen (vgl. *Israel ist ein Unrechts- und Apartheidstaat*), steuert Meinungsbildungsprozesse (vgl. *Wir haben ein Kritiktabu*), transportiert bzw. reaktiviert Stereotype (vgl. *Alle Juden sind geldgierig*), benennt, weckt bzw. beeinflusst Gefühle (vgl. *Aus großer Sorge um den bedrohten Weltfrieden muss ich schreiben*), konstruiert extrem negative Vorstellungen (*Pestbeule Judentum*), Bedrohungen (*das internationale Judentum will uns vernichten*) und fiktive Analogien (*Mit SS-Methoden geht das israelische Militär vor*). Sprache kann Feindbilder[8] erzeugen, aus einem Individuum oder einer Gruppe eine schädliche, böse Figur oder Instanz machen (wie in „*Die Juden zerstören Deutschland*", E-Mail an den ZJD 2009). Texte erschaffen oft nicht nur ihre eigenen Realitätsstrukturen („*Alle Israelis sind Mörder*", E-Mail an die IBD 2008; „*Juden beherrschen die Presse*", an

---

7 Die *Protokolle der Weisen von Zion* sind in einigen arabischen Ländern ebenso oft gedruckt und verbreitet wie Hitlers *Mein Kampf*. Auf rechtsradikalen Homepages werden die *Protokolle* als Beweis für die antisemitische Ideologie zitiert. In der *Charta der Hamas* findet sich unter Artikel 32 der intertextuelle Verweis auf die Richtigkeit der *Protokolle der Weisen von Zion*. S. hierzu ausführlicher Wistrich (2011).
8 Vgl. Marcuse (1984: 303): „Sprache definiert und verdammt den Feind nicht nur, sie erzeugt ihn auch; und dieses Erzeugnis stellt nicht den Feind dar, wie er wirklich ist, sondern vielmehr, wie er sein muß, um seine Funktion [...] zu erfüllen."

den ZJD 2002), sondern liefern zugleich sehr spezifische Bewertungsmaßstäbe bzw. -systeme, in denen Kategorien wie Gut und Böse klar definiert sind („*Juden sind das Übel der Welt*").

Es reicht allerdings nicht, die referenzielle Darstellungsfunktion der Sprache und die ihr zugrundeliegenden Konzeptualisierungen zu analysieren, wenn man das gesamte Informations- und Wirkungspotenzial von sprachlichen Äußerungen erfassen will. Über die expliziten Referenzialisierungen als Verbalmanifestationen hinaus vermitteln Texte nämlich oft Informationen, die implizit enthalten sind, deren problemlose Rekonstruierbarkeit aber vorausgesetzt wird. Ein Satz wie (3) (der in diversen Varianten z. B. in rechtsgerichteten Publikationen wie der *National-Zeitung* zu lesen ist):

(3) „Die Banker an der Ostküste beeinflussen Amerikas Politik."

enthält keinen Ausdruck, der in irgendeiner Weise auf Juden Bezug nimmt. Die vage Nominalphrase „*Banker an der Ostküste*" jedoch ist eine (mittlerweile schon als Floskel benutzte) Paraphrase für amerikanische Juden. Ähnlich funktioniert es mit referenziell unterspezifizierten Ausdrücken und Phrasen wie *jene Lobby, die in unserem Land das Sagen hat* oder *die Religionsgemeinschaft, die uns am Wickel hat*. Die Leser entsprechender Textstellen erschließen kontextuell sofort aufgrund ihres Weltwissens, wer gemeint ist.

Eine an den Zentralrat der Juden in Deutschland (in den letzten Jahren viel) gestellte Frage wie:

(4) „Warum ziehen sie nicht nach Israel?"

impliziert, dass der Sprachproduzent deutsche Juden nicht als Deutsche, sondern als Israelis sieht. Solche indirekten Sprechakte[9] werden oft benutzt, um Tabus zu umgehen und sich vor Sanktionen zu schützen. Da nach 1945 ein

---

9 Indirekte Sprechakte drücken nicht expressis verbis aus, was tatsächlich gemeint ist. Es sind Formen der Umwegkommunikation: Der Sprecher sagt x, meint aber y. Die durch die grammatische Oberfläche vermittelte Funktion entspricht nicht der intendierten Funktion. So kann ein Inhalt als Frage in den Raum gestellt werden, tatsächlich aber ist der Sprecher von der Wahrheit der Aussage überzeugt und meint die Frage als Feststellung. Bei indirekten Sprechakten gibt es über die wortwörtliche Bedeutung der Äußerung hinaus noch einen zusätzlichen Sinn. Jeder kommunikativ kompetente Sprecher/Hörer einer Sprachgemeinschaft ist in der Lage, durch Weltwissensaktivierung und Kontextinformationen diesen Sinn zu verstehen. Es gehört zu den grundlegenden Prinzipien sprachlicher Informationsvermittlung, dass nicht nur das expressis verbis Gesagte, sondern auch das Erschließbare höchst bedeutungsvoll sein kann (s. u. a. Liedtke 1995, Wagner 2001).

offener Antisemitismus und die Leugnung des Holocaust nicht nur verpönt sind, sondern als Volksverhetzung auch strafrechtlich geahndet werden, werden neben der bereits erwähnten referenziellen Unterspezifikation indirekte Formen der Informationsvermittlung benutzt, z. B. rhetorische Fragen (*Sollen wir Deutschen ewig büßen? Wer braucht denn allen Ernstes ein Mahnmal?*), Anspielungen und Wortspiele (*USrael, IsraHölle, Schwindlers List*). Insbesondere der Typ der referenziellen Verschiebung ist frequent: Referiert wird auf Israel, gemeint sind aber alle Juden. So muss nicht ein einziges Mal das Wort *Jude* oder *jüdisch* in einer Äußerung vorkommen, um judenfeindliche Inhalte zu vermitteln. Vielmehr vertrauen die Produzenten darauf, dass ihre Rezipienten den gemeinten Sinn über Schlussfolgerungen (als Implikaturen) erschließen können. Implikaturen sind nicht explizit formulierte, aber über den Inhalt der Äußerung im Kontext erschließbare Bedeutungen. Da es sich hierbei um rein mentale Schlussfolgerungen handelt, können sie vom Sprachproduzenten annulliert bzw. zurückgezogen werden, wenn eine brisante Situation entsteht. Der Produzent verweist dann auf das wörtlich Gesagte (und leugnet das kognitiv zu Rekonstruierende). So können nach der Artikulation eines Satzes wie *Die Israelis sind eine verbrecherische, blutrünstige Mörderbande unterm Davidstern!* die möglichen Implikaturen 'Israel hat keine Existenzberechtigung' oder 'Israelis sind Juden und Juden sind Mörder' bei Bedarf negiert werden. Die Verwendung indirekter Sprechakte ist also eine kommunikative Vorsichtsmaßnahme auf Seiten der Sprachbenutzer.

Mit Sprache wird Realität nicht nur spezifisch dargestellt, sondern mit Sprache wird direkt in die Realität eingegriffen. Sprache ist Handlungsinstrument[10] und kann wie eine Waffe benutzt werden, um Menschen Schaden zuzufügen, sie zu kränken, zu beleidigen, zu verunglimpfen, sie auszugrenzen, ihnen zu drohen (s. hierzu ausführlich Kap. 10.1). Mit Sprache kann man nicht nur zur Gewalt aufrufen, sondern ihr Gebrauch kann selbst eine Form von Gewaltausübung sein. Kommunikativ unterscheidet man verschiedene Typen von verbalen Handlungen (vgl. Searle 1969, Meibauer ²2001, Bublitz ²2009, Schwarz-Friesel 2007):

Mit Direktiva ist ein unmittelbarer Appell an den Adressaten verbunden: Eine Äußerung wie *„Verlassen Sie Deutschland!"* (an den ZJD) fordert zu etwas auf; die außersprachliche Welt soll der Sprache folgen, nach ihr ausgerichtet werden. Mit Kommissiva wie Drohungen (*„Ich werde alles tun, um meine Mitmenschen gegen Juden aufzuhetzen"*, E-Mail an die IBD 2007, oder *„Wir schlagen euch alle tot!"*, E-Mail an den ZJD 2005) wird ebenfalls versucht, Realität an die Sprache

---

10 Dass mit Sprache Handlungen vollzogen werden, gilt spätestens seit der Sprechakttheorie als unumstrittene Grundannahme jeder Sprach- und Kommunikationstheorie (vgl. hierzu die Klassiker Austin 1962 und Searle 1969; s. auch Habermas 1981).

anzupassen, indem sie Zukünftiges prädizieren und damit u. a. die Adressaten ängstigen oder unter Druck setzen. Assertiva/Repräsentativa haben die Funktion, als Feststellungen Realität darzustellen; die Sprache richtet sich nach der Welt und bildet sie ab. Der Sprecher legt sich auf die Wahrheit oder Falschheit der Aussage(n) fest. Wenn repräsentative Sprechakte jedoch realitätsverzerrend oder verfälschend benutzt werden, fungieren sie als Beleidigungen, Diffamierungen und Diskriminierungen wie in *Alle Juden sind geldgierig* oder *Israel ist ein NS-Staat*. Eine assertive Äußerung wie *Den Holocaust hat es nie gegeben* verdreht die Realität, stellt aber darüber hinaus auch eine affektive Verletzung der Opfer(nachkommen) dar. Holocaustleugnungen sind nicht nur Geschichtsfälschungen, sondern sie beinhalten zugleich immer auch die Unterstellung, die Anderen seien Lügner. Zugleich verhöhnen sie die Erinnerung an das Leid der Opfer. Mit einer Feststellung können somit zugleich mehrere Handlungen gleichzeitig vollzogen werden. Das Handlungspotenzial der Sprache zeigt sich auch bei Expressiva, d. h. gefühlsbekundenden Sprachhandlungen, in denen der Produzent seine Einstellung zu einem bestimmten Sachverhalt artikuliert, wie in *„Mir wird schlecht, wenn ich an Juden denke"* (Postkarte an die IBD 2006) oder *„Ekelhaft, das Judenpack!"* (an den ZJD 2003). Auch diese Sprechakte üben Gewalt aus, da sie die Adressaten beleidigen und verletzen, ihre Würde angreifen.

3.2 Macht der Sprache als Gewalt durch Sprache

Wenngleich Macht[11] und Gewalt nicht gleichzusetzen sind, so sind sie doch untrennbar miteinander verbunden. Gewalt[12] ist ein bestimmter Subtyp der mög-

---

11 Das Thema nonverbale Gewalt ist in den letzten Jahren von Philosophen, Politik-, Sprach- und Sozialwissenschaftlern sowie Psychologen vor allem im Zusammenhang mit der sogenannten Hass-Rede erörtert worden (vgl. u. a. Butler 1998, Corbineau-Hoffmann/Nicklas 2000, Erzgräber/Hirsch 2001, Haubl/Caysa 2007, Krämer/Koch 2010). Die bisherige Forschung hat sich dabei jedoch primär auf theoretische, sprachphilosophische Reflexionen und die Erörterung juristischer Konsequenzen beschränkt (vgl. Zimmer 2001, Delgado/Stefancic 2004, Herrmann et al. 2007). „Gewalt in der Sprache" wird als eine von der physischen Gewalt abzugrenzende mentale Komponente mit ihren möglichen Auswirkungen erörtert (s. Krämer/Koch 2010). Sowohl die emotionale Komponente, als das den Manifestationsformen zugrundeliegende Phänomen, als auch die verbale Komponente wurden nicht hinreichend analysiert (vgl. aber Kiener 1983, van Dijk 1984 und 2002, Jäger ³2001, Reisigl/Wodak 2001, Graumann/Wintermantel 2007, Havryliv 2009, Meibauer 2012). Es mangelt bislang insbesondere an empirisch fundierten Untersuchungen, die dezidiert Aufschluss über aktuelle verbale Gewaltformen in ihren verschiedenen Facetten geben können (s. hierzu auch kritisch Haubl/Caysa 2007 und Schwarz-Friesel 2012b).
12 Der juristische Gewaltbegriff erfasst im Wesentlichen die körperliche Gewalt. Vgl. StGB

lichen Machtaktivitäten, dem eine Täter-Opfer-Struktur inhärent ist. Sprache wird dabei zur Waffe. Verbale Gewalt ist eine destruktive Form der Machtausübung. Sie erfolgt bewusst und intentional mit dem Ziel, den/die Anderen zu kränken, zu beleidigen, auszugrenzen etc. Dies trifft auf die verbale, aber auch die nonverbale Gewalt[13] zu. Sprache hat als Handlungsinstrument das Potenzial, Menschen kognitiv wie emotional zu verletzen und ihnen nicht nur individuell, sondern auch gesellschaftlich Schaden zuzufügen. Ihr Einsatz zielt einerseits auf die Verletzbarkeit von Menschen, andererseits auf Beeinflussung bzw. Gewinnung gleichgesinnter Rezipienten. Sprachliche Äußerungen aktivieren, reaktivieren und konstruieren Gedankengut, das die öffentliche Meinung und das kollektive Bewusstsein massiv und nachhaltig beeinflussen kann.

Mit sprachlichen Äußerungen werden Menschen als Individuen und/oder als Mitglieder von Gruppen angegriffen, beleidigt, verhöhnt, bedroht und diffamiert. In alltäglichen Kommunikationssituationen kommt es immer wieder zu Formen der aggressiven Gewaltausübung durch Sprache. Aggressivität (deren Basis eine negative, emotionale Einstellung ist, die selbstgerichtet oder fremdgerichtet sein kann) zeigt sich verbal in feindseligen Handlungen, deren Ziel die kognitive, emotionale oder soziale Schädigung einer Person ist. Spielt bei einer Verbalattacke der Bezug auf die Gruppe bzw. Gemeinschaft, der diese Person angehört, eine Rolle, handelt es sich um verbale Diskriminierung. Verbale Diskriminierung ist eine Form von Gewaltanwendung, die das Machtpotenzial von Sprache nutzt, um gesellschaftliche Gruppen (sei es aufgrund ihrer Ethnienzugehörigkeit, ihres Geschlechts, ihrer sexuellen Ausrichtung, ihrer Religion, ihres Alters oder ihrer Herkunft) von der (vom Aggressor als normal etablierten) Mehrheitsgesellschaft semantisch auszugrenzen und abzuwerten. Die gruppenbezogene Ausgrenzung basiert auf der fundamentalen sozialpsychologischen Unterscheidung von Eigen- und Fremdgruppe, die sich auf allen Ebenen menschlicher Sozialisierung zeigt. Von nur aggressiven, aber nicht notwendigerweise diskriminierenden Sprechakten unterscheidet sich die Diskriminierung als verbale Handlung durch die Komponente 'gruppenbezogen'. Dieses semantische Merkmal ist wesentlich für die Bestimmung, ob eine Sprachhandlung Kritik, Beleidigung oder (die soziale oder ethnische Ungleichheit einer Gruppe betonende) Diskriminierung ist.

Dass mit sprachlichen Äußerungen aktiv und bewusst Handlungen vollzogen werden, ist nur eine Dimension ihres Macht- und Gewaltpotenzials. Sprache

---

§ 240 ff. Nonverbale Formen der Gewalt werden u. a. unter StGB § 130 zur Volksverhetzung aufgeführt.

13 Dass nonverbale Gewalt im Sinne von Herrschaftsausübung Menschen als Opfer stigmatisiert, diskriminiert und zugleich Bewusstseinsmanipulation darstellen kann, zeigt sich besonders deutlich bei staatlich kontrollierter Sprachlenkung (vgl. z. B. die NS-Propaganda).

hat auch Macht, weil sie ein Instrument der Beeinflussung und Lenkung unserer Gedanken und Gefühle ist, weil durch sie diese Manipulation ausgeübt werden kann, ohne dass sie bewusst wird. Die Bedeutung von Wörtern schleicht sich oft unbemerkt in unseren Geist ein, sie hinterlässt Spuren, löst Assoziationen aus, prägt zum Teil langfristg Einstellungen und Gefühle. Über die Semantik der Wörter und Sätze (wie *„Die rachsüchtigen Juden nutzen die Deutschen schamlos aus!"*, E-Mail an die IBD 2009) werden spezifische Repräsentationen und Wertungen aktiviert, die meinungsbildend sein können. Sprache übt somit kognitive Macht[14] aus, die soziale Folgen haben kann. Die Macht des Wortes, von der Freud (1926: 13) sprach, ist heute empirisch nachgewiesen: Wörter aktivieren in unserem Langzeitgedächtnis in wenigen Millisekunden mentale Repräsentationen, setzen Gefühle frei, lassen spezifische mentale Bilder[15] entstehen (s. u. a. Miller 1995, Schwarz-Friesel 2007 und 2008, Aitchison ⁴2012). Menschen lassen sich mehr beeinflussen, als sie denken, da viele Prozesse unbewusst ablaufen und sich der Kontrolle entziehen.[16] Bedeutungszuordnung ist als mentaler Prozess nicht zu unterdrücken: Menschliche Sprachrezeption zeichnet sich dadurch aus, dass sie automatisch, wie ein Reflex, abläuft. Wir können nichts dagegen tun (außer uns fest die Ohren bzw. Augen zuzuhalten). Unser Gehirn reagiert auf sprachliche Impulse in Millisekunden und ordnet den Ausdrucksformen blitzschnell Inhalte zu. Sprachliche Äußerungen aktivieren sofort mentale Repräsentationen in unserem Gedächtnis. Eine kontrollierte Einflussnahme ist nicht möglich (s. hierzu Fodor 1983, Schwarz ³2008: 167 ff.). Erst nach der automatischen Bedeutungszuordnung sind wir kognitiv in der Lage, uns mit den wahrgenommenen Inhalten kritisch und kontrolliert auseinanderzusetzen. Diese sind aber bereits im Arbeitsgedächtnis gespeichert und können unbewusst auf uns wirken. Sprachverarbeitung läuft auf vielen Ebenen ab, von denen einige für das Bewusstsein nicht direkt zugänglich sind. So ist es möglich, dass emotionsaktivierende Wörter oder Sätze Spuren im Langzeitgedächtnis hinterlassen oder

---

14 Macht im positiven wie im negativen Sinne: Die Macht des Wortes zeigt sich in einem Gedicht, das uns zu Tränen rührt, einem Roman, der uns aufwühlt, begeistert, einem Liebesbrief, der uns glücklich macht, einer Rede, die uns ängstigt, einem Text, der uns wütend macht.
15 Die Rezeption bestimmter Wörter kann nicht nur Emotionen verstärken, sondern sogar Schmerzen auslösen (vgl. Richter et al. 2010).
16 Ein Großteil der mentalen Prozesse in der menschlichen Kognition verläuft unbewusst und automatisch, unbeeinflusst von Intention und Verstand, unkontrollierbar von unserem bewusst einsetzbaren Willen (s. hierzu z. B. Schwarz ³2008: 162 ff., Kahneman 2011). Die Semantik sprachlicher Äußerungen kann dementsprechend Ressentiments wecken oder verstärken, ohne dass dies bewusst wird oder verhindert werden kann.

Assoziationsverbindungen etablieren können, ohne dass der Hörer/Leser dies bemerkt oder gar möchte.

Ein einzelnes Wort kann in den Köpfen von Menschen ein komplexes Szenario aktivieren: *Apartheid* bedeutet 'institutionalisierte, staatliche Rassen- bzw. Ethnien-Trennung'. Hören oder lesen wir dieses Wort, aktivieren wir sofort das mentale und prototypische Bild des ehemaligen Südafrika mit getrennten Schulen, Restaurants, Parkbänken, mit diskriminierenden Gesetzen und staatlichen Repressalien. Die empirische Kognitionswissenschaft zeigt, dass die mentale Prozedur des Vergleichens zu den wesentlichen Prozessen der menschlichen Kognition gehört. Mittels des bewussten wie unbewussten Vergleichens versucht der menschliche Geist, z. B. mit neuen oder schwer zu begreifenden Erfahrungen oder Objekten umzugehen, indem Unbekanntes durch Analogie verständlicher wird. Wird also Israel als *Apartheidregime* bezeichnet, ist ein falscher Analogieschluss schnell gezogen, das Land grob verzerrt stigmatisiert. Wörter sind oft wie Pfeile, sie bohren sich in unser Bewusstsein ein. Juden als *Parasiten*, *Rattenpack* oder *Untermenschen* zu bezeichnen, bedeutet, sie als dehumane Wesen zu kategorisieren und als Menschen zu entwerten. Wörter können aber auch wie Gift wirken, sie tröpfeln Urteile ein, die langfristig Schaden anrichten können. *Auschwitzkeule* und *Holocaustindustrie* haben dieses Potenzial: Die Erinnerung an den Holocaust wird durch diese Komposita in den semantischen Kontext der Instrumentalisierung gestellt. Nicht der Zivilisationsbruch und das Leid der Opfer stehen im Fokus, sondern die ihnen unterstellte Nutznießung. Dadurch wird dem Verbrechen die entscheidende Relevanzdimension genommen bzw. diese wird in den Hintergrund gerückt. Häufig benutzte Sprachgebrauchskonstruktionen können zu Normalisierungseffekten führen: Wenn drastische Vokabeln (*Verbrecherstaat*, *Mörderregime*, *Gewaltorgien*), hyperbolische Phrasen (*schlimmste Kriegsverbrecher*, *übelste Schandtaten*) und NS-Vergleiche immer wieder in der sogenannten Israel-Kritik benutzt werden und unwidersprochen bleiben, wird deren Unverhältnismäßigkeit nicht mehr registriert, eine Habitualisierung setzt ein. Mit NS-Vergleichen geht zudem immer auch eine Relativierung des Holocaust und die Verhöhnung der Opfer einher (s. Schwarz-Friesel 2007: 195 ff.). Der inflationäre Gebrauch des Wortes *Holocaust* stellt nicht nur die Singularität dieses Verbrechens in Frage, er kann auch zu Bedeutungsveränderungen führen: Von der Bedeutung 'Mord an den europäischen Juden' könnte es langfristig zur Bedeutungserweiterung im Sinne von 'Mord, Gewalttat, ethnische Säuberung' kommen. Dadurch würden sich langsam die Erinnerung an und das Bewusstsein für die unikalen Dimensionen dieses Zivilisationsbruchs auflösen. Wenn das Lexem *Jude* in verschiedenen Diskursen (in Internetforen, in der Jugendsprache auf den Schulhöfen etc.) nicht als Appellativum mit seiner referenzfestlegenden Bedeutung 'Mitglied der jüdischen Glaubensgemeinschaft', sondern als Schimpfwort benutzt wird, kann zum einen über die Kommunikation eine Bedeutungsverschiebung erfolgen und das Wort in bestimmten Kreisen zum Stigma[17] werden, zum anderen können auch im alltäglichen Sprachgebrauch[18] negative Konnotationen entstehen. Häufig benutzte syntaktische Verbindungen des Adjektivs *jüdisch* mit Nomen, die sich auf Gewalt, Militäraktionen und Krieg beziehen, können solche Verbindungen usuell werden lassen und damit ein semantisches Netz anti-jüdischer Inhalte entstehen lassen bzw. alte Vorurteilsstrukturen reaktivieren. Das „Gerücht über die Juden", wie Adorno ([1951] 1980: 123) das Phänomen des Antisemitismus nannte, wird durch solche Diskursmerkmale am Leben erhalten, es bekommt Verstärkung über Spekulationen, Mutmaßungen, gezielte Verleumdungen, aber eben auch über unbedachte sprachliche Muster. Im Gedächtnis bleiben aufgrund solcher Sprachgebrauchsmuster immer konzeptuelle Spuren zumindest des Verdachts zurück.

Besonders einflussreich wirkt hierbei die massenmediale Kommunikation. Dass persuasive Rhetorik Teil jeder Propaganda in diktatorischen Systemen war und ist, die die Lenkung der öffentlichen Meinung als Ziel hat(te), ist bekannt. Die Betrachtung des Sprachgebrauchs in der NS-Zeit zeigt deutlich, wie eine institutionalisierte Sprachsteuerung Feindbilder schaffen und Weltsichten vermitteln konnte (s. hierzu auch Kap. 4.3). Sprachlich vorgegebene Klassifikationen (wie *Arier, entartete Kunst, Verjudung, internationales Finanzjudentum*) bestimmen maßgeblich Wirklichkeitsauffassungen, kodieren absolute Wertungen. In dem Sinne ist Sprache nicht nur ein wichtiger Träger kulturell-kognitiver Kategorisierungen, sondern auch ein Erzeuger von ihnen. Die Verwendung von Euphemismen (*Endlösung, Sonderbehandlung, Euthanasie, judenfrei*) dagegen, die nicht semantisch benennen, worauf sie tatsächlich referieren, sondern nebulöse und vage Konzepte aktivieren, dienen der Verharmlosung und De-Realisierung von außersprachlichen Sachverhalten, zumeist von grausamen Gewalttaten.

Aber auch die Massenmedien, die in unserer Demokratie die Informationen verbreiten, haben das Potenzial, Gedanken und Gefühle vieler Menschen ein-

---

17 *Jude* war in der NS-Zeit ein Schimpfwort und zwar mit realen Konsequenzen: Die Zuordnung entschied über Bürgerrechte oder Rechtlosigkeit, über Leben und Tod. Wie jüdische Namen als Stigmata benutzt wurden, hat ausführlich Bering (^{3}1991 und 2010) gezeigt.
18 Wir haben in den letzten Jahren Umfragen unter Studierenden an deutschen Universitäten durchgeführt, in denen die Denotationen (Grundbedeutungen) und Konnotationen (emotive Zusatzbedeutungen) von Religionsbezeichnungen untersucht wurden. Dabei zeigte sich, dass über 90 Prozent der Befragten *Jude* (anders als *Protestant* oder *Katholik*) nicht als neutrales Appellativum bewerteten, sondern mit Merkmalen wie 'brisant', 'hoch emotional' beschrieben. Diese durch die deutsche Vergangenheit zu erklärenden Attribuierungen stehen also einer Normalisierung bereits konträr gegenüber. Kommen die oben beschriebenen Prozesse hinzu, kann das Wort *Jude* zusätzliche Merkmale erhalten.

seitig negativ zu prägen, zumal diese mehrheitlich darauf vertrauen, dass die Mediendarstellungen den Kriterien von Wahrhaftigkeit und Objektivität entsprechen. Wenn die massenmediale Berichterstattung also z. B. über Jahre hinweg emotional einseitig über den Nahostkonflikt berichtet und dabei mittels pejorativer Lexeme und Analogien plakative Opfer- und Täter-Bilder artikuliert, können dadurch Stereotypstrukturen entstehen und alte Ressentiments (re)aktiviert werden (vgl. Kap. 7.3). Gleich, ob Sprache im Alltagsdiskurs oder in der öffentlichen Kommunikation benutzt wird, sie hat stets die Wirkungskraft, das Bewusstsein und die Einstellungen der Rezipienten maßgeblich zu beeinflussen. In dieser Einflussnahme liegt das Machtpotenzial von Sprache.

3.3 Zur Rekonstruktion von antisemitischen Konzeptualisierungen: Sprachliche Äußerungen als Spuren kultureller, kognitiver und emotionaler Prozesse

Judenfeindliche Inhalte werden mittels Sprache seit vielen Jahrhunderten[19] in spezifischer Form repräsentiert und tradiert. Mit sprachlichen Äußerungen werden Stereotype und emotionale Einstellungen ausgedrückt und benannt, geweckt, intensiviert sowie konstituiert. Verbale Ausdrucksrepräsentationen transportieren Ressentiments und vermitteln diese in der Kommunikation als extern wahrnehmbare Bewertungen für Andere. Für das Verständnis von moderner Judenfeindschaft ist es relevant, die Vorstellungen und Bewertungen, die in den sprachlichen Äußerungen zum Ausdruck kommen, zu untersuchen. Bei allen sprachlichen Analysen gehen wir von der Grundannahme (der kognitiven Linguistik)[20] aus, dass sprachliche Äußerungen Spuren der mentalen Aktivität derjenigen sind, die sie produziert haben. Diese Spuren sind wie Fußabdrücke im Sand: Wir schlussfolgern aufgrund der Beschaffenheit des Abdrucks auf denjenigen, der den Abdruck hinterlassen hat. Entsprechend sind die konkreten Manifestationen Spuren der geistigen Aktivität. Da Sachverhalte der Realität mittels sprachlicher Strukturen stets auf eine spezifische Weise repräsentiert werden, können diese Referenzialisierungen die zugrunde liegenden Konzeptualisie-

---

19 Die „Ausdrucksformen sind [...] Produkt einer langen historischen Vergangenheit" (Bering 2004: 378).
20 Die kognitive Linguistik ist eine interdisziplinäre sprach- und kognitionswissenschaftliche Theorie, die sich in den letzten 20 Jahren als der einflussreichste Ansatz der modernen Sprachwissenschaft entwickelt und etabliert hat. Sie basiert auf den Annahmen, dass Sprache ein geistiges Kenntnissystem ist, welches mit anderen Wissenskomponenten interagiert und dass sprachliche Äußerungen Aufschluss über geistige Struktur- und Prozesskomponenten geben (s. u. a. Schwarz ³2008).

rungen (im Sinne geistiger Vorstellungen) der Sprachproduzenten vermitteln.[21] Aufgrund der sprachlichen Manifestationen rekonstruieren wir die zugrunde liegenden geistigen und emotionalen Repräsentationen der Verfasser, die diese Äußerungen erzeugt bzw. motiviert haben. Texte geben somit Aufschluss über die Denkstrukturen, Einstellungen und Gefühle ihrer Verfasser. Judenfeindschaft, als mentale Einstellung und Ressentiment, als kognitive und emotionale Haltung gegenüber Juden, wird über den Sprachgebrauch manifest und damit analysierbar. Somit kann Einblick in den Einstellungs-Antisemitismus gewonnen werden. Bislang spielten jedoch linguistische Analysen (mit wenigen Ausnahmen; vgl. Bering 2004) in der Antisemitismusforschung keine wichtige oder gar herausragende Rolle. Wir werden in diesem Buch zeigen, von welch großer Relevanz sprach- und kognitionswissenschaftliche Detailuntersuchungen sind, da sie präzise und nachvollziehbar formale wie mentale Komponenten der Judenfeindschaft aufdecken und Kriterien für die Klassifikation des verbal tradierten Antisemitismus der Moderne liefern. Da judenfeindliche Denk- und Gefühlsstrukturen heute primär über die Sprache tradiert werden, ist es ein Desiderat, die Charakteristika des antisemitischen Sprachgebrauchs zu analysieren und zu erklären und der internationalen, interdisziplinären Antisemitismusforschung damit einen präzisen Analyse- und Klassifikationsapparat zur Verfügung zu stellen, der wissenschaftliche Kriterien gibt, die festlegen, wann eine Äußerung als antisemitisch einzustufen ist. Angesichts der immer wieder aufs Neue geführten Debatten, der zahlreichen Beleidigungsklagen und sogar Gerichtsprozesse, ist es von nicht unerheblicher Relevanz, wenn die Wissenschaft klar Auskunft darüber geben kann, wann eine Äußerung antisemitisch ist. Zurzeit wird bei nahezu jedem „sprachlichen Delikt" nach einer Ausrede oder Umdeutung gesucht, gerieren sich die Sprachproduzenten oft als Opfer einer angeblichen „Antisemitismus-Keule" (s. hierzu Kap. 5.2). Eine gesellschaftlich auf breiter Basis bekannte, wissenschaftliche Klassifikation von Verbal-Antisemitismus kann hier Klarheit verschaffen.

In der Regel liegt einer antisemitischen Haltung eine von negativen Emotionen und Stereotypen determinierte Konzeptualisierung von JUDEN[22] zugrunde.

---

21 Mit sprachlichen Äußerungen kann man natürlich auch lügen, d. h. bewusst etwas Falsches sagen; man kann seine Vor- und Einstellung auch bewusst verstecken und verschleiern oder sich so indirekt und/oder vage ausdrücken, dass eine eindeutige Festlegung und Rekonstruktion der Intention schwierig, wenn nicht unmöglich ist (zur Lüge als Sprachhandlung s. u. a. Meibauer 2007). Prinzipiell jedoch kann man davon ausgehen, dass die sprachlichen Äußerungen eines Menschen zu einem bestimmten außersprachlichen Sachverhalt viel über seine kognitive Meinung und seine emotionale Einstellung und Verfassung verraten.
22 Konzeptualisierungen stellen kognitive Repräsentationen im Sinne von mentalen Vorstellungsmustern dar, die zu einem bestimmten Welt-Bereich, z. B. einer Person(engruppe),

Über die Sprache artikuliert sich dann eine solche Konzeptualisierung explizit oder implizit. Ein Satz wie *Juden sind Untermenschen* macht z. B. die rassistische Ideologie transparent. Ein Satz wie *Die Juden wollen die Welt beherrschen* gibt Aufschluss darüber, dass der Sprachproduzent offensichtlich das tradierte Stereotyp der JÜDISCHEN WELTVERSCHWÖRUNG in seinem mentalen Glaubenssystem gespeichert hat und von der Wahrheit dieses Glaubensinhalts überzeugt ist. Es gehört zu den Grundprinzipien unserer Kommunikationspraxis, dass wir dem Produzenten stets Kooperativität und damit Rationalität unterstellen, d. h. davon ausgehen, er halte sich an bestimmte Kriterien wie die Maximen der Qualität (Wahrheit) und Relevanz. Wir nehmen also an, dass die Äußerungen genau der Intention des Verfassers entsprechen. Durch Sprache werden im kommunikativen Handeln immer auch rationale und moralische Geltungsansprüche (der Wahrheit, der Richtigkeit und der Aufrichtigkeit) erhoben (vgl. Grice 1975 und Habermas 1981: 525 ff.). Lesen wir Sätze wie „*Juden sind dominant im Finanzsektor*" (an den ZJD 2002) oder „*Juden beherrschen die Presse*" (an die IBD 2007), aktivieren wir nicht nur, ohne dass wir dies in irgendeiner Weise verhindern oder beeinflussen können, die entsprechenden Bedeutungen und Vorstellungen dazu, wir gehen auch automatisch davon aus, dass dies die ehrliche Meinung desjenigen ist, der solche Äußerungen artikuliert. Die Sprache ist also Fenster zum Geist des Sprechers bzw. der „Schlüssel zur Welt des Sprechers" (Edelman 1976: 168) und zugleich die Straße in den Geist des Hörers (da dieser durch die Äußerungen maßgeblich beeinflusst werden kann, ob er das will oder nicht). Somit spiegelt jede sprachliche Äußerung eine eigene konzeptuelle Text-Welt wider, die der Welt-Ansicht des Produzenten entspricht. Bei der Sprachproduktion wird eine konzeptuelle Struktur fokussiert, die dann den Abruf als angemessen erachteter Wörter steuert. Was als angemessen bewertet wird, hängt von der Intention des Produzenten und auch seiner allgemeinen Einstellung ab. So wird z. B. in einem antisemitischen Text die Bezeichnung *Rattenpack* für jüdische Mitbürger als adäquat erachtet, da die emotionale Einstellung und Konzeptualisierung hinsichtlich dieser Gemeinschaft von Hass, Abwehr und der Intention der Diskriminierung geprägt sind.

Kognitionslinguistische Textanalysen können einerseits helfen, die Konzeptualisierungsmuster der Textproduzenten transparent zu machen, und andererseits dazu beitragen, das meinungsbildende und vorurteilsverstärkende Potenzial solcher Äußerungen kritisch zu reflektieren. Beim modernen Antisemitismus

---

gebildet und gespeichert werden (s. Schwarz-Friesel 2007: 81 f., 329 f. und Schwarz ³2008: 114 f.). Den Konventionen der kognitionswissenschaftlichen Darstellungsweise folgend, werden konzeptuelle Entitäten und Strukturen mittels Kapitälchen angezeigt, also das Konzept des Wortes *Jude* entsprechend als JUDE dargestellt.

gehen kognitive, emotionale, kulturelle und soziale Aspekte ineinander über. Die zeitlose Komponente der entwertenden Semantik von Judenfeindschaft wird zumeist überlagert von Informationskomponenten, die sich auf aktuelle Geschehnisse (z. B. den Nahostkonflikt, NS-Aufarbeitung, Beleidigungsklagen, Diskussionen) beziehen. Dadurch werden antisemitische Texte von den Zeitgenossen oft nicht als solche erkannt.[23] Die Rekonstruktion und Erklärung von sprachlicher Evaluierung als Mischung von alten und neuen Informationen ist damit letztlich auch ein Weg, die Interaktion von kulturellem Wissen und emotiven Bewertungsprozessen bei der kommunikativen Tradierung von Judenfeindschaft besser verstehen zu können.

3.4 Konzeptueller und verbaler Antisemitismus

Antisemitismus ist ein mentales Glaubens- und Weltdeutungssystem, das seit Jahrhunderten tradiert, aber den aktuellen Gegebenheiten jeweils angepasst und entsprechend modifiziert wird, ohne dass sich die grundlegende konzeptuelle Konstante verändert, der zufolge Juden prinzipiell als DIE ANDEREN fungieren. Dieser konzeptuelle Antisemitismus basiert auf Stereotypen, die geistige Konstruktionen darstellen, d. h. keine empirische Basis haben, sondern reine Projektionen von Nicht-Juden über Juden sind (s. hierzu ausführlich Kap. 4). Wesentlich dabei ist, dass es nicht einzelne Merkmale oder Eigenschaften von Juden sind, die abgelehnt werden. Vielmehr ist es die jüdische Existenz an sich, die als Provokation, als Ärgernis, als Übel in der Welt empfunden wird (s. Kap. 9).

(5) „Verschwindet endlich aus unserer Welt, ihr jüdischer Abschaum!"
    [ZJD_11.02.2005_Her_003]

---

[23] Dies zeigte sich zuletzt besonders deutlich bei der sehr emotional geführten Diskussion um das Gedicht *Was gesagt werden muss* von Günter Grass, welches dieser als israel-kritisch und aus Sorge um den Weltfrieden geschrieben deklarierte. Viele Menschen vermochten an diesem Text nichts Antisemitisches zu erkennen, obgleich er nahezu alle tradierten judeophoben Klischees bedient. Da aber das Wort *Jude* nicht benutzt wurde und die aktuelle Informationskomponente der israelischen Atompolitik in den Vordergrund gerückt wurde, deuteten viele den Text als „nur kritisch", als „Meinungsfreiheit" und als „Fakt". Übersehen wurde dabei, dass es sich um realitätsverzerrende und dämonisierende Äußerungen handelt, die alle typischen Kennzeichen eines modernen antisemitischen Textes im Gewand der Israel-Kritik aufweisen (s. hierzu Kap. 7). Moderne Formen des Verbal-Antisemitismus sind oft nur zu erkennen und zu verstehen, wenn die lange Tradition, d. h. die kulturelle und kommunikative Verankerung dieser Feindschaft mit ihren verbalen Strategien, bekannt ist und kontextuell berücksichtigt wird.

(6) „Juden - Sie sind das Krebsgeschwür auf unserer Welt!"
[IBD_01.08.2006_001_Postkarte]

Judentum ist im mental fixierten, binär strukturierten Weltdeutungssystem von Antisemiten der ultimative Gegenentwurf zur eigenen Existenzform. Entsprechend verkörpern Juden (mit den ihnen angedichteten Eigenarten) das prinzipiell Unnormale und Schlechte. Antisemitismus bedeutet damit, Juden und Judentum über eine absolute und totale Negierung aus der als normal bewerteten Weltordnung auszuschließen. Das grundlegende Kategorisierungsprinzip des menschlichen Geistes[24] „Omnis determinatio est negatio" (Spinoza) wird hierbei verabsolutiert: Der Inhalt des Konzeptes JUDE wird als Ganzes ex negativo fixiert und definiert. Über die normalen kontrastierenden Abgrenzungen hinaus, die jeder kognitiven Klassifikation inhärent sind, erhalten Juden im antisemitischen Konzeptualisierungssystem den Status NICHT DAZUGEHÖRIG. JUDE ist somit im kategorialen Sinne eine nicht zu akzeptierende Existenz-Form. Die prinzipielle Entwertung, die mit dieser (unikalen) Kategorisierung einhergeht, spiegelt sich seit Jahrhunderten in zahlreichen Verbalmanifestationen wider, in denen Juden dehumanisiert (*Judenschweine, Parasiten*), dämonisiert (*Monster, Ungeheuer, Teufelsbrut*) und delegitimiert (*unwertes, schädliches Pack, Endlösung der Judenfrage*) werden und damit kognitiv (ipsis litteris gemeint) als „unmenschliche Wesen" außerhalb der Weltordnung lokalisiert werden. Konzeptueller Antisemitismus ist somit untrennbar gekoppelt an eine de-realisierende Weltsicht (s. zur De-Realisierung Kap. 7.2.1). Das Feindbild JUDE ist ein Konzept jenseits aller Erfahrungswerte, eine Negativ-Konstruktion, die sich aus dem mentalen Glaubenssystem sowie dem tief emotionalen Ressentiment gegenüber Juden ergibt (s. hierzu Kap. 9).

Als Verbal-Antisemitismus gelten alle sprachlichen Äußerungen, mittels derer Juden als Juden entwertet, stigmatisiert, diskriminiert und diffamiert werden, mit denen also judenfeindliche Stereotype kodiert und Ressentiments transportiert werden. Verbal-Antisemitismen sind demnach alle Formulierungen, in denen explizit und implizit Stereotype über Juden ausgedrückt, anti-jüdische Konzeptualisierungen und Gefühle vermittelt und tradierte judeophobe Weltbilder transportiert werden. Konzeptuelle Repräsentationen, die sich aus stereotypen Kategorienkonstrukten zusammensetzen, sind somit immer die Basis für verbal-antisemitische Äußerungen.

Beim intentionalen Verbal-Antisemitismus liegt der Artikulation solcher Äußerungen auf der Konzeptualisierungsebene eine bewusste anti-jüdische Repräsentation zugrunde und der Prozess der Verbalisierung wird durch diese

---

24 S. hierzu Schwarz/Chur ([5]2007: 38 ff.).

Konzeptrepräsentation maßgeblich beeinflusst. Zudem liegt die Handlungsabsicht der Äußerung in der intentionalen Diskriminierung und Diffamierung von Juden.

Ob sich der Sprachproduzent verbal-antisemitischer Äußerungen selbst als Antisemit versteht[25] und/oder ob die Äußerung bewusst und intentional als judenfeindlich artikuliert wird (was letztlich empirisch nur sehr begrenzt rekonstruiert werden kann), spielt für die Klassifikation aber keine Rolle (s. hierzu auch Rensmann/Schoeps 2008: 15). Auch nicht-intentional produzierte Verbal-Antisemitismen tradieren judenfeindliche Konzeptualisierungen und bewirken den Erhalt von Stereotypen im kulturellen und kommunikativen Gedächtnis[26] (zu intentionalem und nicht-intentionalem Verbal-Antisemitismus s. Schwarz-Friesel 2007: 347 und 2010a: 30). Bestimmte Floskeln, also Redewendungen wie *jüdischer Wucher* oder *jüdische Hast*, kodieren stereotype Vorstellungen zu Juden über Jahrhunderte hinweg, prägen dadurch (zumeist unbewusst und unkontrolliert) kollektive Bewusstseinsprozesse von Gesellschaften; sie sind habitualisiert, werden oft gedankenlos produziert, ohne dass dahinter ein konzeptueller Judenhass steht. Auch die Synonymverwendung der Wörter *Jude(n)* und *Israeli(s)* oder eine (über die Semantik eine Unterscheidung in zwei Referenzgruppen[27] etablierende) Phrase wie *Juden und Deutsche* muss nicht intentional diskrimi-

---

[25] Es könnte sich auch um einen latenten, d. h. der Person nicht bewussten konzeptuellen Antisemitismus handeln. Im Gedächtnis des Sprachbenutzers sind stereotype anti-jüdische Konzeptualisierungen repräsentiert, die Einfluss auf den Verbalisierungsprozess nehmen; der Sprachproduzent ist sich aber des antisemitischen Potenzials nicht bewusst (z. B. weil das Wissen über anti-jüdische Stereotype und deren Verankerung in abendländischen Denk- und Argumentationsstrukturen nicht vorhanden ist oder aber weil er das Bewusstsein, ein Antisemit zu sein, verdrängt, weil es nicht zu seinem Selbstkonzept passt). Davon abzugrenzen sind Inszenierungen, die auf der Strategie der Antisemitismus-Leugnung basieren: Die Sprachproduzenten bezeichnen sich selbst als anti-antisemitisch, drücken aber in ihren Äußerungen klar erkennbar judenfeindliche Stereotype und Gefühle aus (s. hierzu Kap. 11).
[26] Das kollektive oder kulturelle Gedächtnis umfasst Wissen, das vielen Mitgliedern einer Gesellschaft bekannt ist und von Generation zu Generation weitergegeben wird. Es beinhaltet nicht nur faktenbasierte Informationen, sondern auch Mythen, Sagen, Glaubensinhalte und Floskeln. Das individuelle Gedächtnis eines jeden Menschen wird maßgeblich von Bestandteilen des kulturellen Gedächtnisses geprägt, und das kollektive Wissen dient vielfach der kulturellen Identifikation. Zum kulturellen Gedächtnis gehören auch Sprachgebrauchsmuster, die im kommunikativen Gedächtnis gespeichert sind. Im 20. und 21. Jahrhundert sind viele Formen von kollektiven und individuellen Gedächtnisinhalten stark emotional und medial geprägt. Vgl. zum kollektiven Gedächtnis u. a. Assmann (1988 und 2006) und zum kommunikativen Gedächtnis Welzer (2002).
[27] Äquivalente Phrasen mit additiven Nennungen, die einen kategorialen Unterschied zwischen Gruppen indizieren, wie *Deutsche und Katholiken* oder *Deutsche und Protestanten*, werden im Sprachgebrauch nicht benutzt.

nierend und aggressiv benutzt worden sein. Dennoch tragen solche stereotypverfestigenden Äußerungen dazu bei, dass judeophobe Sprachgebrauchsmuster (mit ihrem Gedankengut) in der Gesellschaft kommunikativ erhalten bleiben. Verbal-Antisemitismen können – anders als die nicht beobachtbaren mentalen Einstellungen oder Absichten, die nur hypothetisch rekonstruiert werden können – mittels objektiver, nachvollziehbarer Kriterien beschrieben und erklärt werden. Als mutmaßlich authentische Spuren der kognitiven und emotionalen Aktivität ihrer Verwender gewähren sie zudem zusätzlich Einblicke in mentale Prozesse und Zustände bzw. lassen es zu, plausible Theorien über diese zu erstellen.

Die Analyse von Äußerungen hinsichtlich ihres verbal-antisemitischen Status und kommunikativen Wertes setzt die Beantwortung von drei Fragen voraus, die drei[28] verschiedene Aspekte bzw. Analyseebenen involvieren:

1. Ob eine antisemitische Konzeptualisierung zum Ausdruck kommt, also tatsächlich Verbal-Antisemitismus (und nicht lediglich die kommunikative Handlung der Kritik oder der individuellen Beleidigung) vorliegt.
2. Wo der Verbal-Antisemitismus geäußert wird, also im privaten oder öffentlichen Raum (öffentlich/halböffentlich/privat). Wenn es zu einer Verbalisierung von antisemitischen Inhalten kommt, ist von Relevanz, in welcher Diskurssituation und wie öffentlich diese geäußert wird; es geht also um die Frage der Zugänglichkeit und Verbreitung sowie das damit verbundene gesellschaftliche Wirkungspotenzial von antisemitischen Äußerungen.
3. Wie der Verbal-Antisemitismus sprachlich realisiert ist (explizit versus implizit). Das Gegensatzpaar explizit versus implizit benennt die Unterscheidung zwischen direkten und indirekten Sprechakten und damit die Art und Weise, wie in einer Äußerung antisemitisches Gedankengut sprachlich realisiert wird. Explizit wird antisemitisches Gedankengut über die Semantik, d. h. die

---

28 Ein vierter Analyseschritt betrifft die bereits angesprochene Kategorie „intentional/nicht-intentional", die sich aber einer textwissenschaftlichen Untersuchung oft entzieht. Ein eindeutig intentional artikulierter Verbal-Antisemitismus lässt sich z. B. über Äußerungen wie *Ich bin Antisemit, und ich hasse alle Juden!* bestimmen. Solche expliziten und selbstdefinierenden Aussagen kommen nach 1945 aber fast ausschließlich in rechtsextremen und neo-nazistischen Kreisen vor. Allerdings sind seit einigen Jahren im Internet auch diese direkten Verbal-Antisemitismen nicht nur in extremistischen Foren zu lesen, sondern zunehmend in Chats, Facebook-Seiten, Informationsportalen etc. der sozialen und politischen Mitte zu sehen (Schwarz-Friesel 2012a). Gleichzeitig ist zu konstatieren, dass in rechtsgerichteten Publikationsorganen wie der *National-Zeitung* und der *Jungen Freiheit* fast ausschließlich implizite Verbal-Antisemitismen benutzt werden, um ein größeres Publikum persuasiv zu erreichen, das durch explizite, radikale Formen der Judenfeindschaft abgeschreckt werden könnte.

wortwörtliche Bedeutung ausgedrückt; implizit wird es über die kontextgebundene Äußerungsbedeutung, also die Pragmatik vermittelt und ist über die Schlussfolgerungen zu erschließen (s. hierzu bereits die Ausführungen zu indirekten Sprechakten und zu Implikaturen in Kap. 3.1 und Fußnote 9 in diesem Kap.), die sich zwar aus der Bedeutung ergeben, aber nicht expressis verbis artikuliert werden. Es sind Informationskomponenten sprachlicher Äußerungen, die nicht verbalisiert, vom Rezipienten aber problemlos verstanden werden.

Wenn z. B. in einer E-Mail der ZJD (rhetorisch) gefragt wird, *„ob wohl die exzessive Gewalt in Israel, die auch besonders häufig den Mord an Kindern beinhaltet, der langen Tradition Ihres Volkes entspricht"* [ZJD_06.09.2002_Sch_001], werden über Implikaturen die Informationen vermittelt, deutsche Juden seien mitverantwortlich für Gewalt in Nahost und es liege allgemein in der Tradition von Juden, Gewalt anzuwenden. Über den vom Produzenten als wichtig erachteten und daher besonders hervorgehobenen Verweis auf den angeblichen Kindermord wird zudem auf das tradierte judeophobe Stereotyp von JUDEN ALS KINDERMÖRDERN angespielt.

Da sprachliche Äußerungen stets im Kontext und unter Berücksichtigung sowohl des kollektiven Diskurswissens als auch des handlungs- und wirkungsorientierten kommunikativen Sinns zu untersuchen und zu bewerten sind, wäre eine an den bloßen Formen und nur an wörtlichen Bedeutungen orientierte Analyse nicht nur unvollständig, sondern auch unwissenschaftlich.

Die Unterscheidungspaare stehen nicht in einem sich ausschließenden Verhältnis, vielmehr kann eine Äußerung in jeder Kommunikationssituation (öffentlich sowie privat) sowohl explizit als auch implizit Antisemitismus zum Ausdruck bringen.

In der (nicht sprach- und kognitionswissenschaftlichen) Antisemitismusforschung werden diese drei Analyseebenen oft undifferenziert behandelt, terminologisch ausgesprochen heterogen und sehr uneinheitlich mit vagen Termini bezeichnet und oft nicht klar und präzise definiert bzw. voneinander abgegrenzt. Zwischen konzeptuellem und verbalem Antisemitismus wird in der Regel gar nicht unterschieden. Zudem werden beispielsweise die (eher verwirrenden) Begriffe „manifest" und „latent" mit wechselnden Lesarten in der Forschungsliteratur verwendet, um (Verbal)Antisemitismus entweder danach zu unterscheiden, ob er in der Öffentlichkeit oder der privaten Kommunikation[29] artikuliert

---

29 „Manifest" und „latent" werden damit im Sinne der Theorie der Kommunikationslatenz verwendet und beziehen sich auf einen systemtheoretischen Latenzbegriff. Manifest sind demnach alle Formen von Antisemitismus, die öffentlich, also für die Mehrheit bzw. die

wird oder in welcher Form[30] er seine Artikulation findet (vgl. etwa Benz 2004: 20). Die Umstände der Kommunikationssituation und die sprachliche Realisierungsform der Äußerung müssen aber als eigenständige Phänomene begrifflich eindeutig bezeichnet und abgegrenzt werden.

Ob eine Äußerung als antisemitisch zu charakterisieren ist, kann unzweideutig mittels text- und diskursanalytischer sowie kognitionslinguistischer Kriterien festgestellt werden (wie wir noch ausführlich im Verlauf dieses Buches zeigen werden). Von alltäglicher Verbal-Aggressivität, die jeden Menschen als Individuum treffen und die sich als Beschimpfung, Verhöhnung, Drohung etc. artikulieren kann, unterscheiden sich Verbal-Antisemitismen wesentlich dadurch, dass die Gruppenzugehörigkeit der Angegriffenen entscheidend für die verbale Gewalt ist: Menschen werden aufgrund ihrer Zugehörigkeit zum Judentum abgelehnt, angegriffen und negativ bewertet, so wie in (7):

(7) „Selbstverständlich hat Möllemann recht! Sharon ist geschichtlich ein Massenmörder! Friedmann ist ein provokanter, intoleranter und arroganter auf gut deutsch ein frecher unverschämter Jude. Reich-Ranicki kein Literatur-Papst wie von den Medien hoch=gespielt, sondern ein frecher schmieriger polnischer Jude!" [ZJD_10.06.2002_ano_001]

Nicht individuelle Eigenarten oder Verhaltensweisen sind Grund für die entwertenden Äußerungen, sondern das Jüdisch-Sein der Personen. Das konzeptuelle Merkmal JÜDISCH ist stets ausschlaggebend und die mentale Basis für die verbal vollzogene Klassifikation und Bewertung. Damit sind Verbal-Antisemitismen spezifische Formen der sprachlichen Diskriminierung (s. 3.2 in diesem Kap.). Die mentale Fixierung, die über das Konzept JUDE zustande kommt, kann personenbezogen wie in (7), aber auch de-personalisiert vollzogen werden. Dann werden als typisch jüdisch klassifizierte Handlungsmuster angeführt wie z. B. in (8), wo

---

Gesellschaft beobachtbar sind, wohingegen latenter Antisemitismus nicht Teil der öffentlichen Kommunikation ist und nur in kleineren und privaten Diskursen auftritt. Wesentlich klarer wird dies mit dem Begriffspaar „öffentlich" versus „privat" bezeichnet.
30 So bezeichnen u. a. auch Pollak/Eger (2002) und Stern (2002) impliziten Verbal-Antisemitismus, also die Vermittlung judenfeindlichen Gedankengutes über indirekte Sprechakte, als „latente Form des Antisemitismus". S. auch Rensmann/Schoeps (2008: 16) und die Beiträge in Pelinka/Wodak (2002). Bergmann/Erb (1986) bezeichnen diese Phänomene dagegen als „Umwegkommunikation" (vgl. auch Rensmann 2004: 78 f.). Adorno ([1962] 1971: 109) benutzte seinerzeit den Begriff des „Krypto-Antisemitismus". Die sprach- und kommunikationswissenschaftlichen Begriffe „explizit" und „implizit" sind für die verschiedenen Realisierungsvarianten aber am besten geeignet. Sie haben sich in Jahrzehnten theoretischer und empirischer Sprach- und Diskursanalysen bewährt.

explizit durch das Wort „*jüdisch*" und in (9), wo implizit über den Verweis auf die „*zwei Tausend Jahre*" eine Verbindung zwischen israelischen Militäraktionen und jüdischer Mentalität gezogen wird:

(8) „Der Herr Botschafter hat dieser Tage bestritten, daß die Luftwaffe des Judenstaates auf ein deutsches Aufklärungsschiff geschossen hat. [...] Der Herr Botschafter hat also nur getan, was ihm die jüdische Tradition seit jeher erlaubt." [IBD_31.10.2006_Koe_001]

(9) „Seit zwei Tausend Jahren betreiben Sie Landraub und Mord!" [IBD_11.09.2007_Mar_001]

Gerade bei den modernen Formen der über eine referenzielle Verschiebung (vom Referenzobjekt Jude zum Referenzobjekt Israel) realisierten Verbal-Antisemitismen werden primär diese de-personalisierten Stereotypzuweisungen vollzogen (s. hierzu ausführlich Kap. 7).

Verbal-Antisemitismen gibt es in zahlreichen Ausprägungsvarianten als Beschimpfungen, Holocaustleugnungen, Gewaltandrohungen, NS-Vergleiche, Unterstellungen und Anspielungen mittels rhetorischer Fragen, Zitat-Anführungen usw. Dabei ist zu zeigen, wie groß die Palette der Möglichkeiten ist, antijüdische Stereotype und Gefühle zu kodieren; auf vielerlei Weise und in den verschiedensten Formen können judeophobe Inhalte verbal vermittelt werden. Die als typisch (verbal-)antisemitisch geltenden Beschimpfungen wie *Wucherjuden*, die expliziten Holocaustleugnungen wie in *Auschwitzlüge* und die Stereotypzuschreibungen mittels generischer Sätze wie in *Alle Juden sind geldgierig* stellen nur einen sehr kleinen Teil der mannigfaltigen Typen von Verbal-Antisemitismen dar. Bei allen lexikalischen, grammatischen und stilistischen Differenzen, bei allen Nuancen und Variationen in den Realisierungsformen lassen sich (neben der bereits genannten Semantik und Pragmatik von Dehumanisierung und Delegitimierung, die sich aus der konzeptuellen De-Realisierung ergibt) einige grundlegende kategoriale Eigenschaften von Verbal-Antisemitismus benennen: kollektive Abgrenzung, Fixierung und Entwertung.[31] Die Abgrenzung von Juden kann sprachlich auf vielerlei Weisen indiziert werden (ausführlich hierzu Kap. 5):

---

31 S. hierzu auch Graumann/Wintermantel (2007), die als typische Kennzeichen für verbale Diskriminierung die Prozesse des Trennens, Akzentuierens/Fixierens, Abwertens/De-Evaluierens anführen. Vgl. auch Haubl/Caysa (2007: 22 f.), die als wesentliche Merkmale für die Emotion Hass die Entwertung des Hassobjekts und die Abgrenzung des Gehassten nennen.

(10) „Können Juden Deutsche nicht endlich in Ruhe lassen?"
[ZJD_29.07.2006_Bur_001]

Grundlage ist dabei stets die Konzeptualisierung, Juden seien prinzipiell anders und keineswegs der Eigengruppe zugehörig. Die unterstellte Anders- oder Fremdartigkeit wird mittels negativer Stereotypzuordnung fixiert und damit legitimiert bzw. (pseudo)rationalisiert.

(11) „Ihr Juden ward und seit Diebe, Mörder, Betrüger, Landräuber!"
[IBD_05.08.2008_Dro_001]

Eine Variante dieses verbalen Antisemitismus liegt vor, wenn Stereotypzuordnungen ausgedrückt werden, wobei vom Individuum bzw. von Individuen auf die gesamte Gruppe aller Juden geschlossen wird, z. B. in Äußerungen wie (12) und (13):

(12) „Das gilt besonders für Ihren überaus arroganten und anmaßenden Vice, Friedmann. Seine gesamte Art und Weise, wie er auftritt, und was er von sich gibt, löst in mir gelinde gesagt, ein Unbehagen gegenüber dem Judentum aus, was ich bisher in keinster Weise kannte."
[ZJD_18.06.2002_Neu_001]

(13) „Ihr Israelis seid ein menschenverachtender Haufen. Werft in den letzten Kriegstagen Streubomben über bewohntem Gebiet ab, und werft den Menschen, die sowas kritisieren, Antisemitismus vor. Das ist typisch für Euch Juden!" [ZJD_01.09.2006_Wei_001]

Juden werden aufgrund ihrer Gruppenzugehörigkeit kollektiv auf bestimmte Merkmale, Eigenschaften und Verhaltensweisen festgelegt, also über Stereotype in einer konzeptuell geschlossenen Kategorie fixiert. Diese Kategorie wird als prinzipiell negativ bewertet. Mit jeder Kollektivattribuierung geht also beim Antisemitismus eine Entwertung einher. Diese Entwertung ist signifikant oft an die Semantik der Dehumanisierung geknüpft:

(14) „Kein menschlich denkendes Wesen kann auf eurer Seite sein. [...] Man wird Euch [...] bekämpfen wo und wie es nur geht."
[IBD_20.02.2009_Gut_001]

(15) „Seid ihr ueberhaupt Menschen? Ihr zeigt nicht einmal das Sozialverhalten von Tieren, Ratten oder Mikroben!"
[ZJD_Gaza2009_300/816_Mon_001]

Verbaler Antisemitismus liegt vor, wenn eine völkisch-rassistische Definition die Basis bei der Zuordnung „Jüdisch-Sein" ist, in dem Sinne, dass Jude immer Jude bleibt und dass Jüdisch-Sein untrennbar an bestimmte, unveränderliche Merkmale oder Eigenschaften gekoppelt ist.

(16) „Ihr Juden ändert euch nie. Mieses Volk!!!" [IBD_07.11.2006_ano_001]

(17) „Juden sind halt so seit über 2 Tausend Jahren."
[ZJD_12.03.2007_Kli_001]

Verbaler Antisemitismus liegt auch vor, wenn in den Äußerungen die Verantwortung der Deutschen für den Holocaust geleugnet oder relativiert wird, wenn historische Fakten, die die Judenvernichtung betreffen, verzerrt oder falsch dargestellt werden, wenn eine Täter-Opfer-Umkehr ausgedrückt oder angedeutet wird, wenn für das Ende der Erinnerungs- und Verantwortungskultur argumentiert wird und NS-Vergleiche benutzt werden:

(18) „Aber die Israelis ermorden kleine Kinder, eine Schande soetwas. Schlimmer als der Holocaust, falls es diesen überhaupt gegeben hat. Die schlimmsten Verbrecher der Welt sind die Juden. Das schlimme daran ist, dass die Juden sich an sowas noch erfreuen. Einfach eine Schande was die Juden sich auf der Welt leisten. Erst heulen wegen Hitler und dann jetzt dasgleiche machen, lächerlicher gehts kaum. In diesem Sinne PRO HAMAS und gegen die verbrecherische JUDENBANDE."
[ZJD_Gaza2009_153/816_Rie_001]

(19) „Hallo ihr Juden, [...] Zu den vielen Lügen, wie auch die, der 6 Millionen 'Holocaust'-Opfer. Euer eigenes Yad Vashem hat bis heute nur 3 Mio. Namen zusammengetragen. Auch eine dieser lügen, für 6 Millionen kassieren - typisch Juden. Passt genau in das Clichee dasss über euch besteht." [IBD_28.10.2006_ano_001]

(20) „Den jüdischen Zentralrat hat keiner gewählt! Wieso bezahlen wir eigentlich immer noch Wiedergutmachung was vor über 50 Jahre passiert ist??? Die Schuld ist beglichen!!!!!" [ZJD_26.08.2007_Kar_001]

Verbaler Antisemitismus liegt vor, wenn die Begriffe „Israel(is)", „Zionismus"/ „Zionisten" und „Juden(tum)" gleichgesetzt oder vermischt werden, um eine kritische oder feindselige Haltung allen Juden gegenüber auszudrücken.

(21) „Hut ab vor dem jüdischen Volk. Sie haben gut von Hitler und seinem NS-Regime gelernt. Denn das was die Zionisten heute mit den Palistinensern machen ist auch nicht besser wie das, was sie den Deutschen immer wieder vorwerfen, um von Ihren eigenen Greueltaten abzulenken."
[ZJD_09.03.2008_Stra_001]

(22) „Wenn unschuldige, kleine Kinder, Mütter und Väter durch Angriffe von Israel ums Leben kommen, das ist viel schlimmer, als wenn hin und wieder anti-jüdische Äusserungen getätigt werden! [...] ich schäme mich für alle Juden." [ZJD_05.01.2009_Kil_001]

Es ist auch antisemitisch, die israelische Politik allen Juden anzulasten und kollektiv Schuld zuzuweisen:

(23) „Sie persönlich Herr Spiegel, unterstützen, befürworten und dulden in Israel ein Massaker. Sie machen sich schuldig, Herr Spiegel."
[ZJD_08.04.2005_Hah_001]

Hier handelt es sich um eine unzulässige Generalisierung der Art 'Juden sind verantwortlich für Aktivitäten des israelischen Staates'. Man würde ja z. B. nie allen Katholiken die Politik des Vatikans anlasten. Diese kollektiven Schuldzuweisungen basieren zudem auf dem alten antisemitischen Stereotyp JUDEN SIND KEINE DEUTSCHEN (in der aktuellen Variante JUDEN SIND ISRAELIS).

Verbaler Antisemitismus liegt vor, wenn in der Referenz auf Israel negative judeophobe Stereotype übertragen und Argumente benutzt werden, um generelle Negativzuschreibungen und jüdisch-israelische Gleichsetzungen sowie Generalisierungen zu erzielen.

(24) „Christusmörder, Diebe, Betrüger, Judenpack: 'auserwähltes Volk'!"
[IBD_31.07.2006_Luh_001]

(25) „Befreit den nahen Osten von der jüdischen Pest!"
[IBD_12.07.2006_ano_003]

(26) „soll iran die atombombe bekommen und israel von der karte bomben. das ist was dieses scheisspack von kindermördern verdient. fahrt allesamt zur hölle ihr jüdischen arschlöcher." [ZJD_31.01.2006_ano_001]

In den nachfolgenden Kapiteln werden wir ausführlich auf die verschiedenen Verbalmanifestationen von Judenfeindschaft eingehen, ihre Charakteristika anhand zahlreicher Beispiele erörtern und in ihrem historischen Diskurskontext erklären sowie die konzeptuellen und emotionalen Repräsentationen transparent machen, die diesen sprachlichen Mustern zugrunde liegen.

Fazit

Sprachliche Äußerungen bilden nicht nur außersprachliche Realität ab, sie erzeugen zum Teil auch über die Semantik eigene Realitäten. Judeophobe Sprachgebrauchsmuster konstituieren und tradieren im kollektiven kommunikativen Gedächtnis mentale Modelle, in denen Juden konzeptuell als DIE ANDEREN repräsentiert werden. Verbale Judenfeindschaft zeichnet sich durch eine destruktive Semantik aus, die auf den Prozessen der Abgrenzung, der Stereotypfestlegung und der Entwertung basiert. Wesentlich dabei ist, dass es nicht nur einzelne Merkmale oder Eigenschaften von Juden sind, die abgelehnt werden. Vielmehr ist es die jüdische Existenz an sich, die als Provokation, als Ärgernis, als Übel in der Welt empfunden wird. Das antisemitische Ressentiment ist auf kein bestimmtes, konkretes Referenzobjekt in der realen Welt ausgerichtet, sondern bezieht sich auf das im Kopf der Sprachproduzenten gespeicherte Konzept JUDE, das keine empirische Fundierung hat.

4 Judenfeindliche Stereotype und ihre historische Verankerung

4.1 Zur Genese des Ressentiments: Warum die Juden?

„Ein solch verzweifeltes, durchböstes, durchgiftetes, durchteufeltes Ding ist's um diese Juden, so diese 1400 Jahre unser Plage, Pestilenz und alles Unglück gewesen sind und noch sind. Summa, wir haben rechte Teufel an ihnen. Das ist nichts anderes. Da ist kein menschliches Herz gegen uns [...]. Solches lernen sie von ihren Rabbinern in den Teufelsnestern ihrer Schulen."[1] (Luther [1543] 1577: 371 f.)

„Ich nenne dieses Fremde schon an sich eine Plage und ein Verderben. Es ist noch mehr so zu nennen, weil die Juden ein verdorbenes und entartetes Volk sind." (Arndt 1814: 193)

Um verstehen zu können, wie tief verwurzelt die kognitiven Stereotype und die emotionalen Ressentiments gegenüber Juden sind, muss man sich deren lange Geschichte anschauen. Die Sprachgebrauchsmuster der historischen und der zeitgenössischen Judenfeindschaft ähneln sich sowohl von ihrer Semantik als auch ihrer Form her frappierend. Vielen Menschen ist aber nicht bekannt bzw. bewusst, dass die aktuell kursierenden, negativ be- bzw. entwertenden verbalen Charakterisierungen von Juden und/oder Israelis zum Teil seit Jahrhunderten zum Standardrepertoire von Antisemiten gehören. Dementsprechend fehlt auch oft das kritische Bewusstsein für die Brisanz bestimmter Äußerungen. Die aktuellen Formen des Verbal-Antisemitismus lassen sich nur über die Kenntnis der tradierten Konzeptualisierungstypen und der Sprachgebrauchsmuster von Judenfeindschaft als solche beschreiben und angemessen erklären. Die relevanten Stereotype, die zum Teil seit Jahrhunderten existieren und über Sprache sowie Bilder bis zum heutigen Tag kodiert werden, sollen daher im Folgenden kurz skizziert[2] und in ihrem historischen Kontext[3] erörtert werden, um die ungebrochene Kontinuität des judenfeindlichen Gedankengutes aufzuzeigen.

---

1 Im Original: „Ein solch verzweiffelt / durchböset / durchgifftet / durchteuffelt ding ists vm diese Jüden / so diese 1400. Jar vnser plage / Pestilenz vnd alles unglück gewest / vnd noch sind. Summa wir haben rechte Teuffel an ihnen / das ist nichts anders / Da ist kein Menschlich Herz gegen vns Heyden / Solchs lernen sie von ihren Rabinen in den Teuffels Nestern ihrer Schulen." (Luther [1543] 1577: 371 f.)
2 Ausführliche Abhandlungen zu den meisten, hier nur knapp erörterten Stereotypen finden sich in Schoeps/Schlör (1999). Zu grundlegenden Ausführungen s. auch Katz (1980), Almog (1988), Wistrich (1991), Klamper (1995), Laqueur (2006).
3 Wir verzichten aber auf ausführliche Beschreibungen und Erklärungen sowie den Abriss einer

Das Phänomen der Judenfeindschaft und des Judenhasses zeigt sich seit zwei Jahrtausenden verbal und nonverbal in den Formen der Diskriminierung, Einschüchterung, Verfolgung, Erniedrigung und Ermordung von Juden und involviert als komplexes Phänomen religiöse, historische, ökonomische, politische, psychologische, kommunikative und philosophische Aspekte (vgl. Bauer 1985 und 1992, Reinharz 1987, Wistrich 1990 und 2010, Bergmann ³2006, Laqueur 2006, Nonn 2008). Allen Typen und Ausprägungsvarianten der Judenfeindseligkeit liegen jedoch zeitlos spezifische Konzeptualisierungsmuster zugrunde, die als mentale Konstrukte die Vorstellungen von Nicht-Juden über Juden repräsentieren. Wandelten sich im Laufe der Geschichte auch immer wieder die Erscheinungs- und Ausdrucksformen der judeophoben Antipathie und Ablehnung, so blieb doch als verbindendes Element stets das konzeptuell und emotional tief verankerte Ressentiment gegenüber Juden bestehen, unabhängig von den jeweils aktuellen politischen, ökonomischen, sozialen und/oder ideologischen Motiven, Begleiterscheinungen und Einflussgrößen (vgl. auch Grammel 2002: 9).

Warum aber die Juden? Warum wurden von allen Gemeinschaften und Gruppen in der Welt über die Jahrhunderte hinweg besonders die Juden mit Hass und Gewalt verfolgt, warum wurde jedes Unglück, jede Seuche, jede Missetat ihnen zugesprochen (s. hierzu auch Prager/Telushkin 2003)? Warum mündete diese Feindseligkeit schließlich in der radikalen Ausrottungspolitik der Nationalsozialisten? Und warum hält sich bis zum heutigen Tage moderner Antisemitismus auch in gebildeten Kreisen[4] – trotz der Erfahrung Auschwitz und trotz aller Aufklärung? Diese viel und intensiv diskutierten Fragen (die von Judenfeinden stets mit dem Verweis auf Charakter und Taten der Juden selbst beantwortet wurden und werden; s. Kap. 5.2) lassen sich nur beantworten, wenn man sich klarmacht, dass Judenfeindschaft kein Vorurteilssystem unter vielen, sondern aufgrund seiner Verwurzelung in ein moralisches und konzeptuelles Weltdeutungssystem, das so bei keiner anderen Form der gruppenorientierten Menschenfeindschaft existiert, unikal ist. Judenhass bedeutet nicht nur Hass auf das spezifisch Andere, das eigentümliche Fremde, sondern auf das (vermeintlich) ultimative Böse in der

---

lückenlosen Chronologie. Für unser Anliegen ist es wichtig aufzuzeigen, dass die Stereotype, die in der aktuellen Kommunikation zu beobachten sind, eine lange Tradition haben und als Teil des kulturellen Wissens zu betrachten sind, das teils bewusst, teils unbewusst und völlig unreflektiert über die Sprache vermittelt wird. Wir konzentrieren uns daher auf einige ausgewählte Beispieltexte aus den vergangenen fünf Jahrhunderten und zeigen insbesondere anhand von Texten des 19. Jahrhunderts, wie weit verbreitet und habitualisiert homogen negative Konzeptualisierungen über Juden in allen Gesellschaftskreisen waren.
4 Umfragen und Untersuchungen aus dem Jahr 2011 zufolge haben 20 Prozent der Deutschen antisemitische Ressentiments und glauben an entsprechende Klischees (s. BMI 2011). S. hierzu auch Schwarz-Friesel et al. (2010).

Welt. Die Genese dieser gegen die Existenz der Juden gerichteten Weltdeutung liegt in der Abspaltung von Juden- und Christentum.

Das älteste, bereits in der Antike[5] entstandene Stereotyp über Juden ist das der JUDEN ALS FREMDE.

Drei Jahrhunderte vor der christlichen Zeitrechnung fanden in Alexandria schon Übergriffe gegen Juden statt. Der griechische und römische Anti-Judaismus der vorchristlichen Zeit basierte maßgeblich auf der Vorstellung von Juden als „den Fremden" (Horkheimer [1946] 2002: 30, Grunberger 1962: 265, Grunberger/ Dessuant 2000: 264, Wistrich 2010: 81). Diese (nicht nur auf generellen xenophoben Tendenzen basierende, sondern spezifisch auf die Gemeinschaft der Juden bezogene) Konzeptualisierung[6] fand in griechischen Schriften[7] ihren Ausdruck und fungierte über die Jahrhunderte hinweg als ein Basis-Stereotyp, das der Ab- und Ausgrenzung von Juden diente und in diversen Abwandlungen kontinuierlich erhalten blieb. Das Konzept des ANDEREN und FREMDEN entwickelte sich aber erst nach der Spaltung von Judentum und Christentum in Verbindung mit den religiös motivierten Hassgefühlen zu einer genuin judenfeindlichen Konzeptualisierung (JUDEN ALS VERWEIGERER DES WAHREN GLAUBENS,[8] JUDEN

---

[5] Judenfeindschaft entstand erstmals nach dem Jahr 500 vor Christus durch die diversen Auswanderungen von Juden ins Exil, bedingt durch die Zerstörung des ersten Tempels. Als deutlich von anderen Gruppen abgegrenzte Minderheit (die sich in Ess-, Kleidungs-, Wohn- und Sabbatkultur unterschied), die sich der Assimilation an das Gastland entzog, erhielten die Juden bereits in der Antike viel Aufmerksamkeit, die zu Bewunderung (und Übertritten zum Judaismus), aber auch viel Ablehnung führte. Praktiziertes Judentum wurde bereits im antiken Rom als Provokation erachtet. Bereits in dieser frühen Phase entstand die aus Furcht und Argwohn genährte Vorstellung von der Unterhöhlung der bestehenden Gesellschaften und weiterreichend die Sorge bezüglich der Weltübernahme durch die Juden (s. Heinemann 1931 und mündliche Mitteilung von Moshe David Herr).

[6] Es waren zwei für die jüdische Gemeinschaft zentrale Eigenschaften, die bereits in der Antike als negativ bewertende Abgrenzungsmerkmale von Griechen, Römern und Ägyptern gesehen wurden: zum einen der monotheistische Glaube an einen unsichtbaren Gott und zum anderen die Selbstattribuierung, ein auserwähltes Volk zu sein. Beides wurde von den benachbarten Völkern als seltsam, als unnormal empfunden. Die hartnäckige Weigerung, die Götter der anderen Glaubensgemeinschaften anzuerkennen, wurde als starrsinnig und überheblich angesehen (vgl. Heinemann 1931). Xenophobe Tendenzen waren allerdings in der Antike auch gegen andere Minoritäten zu beobachten. Der tiefe, alle Lebensdimensionen erfassende Hass gegenüber Juden entstand erst nach der Abspaltung des Christentums vom Judentum.

[7] S. Heinemann (1931) und Herr (1988).

[8] Durch Marcion kam es im zweiten Jahrhundert nach christlicher Zeitrechnung zu der Forderung, Christentum und Judentum strikt voneinander abzugrenzen. In seiner Theologie wird der „gute Gott", wie er von Jesus verkündigt wurde, von einem „bösen Gott" der Juden unterschieden. Das Judentum wird als überholte Religion betrachtet, die keine

ALS CHRISTUSMÖRDER,[9] JUDEN ALS DAS ABSOLUT BÖSE). Hier liegt der Ursprung des seit zweitausend Jahren andauernden Judenhasses. Die Urchristen, eine jüdische Gruppe, die sich zu Anfang allein durch den Glauben an Jesus als den Messias von den anderen Juden unterschied, vollzogen zunehmend eine die Differenzen betonende Abgrenzung vom Judentum. Nicht Jesus und seine Jünger, sondern Paulus führte die Spaltung herbei: Nur wer an Jesus als Erlöser glaube, sei ein Vertreter des wahren Glaubens. Allein dieser Glaube sei entscheidend für ein wahres Judentum und nicht mehr die Einhaltung der tradierten Regeln des Judentums. Verdammt sei, wer diesen Glauben nicht annehme. In den theologischen Schriften von Paulus wurde die Basis für die strikte Abgrenzung von Juden, den Glaubensverweigerern, und Christen, den einzigen wahren Glaubenden gelegt. Drastisch ausformuliert fand diese Dichotomie im Evangelium des Johannes ihren Ausdruck: Dort wurde die Dämonisierung und Verdammung der Juden als Ungläubige vollzogen. Zudem wurde durch die Darstellung, Jesus sei durch Juden und jüdisches Gesetz umgebracht worden (was angesichts der realen politischen Lage des durch die Römer besetzten und mit absoluter Herrschaft regierten Landes historisch völlig unplausibel war; s. hierzu Cohen 1977), das Stereotyp der Gottesmörder etabliert (s. hierzu u. a. Parkes 1981, Simon 1996, Laqueur 2006, Wistrich 2010). Das Fundament der Konzeptualisierung des wahren und des falschen (teuflischen) Israel wurde so gelegt.

Die radikale Abspaltung von der Ursprungsreligion und ihre fundamentale Ablehnung basierten u. a. auf der Enttäuschung über die Uneinsichtigkeit der jüdischen Mitbürger: dass Jesus, der Jude, ausgerechnet von den Juden, aus deren Mitte er kam, nicht als Messias, nicht als der Erlöser anerkannt wurde. Aus

---

Existenzberechtigung mehr hat (vgl. Parkes 1981, Rokeah 1988). Bei Justin findet sich die Aussage, die Christen und nicht die Juden seien das „wahre Israel" („Verus Israel"). Besonders einflussreich und für viele Jahrhunderte prägend für das Verhältnis der christlichen Kirche zu den Juden waren die Schriften von Augustinus im fünften Jahrhundert (s. *De Civitate Dei*). Er unterscheidet „Israel im Geiste" (die Christen) und „Israel im Fleische" (die Juden). Juden sind ihm zufolge Sünder, da sie den wahren Glauben leugnen, aber als Zeugen der wahren Geschichte von Jesus (bis sie den wahren Glauben übernehmen) müssen sie (mit Verachtung) geduldet werden. Diese Duldung (bis zur Einsicht und Akzeptanz des wahren Glaubens) beinhaltete das Verbot, Juden zu töten (s. Simon 1996). Dass die „sündigen, verachtenswerten Ungläubigen" gemäß der augustinischen Kirchendoktrin nicht einfach umgebracht werden durften, war ein weiterer Grund für den Zorn und die ohnmächtige Wut von Nicht-Juden und somit Fundament für Ressentiments.

9 Die Gottesmordbeschuldigung (als Topos der jüdischen Kollektivschuld am Tode von Jesus) findet ihre Verbreitung ab dem zweiten Jahrhundert nach Christus. Erst durch das zweite vatikanische Konzil 1965 löste sich die Kirche offiziell von dieser Legende. Fanatische Christenverbände erkennen diesen Beschluss bis heute nicht an (z. B. die Piusbrüder). S. hierzu auch Grözinger (1999).

dieser Enttäuschung kam der Groll, der das emotionale Fundament des frühen anti-judaistischen Ressentiments[10] legte. Die Verabsolutierung der eingenommenen Glaubensposition erlaubte kein Zugeständnis an die Möglichkeit der eigenen Fehlbarkeit: Die Akzeptanz der Juden und ihres Glaubens hätte bedeutet, den Zweifel am eigenen Glauben zumindest hypothetisch, als kognitive Möglichkeit zuzulassen, denn die prinzipielle Berechtigung der Existenz jüdischen Lebens umfasste die Möglichkeit, Jesus unter Umständen nicht als Gottes Sohn zu sehen. Dieser prinzipielle Zweifel jedoch musste unter allen Umständen verhindert werden. Die Juden wurden somit zum Gegenentwurf der eigenen Existenz, zum ultimativ Anderen, das als das Böse, Schlechte entwertet werden und damit außerhalb aller gültigen Werte stehen musste.

Die Entstehung und Ausbreitung des Christentums als umfassende Weltreligion geht einher mit der Entwicklung der Feindschaft gegenüber Juden, ihrer Stigmatisierung und Ausgrenzung. Das Urbild des verstockten, sich der Mehrheitsgemeinschaft widersetzenden, für sich bleibenden, auf seiner Existenz- und Glaubensform beharrenden jüdischen Menschen wurde hier aufgebaut und verfestigt. Alle weiteren (auch von der Religion losgelösten) Erscheinungsformen des Anti-Judaismus gehen letztendlich trotz aller zum Teil erheblichen Transformationen auf diese, die Welt in 'richtig und falsch' einteilende Konzeptualisierung zurück. Die lange Geschichte der Judenfeindschaft lässt sich natürlich nicht monokausal erklären, da sich die Feindschaft im Laufe von zweitausend Jahren immer wieder veränderte und den jeweiligen Dispositionen und Situationen anpasste (s. hierzu u. a. Parkes 1963, Poliakov 1985, Almog 1988, Laqueur 2006). Aber die Genese der Judeophobie liegt in der Trennung von Juden- und Christentum. Der genuine Judenhass beginnt mit dem Anspruch der Christen, insbesondere der Kirchengelehrten, den einzig wahren Glauben zu vertreten, und ist gekoppelt an den institutionellen Ausbau des Christentums als Weltreligion (vgl. Parkes 1981).

Aus der Konkurrenz zwischen dem Judentum und dem sich etablierenden Christentum, das sich seinen Platz als weltbeherrschende Religion über Jahrhunderte erkämpfen musste,[11] ergab sich die Spezifik des christlichen Judenhasses.

---

10 Nach der klassischen Definition Max Schelers, die auch heute noch als grundlegend anzusehen ist, ist das Ressentiment „das wiederholte Durch- und Nachleben einer bestimmten emotionalen Antwortsreaktion gegen einen anderen" (Scheler [1912] ⁴1955: 36). Der Groll führt zur Ablehnung, zum Hass. Während sich einzelne Gefühle auf etwas Bestimmtes am Anderen (Äußeres, Handlungen etc.) richten, zielt das Ressentiment auf die Existenz des Anderen. Es ist „ein ganz allgemeiner Wertnegativismus, eine ganz unbegründet erscheinende und scheinbar regellos hervorbrechende, plötzliche haßerfüllte Ablehnung selbst" (Scheler [1912] ⁴1955: 61).
11 Das Christentum sah sich bis in das dritte Jahrhundert nach Christus (bis zum sogenannten Mailänder Toleranzedikt) massiven Anfeindungen und Verteufelungen ausgesetzt, die es in

Der christlichen Lehre folgend hätte mit dem Erscheinen des Messias das Judentum aufhören müssen zu existieren (vgl. Bauer 1992: 83).

Um sich als die einzige, die wahre, die unantastbare Religion etablieren zu können, musste die Ursprungsreligion komplett negiert werden. Diese Negation führte zu einem radikalen Gegenentwurf und zur Verdammnis des Judentums als Religion sowie der diesem Glauben verhaftet bleibenden Menschen. Sie legte zudem die Basis für alle weiteren, nicht-religiösen Varianten der Judenfeindseligkeit. Die Hass-Forschung (s. Haubl 2007) zeigt übereinstimmend, dass besonders tiefe Abwehrgefühle da entstehen und sich halten, wo Affinität zwischen Hassobjekt und Hasssubjekt besteht: Genau diese Affinität zeichnet das Verhältnis der jüdischen und der christlichen Religion aus.

Warum die Juden? Weil Jesus, der Verkünder der urchristlichen Lehren, ein Jude war, untrennbar verbunden mit dem Judentum, seinem Gottesglauben und seinen Gesetzen, der auf der Basis der jüdischen Religion die Grundlagen für einen neuen Zugang zum Menschsein und zu Gott legte und weil die, welche nach ihm das Christentum zur Weltreligion auf- und ausbauten, weder seine gepredigte Toleranz noch seine Botschaft von Liebe und Barmherzigkeit leben konnten oder wollten, sondern stattdessen in Wut und Hass gegenüber ihren eigenen Wurzeln verfielen, die sie in glühender Intoleranz[12] ausrotten bzw. nicht

---

einem Umkehrprozess gegen die Juden richtete. Der das Judentum als Religion vollständig und absolut entwertende Umkehrschluss beinhaltete auch die Festsetzung, nicht das Christentum sei etwa das Kind des Judentums, sondern das Judentum sei vielmehr eine Perversion des Christentums. Der Barnabasbrief (viertes Jahrhundert) gibt Einblick in die theologischen Auseinandersetzungen der frühen christlichen Kirche mit dem Judentum (s. Rokeah 1988). Dort werden die jüdische Lehre als „überholt", die Juden als „unwürdig" und „von einem bösen Engel" beeinflusst dargestellt. Das jüdische Israel sei im „Untergang". Diese frühe Schrift ist im Sinne der nachfolgenden Adversus-Judaeos-Texte der Kirchenväter geschrieben, d. h. sie stellen eine kategorische Ablehnung und absolute Entwertung des Judentums dar. Jüdische Figuren werden christianisiert, d. h. als frühe Vertreter des Christentums interpretiert. So wie der Jude Jesus von Nazareth aus dem Judentum gerissen wurde, so wurde auch Abraham im Barnabasbrief und nachfolgenden Texten als erster Christ stilisiert (s. hierzu auch Parkes 1981: 84).

12 Unter fundamentalistischen Christen findet sich diese Intoleranz bis heute, s. etwa die Piusbruderschaft oder die Anhänger von kreuz.net: Es ist signifikant, dass diese religiös motivierten Judenhasser zugleich auch den Holocaust leugnen bzw. marginalisieren. In der Karfreitagsfürbitte für die Juden heißt es: „Oremus et pro Iudaeis ut Deus et Dominus noster illuminet corda eorum, ut agnoscant Iesum Christum salvatorem omnium hominum. Oremus. Flectamus genua. Levate. Omnipotens sempiterne Deus, qui vis ut omnes homines salvi fiant et ad agnitionem veritatis veniant, concede propitius, ut plenitudine gentium in Ecclesiam Tuam intrante omnis Israel salvus fiat. Per Christum Dominum nostrum. Amen." („Wir wollen beten für die Juden. Dass unser Gott und Herr ihre Herzen erleuchte, damit sie Jesus Christus erkennen, den Heiland aller Menschen. Lasset uns beten. Beugen wir die Knie. Erhebet Euch. Allmächtiger ewiger Gott, der Du willst, dass alle Menschen gerettet werden und zur Erkenntnis der Wahrheit

akzeptieren wollten. Aus Jesus, dem Juden, wird Christus, der Heiland, von den Juden ermordet, losgelöst von seinen jüdischen Wurzeln, transformiert zu einem Wesen jenseits des Judentums; aus den ehemaligen Glaubensbrüdern werden Anti-Christen, die sich dem wahren Glauben verweigern; aus dem Judentum wird eine Verdammnis. Die Koexistenz zweier Religionen mit gemeinsamen Fundamenten kann nicht geduldet werden: Die Existenz von Juden wird zum Frevel. Aus diesem Frevel entwickelt sich die totale Entwertung alles Jüdischen. Juden werden zum Archetypus des Üblen und Verwerflichen in der Welt. Aus einer theologischen Interpretation wird im Laufe der Jahrhunderte eine allumfassende Ethik, aus religiöser Deutung und Doktrin ein Weltdeutungssystem, in dem Juden und Judentum prinzipiell als die negative Dimension entwertet werden.

Zieht man in Betracht, dass die Institution der christlichen Kirche mit ihren Lehren und dem Neuen Testament als wichtigste gesellschaftliche und ideologische Kraft über 1.800 Jahre hinweg maßgeblichen Einfluss auf alle Sphären des Lebens, alle sozialen, kulturellen und politischen Strukturen und Prozesse nahm, alle literarischen und bildenden Kunstformen dominierte, die jeweiligen Herrschaftsstrukturen begleitete oder formte (und bis heute in weiten Teilen der Gesellschaft als Faktor wirkt), ist es nicht verwunderlich, dass das von ihr etablierte und gepflegte Feindbild bzw. Gegenbild JUDE trotz aller historischen Veränderungen die Jahrhunderte überlebte. Judenfeindschaft ist eine in der abendländischen Kultur tief verwurzelte Mentalität, die Jahrhunderte hindurch von Generation zu Generation, als fester Bestandteil der christlich geprägten Tradition und Identität vermittelt wurde.

(1) „Der Jud stellt sein sinne nacht und tag Wie er den cristen verderben mag ['kann', d. Verf.]"
(Titel eines anonymen Flugblatts des 15. Jahrhunderts, zit. n. Hortzitz 1999: 37)

Juden sind demnach nicht ein Feind, sie sind der Feind. Neben dem metaphysischen Übel sind sie auf der Erde das ultimativ Böse, die menschliche Verkörperung des Schlechten, in der christlichen Glaubensvorstellung der Anti-Christ[13]

---

gelangen, gewähre gnädig, dass beim Eintritt der Fülle aller Völker in Deine Kirche ganz Israel gerettet wird. [oder: dass ganz Israel gerettet werde, wenn die Fülle aller Völker in Deine Kirche eintritt]. Durch Christus, unseren Herrn.")
13 Im Mittelalter waren die Konzeptualisierungen von Juden als Teufeln, Teufelsverbündeten, Ritualmördern, Hostienschändern, Ketzern und Hexenmeistern dominant und weit verbreitet (vgl. Trachtenberg 1943: 32 ff.).

und werden daher oft als *Teufel(sgenossen)* und *Satan(sbrut)* bezeichnet (s. hierzu Trachtenberg 1943).

Die Spaltung der christlichen Kirche durch Martin Luther bringt keine Kehrtwende. Im Gegenteil: Luther vertieft in seinen Schriften, enttäuscht über das Festhalten der Juden an ihrer Religion, mit wütenden Anklagen die Verteufelung der jüdischen Menschen und trägt durch seine Dämonisierungen[14] maßgeblich dazu bei, dass auch das Verhältnis der evangelischen Kirche zum Judentum über Jahrhunderte[15] vergiftet ist:

(2) „Das ists / das ich droben gesagt habe / das ein Christ, nehest dem Teufel / keinen gifftigern / bittern feind habe / denn einen Jüden." (Luther [1543] 1577: 378)

(3) „Es stimmet aber alles mit dem vrteil Christi / das sie gifftige / bittere / rachgierige / heimische Schlangen / Meuchelmörder vnnd Teuffels Kinder sind / die heimlich stechen vnd schaden thun / weil sie es öffentlich nicht vermügen. Darumb ich gern wollte / sie weren / da keine Christen sind." (Luther [1543] 1577: 377)

Auf der Konzeptualisierung, dass die Juden JESUSMÖRDER, MÖRDER DES HEILANDS seien, dass Blut an ihnen klebe und dass sie sich schließlich auch noch dem wahren Glauben widersetzen, entwickelten sich zahlreiche weitere Negativkonzepte, die teils aus (den Juden aufgezwungenen) wirtschaftlich-sozialen Verhältnissen abgeleitet wurden, teils Erfindungen einer auf Feindbild eingestell-

---

14 Bei der Schrift *Von den Jüden und iren Lügen* handelt es sich um ein theologisches Traktat, das nicht per se als judenfeindliches Pamphlet zu sehen ist. Dennoch finden sich alle typischen Verbalverteufelungen und die Meinung, man müsse aktiv gegen Juden vorgehen. Als die am häufigsten verwendeten Negativwörter in den Texten Luthers identifiziert Bering (1989b), der sich kritisch und ausführlich mit Luthers Wortschatz beschäftigt hat, vor allem *Lüge, lügen, Teufel, schädlich, böse* und *lästern* (Bering 1989b: 148). Bering (1989b: 155) weist auch darauf hin, dass Luther nicht eigens einen judenfeindlichen Wortschatz erzeugte, sondern vielmehr auf bereits existierende pejorative Sprachgebrauchsmuster zurückgriff. Dies schmälert aber natürlich nicht den Einfluss der Schriften auf die kontinuierliche Tradierung der Judenfeindseligkeit mittels der Sprache. Bering (1990) nennt als wichtigen Grund für die erbitterten Verbalattacken Luthers gegen die Juden die Affinität der theologischen Positionen. Dies entspricht der Ressentimentbildung, wie wir sie erläutert haben.
15 Entsprechend wurden Luthers Verbal-Aggressionen oft instrumentalisiert: So von Julius Streicher, der im Nürnberger Prozess 1946 forderte, Luther müsse neben ihm auf der Anklagebank sitzen (s. Bering 1989b: 140).

ten Betrachtungsweise waren (z. B. RITUALMORDE UND BLUT-VERWENDUNG DER JUDEN; vgl. hierzu Erb 1999 und von Braun 1999).[16]

(4) „Hieraus sihestu nu wol / [...] / das sie [= die Juden, d. Verf.] dürstige blut Hunde und Mörder sind / der gantzen Christenheit / [...] / Wie sie denn [...] beschüldigt gewest / als hetten sie Wasser und Brün vergiftet / Kinder gestolen / zepfrimet ['mit Pfriemen (Ahlen) durchstochen', d. Verf.] und zu hechelt ['mit Hecheln (Flachskämmen) zerfleischt', d. Verf.] / damit sie an der Christen blut ir mütlin heimlich kületen."
(Luther [1543] 1577: 345)

(5) „[Die] gottlosen, lästerhaftigen, diebischen, räuberischen und mörderischen [Juden, d. Verf.]." (Nigrinus 1570: CLXXVII)

(6) „Auf welche unerhoerte Art die Juden Christenkinder gestohlen, demnaechst gemartet, geschunden, gekreuziget, und ihnen das Blut mit Federkielen ausgesogen haben, darueber sind in den glaubwuerdigsten Schriftstellern [...] die zuverlaeßigsten Beispiele vorhanden."
(Grattenauer [3]1803: 12 f.)

Die prinzipielle Entwertung der jüdischen Existenz an sich bildete die Grundlage für alle weiteren, über die nachfolgenden Jahrhunderte sich entwickelnden, daraus abgeleiteten und konstruierten Kollektivattribuierungen (JUDEN ALS STARRSINNIG, RACHSÜCHTIG, DIABOLISCH etc.), die weit über die religiösen Unterschiede hinausgingen und das Fundament eines (strikt binären) Weltbildes erschufen (das in den Köpfen vieler Menschen bis heute erhalten ist, wie das aktuelle Beispiel, eine E-Mail an den Zentralrat der Juden aus dem Jahr 2009, zeigt; s. hierzu ausführlich Kap. 5.2).

(7) „ihr seits solz auf gaza???welcher mensch kann stolz auf mord sein?ein antichrist.schon jesus sagte'ihr habt den teufel als vater'.steht in der bibel!mann erkennt arihmans kinder an ihre taten.danke israel ihr habt mir die augen geöffnet.man erntet was man sät! dreimal dürft ihr raten was israel ernten wird in zukunft.ich freue mich schon auf den tag.jener

---

[16] Dieses Konzept wird bis zum heutigen Tag beständig reaktiviert. So lauten Plakattexte auf anti-israelischen Demonstrationen oft folgendermaßen: *Israel tötet Kinder / lässt das Blut der Kinder fließen* etc. Auch der muslimische Antisemitismus greift viel auf diese Konzeptualisierungen zurück (s. Wistrich 2011: 64 f.).

tag wird in die kosmische geschichte eingehen, als der tag wo das BÖSE besiegt wurde." [ZJD_Gaza2009_84/816_Dar_001]

Juden sind diesem Weltbild zufolge nicht in dem einen oder anderen Aspekt anders als Nicht-Juden, sondern sie sind prinzipiell anders und prinzipiell schlecht. Diese mentale Konstruktion führt zu einer kategorialen, kollektiven Feind(bild)erschaffung. Die judeophoben Stereotyp-Projektionen von JUDEN ALS KINDERMÖRDERN, BLUTKULTANHÄNGERN etc. haben nichts mit realen Gegebenheiten zu tun, sondern sind mentale Konstrukte[17] der sich abgrenzenden Nicht-Juden. Somit ist alles, was Juden als Juden tun oder nicht tun, per definitionem falsch, und sämtliche Urteile über Juden sind von vornherein Vor-Verurteilungen, die alle auf dem Ressentiment JUDEN SIND SCHLECHT beruhen. In diesem Weltdeutungssystem wurden (und werden) über die Jahrhunderte hinweg alle Übel der Welt nun den verhassten Juden angedichtet: verschwundene und ermordete Kinder, betrügerische Geschäfte, Brunnenvergiftungen, Krankheiten, die Pest, zerstörte Ernten, persönliche Misserfolge, verlorene Kriege, Finanzkrisen. Juden nahmen somit flächendeckend auch die Sündenbock-Funktion in den christlich geprägten Gesellschaftsstrukturen ein.

Bei einigen der tradierten Stereotype wird oft auf historisch reale Begebenheiten verwiesen, z. B. beim Konzept des Juden als HEIMATLOSEM WANDERER. Nach der Zerstörung Jerusalems durch die Römer im Jahre 70 nach Christus kamen viele Juden ins Exil und bildeten in der Diaspora Gemeinschaften. Aus der Ablehnung des Gastvolkes, das keine Integration der Juden wollte, wurde eine negative Eigenschaft auf die Juden projiziert. Seither kursiert das Stereotyp von den Juden als RUHELOSEN WANDERERN, die sich nicht einleben wollen, sondern im „Gastvolk" Fremde bleiben und entsprechend keine Solidarität entwickeln.

(8) „Zu andern, todten Nationen mag der Jude mitgerechnet werden; aber zu den Deutschen [...] gehört der Jude nicht." (Sauerwein 1831: 10)

(9) „Ich will es [= die Vermehrung der Juden, d. Verf.] [...] auch deswegen nicht, weil sie ein durchaus fremdes Volk sind und weil ich den germanischen Stamm so sehr als möglich von fremdartigen Bestandtheilen rein zu erhalten wünsche." (Arndt 1814: 188)

---

17 Diese Dimension der De-Realisierung zeigt sich bis heute als wesentliche Komponente beim Antisemitismus, insbesondere in der Formvariante des Israel dämonisierenden Anti-Israelismus (s. Kap. 7.2.1).

Aus dem von Nicht-Juden gegen Juden etablierten Verbot, gewöhnlichen gesellschaftlichen Tätigkeiten (wie Handwerksberufen o. Ä.) nachgehen zu dürfen, ergab sich, dass Juden von den Aktivitäten der Gesellschaft bis auf die des Geldhandels ausgeschlossen waren (s. Raphael 1999: 115). Der Vorwurf der Nicht-Juden gegen Juden als Wucherer und Geldmenschen richtete sich also auf das, was zuvor selbst produziert worden war.[18] Diese erzeugten, den Juden aufgezwungenen Aktivitäten wiederum wurden im Laufe der Geschichte als typisch jüdische Eigenschaften konzeptualisiert und als Legitimation zur Diffamierung und Diskriminierung benutzt.

(10) „Was seind aber die Jüden? in warheit keine Bekenner / sondern Lästerer vnd schänder Gottes vnd Christi [...] Seind sie auch hochschädliche Leuth / in dem sie müssige Wucherer seind. Sie seind müssige Faullentzer / haben weder Aecker noch Wiesen / können keine Handwercker treiben / auch sonst kein Hand=Arbeit / sondern gehen müssig / lassen vns arbeiten vnd im sauren Schweiß vnsere Nahrung gewinnen / sie vnter dessen nehren sich alle auß der armen Christen Schweiß vnd Blut / vnd leben wohl von dem / so sie durch Wucher vnd Betrug denselben abschinden." (Saltzmann 1661, zit. n. Hortzitz 2005: 66 f.)

Das Klischee des jüdischen Schacherers und Wucherers wurde zum festen Bestandteil des kollektiven Wissens und verfestigte sich über die Sprache durch entsprechende Floskeln (s. Kap. 5.2). In der Weltliteratur ist das Stereotyp des UNBARMHERZIGEN GELDMENSCHEN prototypisch durch die Figur des Shylock[19] in Shakespeares *Merchant of Venice* festgehalten. Die negative Bewertung von Juden

---

18 Zwischen 325 und 1139 hatte die Kirche auf den verschiedenen Konzilien die Tätigkeit des Zinsverleihs für Christen verboten. Doch die mittelalterliche Wirtschaft war abhängig von Geldgeschäften dieser Art. Selbst Klöster waren zum Teil darauf angewiesen. So kritisierten Geistliche öfters scharf die angebliche Geldsucht der Juden und verurteilten moralisch den Zinsverleih, griffen aber als lebenspraktische Notwendigkeit selbst darauf zurück. Bernhard von Clairvaux (11./12. Jahrhundert) z. B. setzte Juden und Wucher gleich, verurteilte aber zugleich die christlichen Geldverleiher als noch schlimmer als die Juden. Christen, die Wucher betreiben, würden so zu „*getauften Juden*". Dies ist die erste bekannte und niedergeschriebene Verwendung des Lexems *Jude* als Schimpfwort. Wir danken Joseph Shatzmiller für diesen Hinweis.

19 Shatzmiller (2007) konnte allerdings anhand von Zeugenaussagen in einem Gerichtsprozess um einen jüdischen Kaufmann im 14. Jahrhundert zeigen, dass Juden von ihren nicht-jüdischen Zeitgenossen und Handelspartnern als großzügig, hilfsbereit und besonders vertrauenswürdig bewertet wurden. Das allgemein akzeptierte Bild, wonach jüdische Kaufleute und Geldverleiher generell auf Ablehnung und Verachtung stießen, muss also revidiert werden (vgl. hierzu auch Shatzmiller 2007: 9).

spiegelt sich über die Jahrhunderte hinweg in zahlreichen Schriften wider (und ist in allen Schichten anzutreffen, keineswegs nur beim Straßenmob, den ungebildeten Menschen, sondern bei Dichtern, Denkern, Priestern, Gelehrten, Philosophen). In Goethes *Das Jahrmarktsfest zu Plundersweilern* werden die Klischees mittels floskelhafter Ausdrücke eher spöttisch (und fiktional aus der Perspektive eines Judenfeindes) aufgezählt;[20] nichtsdestotrotz spiegeln sie das kulturell verankerte Wissen der Zeit wider, auf das Goethe hier referiert:

(11) „Du kennst das Volk, das man die Juden nennt [...] sie haben einen Glauben / Der sie berechtigt, die Fremden zu berauben [...] Der Jude liebt das Geld und fürchtet die Gefahr. Er weiß mit leichter Müh, und ohne viel zu wagen, / Durch Handel und durch Zins Geld aus dem Land zu tragen [...] Doch finden sie durch Geld den Schlüssel aller Herzen, / Und kein Geheimnis ist vor ihnen wohlverwahrt [...] Sie wissen jedermann durch Borg und Tausch zu fassen; / Der kommt nie los, der sich nur einmal eingelassen." (Goethe [1733] ²1973: 133 f.)

Nicht einmal die Epoche der Aufklärung mit ihrer vernunftorientierten Religionskritik, in der im Namen rationaler Prinzipien gleiche Rechte für alle Menschen und die Aufhebung von Standes- und Klassenschranken gefordert wurden, durchbrach das kulturell gefestigte anti-jüdische Denkmuster: Voltaire betrachtet Juden nicht nur als natürliche Feinde bestimmter Nationen, sondern auch der gesamten Menschheit und bleibt damit exakt der tradierten (religiös fundierten) Konzeptualisierung verhaftet:[21]

(12) „Kraft ihrer eigenen Gesetze, natürliche Feinde dieser Nationen und schließlich der Menschheit."[22] (Voltaire [1761] 1878: 435, zit. n. Hentges 1999: 45)

---

[20] In Goethes Texten finden sich keine Anzeichen für eine judenfeindliche Einstellung (s. Low 1979, Homann 2002). Dennoch wird die oben aufgeführte Stelle vielfach von Rechten und Rechtsextremen zitiert, um die angebliche Skepsis und Antipathie des berühmten Dichters gegenüber Juden zu belegen (s. Schwarz-Friesel 2012a).
[21] Vgl. auch Voltaire (1785: 186): „Das jüdische Volk wagt, einen unversöhnlichen Haß gegen alle Völker zur Schau zu tragen. Es empört sich gegen alle seine Meister, immer abergläubisch, immer gierig nach dem Gute anderer, immer barbarisch, kriechend im Unglück und frech im Glück." Im Original (Voltaire 1785: 186): „[La nation juive] ose étaler une haine irréconciliable contre toutes les autres nations; elle se révolte contre tous ses maîtres; toujours superstitieuse, toujours avide du bien d'autrui, toujours barbare, rampante dans le malheur, insolente dans la prospérité."
[22] Im Original: „[I]ls se trouvèrent, par leurs lois mêmes, ennemies naturels de ces nations et enfin du genre humain" (Voltaire 1878: 435, zit. n. Hentges 1999: 45).

Auch in seinem philosophischen Wörterbuch *Dictionnaire philosophique* werden die Juden in mehreren Artikeln sehr verachtungsvoll erwähnt und unter anderem als „*das abscheulichste Volk der Erde*" bezeichnet (s. hierzu Poliakov 1983: 101, vgl. auch Laqueur 2006: 88: „*Ich wäre nicht im Geringsten überrascht, wenn dieses Volk eines Tages tödlich für die menschliche Rasse werden würde*").

Die Annahme, dass Feindschaft gegenüber Juden vor allem auf den Mangel an Aufklärung und Bildung zurückzuführen sei, muss daher zurückgewiesen werden: Auch hoch intelligente und sehr gebildete Menschen waren und sind nicht gefeit gegenüber judeophoben Ressentiments (s. hierzu auch Kap. 9). Ein Blick auf die Schriften der großen deutschen Philosophen des Idealismus, die sich der Wahrheitsfindung durch Denkvermögen verpflichteten, macht dies besonders deutlich:

(13) „Die unter uns lebenden Palästiner [= Juden, d. Verf.] sind durch ihren Wuchergeist seit ihrem Exil, auch was die größte Menge betrifft, in den nicht unbegründeten Ruf des Betruges gekommen."
(Kant [1798] 1839: 218)

(14) „Erinnert ihr euch denn hier nicht des Staates im Staate? Fällt euch denn hier nicht der begreifliche Gedanke ein, dass die Juden, welche ohne euch Bürger eines Staates sind, der fester und gewaltiger ist als die eurigen alle, wenn ihr ihnen auch noch das Bürgerrecht in euren Staaten gebt, eure übrigen Bürger völlig unter die Füsse treten werden? [...] Aber ihnen Bürgerrechte zu geben, dazu sehe ich wenigstens kein Mittel, als das, in einer Nacht ihnen allen die Köpfe abzuschneiden und andere aufzusetzen, in denen auch nicht eine jüdische Idee sey. Um uns vor ihnen zu schützen, dazu sehe ich wieder kein anderes Mittel, als ihnen ihr gelobtes Land zu erobern, und sie alle dahin zu schicken."
(Fichte [1793] 1845: 150)

Ähnliche Aussagen finden sich bei Herder und Hegel. Hegel, der bedeutendste Philosoph des Idealismus, zeichnete sich in seinen frühen Schriften sogar durch einen besonders intensiven Judenhass aus, der nahezu alle tradierten Stereotype des Anti-Judaismus aufwies, diese jedoch mit seinen philosophischen Reflexionen zum allgemeinen Geist verband (s. hierzu ausführlich Hentges 1999).

(15) „Nicht zu leugnen sind die verkehrten und unmoralischen Begriffe der Juden von dem Zorn, der Parteilichkeit, dem Hasse gegen andere Völker, der Intoleranz ihres Jehova, Begriffe, die leider in die Praxis und Theorie der christlichen Religion übergegangen sind [...]. – Und wir haben es

nicht ihren Priestern, sondern der Philosophie, von welchen sie deswegen gehaßt wurde, und dem milderen Licht unserer Zeiten zu danken, daß ihre düstere Zanksucht, ihre Intoleranz und ihr Eigendünkel abgenommen hat." (Hegel [1793/1794] 1907: 359)

Das jüdische Volk, so Hegel, sei „*ohne Seele und eigenes Bedürfnis der Freiheit bei seiner Befreiung gewesen*", isoliere sich gegenüber anderen Menschengruppen, zeichne sich aus durch Menschenverachtung und -hass; es gebe eine jüdische Sucht, sich zu isolieren, Liebe, Geist und Leben seien ihnen fremd geworden und der „*Sabbat sei charakteristisch für den sklavischen Geist*". Auch der Vorwurf, Juden seien menschlich niedere, intellektuell minderwertige Wesen und Leugner der wahren Religion, wurde artikuliert:

(16) „Der Geist erkennt nur den Geist; sie sahen in Jesu nur den Menschen, den Nazarener, den Zimmermannssohn, [...] so viel war er, mehr konnte er ja auch nicht sein, er war nur einer, wie sie, und sie selbst fühlten, daß sie Nichts waren. Am Haufen der Juden mußte sein Versuch scheitern, ihnen das Bewußtsein von etwas Göttlichem zu geben, denn der Glaube an etwas Göttliches, an etwas Großes kann nicht im Kote wohnen."
(Hegel [1800] 1907: 312)

Nach über 1.700 Jahren der Diffamierung war die Judenfeindschaft so tief in den abendländischen Denkstrukturen verwurzelt, dass selbst die Dichter und Denker, die sich von der alten Kirchendoktrin lösten und den mentalen Weg für die freie Selbstbestimmung des Menschen ebneten, sich (trotz ihrer Reflexionen über die Anerkennung der Bürgerrechte für alle Menschen) nicht davon lösen konnten. Dies zeigt sehr deutlich, dass Judenfeindschaft nicht nur ideologisch basiert war, sondern im Glaubenssystem der Menschen auf scheinbar unerschütterlichen ethischen Prinzipien bzw. Denkkategorien fußte. Dass diese manichäistischen Denkkategorien erst durch die christliche Kirchendoktrin in die Welt Eingang fanden, wurde nicht reflektiert.

Bis in das späte 18. bzw. frühe 19. Jahrhundert war Judenfeindschaft im Wesentlichen religiös motiviert und ein christlicher Anti-Judaismus (s. u. a. Bauer 1992, Weinzierl 1995, Benz 2004). Konkrete Auswirkungen dieses Anti-Judaismus waren Ausgrenzung, Vorenthaltung von Bürgerrechten und Verfolgung, Zwangstaufen sowie die (in sporadischen Pogromen auftretende) Ermordung von Juden. Die vorherrschenden Stereotype, die sich in der Literatur, in anti-jüdischen Predigten, in Pogromaufrufen und Hetzschriften zeigten, waren die der Juden als JESUSMÖRDER, als HEIMATLOSE WANDERER, als GELDLEUTE, WUCHERER, SCHACHERER und VERSCHWÖRER (vgl. hierzu ausführlich die Einzelartikel in Schoeps/

Schlör 1999). Ganz gleich, was Juden über die Jahrhunderte hinweg taten oder nicht taten, ob sie wirtschaftlichen Erfolg und soziales Prestige hatten oder nicht, es wurde aus der ressentimentgeleiteten Perspektive stets nur negativ bewertet. Je nach Perspektive wurden sie daher zeitgleich z. B. als *Kapitalisten* oder als *Sozialisten* bzw. *Bolschewiken* beschimpft (vgl. Barkai 1999 und Niedermüller 1999). In vielen Schriften wurden sie als minderwertige Kreaturen dargestellt, oft mit Tieren verglichen und auf einer niederen Stufe der Existenz angesiedelt:

(17) „Und bei alle diesem Einfluß, Macht, Reichthum und Freyheit waren und sind sie [= die Juden, d. Verf.] die Blutsauger des Volkes [...], bleiben selbst auf der niedrigsten Stuffe der Kultur und verbreiten Schmutz und Rohheit um sich her." (Fries 1816: 5)

Hier wird zugleich das Prinzip der Dämonisierung innerhalb der Judeophobie transparent, das über die bloße Sündenbockfunktion hinausgeht: Aus der ursprünglich religiös motivierten Feindseligkeit ist eine absolute Feindschaft geworden, die sich als Ressentiment nicht gegen einzelne Juden, sondern gegen die Existenz der Juden richtet. Im Nationalsozialismus war dieses Ressentiment das Fundament des Erlösungsantisemitismus:[23] die Ausrottung des Judentums betrieben zum „Guten der Menschheit", um „Schaden vom deutschen Volke zu bewahren" (vgl. Katz 1980/1990; s. Kap. 10.3).

4.2 Erhalt und Resistenz judenfeindlicher Stereotype in der Moderne

Betrachtet man die Geschichte der Judenfeindschaft, so resultieren die Stereotype über Juden entweder aus dem diskriminierenden Verhalten von Nicht-Juden gegenüber Juden; oder es handelt sich (im weitaus häufigeren Fall) um Konstrukte, die mit der Realität gar nichts zu tun haben, also reine Phantasieprodukte sind (z. B. JUDEN ALS KINDERMÖRDER,[24] PESTÜBERTRÄGER, MEINUNGSMACHER, WELTVERSCHWÖRER etc.). Stereotype, die über die Manifestationsformen der Sprache teilweise bewusst-intentional, teils unreflektiert seit Jahrhunderten weitergegeben werden, wurden zu einem Kodierungssystem oder, wie Volkov (1990: 29, 2006: 66) es ausgedrückt hat, zu einem „kulturellen und kommunikativen Code". Aus kognitionslinguistischer Perspektive lässt sich die Jahrhunderte überdauernde Judenfeindschaft als Erhalt eines stabilen mentalen Glaubenssystems

---

23 Vgl. hierzu auch Bauer (2001) und Friedländer (2006).
24 Vgl. zum Stereotyp RITUALMORD Erb (1999).

beschreiben, dessen ideologische Komponenten mit ethisch-moralischen Werten gleichgesetzt und dessen Kenntniseinheiten institutionalisiert kommuniziert werden. Ein konzeptuelles Konstrukt, das maßgeblich auf einem emotionalen Ressentiment basiert, als Glaubenssystem nicht hinterfragt, dem Faktizität unterstellt wird, dessen Gültigkeit als sicher angesehen wird. Ein kognitives Netz von Stereotypkonzepten, die Teil des kollektiven Gedächtnisses, also auf überindividueller Ebene, Bestand des enzyklopädischen Wissens sind.

Diese Stereotypkonstrukte hatten sich bei vielen Menschen zu einem Weltdeutungssystem verdichtet. Aus diesem Weltdeutungssystem heraus entwickelten sich auch radikale Vorschläge, z. B. in Hartwig von Hundt-Radowskys 1819 veröffentlichtem *Judenspiegel*. Für den hasserfüllten Demagogen waren Juden *„Untermenschen"* und *„Ungeziefer"*, *„übelduftende Wiedehopfe"*. Er lehnte kategorisch jede Konvertierung oder Assimilation ab: Die ihm zufolge auf immer verderbten Juden müssten ausgemerzt, die Frauen in Bordelle gesperrt werden.

(18)   „Am Beßten wäre es jedoch, man reinigte das Land ganz von dem Ungeziefer, und hiezu giebt es gleichfalls zwei Mittel. Entweder, sie durchaus zu vertilgen, oder sie auch, wie Pharao, die Meininger, Würzburger und Frankfurter es gemacht haben, zum Lande hinausjagen [...]."
(Hundt-Radowsky 1819: 144)

Natürlich kann man solche Pamphlete als psychopathologische Auswüchse Einzelner sehen, aber die Tatsache, dass der Verfasser nach Erscheinen seiner Schrift nicht in eine städtische Heilanstalt eingeliefert wurde,[25] belegt die breite Akzeptanz bzw. Gleichgültigkeit gegenüber solchen Gewaltphantasien.[26]

Allgemein etabliert waren komplexe judenfeindliche Deutungsmuster, die alle Wesensmerkmale von Menschen (Aussehen, Charakter, Intelligenz, Sozialverhalten) erfassten. Die physische Erscheinung betreffend wurden Juden als auffällig hässlich mit spezifischen, teuflischen Gesichtszügen, Hakennasen

---

25 Entsprechend wundert man sich heute auch, dass Hitler mit seinen kruden Verschwörungstheorien und bereits am Anfang seiner politischen Karriere artikulierten Hassphantasien nicht als geistesgestört oder zumindest als mental labil eingestuft, sondern stattdessen zum Reichskanzler bestellt wurde. Eliminierungsforderungen (Juden müssten vertrieben oder umgebracht werden) als „Lösung" für das „Judenproblem" sind bis heute ein zentraler Aspekt judenfeindlicher Argumentation (s. Kap. 10.3).
26 Natürlich wollten keineswegs alle Deutschen Juden tatsächlich vertreiben oder töten, aber wie Low (1979: 7) anmerkt: „the number of Germans who hoped for the disappearance and 'death' of Judaism was quite large: they included adherents of the most diverse political and ideological currents."

und dunklen Haaren sowie Augen charakterisiert.[27] Der Charakter von Juden wurde mit Attributen wie *intellektuelle Minderwertigkeit* bzw. *Zersetzungskraft, Verschlagenheit, Heuchelei, ränkeschmiedene Falschheit, Listigkeit, Rachsucht* beschrieben. Jüdische Frauen zeichneten sich demzufolge durch verderbliche Schönheit im Verbund mit sexueller Attraktivität und Lasterhaftigkeit aus. Hinzu kamen Geiz, Selbstsucht, Unbarmherzigkeit, Gefühlskälte und Feigheit. Juden praktizierten angeblich auch andere Ritualmorde, betrieben Blutkult, waren dem wahren Glauben und den ethischen Werten anständiger Gesellschaften gegenüber halsstarrig sowie blind. Aus der religiösen Glaubensattribuierung, ein auserwähltes Volk zu sein, wurde zudem abgeleitet, Juden seien hochmütig und arrogant.

(19)   „Sie [= die Juden, d. Verf.] bilden die arroganteste und exclusivste Aristokratie." (Naudh 1861: 7, zit. n. Hortzitz 1988: 161)

Als soziale Wesen schadeten Juden angeblich der Gesellschaft, in der sie als Parasiten, Krankheitserreger, Ausbeuter, Wucherer, Verräter, Zersetzer und einflussreiche Meinungsmacher agierten.

(20)   „Judenthum ist mit dem Riesenschmarotzer-Gewaechs [...] zu vergleichen." (Holst 1821: 64)

Ziel der Juden sei es, die Weltherrschaft zu übernehmen und alle Nicht-Juden zu versklaven (s. die *Protokolle der Weisen von Zion*, vgl. auch das Konzept des WELTJUDENTUMS bei Hitler).

(21)   „Die Juden wollen [...] die Welt regieren."
        (Scharff-Scharffenstein 1871: 50)

Alle negativen Eigenschaften gehören der rassistischen Ideologie zufolge zum ganzen Volk, und die Floskel *ewiger Jude* steht für das Klischee der unveränderbar schlechten Wesensart von Juden mit der Kollektivkonzeptualisierung des gesamten verderbten jüdischen Volkes.[28]

---

27 Das Spottgedicht Wilhelm Buschs zeugt davon ebenso wie die zahlreichen Postkarten, die Juden entsprechend verzerrt in Karikaturen darstellten (s. hierzu Bajohr 2003): „Kurz die Hose, lang der Rock / Krumm die Nase und der Stock / Augen schwarz und Seele grau, / Hut nach hinten, Miene schlau / So ist Schmulchen Schievelbeiner / (Schöner ist doch unsereiner!)" (Busch 1882: Kap. 5)
28 Diese Konzeptualisierung hat Bering (2002: 174) wie folgt charakterisiert: „Dem

(22) „Ich nenne dieses Fremde schon an sich eine Plage und ein Verderben. Es ist noch mehr so zu nennen, weil die Juden ein verdorbenes und entartetes Volk sind." (Arndt 1814: 193)

(23) „Eine geschlossene Gesellschaft, welche [...] nur vom Spähen und Lauern lebt, muß geistig verdorben werden." (Fries 1816: 16)

Die religiöse Dimension der Judenfeindschaft wurde durch eine säkulare Form verschoben bzw. überlagert: Im 19. Jahrhundert entwickelte sich auf dem religiösen Anti-Judaismus[29] ein völkisch-rassistischer Antisemitismus, der die prinzipielle Andersartigkeit der Juden als Rasse bzw. als Volk betonte: Der sogenannte Ariergedanke und das Konzept der Ungleichheit von Menschen wurden in der als wissenschaftlich propagierten Rassenlehre in den Vordergrund gerückt und motivierten die Ab- und Ausgrenzung von Juden (vgl. u. a. Gobineau 1853). Juden wurden als fremde Rasse, als Fremdkörper, als Parasiten und als Zersetzer nichtjüdischer Gesellschaften beschrieben. Eugen Dühring (1881) und Houston Stewart Chamberlain ([1899] [30]1944) waren viel gelesene Autoren von Schriften (die zum Teil in mehreren Auflagen erschienen), welche auf der Basis der angeblichen Wissenschaft von den Rassegesetzen die Menschen bzw. Völker der Welt in höhere und niedere Rassen einteilten, wobei die Juden als minderwertiges und nichtarisches Volk klassifiziert wurden. Dass diese aber aufgrund ihrer unterstellten List und Verschlagenheit in Machtpositionen gelangen konnten, war ebenfalls ein gängiges Klischee. Die Stereotype von Juden als parasitären Ausbeutern und einflussreichen Machtmenschen wurden daher besonders häufig verbalisiert:

(24) „Sie beuten Völker und Regierungen allesamt aus."
(Dühring 1881: 121)

Antisemiten gelten Juden ihrer gesamten Natur nach als schlecht und in ihren negativen Eigenschaften als unverbesserlich. Wegen dieser notwendig anwesenden Charaktermerkmale sind Juden immer als Kollektiv zu betrachten, das den Gesellschaften, in denen es lebt, wesensfremd bleibt und einen verdeckten destruktiven Einfluss auf das 'Gastvolk' ausübt. Dieser negative Einfluss und die faktische Fremdheit müssen entlarvt werden, um das wahre, unveränderliche Wesen der Juden hervortreten zu lassen."
29 Die säkulare und rassistische Judenfeindschaft ist keineswegs radikal anders als der religiöse Anti-Judaismus. Die Feindseligkeit verschärft sich nur dadurch, dass zu den alttradierten Stereotypen und Ressentiments neue Dimensionen der Entwertung von Juden kommen, die pseudo-rational durch die Rassenlehre als wissenschaftlich verbrämt werden. Die Judenfeindschaft hat „mehrere historische Schichten, wobei die älteren Vorurteilsschichten in der nächsten Phase nicht 'vergessen', sondern nur von neuen überlagert wurden" (Bergmann 2001: 38).

(25) „In der Reichshauptstadt Berlin hat in der Stadtvertretung die Judenrace die Herrschaft [...] von anderen verjudeten Städten [...] will ich garnicht reden." (Dühring 1881: 123)

Wörter wie *Entjudung* und *Mischlinge, Charakter der Judenrace*, die allesamt dem semantischen Netz der rassistischen Ideologie zuzuordnen sind, wurden benutzt, um auf die Gefahren, die von der *„zerfahrenen Race"* (Dühring 1881: 158) ausgehen, hinzuweisen. Dühring (1881: 119 f.) griff auch *„die Judenfrage"* als Problem auf und diskutierte ernsthaft *„Lösungen"* wie *„Reductionsmittel", „Agitation"* und *„Gesetzgebung"* gegen die *„Judenherrschaft"* und die *„überwuchernde Judenmacht"* als vorläufiges *„Hilfsmittel"* und *„Unschädlichkeitmachung"* und kam zu dem Schluss: *„Die Abschüttelung des Judenalps ist eine Angelegenheit der Nationen"* (Dühring 1881: 154).

Ähnliche Passagen finden sich bei Adolf Stoecker,[30] dem Berliner Theologen und Hofprediger, aber auch in den politischen Parteiprogrammen der Jahre 1884 bis 1906 (s. de Lagarde 1884 und Friesel 2006). So betonte Paul de Lagarde (1884: 88 ff.) im Programm für die konservative Partei Preußens 1884, *„daß die Juden nicht eine Religionsgenossenschaft, sondern eine Nation ausmachen"*, wobei *„keine Nation [...] so in jeder Hinsicht wertlos gewesen [sei] wie die jüdische"* (de Lagarde 1884: 89) und *„die Juden als Juden in jedem europäischen Volke ein schweres Unglück sind"* (de Lagarde 1884: 91). Die Ausführungen basieren auf einer strikten kategorialen Abgrenzung von Deutschen und Juden, die sich im 19. Jahrhundert auf allen institutionellen Ebenen fand. In den meisten Schriften, die sich mit der „Judenfrage" oder dem „Judenproblem" in Deutschland beschäftigten, wurden wiederholt stets die gleichen Lösungen als Forderungen an die angeblich nicht-deutschen Juden gestellt derart, dass *„die Juden aufhören, Juden zu sein"* (de Lagarde 1884: 95). In seiner Schrift *Juden und Indogermanen* aus dem Jahr 1887 hielt de Lagarde zudem fest:

(26) „Es gehört ein Herz von der Härte der Krokodilshaut dazu, um mit den armen ausgesogenen Deutschen nicht Mitleid zu empfinden und – was dasselbe ist – um die Juden nicht zu hassen, um diejenigen nicht zu hassen und zu verachten, die – aus Humanität! – diesen Juden das Wort reden oder die zu feige sind, dies Ungeziefer zu zertreten. Mit Trichinen und Bazillen wird nicht verhandelt. Trichinen und Bazillen werden auch

---

[30] Stoecker war Mitbegründer der „Berliner Bewegung", die 1880/1881 die sogenannte „Antisemitenpetition" mit dem Ziel initiierte, die rechtliche Gleichstellung der Juden in Deutschland einzuschränken. Die Petition wurde von einer Viertelmillion Menschen unterzeichnet.

nicht erzogen, sie werden so rasch und so gründlich wie möglich vernichtet." (de Lagarde 1887: 339)

Juden mittels Tiermetaphorik als lebensunwerte Schädlinge zu klassifizieren, ist also keineswegs eine Besonderheit der Nationalsozialisten gewesen. Entsprechend lautete eine Passage auch im Programm der deutsch-sozialen Partei (Leipzig 1905) folgendermaßen:

(27) „Als eine zersetzende Kraft [...] unseres Volkslebens hat sich das stammfremde jüdische Volk erwiesen. Und so erscheint uns der Kampf gegen die Macht des Judentums als eine sittliche, politische und wirtschaftliche Notwendigkeit." (Salomon ³1924: 155)

Und im *Tivoli-Programm* der großen und einflussreichen Partei der Deutsch-Konservativen war 1892 festgehalten:

(28) „Wir bekämpfen den vielfach sich vordrängenden und zersetzenden jüdischen Einfluss auf unser Volksleben. Wir fordern für das christliche Volk eine christliche Obrigkeit und christliche Lehrer für christliche Schüler." (Salomon ³1924: 65)

Nach modernen Bewertungsmaßstäben lesen wir diese Texte, deren Semantik für uns nur Rassismus, Extremismus und Psychopathologie transparent machen, heute mit Verwunderung und Abscheu, doch die diese Texte lesenden Zeitgenossen der Verfasser nahmen das darin zum Ausdruck kommende Gedankengut als selbstverständlich und diskussionswürdig auf. Spuren der tief und breit verwurzelten Judenfeindschaft waren sprachlich[31] und bildhaft auf Postkarten mit gehässigen Karikaturen,[32] in Briefen, Romanen, Pamphleten, auf Schildern, in Prospekten, philosophischen, theologischen, historischen, ökonomischen und

---

31 Im 19. Jahrhundert war somit ein „sprachlich fixiertes Vorurteilssystem eingeübt und festgeschrieben" (Bering 1991: 342), dessen Fundament allerdings fast 2000 Jahre zuvor bereits gelegt wurde.
32 Fuchs (1921: 104) beschreibt das anti-jüdische Ressentiment 1921 bereits sehr treffend: „Die Karikatur tritt gegenüber den Juden fast immer in der Rolle des Anklägers auf. Darum offenbaren die meisten antijüdischen Karikaturen je nach den Umständen einen mehr oder minder großen Haß und zugleich eine Verachtung, die alle Grade in sich birgt, und nicht selten bis zur letzten Grenze geht. [...] Aus manchen Judenkarikaturen spricht sogar in nicht mißzuverkennender Weise eine sich ohnmächtig fühlende Wut gegen den angeblichen Todfeind der christlichen Gesellschaft, den man haßt, verachtet, fürchtet, und dem man dabei doch nicht so an den Kragen gehen kann, wie man in seinen heimlichen Wünschen gerne möchte."

politischen Abhandlungen zu sehen; die judeophobe Kommunikation war also ein integraler Bestandteil auf allen Ebenen des öffentlichen, gesellschaftlichen Lebens.

(29) „Der Jude arbeitet nicht, sondern läßt die anderen arbeiten; er spekuliert und macht Geschäfte mit den Produkten der Handarbeit und der geistigen Arbeit von anderen. Das Zentrum seiner Aktivitäten ist die Börse [...]. Dieser fremde Stamm hat sich im deutschen Volk eingenistet, um es bis aufs Mark auszusaugen." (Glagau 1878: 16 f.)

Auch die Sphären von Kunst, Musik und Literatur[33] waren nicht ausgeschlossen: Als symptomatisch für das antisemitische Gedankengut des „ästhetischen Rassismus" mit seinen generischen Kollektivattribuierungen im 19. Jahrhundert ist die Schrift Richard Wagners *Das Judenthum in der Musik* zu betrachten (vgl. u. a. Katz 1986), in der sich rassistische Abwertung und Neid auf den Erfolg jüdischer Künstler verbanden:

(30) „Der Jude, der an sich unfähig ist, weder durch seine äußere Erscheinung, noch durch seine Sprache, am allerwenigsten aber durch seinen Gesang, sich uns künstlerisch kundzugeben, hat nichtsdestoweniger es vermocht, in der verbreitetsten der modernen Kunstarten, der Musik, zur Beherrschung des öffentlichen Geschmacks zu gelangen."
(Wagner 1850: 73)

Das Judentum war Wagner zufolge inhuman und müsse aufgegeben werden, eine für das 19. Jahrhundert typische Forderung an die in Deutschland lebenden Juden:

(31) „Gemeinschaftlich mit uns Mensch werden, heißt für den Juden [...]: aufhören, Jude zu sein." (Wagner 1850: 85)

Bilder von Juden als Spekulanten und Wucherer, als böse und hässliche Ganoven, als herzlose, kalte Geschäftsleute oder zersetzende, unmoralische Intellektuelle finden sich auch in zwei im 19. Jahrhundert viel gelesenen Romanen der an sich liberal gesinnten Autoren[34] Gustav Freytag (*Soll und Haben*, 1855) und Wilhelm

---

33 In Grimms Märchen findet sich bis 1945 der Text *Der Jude im Dorn*, in dem eine grausame, judenfeindliche Szene enthalten ist, die körperliche Gewalt gegen Juden rechtfertigt und das Klischee des Geldjuden bedient. Der als Betrüger entlarvte Jude wird am Ende hingerichtet.
34 Vgl. auch Äußerungen von Theodor Fontane wie (s. Benz 2001: 9, 58 f.): „Hier war es, mit

Raabe (*Der Hungerpastor*, 1864). Diese artikulierten in ihren Schriften, Briefen und Romanen tradierte judenfeindliche Stereotype und Gefühle der Abneigung, ohne dass man diese Verfasser immer als glühende Judenhasser hätte charakterisieren können. Es gehörte aber zum kulturell-kommunikativen Erbe, judenfeindliche Animositäten zu verbalisieren; als Teil des kollektiven Bewusstseins war es keine Besonderheit, sondern gehörte vielmehr habitualisiert dazu, war eine Selbstverständlichkeit, die oft nicht reflektiert wurde. Dehumanisierende Beschreibungen und Metaphern traten in Verbindung mit tradierten Stereotypen auf:

(32) „[...] und in dem Viereck [...] windet sich aalglatt der jüdische Faktor hindurch [...]." (Freytag 1855: 490)

Der Jude Veitel Itzig wird klischeebelastet mittels judeophober Floskellexik beschrieben:

(33) „Es war das Gesicht eines Teufels, [...] rotes Haar stand borstig in die Höhe, Höllenangst und Bosheit saß in den hässlichen Zügen." (Freytag 1855: 386)

Die Wohnung des Juden Ehrenthal wird mittels Personifikation als charakterlos gekennzeichnet, und der Vergleich mit der Zigeunerin knüpft an das Stereotyp des Fremden, des Heimatlosen an. Zudem wird die Geschmacklosigkeit seiner Familie betont (Freytag 1855: 175 f.):

(34) „Es war kein guter Charakter in dem Hause, wie eine alte Zigeunerin sah es aus."

(35) „[...] und die zahlreichen schlechten Ölbilder an den Wänden [...]"

Auch in Raabes *Hungerpastor* werden der Protagonist Hans Unwirsch und der Antagonist Moses Freudenstein kontinuierlich mittels kontrastierender, polarisierender Darstellungen beschrieben. (36) und (37) sind hierfür typische Beispiele:

(36) „Rührend war die ehrfurchtsvolle Scheu, welche Hans [...] wahrhaft diabolisch aber war die Art und Weise, in welcher Mose [...] diesem Glauben an die Autorität ein Bein zu stellen suchte." (Raabe 1864: 137)

Ausnahme der Juden, sehr schön."

(37) „Hans Unwirsch fühlte zum ersten Mal in seinem Leben, was der Haß sei; er haßte die schlüpfrige, ewig wechselnde Kreatur, die sich einst Moses Freudenstein nannte, von diesem Augenblick an mit ganzer Seele."
(Raabe 1864: 295)

In beiden Romanen finden sich ähnliche Beschreibungen, die lexikalisch auf dieselben semantischen Felder zurückgreifen: Fokussiert ist das Dämonische (vgl. *„Gesicht eines Teufels"* und *„diabolisch"*), das Unberechenbare und Dehumanisierte (vgl. *„aalglatt"* und *„schlüpfrig"*), das Undeutsche (so wird in beiden Romanen das Jiddische der jüdischen Personen nachgeahmt und deren fremdländisches Aussehen betont) und Anti-Christliche (die Konvertierung Freudensteins wird als opportunistische Fehlhandlung entwertet).

Auch Theodor Fontane ließ wiederholt erkennen, dass ihm eine judenfeindliche Einstellung zu eigen war. So stellte er in einem Brief aus Norderney 1882 fest:

(38) „Fatal waren die Juden; ihre frechen, unschönen Gaunergesichter (denn in Gaunerei liegt ihre ganze Größe) drängen sich einem überall auf. Wer in Rawicz oder Meseritz ein Jahr lang Menschen betrogen oder wenn nicht betrogen, eklige Geschäfte besorgt hat, hat keinen Anspruch darauf, sich in Norderney unter Prinzessinnen und Comtessen mit herumzuzieren."
(zit. n. Fleischer 1995: 84)

Fontane äußerte sich in seiner privaten Briefkorrespondenz mehrfach negativ mit generischen Aussagen wie *„Borkum ist judenfrei"* bezüglich der Juden (s. auch Fußnote 34; vgl. Fleischer 1995: 84; s. auch Benz 2001: 9, 58 f.). 1898 finden sich bei ihm eindeutig rassistische Formulierungen:

(39) „Überall stören sie (viel mehr als früher), alles vermanschen sie, hindern die Betrachtung jeder Frage als solcher. Es ist, trotz all seiner Begabungen, ein schreckliches Volk, nicht ein Kraft und Frische gebender 'Sauerteig', sondern ein Ferment, in dem die häßlicheren Formen der Gärung lebendig sind – ein Volk, dem von Uranfang an etwas dünkelhaft Niedriges anhaftet, mit dem sich die arische Welt nun mal nicht vertragen kann. Welch Unterschied zwischen der christlichen und jüdischen Verbrecherwelt. Und das alles unausrottbar."
(zit. n. Paulsen 1981: 310, s. auch Goldammer 1993: 54 f.)

Der Ausdruck *Antisemitismus* wurde erst 1879 von dem Journalisten Wilhelm Marr[35] geprägt, um über eine Bezeichnung für die sich als wissenschaftlich motiviert verstandene, säkulare Richtung der Judenablehnung in Abgrenzung zur religiösen Judenfeindschaft zu verfügen (s. auch Berger Waldenegg 2000, Bergmann ³2006: 6 ff. und Rensmann 2004: 71 f.). In Marrs Schrift *Der Sieg des Judenthums über das Germanenthum* finden sich zahlreiche Konzeptualisierungen, die dominant im 19. Jahrhundert waren (JUDEN ALS INTELLEKTUELLE MEINUNGSBILDNER IN PRESSE UND FINANZPOLITIK, JUDEN ALS FREMDE UND ANDERSARTIGE, JUDEN ALS ZERSETZER CHRISTLICHER GESELLSCHAFTEN), versprachlicht (s. hierzu auch Zimmermann 1986 und 2005: 112 ff.). Die nachfolgenden Beispiele sind alle dieser Schrift entnommen.

Juden zeichnen sich Marr zufolge dadurch aus, dass sie *„zum Schaden des Germanenthums agieren, das Germanische zu zersetzen und zerstören."* Er bezeichnet sie als *„die Fremdlinge"*, *„die semitischen Fremdlinge"*, *„dieses fremde Volk"*, *„fremder Volkstamm"* (Marr ³1879: 14). Es finden sich zudem auch die tradierten, anti-judaistischen Stereotype DES WUCHERERS, DES DEMAGOGEN, DES RACHSÜCHTIGEN und die These von der Weltverschwörung:

(40) „Geldmenschen, […] vaterlandslos" (14), „[…] wuchern, […] haben Schacher- und Wuchergeist, […] scheuen sich vor wirklicher Arbeit, […] hochbegabt, hochtalentiert" (13), „[…] feindselig gegenüber anderen, […] glatt, […] listig, […] elastisch" (14), „dominant, einflussreich" (23), „[…] verjudete Tagespresse, […] rachsüchtig" (50)

Hier manifestiert sich eine Judeophobie, die sich zwar vom religiös begründeten Anti-Judaismus distanziert und bei der vordergründig keine theologischen Überlegungen oder religiösen Motive maßgeblich sind, die jedoch weiterhin die uralten Ressentiments pflegt und auf der tradierten Dichotomisierung basiert. Marr erweist sich mit dieser Schrift auch dadurch rhetorisch und argumentativ

---

35 Laut Nipperdey und Rürup (1994: 138) findet sich „der erste bisher bekannte Beleg […] in der 'Allgemeinen Zeitung des Judentums' vom 02.09.1879." Unter dem Absatz „Streitschriften für die Juden" heißt es: „Wir erhalten von Hamburg eine anonyme Correspondenz, deren Inhalt wir daher in keiner Weise verbürgen. Danach soll Marr's Pamphlet die zehnte Auflage erreicht haben – darauf käme es nun wenig an, vielmehr auf die Höhe der Auflagen – er will es als Tractätchen in 150.000 Exemplaren verbreiten – wir wollen abwarten, ob er dies ausführen könne – er habe Freunde gefunden und durch diese werde das 'antisemitische Wochenblatt' zu Stande kommen […]" (AZdJ 1879: 564). Etymologisch und semantisch betrachtet macht dieser Begriff keinen Sinn, da es kein Anti gegen Semiten gibt. Es geht ausschließlich um Juden und nicht etwa um semitische Völker (s. hierzu auch Berger Waldenegg 2000 und Bauer 2011).

als ein Vorläufer der aktuellen Judenfeindschaft,[36] indem er auf die Faktizität seiner judendiffamierenden Aussagen pocht und sie als unzweifelhafte Wahrheiten ausgibt. Er, so Marr (³1879: 33, 55), habe „*keine üble Absicht*", sondern beziehe sich vielmehr „*auf Thatsachen*", „*unumstössliche und historische Thatsachen*".

Durch einen Artikel des Historikers Heinrich von Treitschke wurde 1879 der sogenannte Berliner Antisemitismusstreit in Akademikerkreisen ausgelöst[37] (s. Boehlich 1965 und Volkov 2006: 22 f.). Der angesehene Historiker hatte sich gegen die von ihm befürchtete Masseneinwanderung osteuropäischer Juden ausgesprochen, und den deutschen Juden warf er mangelnden Assimilationswillen vor.

(41) „Was wir von unseren israelitischen Mitbürgern zu fordern haben, ist einfach: sie sollen Deutsche werden, sich schlicht und recht als Deutsche fühlen – unbeschadet ihres Glaubens und ihrer alten heiligen Erinnerungen, die uns Allen ehrwürdig sind; denn wir wollen nicht, daß auf die Jahrtausende germanischer Gesittung ein Zeitalter deutsch-jüdischer Mischcultur folge [...]. Es bleibt aber ebenso unleugbar, daß zahlreiche und mächtige Kreise unseres Judenthums den guten Willen schlechtweg Deutsche zu werden durchaus nicht hegen."
(Treitschke 1879: 573, zit. n. Boehlich 1965: 10)

Rassistische Vorstellungen verbanden sich mit christlichem Überlegenheitsgefühl und Intoleranz auch im Bildungsbürgertum:

(42) „[...] so erscheint die laue Agitation des Augenblicks doch nur als eine brutale und gehässige, aber natürliche Reaction des germanischen Volksgefühls gegen ein fremdes Element, das in unserem Leben einen allzu breiten Raum eingenommen hat [...]. Aber der Gegensatz läßt sich mildern, wenn die Juden, die so viel von Toleranz reden, wirklich tolerant werden und einige Pietät zeigen gegen den Glauben, die Sitten und

---

36 Der Glauben, hinsichtlich der Ablehnung von Juden und Judentum im Recht zu sein und nur auf Fakten hinzuweisen, ist auch heute ein typisches Kennzeichen antisemitischen Denkens und Sprechens: Moderne Antisemiten sind blind und taub für alles, was ihrem konzeptuell geschlossenen Welt- und Feindbild nicht entspricht, und deklarieren ihre gegen Juden gerichteten Forderungen z. B. als humanistisch motiviert (vgl. Kap. 9 und 11.2).
37 Die öffentliche Debatte ließ in den Kommentaren der Leser tiefe Emotionen zum Vorschein kommen: So schrieb z. B. ein junger Mann aus Greifswald, Student bei Treitschke (Boksch 1880, zit. n. Benz 2001: 64 f.): „Ich hasse die Juden nicht, aber ich hasse das Judenthum. Das Wesen der Juden widersteht mir, und in diesem Gefühl fühle ich wie ein Germane. Niemals wird der Deutsche das französische Wesen so widerwärtig finden, so hassen können, als das jüdische. Deshalb ist auch 'Antisemit' viel richtiger gesagt als 'Antijud'."

Gefühle des deutschen Volks, das alte Unbill längst gesühnt und ihnen die Rechte des Menschen und des Bürgers geschenkt hat." (Treitschke 1879: 575 f., zit. n. Boehlich 1965: 11 f.)

Treitschke produzierte in seiner Schrift den Satz, der in der NS-Zeit als permanente *Stürmer*-Schlagzeile instrumentalisiert wurde: *"die Juden sind unser Unglück!"*[38] In diesem Satz, mit dem Treitschke seine Auffassung ausdrückte, die Juden hätten einen destruktiven Einfluss auf das kulturelle und wirtschaftliche Leben des deutschen Staates, spiegelt sich erneut die wesentliche Konstante der Judenfeindschaft wider: die irreale, hyperbolische und dämonisierende Weltphantasie von der negativen Rolle der Juden. Die Juden stellten kaum ein Prozent der deutschen Bevölkerung[39] und waren schwerlich in der Lage, das Unglück Deutschlands zu sein. Kein Historiker zweifelt heute mehr daran, dass sie überhaupt keinen Einfluss hatten auf das, was sich im Kaiserreich entwickelte. Die Geschichte der Judenfeindschaft zeigt jedoch eines besonders deutlich: Nicht die realen Gegebenheiten spielten bei der Diffamierung und Diskriminierung von Juden je eine Rolle, sondern ausschließlich die mentalen Bilder, die geistigen Vorstellungen, die in der jeweiligen Gesellschaft kollektiv in den Köpfen der Menschen verankert waren. Diese Konzeptualisierungen wiederum fußten auf einem dichotomen Bewertungssystem, welches das Judentum per se als nicht-legitime bzw. im Vergleich zum Christentum minderwertige Religion einstufte. Und so kam selbst der liberale Theodor Mommsen, der sich vehement gegen Treitschke wandte und engagiert für die vollen Bürgerechte sowie die Integration der jüdischen Mitbürger einsetzte, daher nicht umhin, diesen ihr Judentum als Hindernis für eine volle Eingliederung in die christlich geprägte Gesellschaft vorzuwerfen:

(43) „Die Schuld davon liegt allerdings zum Theil bei den Juden. Was das Wort 'Christenheit' einstmals bedeutete, bedeutet es heute nicht mehr voll; aber es ist immer noch das einzige Wort, welches den Charakter der heutigen internationalen Civilisation zusammenfasst und in dem Millionen und Millionen sich empfinden als zusammenstehende auf dem völkerreichen Erdball." (Mommsen 1880: 114)

---

38 Der volle Satz lautet (Treitschke 1879: 575): „Bis in die Kreise der höchsten Bildung hinauf, unter Männern, die jeden Gedanken kirchlicher Unduldsamkeit oder nationalen Hochmuths mit Abscheu von sich weisen würden, ertönt es heute wie aus einem Munde: die Juden sind unser Unglück!" Treitschkes Äußerungen verursachten eine politische Polemik, die sich über zwei Jahre hinstreckte (s. Boehlich 1965, Meyer 1966, Krieger 2002).
39 Vgl. Friesel (1990: 104).

Dieser (aus heutiger Sicht) nicht-intentional artikulierte Antisemitismus zeigt, wie tief eingegraben in den Denk- und Gefühlsstrukturen der abendländischen Welt die Konzeptualisierung des christlichen Leitbildes und das Gefühl von dessen Überlegenheit war. Auch Rudolph Steiner, Begründer der Anthroposophie, war kein (aktiver) Antisemit. Den Antisemitismus lehnte er als *„Gefahr sowohl für Juden als für Nichtjuden"* und als *„Kulturkrankheit"* ab und kritisierte die *Protokolle der Weisen von Zion* als Fälschung (vgl. Steiner 1919). Doch in seinen Texten finden sich Passagen, die belegen, wie normal es im 19. und frühen 20. Jahrhundert war, pejorative Attribuierungen und Einschätzungen gegenüber Juden zu verbalisieren.

(44) „Es ist gewiss nicht zu leugnen, dass heute das Judentum noch immer als geschlossenes Ganzes auftritt und als solches in die Entwicklung unserer gegenwärtigen Zustände vielfach eingegriffen hat, und das in einer Weise, die den abendländischen Kulturideen nichts weniger als günstig war.

Das Judentum als solches hat sich aber längst ausgelebt, hat keine Berechtigung innerhalb des modernen Völkerlebens, und dass es sich dennoch erhalten hat, ist ein Fehler der Weltgeschichte, dessen Folgen nicht ausbleiben konnten. Juden, die sich in den abendländischen Kulturprozess eingelebt haben, sollten doch am besten die Fehler einsehen, die ein aus dem grauen Altertum in die Neuzeit herein verpflanztes und hier ganz unbrauchbares sittliches Ideal hat. Den Juden selbst muss ja zuallererst die Erkenntnis aufleuchten, dass alle ihre Sonderbestrebungen aufgesogen werden müssen durch den Geist der modernen Zeit."
(Steiner 1888: 152)

Der Blick auf das 19. Jahrhundert zeigt, dass weder die zunehmende Säkularisierung in Europa noch der technologische Fortschritt, nicht die tiefgreifenden politischen Veränderungen noch die Bildungs- und Sozialreformen oder die frühen Formen demokratischer Strukturen wie Pressewesen und sozialkritische Literatur die Vorbehalte gegenüber Juden und Judentum zerstörten (s. Reinharz 1975). Judenfeindschaft war längst zum Kulturgut[40] geworden, gehörte als kom-

---

40 Daher ist jeder Vergleich zu anderen Formen von Vorurteilen (z. B. gegenüber Muslimen) abwegig und verschleiert den Blick für die unikale Komponente der Judenfeindschaft. Judenfeindschaft ist kein Vorurteilssystem unter vielen, sondern eine seit zweitausend Jahren tradierte Welterklärungsideologie. Demgemäß eignet sich die Antisemitismusforschung auch nicht als Paradigma für allgemeine Vorurteilserklärungen. S. hierzu Schwarz-Friesel/Friesel (2012).

munikatives System habitualisiert zum Zeitgeist, wurde entsprechend als normal empfunden und tradierte sich sprachlich über Floskeln und Redewendungen sowie verzerrende Bilder und Karikaturen, gehörte so selbstverständlich zum Alltag, dass auch im Bildungsbürgertum keine kritische Auseinandersetzung und Distanzierung stattfand. Judenfeindliche Einstellungen waren auf allen gesellschaftlichen Ebenen und in fast allen institutionellen Einrichtungen und Eliten des Kaiserreichs anzutreffen und sie hatten weitreichende Konsequenzen. Jüdische Deutsche hatten zum Teil gravierende Probleme, in Ämter zu kommen oder Mitgliedschaften bzw. Positionen zu erlangen. In vielen Kreisen und Lebensbereichen war eine offen artikulierte antisemitische Abwehrhaltung geradezu als normal zu verzeichnen (vgl. u. a. Leschnitzer 1956: 170 ff., Volkov 2006: 256 f.).

4.3 Antisemitismus als Staatsdoktrin: Die Endlösung als letzte Konsequenz des Judenhasses

„Ideologisches Denken ist, hat es einmal seine Prämisse, seinen Ausgangspunkt, statuiert, prinzipiell von Erfahrungen unbeeinflussbar und von der Wirklichkeit unbelehrbar." (Arendt 1955: 742)

In der NS-Zeit erreichte der rassistische Antisemitismus[41] seinen Höhepunkt und mündete schließlich in der Realisierung des eliminatorischen Antisemitismus, der auf die im 19. Jahrhundert bereits gestellte *„Judenfrage"* (s. Dühring 1881: 119 f.) als Antwort die Auslöschung dieses als minderwertig und schädlich erachteten Volkes gab (vgl. u. a. Bauer 1982, Longerich 1998, Friedländer 2006). Der eliminatorische Antisemitismus unter den Nationalsozialisten ist nur vor dem Hintergrund der jahrhundertealten Judenfeindschaft zu erklären. Jeder Versuch, die deutsche Judenpolitik im Dritten Reich aus dem historischen Zusammenhang, in den diese untrennbar eingebettet ist, zu reißen und diese als isoliertes Phänomen zu betrachten, ist daher zum Scheitern verurteilt. Die extreme Juden-

---

41 Vgl. die „wissenschaftliche" Definition des sogenannten Rasse-Günther, in der NS-Zeit Professor an der Universität Jena. Rasse ist ihm zufolge „eine Menschengruppe, die sich durch die ihr eignende Vereinigung körperlicher Merkmale und seelischer Eigenschaften von jeder anderen [...] Menschengruppe unterscheidet und immer wieder nur ihresgleichen zeugt." Geistige Wesensart, Geisteshaltung, Charakter oder schöpferisches Wesen sind an bestimmte körperliche Merkmale gebunden (Günther 1936: 65, in Stuckart/Globke 1936, zit. n. Priester 2003: 239). Globke war später unter Adenauer Staatssekretär. Zu Kontinuität und Diskontinuität des rassistischen Antisemitismus s. Volkov (1990). Vgl. auch von Braun/Gerlach (²2000).

feindschaft der Nazis war nicht eine temporäre Verwirrung in den Jahren 1933 bis 1945, ausgeführt von einigen wenigen verblendeten Verbrechern, sondern sie hatte eine zweitausendjährige Geschichte der wechselnden Transformationen hinter sich, auf der Hitler und seine Anhänger aufbauten.

Schon zu Beginn seiner politischen Aktivitäten propagierte Hitler (zusammen mit den anderen Gründungsmitgliedern der NSDAP, s. Adam 2003) einen extremen Antisemitismus. Seine 1920 in München gehaltene Rede *Warum wir Antisemiten sind* offenbarte bereits seinen durch Vorurteile und spezifisch antisemitische Konzeptualisierungen genährten Hass. Er griff die für den Rasseantisemitismus typischen Stereotype des 19. Jahrhunderts auf (vgl. (45) und (46)) und kombinierte sie argumentativ für seine spezifische Feindbildkonstruktion:

(45) „Und bei dem allen müssen wir sehen, dass es hier keine guten und keine bösen Juden gibt, es arbeitet hier jeder ganz genau der Bestimmung seiner Rasse entsprechend, denn die Rasse oder wollen wir lieber sagen Nation und was damit zusammenhängt Charakter, usw. liegt, wie der Jude selbst erklärt, im Blut, und dieses Blut zwingt jeden Einzelnen, entsprechend diesen Grundsätzen zu handeln [...]."
(Hitler 1920, zit. n. Phelps 1968: 415)

(46) „Für ihn gibt es kein seelisches Empfinden, und wie sein Erzvater Abraham schon sein Weib verkuppelt, so findet er nicht besonderes daran, wenn er auch heute Mädchen verkuppelt, [...] daß alle diese Mädchenhändler nur Hebräer sind. Man kann hier mit Material aufwarten, das grauenhaft ist. Dem germanischen Empfinden gäbe es hier nur eine einzige Strafe: die Strafe wäre Tod."
(Hitler 1920, zit. n. Phelps 1968: 414)

Es zeigt sich eine geschlossene Konzeptualisierung, in welcher der (von Natur aus) verbrecherische Jude die Welt beherrschen und das durch Räubereien angeeignete Kapital unter seinesgleichen aufteilen und benutzen will, um dem deutschen Volk Schaden zuzufügen. Hier kommt der dem Antisemitismus eigene extreme Dualismus[42] zum Ausdruck, der in *Mein Kampf* wiederholt fokussiert

---

[42] Die rassistisch-antisemitische Konzeptualisierung basiert auf einer strikt binären Kodierung: Auf der einen Seite die homogene, generell positiv bewertete Wir-Gruppe, die das positive Prinzip verkörpert und dieses existenziell verteidigen muss gegen die allgemein negativ evaluierte Ihr-(Die-Anderen-)Gruppe der Juden, die das böse Prinzip verkörpern (vgl. Wistrich 1999, Rensmann 2004). Diese Konzeptualisierung geht meist mit einer ausgesprochenen Dämonisierung einher (vgl. Befu 1999).

wird: Menschliche Existenz wurde als ein Daseinskampf zwischen Ariern und Juden, die für das Gute und Böse in der Welt stehen, gesehen (Hitler 1934: 317). Feindbildkonstrukte, die rassistische und politische Elemente kombinieren, führten zu Weltverschwörungsfiktionen vom jüdisch-bolschewistischen „Weltfeind":

(47) „[...] der unerbittliche Weltjude kämpft für seine Herrschaft über die Völker." (Hitler 1934: 738)

Dass er eine bestimmte „Lösung" für das jüdische Problem favorisierte, ließ Hitler bereits 1920 erkennen, vgl. (46). 13 Jahre vor seiner Machtübernahme war im Programm der NSDAP sowie allen sonstigen Bekundungen die „Judenfrage" unveränderlich als ideologische Basiskomponente verankert. 1931 prophezeite er dem deutschen Judentum, dass es im Falle einer Auseinandersetzung *„vom Rad der Geschichte [...] zermalmt"* würde (Gespräch Hitler-Breiting Juni 1931, zit. n. Calic 1968: 94 f., vgl. Adam 2003: 27 ff.). Signifikant ist in diesem Zusammenhang die Aussage Gottfried Feders, eines NSDAP-Gründungsmitglieds, zu den weltanschaulichen Grundlagen der NSDAP im Jahre 1920:

(48) „Antisemitismus ist gewissermaßen der gefühlsmäßige Unterbau unserer Bewegung." (Feder 1927: 17)

Judenhass war emotionales Dogma des nationalsozialistischen Programms. Das gefühlte Ressentiment wurde als Rassenlehre einerseits zur Wissenschaft und anderseits zum Parteiprogramm erhoben. Antisemitismus wird nach 1933 offiziell zur Staatsdoktrin. Die bislang in der Gesellschaft von Individuen artikulierte Judenfeindschaft wurde nun offiziell auf eine legale Basis gestellt und flächendeckend sowie verbindlich institutionalisiert. Juden aus der Gesellschaft zu entfernen, dieser Gedanke war nicht ökonomisch, sozial oder politisch motiviert, sondern entsprang der ressentimentgeleiteten Ideologie[43] des NS-Regimes:

---

43 Partiell kamen im Rahmen dieser ideologisch motivierten Ausrottungspolitik Faktoren wie z. B. Sozialneid auf den ökonomischen Erfolg einzelner jüdischer Bürger hinzu, aber nur die Konzeptualisierung von Juden als Volksschädlingen kann das Ausmaß der Shoah erklären (s. auch Bauer 2001 und 2011). Erklärungsansätze wie zuletzt von Aly (2011) vorgelegt, die sich auf den wirtschaftlich motivierten Antisemitismus konzentrieren (s. hierzu bereits Pulzer 1966: 32 ff. und Adam 2003: 85 ff.), erfassen nicht die Relevanz der ideologischen und emotionalen Grundlagen des Judenhasses, sondern reduzieren das Phänomen der Judenfeindschaft auf Komponenten und Begleiterscheinungen, die zwar (insbesondere zu Beginn der Machtübernahme) wichtig, aber nicht zentral waren. Die Motive der Endlösung werden dadurch verkürzt und verzerrt dargestellt. S. hierzu auch kritisch Bauer (2011). Dass Eichmann, trotz

(49) „Gewiß ist der Jude auch ein Mensch. Noch nie hat das jemand von uns bezweifelt. Aber der Floh ist auch ein Tier – nur kein angenehmes. Da der Floh kein angenehmes Tier ist, haben wir vor uns und unserem Gewissen nicht die Pflicht, ihn zu hüten und zu beschützen und ihn gedeihen zu lassen, sondern ihn unschädlich zu machen. Gleich so ist es mit den Juden." (Goebbels 1943: 89)

Antisemitismus wurde entsprechend auf allen kommunikativen Ebenen in der Öffentlichkeit artikuliert. Auf Plakaten, in Zeitungen, an Geschäften, Litfaßsäulen und Häuserwänden waren verbal-aggressive Sprüche mit gewaltandrohenden Aufforderungen, Warnungen, Verfluchungen und Drohungen wie *„Deutsche, wehrt euch, kauft nicht bei Juden!"* (Berlin, 1933, vgl. Königseder 2011: 61), *„Juda verrecke"* (Berlin, 1933), *„Keiner soll hungern, keiner soll frieren, aber die Juden sollen krepieren."* (Deutschland, 1935, vgl. Améry [1966] ⁶2008: 35) an der Tagesordnung. Alle Massenmedien verbreiteten judenfeindliche Propaganda. Neben den ungezügelten Verbal-Aggressivitäten von Goebbels und den zahlreichen Hass- und Polemik-Attacken diverser Gauleiter, die sich in Gewaltandrohungen gegen Juden ergingen, wurden vor allem im *Stürmer* ab 1934 wöchentlich vulgäre, hasserfüllte Brachialverbalismen, in denen Tier- und Krankheitslexik dominant waren, verbreitet. Die Schaukästen dieses antisemitischen Hetzblattes wurden in allen Gegenden Deutschlands aufgestellt. Schon 1933 hatte man zudem begonnen, judenfeindliche Parolen gesetzlich zu normieren (z. B. in Form von Berufsverboten). Terror und Gewalt wurden zunehmend von der Staatsbürokratie legalisiert.

Alle Verbalisierungsformen in der NS-Zeit spiegeln die konzeptuelle und emotionale Entwertung von Juden und Judentum wider und lassen semantische Konstanten der judeophoben Diffamierung wie Delegitimierung, Dämonisierung und Dehumanisierung erkennen (s. hierzu Kap. 6).

Die Konzeptualisierung von Juden als WELTÜBEL war das Fundament für den eliminatorischen Antisemitismus der Nationalsozialisten, welcher im Rahmen des geschlossenen ideologischen Weltbildes und seiner immanenten irrealen „Logik" zur „Endlösung" führte. Von den Nürnberger Rassegesetzen über die öffentliche Stigmatisierung, die Ausgrenzung aus allen Bereichen des normalen Lebens, die Aberkennung aller Rechte und die Verweigerung von Humanität bis zu den Gaskammern führte ein kontinuierlicher, ideologisch homogener und bürokratisch

---

Knappheit der Ressourcen, in den Kriegsjahren die dringend für Kriegsaktivitäten benötigten Eisenbahnwaggons für die „Endlösung" stets erhielt, zeigt, dass der ideologische Hass und sein Programm der Auslöschung über ökonomischen und militärischen Interessen standen (s. Friedländer 2006: 647).

perfektionierter Weg.⁴⁴ Minutiös war in den Rassegesetzen „zum Schutze des deutschen Blutes" niedergelegt, wer „Voll-, Dreiviertel-, Halb- oder Vierteljude" sei. Bis in kleinste Details sich ergehende Paragraphen regelten die „Sortierung" dieser so Klassifizierten sowie deren Verwandter und Kinder. Himmler forderte auf der Basis dieser Gesetzgebung u. a. *„für Mischlinge 2. Grades"* ein *„Verfahren [...] wie man es bei einer Hochzucht bei [...] Tieren anwendet"* und *„im Falle der [...] Minderwertigkeit"* die Sterilisation (s. Adam 2003: 328).

Das Protokoll der Wannseekonferenz, die der Absprache zur Umsetzung der Endlösung diente, liest sich wie ein Text einer Schädlingsbekämpfungsfirma, die bürokratisch und völlig emotionslos Hygiene- und Eliminierungsregeln für die Beseitigung von Abfall und Unrat niederschreibt. Dass in diesem Fall der als Schädlingsbefall klassifizierte und in Zahlenkolonnen erfasste „Unrat" Menschen waren, wurde ausgeblendet. Die Radikalität der „Endlösung" entsprach der Geschlossenheit der Weltanschauung. Die „Endlösung" entsprach der kausalen „Begründung", Juden, obgleich diese höchst produktiv und voll integriert im deutschen Wirtschafts-, Wissenschafts- und Kunstleben wirkten und keinerlei Gefahr, sondern im Gegenteil eine Bereicherung darstellten, zum Wohle der Menschheit auszulöschen. Als ein drastisches Beispiel, das diese „Realität" transparent macht, können die Worte des SS-Reichsführers Heinrich Himmler im Oktober 1943 betrachtet werden. Himmler sagte in einer geheimen Rede vor hohen SS-Offizieren:

(50) „Ich will hier vor Ihnen in aller Offenheit auch ein ganz schweres Kapitel erwähnen [...] Ich meine jetzt die Judenevakuierung, die Ausrottung des jüdischen Volkes [...] Dies ist ein [...] Ruhmesblatt unserer Geschichte [...] Wir hatten das moralische Recht, wir hatten die Pflicht gegenüber unserem Volk, dieses Volk, das uns umbringen wollte, umzubringen."
(Himmler am 4. Oktober 1943; s. Smith/Peterson 1974: 203)

Es bestand nach Himmler die moralische Pflicht, die Juden auszurotten. Wir machen es uns zu leicht, wenn wir Goebbels oder Himmler mit unserem modernen Bewusstsein als geistig verwirrt abstempeln. Sie waren es nicht im System der NS-Ideologie, und sie wurden auch von ihrer Umgebung nicht so gesehen. Sie selbst waren persönlich davon überzeugt, das Richtige zu tun.⁴⁵

---

44 Vgl. hierzu u. a. Longerich (1998) und Browning (2003).
45 Das Ressentiment basiert auf dem Glauben, dass die Menschen richtig und wahrhaftig handeln und sich gegen das Böse, das Übel, das prinzipiell Andere in der Gestalt minderwertiger oder Schaden zufügender anderer Menschen wehren müssen.

(51) „Ich glaube, meine Herren, daß Sie mich so weit kennen, daß ich kein blutrünstiger Mensch bin und kein Mann, der an irgendetwas Hartem, was er tun muß, Freude oder Spaß hat. Ich habe aber andererseits so gute Nerven und ein so großes Pflichtbewußtsein – das darf ich für mich in Anspruch nehmen –, daß ich dann, wenn ich eine Sache als notwendig erkenne, sie kompromißlos durchfahre."
(Himmler am 24. Mai 1944; s. Smith/Peterson 1974: 206)

In diesem Fall handelte es sich um die Ermordung der jüdischen Frauen und Kinder. Sie mussten nach Himmlers Verständnis umgebracht werden, sonst würden *„in den Kindern die Rächer groß werden [...] die dann unsere Kinder und unsere Enkel umbringen"*. Die für uns heute unvorstellbare Gefühlskälte, die absolute Mitleidlosigkeit und Inhumanität ist mit einem geschlossenen anti-jüdischen Weltbild, einem monströsen Phantasiekonstrukt mit langer Tradition verbunden und nur durch dieses erklärbar (s. hierzu auch Bauer 2001; s. Kap. 9.3.1). Hierin liegt das Unikale, dass Juden als Juden ausgerottet wurden, ohne dass ökonomische, soziale oder politische Gründe dies hätten rechtfertigen können. Der „Erlösungsgedanke" stand im Nationalsozialismus im Vordergrund: die Welt von der Existenz der Juden zu befreien. Hitler behielt seine Wahnvorstellungen ungebrochen bis zu seinem Ende bei:

(52) „Vor allem verpflichte ich die Führung der Nation und die Gefolgschaft zur peinlichen Einhaltung der Rassegesetze und zum unbarmherzigen Widerstand gegen den Weltvergifter aller Völker, das internationale Judentum. Berlin, 29. April 1945"
(Adolf Hitlers Testament, Hitler 1945: 10)

Wir sind heute durch die abstrakt gehaltene Semantik der Bewertungsreflexion im wissenschaftlichen und gesellschaftlichen Diskurs über die NS-Zeit an Ausdrücke und Phrasen wie *Brutalität, Inhumanität, jüdische Opfer der rassistischen NS-Politik, Verbrechen der Nazis* etc. gewöhnt. Doch dieser entpersonalisierende Sprachgebrauch lässt im Bewusstsein und im Gefühl aufgrund seiner Entkonkretisierung nicht die Dimension des Zivilisationsbruchs, nicht die Ungeheuerlichkeit der monströsen Realpolitik fassbar werden. Man muss sich bildhaft und konkret vor Augen führen, was zwischen 1933 und 1945 geschah: Ein Teil der Mitmenschen in Deutschland wurde zum Volksfeind und -schädling erklärt, all seiner Rechte beraubt, durch die Nürnberger Rassegesetze offiziell und im Rahmen des Gesetzes als minderwertige Kreaturen deklariert und schließlich in Viehwaggons zur Ermordung gefahren. All diese Aktivitäten wurden mit großer Sorgfalt und Präzision, mit viel bürokratischem Aufwand und rationaler Überlegung durchgeführt. Diese bürokratische Effizienz, getragen von allen wesentlichen Organisationsstrukturen Deutschlands, ließ am Ende sechs Millionen jüdische Menschen verschwinden bzw. ipsis litteris in Rauch auflösen.

4.4 Judenfeindschaft nach 1945: Marginalisierung des Zivilisationsbruchs und Empathieverweigerung

Es kam nach 1945, als das Ausmaß der Verbrechen an den Juden weithin bekannt und deutlich wurde, keineswegs zu dem tiefgreifenden Wandel im kollektiven Bewusstsein, den dieser Zivilisationsbruch hätte einleiten müssen. Zwar wurden die judenfeindlichen Bilder und Texte offiziell verbannt, ihre Reproduktion öffentlich sanktioniert und tabuisiert, doch eine wirklich tiefgreifende Reflexion, eine kritische Aufarbeitung der Gründe und Motive für den Hass und die Ausrottungspolitik gab es nicht (flächendeckend).[46] Vielmehr wurde der Holocaust zumeist als das Ergebnis der Besessenheit einiger weniger Nationalsozialisten dargestellt und somit entscheidend fehlinterpretiert, das Bewusstsein für die Dimensionen der Judenfeindschaft wurde nicht entwickelt. Dass Judenfeindschaft in nahezu allen Schichten der Gesellschaft als ein integraler Teil der viel beschworenen abendländischen Denkstrukturen[47] seit Jahrhunderten zum kulturellen Allgemeingut gehörte, wurde weder von den institutionellen Eliten noch von der Bevölkerung hinreichend erörtert und damit die Chance verpasst, ein wirkliches Umdenken einzuleiten. Was jahrhundertelang tradiert worden war, ließ sich durch die vereinzelten und halbherzigen Versuche nicht in wenigen Jahren aus dem kollektiven Bewusstsein streichen bzw. aus dem Sprachgebrauch entfernen (zum Nachkriegsantisemitismus vgl. auch Stern 1991a, b und 1993).

Sowohl die fundierten geschichtswissenschaftlichen Analysen von Wolgast (2001) als auch die umfassenden linguistisch-diskursanalytischen Untersuchungen von Kämper (2005 und 2007) belegen unabhängig voneinander, dass keine

---

[46] Erst Ende der 1960er Jahre (also über 20 Jahre nach dem Zusammenbruch des NS-Regimes) kam es im Zuge der Auschwitzprozesse und der studentischen Protestaktionen zu nachhaltigen Diskussionen und gesamtgesellschaftlichen Aufarbeitungen (vgl. Frei 2005). Doch noch bis in die späten 1980er Jahre zeichneten sich geschichtswissenschaftliche Abhandlungen zur NS-Zeit durch die Marginalisierung des Massenmordes an den Juden aus (s. Herbert 1998: 15). Und die Opferperspektive wurde umfassend erst durch Friedländer (2006) in den Fokus historischer Forschung gerückt.
[47] Der Verweis auf die abendländische christliche Kultur gehörte in der Nachkriegszeit kontinuierlich zum Repertoire des öffentlichen Diskurses, ohne dass es zu einem kritischen Hinterfragen der dunklen Seiten dieser Kultur kam. Es gibt sprachlich-diskursiv keinen Hinweis für das Bewusstsein einer Umbruchsituation (s. Kämper 2005).

intensive und flächendeckende Aufarbeitung der antisemitischen NS-Taten in den Trägerinstitutionen stattfand. Stattdessen praktizierten die Mitglieder von Hochschulen, Parteien und Kirchen bereits 1945/1946 eine Relativierungs- und Schuldabwehrkommunikation. Anhand der Analysen von universitären Reden, Hirtenbriefen und programmatischen Texten aus der Politik wird deutlich, dass zwar das nationalsozialistische Gewaltregime übereinstimmend abgelehnt und verurteilt wurde, zugleich aber die Auseinandersetzung mit dem Antisemitismus unterblieb und sich die Wahrnehmung des Holocausts durch Marginalisierung auszeichnete. In den Hirtenbriefen der deutschen Bischöfe im Sommer 1945 wurde beispielsweise die Judenermordung gar nicht erwähnt (s. Wolgast 2001: 188). Im *Fuldaer Hirtenbrief* vom 23.08.1945 wurden die Verbrechen zwar angesprochen, die Juden aber gemäß der rassistischen Ideologie als *„Nichtarier"* und *„Volksgenossen fremden Stammes"* bezeichnet (Wolgast 2001: 191). Die Hirtenbriefe des Freiburger Erzbischofs Gröber sind typisch für die Marginalisierungs- und De-Realisierungsprozesse der unmittelbaren Nachkriegszeit auf Seiten der katholischen Kirche: Als Träger des NS-Regimes wurden Ausnahmepersonen genannt wie *„Phantasten"* und *„kurzsichtige Nationalisten"* (s. Amtsblatt Freiburg, Jg. 1945, 8, 41 f., zit. n. Wolgast 2001: 197). Als Opfer nannte Gröber – neben vielen anderen – *„Menschen fremder Rasse"*. Diese Sprachgebrauchspraxis deckt die ungebrochene Macht des rassistisch-völkischen Antisemitismus und die Habitualisierung der dazugehörigen Lexik auf. Auch von Seiten der evangelischen Kirche wurde das Thema des Judenmordes eher zögerlich behandelt. Sie hatte die Machtübernahme 1933 euphorisch begrüßt und fand nach dem Zusammenbruch nicht die notwendige Distanzierung vom Antisemitismus (s. Wolgast 2001: 226). Ähnlich sah es bei Politikern und Akademikern aus: Die Reden der Universitätsrektoren ließen nach 1945 keine grundlegende Läuterung oder Selbstkritik erkennen. Den wissenschaftlichen Kriterien von Aufklärung, Wahrhaftigkeit und Objektivität wurden sie in keiner Weise gerecht (s. Wolgast 2001: 328 ff.); auf die Gründe von Judenhass und Judenmord gingen sie nicht ein. So bleibt zu konstatieren, dass es keine umfassende, ernsthafte oder gar aufrüttelnde Auseinandersetzung mit der nationalsozialistischen Ideologie der Judenfeindschaft, ihrer tiefen Einbettung in der abendländischen Kultur und den wesentlichen Ursachen des Holocausts gab. Stattdessen zeichneten sich die Eliteinstitutionen Deutschlands durch Minimierung der eigenen Schuld und Verantwortung bei gleichzeitiger Maximierung der Schuldzuweisung auf die Gruppe der Nationalsozialisten sowie das durch keinen Zweifel getrübte Bekenntnis zu überlieferten Werten aus. Verdrängung, Umdeutung und Marginalisierung waren die vorherrschenden Tendenzen im Umgang mit der Judenvernichtung.

Wie in Deutschland nach dem Krieg über den Nationalsozialismus und seine Verbrechen gesprochen wurde, hat Kämper (2005) diskursanalytisch untersucht.

Auch ihren Ergebnissen zufolge gab es keine grundlegende Auseinandersetzung mit der Vergangenheit, keinen kritischen Blick auf Gegenwart und Zukunft. Statt Aufarbeitung und Neubesinnung fanden Prozesse der Verdrängung[48] und Marginalisierung statt.

> „Schuldabwehr und Rechtfertigung sind kommunikative Akte, mit denen nach 1945 eine ganze Nation identifiziert wurde und die zu nationalen Stereotypen gerieten, welche bis heute Gültigkeit haben. Entsprechend sind die argumentative Ausgestaltung und die lexikalische Umsetzung des Abwehr- und Rechtfertigungsdiskurses mit den hier rekonstruierten Argumentationshandlungen 'Umdeuten', 'Marginalisieren-Idealisieren-Egalisieren', 'Gegenklage' und den sie repräsentierenden Registern (Irrtum, Glaube, dienen/Dienst, Pflicht, machtlos, nicht gewusst, Befehl etc.) als diesen Abwehrdiskurs begründende Konstituenten der deutschen Sprachgeschichte zu bewerten." (Kämper 2005: 496 f.)

Der Schuld- bzw. Identitätsdiskurs der unmittelbaren Nachkriegszeit zeichnete sich zudem dadurch aus, dass ohne tiefgreifende Skepsis erneut die tradierten Werte des Abendlandes beschworen wurden, obgleich doch diese in sich den alten Judenhass bewahrten und pflegten.

Dass Antisemitismus als kulturelles Phänomen, als geschichtliche Erscheinung, als abendländisches Erbe seit Jahrhunderten kollektiv über alle Kommunikationsstrukturen als Glaubenssystem vermittelt worden war (vgl. Volkov 1990, 2000, 2006), wurde ignoriert. Stattdessen betonte man bereits unmittelbar nach Kriegsende die Singularität der Judenverfolgung als spezifische Charakteristik der nationalsozialistischen Gewaltpolitik und Rassismus-Ideologie.[49]

Entsprechend war die Realpolitik an den Kriterien des Wiederaufbaus und der Zukunftsorientiertheit ausgerichtet. Trotz der sogenannten Entnazifizierungen gelangten ehemalige Nazi-Funktionäre oft mühelos in hohe und verantwortliche Positionen in Politik, Wirtschaft und Kultur (s. Frei 1997). Der Aufbau des

---

48 Die Mitscherlichs haben in ihrer einflussreichen Analyse gezeigt, inwiefern diese Verdrängungsprozesse maßgeblich dafür verantwortlich waren, dass unter den Deutschen nicht nur „die Unfähigkeit zu trauern" zu konstatieren war, sondern auch die Unfähigkeit, Empathie für die Opfer zu empfinden (s. hierzu Mitscherlich/Mitscherlich 1967; s. hierzu auch Kap. 9.3.1).

49 Bis heute hält sich zum Teil die Vorstellung, der virulente Antisemitismus sei nur von wenigen, besessenen Nazis getragen und ausgeführt worden. Der Historikerstreit in den 1980er Jahren ließ transparent werden, wie groß auch in der akademischen Elite Deutschlands das Bedürfnis nach Relativierung der nationalsozialistischen Verbrechen war (s. hierzu Augstein ⁴1987, Evans 1991). Goldhagen, der mit seinem Buch *Hitlers willige Vollstrecker* (1996) mit dieser Vorstellung brach und zeigte, wie weit verbreitet der Judenhass von vielen Deutschen geteilt wurde, stieß auf vehementen Widerstand. Die Debatte um seine Thesen ist daher von hoher Emotionalität geprägt und die zum Teil durchaus berechtigte Kritik an seinem methodischen Vorgehen wird oft von irrational polemischen Tönen überlagert.

kriegszerstörten Landes hatte Priorität, ein rückwärtsbezogener Blick war weder im Sinne der politischen Funktionsträger noch der Bevölkerung. Die grundlegende Zäsur, die der Holocaust aufgrund seiner unikalen Monstrosität hätte einleiten müssen, blieb damit sowohl kognitiv als auch emotional aus.

Nicht die Gefühle von Entsetzen, Schande und Scham waren vorherrschend, nicht das Mitleid mit den Opfern und den Überlebenden der Vernichtungslager, sondern vielmehr Selbstmitleid und die zukunftsgewandte Hoffnung auf ein besseres Leben. Peinliches Schweigen und Desinteresse sowie Abwehr und Gleichgültigkeit prägten emotional die Einstellung gegenüber den toten und lebenden Juden. Als exemplarisch für diese Haltung ist der folgende Text zu betrachten:

(53) „Kein Schwerkranker wird sich auf dem Krankenbett damit beschäftigen, Fieberkurven zu studieren, und es ist durchaus begreiflich, daß in dem Deutschland von 1947, wo der Hunger und die Kälte nahe Nachbarn geworden sind, die KZ-Literatur keine große Anhängerschaft gewinnen kann. Hatten die Häftlinge Hunger? Den haben wir auch. Haben die Häftlinge gefroren? Das tun wir auch. Häuften sich die Toten vor den Krematorien? Wenn es so weitergeht, werden sie das bald wieder tun. Waren die Häftlinge eingesperrt? Das sind Tausende von Kriegsgefangenen auch." (Borchert [1947] 2009: 503)

Die Aussagen des hochgelobten Nachkriegsschriftstellers Wolfgang Borchert, der in seinen Dramen und Erzählungen das Leid der Nachkriegsdeutschen in den Mittelpunkt rückte und kein Wort der Empathie für die jüdischen Opfer des deutschen Massenmords findet, geben Einblick in die vorherrschende Einstellungsstruktur unter den Deutschen. Die Verbrechen an den Juden werden durch Verschweigen relativiert, ihr Leid wird auf eine Ebene mit den Entbehrungen der Menschen in Nachkriegsdeutschland gehoben und damit seiner alle Grenzen der Humanität sprengenden Dimension[50] beraubt. Die Gleichsetzung der durch Krieg und Gewaltherrschaft hervorgerufenen Konsequenzen mit der systematischen Ausrottung belegt den Mangel an kritischem Bewusstsein und Bereitschaft, Empathie zu entwickeln. Die Äquivalenzsetzung[51] der beiden eigentlich nicht zu vergleichenden Leid-Dimensionen ermöglicht es zudem, sich der erdrückenden

---

50 Dieses Empfinden ist die emotionale Basis der aktuellen Strategie der Schuldabwehr (s. Kap. 9.3.2). Der Holocaust wird mit eigenem Leid aufgerechnet; wie in (53) wird dabei argumentiert, die Deutschen hätten durch den Zweiten Weltkrieg ähnlich oder genauso gelitten, für dieses Leid gebe es aber kein übertriebenes Gedenken.
51 Ein ähnliches Muster findet sich aktuell in der Gleichsetzung und Aufrechnung von NS-Gewalt und israelischen Militäraktionen beim Anti-Israelismus (s. Kap. 7.2.2).

Last und moralischen Verantwortung zu entziehen (was sich bis zum heutigen Tag bei einigen Menschen in Deutschland beobachten lässt).

Der nach 1945 bis in die späten 1960er Jahre im Alltagsdiskurs viel artikulierte Ausspruch „Unter Hitler hätt's das nicht gegeben!" ist signifikant, da er geradezu prototypisch als Sprachgebrauchsmuster Aufschluss über (zum Teil durchaus unbewusste) Marginalisierungstendenzen gibt. Durch Hervorhebung der positiven Kontrollfunktion des NS-Regimes wird gleichzeitig die Dimension des Völkermords ausgeblendet, seine Relevanz minimiert. Dieser noch Jahrzehnte nach dem Zusammenbruch des NS-Regimes in Alltagsgesprächen benutzte Floskelsatz ist daher symptomatisch für den Umgang mancher Deutschen mit dem Holocaust. Er fokussiert die als positiv memorierten Eigenschaften[52] der NS-Politik (Kriminalitätsbekämpfung; die konservative Vorstellung, die sich in der Floskel *Zucht und Ordnung* artikuliert). Als Implikatur ergibt sich die Relativierung der Verbrechen an den Juden: Das Ausmaß des Judenmordes steht hinter dem Erfolg Hitlers zurück, denn sonst würde der Erfolg nicht erwähnenswert sein.

Auf rechtsextremistischen und neonazistischen Homepages ist diese Floskel daher bis heute zu finden (vgl. z. B. die erst 2012 geschlossene rechtsextremistische Plattform thiazi.net mit ihrer Rubrik *Sprüche von Mama und Papa*).

Um Trauer und Schmerz zu empfinden, um Empathie zu entwickeln, hätte es der Einsicht bedurft, dass ein integraler, höchst vitaler Teil der Gesellschaft isoliert und vernichtet worden war (keineswegs also eine (als fremd und undeutsch klassifizierte) externe Gruppe). Da aber diese Identifikationsbasis nicht vorhanden war und auch nicht evoziert wurde, kam es zur „Unfähigkeit zu trauern" (s. Mitscherlich/Mitscherlich 1967) bzw. sich zu schämen. Die offizielle Scham- und Verantwortungsmoral wurde von vielen Deutschen als oktroyiert empfunden. Auf diesen Emotionen der Abwehr entwickelte sich ein Nachkriegsantisemitismus, den der jüdische Psychoanalytiker Zvi Rex (zit. n. Heinsohn 1988: 115) treffend formulierte: „Auschwitz werden uns die Deutschen niemals verzeihen!"

Konstitutiv für den Nachkriegsantisemitismus sind das Relativieren oder Leugnen der Schuld von Deutschen am Völkermord sowie die Projektion der Schuld auf die Juden: eine moderne Variante der Täter-Opfer-Umkehr.

---

52 Bei einer 2011 durchgeführten Umfrage vom Institut für Jugendkulturforschung unter 16- bis 19-jährigen in Wien lebenden Jugendlichen zeigte sich eine Zustimmungsrate von 11,2 Prozent zu der Aussage „Adolf Hitler hat für die Menschen auch viel Gutes getan". Über 18 Prozent bejahten „Die Juden haben nach wie vor zu viel Einfluss auf die Weltwirtschaft". Ähnliche Einschätzungen existieren auch in Deutschland. Auf einer Pressekonferenz vom 06.09.2007 äußerte sich z. B. die ehemalige Nachrichtensprecherin Eva Herrmann positiv zum Mutter-Konzept während des Nationalsozialismus, und argumentierte in der Talkshow *Kerner* vom 10.10.2007 – konfrontiert mit ihrer Verwendung des Ausdrucks *Gleichschaltung* –, dass außerdem die in der NS-Zeit gebauten Autobahnen bis zum heutigen Tage verwendet werden.

Dieser Schuldabwehr-Antisemitismus wird in der Forschungsliteratur oft als Antisemitismus „nicht trotz, sondern gerade wegen Auschwitz" charakterisiert (s. hierzu Benz 2001: 55). Tatsächlich aber sind beide Dimensionen wichtig, um den Nachkriegsantisemitismus zu verstehen. Trotz der Erfahrung Auschwitz kam es bei vielen Deutschen zu keiner grundlegenden Veränderung in ihrer Einstellung zu den Juden (so dass die tradierten Klischees weiter im persönlichen Alltagsdiskurs bedient wurden) und wegen Auschwitz entwickelten sich zusätzliche auf Verantwortungsleugnung und Schamverdrängung basierende Stereotype und zwar vor allem die von JUDEN ALS STÖRENFRIEDE UND LÄSTIGE MAHNER sowie JUDEN ALS HOLOCAUSTAUSBEUTER UND (MEINUNGSDIKTAT-)ERPRESSER. Sie sind übrigens keineswegs als sekundär[53] zu bezeichnen, da sie auf tradierten judenfeindlichen Konzeptualisierungen basieren und diese lediglich auf die aktuelle Situation beziehen und entsprechend modifizieren bzw. elaborieren (was seit Jahrhunderten kennzeichnend für die Transformationen judenfeindlicher Vorstellungen und Artikulationsformen ist).

Dass Juden angeblich die Erinnerung an den Holocaust ausbeuten und als Sozialschmarotzer agieren, indem sie finanzielle Forderungen an die Bundesrepublik Deutschland stellen, entspricht der tradierten Konzeptualisierung von Juden als GIERIGEN PARASITEN UND VOLKSSCHÄDLINGEN. Das Stereotyp, dass sie als LÄSTIGE, UNVERSÖHNLICHE UND RACHSÜCHTIGE MAHNER auftreten, ist eine moderne Variante der bereits im Mittelalter kursierenden Vorstellung von Juden als Störenfrieden und basiert zudem auf der Konzeptualisierung, Juden seien keine Deutschen. Die Holocaustleugnung mit der Verschwörungskomponente, Juden hätten die Vernichtung ihres Volkes erfunden, um die Welt moralisch unter Druck zu setzen und finanziell zu erpressen, korreliert mit der Attribuierung, Juden seien Lügner und ist geknüpft an das Stereotyp des RAFFGIERIGEN SCHACHERERS UND GELDMENSCHEN. Die judenfeindlichen Konzepte bleiben bestehen, aber die Ausdrucksformen verändern und modifizieren sich, passen sich aktu-

---

53 In der (deutschsprachigen) Antisemitismusforschung spricht man nach dem Jahr 1945 vom *sekundären* Antisemitismus (s. Benz 2004: 19 ff., Bergmann ³2006). Der Terminus geht auf Peter Schönbach, einen Mitarbeiter Adornos zurück (s. Adorno [1962] 1971: 107 f.). Wir schließen uns der Terminologie der deutschsprachigen Forschung, die zwischen *primärem* (auch als „klassischer Antisemitismus" beschrieben, Heyder et al. 2005: 147) und *sekundärem* Antisemitismus unterscheidet, jedoch nicht an. Der Begriff „sekundärer Antisemitismus" ist irreführend, da seine Bedeutung suggeriert, es handele sich um einen zweitrangigen, abgeleiteten, eventuell weniger virulenten Judenhass. Dies ist aber nicht der Fall. Wir plädieren daher ausdrücklich dafür, dass zukünftig die inadäquaten Bezeichnungen *primär* und *sekundär* nicht mehr benutzt werden sollen. Sekundär ist der Nachkriegsantisemitismus in keiner Weise: Er ist weder abgeleitet oder verändert, noch weniger virulent.

ellen sozialen und politischen Gegebenheiten an (vgl. auch Bergmann 2001: 38, Simmel [1946] 2002a: 12, von Braun 2004: 11, Kreis 2005: 21).

Eine für die vorliegende Untersuchung sehr wichtige Veränderung gab es nach 1945 jedoch: Die über Jahrhunderte hinweg praktizierte offene und öffentliche Artikulation antisemitischen Gedankenguts wurde nach Kriegsende unterbunden. Die Kommunizierbarkeit von Verbal-Antisemitismen erfuhr so eine Einschränkung; das Sagbarkeitsfeld für Judenfeindlichkeit wurde verkleinert und als Diskursform aus dem öffentlichen Kommunikationsraum in den privaten Bereich[54] verschoben. Dies zog aber nicht mit sich, dass judenfeindliche Einstellungsrepräsentationen und stereotype Konzeptualisierungen auch verschwanden.

> „Vielmehr sind antijüdische Stereotype in der demokratischen, etablierten Öffentlichkeit heute quer durch die politischen Lager und durch unterschiedliche Akteure verbreiteter als noch vor Jahren." (Rensmann 2004: 487)

Die gesetzliche[55] und gesellschaftliche Tabuisierung bzw. Sanktionierung eines expliziten Antisemitismus führte stattdessen zu neuen Kommunikationsformen. Judenfeindliche Inhalte wurden und werden (mit Ausnahme von rechtsextremistischen Kreisen) als indirekte Sprechakte vermittelt (und als „Umwegkommunikation" realisiert;[56] vgl. u. a. Rensmann 2004 sowie Bergmann/Heitmeyer 2005a, b; s. Kap. 3).

Während sich zudem bis 1945 Antisemiten auch selber ganz unverhohlen und selbstverständlich als solche bezeichneten, ist dies nach den Verbrechen des Holocausts nicht mehr der Fall. Heute bezeichnen sich Menschen, die judenfeindliche Meinungen vertreten, als „*kritische Denker*" oder „*Friedensaktivisten*",

---

54 Diese Verschiebung vom Öffentlichen ins Private bezeichnen Bergmann und Erb (erstmals 1986) als „Kommunikationslatenz", wobei Latenz nicht wie im kognitionslinguistischen Sinne auf unbewusste Konzeptualisierungen, sondern auf die Veränderung der Öffentlichkeitsebene und später dann auch der Äußerungsform verweist. Der Begriff der Kommunikationslatenz, der heute von vielen Autoren, die ihn benutzen, oft uneinheitlich verwendet wird, gibt in seiner ursprünglichen Lesart an, dass sich der Ausdruck judenfeindlicher Parolen von der öffentlichen zur privaten Diskursebene verschob (vgl. Benz 2004: 19 f., Bergmann ³2006: 117 f.).
55 Der Paragraph der Volksverhetzung wurde in das Grundgesetz der Bundesrepublik Deutschland u. a. aufgenommen, um einen diskriminierenden Sprachgebrauch zu verhindern, der zum einen Menschen in ihrer Würde herabsetzt, beleidigt und verletzt und zum anderen die Basis für Vorurteile, Hass und Gewalt darstellen und schaffen kann.
56 Eine umfangreiche Erfassung, präzise Analyse und genaue Beschreibung der diversen Typen dieser neuen Ausdrucksvarianten hat bislang keiner der (politik- oder sozialwissenschaftlich ausgerichteten) Autoren vorgenommen. Dies ist daher ein wichtiges und innovatives Anliegen dieses Buches.

die „*im Namen von Gerechtigkeit und Menschenrechten*" und aus „*Sorge um den Weltfrieden*" sprechen. Diesen scheinbar nicht-fanatischen und nicht-rassistischen Alltagsantisemitismus charakterisiert Marin (1979/2000) – bis heute zutreffend – als „Antisemitismus ohne Antisemiten" (s. hierzu auch Améry 1969/1971 zum „ehrbaren Antisemitismus" sowie Schwarz-Friesel 2010a zum „legitimen Antisemitismus").

Für die folgenden Betrachtungen der aktuellen judenfeindlichen Sprachgebrauchsmuster und Kommunikationsprozesse ist dies insofern von entscheidender Bedeutung, als die heutigen Ausdrucksformen des Antisemitismus primär implizit und/oder über die Formvariante des Anti-Israelismus, die als „Israel-Kritik" deklariert wird, (auch vermehrt öffentlich) realisiert werden (s. Kap. 7). Dadurch wird der kommunikative Raum für Verbal-Antisemitismen in der Gesellschaft wieder größer.

4.5 Aktuelle Judenfeindschaft: Zur Diskussion um den „neuen" Antisemitismus im 21. Jahrhundert

Seit einigen Jahren wird in der Antisemitismusforschung darüber diskutiert, ob bestimmte Veränderungen in der öffentlichen Kommunikation, (die weltweit steigende Anzahl von) Gewalttaten gegenüber jüdischen Einrichtungen und Tendenzen bei der massenmedialen Berichterstattung über Israel sowie bestimmte Typen der Kritik an Israel es erfordern, von einem „neuen Antisemitismus" im 21. Jahrhundert[57] zu sprechen (vgl. hierzu z. B. die Diskussion in Naumann 2002, Rabinovici et al. 2004; s. auch Kaufmann/Orlowski 2002, Nonn 2008: 101 ff. und Schwarz-Friesel et al. 2010: 2 ff.). Dabei hat u. a. die Diskrepanz zwischen bestimmten demoskopischen Befragungsergebnissen und den Analysen öffentlicher Diskurse sowie der Anstieg antisemitisch motivierter Gewalttaten[58] die Debatte angefacht.

---

57 Der Begriff „neuer Antisemitismus" wird bereits von Marrus (1986) verwendet, womit dieser eine neu motivierte, gegen Israel gerichtete Feindschaft bezeichnet. Taguieff (2002: 196) konstatiert eine antisemitische Welle in den Jahren 1998 bis 2002 und spricht von einer mehrheitlich von muslimisch geprägten Immigranten getragenen „nouvelle Judéophobie". Es werde eine Verteufelung Israels betrieben, die zugleich alles als jüdisch Wahrgenommene trifft. Als ideologische Grundlage sieht Taguieff den Antizionismus der Linken. Vgl. auch Gessler (2004).

58 So verzeichnet das Stephen Roth Institute (2010) einen weltweiten Anstieg antisemitischer Gewaltakte seit 2001 bis zu einem extremen Hoch im Jahr 2009. S. auch BMI (2011). Anti-Israel-Demonstrationen mit Hassparolen auf Plakaten sowie weltweite Boykottforderungen und antisemitische Internet-Aktivitäten verstärken den Eindruck einer an Virulenz zunehmenden

Dass sich bei der aktuellen Judenfeindschaft Veränderungen zeigen, ist dabei unumstritten, doch die Einordnung sowie Bewertung dieser Phänomene und ihrer Auswirkungen wird unterschiedlich vorgenommen: Für einige Wissenschaftler(innen) handelt es sich um zeitgemäße Erscheinungsformen der alten judeophoben Muster mit einer konstanten Semantik und damit also um eine Variante des Nachkriegsantisemitismus, für andere zeigt sich ein qualitativ (und quantitativ) neues Phänomen der Judenfeindschaft, das die Grundlage für die Ausbreitung in der Mehrheitsgesellschaft darstellt (bzw. darstellen könnte).

Als wesentlichen Unterschied zwischen altem und neuem Antisemitismus sehen Rabinovici et al. (2004: 8), dass bisherige Muster der Vergangenheitsbewältigung, deren Schwerpunkt die nationalsozialistische Vergangenheit und der Holocaust bildeten, nun nicht mehr griffen.[59] Im Zentrum stehe jetzt die problematische Gegenwart des Nahostkonflikts und somit die in Frage gestellte Legitimität des Staates Israel als der politischen Form jüdischer Souveränität (vgl. Rabinovici et al. 2004: 8). Zugleich spielen für Rabinovici (2006: 247) die globalen Verflechtungen von europäischem und arabischem Antisemitismus[60] eine wesentliche Rolle, denn:

Feindseligkeit. Bergmann (2008: 476–479) sieht dagegen auf der Ebene der demoskopisch eruierten Einstellungen keinen längerfristigen negativen Trend und den Anstieg feindseliger Aussagen in den Jahren 1998 bis 2003 als Folge eines „normalen" Periodeneffekts (vgl. dazu Whine 2006; s. auch EUMC 2004: 319, FRA 2009: 23). Wir haben aber bereits in Kap. 2 erörtert, inwiefern Umfragen als empirische Methoden nur sehr begrenzt in der Lage sind, judenfeindliche Einstellungen mit ihren mentalen und emotionalen Komponenten zu erfassen.
59 Wir werden aber zeigen, dass die aktuelle judenfeindliche Argumentation sich größtenteils durch die Verbindung von vergangenheitsbezogener Schuldabwehr und gegenwartsbezogener Schuldkonstruktion (mittels Täter-Opfer-Umkehr-Strategien) auszeichnet.
60 Dass radikale Islamisten als Träger des aktuellen Antisemitismus fungieren, die sich die alten antisemitischen Konzepte angeeignet haben und mit diesen weltweit anti-jüdische Einstellungen, Vorbehalte und Feindbilder bedienen, sehen auch Benz/Wetzel (2007: 12). Als zentrale Kennzeichen des arabischen Antisemitismus eruierte das Middle East Media Research Institute (MEMRI) aufgrund arabischer Medienanalysen zum einen das Vorhandensein antijüdischer Meinungen, die von traditionellen islamischen Quellen abgeleitet werden, sowie christlich und rassistisch motivierter, aus Europa stammender antisemitischer Stereotype, Bilder und Beschuldigungen. Zum anderen sind Holocaustleugnung, Gleichsetzung von Zionismus mit Nationalsozialismus sowie die Aberkennung des Existenzrechts Israels Charakteristika des arabischen Antisemitismus (s. Milson 2008). Als die Hauptvertreter des Anti-Israelismus gelten junge gewaltbereite Migranten, weil sie wegen ihres arabischen und/ oder muslimischen Hintergrunds einer unkritischen Solidarität mit den Palästinensern und dem Einfluss islamistischer Propaganda unterliegen (s. Amadeu Antonio Stiftung 2009, FRA 2009: 23). Vgl. auch Küntzel (2007).

„neben dem alten religiösen und rassischen Judenhaß ist ein neuer entstanden, der global operiert, der den 'Juden' nicht als 'vaterlandslosen Gesellen', sondern als Inkarnation Israels verdammt. Neu sind der mörderische Antisemitismus des radikalen Islamismus und die Bestätigung, die dieser Haß und die Selbstmordattentate unter manchen Intellektuellen erfahren, die bei klassisch rechtem Rassismus weniger duldsam wären".

Auch Goldhagen (2004: 93 f., 97) betont diese Komponente als „globalisierten Antisemitismus" (vgl. hierzu auch Kreis 2005: 23 sowie Wistrich 2005: 2, 2007 und 2010). Die starke Fixierung auf Israel als das vorherrschende Kennzeichen des aktuellen Antisemitismus veranlasst auch Rensmann, dieses Phänomen in die Kategorie des Antizionismus einzuordnen (Rensmann 2004: 87, s. hierzu auch Gessler 2004: 126). Als Anti-Israelismus oder Israelfeindschaft zeigt sich hier eine Kommunikationsform, mit der zwar vorgegeben wird, lediglich die israelische Politik zu kritisieren, die sich aber tatsächlich gegen das Existenzrecht Israels richtet (s. hierzu auch Klug 2004: 227, der dies als „neuen Antisemitismus" bezeichnet). Kritisiert wird Israel, gemeint ist aber der Staat als Symbol jüdischen Lebens. Diese Kommunikationsform[61] ist gesellschaftlich als politisch korrekt akzeptiert und kann offen artikuliert werden (s. hierzu auch Schapira/Hafner 2006).

Für Vertreter der Kontinuitätsthese haben die aktuellen Ausprägungen des Antisemitismus aufgrund des Vorhandenseins tradierter Stereotype dagegen keine neue Qualität[62] (vgl. Bergmann 2001: 38; s. aber Fußnote 60); aufgrund der hohen Adaptationsfähigkeit nimmt Antisemitismus aktuell auch die Form des Antizionismus oder der Israel-Kritik an (Benz 2004: 24, Bergmann ³2006: 117 f., s. u. a. auch Quadfasel 2005: 188). Holz (2005) bezeichnet allgemein das Phänomen des veränderten Antisemitismus ab 1945 als „demokratischen Antisemitismus", eine Judenfeindschaft, die in der demokratischen Öffentlichkeit geäußert werden kann und deren Kern die Vergangenheitsbewältigung durch Täter-Opfer-Umkehr ist (Holz 2005: 57, 59).[63] Für Holz stellen deshalb Antizionismus und Anti-Israelismus, wenn sie diesem Kern zuzuordnen sind, ebenfalls nur angepasste Varianten

---

61 Daher sehen auch Bergmann/Heitmeyer (2005a, b) als Konsequenz dieser Umwegkommunikation, dass sich das Sagbarkeitsfeld für Antisemitismus insbesondere in der Mitte der Gesellschaft vergrößern kann (was heute bereits als gegeben angesehen werden muss).
62 Dabei wird nicht berücksichtigt, dass tradierte Stereotype nicht nur einfach aus aktuellem Anlass reaktiviert werden, sondern auch konzeptuellen Verschiebungen und Elaborationen unterliegen können (s. Kap. 5).
63 Die Bezeichnung „demokratischer Antisemitismus" ist irreführend, denn sie kann durch das positiv wertende Adjektiv *demokratisch* implizieren, dass dieser Antisemitismus eine auf Menschenrechten beruhende demokratische Mehrheitsentscheidung und ein harmloses Phänomen sei.

des sogenannten sekundären Antisemitismus dar. Ähnlich wie Bergmann lehnt Holz für die aktuellen antisemitischen Äußerungsformen den Begriff des „neuen Antisemitismus" als Bezeichnung ab, weil dies bedeute, dass sich grundlegende Muster der Semantik änderten und daher ein neuer Typus des Antisemitismus entstehe (vgl. Holz 2005: 11). Holz sieht allerdings in der starken Fokussierung auf Israel in den verschiedensten politischen Strömungen und Bevölkerungsgruppen auch eine neue Qualität (vgl. Holz 2005: 111). Typisch für diesen „antizionistischen Antisemitismus" sei die Unterscheidung zwischen „jüdisch" als religiöser und „zionistisch" als politischer Bezeichnung, sodass nur Zionisten (ergo der Staat Israel) als politischer Feind gelten, aber nicht Juden als Kollektiv, Rasse oder Religion gemeint seien[64] (vgl. Holz 2005: 43). Holz (2005: 97) betont zugleich, dass dieser antizionistische Antisemitismus in der demokratischen Öffentlichkeit zunehmend mehrheitsfähig werde (s. auch Müller 2006: 309). Damit wird auch von Vertretern der Kontinuitätsthese der Wandel im kommunikativen Umgang mit Antisemitismen gesehen, aber nicht als wesentliche Neuerung betrachtet.

Zu den kommunikativen Ereignissen, die vor allem den politischen Diskurs in Deutschland spezifisch geprägt und dahingehend verändert haben, dass das Feld des Sagbaren ausgeweitet wurde, gehören die Goldhagen-Debatte 1996, die Walser-Rede-Debatte 1998, die Bundestagsdebatte zum Holocaust-Mahnmal in Berlin 1999, die Debatte zur Entschädigung von NS-Zwangsarbeitern und die Rolle jüdischer Organisationen 2001 sowie die Möllemann-Friedman-Debatte und die Kontroverse um judenfeindliche Positionen in der FDP 2002 (s. hierzu Rensmann 2004: 60, 2006: 44 sowie Reinfrank/Ebbrecht 2004, Nonn 2008: 102 ff., Pallade 2008a, b, Reinfrank 2008). Diese öffentlich geführten Auseinandersetzungen haben dazu geführt, dass Tabuisierungsgrenzen verschoben wurden. Insbesondere die Friedenspreisrede von Martin Walser stellt eine Zäsur dar, weil sich hier antisemitische Abwehraggressionen gegen ein Erinnern an die NS-Verbrechen erstmals öffentlich entfalten und etablieren konnten, ohne dass es zu einer einheitlichen öffentlichen Sanktionierung kam: „Hier hatte eine intellektuelle moralische Instanz mit Pathos offen artikuliert, was bislang weitgehend im öffentlichen Raum der in der gesellschaftlichen Mitte angesiedelten Diskurse als tabuisiert oder zumindest inopportun galt" (Pallade 2008a: 321 f.). Die neue Qualität seit der Walser-Rede-Debatte besteht darin, dass antisemitische Äußerungen immer weniger auf Widerspruch stoßen und als „normal" angesehen werden, aber auch darin, dass Ideologeme der politischen Randgruppen verstärkt Eingang in die politische und gesellschaftliche Mitte gefunden haben (vgl. Reinfrank 2008: 109, Pallade 2008a: 340). Unangemessene und geschichts-

---

64 Wir werden zeigen, dass dies keineswegs der Fall ist (vgl. Kap. 7). Der auf Israel bezogene Antisemitismus weist alle Charakteristika der tradierten Judenfeindschaft auf.

unsensible Verbalformen wie das Kompositum *Antisemitismuskeule* wurden zum salonfähigen Schlagwort. An diese veränderten kommunikativen Bedingungen konnte auch Jürgen W. Möllemann mit seinem rechtspopulistischen Wahlkampf 2002 anschließen; bei ihm tritt jedoch eine Kopplung von Erinnerungsabwehr und Antizionismus in den Mittelpunkt, bei der die Täter-Opfer-Umkehr hinsichtlich der nationalsozialistischen Vergangenheit mit der Konstruktion israelischer Täterschaft begründet wird (vgl. Holz 2005: 23).

Als wesentliche Motivationsquelle sowie als Katalysator für antisemitische Tendenzen werden in der Forschung auch der Ausbruch der Zweiten Intifada und die Eskalation des Nahostkonflikts[65] gesehen (wobei auch die Dimension des internationalen Terrorismus seit dem 11. September 2001 eine Rolle spielt; vgl. Beck 2003, Chesler 2004: 10, Reinfrank/Ebbrecht 2004: 50, Bergmann ³2006: 118, Müller 2006: 309, Reinfrank 2008: 110, Wetzel 2008: 88, FRA 2009: 24). So spricht Beck (2003) von der „Entgrenzung der Intifada" und der „Globalisierung des israelisch-palästinensischen Konflikts", weil sich die Israelfeindschaft vielerorts (lokal) und weltweit (global) in Aggression und Gewalt[66] gegen jüdische Vertreter und Einrichtungen entlade und damit über die Grenzen des Nahen Ostens hinaus wirke.

Unabhängig von der Debatte, ob die aktuell zu beobachtenden Veränderungen nun als neu oder alt-neu, tradiert oder innovativ zu bewerten sind, lässt sich Folgendes konstatieren:

Israel steht als Hassobjekt im Mittelpunkt des aktuellen Antisemitismus. Der Nahostkonflikt bildet im 21. Jahrhundert den herausragenden Begründungszusammenhang für antisemitische Meinungsäußerungen und dient als Katalysator der Judenfeindschaft. Anti-Israelismus wird nicht nur von rechten oder linken Extremisten, sondern auch von Akademikern und Intellektuellen sowie Vertretern der Gesellschaftsmitte kommuniziert, da er als politisch korrekt ausgegeben werden kann. Diese Situation ist nicht regional begrenzt, sondern globalisiert,

---

65 Wenn sich beim Phänomen des Antisemitismus auch jedwede monokausalen Erklärungsmuster verbieten, so besteht heute kein Zweifel mehr, dass ein Zusammenhang zwischen der Zunahme des Antisemitismus in der Variante des Anti-Israelismus und der seit 2000 veränderten, zu Ungunsten Israels einseitigen, tendenziell extrem negativen und zum Teil hoch emotionalen Berichterstattung zum Nahostkonflikt in den Medien besteht (vgl. Behrens 2003, Jäger/Jäger 2003, Wistrich 2003, Schwarz-Friesel 2007 und 2012c, Schapira/Hafner 2010, Beyer 2012; vgl. hierzu auch Langenbucher/Yasin 2009). S. hierzu Kap. 7.3.

66 Ausschlaggebend sei hier nach Einschätzung des US-Sachverständigen Baker, dass dieser neue Antisemitismus den Staat Israel zu einem besonderen Ziel von nicht-traditionell rassistischen Gruppen mache, d. h. er wird nicht nur von den „üblichen" Rechtsextremen vertreten, sondern vor allem von arabischen bzw. muslimischen Migranten (vgl. Baker 2006: 157).

d. h. die Israelfeindschaft tritt weltweit auf und wird vor allem technisch über die Massenmedien verbreitet (vgl. Chesler 2004: 76–86, Reinfrank 2008: 107 f.). Neu ist die Qualität der verbalen Gewalt im alltäglichen und öffentlichen Diskurs gegenüber Israel: Es sind zunehmend auch im Kommunikationsraum der Mitte brachiale Formen der Entwertung (z. B. NS-Vergleiche und drastische Hyperbeln) zu konstatieren (s. Kap. 7.2.2). Neu ist auch die Bereitschaft von immer mehr Menschen (weltweit), drastisch abwertenden und de-realisierenden Aussagen über den jüdischen Staat Israel zuzustimmen (s. hierzu z. B. den EUMC-Report 2003 und 2004, die Ergebnisse der ADL-Umfrage aus dem Jahr 2009 und der Forsa-Umfrage 2012 (Weber 2012)). Neu ist zudem die unbeschränkte Zugänglichkeit und massive Verbreitung von Verbal-Antisemitismen (sowie judenfeindlichen Karikaturen) über das Internet, das als virtuelles Welt- und Kommunikationssystem längst wesentlicher Bestandteil der realen Welt geworden ist (s. Marx/Schwarz-Friesel 2012) und maßgeblich dazu beiträgt, auch explizit judenfeindliche Äußerungen sowie anti-israelische Hassbotschaften schnell und effektiv an unzählige Rezipienten zu vermitteln. Dabei sind es keineswegs nur Internetseiten von Rechtsradikalen, Fundamentalisten oder Islamisten (s. hierzu Wetzel 2005), die antisemitisches Gedankengut kommunizieren, sondern auch Internetforen, Kommentarbereiche und soziale Netzwerkseiten der gesellschaftlichen Mitte (s. Schwarz-Friesel 2012a). Dadurch können Habitualisierungs- und Normalisierungseffekte für judenfeindliche Äußerungen im öffentlichen Kommunikationsraum entstehen und sich vertiefen.

Dass Antisemitismus in Deutschland ein aktuelles und keineswegs bloß historisch relevantes Phänomen ist, das nicht nur an den extremen Rändern der Gesellschaft, sondern trotz aller Aufklärungsarbeit auch fest verankert in Teilen der (gebildeten und nicht radikalen) Mitte existiert, wird allerdings außerhalb der Antisemitismusforschung noch immer zu wenig beachtet und zu wenig als problematisch bzw. besorgniserregend empfunden.

Auffällig ist auch die Diskrepanz zwischen den Empfindungen der Betroffenen (d. h. der jüdischen Gemeinden und Institutionen; vgl. z. B. Pallade 2008a, b) und den Beobachtungen sowie Analysen von Forschern (die sich weitgehend decken) einerseits und den Einschätzungen von großen Teilen der Bevölkerung andererseits:

„Während Juden von Antisemitismus betroffen sind und sich, wie etwa die nach wie vor notwendigen Sicherheitsmaßnahmen vor jüdischen Einrichtungen und Synagogen in Europa dokumentieren, als Minderheit zu Recht von gewaltbereiter Judenfeindschaft bedroht fühlen, sehen heute Teile der Mehrheitsgesellschaft eher unbegründete Antisemitismusvorwürfe als hervorstechendes gesellschaftliches Problem und Antisemitismus als ein Phänomen der (europäischen) Geschichte." (Rensmann/Schoeps 2008: 11)

Trotz der jahrzehntelangen offiziellen Ablehnung und Ächtung von Antisemitismus, intensiver Aufklärungsarbeit und des Bemühens der Regierenden, antisemitischer Gewalt und Einstellung entgegenzutreten, sind große Teile der Bevölkerung keineswegs hinreichend sensibilisiert für die Gefahren von stereotypen Denkstrukturen und vorurteilsschaffender Feindbildrhetorik. Die Hemmschwelle, verbal-antisemitische Äußerungen auch in der Öffentlichkeit zu artikulieren, ist in den letzten Jahren deutlich gesunken (vgl. Schwarz-Friesel 2009a, b, 2010a, b und 2012a), die Bereitschaft, Aussagen mit stereotypen judeophoben und/oder anti-israelischen Inhalten zuzustimmen, dagegen gestiegen. Die These vom „kollektiven Lernprozess" in Bezug auf Antisemitismus, die Bergmann (1997: 502) für Deutschland und für den demokratischen Diskurs konstatiert hat, kann angesichts der aktuellen Forschungsergebnisse so nicht mehr uneingeschränkt aufrechterhalten werden (s. hierzu auch Rensmann 2004: 490 ff., 224 ff. sowie Nonn 2008: 103).

Die Expertenkommission des Bundestages kommt in ihrem 2011 veröffentlichten Bericht entsprechend zu dem folgenden Schluss:

> „Der Bericht konnte zeigen, dass in der deutschen Mehrheitsgesellschaft in erheblichem Umfang antisemitische Einstellungen in unterschiedlichen inhaltlichen Ausprägungen vorhanden sind, die wiederum auf weitverbreiteten Vorurteilen und tief verwurzelten Klischees beziehungsweise auf schlichtem Unwissen über Juden und Judentum basieren. Angesichts moderner Kommunikationsformen, wie sie insbesondere im Internet bestehen, ist eine Verbreitung dieses Gedankenguts kaum zu unterbinden. Die weitgehende Tabuisierung des Antisemitismus im öffentlichen Diskurs, die bisher für die Bundesrepublik kennzeichnend war, droht damit, entscheidend an Wirksamkeit zu verlieren. Besonders gefährlich erscheint die Anschlussfähigkeit des bis weit in die gesellschaftliche Mitte reichenden und nicht hinreichend geächteten Antisemitismus für rechtsextremistisches Gedankengut. Nicht zuletzt angesichts der verheerenden historischen Auswirkungen des nationalsozialistischen Antisemitismus ist entschlossenen Gegenmaßnahmen eine hohe Priorität einzuräumen." (BMI 2011: 182)

Fazit

Judenfeindseligkeit war und ist fester Bestandteil der abendländischen Denk- und Sprachstrukturen. Jahrhunderte der Diffamierung und Stigmatisierung von Juden haben tiefe Spuren im kollektiven Gedächtnis und in den kommunikativen Sprachgebrauchsmustern hinterlassen. Der Blick auf die Geschichte zeigt nicht nur die lange Tradition judenfeindlichen Denkens und Fühlens; er zeigt auch bestimmte, kontinuierlich erhaltene und reproduzierte Muster der verbalen Stigmatisierung und Diffamierung auf, die semantisch-konzeptuelle Konstanten widerspiegeln: Das Stereotyp von den Juden als den FREMDEN, den ANDEREN, ist ein Kategorisierungs- und Entwertungskonzept, das über zwei Jahrtausende in diversen Abwandlungen erhalten geblieben ist. Je nach religiöser, ideologischer oder politischer Perspektive sind Juden fremd und anders, weil sie den Kritikern zufolge nicht den wahren Glauben vertreten oder weil sie eine eigene Rasse darstellen oder weil ihre Gesinnung feindselig, ihr Verhalten unanständig und destruktiv ist. Die im Laufe der Jahrhunderte zusätzlich entstandenen spezifischen Stereotype bilden zusammen und miteinander verknüpft ein kognitives System von Glaubensinhalten, welches das emotionale Ressentiment gegenüber Juden mental stützt. Die Sprache archiviert Komponenten des kollektiven Bewusstseins und macht sie über ihre bedeutungstragenden Formen transparent. Judenfeindliche Äußerungen transportieren und tradieren geistige Stereotype, welche die Basis antisemitischer Grundeinstellungen bilden. Sie tragen daher maßgeblich dazu bei, Denkschablonen und Klischees zu erhalten. So werden über Sprachgebrauchsmuster judenfeindliche Einstellungen aktiviert und reaktiviert. Entsprechend zeigen die Benennungen und Beschreibungen von Juden und Judentum eine ungebrochene Kontinuität judenfeindlicher Konzepte sowie Muster der mentalen Entwertung wie Dehumanisierung, Dämonisierung und De-Realisierung durch Phantasiekonstruktionen und Verschwörungstheorien.

Das nachfolgende Kapitel wird einerseits zeigen, welche tradierten mentalen Stereotype der Judenfeindschaft über die Epochen hinweg im kulturellen und kommunikativen Gedächtnis der Deutschen erhalten und bis zum heutigen Tag trotz aller Aufklärungsarbeit nach dem Holocaust artikuliert werden. Andererseits werden wir erklären, inwiefern kognitive Formen des Antisemitismus nicht nur in neuen Ausdrucksvarianten auftreten, sondern auch inwiefern alte judenfeindliche Konzeptualisierungen dabei aktuell modifiziert bzw. elaboriert werden.

5 Aktuelle Stereotyp-Verbalisierungen

Hinsichtlich der Untersuchung zum aktuellen Verbal-Antisemitismus ist die Frage zu stellen, welche judenfeindlichen Stereotype dominant in den aktuellen Texten sind, wie diese sprachlich ausgedrückt werden und inwieweit neue antisemitische Stereotype (z. B. durch konzeptuelle Verschmelzungen oder Erweiterungen) transparent werden. Es ist aber auch kritisch zu fragen, welche Funktion genau Stereotype bei der aktuellen antisemitischen Sprachverwendung haben, wie man sie wissenschaftlich am besten beschreiben kann und wie sie an emotionale Einstellungen gekoppelt sind.

5.1 Stereotype, mentale Modelle, Vorurteile, Klischees und Floskeln: Terminologische Klärungen und konzeptuelle Erklärungen

> „Die beschwerlichsten von allen sind aber die Vorurtheile der Gesellschaft, welche sich vermöge der Worte und Benennungen in die Seele geschlichen haben. Die Menschen glauben nämlich, ihre Vernunft führe die Herrschaft über die Worte; allein nicht selten beherrschen gegentheils die Worte den Sinn [...]." (Bacon [1620] 1974: 39)

Judenfeindschaft ist als Phänomen untrennbar gekoppelt an die Existenz bestimmter geistiger Stereotype. In diesem Punkt ist sich die ansonsten sehr heterogen argumentierende Forschung einig (s. z. B. Schoeps/Schlör 1999, Pfahl-Traughber 2002, Benz 2004, Gessler 2004, Holz 2004, Rensmann 2004, Laqueur 2006, Nonn 2008, Wistrich 2010).

Die Definitionen von Stereotyp und den damit verbundenen Konzepten jedoch sind in den Forschungsabhandlungen sowohl uneinheitlich als auch vage. Oft werden Begriffe wie „Stereotyp", „Vorurteil", „Ressentiment", „Klischee" und „Floskel" synonym[1] benutzt, was falsch und verwirrend ist. Floskeln sind kon-

---

[1] Vgl. den Bericht der Expertenkommission des Bundestages 2011: „Die Begriffe *Stereotyp*, *Klischee*, *Vorurteil* und *Ressentiment*, die in diesem Bericht weitgehend synonym Verwendung finden [...]" (BMI 2011: 7). Auch in anderen wissenschaftlichen Abhandlungen gibt es keine präzisen Definitionen. S. z. B. Benz (1995: 367): „Der aktuelle Antisemitismus nährt sich von traditionellen Stereotypen, Aversionen und Konstrukten (wie dem der Weltverschwörung [...]) ebenso wie von nationalsozialistischen Ressentiments (Nutznießer von Wiedergutmachung [...])." Hier und an anderen Stellen werden Begriffe aneinandergereiht, ohne sie hinreichend und adäquat zu erklären. Was von Benz als Ressentiment bezeichnet wird, entspricht tatsächlich einem Stereotyp (das es im Nationalsozialismus selbstverständlich so noch nicht gab),

krete sprachliche Ausdrücke, während die anderen Einheiten nicht beobachtbare, mentale Phänomene darstellen. Fällt diese Abgrenzung durchaus leicht, so ist doch einzuräumen, dass die mentalen Phänomene definitorisch zum Teil sehr schwer zu unterscheiden sind, da es viele Überschneidungen und graduelle Übergänge zwischen ihnen gibt. Durch eine Synonymsetzung aber werden wichtige Unterschiede nivelliert, interaktive konzeptuelle Zusammenhänge ignoriert und kausale Einflussfaktoren von Sprache, Kognition und Emotion nicht erklärt. Für das Verständnis des aktuellen Antisemitismus ist nicht nur die Kenntnis tradierter Stereotype, sondern auch die Erklärung bezüglich deren Einbettung in komplexe kognitive Schemata, deren Kopplung an emotionale Zustände sowie deren Verbalisierungs- und Tradierungsformen unabdingbar.

Seit Lippmann[2] (1922) den Begriff „Stereotyp" für die Sozialwissenschaft als „vorgefasste Meinung über soziale Gruppen" geprägt hat, wird er meist im sozialpsychologischen Sinne verwendet, um in einer Gesellschaft verbreitete Vorstellungen von charakteristischen Zügen und Verhaltensweisen der Mitglieder sozialer und ethnischer Gruppen zu beschreiben. Dabei steht die sozial-funktionale Komponente im Vordergrund (s. entsprechend Stangor 2000 und Ewen/Ewen 2009). In der Forschung kursieren seit vielen Jahren aber auch verschiedenste, zum Teil mehr und zum Teil weniger präzise Definitionen wie „Stereotypen sind geistige Schubladen" (Nicklas/Ostermann 1976: 4), „ungerechtfertigte Verallgemeinerung mit emotional-wertender Tendenz" (Wenzel 1978: 16), „immer wiederkehrende Denkschemata" (Ohde 1994: 41). Dass Stereotype einerseits langlebig und andererseits bemerkenswert wandelbar (und anpassungsfähig) sind, zeigt sich bei der Judenfeindschaft ganz besonders deutlich (s. hierzu auch von Braun 2004: 11).

Kognitiv betrachtet ist ein Stereotyp[3] eine mentale Repräsentation im Langzeitgedächtnis (LZG), die als charakteristisch erachtete Merkmale (Eigenschaften) eines Menschen[4] bzw. einer Gruppe von Menschen abbildet und dabei

---

Aversionen sind Ressentiments und damit emotionale Gefühlszustände; und Konstrukte wie die Weltverschwörung sind komplexe Stereotypverknüpfungen. Vgl. zur Problematik u. a. auch Ehlich (1998), Banaji (2001), Kilian (2005) und Hart (2007).
2 „[...] we define first and then see." (Lippmann 1922: 81)
3 Nicht notwendigerweise ist ihre Funktion negativ definierbar: Als geistige Repräsentationen sind kategoriale Konzepte für die ökonomische Weltwissensabspeicherung und unsere Orientierung unverzichtbar. Stereotype werden erst dann zur Basis von Diskriminierung und Feindseligkeit, wenn sie Sachverhalte und Menschengruppen grob vereinfachend und realitätsverfälschend abbilden sowie an Negativemotionen gekoppelt werden.
4 Es gibt auch typenkategorisierende Konzepte zu Objekten und Sachverhalten (im weitesten Sinne). Diese werden in der Kognitionswissenschaft aber als Prototypen und Schemata bezeichnet (s. Schwarz [3]2008: 115 ff.). Oft sind konzeptuelle Repräsentationen zu Menschen, Dingen und Prozessen allerdings untrennbar miteinander verbunden. An das Stereotyp des RAFFGIERIGEN JUDEN z. B. sind prototypische Informationen zu Geldwirtschaft und

durch grobe Generalisierung[5] bzw. Simplifizierung eine reduzierte, verzerrte und/oder falsche Repräsentation des Repräsentierten darstellt. So lässt sich z. B. ein Stereotyp von JUDE als HAT GROSSE NASE, DUNKLE HAARE, IST GELDGIERIG, MACHTBESESSEN UND INTELLEKTUELL ZERSETZEND beschreiben. Ein anderes Stereotyp repräsentiert JUDE als FREMD/UNDEUTSCH, HEIMTÜCKISCH, NACHTRAGEND, DEN HOLOCAUST AUSBEUTEND etc. Liegen der Bewertung und Verbalisierung konzeptuell Stereotype zugrunde, ergibt sich linguistisch betrachtet ein Missverhältnis zwischen geistiger Bedeutungs- und außersprachlicher Referenzebene: Die Bedeutungsrepräsentationen mit ihren mentalen Attributen werden den tatsächlichen Referenten in der Welt nicht gerecht. Bei der Stereotypbildung werden die Vielfalt, die Heterogenität innerhalb einer Gruppe weitgehend missachtet, die Individualität des/der Einzelnen außer Acht gelassen, und es werden auch Charakteristika frei erfunden.

Auch Vorurteile beruhen auf Verallgemeinerungen und unzulässigen Übergeneralisierungen,[6] die sich auf einzelne Eigenschaften oder Verhaltensweisen beziehen. Vorurteile sind eine Teilmenge der Stereotype. Charakteristisch ist für beide eine mentale Fehl- bzw. Simplifizierungsrepräsentation, wobei jedoch Vorurteile immer an eine negative Bewertung gekoppelt sind und daher Einstellungen entsprechen, während bei Stereotypen die Kategorisierungs- und Orientierungsfunktion sowohl positiv als auch negativ sein kann. Vorurteile können sich prinzipiell in Bezug auf jede Personengruppe bilden (s. hierzu das Konzept der gruppenbezogenen Menschenfeindschaft von Heitmeyer 2005b, 2010 u. a. sowie Pelinka et al. 2009). Vorurteilssysteme richten sich meist selektiv auf bestimmte Menschengruppen, sind xenophob motiviert und haben spezifische soziale Funktionen. Das auf tradierten Konzeptualisierungen und Ressentiments basierende Weltdeutungssystem der Judenfeindschaft dagegen richtet sich prinzipiell gegen die Existenz von Juden und ist als solches unikal (s. hierzu Kap. 4 und 3.4 sowie Schwarz-Friesel/Friesel 2012).

Das Wort *Klischee* wird oft synonym zu *Vorurteil* und *Stereotyp* benutzt. In vielen Abhandlungen und Fachwörterbüchern finden sich hierbei zudem unzulässige Vermischungen von geistiger und verbaler Ebene: So finden sich die Definitionen „Rede- und Ausdrucksweisen" bzw. „Denkschemata" (s. z. B. Erler 2004:

Kapitalverwendung gekoppelt, an das Stereotyp des JÜDISCHEN KINDERMÖRDERS Informationen zu Gewalt und Blutkult (s. Barkai 1999, von Braun 1999, Erb 1999, Raphael 1999).
5 Bei judenfeindlichen Stereotypen handelt es sich durchweg um Konstrukte, die keine empirische Basis haben, also Phantasieprodukte darstellen (s. z. B. die Stereotype der Blutkultlegende oder der Weltübernahmepläne).
6 S. hierzu bereits Allport (1954: 23), demzufolge Vorurteile „auf einer fehlerhaften und starren Verallgemeinerung" basieren. Vgl. auch Operario/Fiske (2001).

22), „formelhafte Redewendungen", „verschlissene Bilder, Rede- und Denkschemata", „überkommene Vorstellung oder ein eingefahrenes Denkschema", „eine abgedroschene Redensart oder vorgeprägte Ausdrucksweise, ein überbeanspruchtes Bild", „auch im Sinn von Stereotyp, von Redewendung oder von Formel" (vgl. Burger ³2007: 11, Bußmann ⁴2008: 339, Kroucheva 2009: 130 f.). Dabei deutet sich die Notwendigkeit einer Differenzierung schon auf sprachlicher Ebene an. Beispielsweise muss zwischen Klischee und Vorurteil folgendermaßen unterschieden werden: Während eine Äußerung wie *Ich habe Vorurteile gegenüber Juden* möglich ist, kann diese nicht einfach ersetzt werden durch *Ich habe Klischees gegenüber Juden*. Richtig wäre nur *Es gibt Klischees* oder *Er/sie bedient ein Klischee*. So gesehen sind Vorurteile, anders als Klischees, als mentale Urteile, als innere Einstellungen von Individuen zu bestimmten Sachverhalten oder Personen(gruppen) zu verstehen. Klischees hingegen sind personenunabhängig, also keine persönlichen Einstellungen, sie sind überindividuell und Bestandteil des kollektiven Wissens einer Gesellschaft. Damit sind sie als spezifischer Subtyp von Stereotypen zu charakterisieren: Klischees sind spezifische, schablonenhafte und von bestimmten kulturellen Erfahrungen geprägte Konzeptualisierungen von Personen, Dingen oder Sachverhalten, die in einer Gemeinschaft als bekannt vorausgesetzt werden können. Hierunter fallen das Klischee[7] der romantischen Liebe ebenso wie das vom glücklichen Reichen oder vom in Finanzangelegenheiten begabten Juden. Dass Klischees so oft mit Redensarten oder Phrasen in Verbindung und zum Teil mit diesen gleichgesetzt werden, ist nicht zufällig, denn Klischees sind als diejenige Subklasse von Stereotypen zu charakterisieren, die an typische Ausdrucksformen gekoppelt sind. Alle Klischees, aber nicht alle Stereotype, haben notwendigerweise eine klare Zuordnung von Inhalten zu Formen. Für das sowohl judenfeindliche als auch anti-israelische Stereotyp ALLE JUDEN SOLIDARISIEREN SICH MIT DER EXZESSIVEN GEWALT DER ISRAELIS z. B. gibt es (noch) keine Floskel, sondern zahlreiche variierende Ausdrucksformen. Im modernen Sprachgebrauch gibt es aber eine Zuordnung des Klischees REICHE, EINFLUSSREICHE JUDEN zur Floskel *Banker von der Ostküste* und zum Klischee JUDEN SCHMETTERN JEDE KRITIK MIT DEM VORWURF DES ANTISEMITISMUS AB die Floskel *Antisemitismuskeule*. Das Klischee ISRAELIS SIND WIE ALLE JUDEN SEIT JEHER RACHSÜCHTIG wird floskelhaft und bevorzugt mittels der alten Bibelstelle *Auge um Auge, Zahn um Zahn* verbalisiert.

Die Genese von Klischees lässt sich entsprechend über die kommunikative Praxis erklären: Individuell artikulierte Vorurteile können sich in einer Gemein-

---

7 Hier zeigt sich ein weiterer Unterschied zwischen Klischee und Vorurteil: Vorurteile sind immer negativ bewertend, Klischees dagegen können auch starke positive Bewertungen beinhalten, z. B. das oben erwähnte Klischee der ewigen bzw. romantischen Liebe.

schaft zu Klischees verfestigen, wenn sie wiederholt über eine längere Zeitspanne im Sprachgebrauch zu hören und zu lesen sind. Die anti-jüdischen Klischees haben sich im Laufe der Jahrhunderte über stereotypenbedienende Äußerungen und Bilder als kulturelles Gemeingut etabliert (s. hierzu Kap. 4). Berücksichtigt man diesen Zusammenhang, wird deutlich, wie gefährlich die Akzeptanz antisemitischer Äußerungen im aktuellen Kommunikationsraum ist: Jeder unwidersprochene und nicht sanktionierte Verbal-Antisemitismus hat das Potenzial, zur Klischeeverfestigung und -konstruktion beizutragen. Das Zitat von Bacon zum Einfluss der Sprache auf Denk- und Bewertungsprozesse am Anfang dieses Kapitels verdeutlicht dies sehr gut. Akzeptanz von Verbal-Antisemitismus kann über die Habitualisierung zur Normalisierung führen. Sprache ist ein sehr effektives Machtinstrument, das bewusst oder unbewusst über die Semantik seiner Einheiten bewusstseinsmanipulierend wirken kann (s. hierzu Kap. 3). Bereits existierende Klischees werden (von Individuen aufgrund einer bestimmten Einstellung) „bedient", d. h., man greift auf allgemein tradierte Klischees in Form von Abbildungen oder Floskeln zurück. Floskeln sind formelhafte und abgenutzte Ausdrücke der Sprache, die aufgrund ihres häufigen Gebrauchs bekannt sind und semantisch als Platzhalter fungieren. Typische Floskeln sind Ausdrücke wie *millionenschwer, jüdische Mauschelei, die jüdische Hast* etc. oder Redewendungen wie *Auge um Auge, Zahn um Zahn*. Sie ähneln den Idiomen, d. h. Verbindungen von zwei oder mehr Wörtern, die in der Sprachgemeinschaft ähnlich wie ein einzelnes Wort als feste Verbindung mit einer eigenen, spezifischen Bedeutung verwendet werden (vgl. Burger [3]2007, Skirl/Schwarz-Friesel 2007). Die Floskel vom *jüdischen Banker an der Ostküste* bedient das Klischee REICHE FINANZJUDEN IN AMERIKA HABEN VIEL EINFLUSS und stützt damit das Vorurteil vom REICHEN JUDEN. Auch das Lexem *Auschwitzkeule* ist heute bereits eine Floskel, die ein Klischee bedient (s. weiter unten).

Es muss also klar unterschieden werden zwischen den im Kopf der Sprachbenutzer gespeicherten kognitiven Repräsentationseinheiten und den unterschiedlichen sprachlichen Manifestationen[8] dieser Repräsentationseinheiten (was z. B. bei Quasthoff 1973 und 1987 sowie vielen anderen nicht der Fall ist,[9] s. hierzu

---

8 Stereotype sind nicht nur verbalisierbar, sondern können auch durch Bilder ausgedrückt bzw. visualisiert werden. Die berüchtigten *Stürmer*-Karikaturen in der NS-Zeit zeigen dies für den historischen Antisemitismus. Aber auch aktuell sind visuelle Stereotypmanifestationen zu beobachten, z. B. in den anti-israelischen Abbildungen an der Kölner „Klagemauer", die Israelis als kinderfressende Barbaren zeigen, oder in den Plakaten von Boykottaufrufen wie in Bremen, die blutende Orangen abbilden und damit das Stereotyp des BLUTKULTS symbolisieren.

9 „Ein Stereotyp ist der verbale Ausdruck einer auf soziale Gruppen oder einzelne Personen als deren Mitglieder gerichteten Überzeugung. Es hat die logische Form eines Urteils, das in ungerechtfertigt vereinfachender und generalisierender Weise, mit emotional-wertender

Schwarz-Friesel 2007: 336 f.). Stereotype sind geistige Konzepte, die in unterschiedlichen Verbalmanifestationen zum Ausdruck gebracht werden können (z. B. mit einem Lexem wie *Judenschwein* oder *Judengier*, einer Nominalphrase wie *der hinterlistige Wucherer*, *jüdische Zersetzung* oder einem generischen Satz wie *Juden sind Schachermacher*). Verbalisierungen von Stereotypinhalten können bewusst oder unbewusst als Antisemitismen artikuliert werden (vgl. hierzu Kap. 3.4 zu intentionalem und nicht-intentionalem Verbal-Antisemitismus). Im Sprachgebrauch kursiert eine Reihe von Ausdrücken, die seit Jahrhunderten zum Teil unreflektiert Stereotype[10] von Generation zu Generation transportieren. Die eine Kontrastierung etablierende Phrase *Juden und Deutsche* gehört z. B. dazu. Im aktuellen Diskurs ist das Kompositum *Auschwitzkeule* bzw. *Antisemitismuskeule* ein mittlerweile usuell benutztes Mittel, um komprimiert auf die stereotype Repräsentation zu verweisen, Juden würden gezielt den Holocaust instrumentalisieren. Stereotypinhalte können explizit oder implizit verbalisiert werden: So kann das Stereotyp JUDEN SIND FREMDE explizit als *Sie sind keine Deutsche, Frau Knobloch!* oder (an den Zentralrat gerichtet) als *Ihr undeutscher Verein* verbalisiert oder indirekt transportiert werden: *Sie als Gäste in unserem Land* oder *in Ihrem Land, sprich Israel*. Generell ist eine Differenzierung zwischen stereotypen antisemitischen Inhalten, den Strategien, mit denen diese Inhalte argumentativ vermittelt werden, und deren konkreten sprachlichen Realisierungsformen (auf Wort-, Satz- und Textebene, z. B. als explizite oder implizite NS-Vergleiche) zu berücksichtigen (s. hierzu das Kap. 11). Stereotype können an positive oder negative Bewertungen[11] gekoppelt sein. Das an sich positive Konzept von der JÜDISCHEN INTELLIGENZ wird erst dann zu einem antisemitischen Stereotyp, wenn es in einem negativen Deutungskontext benutzt wird (z. B. in einem Satz wie *Juden nutzen ihre hohe Intelligenz aus, um andere zu unterdrücken und hereinzulegen*) oder wenn es mental mit der generellen negativen Bewertung JUDEN BENUTZEN IHRE INTELLIGENZ ZUM SCHADEN ANDERER abgespeichert ist. Typisch für den Phi-

---

Tendenz, einer Klasse von Personen bestimmte Eigenschaften oder Verhaltensweisen zu- oder abspricht. Linguistisch ist es als Satz beschreibbar." (Quasthoff 1973: 28) Genau dies sind Stereotype aber nicht!
10 In der Literatur liest man des Öfteren Wendungen wie „negativ konnotierte Stereotype", s. hierzu auch BMI (2011: 31). Konnotationen aber sind (affektive) bewertende Merkmale von Wortbedeutungen, die gesellschaftlich homogen sind und zur Sprachkenntnis der Sprachbenutzer gehören. Stereotype können als geistige Einheiten gar keine Konnotationen haben, nur Wörter, also Verbindungen von Ausdrücken und Bedeutungen (s. hierzu Schwarz-Friesel 2007: 162 ff.).
11 Vgl. etwa *In Frankreich isst man am besten.* / *Engländer sind stets höflich.* / *Die Deutschen sind immer pünktlich und sehr fleißig.* Es handelt sich um die Verbalisierung von Stereotypen, aber die Bewertung ist positiv.

losemitismus ist z. B., dass er auf Stereotypen basiert, die Juden und Judentum durchgängig und verallgemeinernd positiv evaluieren.

Stereotype Konzeptualisierungen von Juden haben mit der tatsächlichen Realität nichts gemeinsam; es handelt sich um Feindbild-Konstruktionen, um fiktive Kategorien,[12] die aber für die Personen, die sie im LZG gespeichert haben, absolute Verbindlichkeit besitzen. Es ist ein wesentliches Kennzeichen des Antisemitismus, Juden Eigenschaften und Verhaltensweisen zuzuordnen, die nicht der Realität, sondern der Phantasie des Antisemiten entsprechen. Es kommt zu Projektionen negativer Phantasie-Attribute und dadurch zu judenfeindlichen Konstruktionen (s. hierzu Kap. 4.1).

In der Kognitionswissenschaft hat man empirisch festgestellt, dass konzeptuelle Einheiten als mentale Repräsentationen nicht isoliert im LZG abgespeichert sind (s. z. B. Schwarz ³2008: 91 f.). Vielmehr sind sie Bestandteile komplexer konzeptueller Schemata (d. h. mentaler Modelle, die bestimmte Referenzbereiche der Welt auf eine spezifische Weise repräsentieren). Schemata bestehen aus verschiedenen Kategorienkonzepten, die miteinander verknüpft sind und (mutmaßlich) Bereiche der außersprachlichen Realität darstellen. Als verbalisierte Modelle spiegeln sie die Sicht, die Glaubenssysteme ihrer Benutzer wider. In antisemitischen Texten finden sich meist komplexe konzeptuelle Verknüpfungen von stereotypen Repräsentationen. Als Leser solcher Texte wird man also in der Regel nicht mit einzelnen Stereotypkonzepten, sondern mit ganzen, in sich strukturierten mentalen Modellen konfrontiert (wie in (1), von einem Krefelder Bürger):

(1)   „[...] so langsam verstehe [ich], warum so viele ganz normale Menschen die Juden als geldgierige, feige, immer im Hintergrund abwartende, schmierige und hinterlistige Typen ansehen, die andere Ihre Kämpfe austragen lassen und wenn es schief geht, dann hinterher ein Jahrzehnte währendes, weltweites Geschrei veranstalten, welch ein großes Unrecht den Juden 'wieder einmal' angetan wurde, um dann aber mit allen Mitteln und über Jahrzehnte soviel finanziellen Nutzen wie irgend möglich daraus zu 'ernten'!" [IBD_01.02.2008_Woe_001]

---

12 Dadurch erweisen sich Stereotype als weitgehend resistent gegenüber empirischen Fakten. Ihre Falsifizierbarkeit erscheint geradezu unmöglich. Gerade die antisemitischen Stereotype beruhen nicht auf Primär-, sondern auf Sekundärerfahrungen (d. h. konkrete Lebenserfahrung mit Juden liegt in der Regel bei Antisemiten gar nicht vor). Vielmehr beziehen diese ihre „Informationen" über klischeebelastete Diskurse oder Texte, glauben aber unerschütterlich an deren Wahrheitsgehalt (s. hierzu Kap. 9.5).

In (1) werden zahlreiche Stereotype kodiert, die insgesamt ein homogenes konzeptuelles Netz transparent werden lassen, in dem Juden kollektiv entwertet werden. Mentale Modelle von Antisemiten erzeugen eine geschlossene Weltsicht, die hinsichtlich ihrer kognitiven Kategorisierung sowie emotionalen Evaluation auf bestimmte Parameter wie 'gut' oder 'böse' eindeutig festgelegt ist. Jedes Stereotyp hat einen festen Stellenwert im mentalen Modell, ist quasi-logisch verknüpft mit den anderen Stereotypen und stabilisiert damit das gesamte Welterklärungssystem. Stereotypkonstellationen lassen sich als generische Glaubenssätze[13] der Art *X ist Y* formulieren. Eine solche geistige Glaubenssatzkette kann z. B. folgendermaßen aussehen: *Die von Natur aus habgierigen Juden haben schon immer andere Völker ausgenutzt. Seit der unrechtmäßigen Staatsgründung Israels unterdrücken und versklaven sie die Palästinenser. Aufgrund des Holocausts nutzen sie schamlos die Schuldgefühle der Deutschen aus und unterdrücken die freie Meinungsäußerung.*

Stereotype werden von Individuen im Laufe ihrer Sozialisierung[14] erworben und mental etabliert. Sie entstehen zumeist unabhängig von persönlicher Erfahrung. Sie werden über kommunikative Formen in der Familie oder im Freundeskreis und/oder als Ausdruck der öffentlichen Meinung über Floskeln angeeignet. Viele auf Juden bezogene Stereotype werden so völlig unreflektiert über usuelle Sprachgebrauchsmuster tradiert. Hinzu kommen abwertende Bemerkungen in spezifischen Kontexten, die prägenden Einfluss haben können (wie *Das ist ja wieder typisch jüdisch*). Verbal-Habitualisierung, d. h. der häufige Gebrauch bzw. die Rezeption von bestimmten sprachlichen Formen kann zur konzeptuellen Normalisierung führen, also zur (bewussten oder unbewussten) Akzeptanz und Internalisierung des semantisch Übermittelten. Der kommunikative Kode der Judenfeindschaft basiert maßgeblich auf solchen Internalisierungen. Zu berücksichtigen sind auch die (nicht intendierten) Effekte von Aufklärungs- und Erinnerungsaktivitäten in Bezug auf den Holocaust, die kollektiv allen Juden den Nimbus des Besonderen geben. Die Betonung der Leid- und Opferdimension führt bei manchen nicht zu Empathie, Scham oder Trauer; vielmehr reagieren viele Menschen darauf mit Abwehr (s. zu Schuld- und Erinnerungsabwehr in Kap. 9.3.2) oder Verunsicherung. Diese Verunsicherung wiederum kann zur Verstärkung von

---

13 Glaubenssätze, die Generalisierungen darstellen, haben den Status von allgemeingültigen Assertiven, d. h. ihre Benutzer gehen davon aus, dass die Sprache die Welt korrekt abbildet. Die Produzenten solcher Glaubenssätze sind von der Wahrhaftigkeit des semantischen Gehalts überzeugt. Daher wird ihr Denken und Fühlen maßgeblich davon geprägt. Dass es sich um mentale Konstruktionen handelt, die eine sehr spezifische Sicht der Dinge widerspiegeln, wird nicht hinterfragt. Im Gegenteil: Jeder Versuch, den Glauben an die angeblichen Wahrheiten zu erschüttern, stößt bei Antisemiten auf erbitterte Gegenwehr (s. hierzu Kap. 9).
14 Vgl. Banaji (2001) und Raabe/Beelmann (2011).

bereits bestehenden Stereotypen und affektiven Ressentiments führen. Die deutsche Geschichte wird dann als der eigenen Normalität und dem Wunsch nach positiver Selbstbewertung entgegenstehend empfunden; das Zurückschauen und der in die Zukunft gerichtete moralische Erinnerungsappell werden zur persönlichen Belastung, die nicht akzeptiert wird. Diese Nicht-Akzeptanz transferiert die negativen Gefühle auf die „Verursacher" des emotionalen Dilemmas, die Juden. Diese stehen ohnehin seit Jahrhunderten im Verdacht, seltsam und ungewöhnlich zu sein. Somit stoßen die individuellen Abneigungen auf kulturell tradierte Ressentiments und erhalten dadurch die ersehnte Legitimierung. Ressentiments sind (zumeist unbewusste) Zustände der Abneigung und Feindseligkeit (s. Kap. 9). Es sind negative Gefühlszustände gegenüber einer Menschengruppe, die an die emotionale Einstellung der Antipathie gekoppelt sind. Das Alter Ego fungiert dabei als absoluter Gegenpol zum Ego. Das Gefühl der Feindseligkeit und Abwehr basiert auf einer globalen Projektion des Schlechten auf die Gegengruppe. Für ressentimentdeterminierte Menschen ergibt sich die eigene Normalität und Integrität nur aus der Projektion der Bösartigkeit auf den Anderen (vgl. hierzu auch u. a. Frindte 1999, Heil 2001, Holz 2004, Hegener 2006, Haubl/Caysa 2007). Es liegt also ein manichäistisches Weltbild zugrunde. Wer in Stereotypen denkt und mit Ressentiments bewertet, erspart sich eine kritische und schwierige Auseinandersetzung mit der Realität. Strikt dichotome Einteilungen nach klar umgrenzten und binären Kategorien mit unerschütterlichen Werten sind die Basis für eine geschlossene Weltsicht, die sich der Vielfalt und Komplexität der Phänomene entzieht, die das Problem der subtilen Differenzierung ausspart und stattdessen auf einfache Lösungen und eindeutige, zielgenaue Interpretationen vertraut. Die verwirrenden Dimensionen der Welt ordnet ein Antisemit klar und präzise und ohne jeden Zweifel an der Richtigkeit seiner Glaubenssätze in ein in sich kohärentes System ein. Das Axiom lautet: 'Die bösen Anderen sind die Juden'. Von dieser unerschütterlichen Ausgangslage leiten sich alle anderen Glaubensinhalte ab: Lügner sind die, die dies in Frage stellen, Freunde, die dies bestätigen.

Der Zusammenhang zwischen den miteinander verbundenen Phänomenen lässt sich nach den Erläuterungen nun noch einmal wie folgt (ausgehend vom konkret Wahrnehmbaren hin zum Mentalen) beschreiben: Floskeln sind feststehende sprachliche Wendungen, die im mentalen Lexikon gespeichert sind und oft benutzt werden, um Klischees auszudrücken. Floskeln sind also sprachliche Ausdrücke und Phrasen, die Klischees bedienen. Klischees sind als gängige, sozial verbreitete Konzeptualisierungen zu charakterisieren, also geistige Vorstellungen, die kulturell verankert und gesellschaftlich bekannt sind. Sie gehören zum kollektiven Wissen einer Gesellschaft und es existieren für sie usuell gebrauchte Ausdrücke in der Sprachgemeinschaft. Diese Klischees sind eine Teilgruppe von Stereotypen, d. h. kognitiven Repräsentationen zu Menschengruppen, die, wenn sie an negative Gefühle gekoppelt sind, Vorurteile darstellen. Viele Klischees, Stereotype und Vorurteile basieren auf Ressentiments, d. h. unbewussten emotionalen Abneigungen. Kognitive und emotionale Repräsentationen verdichten sich beim Antisemitismus zu einem komplexen Bewertungssystem, das konzeptuell geschlossen ist und als Weltdeutungsschablone dient.

Die antisemitischen Schreiben an den Zentralrat der Juden in Deutschland und die Israelische Botschaft in Berlin, aber auch die zahlreichen judeophoben Aussagen und Kommentare im Internet[15] zeigen, wie homogen dieses Weltdeutungssystem in den Köpfen vieler Menschen verankert ist, nicht zu erschüttern durch Fakten und Aufklärung, nicht zu durchbrechen durch das Wissen um die Gräuel des Holocaust und die Folgen vorurteilsbehafteten Denkens.

5.2 Aktuelle Stereotype und ihre verbalen Manifestationen

Welche (tradierten) judenfeindlichen Stereotype spiegeln sich in den aktuellen Texten des 21. Jahrhunderts explizit und/oder implizit wider und in welchen Kombinationen treten sie auf? Hat die jahrzehntelange Aufklärungsarbeit in der Post-Holocaust-Phase die Kontinuität der mentalen Judenfeindseligkeit gebrochen oder in irgendeiner Weise verändert? Gibt es (nach der intensiven Aufarbeitung der Gefahren einer demagogischen Rhetorik und Sprachlenkung in der NS-Zeit) Anzeichen für einen verantwortungsvolleren Umgang mit dem Machtinstrument Sprache und für eine kritische Reflexion der kollektiven, kulturell und kommunikativ vermittelten Klischees?

Die Stereotype JUDEN ALS FREMDE und JUDEN ALS ISRAELIS

Die geistige Basis der Ab- und Ausgrenzung von Juden als einer Gruppe, die nicht als zur Eigengruppe zugehörig empfunden und klassifiziert wird, ist das Konzept des ANDEREN, des FREMDEN[16] (vgl. Kap. 4). Auf dieser fundamentalen Kategorisierung, die bereits in der Antike etabliert wurde, fußen alle weiteren Stereotype. Ohne diese Differenzierung bzw. Diskriminierung würden die davon abgeleiteten Negativ-Attribuierungen nicht so massiv existieren. Denn erst der Prozess der

---

15 S. hierzu Schwarz-Friesel (2012a).
16 Adorno ([1950] 1973: 124): „Die Fremdheit der Juden scheint die handlichste Formel zu sein, mit der Entfremdung der Gesellschaft fertig zu werden. Den Juden die Schuld an allen bestehenden Übeln zuzuschieben, mag die Dunkelheit der Realität erhellen wie ein Scheinwerfer, der rasche und umfassende Orientierung gewährt."

kollektiven Ausgrenzung einer gesellschaftlichen Gruppe ermöglicht die Fokussierung auf diskriminierende Merkmale. Der Eigengruppe ordnet man generell eher positive Eigenschaften[17] zu, um die eigene Identität und das Selbstkonzept zu stärken. Ausgeschlossene Personen(gruppen) kann man über die begründete Trennung von Eigen- und Fremdgruppe wesentlich intensiver entwerten. Dass Juden als fremd, nicht-dazugehörig und als prinzipiell anders gesehen werden, wird in der Variante JUDEN ALS NICHT-DEUTSCHE in den Texten auffällig oft (auch von gebildeten Menschen mit akademischen Graden) kommuniziert. Dies kann explizit erfolgen wie in (2) bis (4), wo jüdische Deutsche als Nicht-Deutsche deklariert werden:

(2) „halten sie sich zurück mit ihrer kritik an deutschen aktivitäten im ausland. das ist eine einmischung in innere angegelenheiten des deutschen staates, der ihnen als nicht-europäische sekte nicht zusteht."
[ZJD_29.05.2007_Sch_002]

(3) „sie sind als gast in diesem land, also benehmen sie sich auch wie ein solcher und beenden sie ihre ständig wiederkehrende impertinente hetze gegenüber dem gastgebenden volk." [ZJD_22.03.2007_ano_001][18]

Die grammatisch ausgedrückte Abgrenzung in solchen Textstellen korreliert in der Argumentation mit den lexikalischen Mitteln: So werden der Zentralrat der Juden und/oder alle jüdischen Deutschen als *Truppe, Gruppe, Verein, ethnische Minderheit, (religiöse) Sekte* oder *Gäste* und in extremistischen Schreiben als *undeutsches Rattenpack, fremdes Gesindel* oder *verkommene Nicht-Arier* bezeichnet.

---

17 Eine Ausnahme bildet das Phänomen des sogenannten Selbsthasses. Jüdischer Selbsthass bzw. jüdische Judeophobie (s. Friesel 2010: 164 ff.) zeichnet sich z. B. dadurch aus, dass Juden selbst extreme Kritik am Judentum üben oder (in der aktuellen Variante) Israelis überzogen kritisch auf Israel Bezug nehmen und dabei zum Teil antisemitische Strategien benutzen.
18 Mit dieser E-Mail an die ZJD-Vorsitzende Charlotte Knobloch ist zudem die Aufforderung verbunden, die vom Verfasser als unangemessen empfundenen (durch *„impertinente hetze"* extrem negativ attribuierten) Verhaltensweisen zu unterlassen. Das Wort *Hetze* wurde in der NS-Zeit besonders häufig im Zusammenhang mit negativen Bewertungen von Juden benutzt. Die Stereotyp-Kodierungen zu Juden als Nicht-Deutschen gehen meist einher mit zusätzlichen Negativ-Zuschreibungen, so wie in der E-Mail eines 57 Jahre alten Hamburgers, dessen Eigenbeschreibung *„in Deutschland geboren"* lautet: *„Paul Spiegel, Sie sind ein Mensch, der an Grössenwahn leidet und Michel Friedmann ist ein arroganter Möchte-Gern-Journalist. Sorgen Sie sich um Ihr Land Israel."* [ZJD_20.06.2002_ano_001]

(4) „Ich fordere Sie hiermit auf, sich mit ihrer ethischen Gruppe, welche weder in Deutschland noch in der katholischen Kirche willkommen ist, sich sofort aus unserem Land zurückzuziehen."
[IBD_13.11.2010_Fis_001]

In (5) drückt bereits die Kontrastierung mittels der Pronomen *Sie* versus *uns* die Abgrenzung deutscher Juden von den „genuin Deutschen" aus und beinhaltet somit eine semantische Polarisierung (vgl. hierzu auch Scherr/Schäuble 2008). Expressis verbis wird durch den Zusatz „*Ihr Land, sprich ISRAEL*" die Konzeptualisierung JUDEN ALS ISRAELIS ausgedrückt (ausführlich hierzu s. Kap. 7). Dieses Stereotyp ist seit einigen Jahren die dominante Variante der Konzeptualisierung JUDEN ALS FREMDE: Sie besetzt in diesem alten judeophoben Deutungsschema zeitgemäß die prototypische Lesart.[19]

(5) „Betreff: Sie sind die absolut Letzten die ein Recht haben uns Ratschläge zu geben! So bedauerlich rechtsradikale Übergriffe in Deutschland auch sein mögen, Ihr Land ist das absolut Letzte das ein Recht hat andere Länder anzuprangern, weil Ihr Land, sprich ISRAEL permanent regelrecht Staatsterrorismus betreibt und sowas wie Menschenrechte nicht mal kennt [...]" [ZJD_25.10.2006_Sch_001]

Deutschen Juden wird somit in dieser Argumentation der Status „deutsch" aberkannt. Besonders oft werden in diesem Zusammenhang die Wörter *Jude(n)* und *Israeli(s)* wie Synonyme benutzt. Dies spiegelt die konzeptuelle Gleichsetzung der beiden in der Realität unterschiedlichen Referenzgruppen aus der Sicht der Schreiber wider. Zugleich wird darüber das alte Stereotyp des JÜDISCHEN FREMDEN kommunikativ fortgesetzt, weil Juden in Deutschland als GÄSTE konzeptualisiert werden, die zu ihrer angeblichen Heimat Israel und nicht zu ihrem „Gastland" loyal sind.

Das Stereotyp JUDEN ALS ISRAELIS wird explizit vermittelt durch die direkte Anrede von Juden als Israelis:

(6) „Das alles, müßte euch Israelis doch bekantvorkommen."
[ZJD_18.02.2006_Bri_001]

---

19 In einem mentalen Schema gibt es Variablen (Slots), die je nach Situation und Kontext spezifisch (durch typische Füllwerte) besetzt werden können: Im 19. Jahrhundert wurde die Variable JUDEN ALS FREMDE mit dem Wert NICHT-DEUTSCHE/NICHT-CHRISTEN belegt, in der NS-Zeit mit JUDEN ALS NICHT-ARIER.

oder durch die explizite Zuordnung von Juden als israelische Staatsbürger:

(7)   „STÖRT SIE ES NICHT, DASS IHR LAND STÄNDIG MORDET UNGESTRAFT MASSAKER ANRICHTEN UND WIE GESTERN UND VORGESTERN IM FLÜCHTLINGSLAGER" [ZJD_03.08.2002_Sch_001]

(8)   „Wirken sie auf ihr Land ein, dass Ihre Angriffe auf den Libanon aufhören." [ZJD_26.07.2006_ano_001]

Bei solchen Schreiben betonen die Verfasser zudem oft durch zusätzliche Eigenangaben die von ihnen vollzogenen Unterschiede in Bezug auf die Nationalität wie in (9):

(9)   „als Bürgerin der Bundesrepublik Deutschland beobachte ich mit großer Sorge die Eskalation der Gewalt, die von Ihrem Land und Ihrer Regierung ausgeht." [ZJD_19.06.2006_Web_001]

Synonymsetzungen mit der doppelten generischen Lesart 'Alle Juden sind Israelis' und 'Alle Israelis sind Juden' werden ebenfalls viel benutzt:

(10)   „Vor allem irritiert mich, dass gerade die Juden, die durch ihre Erfahrung mit dem Hitlerregime sensibilisiert sein müssten, zu Kriegsverbrechern werden." [ZJD_31.07.2006_Gla_001]

(11)   „Ich jedenfalls werde meinen Mund bestimmt nicht halten und die Verbrechen der Israelis, also der Juden, überall öffentlich machen." [IBD_04.07.2007_Dro_001]

Implizit vermittelt und über weltwissensbasierte Schlussfolgerungen zu erschließen ist das Stereotyp in Äußerungen wie (12), wo über die Information der Betreffzeile kontextuell inferiert werden muss, dass für den Verfasser der E-Mail ein kausaler Zusammenhang zwischen den Ereignissen in Nahost und dem Verhalten des Zentralrats der Juden in Deutschland besteht:

(12)   „Betr.: gaza streifen. Sie machen sich in der ganzen Welt Feinde." [ZJD_Gaza2009_349/816_Ado_001]

Auch rhetorische Fragen wie in (13) stellen implizite Formen der verbalen Diskriminierung dar, da sie die gemeinte Lesart nicht expressis verbis, sondern als Möglichkeit verbalisieren:

(13) „Was sind die Mitglieder des ZENTRALRATES eigentlich: Jüdische Bürger in Deutschland ? Deutsche Juden ? Israelische Juden in Deutschland ? Letztere Deutung liegt nahe, verhalten sich doch Frau Knobloch und Herr Korn – wie ehedem die Herren Bubicz und Spiegel – gegenüber deutschen Politikern und Bürgern wie die '5. Kolonne' eines fremden Staates ?" [ZJD_02.11.2006_Buh_001]

Nicht nur die Israelische Botschaft, sondern auch der Zentralrat wird massiv und aggressiv wegen militärischer Vorkommnisse in Israel kritisiert, beleidigt und diffamiert, wie in (14) und (15):

(14) „Schaemt Euch ihr niedertraechtiges Volk von Juden mit den Menschen im Gaza euer schaebiges Spiel zu spielen. Ihr seid nicht besser als die NAZIS. Ihr Juden in Deutschland seid gnau so verantworlich wie eure Artgenossen im Krueppelstaat Israel, wie ihr alle Deutschen noch heute verantwortlich macht fuer die Taten der NAZIS 62 Jahre zuruecklliegend. Wegen euch wenigen 'AUSERWAEHLTEN' muessen so viele Menschen sterben." [ZJD_20.09.2007_ano_001]

Es ist auffällig, dass sehr viele der Schreiber dabei auf Medienberichte, die offensichtlich konkreter Anlass für das Abfassen der E-Mails waren, verweisen (s. Kap. 7.3):

(15) „Tagespresse vom 09.01.2009, Kurienkardinal Renato Martino vom Vatikan im Interview: 'Schauen wir uns die Lebensbedingungen im Gazastreifen einmal an: Das ähnelt immer mehr einem riesigen Konzentrationslager.' Dieser Aussage kann man sich nur anschließen." [IBD_09.01.2009_Her_001]

Dass allein bei Fragen, die Israel betreffen, überhaupt der Zentralrat kontaktiert wird, bedient das (verschwörungstheoretische) Klischee, es gebe eine universale jüdische Volks- und Wertegemeinschaft, die unabhängig von ihrer räumlichen und nationalen Verankerung stets nur jüdischen Interessen verpflichtet sei; zum anderen wird das Stereotyp bestätigt, Juden seien in Deutschland keine Deutschen: Dies machen sich aber auch die vielen Akademiker unter den Schreibern nicht klar. In zahlreichen Zuschriften an den Zentralrat werden zudem auch von gebildeten Sprachproduzenten kollektive Schuld- und Verantwortungszuweisungen vorgenommen wie in (16), der E-Mail eines promovierten Sozialwissenschaftlers aus Göttingen:

(16) „Ihr leute habt dazu beigetragen das mehrer hundertausende menschen umgebracht wurden und 4 mio menschen vertrieben worden. In dem ihr euch uneingeschränkt für israel einsetzt."
[ZJD_Gaza2009_43/816_Mie_001]

Die Absurdität solcher generischen Schuldzuweisungen wird dann besonders deutlich, wenn man mittels Analogien aufzeigt, wie unsinnig solche Übergeneralisierungen auch bei Nicht-Juden wären: vgl. z. B. 'Alle Katholiken in Deutschland und in der Welt sind mitschuldig an und tragen die Verantwortung für die sexuellen Übergriffe katholischer Priester' oder 'Alle Muslime sind verantwortlich für 9/11'. Es ist signifikant, dass solche Kollektivschuldzuweisungen[20] aber in Bezug auf andere religiöse Gruppen nicht gesellschaftsübergreifend vorgenommen werden.

Neben der direkten Variante der Schuldzuweisung, die auf der Konzeptualisierung basiert JUDEN SIND PER DEFINITIONEM (MIT)VERANTWORTLICH FÜR ALLE KRISEN UND KRIEGE AUF DER WELT, WEIL SIE JUDEN SIND gibt es auch die indirekte und spezifischere Variante der Art 'Deutsche Juden machen sich (mit)schuldig an israelischen Militärhandlungen und politischen Entwicklungen in Israel, weil sie Israel nicht heftig kritisieren, sondern stattdessen solidarisch verteidigen'.

(17) „Sehr geehrte Damen und Herren, Ihre Stellungnahme vom 30.12.2008 ist eine perverse, verlogene und völlig weltfremde Darstellung zum israelischen Vernichtungskrieg im Gaza-Streifen. [...] Sie kennen die weltweit bestehende Antipathie gegenüber den Juden - durch diesen Krieg wird unausweichlich grenzenloser Hass erzeugt. Israel praktiziert sozusagen Selbstzerstörung. UNBEGREIFLICH." [ZJD_Gaza2009_660/816_ano_001]

Diese Lesart basiert auf zwei (von den Schreibern konstruierten) Prämissen: erstens, dass Israel schuldig und im Unrecht ist, und zweitens, dass Juden in Deutschland Unrecht allein deshalb verteidigen, weil es von Juden begangen wurde. Etablieren die Verfasser zusätzlich den pseudo-kausalen Zusammenhang, dass es genau aus diesem Grunde zu einem Anstieg von Antisemitismus komme, validieren sie ein antisemitisches Stereotyp durch ein anderes (s. auch die Beispiele in Kap. 9).

Auch wenn es bei dem jeweiligen Schreibanlass gar nicht um Israel geht (sondern z. B. um Kommentare des ZJD zu Antisemitismus oder Holocaustbewältigung), verweisen nahezu alle Schreiber der Briefe/E-Mails im Laufe ihrer

---

20 In Bezug auf Muslime finden sich vereinzelt solche Aussagen, aber stets nur im rechtsradikalen Milieu.

Argumentation auf die israelische Politik und beziehen ihre (extrem) negative Haltung und starke emotionale Bewertung dazu dann auf die jeweilige Person des ZJD oder auf alle Juden. Israel dient also lediglich als aktueller, durch die mediale Nahostberichterstattung im Fokus stehender Aufhänger und pseudokausaler Bezugspunkt, um judenfeindliche Äußerungen zu artikulieren. In der sprachlichen Form verschmelzen antisemitische, antizionistische und anti-israelische Referenzialisierungen geradezu nahtlos, was sich u. a. in der Synonymsetzung der Lexemvarianten von *Israel, Judentum* und *Zionismus*[21] zeigt. Zentralrat und Botschaft (immerhin zwei ganz verschiedene Institutionen) wird auch von hochgebildeten Akademikern in Elitepositionen vorgeworfen, sie unterstützten mit Israel ein *Unrechts- und Apartheidregime, Staatsterrorismus, Gewaltexzesse* oder einen *zweiten NS-Staat* und würden *keine Solidarität bzw. Verbundenheit mit Deutschland* zeigen. Ein Professor der Rechtswissenschaften beginnt seine lange polemische und klischeebelastete E-Mail[22] an den ZJD entsprechend mit der folgenden Feststellung:

(18) „da Sie sich dieser Tage ohne jede Kritik auf die Seite Israels stellen, ist nun wenigstens die Forderung aus der Welt, man müsse zwischen dem Zentralrat und Israel differenzieren. Sie halten sich für eine Truppe, Sie sind eine Truppe." [ZJD_27.07.2006_Rau_001]

Der Verfasser sieht den Solidaritätsaufruf des Zentralrats als Bestätigung seines Glaubensinhalts, nämlich, dass Juden Israelis und nur Israel gegenüber loyal seien. Dass es sich bei einer Unterscheidung zwischen Juden und Israelis bislang nur um eine gesellschaftlich erzwungene oder angemahnte Differenzierung handele, wird über die Verbalphrase *„man müsse"* deutlich. Implizit wird hier das Stereotyp einer oktroyierten Meinung angesprochen. Für den Professor ist die Solidarität des Zentralrats mit Israel, ihm zufolge ein *„auf Terror bestehender"* Unrechtsstaat *„auf fremdem Territorium"*, gleichzeitig das Bekenntnis zum abgrundtief Bösen: Israel wird als ein grausames, rechtbrechendes, moralisch verkommenes Gebilde dargestellt. Dem Zentralrat unterstellt er die Ausnutzung einer *„sorgsam gepflegten Opferrolle"* und ein Verhalten *„mit einer Frivolität, die ihresgleichen sucht."* Die Abgrenzung der jüdischen Deutschen als Fremdgruppe, die mit Israel gleichgesetzt wird, von der Gruppe der nicht-jüdischen Deutschen erfolgt über die kontrastierende Verwendung der Personalpronomina *Sie* und

---

21 Vgl. z. B. „*das Juden-Zionisten-Gesindel in IsraHELL*" [ZJD_Gaza2009_549/816_Grä_001] und „*jüdische zionistische Israelis*" [IBD_27.05.2010_Ekk_001].
22 Die vollständige E-Mail befindet sich im Anhang als ein exemplarisches Beispiel für den Verbal-Antisemitismus der gebildeten Mitte.

Wir: „*Sie und der Staat Israel*" und „*Wir Deutsche*". Auch die judeophobe Vorstellung, das Judentum als Religion sei Basis der moralischen Verkommenheit, wird von diesem Akademiker artikuliert, wobei religiöse und politisch-ideologische Dimensionen unzulässig vermischt werden:

(19)   „Hintergrund ist wohl die zionistische Idee, ein auserwähltes Volk zu sein." [ZJD_27.07.2006_Rau_001]

Die Verknüpfung der zahlreichen judeophoben Klischees zu einem kohärenten Text zeigt das geschlossene judenfeindliche Weltbild des Verfassers. Wider alle Vernunft, wider alle Fakten und wider das Wissen um die Gefahren ressentimentgeleiteter Verurteilungen kommuniziert dieser Vertreter einer gesellschaftlichen Elite exakt die Stereotype, die typisch für den virulenten Antisemitismus des 19. und 20. Jahrhunderts und die üblicherweise in dieser Verdichtung bislang vor allem in rechtsextremen Pamphleten zu finden waren. Insgesamt wird in diesem, aber auch in Tausenden von ähnlichen Schreiben die Konzeptualisierung ISRAEL ALS KOLLEKTIVER JUDE transparent (s. hierzu Kap. 7).

Zu den indirekten Sprechakten, in denen die Abgrenzung von Juden aus der Wir-Gruppe der Deutschen implizit vermittelt wird, gehören (rhetorische) Fragen (Beispiele (20) und (23)) und Aussagen (Beispiele (21) und (22)), in denen entweder unzulässige Gleichsetzungen ('Juden sind Israelis', 'Juden sind Ausländer') oder Unterschiede ('Juden gehören nicht zu den Deutschen') vermittelt[23] werden:

(20)   „was sind die Juden in dieser Welt oder was sind die Juden in Deutschland (Juden, deutsche, deutsche-Juden oder einfach immer nur wieder Jude ?) !!!" [ZJD_27.12.2008_Wel_001]

(21)   „Ja, wenn sich die Juden und Ausländer benehmen in menschlichen Sinne, habe ich nichts entgegenzusetzen." [ZJD_06.04.2002_Klo_001]

(22)   „das Sie den Deutschen das Recht auf Demonstrations-und Meinungsfreiheit absprechen wollen, finde ich unerträglich. Das ist eine rein Deutsche Angelegenheit." [ZJD_11.07.2007_Glo_001]

---

23 Eine explizite Variante (Sprecher sagt x und meint auch x) würde lauten: *Juden sind Ausländer* oder *Juden sind keine Deutschen*. Die indirekten Sprechakte (Sprecher sagt x und meint y) verlangen eine Implikaturenziehung, so z. B. bei (21) 'Da Juden und Ausländer additiv in der Nominalphrase als eine Gruppe zusammengefasst werden, sind Juden wie Ausländer keine Deutschen'. Durch die Hervorhebung der „*rein Deutschen Angelegenheit*" in (22) wird impliziert, dass Juden damit nichts zu tun haben, also keine Deutschen seien.

Mittels einer formal als Frage formulierten Aussage wird in (23) das Stereotyp JUDEN SIND KEINE DEUTSCHEN vermittelt:

(23) „ich frage mich, was sie diese trauerrede angeht."
[ZJD_16.04.2007_Moh_001]

Impliziert wird, dass (deutsche) Juden nicht dem deutschen Volk angehören und daher auch kein Recht haben, die Rede eines „echten Deutschen" (in diesem Fall geht es um Günther Oettingers Rede anlässlich des Todes von Hans Filbinger) zu kommentieren. Eine ähnliche Variante ist (24), wobei hier durch den Einschub „nur uns Deutsche" die ausgrenzende Lesart noch deutlicher gemacht wird:

(24) „Ich und meine Freunde fragen uns, warum sie immer wieder in Angelegenheiten, die nur uns Deutsche betreffen, sich einmischen."
[ZJD_08.01.2008_Hei_001]

Bei vielen dieser (auch explizit judeophobe Stereotype ausdrückenden) Schreiben versuchen die Verfasser, ihre Beurteilungen als neutral, objektiv und/oder keineswegs antisemitisch zu rechtfertigen, wie in (25):

(25) „Falls man es bei den Juden noch nicht wissen sollte, wir haben in Deutschland Redefreiheit. [...] Wir Deutsche verlangen auch nicht , das die mörderischen Minister in Israel entlassen werden. Also haltet Euch aus unseren Angelegenheiten heraus [...]. Und lasst uns in Ruhe. Wir schreiben Israel auch nichts vor. PS: Ich bin nicht Judenfeindlich eingestellt, aber sowas ärgert mich doch sehr!" [IBD_09.10.2007_Gro_001]

Diese Legitimierungsversuche, die Motive für die Artikulation der kritischen Äußerungen nennen und zugleich die Leugnung beinhalten, judenfeindlich zu sein (s. Kap. 11), sind der einzige Hinweis auf ein von der Post-Holocaust-Phase geprägtes Bewusstsein für die Brisanz der Äußerungen. Dieses Bewusstsein schaltet sich zwar kognitiv[24] und kommunikativ ein, vermag aber nicht die Artikulation der Verbal-Antisemitismen zu verhindern oder ihren Inhalt so kritisch zu

---

24 Der meta-kognitive Monitor, der normalerweise den Sprachproduktionsprozess steuert (s. Levelt 1989) und der z. B. bei Versprechern, aber auch bei affektiven Entgleisungen wie Schimpfwörtern und spontan artikulierten Vulgärwörtern wie *Scheiße* als Kontrollinstanz einspringt und in der Regel sofort nach Bewusstwerden des Sprachproduktionsfehlers zur Nach-Korrektur bzw. Entschuldigung führt, wird von der judeophoben Konzeptualisierung und dem großen emotionalen Bedürfnis der Verfasser quasi außer Kraft gesetzt (s. Kap. 9).

reflektieren, dass eine Distanzierung eintritt. Die gefühlte Antipathie (in Verbindung mit den kulturell verankerten Stereotypen) bestimmt die Einstellung und überlagert diese bewusste Komponente. Eine meta-kognitive Besinnung findet also nicht statt.

JUDEN ALS CHRISTUSMÖRDER

Obgleich seit dem 19. Jahrhundert die ursprünglich über viele Jahrhunderte religiös geprägte Judenfeindschaft von säkularen, rassistischen, national-ideologischen und/oder sozial-ökonomischen Kriterien abgelöst wurde, spielt das Konzept JUDEN ALS CHRISTUSMÖRDER auch im aktuellen Sprachgebrauch[25] eine Rolle in der Argumentation und in der Diskreditierung von Juden (s. hierzu auch Scherr 2011).

(26) „Der Bayerische Rundfunk schrieb im Programm: 'Die Römer schlugen Jesus ans Kreuz!' Das stimmt nicht. Sie waren nur ausführendes Organ! [...] Die Juden schlugen Jesus ans Kreuz u. erkennen auch heute noch unseren Heiland nicht an!" [ZJD_17.06.2002_unl_001][26]

(27) „Wir Christen haben doch längst vergeben, dass Juden unseren Herrn Jesus Christus verraten haben und kreuzigen ließen und damit unermessliche Schuld auf sich luden. Der Herr selbst hat ihnen am Kreuz vergeben. Kann eine Gnade und Vergebung größer sein? [...] Weshalb nur sind einige Juden so gegen unseren Herren? Weshalb dauert ihr Hass gegen uns Christen so an? Ich für meine Person jedenfalls hege keinen Groll gegen jegliche Juden, der Herr hat ihnen vergeben und ich bin darüber froh. Ich werde jedenfalls beten, dass auch dass Herz von Frau Knobloch vom Licht unseres Herrn erleuchtet werden möge und sie ihre offensichtliche Abneigung gegen uns Christen überwindet. [...] Der Herr vergebe Frau Knobloch." [ZJD_22.03.2008_Rog_001]

Allerdings sind die wenigsten Texte, die das Kompositum *Christusmörder* als diffamierendes Schimpfwort enthalten, tatsächlich an religiöse Überzeugungen

---

25 S. hierzu auch Salzborns Studie (Salzborn 2005). Manifest tritt dieses Stereotyp bei christlich-fundamentalistischen Gruppen auf, s. z. B. die Internetseite kreuz.net.
26 An diesem Brief fällt auch auf, dass der Glaube an tradierte Denkschablonen stärker ist als die von außen kommenden, anders lautenden Darstellungen. Fakten und Gegendarstellungen konnten das Weltbild des Verfassers weder verändern noch ins Wanken bringen.

oder theologische Überlegungen gekoppelt oder benutzen die im mittelalterlichen und heute im fundamentalistischen Kirchendiskurs anzutreffenden Schuldzuweisungen (wie in (26) und (27)[27]). Vielmehr dient das Wort vor allem einer generellen Entwertung. Mehrheitlich finden sich in diesem Zusammenhang entweder kollektive Negativ-Attribuierungen wie in (28) und (29):

(28) „Juden sind für mich das unsympathischste Volk der Erde. Für mich als Christen bleiben sie Gottesmörder." [IBD_30.06.2006_Son_001]

(29) „Aber als ein Volk der Christusmörder muss man natürlich immer von sich selber ablenken." [IBD_28.10.2006_ano_002]

oder Verknüpfungen von mehreren Stereotypen, die historische und aktuelle Dimensionen miteinander vermischen und zugleich die Täter-Opfer-Umkehr kodieren:

(30) „Christusmörder - Menschenschänder!!"
[IBD_22.07.2006_ano_007][28]

(31) „Pfui Teufel ihr Pack! Ihr seid doch die niederste Rasse die Gott auf diese Welt losgelassen hat. Christus-Moerder war nur der Anfang."
[IBD_24.05.2010_ano_003]

(32) „Ihr Moerderbande!!!!!!!!!!!!!!!!!!!!!!!!!!! Ihr dreckigen Juden!!!!!!!!!!!!!!!!!!!!!!!!!!!!!!!!!! Ihr seid noch viel zu viele. Kindermoerder!!!!!!!!!!!!!!!!! Christusmoerder!!!!!!!!!!!!!!!!!!!!!!!!! Hinterlistig!!!!!!!!!!! Unehrlehrlich, wie man Juden kennt!!!!!!!!!! Hoffentlich sterben noch viele Judenkinder-nur so lernt ihr Taeter." [ZJD_Gaza2009_301/816_ano_001]

Insbesondere in Schreiben, die das Existenzrechts Israels explizit in Frage stellen, wird öfter auf die als besonders schändlich bewertete und als Fakt ausgegebene historische Mordtat verwiesen:

---

27 Diese E-Mail kodiert neben dem CHRISTUSMÖRDER-Stereotyp zudem eine spezifische Variante der Täter-Opfer-Umkehr: Juden, die jahrhundertelang Opfer der christlichen Kirchendoktrin waren, werden hier im Sinne von Christenhassern zu Tätern stilisiert. Zur Täter-Opfer-Umkehr s. Kap. 11.
28 Der exzessive Gebrauch von Interpunktionszeichen, insbesondere von Ausrufezeichen, findet sich als Mittel zur Indizierung des Nachdrucks sowie starker Gefühle sehr oft in den Texten (s. hierzu auch Kap. 9).

(33) „Israel hat kein Existenzrecht dort. Nur weil irgendwelche Christus-Mörder dort vor zweitausend Jahren ihr Unwesen trieben, heißt das noch lange nicht, dass daraus für heute ein Recht abzuleiten wäre." [ZJD_Gaza2009_498/816_May_001]

(34) „Christusmörder! Eure derzeitigen Provokationen im Libanon und gegenüber den Deutschen hat nur ein Ziel. Und dieses Ziel zeigt euren niederen Charakter und eure Hinterlistigkeit." [IBD_31.10.2006_ano_001]

(35) „Das ist was ihr seit 2008 Jahren koennt!!!!!!!!!!!!!!!!!!!!! Ihr seid die NAZIS von heute" [ZJD_Gaza2009_301/816_ano_001]

Dadurch wird die gesamte Geschichte des jüdischen Volkes als durch Mord und Gewalt gekennzeichnet diffamiert. Verfasser, die Namen und Adresse angeben und sich selbst als gebildete Personen darstellen, kodieren dieses ursprünglich religiös motivierte und aktuell zum Stigma gewordene Schlagwort implizit wie in (36), wo über die weltwissensbasierte Anspielung zu erschließen ist, dass Juden aus der Sicht des Schreibers Christus ermordet haben und bis zum heutigen Tag in dieser blutigen Tradition agieren:

(36) „Jerusalem entschlüsselt bedeutet nämlich Christusbewusstsein. Jesus veranschaulichte dieses Bewusstsein für uns. Was Ihr Volk mit ihm gemacht hat, wissen Sie ja wohl. Also gönnen Sie uns in Deutschland endlich Ruhe. Das bringt auch Ihnen Ruhe." [ZJD_03.06.2007_Her_001]

JUDEN ALS KINDERMÖRDER UND BLUTKULT-PRAKTIZIERER

Auffallend oft an das CHRISTUSMÖRDER-Konzept gebunden wird auch das (ebenfalls seit dem Mittelalter tradierte) Stereotyp JUDEN ALS BLUTRITUALE BETREIBENDE KINDERMÖRDER[29] in den Texten kommuniziert:

---

29 Dieses Stereotyp geht zurück auf die Geschichte des Kindermords unter der Herrschaft des Herodes. Die Gewalttat eines einzelnen wird dabei übergeneralisiert und als Eigenschaft des gesamten jüdischen Volkes interpretiert. Zum Klischee der kindermordenden Juden wurde das Konzept im Mittelalter (s. Trachtenberg 1943: 124 ff.). In vielen mittelalterlichen Texten finden sich Floskeln, die dieses Klischee, zusammen mit der Blutkultlegende (d. h. Juden würden mit dem Blut von christlichen Kindern Rituale begehen, z. B. zum Pessachfest die Mazzen mit Kinderblut backen), ausdrücken (vgl. auch Kap. 4.1, Beispiele (4) und (6)). Vgl. auch Erb (1999).

(37) „Pfui Teufel!! Das 'auserwählte' Volk zeigt der Welt seine religiös-ideologisch verzerrte Fratze und erweist sich als gewissenlose Bande von blutgeilen Kindermörden." [ZJD_Gaza2009_632/816_ano_001]

(38) „Ihr Kinderfresser." [ZJD_Gaza2009_9/816_Hai_001]

(39) „Kinderschlächter!!!!" [ZJD_09.01.2009_Hel_001]

Die Phrase *kindermörderische Juden* ist in den Texten des Mittelalters bereits eine viel benutzte Floskel; in der englischen Literatur findet sich das Lexem *bloudie* (s. Trachtenberg 1943: 125). Insbesondere auf den Staat Israel wird dieses alte judeophobe Stereotyp beständig projiziert, wobei einerseits die Kontinuität der alten Klischees, anderseits die konzeptuelle Vermischung von alten und neuen (antiisraelischen) Stereotypen zu beobachten ist:

(40) „Wie sich der Staat Israel benimmt kann man diese Leute nur noch als Mörder, Kindermörder bezeichnen. Wie stellen Sie sich zu dieser Ungeheuerlichkeit?" [ZJD_Gaza2009_811/816_Kil_001]

(41) „Olmert ist für mich ein Kindermörderschwein, hoffentlich verreckt er bald, langsam und qualvoll! Und Israel ist für mich ein Kindermörder-Tätervolk, was nach dem 2. Weltkrieg absolut nichts hinzu gelernt hat!" [ZJD_Gaza2009_383/816_Kol_001]

Indem eine intentional betriebene mörderische Tätigkeit unterstellt wird, wird Feindschaft gegenüber Juden als gerechtfertigt angesehen, da in dieser Deutung die Juden selbst durch ihre Mord- und Gewalttaten den Hass auf sich ziehen.

(42) „Ich wusste nie warum Juden so gehasst werden. Jetzt weiss ich es. Sie sind KINDERMÖRDER..." [ZJD_Gaza2009_320/816_Ado_001]

Die seit Jahrhunderten tradierte judenfeindliche Kollektivattribuierung JUDEN ALS TÄTER wird dabei auf den Staat Israel und seine Bevölkerung übertragen, jüdische und israelische Belange werden zu einem Konzept vermischt:

(43) „Eure Geschichte ist voll von Blut. Täter seid Ihr nicht Opfer." [IBD_20.07.2006_ano_008]

Eine explizite Nennung und Unterstellung der Blutkultlegende[30] findet sich allerdings ausschließlich in extremistischen und islamistisch-fundamentalistischen[31] Texten:

(44) „Gibt es denn ein heuchlerischen Staat als den Terrostaat der Juden, die sich von Blut der palästinensichen Zivilisten ernährt."
[IBD_11.06.2006_Oez_001]

(45) „Ihr stinkt! Ihr seht aus wie Scheisse! Ihr fickt eure eigenen Kindern in den Arsch und begeht rituale Morde. Verschwindet endlich damit die Menschheit wieder in Frieden leben kann."
[ZJD_Gaza2009_577/816_ano_001]

Doch auch in den Schreiben von Verfassern aus der Mitte der Gesellschaft werden sehr oft bei der Referenz auf Israel Wörter und Metaphern aus den semantischen Feldern zu Mord und Gewalt wie *Mordlust, Blutrausch, gewaltbesessen, Gewaltexzess, mörderisch, blutrünstig, blutdurstig* und *blutige Gewalt* benutzt, die von ihrer Bedeutung her enge Assoziationen zum BLUTKULT-Stereotyp haben.

(46) „Haben Sie sich schon einmal gefragt, warum kein Land der Welt euch Juden leiden kann? Weil ihr über Leichen geht."
[ZJD_08.01.2008_Hei_001]

Das MÖRDER- und KINDERMÖRDER-Klischee wird von akademisch gebildeten Verfassern jedoch eher implizit über zu ziehende Schlussfolgerungen vermittelt:

(47) „Nochmals, keiner hat das Recht Kinder zu ermorden, auch Juden nicht!"
[ZJD_Gaza2009_647/816_Pet_001]

---

30 Eine Reaktivierung dieses Stereotyps findet sich 2012 in zahlreichen Schreiben und Kommentaren (vor allem im Internet) anlässlich der Beschneidungsdebatte in Deutschland: Juden werden als *primitiv, atavistisch, brutal* und *pervers* bezeichnet, weil sie Jungen beschneiden lassen. Vgl. etwa: „*Ihr rückständigen Barbaren! Was betreibt ihr da für einen blutige Verstümmelungsrituale?*" und „*ist ja wohl eine schande das ihr mit eurer religion noch im mittelalter lebt*" (s. u. a. http://www.youtube.com/watch?v=BXeERg6JrEg, 2012).
31 Im Korpus konnten einige Schreiben aufgrund von Selbstangaben der Produzenten als von Islamisten verfasst identifiziert werden. In verschiedenen arabischen Filmproduktionen wurde das Motiv des Blutkults in den letzten Jahren auch bildhaft umgesetzt (vgl. BMI 2011: 44).

JUDEN ALS ANTICHRISTEN

Religiöse Motive (oft in Verbindung mit intertextuellen Verweisen auf Bibelzitate und apokalyptische Drohungen) spielen auch bei dem mentalen Bild von JUDEN ALS ANTICHRISTEN UND GOTTESLÄSTERERN eine Rolle:[32]

(48) „Dazu schweigen Sie Kollaborateure dieses jüdischen Menschheitsverbrechens natürlich! Das Blut all der Unschuldig dort im Gaza-Streifen Getöteten möge über alle Juden, die dazu weltweit geschwiegen haben, kommen! Für jeden unschuldig Getöteten dieses Krieges sollen einhundert Juden sterben - Herr, lass diese Gotteslästerer für ihr infernalisches Verbrechen nicht davonkommen!" [ZJD_Gaza2009_233/816_Kra_001]

(49) „Diese 'Juden' gehören zu der Sekte , die die heiligen Schriften Gottes gefälscht hat und sie gehorchen Satan. Die Satanisten haben genug Zeit gehabt um sich zu zivilisieren. Ihr Ziel ist aber die Vernichtung der Zivilisation, die Vernichtung von Recht und Ordnung."
[IBD_18.01.2009_ano_001; nach eigenen Angaben ein Exilpalästinenser]

Ausdrücke wie *Teufel, Satansbrut, Satans Kinder, Abkommen des Teufels* dominieren bei der Kodierung dieses Stereotyps:

(50) „Teufelsbrut! Anti-Christen." [IBD_07.05.2010_ano_003]

(51) „ihr seits solz auf gaza???welcher mensch kann stolz auf mord sein?ein antichrist.schon jesus sagte'ihr habt den teufel als vater'.steht in der bibel!mann erkennt arihmans kinder an ihre taten.....ich freue mich schon auf den tag.jener tag wird in die kosmische geschichte eingehen, als der tag wo das BÖSE besiegt wurde."
[ZJD_Gaza2009_84/816_Dar_001]

Hierbei findet sich zudem das Glaubensbekenntnis, die Juden seien das Übel der Welt, eine Konzeptualisierung, die von den Kirchenvätern vor 2000 Jahren erschaffen wurde (s. Kap. 4.1). Der intertextuelle Verweis[33] auf die Bibel soll die

---

[32] Aneinanderreihungen von tradierten religiösen Stereotypen und modernen Diffamierungsmustern finden sich (oft zusammen mit Relativierungen oder Leugnungen des Holocaust) im Internet zugänglich besonders ausgeprägt in den Texten des katholischfundamentalistischen Forums kreuz.net.
[33] Intertextualität bezieht sich auf spezifische, intendierte und markierte Formen der

Entwertung von Juden als Teufelskinder, die als eine Äußerung von Jesus ausgegeben wird, legitimieren. Die Textstelle ist allerdings dekontextualisiert, d. h. aus dem ursprünglichen Kontext gerissen und gibt daher eine sinnentstellende Lesart wieder (die zwar genau der Meinung des Verfassers, aber nicht dem Original[34] entspricht).

Die Vorstellung von JUDEN ALS DEM WELTÜBEL wird aber auch losgelöst vom religiösen Kontext aktiviert, wenn es um die prinzipielle Dämonisierung von Juden und/oder Israelis (die zumeist konzeptuell gleichgesetzt werden) geht (vgl. hierzu auch Kap. 7.2.2).

Das Stereotyp der JÜDISCHEN PHYSIOGNOMIE

Trotz der Bekanntheit anti-jüdischer Karikaturen, der kritischen Auseinandersetzung dazu und ihrer Entlarvung als antisemitische Zerrbilder werden von vielen Schreibern bestimmte tradierte, als typisch jüdisch erachtete physische Merkmale[35] genannt, um Juden über die rein äußerliche Erscheinung zu stigmatisieren:

(52) „Und die Israelis (Juden): Krumme Nasen, gieriege Geschäftsleute, ..."
[IBD_24.01.2009_Kut_001]

Dabei findet vor allem das Stereotyp der GEBOGENEN NASE immer wieder Erwähnung in den Texten von Rechtsextremisten, stets jedoch zusammen mit weiteren judeophoben Klischees wie JÜDISCHES MEINUNGSDIKTAT und RAFFGIERIGE GELDMENSCHEN.

(53) „Die ARD und die Tageschau hat sich endgültig als demagogisches Infotainment zugunsten von Krummnasen-Lobbyisten geoffenbart!"
[ZJD_Gaza2009_487/816_ano_001]

Bezugnahme von Texten auf andere Texte und Textmuster. Insbesondere Bibelzitate werden hierbei strategisch als Autoritätenbeweise angeführt.
34 In Johannes Kap. 8 steht, dass Jesus einigen Pharisäern gegenüber äußerte, sie würden vom Teufel abstammen, weil sie planten, ihn zu ermorden. Der Verfasser von (51) zitiert diese Stelle, um seine eigene Judenfeindschaft zu verbalisieren, obwohl die Äußerung Jesu, der selbst Jude war, überhaupt nicht an Juden als Gruppe adressiert war.
35 Von Relevanz sind Stereotype vom jüdischen Äußeren nach wie vor bei Karikaturen, weil dort äußerliche Merkmale zur Identifikation der Figuren dienen: Ein intentionaler Gebrauch des Klischees vom HÄSSLICHEN JUDEN kommt vor allem in arabischen Ländern vor, insbesondere in antisemitischen Zeichnungen (vgl. z. B. Stav 1999 und Wistrich 2011: 151 ff.).

(54) „Betreff: lotte knoblauch. charlottchen sollte sich mehr um ihre mazze und sabatverpflegung kümmern und ihre impertinente visage aus der deutschen presse raushalten." [ZJD_23.10.2007_Sch_001]

In (55) wird die Physiognomie in Verbindung mit ureigenen jüdischen Charaktereigenschaften gebracht, also eine klassisch rassistische Haltung übermittelt:

(55) „Klar gab es immer einige herausragende Köpfe, die die jüdische Mentalität und das jüdische Denken transzendiert haben, wie z. B. Sigmund Freud oder Karl Marx, aber das kritische Denken solcher Menschen führte nie dazu, daß die jüdischen Kreise von schwarzen Schaafen und Scharfmachern der negativen Eigenschaften der Juden gesäubert wurden und sich die Juden mal an ihre krumme Nase gefaßt haben, was an den Vorwürfen gegen den ihnen zugewiesenen Charaktereigenschaften vielleicht richtig und berechtigt ist." [ZJD_30.11.2006_Gel_001]

Insgesamt aber wird das Stereotyp der Physiognomie in den Schreiben eher selten in seiner konkreten Bedeutung ausgedrückt. Stattdessen hat eine konzeptuelle Verschiebung stattgefunden: Das Bild des HÄSSLICHEN JUDEN ist metaphorisch transformiert worden und zeigt sich nun vor allem mit einer übertragenen Bedeutung als Stereotyp des MORALISCH HÄSSLICHEN ISRAELI wie in (56), der E-Mail eines Pfarrers, der durch Anführungszeichen klar machen will, dass ihm das Klischee wohl bewusst ist, er es aber dennoch diffamierend gegenüber dem Zentralrat einsetzt, dem er vorwirft, antisemitischen Tendenzen Vorschub zu leisten:

(56) „Wenn es in diesen Tagen erneut zu antisemitischen Ressentiments in Deutschland kommen sollte, dann sind Sie persönlich daran nicht unschuldig. [...] Warum können Sie nur mit diesem 'hässlichen Juden' Ariel Scharon den Schulterschluss demonstrieren?" [ZJD_06.04.2002_Sch_002]

JUDEN ALS GELDMENSCHEN UND WUCHERER

Das Konzept des auf Finanz- und Gelddinge festgelegten Juden, der sich auf Kosten anderer skrupellos bereichert, wird in den Texten besonders oft (und keineswegs nur von Rechtsextremisten) ausgedrückt:[36]

---

36 Ein Blick auf die diversen Kommentare im Internet, die zu Tausenden in Foren, Chats und Social Networks wie Facebook artikuliert werden, belegt, dass diese Konzeptualisierung

(57) „ein kleiner Stamm,der nur hervorragend mit Knete umgehen kann!" [ZJD_08.01.2008_Bal_001]

(58) „nur Geld...rauspressen..darum geht es Euch" [ZJD_12.03.2008_ano_001]

(59) „Die eigenen Erfahrungen und Berührungen mit reichen Juden sind Deckungsgleich mit den immer wieder erwähnten Vorbehalten. Juden seien Geldgierig Juden seinen Machtbesessen Ja ich glaube dass daran etwas Wahres ist. Die Besetzung auf palästinensischem Territorium zeigt der ganzen Welt auf wie arrogant sich Juden selbst gegenüber der UNO verhalten" [ZJD_Gaza2009_20/816_ano_001]

In Beispielen wie (59) werden oft Anmerkungen gemacht, die zeigen, dass die Schreiber sich bewusst sind, dass ihre Auffassungen gesellschaftlich als Vorurteile oder Ressentiments gesehen werden, sie aber von deren Wahrheit dennoch überzeugt sind. So dient die Thematisierung der Konzepte als Stereotype letztlich nur ihrer Bekräftigung.

Mit verschwörungstheoretischen Konstrukten zur weltweiten jüdischen Beherrschung der Finanzwelt (wobei die Wall Street als deren Prototyp aufgeführt wird) verknüpft, wird dieses Stereotyp mit Merkmalen wie BETRÜGERISCH, AUSBEUTEND und NOMADENHAFT elaboriert zu einer komplexen Konzeptualisierung des EWIGEN JUDEN, in die auch die angeblichen Verbrechen der Israelis integriert werden:

(60) „Es finden sich im Juden-Talmud eine Fülle von Stellen, die das Betrügen von Nichtjuden durch Juden erlauben. Darauf beruht ja geradezu die internationale Finanzmacht des Judentums. Und deshalb wird der Jude auch international so gehaßt. Und dann behauptet der Jude auch noch, sein Talmud wäre ihm von Gott direkt eingegeben worden." [ZJD_Gaza2009_536/816_ano_001]

(61) „Die Juden sind doch eigentlich gemäss der Exegese der jüdischen Bibel und nach eingehender Betrachtung der Rabulistik der Talmudlehren

---

kontinuierlich und besonders frequent kommuniziert wird (vgl. auch Blum 2010 und Becker, in Arbeit). Im kulturellen Gedächtnis hat dieses mentale Bild unter den tradierten, jahrhundertealten Stereotypen einen herausragenden Stellenwert. Dies liegt daran, dass dieses Klischee nicht nur mündlich-kommunikativ durch zahlreiche Floskeln überliefert wird, sondern auch durch Karikaturen, Postkarten und viele literarische Texte seit dem 19. Jahrhundert verbreitet wurde.

doch weiter nichts als eine psychopathische Sekte von Geisteskranken, die sich anmassen den alleinigen Masstab zu halten was Gesellschaft und Weltenlauf zu sein hat, gemäss der Formel :'Der Herr sprach, die Welt und Ihre Früchte sei Eure, setzt Euch an den Tisch, wer auch immer den bedeckt und zubereitet hat...' Aus diesem Grund lieben die Juden die nomadisierenden und vagabundierenden Netzwerke von spekulativen Finanzmärkten denn darin liegt ihre konstitutive Identität, sich in fremden Häusern einnisten und die Gastvölker ausplündern und dazu muss vorerst die dazu passende parasitäre Kommunikation eingeschleust werden damit die natürlichen Abwehrreflexe eines Volkes gegenüber parasitären Schädlingsbefall erlahmen. Die Völker der Welt wussten aus gutem Grund seit Jahrhunderten wieso jene Sekte von Kindesmördern, Geldwechslern und Landräubern aus Ägypten verfemt und gemieden wurde." [ZJD_04.11.2006_Tur_001]

In Texten dieser Art verbinden sich stets historische und moderne Verweise, kollektive Abwertungen und verschwörungstheoretische Glaubensinhalte. Die sprachlichen Muster ähneln zum Teil bis hin zu den verwendeten Wörtern frappierend den manifest judenfeindlichen Texten des 19. und des frühen 20. Jahrhunderts.

Juden wird sowohl die alleinige Verantwortung und Schuld für die internationale Finanzkrise als auch (generalisierend) für das Elend in der Welt gegeben:

(62) „Das ihr noch wagt zu Ereignissen wie die Finanzkrise Stellung zu nehmen, wohl wissend das die Zionisten von Wall Street hinter dem groessten Finanzbetrug der Weltgeschichte stehen. Paulson, Bernanke und andere zionistische Spieler sind Juden oder Semiten." [ZJD_Gaza2009_624/816_ano_001]

(63) „Mit welchem moralischen Anspruch rechtfertigen die Juden das Unheil, welches Juden in die Welt bringen (tagtägliche Verbrechen in Palestina); die amerikanisch verursachte neuere Finanzkrise hat doch Ihren Ursprung in der Wallstreet (die von Juden gelenkt wird) ? Das damit verursachte weltweite Elend sollte doch wesenlich mehr Aufmerksamkeit in Ihrem Zentralkommitee beanspruchen." [ZJD_21.03.2008_Bie_001]

Übertragen auf den Nahostkonflikt erhält das Stereotyp eine wesentliche Elaboration: Die angeblich raffenden, stets auf Gewinn ausgerichteten Juden weiten demnach ihre Gier auch auf den Grund und Boden anderer aus. Zugleich wird ein unmittelbarer Zusammenhang mit dem ihnen unterstellten Streben nach Weltherrschaft etabliert:

(64) „[...] auf gut Deutsch: Das Juden-Gesindel will die Gas-und Oel-Quellen der Palaestinier STEHLEN. Oel und Gas ist wieder mal der alleinige Grund fuer diesen blutigen und mordenden Juden-Krieg !!!"
[ZJD_Gaza2009_549/816_Grä_001]

(65) „Dass in den Investments Banken in New York die Juden das Sagen hatten und nun einen Finanz-Holocaust auf 6,7 Milliarden Menschen bringen, kann nur ein völliges Greenhorn bestreiten. Grund: Endlose Gier, Geld-Denken,...Israelismus..." [ZJD_Gaza2009_16/816_Del_001]

Der Nahostkonflikt wird so auf der Basis eines uralten judenfeindlichen Stereotyps als direkte Folge der angeblichen Gier nach Reichtum, Macht und Land gedeutet und damit einseitig schuldzuweisend interpretiert. Tradierte und aktuelle Stereotype verschmelzen. Neben dem Nahostkonflikt, der primär als Aufhänger für die Artikulation judenfeindlicher Aussagen dient, ist das zweite beherrschende Thema in allen Schreiben der Umgang mit der NS-Vergangenheit der Deutschen. Entsprechend finden sich auch hier viele Kombinationen von konzeptuellen Merkmalen, so wie in (66) und (67), wo das uralte Klischee des WUCHERERS mit dem Nachkriegskonzept von JUDEN ALS NACHTRAGENDEN HOLOCAUSTAUSBEUTERN[37] verknüpft wird (s. hierzu auch die Ausführungen weiter unten im Kapitel):

(66) „Mit den Verbrechen meiner Vorfahren können Sie nicht ewig wuchern, das geht irgendwann daneben." [ZJD_08.01.2008_Sch_001]

(67) „Also warum tut das Judentum immer so, als währen alle Deutsche an den Verbrechen der Nazis beteiligt und sollen bis in alle Ewigkeit daran erinnert werden und bezahlen? [...] Ist es des Geldes wegen?"
[IBD_22.05.2004_Poh_001]

Der Vorwurf, die jüdische Immigration nach Deutschland sei eine ungerechtfertigte Belastung, ergo Schmarotzen, taucht ab 2005 so gut wie nicht mehr auf (während dies 2002/2003 noch häufig der Fall ist). Stattdessen ist eine Verschie-

---

[37] In vielen dieser Texte findet sich in diesem Zusammenhang das Lexem *ewig*. Diese hyperbolische Referenz soll semantisch die Unverhältnismäßigkeit des Erinnerns fokussieren und zugleich das nachtragende Nicht-verzeihen-Können der jüdischen Einstellung betonen.

bung des Stereotyps JUDEN SIND SCHMAROTZER von seiner nachkriegsbestimmten Form 'Juden nutzen Deutschland/den Holocaust aus', 'wir zahlen für jüdische Einwanderer' zu der israelbezogenen Form 'wir müssen für Israel zahlen' bzw. 'Die EU/die Welt muss für von Israel verursachte Schäden aufkommen' zu verzeichnen. Analog finden viele kontextuelle und an aktuell im Fokus stehende Geschehnisse gebundene Verschiebungen tradierter Stereotype statt, was belegt, wie schnell sich die verbalen Manifestationsformen des Antisemitismus situativ adaptieren.

Oft sind viele der klassischen Stereotype hintereinander in einem Text artikuliert, so wie in (68), der E-Mail einer Gymnasiastin, die ihr antisemitisches Bild von Juden über eine Aneinanderreihung von Adjektiven ausdrückt, die kollektive Negativattribuierungen angeben, und zugleich zur Untermauerung ihrer Annahmen eine Legitimierung durch den Verweis auf eine Mehrheit in der bürgerlichen Mitte (*"viele meiner Mitschüler und Freunde"*) gibt:

(68) „jetzt verstehe ich, warum Juden als mies, brutal, verlogen, gierig und rücksichtslos gelten. Viele meiner Mitschüler und Freunde sehen das ganz genauso!" [IBD_11.03.2010_Bel_001]

Auch der Verfasser von (69) lässt ein radikal judenfeindliches Weltbild erkennen, demzufolge Juden als nicht-deutsche, rachsüchtige, geldgierige, ausbeutende, moralisch verkommene Wesen und Volksschädlinge zu vertreiben und zu bekämpfen sind. Die sprachlichen Parallelen zu den aggressiven Pamphleten und Hetzschriften des rassistischen und eliminatorischen Antisemitismus (s. Kap. 4.3) sind überdeutlich.

(69) „Ihr gottverdammte Mörderbrut! Wagt es nie mehr gegennüber uns Deutsche euren moralischen Zeigenfinger [...] zu erheben, ihr bluttriefenden Kinderschlächter .....Verschont uns mit euren parasitären, gierigen Geldforderungen und verschwindet aus unserem Land. Ich wünsche euch die Pest und alles Schlechte an den rachsüchtigen Hals." [ZJD_09.01.2009_ano_001]

JUDEN ALS TIERE

Kollektive Negativbewertungen dominieren in der affektiven Hassrede von Rechts-, aber auch Linksradikalen: Die Dehumanisierung aller Juden steht dabei stets im Vordergrund. Juden wird kollektiv das Menschliche abgesprochen, indem sie als *Tiere, Judenschweine, Schädlinge, verbrecherisches Ungeziefer, Teufel* oder

Untermenschen bezeichnet werden. So beginnt eine E-Mail an den Zentralrat der Juden im Januar 2004 mit der Begrüßung *„UNTERMENSCHENSGESINDEL!"* und endet mit *„Verreckt endlich!"*. Ein geschlossenes Feindbild zeigt sich, in dem das Gehasste in seiner unmenschlichen Bösartigkeit repräsentiert und als nicht lebenswert klassifiziert wird. Diese Dämonisierung von Juden geht zumeist einher mit einer sprachlich vollzogenen Dehumanisierung, d. h. einer Referenzialisierung mittels Tierbezeichnungen:

(70) „Erbaermliche feige Schweine seid ihr! Ihr gehoert nicht der menschlichen Rasse an, dass zeigen eure Taten! Ihr verdammten Steuergeld absaugenden Finanzbetrueger" [ZJD_Gaza2009_730/816_Pan_001]

Juden werden bevorzugt als *Schweine*,[38] *Ratten, Bazillen, Parasiten* charakterisiert (vgl. auch die Beispiele (10) bis (29) in Kap. 10.1), was die lange Tradition dieser Bezeichnungen belegt.

(71) „Eine Ratte hilft der anderen." [IBD_22.07.2006_ano_007]

Oft findet sich diese Referenzialisierung gekoppelt an das Stereotyp von JUDEN ALS NUTZNIESSER ANDERER MENSCHEN UND VÖLKER:

(72) „zieht euch aus palästina zurück ihr stinkenden parasiten" [ZJD_22.05.2007_Lan_001]

(73) „Ihr lebt auf kosten von andren Menschen,es ist bekannt das die Juden so leben !!!" [ZJD_Gaza2009_92/816_ano_001]

(74) „Schmarotzer." [ZJD_Gaza2009_530/816_Jüt_001]

Dazu passend werden alte Motive wie die biblischen Heuschreckenplagen mittels Personifikation auf die Juden und aktuell auf die Israelis projiziert:

(75) „Die dicken, fetten, agressiven Heuschrecken sind am Fressen! [...] fürchterlich, was diese Israeli dort anstellen [...]" [ZJD_27.07.2006_Ren_001]

---

38 Das Bild der Judensau war im Mittelalter ein beliebtes, auch vielfach visuell umgesetztes Motiv, um Juden als parasitäre, ausnutzende Wesen zu diskreditieren (s. hierzu z. B. die Abbildung in Trachtenberg 1943: 8). Entsprechend finden sich in den Texten der letzten Jahrhunderte immer wieder auch Referenzialisierungen für Juden, die das Lexem *Schwein* bzw. *Sau* enthalten wie *Judenschweine, Judensau, Schweinejuden*.

Auch Wörter wie *Unholde, Monster, Unmenschen* und *Untermenschen* finden Erwähnung. Ihr Status als Menschen wird expressis verbis negiert, s. (76), oder in Frage gestellt, s. (77). Davon leiten sich eliminatorische Wunschideen ab:

(76) „IHR SEID KEINE MENSCHEN MEHR! EMOTIONSLOSE UNGEHEUER!... Euch muss man alle LÖSCHEn!!!" [IBD_07.05.2010_ano_024]

Auffällig bei Schreiben wie (77) und (78) ist, dass selbst nach der Artikulation manifester Judenfeindseligkeit die Leugnung der eigenen hasserfüllten und/oder stereotypgeleiteten Einstellung (oft mit einer legitimierenden Selbstzuschreibung[39] wie in (78)) erfolgt:

(77) „Manchmal frage ich mich ob ihr nur einen hauch von gewissen und menschlichkeit besitzt oder einfach nur wie tiere seit, die ihren instinkten folgen. Ich bin kein antisemit aber ich spreche mich klar gegen das existenzrecht israels aus." [ZJD_Gaza2009_43/816_ano_001]

(78) „Es glauben Euch immer weniger Menschen nein Ihr seit es die Kinder erschießen die Zivilbevölkerung mit anhaltender Psychoterror belasten Was seit Ihr nur für Menschen man kann euch nur links liegen Lassen Aber eine Frage habe ich warum gibt es immer ärger wo ein Jude ist. [Unterschrift] (kein Rechtsradikaler, ein Mensch der Kinder liebt)" [ZJD_Gaza2009_646/816_Kra_001]

Bei solchen Texten stellt sich die Frage, ob die Verfasser wirklich davon überzeugt sind, was sie schreiben und ihre Fehleinschätzung aufgrund von Unkenntnis (was Antisemitismus ist und wie er zu erkennen ist) zustande kommt, oder ob sie sich mit solch einer Relativierungsstrategie vor gefürchteten Sanktionen schützen wollen (s. hierzu Kap. 11).

---

39 Durch solche positiven Selbstzuschreibungen wird implizit vermittelt, ein Mensch mit solchen Eigenschaften könne kein Antisemit oder Rassist sein. Gefühlsreichtum, Bildung und kulturelle Vorlieben schließen judenfeindliche Ressentiments jedoch nicht aus. Der Kommandant von Auschwitz, Rudolf Höß, war Familienvater und schrieb nach dem Krieg: „Heute bereue ich es schwer, daß ich mir nicht mehr Zeit für meine Familie nahm" (Höß 1958: 138). Viele aktive Nationalsozialisten liebten ihre Kinder, waren gut zu Tieren, hörten Beethoven und lasen Gedichte. S. hierzu z. B. Goldhagen (1996). Dies hinderte sie nicht daran, Juden erst zu schikanieren, dann sie zu vergasen und zu verbrennen. Ihre Kinderliebe erstreckte sich nicht auf die jüdischen Kinder, die sie umbrachten, ohne mit der Wimper zu zucken. Bis heute aber hält sich der Irrglaube, kulturell sensible und gebildete, im Alltagsleben warmherzige Menschen seien immun gegenüber Antisemitismus.

Die Komponente der Dehumanisierung von Juden findet sich auch bei „gebildeten Antisemiten", nur wird sie dort formal weniger drastisch artikuliert:

(79)   „Gibt es tatsächlich innerhalb der Gemeinschaft der Juden in Deutschland keine weisen, selbstkritischen und menschlich empfindenden Mitmenschen?" [ZJD_Gaza2009_502/816_Cri_001]

fragt eine Schreiberin aus Celle den Zentralrat der Juden. Qua Implikatur werden Juden in diesem Text als 'dumme, kriegsbesessene sowie unmenschliche Wesen' kategorisiert und entwertet.

JUDEN ALS RASSE und das Konzept des EWIGEN JUDEN[40]

Dehumanisierungen von Juden tauchen oft im Zusammenhang mit rassistischem Gedankengut auf, das insbesondere an die NS-Ideologie mit ihrer Unterscheidung in (von Geburt an) höhere und niedere Menschentypen anknüpft:

(80)   „IHR SEID EINE KRANKE RASSE" [IBD_07.05.2010_ano_004]

(81)   „Man ist Jude, Goy, Amerikaner, Araber durch Geburt. So ist Michael Wolffsohn Jude." [25.06.04-m-S1][41]

(82)   „Mit den blöden Amis glaubt Ihr das erwählte Volk zu sein. Welch ein Schwachsinn und welche eine Verhöhnung Gottes. Wie kann er solch eine niedere Rasse auserwählt haben?" [IBD_31.10.2006_ano_001]

Der Glaube an die Existenz einer jüdischen Rasse, die genetisch festgelegt und unverändert bestimmte körperliche, geistige und seelische Eigenschaften aufweist, ist untrennbar gekoppelt an das Konzept des EWIGEN JUDEN, demzufolge das jüdische Volk seit Tausenden von Jahren unbeeindruckt und unbeeinflusst von seiner wechselnden Umgebung durch die Welt wandert und dieser schadet:

---

40 Zum Konzept ISRAEL ALS KOLLEKTIVER JUDE s. Kap. 7.
41 Dieses Beispiel ist einem Brief- und E-Mail-Korpus entnommen, das uns Michael Wolffsohn freundlicherweise zur Verfügung gestellt hat (s. hierzu die Analysen in Schwarz-Friesel 2007: 353 ff.).

(83) „Das ihr nur Unruhe stiften sollt, Krieg und Tod bringen sollt und Euch nirgendwo anpassen koennt [...] Was fuer ein ekelhaftes Volk [...]."
[ZJD_Gaza2009_401/816_Jar_001]

(84) „Typisch jüdisch, so kennt man euch seit 2.000 Jahren, ihr seid unvrbessrlcihe Kreaturen. [...] Unehrlehrlich, wie man Juden kennt!!!!!!!!!!!"
[ZJD_Gaza2009_301/816_ano_001]

Explizit ausgedrückt wird diese Konzeptualisierung wie in (85) und (86), wo die Verfasser die aktuelle Delegitimierung Israels mit den tradierten Stereotypen HEIMATLOSE WANDERER und/oder AMORALISCHE MENSCHEN verknüpfen:

(85) „Dann könnt Ihr wieder herum vagabundieren, wie Ihr es eigentlich schon immer gewöhnt seid." [IBD_25.10.2006_ano_001]

(86) „Wenn ich einen solchen Auszug der juden aus Israel fordere, wegen umoralischen Benehmens, und eine Zerstreuung in alle Winde, so mache ich eigentlich nichts außergewöhnliches und die Juden sind das seit Jahrtausenden gewöhnt. Die Juden waren schon zu Zeiten des alten Testaments en Normadenvolk, das mal in Ägypten mal nach Babylon emigierte, letztes übrigens wegen moralischem Fehlverhalten, um dann wieder nach Israel zurückzuziehen." [ZJD_30.11.2006_Gel_001]

Die implizite Variante in (87) verbalisiert dieses Stereotyp vage und informationell unterspezifiert als Frage-Antwort-Sequenz, wobei die ironisch zu verstehende Antwort zusätzlich die jahrhundertelange Judenfeindschaft marginalisiert.

(87) „Warum fragen sie sich nicht mal selbst ‚warum Israel seit 4000 Jahren ständig in Konflikten,in Kriegen Verfolgung Vertreibung verstrickt ist. Weil sie so ein friedliebendes Volk sind- und der Rest der Menschheit hat sich gegen sie verschworen." [IBD_20.07.2006_Die_001]

Durch die Gleichsetzung von Judentum und dem Staat Israel wird zudem eine Kontinuität der Gewalt als eine Konstante der jüdischen Geschichte unterstellt.

Rassistisches Gedankengut wird dabei zum Teil vor allem durch die Verwendung einzelner Wörter angezeigt, wie in (88), (89) und (90), wo *Vergewaltigungsgen*, *Halbjude* und *Abkunft* transparent machen, dass die Verfasser an von Geburt an festgelegte Eigenschaften glauben:

(88) „[Betreff:] Katsavs Bruder wegen sexueller Belästigung angezeigt [...] Vielleicht gibt es bei Juden ja ein Vergwaltigungsgen – mal danach suchen lassen! Schweinefamilie!" [ZJD_12.03.2007_Kli_001]

(89) „Macht Gregor Gysi sowas oder Reich-Ranicki? Sie sind auch Halbjude bzw. Jude und niemand nimmt daran Anstoß!!!!!!" [ZJD_28.05.2008_Wil_001]

(90) „ich habe mich derweil sehr viel mit der deutsch-jüdischen Geschichte auseinandergesetzt und habe viele Fragen dazu entwickelt. Eine der ersten Fragen würde lauten: '...warum habe ich keinen Arbeitskollegen kennen gelernt, der z.B. Betriebselektriker ist?'...wohingegen ich viele kenne, deren Abkunft jüdisch ist und sich in Spekulationen z.B. in Frankfurt, ergehen." [ZJD_17.07.2007_Sch_001]

Ab und zu vermischen sich judenfeindliche Klischees auch mit allgemein rassistischen und naiv anmutenden xenophoben Überlegungen wie in (91):

(91) „Stimmt es eigentlich, wie ich kürzlich gehört habe, daß M. Friedmann (der Kokser) auch noch ein Zigeuner ist ? Das würde mich vom Aussehen her eigentlich nicht wundern. Das könnte ich mir vorstellen, obwohl ich darüber vorher noch nicht nachgedacht habe. Bitte um ehrliche Beantwortung." [ZJD_20.11.2008_Ang_001]

Insgesamt ist im Korpus ein expliziter Rassismus aber eher selten (und ausschließlich bei rechtsextremistischen Schreibern) zu verzeichnen. Verfasser aus der Mitte und auch linksextremistische Textproduzenten betonen in ihren Briefen mehrheitlich, dass sie Rassismus und Fremdenfeindlichkeit ablehnen. Die bei ihnen anzutreffenden Dämonisierungen und Abwertungen artikulieren sich über andere Verbalmanifestationen, die jedoch nicht weniger ressentimentgeleitet und klischeebasiert sind (s. hierzu Kap. 7 und 11). So präsentieren sich akademisch gebildete Verfasser stets als humanistisch geprägte, friedensliebende Menschen, die aus einem tiefen Verantwortungsgefühl heraus glauben, den Juden und/oder Israelis Ratschläge erteilen zu müssen (s. hierzu auch Kap. 10.2). Durch die so vermittelte moralische Überlegenheitsposition wird den Adressaten beim ZJD und der IBD eigenständiges Denken und mitmenschliches Fühlen (explizit oder implizit) abgesprochen, wie in (92) bis (94), drei E-Mails von Akademikern. (92) ist von einem promovierten Kirchenvorstandsmitglied:

(92) „Sie würden sicher in der Optik der Bürger dieses Landes für die Gemeinsamkeit zwischen Juden und den 'Anderen' positives schaffen, wenn Sie nicht das Prinzip 'Auge um Auge' sondern vielleicht mehr die Aussage Jesu 'vergib ihnen, denn sie wissen nicht was sie tun' als Maßstab Ihrer Bewertung verwenden würden. Man muß nicht gleich zuschlagen, wenn ein anderer einen Fehler gemacht hat. Meist lohnt es sich, nachzufragen!" [ZJD_25.06.2002_Chr_001]

(93) „Da fehlt mir als Christ das Verstehen. Gewalt erzeugt schlimmere Gewalt. Das spüre ich an den geschilderten Zuständen in Israel. Es scheint in den Menschen verwurzelt und ist zu spüren." [ZJD_26.07.2006_Gue_001]

(94) „Die ganze Welt arbeitet am Frieden, Sie aber haben nichts Besseres zu tun, als Ihre Köpfe nicht zu gebrauchen, sondern wie ein rasender, von der Tarantel gestochener Goliath dump- und tolldreist auf Nachbarn und Davide dreinzuschlagen. Vor allem - und das wissen Sie genau - wird es nichts nutzen. Sie sollten sich was schämen." [IBD_14.07.2006_Kus_001]

Auch ist bei Akademikern die Verwendung intertextueller Verweise häufig anzutreffen: Mit Zitatstellen aus dem Alten Testament (vor allem *Auge um Auge*; aber auch in diversen Varianten das David-Goliath-Motiv, s. (94)) soll den jüdischen Adressaten die lange Tradition jüdischer Aggressivität und Brutalität vor Augen geführt und ihr Verhalten als atavistisch entlarvt werden.

(95) „Der Anlaß zu meinem Schreiben ist das menschenverachtende Vorgehen der israelischen Streitkräfte im Gaza und vor allem im Libanon. [...] Es ist müßig, danach zu fragen, wer den ersten Stein warf, die Jahrtausende der jüdischen Geschichte sind voll von dem gewaltsamen, blutigen Vorgehen der Hebräer gegen ihre Nachbarn oder wenn es sein musste auch gegen unbotmäßige eigene Stämme. So ist das Pessach-Fest das Gedenken an ein furchtbares Massaker, bei dem alle erstgeborenen Ägypter erschlagen wurden, nicht von Jahwe, sondern von seinem gewaltbereiten Volk. 'Es ward ein großes Geschrei in Ägypten, denn es war kein Haus, in dem nicht ein Toter war' (2. Buch Mose, 12,30). Bei der Eroberung von Jericho wurde alles Lebende umgebracht, Männer, Frauen, Kinder und auch Tiere, wie in der Bibel nachzulesen ist. Dieser Faden der Gewalt zieht sich durch die Jahrtausende und bis heute nicht abgerissen." [ZJD_29.07.2006_Gru_001]

Die intertextuellen Verweise auf die Bibel dienen der „Beweisführung" für die Tradition des BRUTALEN JUDEN und sollen gleichzeitig die Belesenheit der Verfasser[42] demonstrieren.

(96) „Ich glaube, dass man Sharon und seine Mitstreiter als Zionisten bezeichnen muss, die sich strikt an das in der heutigen Zeit nicht mehr zu tolerierende Empfehlung aus dem alten Testament hält 'Auge um Auge, Zahn um Zahn'. Solange die Juden nicht bereit sind auf eine Vergeltung zu verzichten und sich nicht vollständig den Friedensgeboten unterwerfen (siehe die 10 Gebote Moses, unter anderem 'Du sollst nicht töten', 'Du sollst Deinen Nächsten lieben wie Dich selbst', 'Du sollst Deines Nächsten Gut nicht begehren'), solange wird es keinen Frieden im Nahen Osten geben. Israel als intelligente Nation sollte hier den ersten Schritt tun, wenn es auch ein leidvoller und schwerer Weg sein würde."
[ZJD_22.06.2002_Luc_001]

(97) „Das alte zionistische Gesetz Auge um Auge, Zahn und Zahn, ist von den Israelis schon lange dahingehend außer Kraft gesetzt worden, als das Verhältnis um ein vielfaches potenziert wurde. [...] Soweit mein Leserbrief." [IBD_17.07.2006_Rue_001]

Die implizite Variante, allein über intertextuelle Belege das Stereotyp der GRAUSAMEN JUDEN zu transportieren, hat für die Verfasser zudem den kommunikativen Vorteil, dass sie das Gemeinte vermitteln, sich aber auf das Gesagte zurückziehen können.[43] Zudem glauben gebildete Schreiber offensichtlich, es so vermeiden zu können, sich ostentativ als Antisemiten zu entlarven, die das Klischee des EWIGEN JUDEN im Kopf tragen.

Altes und Neues Testament werden oft mittels unverfänglicher Fragetechnik, die nichts festlegt, sondern als Gedankenspiel Optionen vor Augen führt, kon-

---

42 Dabei werden teilweise falsche Zuordnungen entweder nicht erkannt oder gebilligt. Die Regel „Auge um Auge, Zahn um Zahn" (aus Deuteronomium Kap. 19, Vers 21) sollte innerhalb der mosaischen Gesetzgebung Verhältnismäßigkeit garantieren, wird aber im Kontext der E-Mail als Argument für unverhältnismäßige Vergeltung zitiert und bedient damit das Klischee der JÜDISCHEN RACHSUCHT.
43 Indirekte Sprechakte zeichnen sich dadurch aus, dass der Verfasser nicht auf das implizit Vermittelte festlegbar ist, da er dieses stets leugnen, d. h. informationell streichen kann, etwa in der Art 'Dass ich mit diesem Bibelzitat auf vergangene Handlungen oder Einstellungen von Juden verwiesen habe, bedeutet keineswegs, dass ich damit unterstellen will, die heute lebenden Juden seien genauso.' Indirekte Sprechakte sind in dieser Hinsicht eine kommunikative Vorsichtsmaßnahme.

trastiv gegenübergestellt; dadurch wird eine konzeptuelle Opposition zwischen den Lehren des „überholten, irreführenden Judentums" und des „guten, wertvolleren Christentums" etabliert, wie in der E-Mail eines Berliner Diplom-Volkswirts und Unternehmensberaters:

(98) „Und eine Frage sei mir auch gestattet mit der Adresse an das offizielle Israel: Kanne s allen ernstes der Weg sein, sein Handeln, sei es politisch oder persönlich motiviert, auf das Alte Testament nach der Handlungsmaxime 'Auge um Auge, Zahn um Zahn' auszurichten? Muss unser Handeln – auch und vor allem das eines Staates – nicht besser nach Werten des Neuen Testaments, die da heißen Nächstenliebe und Toleranz, Verzeihen und Versöhnen ausgerichtet sein?"
[ZJD_18.06.2002_Klo_001]

JUDEN ALS ARROGANTE UND FRECHE STÖRENFRIEDE

Bei den negativen Charakterisierungen von Juden finden sich auffällig oft Nennungen von Eigenschaftsstereotypen durch Wörter und Phrasen, die seit dem 19. Jahrhundert kontinuierlich benutzt wurden, um Juden zu diffamieren (und die z. B. in der NS-Zeit besonders in den Reden Hitlers, Goebbels oder im *Stürmer* anzutreffen waren; s. Kap. 6). Insbesondere die Lexeme *frech* und *Hetze* in der Kombination *jüdische Hetze* und *jüdische Frechheit* werden häufig benutzt, um die Adressaten moralisch zu diskreditieren.

(99) „Was Sie [= Paul Spiegel, d. Verf.] als jüdischer Mitbürger praktizieren ist – gelinde gesagt – eine Frechheit. Ihre Arroganz und Unverschämtheit wird nur noch von Ihrem dümmlichen Stellvertreter übertroffen. Wann hören Sie endlich mit Ihren Hetzparolen und Schuldzuweisungen gegen die deutsche und jetzt lebende Generation auf?"
[ZJD_24.06.2002_Pin_001; im Anhang: Unterschriften von Freunden und Bekannten]

Dabei finden sich diese Lexemkombinationen von *Hetze* und *frech* weitaus häufiger in den Zuschriften an den ZJD als in den Schreiben an die IBD. Diese Verwendungshäufigkeit korreliert offensichtlich mit im mentalen Lexikon abgespeicherten Wortverbindungen bzw. assoziativen Verknüpfungs- und Kollokationsmustern[44] der Art *freche Juden*. Gleichzeitig wird damit das Konzept des JÜDI-

---

44 Unter Kollokation versteht man das gehäufte benachbarte Auftreten von Wörtern.

SCHEN INTELLEKTUELLEN UND ZERSETZERS aktiviert. Werden die Merkmale der Arroganz und der Frechheit auch in den Schreiben an die Botschaft verbalisiert, geht dies daher auffällig oft mit der Zuordnung zum Nomen *Juden* (und nicht zu *Israelis*) einher:

(100) „Wieder eine dieser Arroganzen der Juden." [IBD_21.04.2009_ano_002]

(101) „Frech, arrogant und rücksichtslos, wie man euch Juden so kennt [...]" [IBD_015_14_April_2010]

Signifikant ist, dass diese (in der NS-Zeit usuelle) Sprachpraxis sich nicht nur bei Schreibern aus der rechtsextremen Szene findet, sondern auch oft bei Verfassern, die der gesellschaftlichen Mitte zuzuordnen sind. Akademisch gebildete Schreiber, die sich mehrheitlich als *Humanisten, Friedensaktivisten* oder *verantwortungsbewusste Bürger* sowie *besorgte Deutsche* bezeichnen, beklagen dabei, dass sie sich von den *arroganten, frechen Juden* provoziert oder gestört fühlen. So schreibt ein Chirurg an den ZJD:

(102) „Eindringlich möchte ich Sie bitten, Herr Paul Spiegel, Ihre verdammte Arroganz abzulegen. Sie waren und sind arrogant und oberflächlich. [...] Ich bin Jahrgang 46. War in Jerusalem und habe dort einen Friedensbaum gepflanzt. Sie zerstören alles wieder. Wie soll ich ihr fehlverhalten meinen Kindern erklären?" [ZJD_01.03.2005_Sch_001]

Der damalige Vorsitzende des ZJD, Paul Spiegel, wird moralisch diskreditiert (weil er sich für Solidarität mit Israel ausgesprochen hat), während der Verfasser sich gleichzeitig mithilfe positiver Selbstdarstellung legitimiert (s. zu den Strategien der Selbstlegitimierung ausführlich Kap. 11). Spiegel wird eine destruktive Verhaltensweise attestiert, eine typisch judeophobe Attribuierung. Ähnlich argumentiert auch die Produzentin von (103), eine promovierte Akademikerin aus Hamburg:

(103) „Wie dieser Brief zeigt, fühle ich mich als Bürger durch Sie ständig vorgeführt und provoziert. Ich fürchte, dass auch andere gebildete Deutsche ähnlich empfinden wie ich." [ZJD_20.09.2006_Fis_001]

Dass Stellungnahmen des Zentralrats der Juden als Störung und Provokation gesehen werden, wird häufig thematisiert:

(104) „Als ich heute die Zeitung gelesen habe konnte ich wieder nur den Kopf schütteln. Hat ihr nichts anderes zu tun (vielleicht arbeiten) als jede Meinungsäußerung eines jeden deutschen auf ihren antisemitischen Inhalt zu überprüfen und ständig uns zu ermahnen dieses oder jenes Wort nicht zu verwenden." [ZJD_13.11.2008_Hub_001]

Zugleich findet sich implizit die (über die in Klammern eingefügte Information vermittelte) Unterstellung, der Zentralrat würde nicht arbeiten, sondern lediglich als Mahner und Störenfried agieren. Dieses Klischee bedient auch (105):

(105) „Könnt Ihr auch mal was anderes außer jammern, klagen und Euch zu beschweren? Ihr seid so peinlich!" [ZJD_27.08.2007_Sch_001]

Das Konzept von JUDEN ALS STÖRELEMENTE IN NICHT-JÜDISCHEN GESELLSCHAFTEN wird in den Schreiben an die IBD auf die Situation im Nahen Osten bzw. in der ganzen Welt übertragen. Dadurch verbindet sich das tradierte Stereotyp mit der modernen Konzeptualisierung ISRAEL ALS KOLLEKTIVER JUDE:

(106) „Israel ist der Störenfried in Nahost." [IBD_02.08.2006_Sch_001]

(107) „Israel stört den Weltfrieden!" [IBD_03.06.2007_Ko_001]

Kommentare des Zentralrats zur deutschen Vergangenheit, zur Nahostpolitik oder zum aktuellen Antisemitismus werden in den Schreiben besonders häufig als *Einmischung* deklariert und als *undeutsch, anmaßend* und *unzulässig* charakterisiert, womit die Funktion des Zentralrats generell diskreditiert wird:

(108) „Das ständige Einmischen, Mitreden in dt. Angelegenheiten ihrer Religionsgruppe, der es in der BRD bestens geht, von dt. Steuergeldern der arbeitenden Bevölkerung unterhalten, sollte zurückgewiesen werden, als unberechtigt, überzogen." [ZJD_17.05.2007_Zie_001]

(109) „Duerfen wir in Deutschland evtl.auch noch mal eine Politik machen, ohne das Sie sich immer einmischen?" [ZJD_08.01.2008_Bal_001]

Gleichzeitig nennen viele Schreiber die Aktivitäten des ZJD als Grund für antisemitische Tendenzen, verlagern also die Schuld für Judenfeindschaft auf Juden selbst (s. auch Bsp. (114)):

(110) „Der Zentralrat der Juden sollte zukünftig diese Einmischungen unterlassen, da er dadurch Antisemitismus erzeugt" [ZJD_07.05.2007_Zie_001]

Die Verlautbarungen des ZJD werden durch zusätzliche Entwertungen, die stereotype Inhalte (ERPRESSUNG, AUSBEUTUNG, MEINUNGSDIKTAT) kodieren, delegitimiert. Zugleich vollziehen viele Verfasser damit auch die Ausgrenzung der jüdischen Deutschen aus der Gemeinschaft der Deutschen:

(111) „Ihr Zentralrat der Juden, der allen nach 1945 geboreren bisher weit mehr als 100 Milliarden Euro gekostet hat und vermutlich durch weitere Erpressungen ihrerseits nochmals 100 Milliarden kosten wird sich immer wieder in Angelegenheiten, die nur uns Deutsche betrifft einmischen?" [ZJD_08.01.2008_Hei_001]

(112) „Was ist bloß los, in diesem meinem Vaterland???? Juden haben das Sagen, bestimmen wer was, wann, wo, wie und überhaupt etwas SAGEN 'darf'." [ZJD_28.09.2007_Sch_001]

(113) „Die Bundesrepublik ist ein selbständiger souveräner Staat und brucht keinerlei Einmischung von den Juden. Mit welchem 'Recht' mischen sich die Juden in Deutschland in jede Kleinigkeit ein?" [ZJD_15.04.2007_Sie_001]

Die generische Referenz[45] durch *Juden, das jüdische Volk, das Judentum* oder *die Juden* verweist dabei u. a. auch auf eine Konzeptualisierung von JUDEN ALS AUSSENSTEHENDE UND EINGESCHWORENE GRUPPE.

(114) „Das jüdische Volk tut sich keinen Gefallen, wenn es sich durch diese Arroganz und Selbstüberschätzung vertreten lässt." [ZJD_08.06.2002_Her_001]

In (114) werden Juden in Deutschland generell als STÖRENFRIEDE und LÄSTIGE MAHNER konzeptualisiert. Das pejorativ konnotierte Lexem *Moralapostel* wird in diesem Zusammenhang in vielen Schreiben als Floskel benutzt. Die in den Texten artikulierte Ablehnung und Kritik am Zentralrat geht zumeist einher mit dem Wunsch nach einem Schlussstrich und dem Ende der Erinnerungskultur in

---

[45] Generische Referenz meint den semantisch allumfassenden Gebrauch eines Wortes oder einer Phrase: Alle Juden sind also damit gemeint.

Deutschland (s. Kap. 9.3.2). Dies betrifft die NS-Geschichte, die als lästige, unbequeme Bürde empfunden wird, die es abzuschütteln gilt:

(115) „Damit will ich sagen es ist nun schon über 50 Jahre vergangen und so langsam sollte man mit den Schuldgefühlen aufhören. Grad wir deutschen werden aufgrund unserer vorgeschichte in der Schule sehr gut über die Nazis und ihre verbrechen aufgekläret, so dass uns diese Grausamkeiten auch ohne ständiges gemeker des ZdJ im Gedächtniss bleibt"
[ZJD_24.01.2008_ano_001]

(116) „empören könnt Ihr Euch auch in Israel!!!! Vielleicht seid Ihr da mit Eurem arroganten Getue besser aufgehoben!!! MFG Ein Genervter!"
[ZJD_07.12.2008_Blu_001]

JUDEN ALS GEISTIG UND MORALISCH MINDERWERTIGE MENSCHEN: Die Stereotype der JÜDISCHEN VERSCHLAGENHEIT, HEUCHELEI, HINTERLIST, LÜGE und ZERSETZUNG

In vielen Schreiben werden Juden entweder explizit oder implizit als besonders schlechte und verkommene, moralisch minderwertige Menschen dargestellt, wobei insbesondere die seit dem Mittelalter tradierten Stereotype der HINTERLIST und HEUCHELEI verbalisiert werden:

(117) „Ihr seid Heuchler und Mörder. Jeder weitere Kommentar erübrigt sich."
[ZJD_Gaza2009_504/816_Ron_001]

(118) „Trau keinem Juden. [...] Daß Sie in diesem Land so agieren und ansonsten um Grundstücke, Kunst und Geld schachern macht Sie mir sehr, sehr sympathisch. Geht Ihnen eigentlich nur darum?"
[ZJD_01.09.2006_Len_001]

Ein Politikwissenschaftler aus Berlin bescheinigt dem Zentralrat eine *„den inneren Frieden Deutschlands vergiftende Propaganda"* [ZJD_31.08.2006_Ros_001] und gibt damit dem Stereotyp des JÜDISCHEN ZERSETZERS[46] seinen Ausdruck. Das in der NS-Zeit frequent bediente Klischee von JUDEN ALS LÜGNER wird in diesem Zusammenhang ebenfalls häufig kommuniziert:

---

46 Zum Stereotyp des ZERSETZERS s. Faber (1999).

(119) „Jedes Wort aus eurem Mund ist Lüge . Eure Gedanken sind Lüge. Ihr atmet die Lüge." [ZJD_Gaza2009_144/816_ano_001]

(120) „Was kann man dieser Tage einem Juden glauben? Wohl wenig oder garnichts." [IBD_28.10.2006_ano_002]

(121) „Wer mit der Lüge und bewußter Falschdarstellung als Tagesgeschäft wie selbstverständlich umgeht (man nennt es offiziell 'Politik machen' oder 'diplomatische Beziehungen unterhalten'), kann eben die Wahrheit selbst nicht vertragen und greift dann sofort überempfindlich zur bewährten Spießumdrehtaktik mit roher, brutaler Gewalt." [ZJD_Gaza2009_169/816_Len_001]

Dass jüdische bzw. jüdisch klingende Namen zur Stigmatisierung[47] herangezogen werden, hat eine lange Tradition (s. Bering 2002 und 2010), die sich im modernen Diskurs auf eine spezifische Weise stereotypengeleitet artikuliert:

(122) „der HR beauftragt eine ESTHER SHAPIRO, also eine Jüdin, Zweifel zu säen" [Sch_18.03.2002_Vog_001][48]

(123) „Zumindest lässt der Name der Autorin 'Esther S...' (den Familiennamen konnte ich mir nicht merken und aus der TV-Zeitschrift nicht eruieren) den Schluss nahe, dass hier bewusst nicht objektiv berichtet wird" [Sch_19.03.2002_Mei_001]

In diesen E-Mails wird eine doppelte Implikatur vermittelt der Art 'ein jüdischer Name legt nahe, dass es sich um eine jüdische Person handelt; und Juden lügen'.

Auch vielfach artikulierte Äußerungen wie *Israelis sind nicht an Frieden interessiert und täuschen die Weltgemeinschaft* kodieren das Stereotyp des JÜDISCHEN LÜGNERS. Hier spiegelt sich zudem die Entwicklung der öffentlichen Wahrnehmung des Nahostkonflikts wider, die Konzeptualisierung ISRAEL WILL KEINEN FRIEDEN ist nach dem Libanon-/Gaza-Konflikt auch ein häufig artikuliertes Kli-

---

[47] Verballhornungen von Namen und deren spezifische semantische Deutung sind z. B. typische Manifestationen dieser Stigmatisierung (s. Schwarz-Friesel 2007: 358). Der Name eines Menschen steht für seine Persönlichkeit; die Polemik zielt daher auf die totale Diskreditierung des Beleidigten und Diffamierten ab (s. Bering 2010: 217).

[48] Diese E-Mails sind einem Korpus entnommen, das uns Esther Schapira, Redakteurin des Hessischen Rundfunks, zur Verfügung gestellt hat. Es handelt sich um Reaktionen auf eine Sendung, in der die perspektivierte und verzerrte, anti-israelische Nahostberichterstattung anhand des Falls Mohammed al Durah aufgedeckt und kritisch diskutiert wurde.

schee in der deutschen Presse.[49] Das Vorurteil, Israelis wollten keinen Frieden, scheint sich als ein gesamtgesellschaftlicher Konsens herauszubilden (als Bewertungskonsonanz von Medienberichten und privaten Meinungsäußerungen).

Besonders oft wird in Abrede gestellt, dass Juden Gefühle wie Mitleid und Mitgefühl haben. Über Fragen und Aussagen wie in (124) und (125) werden Juden nach altem Muster dehumanisiert und diskreditiert und damit außerhalb der humanistisch ausgerichteten Gemeinschaft angesiedelt:

(124) „sieht der Wille nach Frieden und gegenseitiges Bemühen um Respect bei euch so aus??? Habt ihr überhaupt menschliche Gefühle?" [ZJD_Gaza2009_34/816_Zon_001]

(125) „Das was ihr macht, kann man nur noch Völkermord nennen. Ihr habt keine Achtung vor dem Leben!!!" [ZJD_Gaza2009_210/816_ano_001]

Häufig spiegelt sich in solchen Texten zugleich auch das Stereotyp des STREITBAREN, UNVERSÖHNLICHEN und des NACHTRAGENDEN JUDEN[50] wider, das entweder direkt in Bezug auf Juden referenzialisiert wird, wie in (126) und (127), oder in der auf Israel bezogenen Variante seinen Ausdruck findet, wie in (128):

(126) „Für Leute wie Sie ist das Leben nur Kampf. Würden Sie sich versöhnen, wüssten Sie nicht mehr, was Sie tun sollen. Sie tun mir leid." [ZJD_18.05.2005_Ben_001]

---

49 Vgl. z. B. den Essay *Glaubt Israel nicht mehr an Frieden?* von Chen Tzoref-Ashkenazi im Tagesspiegel vom 11.04.2010. Oder Ulrich Kienzle in der ARD-Talkshow *Hart aber fair: Blutige Trümmer in Gaza – wie weit geht unsere Solidarität mit Israel?* vom 21.01.2009: „Ich habe das Gefühl, die Israelis wollen keinen Frieden mehr, und das ist das, was mich am meisten enttäuscht". Entsprechend werden solche massenmedial kommunizierten Äußerungen von vielen Schreibern intertextuell zur Legitimierung ihrer Texte angeführt (z. B. *Wie ich gestern im Fernsehen hörte…*, s. dazu Kap. 7.3).

50 Dieses Klischee wird mittlerweile auch öffentlich in zahlreichen Internetkommentaren und Leserbriefen der Mainstream-Presse artikuliert, wie in dem folgenden Leserbrief aus der *Hannoverschen Zeitung*: „Der Hass auf Deutsche […] wird ewig wachgehalten […] Die Juden werden uns in 100 Jahren noch an unsere Schuld erinnern, dazu braucht man keine weiteren Gedenktafeln" (C.S., 07.02.2007). Die Täter-Opfer-Umkehr verbindet sich hier mit dem Stereotyp des NACHTRAGENDEN MAHNERS. Dass solche Texte nicht in den Papierkorb der Zeitungsredaktionen wandern, sondern ohne distanzierenden Kommentar veröffentlicht werden, zeigt, wie sehr die Tabuisierungsschwelle im Kommunikationsraum gesunken ist (s. hierzu auch Braune 2010). Dass es sich hier um antisemitisches Gedankengut handelt, wird entweder nicht erkannt oder als Meinungsfreiheit akzeptiert.

(127) „Hier hat man den Eindruck die Juden fühlen sich wohler, je mehr Feinde sie um sich haben." [ZJD_24.03.2005_Dei_001]

(128) „Dass die Israelis nicht friedliebend sind zeigt sich schon an den regelmäßigen Verletzungen des Luftraums von Lybien und Syrien."
[IBD_07.05.2006_Dro_001]

In diesen E-Mails findet sich zudem die Unterstellung, dass Versöhnung der jüdischen Lebensweise konträr gegenübersteht. Das Judentum wird somit als atavistische Lehre gedeutet, Israel als jüdischer Staat delegitimiert.

In vielen Schreiben werden dem Zentralrat *Komplizenschaft* und *pro-israelische Propaganda* vorgeworfen (s. weiter oben), aber in ebenso vielen Texten werden ihm *Verantwortungslosigkeit* und *Gleichgültigkeit* unterstellt, weil er zu den *Verbrechen in Israel schweige*:

(129) „solange Sie nicht begreifen, dass Ihr Terror und schlimmer (Phosphorbomben!) keine Verständigung herbeiführen kann, solange werden Sie zu Recht von humanistisch geprägten Menschen verachtet. [...] Ganz klar: [...] Mit Ihrem permanenten Schweigen solidarisieren Sie sich mit Terror und dürfen sich über Ablehnung in Deutschland nicht wundern. Mich widert Ihr Verhalten an." [ZJD_Gaza2009_27/816_Stü_001]

Ein altes Prinzip der judeophoben Weltsicht wird dadurch deutlich: Ganz gleich, was Juden tun oder nicht tun, sagen oder nicht sagen, es wird argumentativ immer gegen sie benutzt. Juden werden von Antisemiten allein aufgrund der Tatsache, dass sie Juden sind, abgelehnt:

(130) „Wundern Sie sich daher nicht, wenn das jüdische Volk auch heute noch Feinde hat oder keine Freunde bekommt!"
[ZJD_Gaza2009_46/816_Bau_001]

Verschwörungstheorien: Das Stereotyp der JÜDISCHEN WELTBEHERRSCHUNG(SPLÄNE)

(131) „Warum müsst ihr mit aller Macht die ganze Welt beherrschen?"
[ZJD_28.09.2007_Sch_001]

Das Stereotyp einer WELTWEITEN JÜDISCHEN VERSCHWÖRUNG klingt wie in (131) dann besonders an, wenn vom zu starken Einfluss der Juden/Israelis auf die

US-Regierung die Rede ist. Bei diesen überwiegend aus extremistischen Kreisen kommenden Zuschriften ist zudem ein ausgeprägter Anti-Amerikanismus vorherrschend (s. hierzu auch Jaecker 2004).

(132) „Israel kontrolliert Amerika und sicherlich morgen die ganze Welt."
[ZJD_Gaza2009_522/816_ano_001]

(133) „[...] drängt sich auch mir immer mehr der Verdacht auf, dass es einen Weltzionismus gibt, der überall seine Positionen hat, wohl auch im Dunstkreis der US-Regierung." [IBD_28.07.2006_Kun_001]

Die Existenz einer ominösen jüdischen Lobby wird unterstellt. Wenn klassische Verschwörungsstereotype bezüglich einer angeblich omnipotenten jüdischen Macht geäußert werden, geschieht dies überwiegend explizit und bei Personen, die wenig bemüht sind, ihre eigene antisemitische Haltung zu verbergen. Vielfach benutzt wird in solchen Schreiben die morphologische Verschmelzungsform *USrael*, um die untrennbare Symbiose der USA mit Israel auch formal zu indizieren:

(134) „USrael" [IBD_10.08.2006_Kra_001]

Das verschwörungstheoretische Konzept einer jüdischen Einflussnahme wird allerdings auch im Zusammenhang mit dem unterstellten Meinungsdiktat, das von Juden angeblich im deutschen Kommunikationsraum aufgrund ihres Sonderstatus oktroyiert wurde und wird, vgl. (135), aktiviert:

(135) „Ich weiß , man darf nichts gegen Juden oder Israelis sagen , das ist verboten , und auch auf die Gefahr hin , das ich wohl nun mit einer Anzeige rechnen muß, oder denunziert werde , mir etwas in die Schuhe geschoben wird , oder sogar Euer Mossad mir das Dach über den Kopf anzündet , meine Tiere vergiftet , oder was auch immer , werde ich diesen Brief versenden" [ZJD_Gaza2009_497/816_Wün_001]

Zur Verschwörungstheorie gehört als spezifische Variante das Phantasieprodukt des Kritiktabus in Bezug auf Israel, das mittlerweile auch im alltäglichen sowie massenmedialen Diskurs[51] kursiert.

---

[51] Vgl. etwa eine Folge aus der Sendereihe *Horizonte* des Hessischen Rundfunks mit dem Titel *Wie viel Kritik an Israel darf sein? – Von Menschenrechten, Antisemitismus und dem christlich-*

(136) „Ist Israel denn gegenüber Deutschland aufgrund der deutschen Vergangenheit unantastbar?" [ZJD_08.04.2002_Nie_001]

(137) „alle Kriegsverbrechen werden verschwiegen...denn Isralis dürfen alles!" [IBD_12.12.2006_Rie_001]

Die Metaphern *Auschwitzkeule* und *Antisemitismuskeule* sind komprimierte sprachliche Formen, die frequent benutzt werden, um dieses Stereotyp zu kodieren.

Das Stereotyp der JÜDISCHEN RACHSUCHT

Sowohl Juden als auch Israelis wird in zahlreichen Schreiben *Rachsucht* vorgeworfen, Handlungen und/oder Äußerungen ganz unterschiedlicher Ausrichtung werden homogen als *Rache, Racheakt, Racheaktion* o. Ä. klassifiziert. So zieht ein Haus- und Sanitärtechniker, der sich darüber empört, dass deutsche Soldaten beim Libanonkonflikt verletzt wurden, per Frage eine Verbindung zwischen dem Kriegsgeschehen im Nahen Osten und der deutschen NS-Vergangenheit über die Konzeptualisierung SELBST JUDEN IM FERNEN LIBANON TÖTEN DEUTSCHE AUS RACHE FÜR DEN HOLOCAUST:

(138) „Ich finde es auch traurig und das ist sehr schlimm das Ihr jetzt auch noch Deutsche tötet. Ist es die Rache für unser tun?" [IBD_20.07.2006_Stu_001]

Eine ähnliche pseudo-kausale Relation wird durch (139) etabliert: Juden in Israel wird unterstellt, sie handelten im Nahostkonflikt ausschließlich aus niederen, auf andere projizierten Rachegefühlen heraus:

(139) „Betr.: WG: Auschwitz Juden im Gaza. Dass die Sauerei mit Auschwitz nicht geleugnet werden darf, ist klar, gilt auch für Ahmadinejad, doch dies erlaubt es nicht den blöden Juden, sich statt an Deutschland jetzt an den Arabern zu rächen." [ZJD_Gaza2009_16/816_Del_001]

---

jüdischen Dialog. Diese so formulierten Fragen implizieren, dass es problematisch oder gar unmöglich sei, Israel zu kritisieren, was angesichts der realen Situation, dass Kritik exzessiv geäußert wird, völlig irreführend und de-realisierend ist.

(140) „Wie kann man so kaltblutig den Tod unschuldigen Kinder in Kauf nehmen, um sich nur zu rächen? Macht so etwas ein demokratisches Lad?" [IBD_16.07.2006_San_001]

Der gesamte Konflikt wird dadurch einseitig verzerrt und monokausal dargestellt, die tatsächlichen Hintergründe werden ausgeblendet und stattdessen durch ein altes judeophobes Erklärungsmuster gedeutet. Bezogen auf den Nahostkonflikt wird dem Zentralrat der Juden in Deutschland nicht nur (in Tausenden von E-Mails) kollektiv eine Mitschuld an Gewalt und Tod gegeben, er wird auch als gefühllos und moralisch verwerflich dargestellt:

(141) „Anscheinend ist es dem Zentalrat völlig egal, ob Frauen und Kinder im Libanon/Gaza-Streifen durch Israel umgebracht werden."
[ZJD_08.08.2006_Kre_001]

In den Texten von gebildeten Schreibern klingt das Stereotyp der JÜDISCHEN RACHSUCHT implizit vor allem in der Variante JUDEN ALS DEN HOLOCAUST NICHT VERZEIHENDE MAHNER an:

(142) „Wollen Sie uns das wirklich verbieten ? das eigenständige Denken und die kritische Sicht auf israelisches Vorgehen ? immer noch wegen des holocaust ?" [ZJD_01.09.2006_Roc_001]

JUDEN ALS DAS ÜBEL DER WELT

Es gehört seit vielen Jahrhunderten zum geschlossenen Weltbild von Antisemiten, dass sie Juden in ihrem kognitiven Glaubenssystem als DAS BÖSE SCHLECHTHIN repräsentieren und damit eine dichotome (manichäistische) Einteilung vornehmen.

(143) „die ganze Welt muss bluten wegen dem Judendreck, der uns alle schon mindestens 3000 Jahre beklaut und terrorisiert aber jetzt wird das Öl auch noch teurer wegen der verpissten verbrecherischen Juden, dieser Plage der Menschheit. !!!Judendreck muss von Gottes Erde weg!!! Wir kriegen Euch alle, es ist nur eine Frage der Zeit. Gott mit uns."
[ZJD_Gaza2009_788/816_ano_001]

In der NS-Zeit führte genau diese Konzeptualisierung zur sogenannten „Endlösung". Auch in vielen aktuellen Texten werden Juden kollektiv mit Hyperbeln als *abgrundtief böses Volk*, die *verkommensten Subjekte*, *der größte Dreck der Menschheit* und *das schlimmste Pestgeschwür der Erde* sowie als *dreckige Weltverbrecherschweine* bezeichnet und damit in Opposition zur übrigen Weltengemeinschaft gesetzt. Die auf dieser Polarisierung basierende Konzeptualisierung, dass Juden die Inkarnation des Schlechten und verantwortlich für alles Elend in der Welt, alle Schandtaten, Kriege und Krisen sind und daher alle eliminiert werden sollten, artikuliert sich expressis verbis wie in (144) und (145) fast ausschließlich in rechtsextremistischen und fundamentalistischen Schreiben:

(144)   „BALD WIRD ISRAEL VERNICHTET ALLE JUDEN MÜSSEN STERBEN DAMIT DIESE WELT EINE RUHE FINDET" [IBD_03.11.2006_ano_001]

(145)   „Dir Drecksjuden direkt eine in die Fresse. Du bist schuld am Elend dieser Welt!" [IBD_19.08.2008_Bau_001]

Doch das diesem Stereotyp zugrunde liegende judeophobe Ressentiment bestimmt auch viele Denk- und Kommunikationsstrukturen von gebildeten Verfassern aus der Mitte, die diesen Glaubensinhalt auf Israel projizieren und mittels hyperbolischer und de-realisierender Referenz (vor allem durch NS-Vergleiche) ausdrücken. In solchen Texten finden sich Aussagen wie *Israel gefährdet den Weltfrieden*, es betreibe *kontinuierlich (d. h. seit der Staatsgründung) nazi-ähnliche Verbrechen gegen die Menschlichkeit*, Israel sei *der schlimmste Kriegstreiber auf Erden* und müsse *gemaßregelt, gezügelt, verurteilt* oder *als jüdischer Staat aufgelöst* werden (s. hierzu ausführlich Kap. 7 und 10.3). Schreiben von Akademikern, die an den ZJD adressiert sind und in denen ihm Vorwürfe wegen der israelischen Regierungspolitik gemacht werden, kodieren das Stereotyp bevorzugt mittels impliziter Entwertungsstrategien wie in (146) und (147), wo Juden kollektiv als inhuman klassifiziert werden:

(146)   „Ich kann nur hoffen, das die Juden sich so schnell wie möglich besinnen und das Humanität in ihren Gedanken und Handeln wieder einzieht!" [ZJD_Gaza2009_214/816_Sch_001]

(147)   „Haben sie denn keinen Funken Mitgefühl, keine mescnhlcihe Regung angesichts des elends in Palestina?" [ZJD_2009_Gaza767_Loh_001]

Die Form der verbalen Dehumanisierung ist anders, aber die Semantik bleibt die gleiche: Juden werden außerhalb der menschlich fühlenden und denkenden Gemeinschaft der Eigengruppe positioniert. Implizit findet sich hier auch die Konzeptualisierung von Juden als eingeschworener, abgezirkelter Gruppe, die ausschließlich selbstzentriert denkt und agiert. Um aber den Anschein zu wahren, kein Antisemit zu sein, unterscheiden die gebildeten Verfasser aus der Mitte zwischen „guten" und „schlechten" Juden. „Gute" Juden sind entweder tot oder sie zeichnen sich durch Hass auf Israel aus. „Schlechte" Juden verteidigen Israel und werden entsprechend mit allen zur Verfügung stehenden Argumenten semantisch entwertet.

(148) „Die Generation der unverschuldet geschmähten und ermordeten Juden will ich achten und ehren. Aber die jetzigen Juden spielen sich als Herrenmenschen auf(wohl abgeschaut) und um ihren Größenwahn zu befriedigen, führen sie barbarische Kriege und sind Mörder. und gehören auf die Liste der Terroristen." [ZJD_30.07.2006_Sur_001]

Durch diese Strategie glauben die Schreiber offensichtlich, sich dem Vorwurf, Juden kollektiv zu diffamieren, entziehen zu können. Dass allein durch die Adressierung solcher Schreiben an den ZJD die Unterstellung von kollektiver Schuld und Verantwortung (sowie die Gleichsetzung von Juden und Israelis, der eine ausgrenzende Fremd-Definition von Juden zugrunde liegt) vollzogen wird und dass dies ein antisemitisches Weltbild transparent macht, blenden diese Verfasser aus.

JUDEN ALS HOLOCAUSTAUSBEUTER UND MEINUNGSDIKTAT-ERPRESSER

Die Vorstellung, dass Juden den Holocaust und damit ihren besonderen Status als Opfer der NS-Zeit gezielt ausnutzen, um sich materielle und/oder allgemein gesellschaftliche Vorteile zu verschaffen, ist die Basis aller modernen Stereotype des Nachkriegsantisemitismus und Hauptthema in der überwiegenden Zahl der Schreiben an den Zentralrat und die Botschaft. Vgl. (149) und (150):

(149) „hören Sie doch bitte endlich auf mit Ihrer permanenten unsäglichen Erpressung deutscher Politiker! Sie sollten sich besser um die Menschenrechtsverletzungen im besetzten Palästina und um die dortige desolate humanitäre Lage kümmern [...]" [ZJD_14.04.2007_Pon_001]

(150) „Es kann keine Freifahrkarte nach mehr als sechzig Jahren geben, immer die gleiche Keule wieder zu benutzen um seine eigenen Interessen brutal durch zu setzen." [ZJD_12.03.2008_Til_001]

Über 85 Prozent aller Verfasser bedienen in ihren Texten explizit oder implizit das nach 1945 etablierte und über Floskeln kontinuierlich bis zum heutigen Tag reproduzierte Klischee[52] des HOLOCAUSTAUSBEUTERS (und daran gekoppelt das des MEINUNGSDIKTAT-ERPRESSERS). Dieses Stereotyp betrifft die Erinnerung an die Shoah, die sogenannten „Wiedergutmachungszahlungen",[53] den Umgang mit deutscher Verantwortung und die Erinnerungs- und Gedenkkultur. Dass Juden den deutschen Staat moralisch und finanziell unter Druck setzen und den Holocaust dafür instrumentalisieren würden, ist zwar in dieser spezifischen Variante ein Nachkriegskonzept,[54] keineswegs handelt es sich aber um ein neues Stereotyp. Es basiert ganz maßgeblich auf dem alten Klischee des SCHMAROTZERS und AUSBEUTERS, wie viele Schreiben auch durch die Wahl der sprachlichen Mittel belegen, vgl. (151) und (152):

(151) „Oder besser gesagt lernt mal endlich was und schmarotzt nicht immer nur rum." [ZJD_14.04.2007_Wen_001]

(152) „Wenn das ihre Ahnen wüssten [...] dass deren Schicksal für die Geldgeschäfte der Nachkommen 'ausgeschlachtet' und 'verkauft' wird [...]" [ZJD_04.06.2005_K_001]

Dass seit Jahrhunderten tradierte Sprachgebrauchsmuster sich mit der Verbalisierung aktueller Themen vermischen, ist ein deutlicher Indikator für die konzeptuelle Elaboration und Adaption des alten Ausbeuter-Stereotyps. Aus dem mittelalterlichen *gierigen Schacherer* und dem *parasitären Schmarotzer* des 19. Jahrhunderts ist der *Holocaustausbeuter* geworden. Dass dieses Stereotyp

---

52 Dieses Klischee wird mittlerweile auch im öffentlichen und massenmedialen Kommunikationsraum ausgesprochen. Vgl. als exemplarisches Diskursbeispiel die ARD-Talkshow *Hart aber fair: Blutige Trümmer in Gaza* vom 21.01.2009 (s. auch Kap. 7.3).
53 Vgl.: „Wieso bezahlen wir eigentlich immer noch Wiedergutmachung was vor über 50 Jahre passiert ist??? Die Schuld ist beglichen!!!!!" [ZJD_26.08.2007_Kar_001] Das Lexem *Wiedergutmachungszahlung* an sich ist ein Indikator für den unsensiblen Umgang mit den Verbrechen im Holocaust, vgl. Schwarz-Friesel (2007: 325). Die Bedeutung von *Wiedergutmachung* impliziert, es bestehe die Möglichkeit, den im Holocaust vollzogenen Massenmord (finanziell) auszugleichen. Angesichts sechs Millionen umgebrachter Menschen ist dies eine zynische Form der Referenzialisierung.
54 In der Forschungsliteratur wird es daher als das vorherrschende Merkmal des sogenannten Sekundärantisemitismus gesehen. Wie bereits erörtert, lehnen wir den Terminus „sekundär" jedoch ab, da er semantisch irreführend ist. Wir weisen zudem auf die ungebrochene Kontinuität der Stereotype hin, deren konzeptueller Grundtypus erhalten bleibt, deren konkrete Instanziierung jedoch zeitgemäß vorgenommen wird. Aus dem *Betrüger und Finanzmenschen* ist der *Landräuber* geworden.

sich trotz der Kenntnis um die Gräueltaten in der NS-Zeit so schnell in der Post-Holocaust-Ära etablieren konnte und bis heute so umfassend und so nachhaltig erhalten geblieben ist, zeigt, wie tief verwurzelt und wie resistent judeophobes Gedankengut im kollektiven Gedächtnis verankert ist. Daher ist die in der Antisemitismusforschung getroffene und viel reproduzierte Aussage, es gebe nach 1945 „nicht trotz, sondern wegen Auschwitz[55] Antisemitismus" (s. z. B. Benz 2004: 19), so nicht zu halten. Der Antisemitismus nach dem Holocaust fand lediglich eine neue, aktuelle Konzeptualisierungsebene für das tradierte judenfeindliche Ressentiment. Dass der zweitausend Jahre alten Judenfeindschaft also tatsächlich trotz des Zivilisationsbruchs Auschwitz nicht ein für alle Mal der Boden entzogen wurde, ist u. a. darauf zurückzuführen, dass es unmittelbar nach dem Zusammenbruch des NS-Regimes keine gesamtgesellschaftliche Aufarbeitung zu den weltanschaulichen und ideologischen Gründen des Holocaust und auch keine Empathieentwicklung für die Opfer gab (s. Kap. 4.4).

Die durch den (medial intensiv und emotional inszenierten) Nahostkonflikt ausgelöste Welle von hasserfülltem, irrationalem Anti-Israelismus, der seit zehn Jahren ungebrochen anhält, und die zunehmende Akzeptanz von zum Teil manifest antisemitischen Äußerungen (insbesondere im Internet) sind ein Indikator für die Bereitschaft[56] vieler Menschen, ungeprüft zu glauben, dass Juden und der jüdische Staat prinzipiell schlecht und schuldig seien. Das Potenzial, judeophobe Denk- und Gefühlsstrukturen jederzeit und zu jedem Anlass zu aktualisieren, ist dementsprechend groß.

(153)   „Ja, ich glaube dass damals vor dem zweiten Weltkrieg die Juden die deutsche Bevölkerung vermutlich genauso bedrängt haben wie heute die Palästinenser. Die Juden verstanden es meisterhaft die Deutschen von Damals auszunützen und ihr Vertrauen zu missbrauchen. (fiese Geschäftemacher)" [ZJD_Gaza2009_20/816_ano_001]

(154)   „Seien Sie sich gewiss: Die Ablehnung und der Hass der Deutschen Ihrer Institution gegenüber ist Ihnen gewiss. Immer für immer. Vergessen Sie nie: Das kleine Einmaleins wird in jeder Grundschule gelehrt! Und nicht

---

55 Vgl. entsprechend: „Auschwitz werden uns die Deutschen niemals verzeihen!" (Zvi Rex, zit. n. Heinsohn 1988: 115)
56 Diesbezüglich gilt, was Trachtenberg 1943 in seinen Ausführungen zum Judenhass im Mittelalter schrieb: „Why? There can be but one answer: people believe such things because they want to believe them" (Trachtenberg 1943: 2). Den Universalverdacht, dem Juden sich seit Jahrhunderten ausgesetzt sehen, das uralte „Gerücht über die Juden" (Adorno [1951] 1980: 123), konnte auch der Holocaust nicht flächendeckend zerstören.

der 'Holocaust'! ;-)) Die Solidarität der Deutschen gilt dem palästinensischen Volk [...] auf dieser grossen schönen Welt, wo es keinen Platz gibt für die ewig gestrigen Parasitäre und Schmarotzer. Mit kaltem Gruss" [ZJD_Gaza2009_530/816_Jüt_001]

Auch die zum Teil obsessive Beschäftigung vieler Deutscher mit dem Nahostkonflikt und das angebliche Verständnis für die Palästinenser, die als *Opfer brutaler jüdischer Machtinteressen* charakterisiert werden, ist letztlich nur ein Ausdruck der Solidarität mit sich selbst und der Eigengruppe und damit nichts als ein situationsgebundener Transfer von anti-jüdischen Gefühlen auf Israel. Der Nahostkonflikt ist somit lediglich ein Katalysator für das globale judenfeindliche Ressentiment.

Die Vorstellung, Juden würden die jahrhundertelange Judenverfolgung und insbesondere den Holocaust instrumentalisieren, fungiert als eine konzeptuelle Schablone, vor der alle gängigen Stereotype neu bzw. re-interpretiert und an aktuelle Geschehnisse angepasst werden. So befindet ein Zahnarzt aus Köln:

(155) „Der Kotau des offizellen Deutschland vor den Juden ist langsam unerträglich. Wir haben keinen Grund dazu. Der immer wieder hierzu angezogene Holocaust war ein schlimmes Verbrechen, welches jedoch keinen Grund gibt, hierfür noch nach Jahrzehnten fast tägliche Demut zu fordern, während man selbst gleiche Verbrechen an anderen Völkern verübt. Der Saldo ist längst ausgeglichen [...]." [ZJD_01.09.2006_Nor_001]

Die schnelle Anpassungsfähigkeit antisemitischer Konzepte zeigt sich im Korpus besonders deutlich: Findet sich bis 2003 noch überwiegend der Hinweis auf die angebliche Ausbeutung und Erpressung des Zentralrats bezüglich innerdeutscher Angelegenheiten, mehren sich danach schlagartig die Vorwürfe, (deutsche) Juden setzten die deutsche Regierung mit dem Holocaust zwecks Unterstützung der israelischen Politik unter Druck.

(156) „anscheinend wurde nichts aus dem 2. weltkrieg gelernt. deutschland heute noch für den holocaust immer und immer wieder zur verantwortung ziehen und so staatsgelder rauspressen, damit damit für israel und deren kriegsmaschinerie wieder neue waffen gekauft werden. ist irgendwie grotesk!" [ZJD_29.07.2006_Now_001]

(157) „Die Juden benutzen die Erbschuld der Deutschen, um sich immer mehr zu bereichern. Sie nützen diese Erbschuld auch aus, indem sie von den Deutschen unbedingte Treue zu den Schandtaten der Israelis fordern." [ZJD_30.11.2006_Gel_001]

Oftmals wird dabei argumentiert, die Erinnerungskultur werde nur gepflegt, um über moralischen Druck Geld zu erpressen.[57] Dabei werden, wie in (158), mehrere Stereotype verbalisiert und argumentativ aneinandergereiht:

(158) „Das deutsche Volk hat über Generationen hinweg genug Buße tun müssen – in Form von erdrückenden Steuergeldern für die Juden. Was gibt's da also zu beschweren? Euch geht's doch bestens – auf Kosten des Staates, auf Kosten von mir und meinem Mann z. B. als Steuerzahler! Ist das denn immer noch nicht genug?" [ZJD_04.05.2005_Kar_001]

Der Verweis auf das Buch von Finkelstein ([5]2001) über die sogenannte „Holocaust-Industrie" ist in diesem Zusammenhang die häufigste intertextuelle Bezugnahme zur Legitimierung der eigenen Aussagen:

(159) „Trotz ihrer leidvollen Vergangenheit scheint ihnen ein Mitgefühl für die Nöte anderer Völker fremd zu sein und den Holocaust sehen jüdische Organisationen anscheinend hauptsächlich als Erpressungspotential. 'Die Holocaust-Industrie' von Norman G. Finkelstein läßt grüßen." [ZJD_12.12.2006_Oeh_001]

(160) „Nochmals: Die Opfer der Shoah verdienen unser aller Respekt und Verehrung. Aber sie sind umsonst gestorben, wenn ihre Leiden instrumentalisiert werden, um heute ungerechtet politisches Kapital daraus zu schlagen. Lesen Sie doch mal die Bücher von Norman Finkelstein!" [IBD_12.12.2006_Glo_001]

Die angebliche Instrumentalisierung des Holocausts wird zugleich als (Haupt)-Grund für den Antisemitismus in Deutschland genannt und damit die Schuld den Juden selbst gegeben.

(161) „Der häufige Missbrauch des Holocausts für gegenwärtige Zwecke ist kontraproduktiv für ein normales Zusammenleben zwischen Juden und Nichtjuden." [ZJD_11.03.2008_Zen_001]

---

[57] HOLOCAUSTAUSNUTZUNG und KRITIKTABU sind die bei weitem am häufigsten verbalisierten Stereotype in den Texten, deren Verfasser der (gebildeten und gut situierten) Mitte zuzuordnen sind. Bei rechtsextremen Schreiben korrelieren diese Stereotype zudem mit Holocaustleugnung und/oder -Relativierung (s. Kap. 6). Vgl.: „Schlimmer als der Holocaust, falls es diesen überhaupt gegeben hat." [ZJD_Gaza2009_153/816_Rie_001]

Eine stark ausgeprägte Überdruss-Mentalität ist in nahezu allen Texten erkennbar: Diese wird entweder expressis verbis über direkte Sprechakte in Form von Aufforderungen und Drohungen vermittelt:

(162) „Lassen Sie die Vergangenheit ... endlich ruhen!!! Alles andere wirft auf die Juden nur ein falsches (und keinesfalls günstiges) Bild." [ZJD_04.05.2005_Kar_001]

Oder ihre Kodierung erfolgt implizit in Form von Verantwortungsablehnung, die nahelegt, das Gedenken und mahnende Erinnern einzustellen, wie in der E-Mail einer Heidelbergerin:

(163) „Ich selbst bin 42 Jahre alt, gehöre also der Generation an, die nicht in Verbindung mit den schrecklichen Verbrechen der Nationalsozialisten gebracht werden kann. Meine Eltern waren zur Zeit des dritten Reiches Kinder und trugen ebenfalls keine Verantwortung für diese Verbrechen." [ZJD_10.04.2002_Sch_006]

Die Phrasen *es muss ein Schlussstrich gezogen werden* oder *es muss Schluss sein* werden frequent benutzt, wobei oft jüdische und israelische Belange undifferenziert vermischt oder gleichgesetzt werden:

(164) „Deutschland ist Isreal und den Juden zu überhaupt nix verpflichtet das muß Israel und die Juden endlich mal verstehen . Deutschland hat genug für Israel und die Juden getan und damit muß entlich mal schluss sein . MFG" [ZJD_13.05.2007_Lud_001]

Typisch sind auch Aufrechnungen und Gleichsetzungen von Schuld, wie in (165) mittels eines impliziten NS-Vergleichs, um die Verbrechen in der deutschen Vergangenheit zu relativieren und damit selbst Entlastung zu erhalten (s. auch Bsp. (155)):

(165) „Sehr geehrte Frau Knobloch, das was ihrem Volk angetan wurde kann man nicht verzeihen. Doch jetzt muß mal mit dem Ganzen Schluß sein. Was ihre Landsleute mit den Palästinenzern da machen ist auch nicht viel besser. Vielleicht sollten sie dieses mal berücksichtigen bevor sie wieder auf Tränentour gehen." [ZJD_25.11.2008_Rei_001]

Dieser sogenannte Entlastungsantisemitismus (s. Schapira/Hafner 2006), der sich maßgeblich auf Täter-Opfer-Umkehrungen stützt, beinhaltet auch, dass das uralte Stereotyp, Juden allein seien verantwortlich für die Existenz von Judenfeindseligkeit, aktiviert und aktualisiert wird.

Das Stereotyp JUDEN SIND SELBST SCHULD AM ANTISEMITISMUS

Wurden in den vergangenen Jahrhunderten den Juden je nach Epoche und Gesellschaftsstruktur ihr *Irrglauben*, ihre *Blutrituale*, ihre *Zinsgeschäfte*, ihre *Weltübernahmepläne* und/oder ihre *Minderwertigkeit als Rasse* vorgeworfen und damit als Grund für die ihnen entgegengebrachte Feindseligkeit erfunden und vorgebracht, sind es im 21. Jahrhundert zeitgemäße Täterprofile, die konstruiert werden, um Juden als Verursacher der gegen sie gerichteten Antipathie darzustellen. Diese Konzeptualisierung wird verbal in drei Manifestationsvarianten mit jeweiligen semantischen Schwerpunkten realisiert. Die erste Variante basiert auf dem Argument, 'Juden fördern (als rachsüchtige, nachtragende Störenfriede und lästige Mahner) Antisemitismus allein durch ihr Verhalten' (HOLOCAUSTERPRESSUNG und MEINUNGSDIKTATERZWINGER; s. auch (158) in Bezug auf die NS-Vergangenheit):

(166) „Wenn das so weiter geht, dann sollten Sie sich nicht wundern, wenn es zu einem verstärkten Antisemitismus kommt. Daran haben Sie nicht zuletzt einen verdienten Anteil dann." [ZJD_07.11.2008_Bla_001]

(167) „Sie und ihre Gemeinschaft werfen den Deutschen in den letzten Tagen Antisemitische- Stimmung und Tendenzen vor. Das stimmt meiner Meinung nach so nicht [...] und der Vorwurf darf so auch nicht gemacht werden. [...] Ich muss Ihnen leider sagen dass Sie mit solchen Aussagen und Inhalten den Antisemitismus nur fördern, und den Antisemiten damit stärken." [ZJD_01.09.2006_Tef_001]

Juden werden somit einerseits zu materiellen Tätern stilisiert, da sie 'dem deutschen Staat Gelder abpressen und ihm finanziell schaden' andererseits zu intellektuellen Tätern, da sie 'dem inneren Frieden und dem Nationalstolz der Deutschen entgegenarbeiten' sowie die viel beschworene „Normalität" verhindern. Während rechtsradikale und extremistische Verfasser dabei Allaussagen wie *Alle Juden beuten uns aus* sowie Zusätze mit kollektiven Lesarten artikulieren wie *Schmarotzer, so seid ihr schon immer gewesen*, sind Verfasser aus der Mitte zurückhaltender in ihren Verurteilungen (wenngleich die Semantik nicht wesentlich anders ist) und benutzen verstärkt indirekte Sprechakte mittels Fragen und

Konjunktivkonstruktionen wie in (168) und (169) oder mahnender bzw. drohender Vorhersagen wie in (170), der E-Mail eines Rechtsanwalts aus München:

(168) „Könnte es sein, dass ihre beständig geschwundene Moralkeule erst antisemtscihe Gefühle bei den deutscehn erzeugt?"
[ZJD_04.03.2002_Moe_001]

(169) „da der Zentralrat der Juden in Deutschland eine Zunahme von Judenhaß feststellt könnte das auch an dem 'Benehmen' der Klagenden liegen."
[ZJD_Gaza2009_49/816_Kle_001]

(170) „Ich habe kein Verständnnis für solch ein autoritäres und intolerantes Verhalten. Sie müssen sich nicht wundern, wenn in unserem Land keine Normalität einkehrt und wieder Vorurteile gegen ihre Glaubensgemeinschaft entstehen oder sich verfestigen." [ZJD_08.11.2008_Mad_001]

In der zweiten Variante findet sich die Aussage, Juden in Deutschland förderten den Antisemitismus durch ihre solidarische Stellungnahme für Israel (vgl. auch Bsp. (56) und die Verwendung der „Antisemitismuskeule" in Bezug auf Israel-Kritik):

(171) „Kein Wunder, dass der Antisemitismus auch in Deutschland wächst. Sie sind mitschuldig an dieser Entwicklung, weil Sie als Propaganda-Abteilung der israelischen Regierung agieren." [ZJD_03.09.2006_Ack_001]

(172) „Ihr [...] Verhalten dient in keiner Weise dem gegenseitigen Verständnis von Juden und Nichtjuden; eher erzeugen Sie damit Aversionen als dass Sie der jüdischen Sache dienen und Sympathien gewinnen."
[ZJD_20.04.2007_Hil_001]

(173) „Dieses Verhalten fördert nicht das Zusammenleben von Juden und deutschen Christen sondern erzeugt in der Bevölkerung stillen unterschwelligen Unmut ‚den Juden gegenüber." [ZJD_12.03.2008_Til_001]

Dass der ZJD sich gegen die massiven Anfeindungen und einseitigen Verurteilungen Israels ausspricht, wird von vielen Verfassern als *Komplizenschaft, Mittäterschaft* und *Illoyalität gegenüber Deutschland* kritisiert, oft auch als *typisch jüdisch, dieses Zusammenhalten* charakterisiert. So sind es entsprechend auch oft

ZJD und der Staat Israel gemeinsam, denen übergeneralisierend Schuld und Verantwortung zugewiesen wird:

(174) „Wenn Sie weiterhin glaubwürdig sein wollen, dann appellieren Sie an Ihren Staat Israel und fordern Sie ein sofortiges Ende der unbeherrschten Gewalt. Sonst leisten Sie einen Aufschwung des Antisemitismus Vorschub - und das dürfte doch nicht in Ihrem Interesse sein!"
[ZJD_Gaza2009_785/816_Tho_001]

Schließlich geben alle israel-kritischen Schreiber, die ihre Texte an den ZJD und nicht an die Botschaft senden, damit bereits indirekt zu verstehen, dass sie auch die deutschen Juden als Ansprechpartner für israelische Belange kollektiv in der Verantwortung sehen. Sie kodieren also allein durch die Adressierung an den ZJD das Stereotyp JUDEN UND ISRAELIS SIND EIN VOLK MIT GEMEINSAMER POLITIK, und sie bedienen das Klischee, es gebe eine WELTWEITE JÜDISCHE ALLIANZ, die kollektiv dafür haftbar zu machen sei, was in der Welt geschieht.

In der dritten Variante wird Israel bzw. israelischer Politik die Schuld für den Anstieg bzw. die Existenz von Antisemitismus (in Deutschland und weltweit) gegeben (s. hierzu auch Kap. 11.5, Beispiele (116) bis (118)):

(175) „Israel ist heute mehr denn jedes andere Land auf Erden die Nummer eins als Verursacher und Unterstützer von Antisemitismus."
[IBD_29.02.2008_Gel_003]

(176) „Ergebnis: Das Ansehen Israels wird wegen dessen Brutalität weiter schwinden, und Sie mögen dann hinterher den zunehmenden Antisemitismus beklagen." [ZJD_05.01.2009_Kra_001]

Dass keine noch so gewalttätige Aktion in Israel den Anstieg von Antisemitismus rechtfertigen kann, da dieser auf einer unzulässigen Gleichsetzung von Juden und Israelis sowie einer judeophoben Kollektivschuldzuweisung beruht, wird dabei auch von gebildeten Schreibern ausgeblendet, wie z. B. die E-Mail eines habilitierten Sozialwissenschaftlers zeigt:

(177) „Sollten sich durch die auch international geäusserte Kritik hieran Juden in aller Welt diskriminiert fühlen, wären Klagen darüber m.E. an die Adresse Israels zu richten und nicht an die Berichterstatter."
[ZJD_11.08.2006_Bla_001]

Zum Teil thematisieren die Verfasser auch einen Sinneswandel bzw. eine Bewusstseinsveränderung[58] (*„die Wahrheit erkannt"*, *„die Augen geöffnet"*), die letztlich der Bestätigung alter Vorurteile dient.

(178) „ich weiss JETZT auch warum man euch seit über 2000 jahren verfolgt."
[IBD_09.01.2009_Rud_001]

(179) „Jetzt erst weiß ich, warum euch die ganze Welt so haßt."
[ZJD_Gaza2009_792/816_ano_001]

So implizieren auch die Äußerungen von (180) und (181), dass es gute Gründe gebe, Juden abzulehnen und zu bekämpfen.

(180) „Und ich ärgere mich, daß ich mein lebenlang glaubte, daß das jüdische Volk zu unrecht verfolgt wurde." [ZJD_01.08.2006_Sch_003]

(181) „Ich verstand früher nicht wie es zum Antisemitismus kam aber Eure Lehrbeispiele in Sachen Mörder und Kriegsverbrecher lassen diesen Wahnsinn ein Gesicht geben." [ZJD_01.08.2006_Sch_003]

Dies bestätigt die These, dass Antisemitismus in einem Individuum keineswegs als eine biographische Konstante gesehen werden muss, sondern vielmehr dynamisch als Entwicklungsprozess betrachtet werden kann (s. hierzu auch Zimmermann 2005: 14). Auch Antisemiten wie Marr, Streicher und Hitler haben, sehr ähnlich zu den modernen Antisemiten und ihren Äußerungen, einen entsprechenden Sinneswandel (*„plötzlich ein sehender Mensch werden"*, *„die Schuppen von den Augen gefallen"* etc.) verbalisiert (s. Zimmermann 2005: 13 f.).

Bei allen Varianten zeigt sich eine psychologische Gefühlsdimension, die typisch für Hass und Intoleranz ist: Das Objekt des Hasses ist stets selbst schuld daran, dass man es hasst, denn der Hass ist für den Hassenden in der Wesensart oder der Handlungsweise des Gehassten begründet (s. Kap. 7 und 9 zu internalen Attributionen): „Das Opfer ist [...] immer für alles verantwortlich und es ist auch verantwortlich für die Anschuldigungen, die ihm zu teil werden, egal, ob sie nun den Tatsachen entsprechen oder nicht" (Haubl/Caysa 2007: 96).

Zu dieser Haltung gehört auch, dass der real existierende, von Nicht-Juden praktizierte Antisemitismus entweder geleugnet oder marginalisiert wird.

---

58 S. hierzu auch die Beispiele (108), (109) und (127) in Kap. 7.

Leugnung und Relativierung von Judenfeindschaft

Genuin antisemitische Tendenzen werden von vielen Schreibern geleugnet oder relativiert und damit wird die ureigene Verantwortung abgelehnt bzw. verschoben. Die Bagatellisierung der aktuellen Judenfeindschaft wird dabei stets durch die Behauptung vorgenommen, dass es keinen (oder keinen ernst zu nehmenden) Antisemitismus in der deutschen Mehrheitsgesellschaft gebe. Die Leugnung des Antisemitismus kann dabei mittels Evidenz etablierender Aussagen wie in (182) erfolgen, wo die subjektive Meinung des Schreibers durch einen assertiven Satz (verstärkt durch das Modalwort *generell*) als Fakt ausgegeben wird:

(182) „Auch Sie schüren eine solche Angst vor einem Antisemitismus, den es in Deutschland generell nicht gibt." [ZJD_11.06.2002_Esc_001]

Andere Verfasser ähnlicher Schreiben, die dem Zentralrat *Panikmache* und *pure Deutschenfeindseligkeit* vorwerfen, drücken dies eher als Zweifel und subjektiv empfundene Wahrnehmung aus, so wie der Akademiker aus Düsseldorf, Jahrgang 1978, der den Inhalt seiner E-Mail (183) selbst als „*eine Sichtweise aus der Mitte der Gesellschaft*" beschreibt, oder der Verfasser von (184):

(183) „In meinem persönlichen Umfeld nehme ich jedenfalls keinen Antisemitismus wahr; das mag vielleicht auch an meiner Bildung (hoffentlich!) [...] liegen." [ZJD_Gaza2009_66/816_Her_001]

(184) „Nach meiner Erkenntnis ist der 'Normalverbraucher' in Deutschland nicht antisemitisch." [ZJD_30.01.2005_Hof_001]

Nachdem die Verfasserin von (185) in ihrer E-Mail explizit mehrere antisemitische Stereotype und Verbalangriffe gegen den ZJD artikuliert hat, dem sie u. a. „*Ihre penetrante, kleinkarierte Kläfferei*" vorwirft, stellt sie fest:

(185) „Schauen Sie genau hin: so weit ich das beurteilen kann, hat die deutsche Bevölkerung nichts gegen unsere jüdischen Mitbürger."
[ZJD_07.11.2008_Ber_001]

Damit ergibt sich ein Widerspruch zu den zuvor kommunizierten Klischees und feindseligen Verbalattacken, was sie jedoch offensichtlich nicht bemerkt. Es ist insgesamt ein durchaus als typisch zu bewertendes Kennzeichen antisemitischer „Argumentation", dass ihr Widersprüche und Paradoxien inhärent sind (s. hierzu ausführlicher Kap. 9.4.2). Es kommt auch zu semantischen Umdeutungen: Judenfeindliche Tendenzen und anti-israelische Bekundungen in der modernen Gesellschaft werden z. B. als *kritisches Denken* und *Meinungsfreiheit* re-klassifiziert und im Sinne der Verfasser so subjektiv legitimiert und gerechtfertigt:

(186) „Verehrte Frau Knobloch, was Sie als antisemitische Stimmung in Deutschland werten, ist nichts weiter als die Emanzipation der Deutschen und die Befreiung von einer durch den Zentralrat installierten Meinungsdiktatur." [ZJD_14.09.2006_Bel_001]

Das imaginäre KRITIKTABU ist ein weiteres hochfrequent verbalisiertes Stereotyp des modernen antisemitischen Diskurses, das nicht nur in zahlreichen E-Mails und Briefen an den ZJD und die IBD, sondern auch in Leserbriefen, Internetkommentaren, Talkshows und Zeitungsartikeln öffentlich artikuliert wird.

Das Stereotyp des MEINUNGSDIKTATS und das Bild der ANTISEMITISMUSKEULE

Das Klischee von JUDEN ALS (INTELLEKTUELLEN) EINFLUSSREICHEN MEINUNGSBILDNERN ist nicht erst nach 1945 entstanden, vielmehr wurde es bereits im 19. Jahrhundert in antisemitischen Pamphleten ausgedrückt. In Marrs Schrift *Der Sieg des Judenthums über das Germanenthum* z. B. findet sich expressis verbis die Konzeptualisierung ausgedrückt, Juden würden die Presse in Deutschland beherrschen und dadurch maßgeblich meinungsbildend und federführend Einfluss auf die Gesellschaft nehmen. Juden in Deutschland werden von Marr als *„dominant", „einflussreich"* (Marr ^{3}1879: 23) dargestellt, und auch die später von den Nationalsozialisten als Floskel benutzte Phrase *„verjudete Tagespresse"* findet hier ihren Ausdruck. Hitler und Goebbels griffen das Stereotyp in zahlreichen Reden bereits vor der Machtübernahme auf. So verweist Hitler 1920 in seiner Münchner Rede *Warum wir Antisemiten sind* auf die ominöse Macht *„einer bis auf den Pfiff organisierten jüdischen Presse"* (Hitler 1920, zit. n. Phelps 1968: 405).

Dieser imaginäre Einfluss wird in den aktuellen Texten als *omnipräsente Meinungskontrolle, jüdische Lobby, zionistische Propaganda, jüdische Erpressung, Maulkorbpolitik, Gleichschaltungstendenz*[59] oder *israelischer Meinungsterror* thematisiert. Stehen bis 2004 vor allem innerdeutsche Aspekte bei den Schreibern im Vordergrund, ist ab 2004/2005 die Variante KRITIKTABU IN BEZUG AUF ISRAEL die am häufigsten artikulierte Manifestation dieses Klischees im Korpus. Die Kompositummetaphern *Auschwitzkeule* bzw. *Antisemitismuskeule* kodieren auf

---

[59] Auch Günter Grass benutzte dieses Wort, als er wegen seines anti-israelischen Kommentars scharf kritisiert wurde.

eine komprimierte Weise diese Vorstellung und sind (seit der Walser-Debatte) mittlerweile auch im öffentlichen Kommunikationsraum frequent zu hören und zu lesen.

(187) „Solange Kritik an deutschen Juden / Juden in Deutschland gleich mit der sogenannten Auschwitz-Keule begegnet wird, solange sind wir von einem normalen Verhältnis noch weit entfernt." [ZJD_30.05.2007_Gir_001]

(188) „Sehr geehrte Frau Knobloch, die Auschwitzkeule funktioniert. Kein deutscher Politiker hat die Stimme gegen den mörderischen Krieg den Israel in Gaza führt erhoben. [...] So sät man Hass. [...] Übrigens: viele meiner Patienten denken und fühlen ähnlich. MfG, Dr. med. M. D." [ZJD_Gaza2009_160/816_Dös_001]

Es gibt verschiedene Verbalisierungsvarianten, mit denen das weithin verbreitete Klischee vom JÜDISCHEN MEINUNGSDIKTAT ausgedrückt wird. Das de facto nicht existierende Kritiktabu wird als gesellschaftliches Verbot und als Fakt dargestellt und zugleich als extrem negativ bewertet:[60]

(189) „Leider traue ich mich nicht, meinen Namen und meine Anschrift anzugeben, denn von Presse- und Redefreiheit ist in Sachen Juden in Deutschland keine Rede mehr." [ZJD_29.12.2007_ano_001][61]

(190) „Es kotzt mich langsam an, dass man sich von Juden in Deutschland den Mund verbieten lassen muß." [ZJD_07.11.2008_Bla_001]

In (191) wird zudem die Implikatur vermittelt, dass es auch 'jüdische Missetaten aus der NS-Zeit' gebe, die aufgrund der Tabuisierung verschwiegen werden müssten:

---

60 Dies geschieht vielfach in Form von Doppelpropositionen der Art EP (P), wobei zunächst die emotionale Einstellung des Verfassers (*Es kotzt mich an* ...) ausgedrückt wird und dann mit der eingebetteten Proposition (*dass* ...) ein Sachverhalt als Tatsache ausgegeben wird (vgl. Schwarz-Friesel 2007: 173 ff.).
61 Dass die Verfasser anonym bleiben, ist allerdings im Korpus eher selten und vor allem bei Extremisten zu konstatieren. Allein die Tatsache, dass die meisten Schreiber Namen und Anschrift angeben und zudem oft Kopien ihrer Schreiben an Presse- und Politikvertreter senden, steht in Widerspruch zu dem von ihnen so bitter beklagten Tabu.

(191) „Die Deutschen von damals könnten uns heute noch vieles erzählen, wäre die Tatsache nicht, dass die Juden uns allen einen Maulkorb verpasst haben. (auch in der Schweiz)" [ZJD_Gaza2009_20/816_ano_001]

In einer anderen Variante wird dem ZJD bzw. allen Juden die Bestrebung unterstellt, die freie Meinungsäußerung zu unterbinden und ein Kritiktabu oktroyieren zu wollen (und dieses Bestreben wird als Grund für anti-jüdische Gefühle genannt):

(192) „Durch Vorwürfe des Antisemitismus wollen Sie jeden sofort mundtot machen." [ZJD_16.04.2007_Don_001]

(193) „Und jetzt wollen Sie auch noch einem so bewährten Mann wie Herrn N. Blüm den Mund verbieten, nur weil er Wahrheiten ausspricht." [ZJD_18.06.2002_Mar_001]

Implizit wird dieses Stereotyp in Aussagen wie in (194), der E-Mail einer 37-jährigen Gelsenkirchenerin, vermittelt, die über Schlussfolgerungen die Lesart evozieren, in Deutschland seien kritische Äußerungen aufgrund der NS-Geschichte nicht möglich bzw. würden sanktioniert:

(194) „Ich empfinde es als falsch, dass man seine Vorbehalte zu diesem Thema nicht offen äußern darf, nur weil wir uns dieses aus geschichtlicher Sicht vermeintlich nicht leisten können. [...] Meine große Hoffnung ist es, dass mein heute drei Jahre alter Sohn, wenn er einmal so alt ist wie ich, als mündiger Bürger behandelt wird und einen offenen Brief schrieben kann, ohne das Gefühl zu haben er müsse zu Beginn seine Redlichkeit und Aufrichtigkeit beteuern." [ZJD_20.06.2002_Kam_001]

Geknüpft sind diese Phantasien stets an das Klischee, Juden hätten einen Sonderstatus, s. (195) und (196), den sie ausnutzen, um jedwede Kritik zu unterbinden, indem sie diese als antisemitisch diskreditieren, s. (197):

(195) „Wie lange wollt Ihr miesen Juden der Welt eigentlich noch auf der Nase rumtanzen, Ihr glaubt das Euch alles gestattet ist. Ein Guter Deutscher" [ZJD_31.07.2006_ano_005]

(196) „Ich habe keinen Auschwitz-Bonus" [ZJD_03.06.2007_Sch_001]

Dabei wird unterstellt, der Antisemitismusverdacht werde als unlauteres und machtausübendes „Totschlagargument" bei jeder Gelegenheit benutzt und damit eine „Maulkorbpolitik" erzwungen:

(197) „Es ist schon traurig, dass gerade seitens des Zentralrates der Juden jede, aber auch jede Kritik an Israel aus der Politik, der Presse oder aus sonst einer Richtung des öffentlichen Lebens in den antisemitischen Bereich geschoben, zumindest als israelfeindlich gebrandmarkt wird und heftigste, unverständliche Reaktionen hervorruft. Dem Betrachter erscheint es daher zu Recht so, dass man als Deutscher allgemein einen Maulkorb in Sachen Israel umgelegt bekommen hat." [ZJD_14.09.2006_Man_001]

Da das angebliche „Meinungsdiktat" besondere Machtpositionen und große gesellschaftliche Einflussnahme von Juden voraussetzt, wird auf diese Weise auch implizit das tradierte Stereotyp der JÜDISCHEN VERSCHWÖRUNGSMACHT aktiviert. Entsprechend kommt es teilweise zu massiven De-Realisierungen, d. h. subjektiven, aber als Tatsachen ausgegebenen Sachverhaltsdarstellungen, die nicht der Realität entsprechen:

(198) „Es war schon auffallend, daß in der Presse keinerlei Kritik an Israel geäußert wurde (soviel zur Pressefreiheit)." [ZJD_17.09.2006_Ros_001]

In (198) wird nicht nur ausgeblendet, dass alle Medieninstanzen quantitativ und qualitativ intensiv Berichte und Kommentare zum Nahostkonflikt veröffentlicht haben, es wird auch (über den zynischen Nachsatz) allgemein die Freiheit der Presse in Frage gestellt. Das generell in Tausenden von E-Mails viel beschworene und beklagte Kritiktabu in Bezug auf Israel existiert de facto nicht, es ist reine Fiktion. Kein anderer Staat wird in Deutschland nachweislich so oft und so scharf kritisiert wie Israel.[62] Dennoch artikulieren die Schreiber[63] dieses Stereotyp kon-

---

62 Wir haben mittels Stichproben massenmedialen Sprachgebrauch bei Krisenberichterstattungen analysiert (Nahostberichte im Vergleich zu Berichten über die Atompolitik Nordkoreas, den Konflikt Pakistan-Indien sowie über Menschenrechtsverletzungen weltweit) und nachweisen können, dass erstens kein Konflikt dieser Welt die Deutschen emotional so beschäftigt und erregt wie der Nahostkonflikt und zweitens, dass kein Land der Erde so massiv und so intensiv kritisiert und (vor)verurteilt wird wie der jüdische Staat Israel. Dass dies mit der deutschen Vergangenheit in Verbindung steht, liegt auf der Hand (s. Kap. 7).
63 Auch im öffentlichen Kommunikationsraum ist dieses Klischee weit verbreitet. In den Internetforen und Kommentarbereichen ist es neben der angeblichen Holocaustinstrumentalisierung das am häufigsten verbalisierte Stereotyp. Nicht einmal Literaturnobelpreisträger schrecken heutzutage davor zurück, es zu artikulieren. Da es sich hier um

tinuierlich, insbesondere mittels des Floskel-Satzes *Das muss gesagt werden*, der impliziert, etwas dürfe nicht gesagt werden oder sei noch nicht gesagt worden:

(199) „So, das lag mir schon lange im Magen und mußte einmal gesagt werden!" [ZJD_08.08.2006_Kre_001]

(200) „aber es muß mal gesagt werden wie viele Menschen meines Jahrganges denken [...]." [IBD_20.02.2009_Wei_001]

Gebildete Schreiber aus der Mitte, die sich stets als Anti-Antisemiten darstellen, bedienen dieses Klischee wie in (201) und (202), Texten von promovierten Akademikern aus Berlin und Hannover, besonders oft:

(201) „Ich und viele andere Deutsche sind es ueberdruessig und es macht uns wuetend, wie hier versucht wird, uns mit dem voellig ungerechtfertigten Vorwurf von Antisemitismus den Mund zu verbieten." [ZJD_01.09.2006_Sto_001]

(202) „Das muss und soll gesagt werden, gerade von Menschen, die Scham vor der Deutschen Geschichte mit den Juden empfinden und alles andere als Antisemiten sind." [IBD_02.06.2010_Fra_001]

Was als *Israel-Kritik* deklariert und als *freie Meinungsäußerung* verteidigt wird, tatsächlich aber der tief verankerten, aber nicht zugegebenen Antipathie gegenüber Juden entspringt, wird durch diese offensive Argumentation gerechtfertigt. Das Selbstkonzept eines mündigen und humanistisch eingestellten Bürgers bleibt erhalten, die Schuld wird den anderen zugeschoben.

Bei manchen dieser Schreiben tritt die für den konzeptuellen Antisemitismus so typische Obsessivität zu Tage: Diese zeigt sich z. B. in sehr langen und elaborierten Texten, in denen die Produzenten mit historischen Exkursen und vielen Zitaten zu belegen versuchen, warum Juden ein „moralisch verwerfliches Volk" und Israel ein „den Weltfrieden gefährdender Verbrecherstaat" ist. Am Ende seiner 22-seitigen, engzeilig getippten Zuschrift fasst der promovierte Verfasser aus Berlin dann sein Anliegen mit der für diesen Diskurs typischen Floskel zusammen:

Menschen mit Vorbild- und Autoritätsfunktion handelt, besteht die Gefahr, dass solches Gedankengut geglaubt wird.

(203) „Mir ging es darum endlich mal gesagt zu haben, was gesagt werden muß." [ZJD_30.11.2006_Gel_001]

Was Günter Grass in seinem als Gedicht deklarierten Pamphlet bereits im Titel *Was gesagt werden muss* als dringlich, notwendig und exzeptionell darstellt, wurde also längst schon tausendfach vor ihm von Antisemiten aus diversen politischen Lagern artikuliert und erweist sich somit als ein wenig origineller Beitrag des bekannten Literaten und Literaturnobelpreisträgers. Dass die Implikatur, es werde sonst nicht gesagt, weil es tabuisiert sei, zudem gemessen an der Realität falsch ist, zeigt die geistige Geschlossenheit gegenüber Fakten. Warum also halten Antisemiten mit so viel Beharrlichkeit, so viel Resistenz gegenüber der anders gearteten Realität an der Idee eines angeblichen Kritiktabus fest? Zum einen würde die Akzeptanz, dass es gar kein Kritiktabu bzw. -verbot gibt, ihr judeophobes Weltbild ins Wanken bringen und sie kommunikativ vor anderen und vor sich selbst in Argumentationsnot bringen. Das Nachkriegs-Stereotyp, Juden übten aufgrund dessen, was im Holocaust geschah, auf Deutsche Einfluss aus, ist die Grundlage und Rechtfertigung für die Aktivierung der judeophoben Ressentiments. Entlarvt man das angebliche Meinungsdiktat als eine lang tradierte antisemitische und imaginäre Konstruktion, bricht für moderne Judenfeinde der wesentliche Grund für ihre Vorwürfe und Klagen weg. Gibt es kein von den Juden erzwungenes Meinungsdiktat, gibt es auch keinen Grund, ihnen Vorwürfe zu machen. Dies würde zum einen das konzeptuelle Glaubenssystem, in dem ein Stereotyp auf dem anderen aufbaut, erschüttern, zum anderen die kommunikative Möglichkeit entziehen, sich „ehrbar" über Juden zu beschweren. Und es würde damit insbesondere die gebildeten, sich selbst als *Anti-Antisemiten* bezeichnenden Bürger mit der eigenen Gefühlsstruktur konfrontieren, einer Gefühlsstruktur, die in der Nach-Auschwitz-Epoche als inakzeptabel, vorurteilsbelastet und gefährlich angesehen werden muss. Nicht zuletzt gibt es den Verfassern auch noch die Gelegenheit und das gute Gefühl, sich als mutige Meinungsverfechter zu präsentieren, die es trotz Sanktionsgefahr riskieren, den Mund aufzumachen.

Fazit

Allen politischen, didaktischen und wissenschaftlichen Bemühungen zum Trotz sind bis heute die von Generation zu Generation oft unreflektiert weitergetragenen Stereotype und Klischees, oft durch Floskeln vermittelt, erhalten und spiegeln sich auch im 21. Jahrhundert in den aktuellen Sprachgebrauchsmustern wider. Teils finden sich dabei Wörter und Phrasen, die bereits im Mittelalter häufig benutzt wurden und in der NS-Zeit zum Standardrepertoire der verbalen Stigmatisierung von Juden gehörten, teils treten antisemitische Konstruktionen in modernen Manifestationen auf. Diese zeigen zum einen, wie tradierte und aktuelle Vorstellungen verschmelzen und sich zu neuen Konzepten verbinden, zum anderen, wie alte, überlieferte Stereotype aus ihrem ursprünglichen Kontext herausgelöst, aber mit gleicher oder ähnlicher Bedeutung auf aktuelle Sachverhalte übertragen werden. Auffällig ist, dass dabei der konzeptuelle Grundtypus (JUDEN ALS FREMDE, ALS ANDERE) erhalten bleibt. Dieser wird über die Semantik der Abgrenzung, der Stereotypfestlegung und der Entwertung sprachlich realisiert. In den Texten werden die klassischen Stereotype der Judenfeindschaft entweder explizit oder implizit vermittelt. Deren Instanziierung wird jedoch zeitgemäß vorgenommen, wobei Elaborationen und Abstraktionen, aber auch Konkretisierungen stattfinden:

Das Stereotyp des FREMDEN zeigt sich in zwei Varianten: Deutsche Juden werden als NICHT-DEUTSCHE und/oder (in der spezifischen Lesart) als ISRAELIS konzeptualisiert. Die ursprünglich religiös motivierten Stereotype des VERRÄTERS, CHRISTUSMÖRDERS und GLAUBENSVERWEIGERERS haben sich verdichtet zum Konzept des WELTÜBELS. Der UNRUHESTIFTER und STÖRENFRIED ist jetzt zum einen der DIE DEUTSCHE NORMALITÄT STÖRENDE, LÄSTIGE MAHNER, zum anderen der globale WELTFRIEDENSBEDROHER. Aus dem BETRÜGER, WUCHERER, SCHMAROTZER und FINANZMENSCHEN ist entsprechend der HOLOCAUSTAUSBEUTER sowie der (ISRAELISCHE) LANDRÄUBER geworden. Die Legende von BLUTKULT und RITUALMORD wird modern reaktiviert mit der Lesart BARBARISCH, ATAVISTISCH und findet sich in den Konzeptualisierungen des ISRAELISCHEN KINDERMÖRDERS sowie des JÜDISCHEN KINDERVERSTÜMMLERS. Das Stereotyp des hässlichen JUDEN, ursprünglich gekoppelt an die Physiognomie, hat eine Abstraktion erfahren: HÄSSLICH wird jetzt primär im übertragenen Sinne verstanden, als moralisch-geistige Verkommenheit, deren Prototyp der HÄSSLICH-UNMENSCHLICHE ISRAELI ist. Es finden sich aber auch bezogen auf Deutschland die Varianten des NACHTRAGENDEN JUDEN sowie des MEINUNGSDIKTATERPRESSERS. Dabei zeigen sich oft Kopplungen an das Stereotyp des KOLLEKTIVEN, DES EWIGEN JUDEN.

Die Stereotype sind also zu einem großen Teil einerseits dekontextualisiert, generalisiert sowie elaboriert, andererseits spezifiziert und referenziell transferiert worden.

Der Staat Israel steht bei den Stereotypkodierungen oft im Mittelpunkt. Er ist seit seiner Gründung weltweit das wichtigste und prägnanteste Symbol für jüdisches Leben und Überleben und dient somit als bevorzugte Projektionsfläche für judenfeindliche Attacken. Es gibt kaum ein Schreiben in dem großen Textkorpus, das nicht auf Israel Bezug nimmt und diese Referenz zum Anlass judenfeindlicher

Diffamierung und Delegitimierung werden lässt. Die israelfeindlichen Argumente werden aber zugleich in den meisten Texten (auch vergangenheitsbezogen) eingesetzt, um alle Juden abzuwerten.

Es zeigt sich über die sprachlichen Äußerungen insgesamt ein konzeptuelles Netz von judeophoben Inhalten, das immer wieder kommuniziert wird, und zwar von allen Verfassern, unabhängig von ihrer politischen, religiösen oder ideologischen Ausrichtung.

Nimmt man die Argumente, die in verschiedenen formalen, semantisch aber nur geringfügig abweichenden Manifestationsvarianten immer wieder (und quantitativ untersucht besonders häufig) in den Texten ausgedrückt werden, ergibt sich das folgende Bild: Dem aktuellen Verbal-Antisemitismus liegt kognitiv ein weitgehend homogenes mentales Modell zugrunde, das sich aus tradierten judeophoben Stereotypen zusammensetzt, die teilweise erweitert und/oder modifiziert worden sind in Bezug auf die moderne Lebenswelt. Das antisemitische Konzeptualisierungsmodell lässt sich wie folgt charakterisieren:

> 'Juden sind anders. Sie sind und bleiben immer Fremde, Sonderlinge, die weltweit ein Volk bzw. eine Rasse bilden, die solidarisch zusammenhält und auch Untaten in ihren Reihen billigt und verteidigt. Als Volk haben die Juden Eigenschaften, die der gesamten Gemeinschaft zu eigen sind. Diese Eigenschaften betreffen vor allem ihre sozialen, kognitiven und emotionalen Fähigkeiten sowie Verhaltensweisen: Juden sind rastlos, heimatlos und ewige Wanderer, die sich nirgendwo anpassen und keine Solidarität mit dem jeweiligen Gastvolk entwickeln. Juden begehen in der Tradition als Gottesmörder rituelle Morde und andere kriminelle, gewalttätige, meist blutinvolvierende Taten. Juden sind gierig, trügerisch, arglistig, rauben anderen Völkern Besitz und Land. Juden sind machthungrig und versuchen, die ganze Welt zu beherrschen, indem sie Geld anhäufen und Machtpositionen, z. B. in der Presse, einnehmen. Dabei setzen sie ihre Interessen durch Lug und Betrug durch. Aufgrund ihrer Gerissenheit und Geschäftstüchtigkeit haben sie viel Einfluss auf Regierungen. Juden sind unversöhnlich, nachtragend und rachsüchtig: Sie sind nicht bereit, den Holocaust zu verzeihen oder zu vergessen. Stattdessen üben sie Rache, indem sie in ihrer Rolle als Sozialschmarotzer und Parasiten fungieren: Sie beuten die Erinnerung an den Holocaust finanziell und moralisch schamlos aus und erzwingen ein Meinungsdiktat. Dieses verhindert Kritik an Juden und an der Politik des jüdischen Staates Israel. Dieser Staat ist ein Grundübel in der Welt und verkörpert alles, was typisch für Juden ist.'

Dieses mentale Modell weist eine eigene „Logik" auf: Die Stereotype sind (pseudokausal) miteinander vernetzt und bedingen sich gegenseitig, d. h. die innere Konsistenz des Modells wird durch jedes einzelne Konzept gestützt. Dies erklärt die „Geschlossenheit" der Weltsicht von Personen, die auf eine solche Konstruktion zurückgreifen: Für sie haben die konzeptuellen Repräsentationen den Status eines unerschütterlichen Glaubenssystems.

6 Das Echo der Vergangenheit: *„Der freche Jude hetzt wieder gegen Deutsche!"*

6.1 Versatzstücke der NS-Sprache im judenfeindlichen Gegenwartsdiskurs

Wir haben gezeigt, dass sich im antisemitischen Diskurs der Gegenwart oft Tendenzen der Schuld- und Erinnerungsabwehr in Bezug auf die deutsche Geschichte[1] zeigen. Viele Sprachproduzenten kommunizieren dabei explizit oder implizit judenfeindliche Stereotype, die frequent in der NS-Zeit artikuliert wurden. Zudem lässt ihre Argumentation, die vergangenheitsbezogene Aspekte und gegenwartsbezogene Themen vermischt, erkennen, wie präsent und wichtig die Vergangenheitsbewältigung auch über 60 Jahre nach dem Zusammenbruch des nationalsozialistischen Gewaltregimes noch immer ist. In diesem Kapitel soll gezeigt werden, inwieweit konkrete Wörter und Phrasen, die in der NS-Zeit häufig benutzt wurden, noch heute in judenfeindlichen Texten reproduziert[2] werden und welche Auswirkungen diese Sprachgebrauchsmuster auf den aktuellen Verbal-Antisemitismus haben. Finden sich also neben den bloßen Reproduktionen von Versatzstücken aus der NS-Ideologiesprache Hinweise dafür, dass auch

---

[1] Wir können also nicht die in Teilen der Antisemitismusforschung vertretene These bestätigen (vgl. u. a. Rabinovici et al. 2004: 8), dass die Vergangenheitsbewältigung im aktuellen Antisemitismus immer mehr an Einfluss verliere und stattdessen antizionistische und anti-israelische Tendenzen überwiegen. Vielmehr vermischen sich vergangenheits- und gegenwartsbezogene Argumente in aktuellen antisemitischen Texten. Die kontrastive Korpusanalyse zu Texten aus anderen europäischen Ländern zeigt, dass dies jedoch in besonderem Maße auf Deutschland zutrifft. In anderen europäischen Ländern sind tatsächlich Formen des Anti-Israelismus und dabei Kombinationen von klassischen judeophoben und aktuellen antizionistischen Klischees dominant, während die Schuldthematisierung keine bzw. nur eine marginale Rolle spielt (s. Kap. 8).

[2] Eitz/Stötzel (2007 und 2009) haben anhand von Stichwort-Analysen zu ca. 50 „NS-Vokabeln" untersucht, inwieweit Lexeme aus der NS-Zeit im aktuellen öffentlichen Diskurs teils intentional-persuasiv, teils unreflektiert Verwendung finden. Insbesondere NS-Vergleiche werden dieser Analyse zufolge seit der Jahrtausendwende geradezu inflationär benutzt. Dabei werden insbesondere die Wörter *Auschwitz, Holocaust* und *Endlösung* hochfrequent verwendet (vgl. Eitz/Stötzel 2007: 175), was exakt den Befunden entspricht, die wir im Korpus registriert haben. NS-Vergleiche dienen im massenmedialen Raum vor allem der Intensivierung einer Beleidigung oder Polemik (vgl. Eitz/Stötzel 2007: 304 f.). Die Mehrzahl der NS-Vergleiche sind allerdings keineswegs verbale Ausrutscher oder Entgleisungen, sondern mit Kalkül ausgewählte Kommunikationsmuster (s. hierzu Schwarz-Friesel 2007: 197). NS-Vergleiche in judenfeindlichen Äußerungen dienen der Stigmatisierung und Diffamierung.

semantisch-konzeptuelle Argumente und Begründungszusammenhänge übernommen werden?

Die sprachlichen Kennzeichen und kommunikativen Funktionen des Antisemitismus in der NS-Zeit sind bereits in vielen philologischen und linguistischen Ansätzen intensiv untersucht und beschrieben worden (vgl. u. a. die *LTI* Klemperers [1947] ²⁴2010 sowie Ehlich 1989, Bering 1991 und ³1991, Kinne/Schwitalla 1994, Schmitz-Berning 1998, Hortzitz 1999, Hutton 1999, Braun 2007).

Die wesentlichen Charakteristika[3] der Sprachgebrauchsmuster sind: Stigmatisierung durch Namenszuordnung (*Sarah, Israel, Cohen, Itzig*), Veränderung von Appellativa, d. h. Berufsbezeichnungen als pejorative Beschimpfungen (*Rechtsverdreher, Zähnejuden*), rassistische Metaphern durch Attributsbezeichnungen aus der Biologie (*Bazillen, Blutsauger, Parasiten*), Komposita mit Tierbezeichnungen (*Judensau, Judenschwein*), Betonung der Gattung durch generische Nominalphrasen mittels typisierendem Singular (*Der Jude, Der freche Jud*), Wiederholung klischeehafter Floskeln mit verschwörungstheoretischer Semantik (*Weltjudentum, Verjudung, Finanzjudentum*); referenzielle Reduzierung von allen Juden auf Kollektivattribute wie *Geldschacherer, Krämerseele, arroganter Intellektueller, Intrigant, Bolschewik* sowie generische Allaussagen und Kollektiventwertungen in Form von Phrasen und Sätzen (*jüdische Greuelpropaganda, typisch jüdische Frechheit, verjudete Presse, jüdische Hetze, Juden sind unser Unglück*). Alle diese Verbalisierungsformen sind Ausdruck der Ideologie der Nationalsozialisten, die auf völkisch-nationalistischen und rassistischen Konzepten basierte.

Aggressive Sprüche mit judenfeindlichen Aufforderungen, Warnungen, Verfluchungen und Drohungen wie „*Deutsche, wehrt euch, kauft nicht bei Juden!*" (Berlin, 1933, vgl. Königseder 2011: 61), „*Juda verrecke*" (Berlin, 1933), „*Keiner soll hungern, keiner soll frieren, aber die Juden sollen krepieren*" (Deutschland, 1935, vgl. Améry [1966] ⁶2008: 135) waren zudem zwischen 1933 und 1945 an der Tagesordnung. Alle Massenmedien[4] verbreiteten judenfeindliche Propaganda, die im

---

3 Mit der Phrase *Sprache des Nationalsozialismus* sind ein typisches Vokabular und bestimmte rhetorische Strategien gemeint, die in der Zeit des Nationalsozialismus häufig verwendet wurden. Als typische lexikalische Charakteristika gelten die Verwendung nationalistischer Schlagwörter (*Volk, Vaterland*), biologisch-pathologischer Metaphern (*Schädling*) und Lexeme aus dem radikalen Rassismus (*Arier, entartet, Überfremdung* usw.; s. Cobet 1973: 238, Schmitz-Berning 1998, von Polenz 1999: 541 ff.). Im wissenschaftlichen Sinne ist dies keine eigene Sprache, daher spricht z. B. Braun (2007) vom „nationalsozialistischen Stil".

4 Braun (2007) erörtert neben rhetorischen und stilistischen Eigenschaften des nationalsozialistischen Sprachgebrauchs auch die Rolle der Medien bei der Verbreitung der ideologischen Semantik und der typischen Floskeln. Neben Hitler lieferten vor allem auch NS-Größen wie Goebbels und Rosenberg Vorlagen für einen gruppenspezifischen Sprachstil.

offiziellen und öffentlichen Sprachgebrauch[5] usuell wurde und entsprechend ihre Wirkung entfalten konnte.

Wir haben uns bei der Korpusanalyse auf die Lexeme (und typischen Abkürzungen) *arisch, Ausmerzung, Endlösung, entartet/Entartung, Führer, Gaskammern, Gestapo(methoden), gleichschalten, Herrenrasse, Juden(frage/problem), Konzentrationslager/KZ, Propaganda, Rasse, Reichskristallnacht/Reichspogromnacht, SA, Sonderbehandlung, SS, Untermenschen, Volk(sschädlinge), Weltjudentum, zersetzen* konzentriert sowie untersucht, ob Eigennamen der Nazi-Größen wie *Hitler* und *Goebbels* benutzt werden. Des Weiteren haben wir, nachdem uns in Stichprobenanalysen aufgefallen war, dass die in den Reden und Schriften Hitlers und Goebbels öfter benutzten Phrasen *freche(r) Jude(n)* und *jüdische Hetze* auch im Korpus zu beobachten sind, überprüft, inwieweit im modernen Diskurs solche für die NS-Ideologie typischen Kollokationen[6] ebenfalls auftauchen.

Dass als Neonazis und Rechtsradikale identifizierte Schreiber auf verbale Mittel und Strukturen aus der NS-Zeit zurückgreifen, verwundert nicht, da diese die Ideologie dieser Phase gutheißen und sich damit identifizieren. Entsprechend ist die Verwendung von Nazi-Vokabeln ein typisches Kennzeichen der rechtsextremen Kommunikationsmuster. 98 Prozent der E-Mails und Briefe aus dem rechten Milieu enthalten daher Wörter, Phrasen oder Sätze, die in der NS-Zeit entweder zur Diffamierung von Juden oder allgemein zu Propagandazwecken und Identitätsstabilisierung benutzt wurden.

Klare Indikatoren für rechtsextreme Zuschriften sind insgesamt Grußformeln aus der NS-Zeit (z. B. *Sieg Heil!* oder *mit germanischem Gruß, mit deutschem Grüße*):

(1) „Heil Olmert dem Fuehrer und Moerder des israelischen Verbrecherstaates."
 [ZJD_12.04.2007_Mon_001]

---

5 Rassistisches Gedankengut wurde im April 1933 durch die Aufnahme von Wörtern wie *arisch*, *Ariernachweis* und *Arierparagraph* Bestandteil des offiziellen, juristischen Diskurses (s. auch von Polenz 1999). Die Entwicklung des Rassismus hat nach Römer (1985) gezeigt, dass radikalnationalistische und besonders extrem rassistische Tendenzen auch in akademischen Kreisen, z. B. besonders stark in der (indo)germanistischen Sprachwissenschaft bereits seit der Mitte des 19. Jahrhunderts artikuliert und etabliert wurden.
6 Als Kollokationen bezeichnet man typische Wortverbindungen, also sprachliche Einheiten, die in verschiedenen Kontexten vermehrt gemeinsam auftreten. Mittels sogenannter Kookkurrenz- oder Kollokationsanalysen untersucht die Linguistik, ob und inwieweit die Wörter solcher Kollokationen in einer engen semantischen Beziehung zueinander stehen und in welchen Kontexten sie bevorzugt benutzt werden (vgl. Kap. 2.1).

Verfasser aus der rechten Szene benutzen zudem auffällige E-Mail-Adressen mit intertextuellen Verweisen auf Nazi-Größen oder Ideologiefragmente (*karinhall...@web.de*,[7] *wotan...@web.de*), NS-Vergleichen (*holocaustgaza@...com*) oder unterschreiben mit Phrasen wie *ein aufrichtiger Deutscher* oder *ein richtiger Arier*. Auch verkürzte Schreibungen des Lexems *Jude* (z. B. *der Jud Scharon* in Anlehnung an *Jud Süß*), Einzellexeme wie *Reichshauptstadt* oder Ironisierungen wie *sogenannte 'BRD'*, Schlagwörter des Nationalsozialismus (wie *Volk, Reich* usw.), der extensive Gebrauch des Attributs *deutsch* (wie in *deutsche Interessen, deutsches Leid*) sowie stark rassistische Vokabeln (wie *Parasitenpack, Rasse, Rassenschande, Untermenschen* und *Untermenschengesindel*) sind frequent. Von den dehumanisierenden Komposita, die in der NS-Zeit im Alltagsdiskurs viel verwendet wurden, sind *Judensau* und *Judenschweine* im Korpus besonders oft zu finden. Die Verwendung der verbalen Versatzstücke aus der nationalsozialistischen Propaganda geht mit der mentalen Ideologie einher.

Entsprechend zeichnen sich die E-Mails von Schreibern aus dem rechten Spektrum meist dadurch aus, dass Hitler und andere Nazi-Größen als „Autoritäten für das Judenproblem" zitiert und Teile aus NS-Diskursen (Lexeme, Phrasen, Sätze) wortwörtlich reproduziert werden, um antisemitisches Gedankengut auszudrücken. Insbesondere finden sich viele Verweise auf die rassistische Pseudo-Theorie der Nationalsozialisten:

(2) „Dreckiges deutsches nicht arisches Illuminatenpack, nicht christlich" [ZJD_24.05.2007_ano_001]

(3) „Heil Hitler! Ihr Untermenschen!" [IBD_07.09.2005_ano_Postkarte]

In der NS-Zeit häufig benutzte Lexeme aus Texten der „Rasselehre" des 19. Jahrhunderts wie *arisch, Rasse, minderwertig* und *Untermenschen* werden in nahezu allen E-Mails und Briefen von Rechtsextremisten benutzt, es finden sich auch Anleihen an Sprachmuster, die in den Nürnberger Rassegesetzen festgelegt waren, wie z. B. das Kompositum *Halbjude*:

(4) „Macht Gregor Gysi sowas oder Reich-Ranicki? Sie sind auch Halbjude bzw. Jude und niemand nimmt daran Anstoß!!!!!!" [ZJD_28.05.2008_Wil_001]

---

7 Carinhall war die von Göring gewählte Bezeichnung für ein großes Anwesen in Brandenburg (zu Ehren seiner ersten Frau Carin).

Die Idee, Juden seien eine „Rasse für sich", wird zum Teil aber auch von Schreibern kodiert, die keine rechtsextreme Auffassung erkennen lassen wie in (5), der E-Mail eines *„einfach deutschen Bürgers aus Köln"*, der sich *„mitten in der Gesellschaft"* positioniert und die *„Verbrechen der Nazis scharf verurteilt"*:

(5)   „Meine Scham als Deutscher hinsichtlich der Verbrechen meines Volkes an Ihrer Rasse [...]" [IBD_24.03.2009_Wah_001]

Bei solchen Verbalisierungen spielen nicht die ideologische Ausrichtung, sondern vielmehr Unkenntnis und mangelnde Bildung eine Rolle. Im Gedächtnis solcher Sprachproduzenten sind Juden konzeptualisiert als JUDEN SIND EINE RASSE (s. hierzu auch die Beispiele (80) bis (82) in Kap. 5.2).

Bei akademisch gebildeten Verfassern finden sich zwar auch NS-Lexeme aus dem Rassismus-Vokabular[8] (insbesondere in NS-Vergleichen, die Israel stigmatisieren), doch so gut wie nie dienen diese dem Ausdruck einer auch konzeptuell rassistischen Argumentation oder Weltsicht. Im Gegenteil: Diese wird strikt abgelehnt, was allerdings in Widerspruch zur Verwendung von Versatzstücken aus der NS-Sprache steht (s. Kap. 5).

Hitler wird von rechtsextremen Schreibern zumeist als *„großer Führer"* und als *„weitblickend"* bezeichnet, der *„wusste, warum er die Juden ausrotten wollte"* (wobei oft Bedauern ausgedrückt wird, dass die *„Ausrottung nicht zum Ende gebracht wurde"*). Gegenwartsbezogen finden sich Dehumanisierungen und Dämonisierungen der heute lebenden Juden und/oder Israelis mittels NS-Lexik und Metaphorik (wobei Tier-, Schädlings- und Krankheitsmetaphern dominieren; vgl. auch Kap. 10).

(6)   „Parasitenpack, dreckige Judenschweine." [ZJD_29.03.2009_Zel_002]

(7)   „Schädlinge! Teufelsbrut! Anti-Christen, Krebsgeschwür des nahen Osten." [IBD_07.05.2010_ano_003]

Entsprechend stellen die Verfasser die „Vollendung der Endlösung" mittels Drohungen, Wünschen und Prophezeiungen in Aussicht (s. hierzu auch Kap. 10.1):

---

8 Der Begriff „Rasse" taucht allerdings auch heute noch (oft ohne kritische Distanzierungsmerkmale) in wissenschaftlichen Abhandlungen auf. In vielen Besprechungen zu Hausarbeiten und Thesenpapieren von Studierenden zu Verbal-Antisemitismus und Rassismus muss zudem regelmäßig darauf hingewiesen werden, dass dieser Begriff obsolet ist, weil die Hypothese von Rassen wissenschaftlich in der Biologie widerlegt ist, und durch „Ethnie" zu ersetzen.

(8) „Wird wieder einmnal Zeit das richtige Arier den Gashahn aufdrehen! [...] HEIL HITLER!" [IBD_19.01.2004_ano_001]

(9) „Abmarsch in die Gaskammer!" [ZJD_Gaza2009_664/816_Pan_001]

Anti-israelische Dämonisierungen und judeophobe verschwörungstheoretische Konzepte werden dabei argumentativ besonders häufig miteinander verbunden.

(10) „Ihr Palästinenser-Killer!...zur naechsten 'Kristallnacht' diesmal werden wir kein Glas zerbrechen, sondern nur eure dummen mit Voelkermordscheisse gefuellten Schaedel zerbrechen. . Die 'Kristallnacht' wird ein weltweites Ereignis werden! Denn wir wollen uns endlich vom Joch und den Spinnereien der zionistischen Finanz sowie deren ekelerregenden Voelkermord Aktionen befreien."
[ZJD_Gaza2009_624/816_ano_001]

Es werden auffällig oft Begründungszusammenhänge konstruiert, die den Holocaust rechtfertigen, indem Juden sowohl vergangenheits- als auch gegenwartsbezogen als globale Gefahr und Unheil dargestellt werden:

(11) „Ja, ich glaube dass damals vor dem zweiten Weltkrieg die Juden die deutsche Bevölkerung vermutlich genauso bedrängt haben wie heute die Palästinenser. Die Juden verstanden es meisterhaft die Deutschen von Damals auszunützen und ihr Vertrauen zu missbrauchen."
[ZJD_Gaza2009_20/816_ano_001]

Hitler wird in mehreren Schreiben als *„noch viel zu human im Umgang mit euch jüdischen Verbrechern"* beschrieben. Für den Nahostkonflikt wird er als Autorität und Visionär angeführt:

(12) „Der Führer hätte so etwas nicht durchgehen lassen; da wären Plünderer, Vandalen und sonstige Volksschädlinge sofort erschossen worden, eben weil er Humanist war." [ZJD_Gaza2009_423/816_ano_001]

(13) „Ihr werdet die gleiche Behandlung bekommen die ihr den Palestinensern angedeihen laesst, da gibt es keine vertun. ...Hitler wird eines Tages noch nachtraeglich den Friedensnobelpreis verliehen bekommen, bei dem was ihr alles so treibt." [ZJD_Gaza2009_730/816_Pan_001]

Gemäß der nationalsozialistischen Konzeptualisierung von Juden als VOLKS-SCHÄDLINGEN werden alle Juden kollektiv entwertet, und ihre Ermordung wird als erstrebenswert dargestellt:

(14) „Wer einen Juden erschlaegt tut ein gutes Werk und handelt sogar im Sinne Gottes. Juden sind einfach nur kriminelle Verbrecher..."
[ZJD_Gaza2009_577/816_ano_001]

Was im antisemitischen Diskurs des 19. und frühen 20. Jahrhunderts als *„Judenproblem"* und *„Judenfrage"* diskutiert wurde, findet sich expressis verbis auch im aktuellen Diskurs angesprochen (s. auch die Beispiele in Kap. 10.3):

(15) „P.S. Ich denke ich konnte etwas zur Judenfrage beitragen! Nicht 'Ent-Lösung' der Judenfrage befreit uns von der Sklaverei und Machtgehabe dieser Welt, sondern die End-Lösung: Wer tatsächlich Jude ist und wer nicht!" [ZJD_15.04.2002_Fal_001]

Kohärenzbrüche und semantisch kontradiktorische Argumentationen sind typisch: Der Holocaust wird einerseits als *„noch nicht zu Ende gebracht"* angeführt, andererseits als historische Tatsache komplett geleugnet:

(16) „So wie es aussieht haben unsere Großvaeter doch nicht gruendlich genug gearbeitet! Der Tag der Abrechnung wird kommen-Sieg Heil und dann bekommt ihr euren Holocaust den es bis JETZT noch nie gegeben hat... was noch nicht ist kann ja noch werden!HEIL HITLER!"
[IBD_19.01.2004_ano_001]

Insgesamt allerdings finden sich unter den Schreiben erstaunlich wenige Holocaustleugnungen, obgleich gerade diese jahrzehntelang als typisches Kennzeichen von Rechtsextremen und Neonazis galten (vgl. Lichtenstein 1999 und BfV 2005). Wesentlich häufiger wird entweder Bedauern darüber ausgedrückt, dass noch Juden leben, oder Stolz, dass immerhin sechs Millionen umgebracht wurden:

(17) „[...] bin stolz darauf der Welt 6 Mio jüdische Parasiten erspart zu haben(.) Schade das wir das Ungeziefer nicht ganz ausrotten konnten und es nun immer noch an der Gesundheit userer Enkel nagt(.)Bald fahren wieder Juden in Aussschwitz ein!" [IBD_06.04.2012_ano_004]

Verweise auf das *Weltjudentum* und das *internationale Finanzjudentum* finden sich ebenso wie die generische Referenz auf alle Juden mittels des typisierenden Singulars:

(18) „Aber was macht der 'Jude' denn jetzt mit den Palästinensern? ... hat der 'Jude' damals nichts gelernt?" [ZJD_Gaza2009_271/816_ano_001]

Dabei wird die Legitimierung des Holocausts durch Verweis auf die „*verbrecherischen und kriminellen Aktivitäten der Israelis*" im Nahostkonflikt gerechtfertigt. Vermischungen von vergangenheits- und gegenwartsbezogenen Aspekten dominieren:

(19) „ihr seid und bleib Weltverbrecherschweine ..ermordung des adolf eichmann. Eure dreckigen mörderschweine von mossad haben adolf eichmann entführt und von einem dreckigen judenverbrecherlumpengericht zum tode verurteilt,alleine dafür gehört ihr judenschweine ausgerottet. beleidigung des adolf Hitlers Ihr dreckigen Weltverbrecherschweine beleidigt unseren lieben adolf und dürft straffrei herumlaufen das ist eine frechheit. Ich fordere die Todesstrafe für jedes dreckschwein das adolf beleidigt hat. Adolf Hitler ist viel zu human mit euch jüdischen Weltverbrechern umgegangen. **Für den überfall auf den Libanon gehört Ihr Jüdischen Weltverbrecherschweine Ausgerottet**"
[ZJD_13.08.2006_Kam_001][9]

Interessant sind in diesem Zusammenhang (zahlreiche) Schreiben, in denen Juden einerseits gemäß der nationalsozialistischen Ideologie als minderwertige Rasse klassifiziert, andererseits als neue Nationalsozialisten deklariert werden. Logisch-konzeptuell ergibt sich hier ein (für den antisemitischen Diskurs durchaus typischer) Widerspruch: Die Nationalsozialisten verstanden sich als höherwertige Herrenrasse und die Juden als Untermenschen. Diese Auffassung vertreten ideologisch auch die rechtsextremen Verfasser. Nationalsozialisten haben in ihrem Weltdeutungsmuster den Status von Helden und Vorbildern. Wenn sie dann aber „die nicht-arischen Juden" mit den „arischen deutschen Nazis" gleichsetzen, etablieren sie eine eklatante semantische Kontradiktion:

(20) „Ihr seid die neuen NAZIS, ... einfach niedere Rasse!!!!!!!!!!!!!!!!!!!!!!!"
[IBD_25.10.2006_ano_001]

(21) „Ihr dreckigen verkommenen Juden-Nazis kotzt uns nur noch an!"
[ZJD_11.03.2007_Mon_001]

---

9 Fettdruck und Unterstreichung entsprechen dem Originaltext.

Zu erklären sind diese in sich widersprüchlichen und widersinnigen Aussagen über das persuasive Potenzial von NS-Vergleichen: Kein Ereignis der deutschen Geschichte ist im kollektiven Bewusstsein so präsent und emotional so aufgeladen wie die NS-Zeit. Keine andere Epoche steht so sehr für Inhumanität und Monstrosität. Die Nationalsozialisten sind im modernen Bewusstsein der Nachkriegszeit Exponenten für die größtmöglichen Verbrechen an der Menschheit. Diese im gesellschaftlichen Bewusstsein verankerte und offiziell wie öffentlich vermittelte Bewertung wird daher auf die Juden und Israelis übertragen, um diese so intensiv wie möglich zu diskreditieren. Diese Funktion hat Priorität. Dass dabei ein konzeptueller Bruch mit der eigenen Ideologie zustande kommt, der die eigentlichen Identifikationsfiguren nun losgelöst vom nationalsozialistischen Weltbild aus der Perspektive der an sich abgelehnten demokratischen Gemeinschaft präsentiert, wird entweder gar nicht bemerkt oder in Kauf genommen. Widersprüche, Tautologien und Trugschlüsse sind aber nicht nur in den Texten von Neonazis und Rechtsextremisten anzutreffen, sondern sind generell ein charakteristisches Merkmal antisemitischer Texte (s. hierzu Kap. 9.4.2).

Der Bezug auf *Hitler* wird in vielen Schreiben im Rahmen von pseudo-kausal ausgerichteten Legitimierungen für die Verdammnis von Juden vollzogen:

(22)   „GHitler hatte doch recht !!
         !!!!!!!!!!!!!!!!!!!!!!!!!!!!" [ZJD_20.09.2007_ano_001]

(23)   „Zutiefst erschüttert lese ich heute dass von der israelischen Armee, nach dem Krieg, Streubomben auf den Südlibanon geworfen wurden. In den letzten Wochen habe ich Hitler begriffen warum er die Juden ausrotten wollte! Ab heute sind die Juden auch meine Gegner,am besten ihr verschwindet als erstes aus Deutschland.Solche Kriegsverbrecher sind bei uns nicht erwünscht." [ZJD_01.09.2006_Sch_002]

Der Verfasser von (23), der sich selbst als *„nicht rassistisch"* und *„kein Neonazi"*, sondern als *„linksliberaler Bürger"* beschreibt, sieht in der Gewalt im Nahostkonflikt einen Grund, alle Juden kollektiv als Kriegsverbrecher zu verurteilen und zugleich die Mordpolitik Hitlers zu rechtfertigen. Solche Rechtfertigungsmuster sind jedoch insgesamt bei gebildeten und linksliberalen Schreibern selten anzutreffen. Vielmehr distanzieren sich die meisten Verfasser aus der Mitte ausdrücklich von den Taten und der Ideologie der Nationalsozialisten. Allerdings greifen viele von ihnen dann mit NS-Vergleichen bezüglich des Nahostkonflikts auf rhetorische Brachialformen der irrealen Diskreditierung zurück und lassen eine extreme Feindbildrhetorik erkennen, wie in (24) und (25), den E-Mails von zwei sich selbst als „linke Stammwähler" bzw. „links stehend" bezeichnenden Akademikern,[10] (24) von einem promovierten Münchner:

(24) „Das Israel von 2006 ist der faschistische Kettenhund der us-amerikanischen Rohstoffinteressen: so brutal, so inhuman und so entfesselt wie Hitlerdeutschland." [ZJD_01.09.2006_Haf_001]

(25) „Der Krueppel- und Unrechtsstaat Israel ist die Fortsetzung der kranken Gedanken von NAZI Deutschland ...!" [IBD_15.06.2009_ano_001]

Immerhin 32 Prozent der Verfasser[11] aus der Mitte (und acht Prozent aller gebildeten und hochgebildeten Schreiber) benutzen explizit wie in (26) und (27) oder implizit wie in (28) NS-Vergleiche:

(26) „Israel macht nichts anderes wie es HITLER gemacht hat!" [ZJD_04.05.2007_Hof_001]

(27) „IHR SEID JA FAST SCHLIMMER ALS DIE NAZIS FRÜHER!" [IBD_29.06.2006_Mue_001]

(28) „Werter Zentralrat, ich bitte sie, ihren israelischen Brüdern und Schwestern für die Ermordung palästinensischer Kinder, Frauen und Alten die herzlichsten Kampfesgrüße zu übermitteln - hat Israel es nun doch geschafft, das Neveau des faschistischen Deutschland zu erreichen." [ZJD_Gaza2009_672/816_Nie_001]

---

10 Eine lexikalische Auffälligkeit ist hier zu beobachten: Während rechte Schreiber bei NS-Vergleichen das Wort *nationalsozialistisch* benutzen, verwenden Linke fast ausschließlich *faschistisch*; statt *Holocaust* bezeichnen sie die Militäraktionen Israels als *ethnische Säuberungen*. Rechtsextreme kodieren Verschwörungstheorien als *jüdisch*, Linksextreme als *zionistisch*. Vgl. hierzu auch die anti-israelischen Texte in der *Roten Fahne*, in der z. B. der Tod Barschels oder die Affäre um Dominique Strauss-Kahn als von Zionisten initiierte Ereignisse dargestellt werden.
11 Zwischen 2002 und 2007 benutzten nur 10,9 Prozent der Schreiber aus der Mitte explizite NS-Vergleiche: D. h. Juden und/oder Israelis werden mit Personen und Handlungen aus der NS-Zeit gleichgesetzt oder verglichen. Ab 2008 ist eine deutliche Zunahme zu verzeichnen: Repräsentative Stichproben innerhalb des neuen Materials bis Ende 2011 zeigen einen Prozentsatz von über 30 Prozent. Auch im Internet sind seit 2008/2009 verstärkt NS-Vergleiche bei der Diffamierung Israels zu sehen.

Während NS-Vergleiche im öffentlichen Kommunikationsraum[12] vor allem persuasiv benutzt werden, um die Aufmerksamkeit für die Äußerung zu erhöhen und Kritik an bestimmten Sachverhalten zu intensivieren, haben sie im antisemitischen Diskurs die Funktion, den bzw. die Verglichenen zu diffamieren:

(29) „Heute geht der weitaus größte und blutigste Teil der Gewalt von Israel aus, dabei handelt es sich mit Sicherheit um das größte Verbrechen der Gegenwart. Noch dazu, wo diese Gewalt im wesentlichen dazu dient, die völkerrechtswidrige Schaffung von neuem Lebensraum für das auserwählte Volk zu sichern. (Auch hier drängen sich schlimme Parallälitäten auf!)" [ZJD_09.11.2006_Mei_001]

Nicht nur Israelis, auch die Vorstandsmitglieder des Zentralrats der Juden in Deutschland werden von akademischen Schreibern (insbesondere von sich selbst als „Friedensaktivisten" bezeichnenden und links orientierten Verfassern)[13] in Analogie zu Nazi-Größen gesetzt:

(30) „Die damaligen deutschen Machthaber wie Hitler, Göbbels usw. würden wohlehrfurchtsvoll zu Ihnen und Ihren Methoden aufblicken." [IBD_03.03.2006_Bur_001]

(31) „Wir hatten auch einen Herrn Dr. G... in unserer Historie und können deshalb Demagogie entsprechend werten. Mäßigen Sie sich, das ist besser für Ihre Sache." [ZJD_18.07.2006_Mue_001]

Israelische Militäraktionen werden mit dem staatlich angeordneten Massenmord an den Juden verglichen, Ramallah z. B. als *zweites Warschauer Ghetto* und Gaza als *KZ* referenzialisiert, der Holocaust wird dadurch relativiert, die Einzigartigkeit der Verbrechen nivelliert und zugleich der Staat Israel drastisch dämonisiert. Teilweise werden die intertextuellen Verweise auf die nationalsozialistischen Vorlagen mittels Anführungszeichen als solche explizit markiert, ein Indikator, dass die Verfasser mit vollem Bewusstsein und intentional auf solche Sprachgebrauchsmuster zurückgreifen:

---

[12] Zur Semantik und Pragmatik von NS-Vergleichen im öffentlichen Diskurs s. Schwarz-Friesel (2007: 195 ff.) und Eitz/Stötzel (2007: 312 f.).
[13] Es gibt im Korpus eine Reihe von E-Mails, die von Mitgliedern der Partei Die Linke geschickt wurden. Diese benutzen im Vergleich zu anderen linksorientierten Schreibern signifikant häufiger explizite NS-Vergleiche.

(32) „Ich bin sicher, Israel findet auch noch eine 'Endlösung' für die Palästinänser, was?" [IBD_28.06.2006_Hop_001]

(33) „Die israelische Siedlungspolitik in besetzen Gebieten kommt doch der Politik eines 'Volkes ohne Raum' sehr nahe, und jetzt war in der militärischen Auseinandersetzung so etwas wie 'bis zum Endsieg' zu hören." [ZJD_Gaza2009_186/816_Sta_001]

Aber auch nonverbale Elemente werden benutzt; dazu zählen neben Karikaturen (die den Bildern im *Stürmer* oft frappierend ähneln) auch graphische Verschmelzungen von Davidstern und Hakenkreuz (also nonverbale symbolische NS-Vergleiche). Die Brisanz und die Unangemessenheit solcher Gleichsetzungen sind auch vielen Akademikern[14] nicht bewusst bzw. werden gebilligt:

(34) „Das vorgehen Israels finde ich unbegreiflich.Im Fernsehen sah ich Bilder einer Demonstration gegen den Krieg (Malmö/Schweden) und ein Plakat Davidstern = Hakenkreuz. Ich finde über diesen Vergleich sollte wirklich intensiv nachgedacht werden." [ZJD_29.07.2006_Pet_001]

Mit den gegen Israel (und zum Teil gegen alle Juden) gerichteten Boykottaufforderungen (die eher selten von rechtsextremen, dafür aber signifikant oft von linken und linksextremen Schreibern verbalisiert werden), die zumeist strukturidentisch mit den Appellen der Nationalsozialisten sind, greifen die Verfasser auf Strategien zurück, die als *„Strafmaßnahmen"* bzw. *„notwendige Handlungen"* deklariert werden, Juden bzw. Israelis aber kollektiv betreffen und damit genau dem ideologischen Anliegen der Nazis entsprechen.

(35) „Deutsche, kauft keine israelischen Früchte." [ZJD_10.08.2006_Neu_001]

(36) „Boykott zionistischer Waren!!" [ZJD_07.05.2007_Nom_001]

(37) „Ich werde alles Jüdische ab sofort boykottieren! So wehre ich mich gegen die Unrechstpolitik Israels." [IBD_03.07.2008_Lam_001]

---

14 Unterzeichner und Befürworter von Boykottaufrufen verwahren sich ebenfalls stets energisch gegen den Vorwurf, dass ihre Aktivitäten eine judenfeindliche Tradition aus der NS-Zeit fortführen.

Die Phrase aus der NS-Zeit,[15] man müsse sich *„gegen Juden zur Wehr setzen"*,[16] wird in diesem Zusammenhang ebenfalls häufig artikuliert, entweder in der lexikalischen Variation, bei der das Objekt der Abwehr durch das Lexem *Israel* ausgedrückt wird, s. (37), oder wörtlich, wie in (38), aus dem Brief eines promovierten Akademikers aus Berlin:

(38) „Ein Grund mehr mich in diesem Brief zumindest verbal gegen Juden zur Wehr zu setzen." [ZJD_30.11.2006_Gel_001]

Der im Korpus zu konstatierende inflationäre Gebrauch der Lexeme *Holocaust*, *Endlösung* und *Konzentrationslager* zeigt eine zunehmende Bedeutungserweiterung[17] dieser Ausdrücke in judenfeindlichen Texten: Die ursprünglichen Bedeutungen dieser Wörter werden durch den dekontextualisierenden, ahistorischen Gebrauch hinsichtlich ihrer Referenzfunktion verschoben. Sie referieren in den Texten nicht mehr auf die unikalen historischen Ereignisse und Stätten des Völkermordes, sondern werden als Diffamierungsmittel gegenüber Juden oder Israelis benutzt. So spiegelt sich die kommunikative Strategie der Täter-Opfer-Umkehr mit ihrer de-realisierenden Wirkung auch auf der verbalen Mikrostrukturebene wider.

6.2 Lexemanalysen zu *Frechheit/frech* und *hetzen/Hetze*

Die Stichproben-Analyse eines Teilkorpus von 1.034 digital vorhandenen Zuschriften an den Zentralrat der Juden in Deutschland und von 2.000 der digital vorhandenen Zuschriften[18] im Botschaftskorpus ergab, dass die Lexeme *frech*

---

15 In vielen Texten wird auch die Phrase von der *„gleichgeschalteten Presse"* benutzt, um auf das angebliche Meinungsdiktat zu verweisen. Vgl. hierzu auch Günter Grass' Reaktion auf die Kritik an seinem anti-israelischen Gedicht, in der er von einer „fast wie gleichgeschalteten Presse" sprach (vgl. Kap. 7).
16 Vgl. etwa: *„Deutsche, wehrt euch, kauft nicht bei Juden!"* (Berlin, 1933, vgl. Königseder 2011: 61)
17 Diese Tendenz ist nicht nur im judenfeindlichen Diskurs zu beobachten: Der inflationäre Gebrauch von NS-Vergleichen (vgl. Äußerungen wie *Der Holocaust auf Ihrem Teller*; *Baby-Caust*; *Holocaust an den Palästinensern*) im öffentlichen Kommunikationsraum kann dazu führen, dass sich das Bewusstsein für die historische Verankerung und die Einmaligkeit dieses Verbrechens und sich dann auch die Bedeutung des Wortes *Holocaust* dekontextualisiert verändert, d. h. das Referenzpotenzial größer wird, es also zu einer Bedeutungserweiterung kommt der Art 'Holocaust = Verbrechen'. Dies ginge zwangsläufig mit einer mentalen Relativierung der Verbrechen an den Juden in der NS-Zeit einher (vgl. hierzu auch Soric 2005).
18 38 Zuschriften, in denen die Lexeme in Kollokationen vorkamen, wurden qualitativ näher analysiert, um die eventuelle Einbettung dieses Sprachgebrauchs in antisemitische

und *Frechheit*[19] signifikant oft in der Verbindung mit den Lexemen *Jude/jüdisch* verbalisiert werden. Die Frage, die sich hier stellt, ist, ob es sich lediglich um die Reproduktion von bekannten Floskeln aus der NS-Zeit handelt[20] oder ob es in den Texten, die solche Phrasen enthalten, auch semantisch-konzeptuell Korrelationen mit dem Gedankengut der Nationalsozialisten gibt. Im Sprachgebrauch des Nationalsozialismus findet sich die Negativbewertung von Juden und jüdischem Verhalten mittels des Lexems *frech* in verschiedenen Varianten in vielen Reden und Schriften, wie z. B. in den Phrasen „*echt judenhaft frech*" (Hitler 1934: 314) oder „*eine wahrhaft jüdische Frechheit*" (Hitler 1934: 248) bzw. in den gegenüber Juden geäußerten Vorwürfen, wie „*seine* [= des Juden, d. Verf.] *Wucherzinsen erregen endlich Widerstand, seine zunehmende sonstige Frechheit aber Empörung*" (Hitler 1934: 339). Juden werden somit generell als UNVERFROREN, DREIST, SICH NICHT IN DIE GESELLSCHAFT EINFÜGEND, SICH GEGEN DAS GEMEINWOHL RICHTEND konzeptualisiert, wie es sich in den Stereotypen JUDEN SIND AMORALISCH, JUDEN SIND STÖRENFRIEDE, JUDEN SIND ZERSETZER manifestiert.[21]

Argumentationsmuster zu überprüfen. Die Textanalyse zeigte, dass das Merkmal 'frech' als typisch jüdisch angesehen wird und so ein gängiges Klischee darstellt. Der nachhaltige Einfluss der NS-Propaganda ist hier nicht von der Hand zu weisen.
19 Im aktuellen deutschen Sprachgebrauch existiert eine pejorative Lesart für das Adjektiv *frech*, d. h. im negativen Sinne von *dreist*, wenn jemand also ohne Achtung und Respekt vor anderen ist und als 'unverschämt' bzw. 'asozial' charakterisiert wird. Als Synonyme gelten *dreist, impertinent, pampig, patzig, schnippisch, schnoddrig, unartig, ungezogen, unverfroren, unverschämt, vorlaut, vorwitzig* (vgl. Duden ³2002). Über die Erklärungen des Dudens hinausgehend verweist der Lexikoneintrag der freien Enzyklopädie Wikipedia als Informationsportal von der und für die Allgemeinheit darauf (sie zeigt somit auch das allgemeine Bedeutungsverständnis der Lexeme in der Alltagssprache auf), dass es sich bei der Prädikation als 'frech' um eine moralische Abwertung bzw. Negativevaluierung handelt. Des Weiteren wird ein Querverweis zum Lexem *Chuzpe* aus dem Jiddischen angegeben. Der Eintrag auf Wikipedia belegt, dass im gegenwärtigen Sprachgebrauch ebenfalls eine Assoziation zwischen *frech/Frechheit* und *Juden/Jüdischem* besteht (vgl. http://de.wikipedia.org/wiki/Frechheit, letzter Zugriff am 02.09.2012).
20 Aufgrund der jahrzehntelangen Thematisierung und Erörterung der NS-Ideologie in Bildungseinrichtungen und in den Massenmedien ist mit einem solchen Effekt durchaus zu rechnen. Besonders häufig besprochene und analysierte Reden und Schriften von NS-Größen sind als Teil des kollektiven Wissens zu betrachten und haben daher im Langzeitgedächtnis den Status 'schnell aktivierbar'. Dass lexikalische Einheiten unterschiedliche Aktivierungsgrade aufweisen, ist in der Psycho- und Kognitionslinguistik intensiv erforscht worden (s. z. B. Aitchison ⁴2012 und Schwarz ³2008: 228).
21 Gegenwärtig findet sich diese Konzeptualisierung von Juden auch explizit in rechtsextremistischer Propaganda, beispielsweise wird in einem Liedtext der Gruppe *Weißer Arischer Widerstand* auf diese alte antisemitische Verbalisierung zurückgegriffen: „*Sollen freche Juden uns're Herren sein? Wo sitzen Deutschlands schlimmste Feinde? In der jüdischen Gemeinde!*" (DÖW, Dokumentationsarchiv des österreichischen Widerstandes, verfügbar unter: http://

In den Zuschriften an den Zentralrat der Juden in Deutschland finden sich die Lexeme *frech* und *Frechheit* dabei weitaus häufiger als in den Zuschriften an die Israelische Botschaft in Deutschland. Dieser Unterschied der Verwendungshäufigkeit weist darauf hin, dass auch aktuell noch diese Negativevaluierung und moralische Abwertung von Juden und ihren Handlungsweisen stärker habitualisiert und als usueller im mentalen Lexikon der Sprachbenutzer abgespeichert ist als in der Kollokation *freche Israelis*. Allerdings zeichnet sich hier bereits eine Veränderung ab: Kommen Verbalisierungen wie „*die frechen Israelis*" [ZJD_24.06.2002_Mau_001] bis 2005 nur vereinzelt in den Texten vor, ist ab 2006 ein deutlicher Anstieg in der Verwendungshäufigkeit zu konstatieren. Analog zur Konstruktion *die frechen Juden* sind vermehrt Referenzialisierungen der Art *die frechen Israelis* zu registrieren. Hier drückt sich die konzeptuelle Verschmelzung von Juden und Israelis aus, wobei auf das Konzept ISRAELIS antisemitische Stereotype übertragen werden.

Diese spezifische Form des Verbal-Antisemitismus findet sich dabei in den Zuschriften an den ZJD und die IBD jedoch nicht primär bei Schreibern aus der rechten oder rechtsextremen Ecke, wie zu vermuten wäre, sondern bei Verfassern, die der gesellschaftlichen Mitte zuzuordnen sind.[22] So beschwert sich ein Herr in einer umfangreichen E-Mail an den Zentralrat über Michel Friedman wie folgt:

(39) „Sehen Sie, genau das ist [...] eine nicht mehr zu überbietende jüdische Frechheit und Unverfrorenheit. [...] Immer wieder beschweren sich bei mir am Telefon und im Internet Freunde, Bekannte und Geschäftsleute von überall bis nach Österreich und die Schweiz über das rotzfreche Auftreten dieses Herren [= Michel Friedman, d. Verf.]." [ZJD_30.07.2006_Ren_001]

Die semantische Generalisierung durch die Nominalphrase „*jüdische Frechheit*" zeigt, dass die Verächtlichmachung sich nicht allein auf die Person Michel Friedman und sein Verhalten als Moderator bezieht, sondern es wird dadurch allen Juden generell ein moralisch diskreditierendes Verhalten unterstellt. Bei einer solchen Generalisierung ist die Eigenschaft 'frech' in ihrer negativevaluierenden Lesart inhärent an die Kategorie JÜDISCH gekoppelt. Das Verhalten des Zentralrats wird in den analysierten E-Mails entweder in Verbindung mit dem Stereotyp

---

de.doew.braintrust.at/b163.html, letzter Zugriff am 02.09.2012).
[22] Von den 38 einzeln und detailliert analysierten Zuschriften mit den Phrasen *freche Juden* bzw. *jüdische Frechheit* sind nur zwei als rechtsextrem und alle anderen politisch als von Verfassern aus der gesellschaftlichen Mitte produziert zu verorten. Bei diesen ist eigentlich mit einer erhöhten Sensibilität gegenüber NS-Stil und Feindbildrhetorik zu rechnen, was aber keineswegs der Fall ist.

JUDEN NUTZEN DIE VERGANGENHEIT ZU IHREN FINANZIELLEN GUNSTEN AUS oder mit dem Stereotyp des MEINUNGSDIKTATS als Ausdruck der unmoralischen Eigenschaften von Juden prädiziert.

(40) „Es ist eine Frechheit, wie Sie versuchen die BRD, 60 Jahre nach Ende des dritten Reiches, mit der Vergangenheit zu erpressen. In Zeiten knapper Kassen stellen Sie frech immer höhere Forderungen nach finanzieller Unterstützung." [ZJD_12.08.2006_Gru_001]

(41) „Kommentare des zentralrates der Juden empfinde ich immer wieder als freche Einmischung und bösartige Provokation aber vielleicht bin ich ja für die Juden auch nur wieder so ein Nazi (weil ich meine Meinung sage !!)" [ZJD_Gaza2009_302/816_Wel_001]

In den Spezifizierungen der unterstellten Frechheit zeigen sich die stereotypen Konzeptualisierungen von Juden, die für die Textproduzenten durch die Mitglieder des Zentralrats pars pro toto personifiziert werden. Die Verfasser bedienen das Klischee, dass Juden die deutsche Verantwortung für die Vergangenheit finanziell und intellektuell ausnutzen würden, und greifen somit ein dominantes Nachkriegsstereotyp auf. Gleichzeitig wird das tradierte Stereotyp vom RACHSÜCHTIGEN und UNVERSÖHNLICHEN JUDEN kodiert.

Das Verhalten von Repräsentanten des Zentralrats wird auch dann als *frech/Frechheit* bezeichnet, wenn diese sich kritisch über antisemitische und/oder antiisraelische Vorfälle äußern. So wird in einem Brief Paul Spiegel eine unrechtmäßige Einmischung vorgeworfen:

(42) „Das kann nicht sein, und es wird nicht so kommen, daß Sie in die deutsche Parteienlandschaft herein reden. Und es ist eine ausgesprochene Frechheit von Ihnen, einen, wenn auch Populisten, Herrn Möllemann, des Antisemitismus zu zeihen. [...] Darf ich Sie daran erinnern, wie sie es immer treiben, die Juden?" [ZJD_18.06.2002_Ser_001]

Die Argumentation von (42) baut auf dem antisemitischen Stereotyp JUDEN SIND KEINE DEUTSCHEN auf. Das Recht auf freie Meinungsäußerung wird Paul Spiegel explizit und ausdrücklich abgesprochen. Dass sich Spiegel – ein Jude – kritisch gegenüber dem deutschen Politiker Jürgen Möllemann äußert, wird als ungehörige und nicht hinzunehmende Frechheit prädiziert. Mit dieser Entwertung geht darüber hinaus eine generelle Abwertung von Juden einher, die sich insbesondere in der anschließenden rhetorischen Frage zeigt. Über die Gradpartikel *immer* und die kollektive Generalisierung mittels der generischen Nominalphrase *die Juden* wird Paul Spiegels Verhalten pauschal als typisch jüdisch deklariert.

Eine konzeptuelle Verschmelzung von judeophoben und anti-israelischen Stereotypen ist in der Zuschrift eines Herrn aus Aschaffenburg zu finden:

(43) „Was derzeit Scharon ausführt mit seinen Gefolge, das ist eine jüdische Frechheit, die zum Himmel schreit." [ZJD_06.04.2002_Klo_001]

Über die auf Ariel Scharon bezogene Phrase der *jüdischen Frechheit* wird zum einen eine Gleichsetzung von ISRAELISCH und JÜDISCH ausgedrückt, zum anderen die moralische Unverfrorenheit aller Juden prädiziert.

Eine weitere lexikalische Auffälligkeit im Korpus ist die häufige Verwendung der Lexeme *hetzen* und *Hetze* bzw. Kompositionen auf der Basis von *Hetz-*.[23] Mit dieser Lexemverwendung geht eine Negativevaluierung einher über den Vorwurf, unzulässige Propaganda bis hin zu strafrechtlich relevanter Volksverhetzung zu betreiben. Werden Juden und/oder Israelis als *Hetzer* bezeichnet,[24] werden häufig auch die Stereotype KRITIKTABU und JÜDISCHER EINFLUSS bezogen auf die Meinungsfreiheit in der deutschen Gesellschaft ausgedrückt. Beispiel (44) verdeutlicht, dass eine antisemitische Konzeptualisierung von Juden, die eng mit den Lexemen *Hetze/hetzen* verbunden ist, gleichzeitig an eine negativ evaluierende und emotional abwertende Bedeutung gekoppelt ist:

(44) „Weshalb, liebe Frau Knobloch, hetzen Sie in dieser für sie typischen Weise gegen deutsche Bischöfe? Fehlt es Ihnen an der nötigen Bildung? Nein? Dann ist's also doch nur blindzionistischer Deutschenhass?" [ZJD_11.03.2007_Ise_001]

---

23 Im aktuellen Sprachgebrauch werden die Lexeme *hetzen* und *Hetze* zum einen in der Bedeutung von 'sich sehr beeilen' bzw. 'überstürzte' oder 'übertriebene Eile' verwendet (Duden ³2002), wobei dieser Bedeutungsaspekt im untersuchten Korpus keine Rolle spielt. Zum anderen werden diese Lexeme für das Jagen oder Verfolgen ursprünglich von Tieren im Sinne einer Treibjagd, aber auch in Bezug auf Menschen verwendet. In Erweiterung dieser Bedeutung werden 'unsachliche, gehässige, verunglimpfende Äußerungen und Handlungen, die Hassgefühle, feindselige Stimmungen und Emotionen gegen jmdn., etwas erzeugen' (Duden ³2002) als *Hetze* beschrieben. Im nationalsozialistischen Sprachgebrauch wurden diese Lexeme bzw. Determinativkomposita wie *Hetzblatt, -artikel, -schrift, -rede* als Propagandawörter (Paul ¹⁰2002: 471) zur Diffamierung von Juden und politischen Gegnern gebraucht.
24 Im Zentralrats-Korpus werden als hetzerisch Handelnde bei ca. zwei Drittel der Zuschriften und im Botschafts-Korpus bei ca. einem Drittel der Zuschriften Juden und/oder Israelis

Bei der Textproduzentin ist das Konzept JUDEN inhärent mit dem schon für die NS-Zeit typischen Stereotyp von JUDEN ALS HETZER verknüpft, denn die ZJD-Vorsitzende Charlotte Knobloch hetze in der „*für sie typischen Weise*". Das Personalpronomen *sie* wird hier in der dritten Person Plural und nicht in der zweiten Person Plural als persönliche Anredeform verwendet, sodass nicht eine für den Menschen Knobloch typische, sondern für alle Juden typische Verhaltensweise kritisiert wird. Trotz der in Frageform gehaltenen Äußerungen sieht die Verfasserin die Ursache für Knoblochs Kritik an den Äußerungen der deutschen Bischöfe in Ramallah eindeutig in einem den Juden über die Kommentaradverbien „*also doch nur*" pauschal unterstellten „*blindzionistischen Deutschenhass*" – es ist somit nicht das Außergewöhnliche, was mangelnde Bildung wäre, sondern das Typische, der angeblich jüdische Hass auf Deutsche, der Knobloch zu ihrer Kritik motiviert. Dieser Konzeptualisierung liegt das aktuelle Stereotyp JUDEN SIND UNVERSÖHNLICH zugrunde, welches zu der pseudo-kausalen Argumentationskette führt: 'Juden hetzen gegen Deutsche, weil sie unversöhnlich sind'. Indirekt tritt der Vorwurf zutage, dass Juden die Vergangenheit nicht ruhen lassen können und somit dem Wunsch der Nachkommen der Täter nach Vergessen und einem Schlussstrich unter die NS-Zeit nicht nachgeben.

In den Zuschriften, bei denen mit der Verwendung der Lexeme *Hetze/hetzen* antisemitische Konzeptualisierungen einhergehen, findet oftmals eine Verknüpfung von nationalsozialistischem Sprachgebrauch und kollektiven Schuldzuweisungen statt.

(45) „Ihr habt dafür gesorgt, daß wir in Europa die Revolution und die Weltkriege bekamen. Weltweit 200.000 Millionen Tote durch Krieg, Revolutionen, Bürgerkriege gehen auf das Konto eurer Hetzer und eurer kommunistisch, kapitalistischen menschenverachtenden Lügenideologie. Euer religiös bemäntelter Rassismus ist ekelhaft!" [IBD_19.07.2006_Bec_001]

Argumentationsmuster des Nationalsozialismus[25] werden auf aktuelle Ereignisse des Nahostkonflikts übertragen: Juden werden für die historisch-gesellschaftlichen und wirtschaftlichen Entwicklungen der Moderne sowie für die Gräuel der Weltkriege verantwortlich gemacht. Auf dieser Vorstellung von der prinzipiellen

---

benannt. Gleichzeitig enthalten diese Zuschriften antisemitische Konzeptualisierungen. Knapp vier Fünftel der Verfasser solcher Texte entstammen der gesellschaftlichen Mitte.
25 So schreibt Hitler (1934: 162): „Tatsächlich waren es auch in erster Linie Juden und Marxisten, die hier mit allen Mitteln zum Kriege zwischen den zwei Staaten schürten und hetzten." Oder (Hitler 1934: 702): „So ist der Jude heute der große Hetzer zur restlosen Zerstörung Deutschlands."

Schlechtigkeit und Macht der Juden aufbauend wird das heutige Verhalten Israels als hinterhältig und verabscheuungswürdig konzeptualisiert (s. Kap. 7).

Das Kompositum *Hetzkampagne* wird in vielen Texten gekoppelt an das Stereotyp des KRITIKTABUS artikuliert, wie in der E-Mail eines „überzeugten Katholiken" und „Gutmenschen":

(46)   „Wenige haben dies versucht und wurden [...] daraufhin einer regelrechten Hetzkampanie ausgesetzt, wie dem damaligen Politiker Möllemann, der sicher nicht immer richtig gehandelt, jedoch den Mut aufgebracht hat, etwas zu sagen! Oder sind wir zum Schweigen verurteilt?"
[ZJD_27.07.2006_Stu_001]

Implizit zeigt sich hierin auch eine Antisemitismus-Abwehr bzw. die Leugnung und Marginalisierung von judenfeindlichen Äußerungen. Besonders oft werden auf Israel bezogene Solidaritätsaufrufe des ZJD als *„freche Propaganda"*, *„Hetze"* und *„Unverschämtheit"* bezeichnet und als kriminell eingestuft:

(47)   „Wenn ich nochmals 'so eine' Presseerklärung [= Aufruf des Zentralrats zur Solidarität mit Israel, d. Verf.] höre werde ich ab da die naechsten Jahre nur noch Kreuze bei der NPD machen. Das Resultat wird mir dann egal sein. So, und nun wuensche ich euch auch weiterhin viel Spaß bei der Volksverhetzung." [ZJD_30.07.2006_Ren_001]

Die angekündigte Bereitschaft und Androhung des Verfassers von (47), eine rechtsextreme Partei zu wählen, deren antisemitische Positionen hinlänglich bekannt sind, wenn der Zentralrat zukünftig seine Haltung nicht verändert, impliziert, es bestehe ein kausaler Zusammenhang zwischen dem Verhalten von Juden und Antisemitismus.

Fazit

Die Analyse der Texte gibt Aufschluss, in welcher Weise im Gebrauch der deutschen Gegenwartssprache formal und inhaltlich auf die Ideologie der Nationalsozialisten Bezug genommen wird und wie sich die Vergangenheitsbewältigung im judenfeindlichen Diskurs sprachlich artikuliert. Werden Wörter, Phrasen und Sätze aus antisemitischen Schriften und Reden der NS-Zeit benutzt, korreliert dies zumeist auch mit der Verbalisierung judenfeindlichen Gedankenguts. Die Reproduktion von Versatzstücken aus der NS-Sprache geht also in der Regel auch mit der Kodierung antisemitischer Stereotype einher. Es handelt sich somit nicht nur um den unreflektierten Zugriff auf im Gedächtnis gespeicherte Floskeln, die aufgrund der Bekanntheit schnell und präferiert aktiviert werden. Vielmehr wird mit der Verwendung des Ideologievokabulars auch eine judenfeindliche Einstellung ausgedrückt. Während rechtsextremistische Textproduzenten in diesem Zusammenhang auch nahezu identisch die Konzepte des rassistischen und eliminatorischen Antisemitismus artikulieren und belegen, wie ideologisch geprägte Weltsicht und Sprachgebrauch im Rechtsextremismus ineinandergreifen, zeigt sich bei Verfassern aus der Mitte eine Loslösung vom rassistisch fundierten Antisemitismus bei gleichzeitiger Verschiebung zum anti-israelischen Antisemitismus. Wie bei der Artikulation der Stereotype zeichnen sich die Texte dabei allerdings durch eine Symbiose von gegenwarts- und vergangenheitsbezogenen Argumenten aus. Verfasser aus der Mitte projizieren sowohl tradierte als auch in der Nachkriegszeit entstandene Stereotype der Judenfeindschaft auf Israel.

Die kognitiven und emotionalen Auswirkungen der NS-Zeit und die sich daraus ergebende Vergangenheitsbewältigung spiegeln sich im judenfeindlichen Sprachgebrauch über alle Grenzen der politischen, sozialen und ideologischen Ausrichtung wider. Es lassen sich aber deutlich erkennbare gruppenspezifische Differenzen feststellen: Rechtsextreme rekurrieren sowohl formal als auch inhaltlich nahezu identisch auf nationalsozialistische Konzeptkategorien und Entwertungsmuster. Sie differenzieren nicht zwischen Juden und Israelis. Holocaustleugnungen, die jahrzehntelang ein charakteristisches Merkmal in der Argumentation von Rechtsextremen und Neonazis waren, finden sich selten. Stattdessen wird entweder bedauert, dass die Nationalsozialisten nicht effektiv genug waren und es noch Juden auf der Erde gibt. Oder der Holocaust wird als Vergleichsgröße angeführt, um die aktuell lebenden Juden in Israel zu diffamieren, indem die Militäraktionen Israels mit dem gezielten Massenmord in der NS-Zeit gleichgesetzt werden.

Linke und linksextreme Schreiber benutzen viele NS-Vergleiche in Bezug auf Israel, in denen sie jedoch die Sprachmuster des Nationalsozialismus verändern und ihrer ideologisch-politischen Einstellung gemäß anpassen. Verschwörungstheoretische Konstrukte werden über einen extremen Antizionismus ausgedrückt. Verfasser der Mitte kombinieren bei ihrer Erinnerungs- und Schuldabwehr vor allem Stereotype der klassischen Judenfeindschaft mit Klischees der Nachkriegszeit und benutzen die Strategie der Täter-Opfer-Umkehr projiziert auf Israel, indem sie vor allem implizite NS-Vergleiche kommunizieren.

Als Gemeinsamkeit ist bei allen Verfassern, die NS-Sprachgebrauchsmuster (identisch oder modifiziert) reproduzieren, zu konstatieren, dass sie auf judenfeindliche Konzeptualisierungen zurückgreifen und den Aspekt der Vergangenheitsbewältigung durch schuldzuweisende oder -abwehrende Verbalangriffe reduzieren und kanalisieren.

7 Anti-Israelismus als moderne Formvariante des Verbal-Antisemitismus: Die moderne Konzeptualisierung des kollektiven Juden

„Warum die schwarze Antwort des Hasses auf dein Dasein, Israel?" (Sachs 1961: 100)

7.1 Israel-Kritik versus Anti-Israelismus: Zwei verschiedene Sprachhandlungen

7.1.1 Zur Problematik

Israel, das wichtigste Symbol jüdischen Lebens und Überlebens, ist für Antisemiten eine ungeheure Provokation und steht daher seit seiner Gründung im Fokus (rechts- und links)extremistischer Diffamierungskampagnen und Hetzpropaganda. Seit einigen Jahren sind aber auch zunehmend im öffentlichen Kommunikationsraum – unabhängig von politischer oder ideologischer Ausrichtung[1] – Brachialverbalismen gegenüber Israel zu verzeichnen, die die Grenzen von legitimer Kritik und problematisierender Reflexion überschreiten und judenfeindliches Gedankengut (teils bewusst und kalkuliert, teils aber auch gedankenlos und nicht-intentional) in die Mitte der Gesellschaft tragen und das Sagbarkeitsfeld für Antisemitismen erweitern, ohne dass hinreichend Widerstand dagegen geleistet wird. Es kommt z. B. häufig (auch im massenmedialen Kommunikationsraum) zu unangemessenen Referenzialisierungen mittels NS-Vergleichen wie *Nazi-Methoden* oder *Staatsterror wie im Dritten Reich* und Phrasen wie *rassistischer Apartheidstaat* oder *terroristisches Unrechtsregime*. Wie massiv solche Äußerungsformen die öffentliche Meinung und das kollektive Bewusstsein beeinflussen, zeigen diverse Umfragen, die belegen, wie verbreitet die negative Gesamteinschätzung des Staates Israel in der Bevölkerung mittlerweile ist. So wurde Israel von 65 Prozent der Befragten in Deutschland 2003 als „größte Gefahr für den Weltfrieden" gesehen (EC 2003). Im Januar 2007 waren drei von zehn befragten Deutschen laut einer Erhebung der Bertelsmann Stiftung der Meinung, dass Israel „einen Vernichtungskrieg gegen die Palästinenser" führe und dass das, „was der Staat Israel mit den Palästinensern macht", nichts anderes sei als das, „was die Nazis im Dritten Reich mit den Juden gemacht haben" (Bertelsmann 2009).

---

[1] Mitglieder der Partei Die Linke haben ein besonderes Problem mit dieser Form der verbalen Grenzüberschreitungen gegenüber Israel (s. Salzborn/Voigt 2011; vgl. auch Kloke ²1994 und 2010 sowie Haury 2001 und 2007 zum Antisemitismus bei Linken).

Bei einer 2012 vom *Stern* in Auftrag gegebenen Forsa-Umfrage waren 70 Prozent der Befragten der Meinung, „Israel verfolge seine Interessen ohne Rücksicht auf andere Völker". 59 Prozent beurteilten das Land als „aggressiv" und 13 Prozent sprachen dem Staat sogar das Existenzrecht ab (Weber 2012). Diese Ergebnisse sind als das unmittelbare Resultat jahrelanger Diffamierungskampagnen gegenüber Israel sowie der zum Teil einseitigen, emotionalen Berichterstattung zum Nahostkonflikt in den Medien zu bewerten.

Eine damit verbundene Frage, die bereits seit Jahren nicht nur in der Antisemitismusforschung, sondern vor allem auch in der Gesellschaft aus gegebenen Anlässen[2] heftig und kontrovers diskutiert, aber bislang wissenschaftlich noch nicht präzise genug und nachvollziehbar beantwortet wurde, betrifft die Abgrenzung von Israel-Kritik (als kommunikativ legitimer Meinungsäußerung) und Anti-Israelismus (als einer aktuellen Formvariante von Judenfeindschaft). Im 21. Jahrhundert ist die als Israel-Kritik deklarierte, tatsächlich aber antisemitisch fundierte Umwegkommunikation,[3] die auf Israel referiert, aber Juden allgemein meint, die dominante Verbalisierungsmanifestation für die Artikulation und Verbreitung von judenfeindlichem Gedankengut. Israel wird mittels der Sprache verteufelt und an den Pranger gestellt, und es hat sich so (unter Rekurs auf alte judeophobe Stereotype) über die letzten Jahre ein anti-israelisches Zerrbild etabliert. Gesellschaftlich problematisch an dieser Sachlage ist dabei vor allem, dass es nicht nur kein ausgeprägtes Problembewusstsein für die Gefahren eines solchen (Stereotype transportierenden und Ressentiments verstärkenden) Sprachgebrauchs gibt, sondern dass auch reflexartig Verteidigungsmechanismen für ihn einsetzen, die eine gesamtgesellschaftliche Kritik und Zurückweisung verhindern. Die Versuche der Wissenschaft, die Brisanz bestimmter Kommunikationsformen und Sprachgebrauchsmuster bei diesem Thema aufzuzeigen, stoßen oft sofort auf eine automatische, emotionale Abwehrhaltung bei vielen Deutschen. Von Äußerungen wie *Das ist eine Gleichschaltungspolitik!* bis *Wir sollen alle mundtot gemacht werden!* reicht die Palette der Abwehrkommunikation, die auch von Vertretern der sogenannten Eliten(institutionen) benutzt wird. Die prinzipielle Verweigerung vieler Menschen, sich auf eine seriöse, an Fakten orien-

---

2 Im April 2012 z. B. anlässlich des israelfeindlichen Gedichts von Günter Grass, dessen Publikation in mehreren Zeitungen der Mainstreampresse zu einer heftigen Debatte führte.
3 Da der offene Antisemitismus seit 1945 verpönt ist und sanktioniert wird, hat sich diese Variante der impliziten Verbalisierungsform etabliert (s. Kap. 4.4). Die Sprachproduzenten können sich stets auf die Schutzbehauptung zurückziehen, sie seien keineswegs antisemitisch eingestellt, sondern würden lediglich Kritik an Israel üben. Teilweise handelt es sich allerdings nicht um einen „kommunikativen Umweg", sondern um eine Doppel-Referenz-Kommunikation, insofern, als zugleich Juden und der Staat Israel angegriffen werden (s. die nachfolgenden Beispiele in Kap. 7.2).

tierte Diskussion einzulassen oder wenigstens Zweifel an der unangemessenen Form bestimmter Sprechhandlungen zuzulassen, erschwert eine sachliche Auseinandersetzung. Die nach den Verbrechen der NS-Zeit entwickelten Maximen von „Nie wieder!" und „Wehret den Anfängen!" in Bezug auf Stereotypkodierung sowie das Bewusstsein für die Gefahren und möglichen Auswirkungen eines auf drastische Feindbildrhetorik reduzierten Sprachgebrauchs scheint dabei auch bei gebildeten Menschen, die entsprechende Äußerungen als „Meinungsfreiheit"[4] und „individuellen Einstellungsausdruck" verharmlosen oder sogar verteidigen, komplett ausgeblendet zu sein.

In diesem Zusammenhang ergeben sich zwei Fragen, die seit einigen Jahren fast turnusmäßig immer wieder (auch in den Massenmedien, die hier zum Teil in Bezug auf kritische Reflexion und Aufklärungsfunktion versagen)[5] aufs Neue gestellt werden: erstens, ob Kritik an Israel bzw. israelischer Politik prinzipiell und per se als judenfeindlich oder zumindest brisant eingestuft werden muss, und zweitens, wann eine israel-kritische Äußerung in Wahrheit nur eine verschleierte Form von Antisemitismus ist. Die erste, im öffentlichen Diskussionsraum bereits unzählige Male gestellte Frage, die eigentlich völlig überflüssig ist, da sie längst schon beantwortet wurde und durch die Kommunikationspraxis widerlegt ist, lässt sich einfach, unzweideutig und ohne jede weitere Erläuterung beantworten: Selbstverständlich ist (auch eine unter Umständen sehr scharfe) Kritik an bestimmten Entscheidungen israelischer Regierungsvertreter oder extremer nationalistischer Gruppierungen im Land oder an Aktionen des israelischen Militärs kein Antisemitismus, sondern legitimer Ausdruck von politischer Auseinandersetzung und problemorientierter Kommunikation. Entsprechend gibt es, wie bei jedem anderen Land der Erde auch, Vieles, was aus der Innen-[6] und Außenperspektive kritisch angesprochen wird. Dies geschieht kontinuierlich

---

4 Vgl. hierzu auch Bergmann/Heitmeyer (2005b: 229 f.).
5 Vgl. etwa Schlagzeilen wie *„Darf man Israel kritisieren?"* oder *„Wie viel Kritik an Israel ist Deutschen erlaubt?"* sowie diverse ähnliche Varianten, die in Printmedien, Rundfunk- und Fernsehsendungen regelmäßig benutzt werden. Solche Sprachstrukturen unterstellen aufgrund ihrer semantischen Information, es gebe ein Meinungsdiktat und eine Tabuisierung. Dadurch wird de facto etwas nicht Existierendes sprachlich geradezu heraufbeschworen. Ähnlich verhält es sich mit der Metapher *Antisemitismuskeule*, die impliziert, Israel-Kritikern würde stets der Antisemitismusvorwurf gemacht, obgleich dieser Vorwurf immer nur dann erhoben wird, wenn tatsächlich eine antisemitische Äußerung produziert wurde. Fragen und Behauptungen dieser Art werden keineswegs aus naiver Dummheit oder Unkenntnis geäußert, vielmehr dienen sie den Medien als populistische Aufmerksamkeitsverstärker. Antisemiten inszenieren ihre Kritik an Israel dagegen kalkuliert als Tabubruch, um sich gegen den Vorwurf des Antisemitismus immun zu machen. Die Kritik dient so der Ablenkung von ihrer judenfeindlichen Einstellung und zugleich der Delegitimierung ihrer Kritiker.
6 Einige der schärfsten Kritiker israelischer Siedlungs- und Militärpolitik sind Israelis.

in allen deutschen (und westlichen) Massenmedien, insbesondere in Bezug auf den noch nicht gelösten Konflikt mit den Palästinensern, und bislang ist auch noch nie einem seriösen Kritiker israelischer Siedlungspolitik oder Militäraktionen vorgeworfen worden, es handele sich bei seinen Äußerungen um Antisemitismus. Dieser Vorwurf wird immer nur dann erhoben, wenn es sich um antiisraelische Äußerungen handelt, die antisemitische Stereotype vermitteln und/ oder Brachialverbalismen enthalten, die faktisch falsche Informationen vermitteln[7] und/oder das Potenzial haben, eine judenfeindliche Stimmung zu erzeugen. Doch hält sich hartnäckig, fast obsessiv, trotz der andersgearteten Realität und aller faktischen Widerlegungen, das Klischee, Kritik an Israel sei in Deutschland aufgrund der NS-Geschichte ein Tabu (s. zu diesem Stereotyp bereits Kap. 5). Die Behauptung, es gebe ein Kritiktabu, bedient dabei selbst ein tradiertes judeophobes Klischee, das seit dem 19. Jahrhundert existiert und auf der Konzeptualisierung basiert, es gebe eine jüdisch bestimmte Presse, die in Deutschland den Ton angibt. Seine Artikulation stützt somit die verschwörungstheoretisch determinierte Position der Sprachproduzenten, die sich zugleich als Verfechter der Meinungsfreiheit gerieren können (vgl. die Varianten von „Was gesagt werden muss" in Kap. 5 sowie Kap. 11.2 und 11.4 zu den Legitimierungs- und Rechtfertigungsstrategien).

(1) „bei keinem anderen staat wäre das notwendig, aber wenn man israel in deutschland kritisiert, muss man wohl hinzufügen: ich bin kein antisemit, kein rechtsradikaler, ja ich habe unter meinen bekannten auch juden und bin ein bewunderer der kultur der europäischen juden. da man ja aber in israel die zynische gleichung aufgestellt hatte: kritik an israel = antisemitismus, wird Sie das vermutlich wenig beeindrucken. nun zum thema: ich betrachte das vorgehen israels gegen die palästinenser mit entsetzen und abscheu." [IBD_11.07.2006_Sch_001]

---

7 So stellte z. B. Günter Grass in seinem Text den atomaren Konflikt zwischen dem Iran und Israel völlig realitätsverzerrend dar, indem er Israel unterstellte, einen Angriff gegen das iranische Volk zu planen, während die realen Vernichtungsdrohungen des iranischen Präsidenten Ahmadinedschad, der als *„Maulheld"* bezeichnet wurde, gegenüber Israel marginalisiert wurden. Das von Grass bereits im Titel *„Was gesagt werden muss"* unterstellte Tabu der Israel-Kritik stellte ebenfalls eine drastische, stereotypbasierte De-Realisierung dar. Dennoch nahm beispielsweise der Präsident der Akademie der Künste Grass folgendermaßen in Schutz: *„Man muss ein klares Wort sagen dürfen, ohne als Israel-Feind denunziert zu werden"*, Grass habe *„das Recht auf Meinungsfreiheit auf seiner Seite"* und nur *„seiner Sorge Ausdruck verliehen"* (Klaus Staeck am 05.04.12 in der in Halle erscheinenden *Mitteldeutschen Zeitung*). Der Schriftsteller Rolf Hochhuth trat dagegen aus Protest gegen die anlässlich der Grass-Debatte entfachten Diskussionen aus der Akademie aus.

Dass (sogar im Gegenteil) kein Staat der Welt so unverhältnismäßig oft und heftig kritisiert wird wie Israel,[8] wird in Zuschriften wie (1) ignoriert oder geleugnet. Auffällig und signifikant ist in diesem Zusammenhang, dass dieses angebliche Meinungsdiktat stets nur von Personen unterstellt wird, deren Äußerungen nicht als israel-kritisch, sondern als verbal-antisemitisch einzustufen sind. Damit kommen wir zur zweiten Frage, die oben angesprochen wurde, der Abgrenzung und Unterscheidung der beiden Sprechhandlungstypen Israel-Kritik und Anti-Israelismus.[9] Allen bislang in der öffentlichen Diskussion vorgebrachten Bedenken und Negierungen zum Trotz ist hier eine klare Unterscheidung möglich: Beide kommunikativen Phänomene können mittels kognitions- und sprachwissenschaftlicher Kriterien präzise voneinander abgegrenzt werden. Die Negierungen in Bezug auf eine solche Abgrenzungsmöglichkeit zeigen nur das Bedürfnis von Antisemiten, sich die öffentlich artikulierbaren Formen der Judeophobie nicht nehmen lassen zu wollen. Je mehr Argumente und Fakten aus der Forschung kommen, die die antisemitische Dimension des Anti-Israelismus transparent machen, desto größer und erbitterter ist der Widerstand der selbsterklärten Israel-Kritiker. Selbst klar als verbal-antisemitisch erkennbare Äußerungen werden als „anti-antisemitisch" ausgegeben. Zugleich verteidigen auch viele Politiker und Journalisten oft Personen, die sich dem Vorwurf des Antisemitismus ausgesetzt sehen: Sie seien „nur kritisch" oder hätten „nur ungeschickt formuliert". Diese Fehldeutungen und Marginalisierungen entstehen teils aus dem Mangel an Kenntnis über die tradierten und aktuellen Ausdrucksvarianten des Verbal-Antisemitismus und teils aus der Unterschätzung des Potenzials der sprachlichen Dämonisierungsrhetorik.

Nicht dass Kritik geübt wird, sondern wie diese argumentativ begründet und sprachlich formuliert wird, ist für diese Diskussion entscheidend. Wenn Israel als Projektionsfläche für antisemitische Ressentiments dient und tradierte antijüdische Stereotype und Argumente benutzt werden, um den Staat Israel gene-

---

[8] Vgl. hierzu u. a. Behrens (2003), Jäger et al. (2003), Schapira/Hafner (2010). Kontrastive Untersuchungen zur massenmedialen Krisen- und Konfliktberichterstattung zeigen, dass die Nahostberichterstattung in Deutschland einen wesentlich breiteren Raum einnimmt als z. B. die Berichterstattung zum Indien-Pakistan-Konflikt oder zu Nordkorea, obgleich bei diesen Konflikten de facto das Gefahrenpotenzial ein viel Höheres ist. Entsprechend ist es mit der Verteilung der Internet-Kommentare. Das Emotionspotenzial ist zudem bei israelkritischen Texten wesentlich höher (s. Schwarz-Friesel 2007: 228). Es kommt insgesamt zu mehr Schuldzuweisungen und monokausalen Erklärungen sowie pauschalen Opfer-Täter-Festlegungen.

[9] Antizionismus ist eine dritte Variante. Da aber oft Anti-Israelismus und Antizionismus untrennbar aneinander gekoppelt sind und sprachlich zumeist keine Differenzierung vorgenommen wird, subsumieren wir diese Variante unter Anti-Israelismus. Vgl. hierzu ausführlich und differenzierter u. a. Kloke (^{2}1994, 2010), Claussen (1995), Mertens (1995), Orland (1999) und Haury (2001).

rell zu diskreditieren, wenn seine jüdischen Bürger kollektiv dämonisiert werden und seine Existenzberechtigung als jüdischer Staat in Frage gestellt wird, wenn ein irreales Feindbild von Israel konstruiert wird, dann liegt keine Israel-Kritik, sondern verbaler Antisemitismus in der Formvariante des Anti-Israelismus vor. Dabei lassen sich verschiedene Typen judenfeindlicher Verbalisierungen expliziter wie impliziter Art voneinander abgrenzen, die wir im Folgenden nach ihren formalen und semantischen Charakteristika erläutern.

7.1.2 Israel-Kritik als kommunikative Handlung

Es ist hilfreich, sich zunächst sprechaktorientiert vor Augen zu führen, was für eine kommunikative Handlung Kritik ist, welche Funktion sie erfüllt und auf welchen Voraussetzungen sie basiert. Jemand, der etwas bzw. jemanden kritisiert, gibt ein Urteil über das Verhalten und/oder die Handlung eines anderen ab. Das Kritisierte wird dabei als negativ bewertet. Der Kritiker muss glauben, dass dem Kritisierten dies nicht bewusst ist (denn sonst wäre der kommunikative Akt an sich überflüssig) und dass das Kritisierte in der Zukunft verbessert oder behoben werden kann (sonst wäre der Sprechakt sinnlos; vgl. absurde und irrationale Kritik wie #*Ich kritisiere, dass du sterblich bist* oder #*Ich kritisiere, dass du geboren wurdest*).[10] Der Sprachproduzent muss zudem über hinreichende Kenntnisse verfügen, um von der Existenz und der Wahrheit des als negativ Beurteilten überzeugt zu sein (denn sonst handelt es sich um reine Spekulation, Verleumdung oder Lüge). Die Funktion des Sprechaktes Kritisieren ist es zum einen, sich auf die Wahrheit des Ausgesagten festzulegen (damit ist Kritisieren ein Repräsentativ) und zum anderen, den Adressaten durch den Hinweis so zu beeinflussen, dass dieser den negativ bewerteten Aspekt erkennt und verändert (damit ist Kritisieren auch ein Direktiv mit Appellfunktion). Die intendierte Reaktion, die der Kritiker beabsichtigt, ist, ein Problembewusstsein beim Adressaten zu erreichen (und weiterhin, diesen dadurch zu einem Umdenken bzw. einer anderen Handlungsweise zu bewegen). Um dies erreichen zu können, muss der Kritiker nachvollziehbare, argumentativ begründete und sachbezogene Urteile vermitteln, die den Kritisierten überzeugen können. Kritik unterscheidet sich dadurch maßgeblich von anderen kommunikativen Handlungen wie z. B. Beschimpfen, Beleidigen, Verunglimpfen, Verleumden und Diskriminieren (die sich dadurch auszeichnen, dass die Ehre des Adressaten angegriffen, seine Würde tangiert und/oder seine Person als Ganzes entwertet wird, s. hierzu Kap. 10). Entspre-

---

10 Das Symbol # wird in linguistischen Beispielanalysen benutzt, um anzuzeigen, dass eine semantisch-konzeptuelle Implausibilität oder Inkompatibilität vorliegt.

chend gilt auch eine Sprechhandlung wie *Ich kritisiere, dass du widerliches Wesen existierst* nicht als Kritik, sondern als (drastische) persönliche Beleidigung und Ehrabschneidung. Subsumiert man Kritik unter die persuasiven, d. h. intentional Adressaten beeinflussenden Sprachhandlungen, ist eine Voraussetzung für den potenziellen Erfolg, die negative Bewertung nachvollziehbar und begründet (sowie die Alternative als durchführbar) für den Adressaten darzustellen (vgl. Schwarz-Friesel et al. 2012). Dadurch ist Kritik eine kommunikative Handlung, die realitätsbezogen, wahrheits- und problemorientiert Bewertungen vermittelt, um eine Veränderung(smöglichkeit) aufzuzeigen, die als Verbesserung bzw. Problemlösung zu erachten ist.

Dass Kritik in genau diesem Sinne auch in politischen Krisensituationen geübt werden kann und selbstverständlich nicht jede Kritik am Staat Israel per se antisemitisch ist, lässt sich am besten an konkreten Texten zeigen. Obgleich bei den E-Mails und Briefen an den ZJD und die IBD israelfeindliche und judeophobe Schreiben dominieren, die aufgrund von Form und Inhalt als verbal-antisemitisch zu beurteilen sind, gibt es auch eine Reihe von Texten, die tatsächlich nur Kritik und/oder Sorge artikulieren, ohne in antisemitische Argumentationsmuster zu verfallen oder radikale, destruktive Vorschläge zu unterbreiten und ohne brisante NS-Vokabeln und pejorative Entwertungslexeme zu benutzen. Anhand zweier solcher Texte aus unserem Korpus soll exemplarisch gezeigt werden, wann ein Text als Exemplar der Textsorte „Israel-Kritik" zu klassifizieren ist.

Wenn Kritik an einzelnen politischen, militärischen oder sozialen Gegebenheiten (wie Siedlungsbau, Kontrollen an Grenzen, Einsatz von verpönten Waffen oder der Einfluss der Orthodoxen auf zivile Einrichtungen) geübt wird, so ist dies der legitime Ausdruck von Meinungsfreiheit und die Artikulation von Verantwortungsbewusstsein. Eine solche Kritik wird z. B. in (2), der E-Mail von einem Ehepaar aus Bad Driburg, vorgebracht:

(2) „heute morgen hörten meine Frau und ich im WDR 5 über den Einsatz von 4 Mio Streubomben während des Libanonkrieges von Seiten Ihres Landes im vergangenen Jahr. Es wurde deutlich, dass durch sie immer noch und für unbegrenzte Zeit Personen zu Schaden kommen. Wir sind erstaunt und befremdet darüber, dass Israel den dort arbeitenden Minenräumern die Abwurfkoordinaten nicht zur Verfügung stellt. Wir bitten Sie herzlich, Excellenz, Ihren Einfluß für die Herausgabe der Daten bei Ihrer Regierung einzusetzen." [IBD_14.08.2007_Rie_001]

In (2) wird ein singulärer Sachverhalt (nämlich der Einsatz von Streubomben) zum Anlass genommen, eine kritische Stellungnahme dazu zu artikulieren und einen Appell an den Botschafter als Vertreter Israels in Deutschland zu formulieren. Nichts an dieser E-Mail ist in irgendeiner Weise explizit oder implizit judenfeindlich oder anti-israelisch. Die negative Beurteilung *("dass durch sie immer noch und für unbegrenzte Zeit Personen zu Schaden kommen")* ist sachorientiert, an ethischen Prinzipien ausgerichtet und kognitiv wie emotional nachvollziehbar. Die Kritik wurde an die Israelische Botschaft als Vertretung des Landes Israel gesendet, ohne deshalb generalisierend das Existenzrecht Israels oder Israels Recht auf Selbstverteidigung in Frage zu stellen. Die Einstellungsbekundung mittels der Adverbien *„erstaunt"* und *„befremdet"* verdeutlicht, dass bei den Textproduzenten keine Konzeptualisierung von ISRAEL ALS AGGRESSOR vorliegt. Es finden sich auch keine sprachlichen Ausdrücke auf der Satz- und Textebene, die für eine derartige Vorstellung sprächen oder auf eine kollektive Negativbewertung und/oder Dämonisierung Israels schließen ließen. Argumentativ ist die Zuschrift durch Kohärenz und Widerspruchsfreiheit gekennzeichnet, denn Schreibanlass und Textinhalt stimmen überein und die Argumentation ist klar und folgerichtig aufgebaut: Es erfolgt die Angabe des Anlasses für die Kritik mit genauem Quellenverweis, eine Radiosendung des WDR 5, und die Wiedergabe des Sendungsinhaltes, der den Auslöser für das Schreiben darstellt. Auf Grundlage dieser Fakten wird das Verhalten Israels kritisiert und über einen direktiven Sprechakt die Handlungsaufforderung, der Botschafter möge zur Verbesserung des kritikwürdigen Umstandes beitragen, zum Ausdruck gebracht.

In anderen E-Mails an die Botschaft werden u. a. Siedlungsbau und gezielte Tötungen als *„kontraproduktiv für den Friedensprozess"*, als *„bedenklich"* oder *„schädlich für das Miteinander"* bezeichnet. Kritiker, denen bewusst ist, wie problematisch es angesichts der deutschen NS-Vergangenheit gerade für Deutsche ist, jüdischen Israelis Ratschläge zu erteilen, benutzen entsprechend sogenannte Heckenausdrücke[11] wie *ich weiß natürlich nicht sicher, ob* oder *irgendwie* oder *sicher können Sie das besser beurteilen, dennoch* (vgl. Beispiel (3)).

Auch Schreiben, die sich nicht nur auf einzelne Aspekte konzentrieren, sondern die allgemeine Rolle der israelischen Regierung im gesamten Nahostkonflikt kritisch ansprechen, sind nicht notwendigerweise antisemitisch.

(3) „Es ist ganz schwer für die Menschen hier in Deutschland, die Situation im Nahen Osten richtig ein zu schätzen, zumal die Berichterstattung einseitig ist und Dinge falsch darstellt, weil sie aus dem Kontext gerissen

---

11 Heckenausdrücke (engl. *hedge* 'ausweichen, sich nicht festlegen') sind Wörter und Phrasen, die benutzt werden, wenn dem Sprecher/Schreiber klar ist, dass er etwas Schwieriges ausdrückt bzw. dass er vorsichtig formulieren sollte (vgl. z. B. Schwitalla ³2006: 155). In kritischen Diskursen indizieren diese Ausdrücke Höflichkeit und Rücksichtnahme auf den Adressaten, zeigen Respekt und ernsthaftes Interesse an einer Verständigung.

sind. Bitte gestatten Sie mir trotzdem die Äußerung einiger Gedanken zu obigen Konflikten. [...] Die Lebenssituation in Israel erfordert wohl besondere Maßnahmen; und ich kann möglicherweise nicht nach vollziehen, wie schwer und unsicher ein Leben in Ihrem Land ist. Trotzdem komme ich mit der Politik Israels nicht zurecht. Und ich bitte Sie von Herzen, auf Ihre Regierung ein zu wirken, daß sie andere Wege als den Krieg sucht und die Friedensgespräche fortsetzt bzw. intensiviert und Gespräche mit der Autonomiebehörde im Gazastreifen aufnimmt. Ich bedanke mich bei Ihnen, daß Sie meinen Ausführungen Aufmerksamkeit geschenkt haben." [IBD_01.09.2006_Die_001]

Wenngleich die Verfasserin von (3), eine Dame aus Frankfurt am Main, offensichtlich generell die israelische Regierung und nicht auch die Palästinenserbehörde als hauptverantwortlich für die kriegerischen Auseinandersetzungen im Nahostkonflikt sieht und damit eine monoperspektivische Sichtweise einnimmt, so verzichtet sie doch auf Verbal-Aggressivitäten und/oder extreme Schuldzuweisungen sowie allgemeine Diskreditierungen. Auch findet sich kein einziger Hinweis auf judeophobe Stereotypkodierungen. Sie thematisiert zudem (selbst- und medienkritisch) ihren limitierten Kenntnisstand aufgrund fehlender Selbsterfahrungen und räumt damit ihre eingeschränkte Sicht und Urteilsfähigkeit als Kritisierende[12] ein.

Die Kritik an der Politik Israels ist in (2) und (3) deutlich problemlösungsorientiert. Es zeigen sich keinerlei Spuren einer antisemitischen oder israelfeindlichen Einstellung in den Texten. Entsprechend finden sich auch keine Beteuerungen, man sei kein Antisemit. Solche Leugnungsstrategien finden sich fast ausschließlich bei Sprachproduzenten, die Verbal-Antisemitismen kommunizieren[13] und im Bewusstsein der Brisanz ihrer eigenen Äußerungen durch die Vorwegnahme

---

12 Diese selbstkritische und die Nahostberichterstattung in ihrer meinungsformenden, subjektiven Dimension reflektierende Ein- und Umsicht lässt die Mehrzahl der anderen (zum Teil sehr gebildeten) E-Mail-Schreiber vermissen. Israel-kritische Medienberichte werden entweder distanzlos übernommen oder zum Anlass für exzessive Anschuldigungen und Beleidigungen genommen.
13 Vgl. zur Definition von Verbal-Antisemitismus Kap. 3. Es ist keineswegs immer nur geheuchelte Unkenntnis und konzeptueller Judenhass, die zur Produktion von Verbal-Antisemitismen führen. Mangelndes Hintergrundwissen und fehlendes Problembewusstsein für die Brisanz bestimmter Sprachgebrauchsmuster können ebenfalls der Grund sein. Ob die Äußerungen mit dem Bewusstsein, judenfeindlich eingestellt zu sein, und dem Ziel, Juden zu diskriminieren, artikuliert werden, spielt aber keine wesentliche Rolle. Auch nicht-intentionale Verbal-Antisemitismen tragen maßgeblich dazu bei, dass judenfeindliche Stereotype über die Kommunikation vermittelt werden.

des antizipierten Vorwurfs diesen zu entkräften suchen. Dass beide Verfasser ihre Schreiben nicht, wie so viele andere, (auch) an den ZJD, sondern ausschließlich an die IBD senden, ist ebenfalls ein wichtiger Indikator: Nur Sprachproduzenten, die eine konzeptuelle Gleichsetzung von jüdischen und israelischen Belangen sowie eine kollektive, gesamtjüdische Schuld und Verantwortung in Bezug auf den Nahostkonflikt unterstellen, adressieren israel-kritische Schreiben auch an den ZJD. Auch wird der konkrete Adressat, d. h. der Botschafter des Staates Israel, in seiner tatsächlichen Funktion angesprochen, an den ein bestimmtes Anliegen herangetragen wird, ohne dass es zu persönlichen Entwertungen oder Diskriminierungen kommt. Die Einhaltung sprachlicher Höflichkeitskonventionen[14] belegt zudem die Aufrechterhaltung einer auf sozialer Akzeptanz aller Kommunizierenden basierenden und um Kooperation bemühten Kommunikation.

Demgegenüber steht eine große Anzahl von Schreiben, deren Verfasser sich zwar als israel-kritisch und anti-antisemitisch bezeichnen, die tatsächlich aber antisemitisches Gedankengut artikulieren. Kognitionslinguistische Analysen können die spezifischen Charakteristika solcher Äußerungen transparent machen und damit eine klare Abgrenzung von israel-kritischen und antisemitischen Sprachgebrauchsmustern[15] vornehmen.

7.1.3 Anti-Israelismus als „Ismus" und verbale Gewalt

Der Forschung liegen bereits einige Abhandlungen vor, die sich mit antisemitischen Äußerungen, die im Gewand der Israel-Kritik[16] vorgebracht werden, beschäftigen und Merkmale genannt haben (ohne dabei jedoch Detail-Analysen vorzulegen), die typisch für anti-israelischen Antisemitismus sind. Am häufigsten werden hierbei die drei Ds genannt (s. u. a. Neugebauer 2003, Markovits 2004, Rensmann 2004: 88 f., Pfahl-Traughber 2007a): Dämonisierung (seman-

---

[14] Sprachliche Höflichkeit ist ein Indikator dafür, dass die Sprachproduzenten den Adressaten als kommunikativen Partner sozial anerkennen und schätzen. Zu persuasiven Funktionen von Höflichkeit, Unhöflichkeit und Schein-Höflichkeit s. Malicke, in Arbeit.
[15] Für Pfahl-Traughber (2007a: 50, 53) ist die Rekonstruktion und Benennung der „eigentlichen inhaltlichen Motive" bzw. die „konkrete Motivation" ausschlaggebend für die Abgrenzung von Israel-Kritik und Antisemitismus. Die tatsächliche Motivation eines Sprachproduzenten ist aber in der Praxis nicht oder nur höchst selten zu eruieren, sie spielt auch für die Klassifikation von Äußerungen als Verbal-Antisemitismen keine Rolle. Relevant sind hierbei ausschließlich die sprachlichen Kodierungsformen, die sich exakt beschreiben und aufgrund ihrer semantischen Eigenschaften als judenfeindlich erklären lassen.
[16] Zu den eher allgemeinen, kontrovers geführten Diskussionen zu diesem Thema s. vor allem Rabinovici et al. (2004), Rauscher (2004), Kreis (2005), Zuckermann (2005).

tische Entwertung), Delegitimierung (Aberkennung des Existenzrechts Israels) und Doppelstandard (die Beurteilung Israels mit einem besonderen Maßstab). Diese Schlagworte sind jedoch von ihrer Semantik her recht vage und müssen konkretisiert werden, um trennscharf, nachvollziehbar und verständlich zu sein. So hat sich das EUMC[17] auf die folgenden fünf ausbuchstabierten Indikatoren festgelegt, um angeben zu können, wann Israel-Kritik antisemitisch ist (zu den Indikatoren vgl. EUMC 2004: 229, Gessler 2004: 10, 15, Bunzl 2005: 278, Heyder et al. 2005: 146 f., Kloke 2005: 22, Schapira/Hafner 2006):

1. Wenn Israel sein Existenzrecht und/oder das Recht zur Selbstverteidigung abgesprochen wird.
2. Wenn an Israel im Vergleich zu anderen Ländern ein doppelter Standard angelegt wird.
3. Wenn mittels antisemitischer Floskeln, Symbole oder Bilder auf Israel oder Israelis referiert wird.
4. Wenn die israelische Politik oder Israelis mit dem Nationalsozialismus bzw. Personen aus dieser Zeit gleichgesetzt werden.
5. Wenn Juden weltweit für die Politik Israels verantwortlich gemacht werden.

Dieser Katalog muss, wie wir nachfolgend zeigen, erweitert und präzisiert werden. Inwiefern für die Einordnung einer Äußerung/eines Textes als antisemitisch nur ein Kriterium oder mehrere Indikatoren vorhanden sein müssen, ob es eine Wechselwirkung bzw. Interdependenz der Indikatoren gibt oder ob zu unterscheiden ist, wie explizit oder implizit ein Indikator oder mehrere realisiert werden, wird in diesem Kriterienkatalog ebenfalls nicht geklärt.[18] Vor allem fehlen konkrete Beispiele, die verdeutlichen können, wie und in welchen Variationen Antisemitismus als Anti-Israelismus ausgedrückt wird bzw. werden kann. Anhand der folgenden Beispiele wird bereits deutlich, wie wichtig die Beantwortung dieser Fragen und die Erörterung konkreter Manifestationsvarianten sind.

Text (4) zeichnet sich dadurch aus, dass alle Indikatoren zusammen allein über die wortwörtliche Semantik festgestellt werden können:

---

17 Abkürzung für European Monitoring Centre on Racism and Xenophobia.
18 Lediglich bei Heyder et al. (2005: 146 f.) findet sich die Festlegung, dass Israel-Kritik antisemitisch ist, wenn auch nur eines der folgenden Kriterien erfüllt wird: die Aberkennung des Existenzrechtes Israels und des Rechtes auf Selbstverteidigung, das Vergleichen der israelischen Palästinenserpolitik mit der Judenverfolgung im Dritten Reich, die Beurteilung der israelischen Politik mit einem doppelten Standard, die Übertragung antisemitischer Stereotype auf den israelischen Staat. Vgl. auch Pulzer (2003: 96 ff.).

(4) „Die Verbrechen des Staates auf gestohlenem Land: Israhell werden gesuehnt werden, davon koennt ihr Judenschweine ausgehen. [...] Glaubt ihr wirklich das man eurer KZ in Gaza nicht schon als solches erkannt hat? Ihr Schweine werdet haengen, brennen, vergast werden und das nach streng rechtstaatlichen Gesichtspunkten. Um den Frieden in der Welt zu garantieren muss der Jude verschwinden. Ihr kotzt uns an! Besonders dann wenn ihr glaubt uns was von Moral und Menschenrechten erzaehlen zu koennen. Eure US Juden haben die Welt-Finanz zerstoert. Buchenwald, Auschwitz und Dachau sollten endlich wieder geoeffnet werden um den stinkenden Rest von euch zu erledigen. Wir haben keine Angst vor irgendwelchen Gesetzen oder juedischer Dumm Propaganda. Ein Judenfriedhof ist gerade gut genug um einen Muellhalde dort zu errichten. Verschwindet endlich aus Europa! Oder vergast euch selbst."
[ZJD_Gaza2009_300/816_Mon_001]

Die Gaza-Krise wird zum Anlass genommen, eine judenfeindliche, hasserfüllte E-Mail an den Zentralrat der Juden in Deutschland zu senden. Explizit werden Israelis mit Juden (und Juden mit Israelis) durch Adressierung, Anrede und direkte Referenz gleichgesetzt und kollektiv mittels tradierter judeophober Floskeln dehumanisiert und dämonisiert, beleidigt und bedroht. Dicht hintereinander finden sich hier zahlreiche rassistische Stereotypzuweisungen mit Dehumanisierungs- und Dämonisierungssemantik (z. B. Juden als Tiere, Israel als Hölle) sowie verschwörungstheoretische Feindbildkonstruktionen (destruktive Beherrschung der Finanzwelt, Ausnutzung von Medienmacht, Fremdgruppenzuweisung etc.). Es werden diverse NS-Vergleiche gezogen, Israel wird als Staat delegitimiert, seine Gründung als widerrechtlich gewertet, und es wird von der übrigen Staatengemeinschaft als Verkörperung des Bösen ausgegrenzt und damit singulär verdammt. Negative Kollektiv-Attribuierungen und realitätsverzerrende, monokausale Schuldzuweisungen sind an verschwörungstheoretische Phantasien gekoppelt. Ein in sich konzeptuell und emotional geschlossenes antisemitisches Weltbild wird transparent.

Beispiel (5) dagegen kann anhand eines einzelnen Indikators als antisemitisch eingestuft werden, denn das alte antisemitische Stereotyp der BLUTLEGENDE (die Religion zwinge Juden, Blut zu trinken) wird explizit auf Israelis übertragen.[19]

---

[19] Vgl. auch: „Eure Geschichte ist voll von Blut. Täter seid Ihr nicht Opfer." [IBD_20.07.2006_ano_008]

(5) „Was ist mit freilaufenden israelischen Faschisten und Mörder, die nicht nur 'Blut an ihren Händen klebt' sondern sich von menschlichem Blut ernähren [...]." [IBD_28.06.2007_Ard_001]

Wie wir bereits bei den Verbalisierungen aktueller judenfeindlicher Stereotype gezeigt haben, gibt es aber auch wesentlich subtilere Ausdrucksformen, die nicht immer auf den ersten Blick sofort als antisemitisch erkannt werden. In Beispiel (6) ist ein Indikator für Antisemitismus vorhanden, nämlich die Übertragung des klassischen antisemitischen Stereotyps JUDEN SIND STÖRENFRIEDE auf Israel, jedoch ist dies nur über eine Implikatur zu erschließen.

(6) „Israelis sind Störenfriede [...] Sie sollten aus der Geschichte gelernt haben und sich nicht darauf verlassen, dass Israelis alles dürfen" [IBD_07.05.2006_Dro_001]

Über die Formulierung *„Sie sollten aus der Geschichte gelernt haben"* wird implizit auf den Holocaust verwiesen und dadurch werden Israelis mit Juden gleichgesetzt. Über diese implizit vermittelte, durch Weltwissensaktivierungen zu verstehende Gleichsetzung wiederum entsteht eine zweite pejorative Beurteilung, die ein besonderes Ausmaß des angeblichen moralischen Versagens von Juden unterstellt (Implikatur: 'Wer im Holocaust gelitten hat, sollte sich nun anständig und friedlich benehmen'). Schließlich wird auch implizit über die als Fakt ausgegebene Aussage *„dass Israelis alles dürfen"* die Existenz und Ausnutzung eines jüdischen Sonderstatus, also ebenfalls ein tradiertes judeophobes Stereotyp, kommuniziert.[20]

Beispiel (7) stellt die Aberkennung des Existenzrechts eines Nationalstaates Israel allein politisch begründet dar, ohne dass weitere Indikatoren für Antisemitismus vorhanden sind. Eine antizionistische Einstellung kommt bei diesem promovierten Verfasser zum Ausdruck. Der Antizionismus (der aus historischer Perspektive als eine von Skepsis und Abwehr gekennzeichnete Haltung gegenüber der jüdischen Nationalbewegung zu betrachten ist) zeichnet sich dadurch aus, dass die Idee eines jüdischen Nationalstaates strikt abgelehnt wird.

(7) „Sehr geehrter Herr Botschafter Stein. Die beste Lösung für einen Dauerhaften Frieden im Nahen Osten ist die Auflösung des Staates Israel [...]." [IBD_23.03.2007_Hof_001]

---

[20] Als kontextuelle Information ist bei diesem Beispiel auch zu berücksichtigen, dass es sich bei dem Verfasser um einen extrem antisemitisch eingestellten Dauerschreiber (sowohl an die IBD als auch an den ZJD) handelt.

In diesem Zusammenhang muss man sich vor Augen führen, dass Antizionismus, der besonders von Linken und Linksextremisten vertreten wird, heute nur noch als Leugnung des Rechts von Juden auf den bereits bestehenden Nationalstaat existiert (s. Kloke ²1994: 19). Diese Einstellung geht also weit über die bloß theoretische Ablehnung der politischen Idee des Zionismus hinaus, da diese antizionistische Haltung als praktische Konsequenz die Abschaffung des jüdischen Staates fordert. Damit erweist sich der aktuelle Antizionismus als eine Ausdrucksform der durch Intoleranz und Feindseligkeit geprägten anti-jüdischen Konzeptualisierung, die genuin jüdische Existenz als solche nicht akzeptiert und den Juden kollektiv ihre Berechtigung als Juden aberkennt. Die Forderung, Israel als jüdischen Staat aufzulösen, reiht sich somit auch in das Spektrum der diversen „Lösungsvorschläge für das Judenproblem" ein, die im Laufe der Jahrhunderte vorgebracht worden sind (s. hierzu Kap. 10.3).

> „Der aktuelle Antizionismus, der die Existenz des jüdischen Staates ablehnt oder delegitimiert, funktioniert weitgehend 'als Ticket für die tradierte Judenfeindschaft, seine ultima ratio ist die Vernichtung Israels' (Weiß 2005)." (Rensmann/Schoeps 2008: 17)

Israel-Kritik stellt, wie oben beschrieben, eine kommunikative Handlung dar, die ein auf rationalen Prinzipien und sozial akzeptierten Werten basierendes Argumentationsmuster aufweist. Dieses richtet sich nach Wahrhaftigkeit und Zielorientiertheit sowie der Einhaltung sprachlicher Angemessenheitskonventionen. Demgegenüber stellt Anti-Israelismus ein auf irrealen judeophoben Feindbildkonstrukten sowie irrationalen Wunsch- und Zielvorstellungen fußendes Aggressionsverhalten[21] dar. Dieses Aggressionsverhalten spiegelt sich in den Äußerungen wider, die als verbale Gewalt zu charakterisieren sind, und zeigt insgesamt die globale Respektverweigerung und Existenzaberkennung, die explizit wie in (8) oder implizit wie in (9) ausgedrückt wird:

(8) „Sind Juden eigentlich Menschen? Diese Frage kann man angesichts der Verbrechen in Gaza, Lebanon nur mit einem klaren Nein beantworten. Vielleicht sollten wir mal die juedischen Buecher bei euch wieder anwenden! Denn man weiss ja was dort geschrieben wird - rassistischer Mist und dabei seid ihr selber die dreckigsten Rassisten. Abmarsch in die Gaskammer! Heil Zion!" [ZJD_Gaza2009_677/816_Pan_001]

---

21 Anti-Israelismus kann einerseits als mentale Einstellung, andererseits als wahrnehmbares Verhalten, das auf der israelfeindlichen Einstellung basiert, verstanden werden. Wir sehen beide Phänomene in untrennbarer Wechselwirkung. Da wir im Folgenden Formen des verbal manifesten Anti-Israelismus betrachten, betonen wir hier die handlungsorientierte und wahrnehmbare Dimension dieses komplexen Phänomens.

(9) „Israel ist ein historischer Fehler. Es muss eine Lösung gefunden werden." [ZJD_2009_Gaza787/816_Her_001]

Bei allen Variationen liegt den verbalen Aggressionen gegenüber Israel konzeptuell eine feindselige, von starken Abwehrgefühlen und mentalen Stereotypen geprägte Einstellung zugrunde, die eine extreme Voreingenommenheit[22] darstellt. Die Klassifikation und Bewertung von Personen, Sachverhalten und Prozessen ist dadurch bereits mental im Kopf der Menschen vollzogen, ganz gleich, was sich tatsächlich in der realen Welt abspielt. Diese Voreingenommenheit verhindert eine realistische Einschätzung außersprachlicher Ereignisse und führt zu pauschalen Vor-Urteilen sowie einseitigen Schuldzuweisungen. Anti-Israelismus hat wie jeder andere „Ismus" kein empirisches Fundament, entspricht also nicht den realen Strukturen in der Welt, sondern stellt ein Deutungsschema in den Köpfen von Menschen dar. Israel wird als schlecht, böse, verkommen angesehen, seine Existenz entsprechend als Provokation und Ärgernis oder als Bedrohung empfunden.

(10) „Wir sind empört über die agressive Politik Israels. Dieser Staat ist eine große Gefahr für den Weltfrieden." [IBD_22.03.2004_Sch_001]

(11) „Haut ab! Verschwindet endlich von der Erde, ihr Mördergesindel!!" [IBD_04.07.2006_Postkarte]

(12) „ihr juden seid ein schandfleck auf der weltkarte." [IBD_16.07.2006_Man_001]

Das „Anti" im Anti-Israelismus gibt an, dass es sich um eine pauschale Negativbewertung handelt. Der „Ismus" indiziert, dass kollektiv und übergeneralisierend alles, was als israelisch kategorisiert wird, per definitionem durch das „Anti" determiniert wird. Der Komplexität und Heterogenität der Außenwelt wird ein starres, konzeptuell geschlossenes Orientierungs- und Kategorisierungsmuster entgegengestellt, das keinen Raum für alternative Sichtweisen lässt. Die eigene Perspektive wird verabsolutiert, so dass ein kognitives bzw. kommunikatives Miteinander bzw. ein Meinungsaustausch (mit dem ohnehin als nicht ebenbürtigen, da „moralisch verkommenen", vor-verurteilten Gegenüber) kategorisch ausgeschlossen wird. Während legitime und ernst gemeinte Kritik Verbesserungsopti-

---

[22] Zum Phänomen der Voreingenommenheit (Bias) s. u. a. Assmann (2009) und Stangor (2009).

onen[23] anbietet, ohne den Kritisierten auszuschließen, zielt der Anti-Israelismus nur auf die Stigmatisierung und letztlich auf die radikale Veränderung oder Auflösung des jüdischen Staates.

7.2 Kennzeichen des antisemitischen Anti-Israelismus

7.2.1 De-Realisierung: Falschaussagen, Ausblendungen, Verzerrungen, Monoperspektivierungen

Aufgrund der mentalen und emotionalen Voreingenommenheit gegenüber Israel sind Wahrnehmungs-, Bewusstseins- und Klassifikationsprozesse bei betroffenen Personen stark eingeschränkt bzw. auf eine einzige Deutung hin ausgerichtet. In diesem Sinne unterliegen Menschen mit einer anti-israelischen Einstellung einer Realitätsstörung,[24] die sich kommunikativ in Sprachmustern zeigt, die Sprache-zu-Welt-Strukturen in ein Missverhältnis bringen. Die Referenzialisierungen, also die sprachlichen Darstellungen von außersprachlichen Sachverhalten, die diese Menschen produzieren, weisen spezifische Merkmale der Inkongruenz (wie kollektive Schuldzuweisungen, pauschale Negativattribuierungen, hyperbolische Übertreibungen, Monoperspektivierungen und unverhältnismäßige Analogien) auf. Diese lassen sich semantisch-konzeptuell in die oben genannten Phänomene

---

[23] Eine Sprechhandlung, die keine Optionen auf der Adressatenseite zulässt, ist keine Kritik, sondern ein Befehl, der etwas autoritär und machtbewusst erzwingen will, und bevormundet aus einer asymmetrischen Situation heraus den Kommunikationspartner. Liegt keine Befehlsposition vor, handelt es sich um die Artikulation von Intoleranz. Eine Sprechhandlung, die das kommunikative Gegenüber angreift und abwertet, ohne Alternativen aufzuzeigen, ist eine Beleidigung und eine Bedrohung.
[24] Derealisation bzw. Depersonalisation werden in der Psychopathologie als Syndrome betrachtet, die dazu führen, dass Menschen die eigene Person und/oder die Umwelt als fremd und unnormal empfinden (vgl. u. a. Wolfradt 2003). Wir sprechen dagegen von De-Realisierung als einem Phänomen, das sich ergibt, wenn ein mentales Deutungsschema zu einem spezifischen außersprachlichen Sachverhalt, beim Anti-Israelismus zu einem Land, dazu führt, dass dieser Sachverhalt verzerrt, eingeengt oder komplett falsch wahrgenommen und bewertet wird. Das Kriterium der Falschheit oder Verzerrung ergibt sich aus der Inkongruenz zwischen subjektiver Betrachterperspektive und objektiver bzw. intersubjektiver Sachlage. Auf das Problem der Überprüfbarkeit von (absoluter) Wahrheit an sich haben wir bereits hingewiesen, vgl. Kap. 3. Gemeinsam haben Derealisation und De-Realisierung, dass es sich um Realitäts(wahrnehmungs)störungen handelt. Mitscherlich/Mitscherlich (1967: 76) haben das Phänomen angesichts der Vermeidung von Trauerarbeit nach dem Holocaust erörtert. Vgl. auch Hegener (2006: 18 f.), für den Antisemitismus eine Denkstörung sowie eine Störung des Wirklichkeitssinnes ist.

der Dämonisierung, Delegitimierung und Doppelstandardisierung einordnen. Die drei Ds ergeben sich somit als unmittelbare Folge der de-realisierten Einstellung und bauen zu einem großen Teil aufeinander auf bzw. stützen sich gegenseitig in der pseudo-rationalen „Argumentation".

Wie wir in Kap. 3 ausgeführt haben, bildet Sprache nicht nur Realität ab, sie erzeugt auch über semantische Strukturen Realitäten, die mit der tatsächlichen Welt nichts zu tun haben (müssen). Verbale De-Realisierung betrifft das Verhältnis von Sprache und Welt. De-realisierende sprachliche Äußerungen bilden die Realität nicht so ab, wie sie tatsächlich (und intersubjektiv erfahrbar) ist, sondern konstituieren aufgrund ihres semantischen Gehalts eigene, subjektive Realitäten. Die Abbildungs- bzw. Darstellungsfunktion von Sprache, die maßgeblich auf dem Kriterium der Wahrheit(swertüberprüfung) beruht, wird hierbei von den Sprachproduzenten instrumentalisiert, um die Sachverhalte der Welt gemäß ihrer Einstellung zu verbalisieren. So wird über de-realisierende Sprachstrukturen ein Zerrbild von Israel gezeichnet:

(13) „Es ist eine Schande, was sich Ihr Land leistet! Es gibt keine Verhältnismäßigkeit. 1 Israelauge gegen 500 andere. Ein Krieg und Völkermord gegen ein paar entführte Israelis. Clusterbomben in Wohngebiete. Ein Kriegsverbrechen jagt das nächste. Sagen Sie mir nicht ich bin ein Neonazi. Ich bin Humanist. Die eigentlichen Faschisten (Nazis) regieren in Israel." [IBD_31.07.2006_Pop_001]

(14) „Israel ist ein blutrünstiger, brutaler und agressiver Apartheids-Staat" [IBD_06.05.2009_Kre_001]

Da die De-Realisierungen aber als repräsentative Sprechakte[25] formuliert werden, bleibt der Anspruch auf Wahrhaftigkeit dabei erhalten und dies spiegelt die Geschlossenheit des Glaubenssystems der Sprachbenutzer wider (s. hierzu die Strategien der Rechtfertigung und Legitimierung in Kap. 11).

Es werden in den Tausenden von E-Mails und Briefen an den ZJD und die IBD, aber auch öffentlich in allen Bereichen des Internets (s. hierzu Schwarz-Friesel 2012a) so viele de-realisierende Behauptungen über Israel artikuliert (die alle den jüdischen Staat und seine Bürger in der Aggressorrolle darstellen und teilweise

---

[25] Repräsentative (assertive) Sprechakte zeichnen sich dadurch aus, dass der Sprecher sich auf die Wahrheit seiner Aussage über die Welt verpflichtet. Die Sprache richtet sich also nach der Welt. Zugleich gilt die Voraussetzung, dass der Sprecher davon überzeugt ist, was er sagt und dass hinreichend Gründe vorhanden sind, die diese Überzeugung stützen. Somit haben diese Äußerungen unter Umständen auch eine große Wirkungsmacht auf andere.

an groteske Verschwörungstheorien gekoppelt sind), dass wir uns hier auf einige repräsentative und besonders frequente Typen konzentrieren.

Da einige Leser dieses Buches unter Umständen bereits an eine Reihe von de-realisierenden Sprachgebrauchsmustern in Bezug auf Israel aus dem öffentlichen Kommunikationsraum gewöhnt sind, möchten wir an dieser Stelle ein Leseexperiment einfügen, um eventuelle Habitualisierungseffekte zu durchbrechen und mittels einer Analogie die Dimension der De-Realisierung besonders deutlich zu veranschaulichen:

(15) „Mit Abscheu und Entsetzen haben wir aus der Presse erfahren, dass die bundesdeutsche GSG9 wieder einmal in SS-Manier mit unverhältnismäßiger Gewalt gegen anständige junge Menschen aufrechter Gesinnung vorgegangen ist, die lediglich einen verzweifelten Freiheitskampf gegen den Staatsterror Deutschlands führen. Angeblich handelte es sich um einen 'Anti-Terror-Einsatz'. Die Bundesrepublik Deutschland ist ein faschistisches Verbrecherregime, das wie gehabt im Geiste der primitiven Germanen Andersdenkende brutalisiert und mutwillig zerstört und sich genau wie unter Hitler mit großer Aggressivität gegenüber seinen europäischen Nachbarn verhält. Seine rassistische und unglaublich egoistische Finanzpolitik ist eine Schande für die gesamte zivilisierte Welt, entspricht aber genau der Gesinnung dieses grausamen Tätervolkes. Was Deutsche zur Zeit mit den armen, unglücklichen Griechen machen, ist empörend und bedroht den Weltfrieden! Deutschland sollte schnellstmöglich aufgelöst und unter UN-Aufsicht gestellt werden. Wir werden jedenfalls alle aus Deutschland kommenden Produkte von nun an konsequent boykottieren. PS: Wir sind wirklich keine Deutschenhasser, aber unser Gewissen lässt uns angesichts der Verbrechen dieses Unrechtsstaates nicht mehr schweigen."

Dieser (von uns eigens zum Zweck der Illustration konstruierte) Text[26] zeigt eine Referenzialisierung Deutschlands, die sofort als falsch, verzerrt, überzogen und irreal erkannt wird. Dass Israel seit Jahren Opfer exakt solcher de-realisierenden Darstellungen und Anschuldigungen ist, wird jedoch nicht so bewusst reflektiert und erkannt.[27] Die mittlerweile frequent benutzten Brachialverbalismen haben

---

26 Einige der genannten Argumente finden sich allerdings tatsächlich, polemisch zugespitzt, in der aktuellen Diskussion um die Rolle der deutschen EU- und Finanzpolitik.
27 In den letzten vier Jahren wurden in verschiedenen Universitätsseminaren in Jena und Berlin de-realisierte Texte wie (15) zu Deutschland, Frankreich, Australien und Israel in Leseexperimenten vorgelegt: Während über 95 Prozent der Probanden sofort und ohne

ihre Spuren hinterlassen: Das über die Sprache konstruierte Zerr- und Feindbild Israels wird bereits weithin akzeptiert.

Typisch für die de-realisierte Sichtweise in Bezug auf Israel ist insgesamt, dass es als alleiniger Aggressor im Nahostkonflikt dargestellt wird:

(16) „Mir ist völlig klar, dass durch eine solche Gewaltpolitik Israels der Hass in den Arabischen Staaten immer mehr zunehmen wird und Israel niemals mehr zur Ruhe kommen wird. Aber das hat Israel - und nur Israel - zu vertreten und zu verantworten. So, das lag mir schon lange im Magen und mußte einmal gesagt werden!" [ZJD_08.08.2006_Kre_001]

Um das einseitige Aggressorbild Israels aufrechterhalten zu können, werden Referenzialisierungen konstruiert, die auf Falschaussagen basieren. Die Verfälschung von Fakten erfolgt durch Umkehrung, Auslassung oder Relativierung von Sachverhaltsinformationen. Auf diese Weise erzeugen die sprachlichen Strukturen ein Feindbild ISRAEL, das zwar mit der Realität nicht kompatibel ist, dafür aber exakt das repräsentiert, was dem judeophoben Weltbild entspricht und das damit genau die ihm zugewiesene Funktion erfüllt (s. hierzu Kap. 9).

Eine (geschichtsverfälschende) Umkehrung findet z. B. statt, wenn behauptet wird, Israel habe von Anfang an aktiv Kriege gegen die arabischen Nachbarstaaten initiiert und trage die alleinige Schuld für die instabile Lage in Nahost (wobei die aggressive Rolle kollektiv auf die „jüdische Mentalität" zurückgeführt wird):

(17) „Selbst Ihnen müßte doch bekannt sein,daß Israel ein sehr aggresiver Staat ist. Sie wissen doch wie viele Kriege der Judenstaat begonnen hat." [ZJD_Gaza2009_61/816_Sch_001]

(18) „Euer Staat war von Anfang an eine Missgeburt und durch Betrug an den Arabern von bestimmten Mächten durchgedrückt worden. Ihr solltet euch als Gast in Region fühlen und eine normale Beziehung zu euren Nachbarn pflegen. Offensichtlich lässt das eure Mentalität nicht zu." [IBD_16.07.2006_ano_011]

Die Auslassung von Informationen stabilisiert dagegen vor allem die Argumentation, das israelische Verhalten gegenüber den *„wehrlosen und friedlichen Palästi-*

---

zu zögern die Texte zu den drei erstgenannten Ländern als „falsch", „grotesk", „irre" oder „verrückt" charakterisierten, sahen über 60 Prozent nichts Auffälliges an den anti-israelischen Texten (s. Schwarz-Friesel 2011b).

nensern" (an die IBD 2006) sei rein willkürlich (womit die Lesart 'Israelis sind von Natur aus mutwillig böse und verkommen' gestützt wird):

(19)   „Ihr drangsaliert die armen P. völlig grundlos und sperrt sie hinter Mauern. Pfui!" [IBD_10.03.2011_Lar_001]

Dass es sich um Sicherheitsmaßnahmen zum Schutz der israelischen Zivilbevölkerung handelt (die nach zahlreichen terroristischen Attacken eingeführt wurden), bleibt unerwähnt. Ausgeblendet wird auch stets, dass Raketenangriffe des israelischen Militärs auf Ziele der Hamas Antworten bzw. Gegenschläge auf zuvor erfolgte Raketenbeschüsse israelischer Gebiete sind (vgl. auch Bsp. (37)).

„*Grundlos*", „*vorsätzlich*" und „*völlig unverhältnismäßig*" sind diesen Verfassern zufolge prinzipiell alle Tötungsaktionen des israelischen Militärs, auch dann, wenn sie klar erkennbar in Notwehrsituationen vollzogen wurden.

Wenn Aggressionen von palästinensischer Seite Erwähnung finden, werden sie entweder realitätsverzerrend relativiert und/oder gerechtfertigt: Aus Terroristen werden „*Kinder und Jugendliche*", aus Raketen „*Gummigeschosse*", „*Steine*" oder „*Platzpatronen*", aus Bombenattentaten „*verzweifelte Notwehraktionen*" oder „*legitime Freiheitskämpfe*":

(20)   „Die Armee des Mörder-, Folter- und Landraubstaates Israel hat wieder einen gloriosen Sieg über Steine werfende palästinensische Kinder und Jugendliche errungen." [IBD_28.03.2004_Wul_001; per Brief]

(21)   „Was ihr Juden heute im Gazastreifen gemacht habt, ist brutaler Mord, sonst nichts. Man hat ein paar Platzpatronen hinübergeschossen, und ihr kommt mit Kampfjets und Helis, mordet und verschwindet. Ihr seid Bestien. Ich werde alles tun, um meine Mitmenschen gegen Israel aufzuhetzen." [ZJD_27.12.2008_ano_001]

Demgegenüber sind militärische Aktionen Israels angeblich „*Massaker gegen Wehrlose*", „*Krieg gegen Zivilisten*", „*Bluttaten*", „*mörderisches Blutvergießen*", „*ethnische Säuberung*" und „*Staatsterrorismus*", es sind „*gnadenlose Schandtaten*", „*unverantwortliche Unmenschlichkeiten*" und „*nicht hinnehmbare Brutalitäten*". Die lexikalischen Vertauschungen stützen somit immer die anti-israelische Gesamtbewertung.

Ein semantisches Prinzip zieht sich bei der verbalen De-Realisierung Israels kontinuierlich (und unabhängig von politischer Ausrichtung oder Bildungsunterschieden) durch die Darstellungen: Minimierung von Gewalt und Gefahrenpotenzial bei der nicht-israelischen Konfliktpartei bei gleichzeitiger Maximierung von Aggressivität und Schuld auf israelischer Seite.

(22) „Ich habe vollstes Verständniss das sich Hamas - Hisbollah - Dschihad - Fatah gegen den nicht enden wollenden Terror Israels wehrt. Sie sind die Terroristen ‚sie stehlen und besetzen Land Sie diskreminieren täglich Araber. nicht umgedreht.warum fragen sie sich nicht mal selbst ‚warum Israel seit 4000 Jahren ständig in Konflikten,in Kriegen Verfolgung Vertreibung verstrickt ist." [IBD_20.07.2006_Die_001]

(23) „Hallo aus München, es wäre an der Zeit, daß Israel die Atombomben abbaut, die Israel auf den Iran und andere friedliche Nationen gerichtet hat, bevor Israel Forderungen an z.B. den Iran stellt und ihnen verbieten will, friedliche Atomenergie zu erzeugen.---" [IBD_30.10.2007_ano_001]

Die unterstellte und als genuin israelisch definierte Aggressivität wird dabei oft (mittels seit Jahrhunderten kollektiv allen Juden zugeschriebenen Eigenschaften) pseudo-kausal und rassistisch begründet, womit das Stereotyp des EWIGEN JUDEN aktiviert wird:

(24) „Ihr Juden koennt es nicht lassen. Kuemmert Euch um Eure eigenen Schandtaten. ...Euer Staat ist eine Missgeburt wie Ihr selber wisst. Schaut das ihr mit euren Nachbarn zurecht kommt. Aber ihr fühlt Euch ja als das auserlesene Volk." [IBD_12.06.2006_ano_001]

(25) „Juden! Phosphorbomben gegen Zivilisten einsetzen. MÖRDER! Gibt es denn ein noch fieseres VOlk als Euch?" [IBD_27.10.2006_ano_001]

Eine implizit rassistische Argumentation ist bei selbsternannten Humanisten und Friedensaktivisten zu verzeichnen, wenn sie Israelis über ihr Jüdisch-Sein identifizieren und unterstellen, individuelle Leiderfahrungen von Juden im Holocaust müssten als kollektive Erfahrungswerte auf Israelis übertragen werden und sie besonders sensibel für Gewalt und Unrecht gemacht haben. Dass sie es nicht sind, so die (zumeist gebildeten) Schreiber, mache sie noch verabscheuungswürdiger.

(26) „[...] dass der Holocaust oft nur Mittel zum Zweck war – bis heute. Wie sonst wäre es möglich, dass gerade Juden anderen unschuldigen Menschen so viel Leid zufügen können" [ZJD_30.07.2006_Ans_001]

Aufgrund der besonderen Leiderfahrung des jüdischen Volkes werden Erwartungen an den Staat Israel gestellt, die an kein anderes Land der Welt herangetragen werden (s. hierzu den Aspekt des doppelten Standards):

(27) „Unfassbar, diese Grausamkeit –und das mit Ihrer Geschichte!" [IBD_25.4.2010_Erl_001]

Israel und seine gesamte jüdische Bevölkerung werden einseitig auf militärische Gewalt reduziert. Zudem wird eine homogene Konzeptualisierung etabliert, da nicht zwischen Regierung und Volk unterschieden wird.

(28) „hiermit fordere ich Sie auf, sich öffentlich für die folgenden nachweislichen Verbrechen, die von Ihren meiner Meinung nach bis heute feigen und blutrünstigen israelischen Soldaten und der meiner Meinung nach bis heute feigen und blutrünstigen israelischen Bevölkerung an der palästinensischen Bevölkerung in der Zeit von 1967 bis aktuell verübt worden sind zu entschuldigen: [...]" [IBD_07.01.2011_Urb_001]

Auch bei gebildeten Schreibern ist die de-realisierte Wahrnehmung Israels durch eine starke Monoperspektive auf den Nahostkonflikt gekennzeichnet, Israel wird vorgeworfen, mit Staatsterror gegen die Palästinenser vorzugehen und somit weder demokratischen noch sozial-ethischen Ansprüchen gerecht zu werden.

(29) „Wer auch nur über ein bisschen Bildung verfügt, weiß, dass die gegenwärtigen Gewaltakte an der palestinensischen Bevölkerung KEINE Akte der Selbstverteidigung sind. Was Israel da gerade anstellt, sind Verbrechen gegen die Menschlichkeit. Es zielt auf Vernichtung, Auslöschung und Ausrottung. Israel betreibt den Holocaust an den Bewohnern Palestinas. Es wird offenbar, daß Israel eben nicht zum Kreis der aufgeklärt humanistischen Völker zählt, sondern kulturtell und geistig-moralisch im barbarischen Zustand verblieben ist." [ZJD_Gaza2009_552_Mer_001]

(30) „Ich verachte jeden in eurer Gemeinde, der den Israelischen Terror in Palästina unterstützt. Das was Ihr (und ich meine damit das demokratisch wählende israelische Volk) veranstaltet, ist mindestens genau so verwerflich wie der Holocaust. Ich verachte jeden, der unter diesen Umständen auch nur noch ein einziges Denkmal für die Opfer des Holocausts verlangt." [ZJD _01.09.2006_Sal_001]

Dabei kommt es immer wieder zu Verschmelzungen und Gleichsetzungen von jüdischen und israelischen Belangen, wie in (30) oder (31):

(31) „solange Sie nicht begreifen, dass Ihr Terror [...] keine Verständigung herbeiführen kann, solange werden Sie zu Recht von humanistisch geprägten Menschen verachtet." [ZJD_Gaza2009_27/816_Stü_001]

Nach dem Pars-pro-toto-Prinzip wird der gesamte Staat Israel über die Wahrnehmung der militärischen Aktivitäten[28] identifiziert. Von den „differentia specifica" werden lediglich die negativen Merkmale fokussiert und benutzt, um den jüdischen Staat und seine Bevölkerung zu definieren. Von dieser begrenzten Perspektive und der spezifisch eingeengten Konzeptkategorie ISRAEL wird dann ein mentaler Transfer vollzogen, der nun eine konzeptuelle Elaboration beinhaltet: Israel, der „aggressive Unrechtsstaat" symbolisiert Jüdisch-Sein. Die Konzeptualisierung des KOLLEKTIVEN JUDEN ISRAEL wird zur Identifikations- und Bewertungsbasis aller Juden. Entsprechend werden die anklagenden und schuldzuweisenden Schreiben an den Zentralrat in Deutschland gerichtet.

Dekontextualisierung und die Apartheidanalogie

Dass allein die Verwendung eines einzelnen Lexems eine spezifische, de-realisierende Konzeptualisierung konstituieren kann, zeigt das Kompositum *Apartheidstaat*.

(32) „Hier ist die Rede von einem brutalen, rassistischen Apartheits-Staat." [ZJD_27.10.2006_Kna_001]

Oftmals wird Israel als *Apartheidstaat*, *Apartheidregime* (oder semantisch überspezifiziert gar als *rassistischer Apartheidstaat*) bezeichnet, und zwar auch von vielen Akademikern und Politikern, die aufgrund ihres Bildungsgrads eigentlich wissen sollten, was das Wort bedeutet.

---

[28] Dass die Mehrheit der Israelis allen Umfragen in Israel zufolge Frieden mit den Palästinensern möchte und dabei zu diversen Kompromissen sowie Zugeständnissen bereit ist, wird nur selten und in der Regel lediglich in den E-Mails erwähnt, die legitime Kritik üben. In den anti-israelischen Zuschriften wird die Bevölkerung Israels über die Nennung fanatisierter Siedler und/oder Nationalreligiöser, rechtsgerichteter Politiker sowie militärischer Einsatzkräfte definiert.

Unter *Apartheid* versteht man die staatlich gelenkte, institutionalisierte Rassentrennung, so wie sie im ehemaligen Südafrika praktiziert wurde, wobei bestimmte Ethnien innerhalb der Bevölkerung gesetzlich und sozial benachteiligt wurden. Wäre Israel de facto ein solcher Staat, so wäre scharfe internationale Kritik nicht nur angemessen, sondern notwendig. Doch Israel ist so wenig Apartheidstaat wie die Bundesrepublik Deutschland. Die nicht-jüdischen Bürger, gleich ob es arabische Christen, Drusen oder Muslime sind, haben exakt die gleichen Rechte, Bildungs-, Entwicklungs- und Aufstiegschancen wie die jüdischen Staatsbürger.[29] Entsprechend sind arabische Israelis in allen Bereichen der Gesellschaft vertreten, als Geschäftsleute, Ärzte, Polizisten, Soldaten, Rechtsanwälte, Abgeordnete. Dennoch wird Israel durch die Referenzialisierung als *Apartheidstaat* in direkte Analogie zu dem ehemaligen Unrechtsregime Südafrikas[30] gesetzt. Das Wort *Apartheid* wird aus seinem historischen Zusammenhang gerissen und dekontextualisiert. Dekontextualisierung bedeutet im Sprachgebrauch die Herauslösung eines Wortes oder Satzes aus seinem ursprünglichen Bedeutungszusammenhang und seine Übertragung (Rekontextualisierung) in einen anderen Kontext. Die Originalbedeutung unterliegt dabei einer semantischen Verengung oder Erweiterung bzw. einer grundlegenden Veränderung (z. B. durch Merkmalstransferprozesse). *Apartheid* wird in Bezug auf Israel im doppelten Sinne als Stigma-Wort benutzt: Zum einen dient es der Verleumdung des demokratischen Staatswesens, zum anderen gibt es eine pejorativ verzerrende Darstellung der Sicherheitspolitik Israels. Mit Apartheid meinen viele auch die aus Sicherheitsgründen (nach exzessiven terroristischen Attentaten innerhalb der Staatsgrenzen Israels) vollzogene Abgrenzung und Kontrollpolitik in Bezug auf die Palästinenser (die nicht Bürger Israels sind). Diese Politik, die in jedem anderen Land der Welt als legitime Selbstverteidigungs- und Anti-Terror-Maßnahmen[31] zum Schutz der eigenen Bevölkerung betrachtet und akzeptiert würde, wird im Falle Israels als „Staatsterror", „Rassismus" und „Willkür" interpretiert.

---

29 Dies ist kein Buch über Israel oder über den Nahostkonflikt, aber um die Diskrepanz zwischen der realen Welt und den de-realisierenden Äußerungen klarmachen zu können, um das manipulative und antisemitische Potenzial anti-israelischer Äußerungen transparent zu machen, müssen wir teilweise kurz auf außersprachliche Sachverhalte eingehen.
30 Diese diffamierende Analogie findet sich nicht nur im deutschen Diskurs, s. Wistrich (2010: 35 f.): „The big lie that Israel is an apartheid state has become firmly entrenched in recent years in many Western countries."
31 Gedankenspiele und mentale Analogien können veranschaulichen, wie unverhältnismäßig hier geurteilt wird (s. Doppelstandard): Man stelle sich vor, was die deutsche Regierung tun würde, um ihre Bürger zu schützen, wenn aus den benachbarten Grenzregionen Terroristen Raketen auf deutsche Städte feuern würden oder Selbstmordattentäter nach Deutschland kommen würden, um Schulbusse in die Luft zu sprengen, und wie die deutschen Bürger auf

(33)   „Sie haben aus Palestinä durch brutale Machtausübung ein Gefängnis gemach, weil sie das Recht des Stärkeren unbarmherzig anwenden!" [IBD_02.05.2008_Zu_001]

Aus der Tatsache, dass alle Palästinenser, auch die nicht-radikalen und friedenswilligen, unter den Sicherheitsmauern und den zum Teil drastischen Grenzkontrollen[32] zu leiden haben, entstand über die Dekontextualisierung eine konzeptuelle Ausweitung und referenzielle Übergeneralisierung (von der Praxis der Grenzpolitik wurden Merkmale auf den Staat Israel an sich übertragen), nämlich das Stereotyp UNTERDRÜCKER- UND UNRECHTSSTAAT. Dieses Konzept wiederum wurde – aus dem ursprünglichen Kontext gerissen – spezifiziert, und nun wird *Unrechtsstaat* als gegen Israel gerichtetes Diffamierungswort benutzt. Die Macht von Wörtern liegt u. a. darin, dass ihre Bedeutungen spezifische mentale Bilder von hoher emotionaler Wirkung aktivieren. Das Wort *Apartheid* lässt im Bewusstsein (in Analogie zum ehemaligen Südafrika) ein Szenario entstehen, in dem bestimmte Menschen als Bürger eines Staates benachteiligt und ausgegrenzt werden. Aus dieser Konzeptualisierung leiten viele eine inhumane „jüdische Ethik" ab. Dadurch wird implizit das tradierte Stereotyp von Juden als eingeschworener Gemeinschaft, die nur aus Eigeninteresse handelt und kein Mitleid für andere Menschen fühlt, aktiviert. Judentum wird somit allgemein mit israelischer Nahostpolitik gleichgesetzt.

(34)   „Leider ist es aber so, dass ein Jüdisches Leben von Ihnen weit über ein arabisches gestellt wird." [ZJD_31.07.2006_Omi_001]

Da diese Form der Diskriminierung verpönt ist und von zivilisierten und demokratischen Staaten als überholt und inhuman abgelehnt wird, stigmatisiert die Attribuierung *Apartheid* Israel als rückständigen, außerhalb der modernen Weltgemeinschaft stehenden *Unrechtsstaat*. Entsprechend werden in Konstruktionen, in denen dieses Wort benutzt wird, auch viele semantisch äquivalente Lexeme wie *primitiv, inhuman, unzivilisiert, rassistisch, brutal, blutrünstig, mörderisch* und besonders oft *alttestamentarisch* verwendet, um diese (judeophobe) Konzeptualisierung zu intensivieren.

---

solche Attacken reagieren würden.
32 Dabei werden vorkommende Fälle von Schikanen zum Anlass genommen, ganz Israel anzuklagen wie in der folgenden E-Mail: „Was tun Israels Soldaten an den Checkpoints? Sie demütigen die Menschen aus den Palästinensergebieten! ISRAEL, SCHÄME DICH!!!" [IBD_29.09.2008_Eng_001]. Dass gesetzeswidrige Brutalitäten einzelner Soldaten von der israelischen Militärführung geahndet werden, wird dabei ausgeblendet.

(35) „Es geht mittlerweile über alles hinaus, was man von zivilisierten Menschen erwarten kann. Das ist nicht mehr Notwehr, das ist blutrünstige, alttestamentarische Rache [...]." [ZJD_18.04.2002_Eck_001]

Besonders häufig findet sich in diesem Zusammenhang die moralische Gesamtverurteilung, Israel sei eine Schande für die zivilisierte Gemeinschaft und solle sich schämen.[33]

(36) „Israel ist eine Schande für die ganze Welt!" [IBD_01.09.2006_ano_001]

(37) „Sie müssen sich schämen, einem Terroristenstaat anzugehören, der seine Gegner und Unschuldige mit Raketenangriffen liquidiert."
[IBD_22.03.2004_Kis_001]

Das Apartheidargument, das als Diffamierungsmittel von Juden- und Israelhassern erfunden und kommuniziert wurde, wird mittlerweile weithin artikuliert, auch in der Mitte der Gesellschaft, und kann dort sein persuasives Potenzial entfalten.[34] *„Apartheidstaat Israel"*, ein de-realisierendes und stigmatisierendes Phantasiekonstrukt, ist zu einem Schlagwort geworden, dessen Wahrheitswert nicht mehr hinterfragt oder geprüft wird. NS-Vergleiche stellen in Bezug auf Israel und/oder Juden eine weitere Form der extremen Dekontextualisierung dar. Wir werden diese Form der de-realisierenden Diffamierung im folgenden Kapitel als spezifische Variante der Dämonisierung beschreiben.

Ähnlich oft wie als Apartheidstaat wird Israel als ein Terrorstaat dargestellt, der angeblich seit seiner Gründung mit großer Brutalität die arabischen Nachbar-

---

[33] Das emotionsdarstellende Lexem *schämen* wird (frequent gekoppelt an das Wort *Schande*) signifikant oft benutzt, um Israel gegenüber mit moralischer Überlegenheit entgegenzutreten. Hier wird ganz offensichtlich mittels der Täter-Opfer-Umkehr die emotionale Dimension von Scham und Schande, die kollektiv in Bezug auf die deutsche NS-Vergangenheit gefühlt werden sollte bzw. müsste, auf Israel übertragen (s. hierzu Kap. 9.3.2).

[34] In jüngster Zeit lassen sich auch Formen des populistischen Anti-Israelismus beobachten. Dass ein aktiver Spitzenpolitiker nicht-extremer Ausrichtung de-realisierende, den Staat Israel diffamierende Formulierungen benutzt, ist bislang nicht oft zu konstatieren. Das Beispiel, das Sigmar Gabriel bot, zeigt aber, wie schnell israelfeindliche Sprachfloskeln, die habituell im rechtsextremistischen und fundamentalistischen Diskurs artikuliert werden, Eingang in die alltägliche Sprachgebrauchspraxis finden. Gabriel hatte am Mittwoch, den 14.03.12 um 14.31 Uhr auf seine Facebook-Seite den folgenden Text gestellt: „Ich war gerade in Hebron. Das ist für Palästinenser ein rechtsfreier Raum. Das ist ein Apartheid-Regime, für das es keinerlei Rechtfertigung gibt." Auch wenn diese Äußerung nicht intentional zur Diskreditierung benutzt wurde: Solche realitätsverzerrenden Phrasen tragen anti-israelisches Gedankengut in die Mitte der Gesellschaft und ihre Artikulation ist daher als besonders verantwortungslos zu beurteilen.

staaten mit Kriegen überzieht und im Konflikt mit den Palästinensern die alleinige Schuld trägt. Die Rolle Israels wird dabei nicht nur auf die des Provokateurs und Störenfrieds im Nahen Osten, sondern in der Welt festgelegt.

(38) „Jetzt auch noch die Schiffe vor dem Libanon zu provozieren. Vielleicht hat der Iranische Präsident doch eine gute Idee, wenn er Euch aus der Gegend vertreiben will." [IBD_25.10.2006_ano_001]

(39) „Hören Sie endlich auf, die Welt zu terrorisieren. Treten Sie endlich aus der ewigen Opferrolle heraus und stellen sich der eigenen Verbrechen. Sie besetzen unrechtmäßig zugesagte Gebiete, führen aktive, brutale und unverhältnismäßige Angriffskriege, glauben sich bei alledem im Recht und sehen einfach nicht ein, sich zum einen völlig zu isolieren und zum anderen einen kaum zu rettenden Konflikt zwischen den ihnen bislang wohlwollend zugewandten Staaten zu verursachen. [...] Israel bricht mal wieder die Welt in zwei." [ZJD_31.07.2006_Wol_001]

Über den (oben beschriebenen) mentalen Elaborationsprozess, der auf dem Konzept des KOLLEKTIVEN JUDEN basiert, wird dem Zentralrat der Juden in Deutschland dann ebenfalls die Rolle global agierender Terroristen zugewiesen.

Extreme De-Realisierungen finden sich keineswegs nur bei Rechts- und Linksextremisten, sondern durchweg auch bei (sehr gebildeten) Schreibern aus der sozialen und politischen Mitte. Die Semantik der Entwertung, die durch Ausblendung, Verzerrung und Verfälschung von Informationen zustande kommt, ist ein gemeinsames Kennzeichen aller anti-israelisch argumentierenden Antisemiten (auch wenn sie sich als erklärte Anti-Antisemiten ausgeben). Vgl. hierzu (40), die E-Mail eines promovierten Sozialwissenschaftlers, der Israel mittels des Dämonisierungsvergleichs *„hochgerüstetes Monster"* und des intertextuellen Verweises auf das Alte Testament als atavistisches, im moralisch überholten und verkommenen Judentum lokalisiertes Gebilde abwertet:

(40) „Das ist sehr beschämend für den Staat Israel, der zu keinem wirklichen Frieden stark genug ist, sondern wie ein hochgerüstetes Monster agiert, dem alles Andere und alle Anderen unwichtig ist. Hass sät Hass, das heutige Israel ist im Blutschlamm des Alten Testaments stecken geblieben. Ich fürchte um seine Zukunft." [IBD_01.06.2010_Göl_001]

Während de-realisierende Sprachgebrauchsmuster von Extremisten aber primär mittels vulgär-aggressiver Beleidigungen und Beschimpfungen sowie expliziter judenfeindlicher Stereotypausdrücke artikuliert werden, kommunizieren gebildete Israelfeinde ihre Abneigung eher über Implikaturen als Moralappelle, Ratschläge und Aufforderungen und nehmen damit Israelis (und Juden) gegenüber eine ausgeprägt paternalistische Haltung ein (s. hierzu Kap. 10.3). Ein typisches Beispiel für implizite Verurteilungen dieser Art ist die viel benutzte Floskel[35] von der „*unverhältnismäßigen Gewalt*", die impliziert, es gebe keinen nachvollziehbaren Grund für den Einsatz des israelischen Militärs. Die Sprachproduzenten maßen sich also (trotz der Entfernung von über 4.000 Kilometern zum Krisengebiet, das sie strategisch bewerten) eine allwissende Beobachter- und Expertenposition an. Wenn es keine plausible und rechtfertigende Begründung für Gewaltanwendung gibt, so sind die naheliegendsten, darauf aufbauenden Implikaturen, dass die israelischen Streitkräfte Gewalt anwenden, weil sie es so gewöhnt sind, weil sie exzessive Militärschläge auch ohne Grund für sinnvoll halten und/oder weil sie (von Natur aus) gern gewalttätig sind. Diese Unterstellungen liefern mögliche Lesarten mit ausgeprägtem antisemitischen Assoziations- und Wirkungspotenzial. Auch Phrasen wie *systematische Vernichtung, brutale Vorgehensweise* und *Krieg gegen die Zivilbevölkerung* unterstellen qua Implikatur, Israels (Militär-) Politik sei ohne Not intentional destruktiv und ohne Weiteres zu vermeiden, wenn nur der gute Wille dafür da wäre. Das dominante Wortfeld bei der Bewertung der israelischen Militäraktionen, vor allem bei den Libanon- und Gaza-Einsätzen 2006 und 2009, hat das semantische Merkmal 'nicht den Relationen entsprechend' als Kern: Demgemäß finden sich in den Schreiben neben dem Wort *unverhältnismäßig* vor allem Lexeme wie *unangemessen, übertrieben, überzogen, ungerechtfertigt, ungerecht, unfair, unanständig* sowie *mörderisch, rücksichtslos, brutal, barbarisch, erbarmungslos*. Militäraktionen werden dabei bevorzugt als *Mord(taten)* referenzialisiert. Das zweite semantische Feld, das dominant in den E-Mails ist, betrifft die Opfer-Thematik. Neben *Opfer* (mit dem Zusatz *israelischer Gewalt*) werden Lexeme wie *Leidtragende, Unschuldige, Unbeteiligte* verwendet, um die unterstellte Unverhältnismäßigkeit[36] der israelischen Militärpolitik hervorzuheben und zu betonen. Die konzeptuellen Bereiche MORD, UNVERHÄLTNIS-

---

35 Eine Kollokations- und Wortfeldanalyse (s. hierzu Kap. 2) zu einem aus 450.088 Wörtern (1.266 Seiten) bestehenden Teilkorpus aus digital vorliegenden Zuschriften aus dem Jahr 2006 an den ZJD und die IBD mit dem Programm antconc 3.2.1.0 ergab, dass das Lexem *unverhältnismäßig* eine zentrale Vokabel innerhalb israel-kritischer Zuschriften ist. Die Stichprobenanalyse ergab, dass 60 mal das attributiv oder prädikativ verwendete Adjektiv *unverhältnismäßig* benutzt wurde, 5 mal sein verneintes Antonym (*nicht verhältnismäßig*); das Nomen *Unverhältnismäßigkeit* tauchte 12 mal auf. Des Weiteren fanden sich 280 Mal Quasi-Synonyme wie *überzogen* und *unangemessen*.
36 Die Verfasser bleiben dabei in der Regel eine Antwort schuldig, was ihrer Meinung nach ein „normales/angemessenes" Maß für Militäraktionen gegen terroristische Angriffe und Raketenbeschuss wäre.

MÄSSIGKEIT und ZIVILISTEN/UNSCHULDIGE werden also in ein argumentatives Verhältnis gebracht.

Die für anti-israelische Äußerungen typischen Kriterien Dämonisierung, Delegitimierung und Doppelstandard (unikaler Bewertungsmaßstab) und die sich aus ihnen ergebenden Argumente lassen sich nun vor dem Hintergrund der obigen Ausführungen als spezifische Formen der De-Realisierung subsumieren. Alle drei basieren auf einer judeophoben Konzeptualisierung, die ein Zerrbild Israels umfasst, und sie haben das Ziel, Israel als jüdischen Staat zu entwerten. Sie treten daher in der Regel kombiniert und semantisch-konzeptuell durch pseudo-kausale Relationen miteinander verknüpft auf.

7.2.2 Mittel der Dämonisierung: „*israel ist der teufel*"

Seit zweitausend Jahren gehört es zur Judenfeindschaft, dass Juden dämonisiert werden (s. Kap. 4). In der aktuellen Variante des Anti-Israelismus steht Israel im Fokus dieses tradierten Entwertungsprozesses. Judeophobe Dämonisierung stellt einen Prozess der extremen Aus- und Abgrenzung von Juden mittels irrationaler Negativbewertung dar. Die Dämonisierten werden als Personifizierung des Bösen oder als Weltenübel gesehen, das die Menschen heimsucht, sie erschreckt, bedroht und/oder ihnen Schaden zufügt.

(41) „ein total schlimmes volk ist das. israel ist der teufel. sorry aber so ist es."
[ZJD_Gaza2009_60/816_Ste_001]

(42) „Die Israelis sind und bleiben, egal was sie der Welt auch vorgaukeln, die größten Rassisten, Kriegsverbrecher, Kriegstreiber, Mörder, Kindermörder, Menschenrechtsverletzer, Völkerrechtsverletzer, Folterer, Räuber und Diebe, Nazis, Lügner, Terroristen, Nichts und niemant hat mich bisher vom Gegenteil überezugen können.[37] Und das wird auch in Zukunft nicht geschehen weil sich die Israelis nie ändern. Mit anderen Worten sie sind und bleiben verlogene Schweine. ...die Welt hasst sie."
[IBD_04.12.2007_Dro_001]

---

[37] Hier wird expressis verbis ausgedrückt, was kennzeichnend für eine antisemitische Einstellung ist: die obsessive Fixiertheit auf Juden und die unerschütterliche Resistenz gegenüber Fakten. Der Verfasser gibt selbst zu, was die meisten Judenfeinde leugnen: eine bestimmte, strikt festgelegte Konzeptualisierung als Glaubenssystem mit absolutem Wahrheitswert im Kopf zu haben, die unter keinen Umständen verändert werden soll.

Die den Juden unterstellte Bösartigkeit ergibt sich in dieser Perspektive allein aus dem ureigenen Charakter bzw. der Natur der Dämonisierten, die per se und unveränderbar als schlecht gewertet werden. Das Konzept des EWIGEN JUDEN wird auf Israel projiziert, s. auch die Beispiele (50), (56) und (57); vgl. auch die folgende E-Mail einer Familie aus Berlin:

(43) „Mit Abscheu und tiefer Verachtung verfolgen wir in den Medien das Massaker Israels in Gaza und im Libanon. Die fadenscheinigen Begründungen für die massiven Angriffe auf zivile Ziele sind mehr als erbärmlich. Blickt man Jahrzehnte zurück, war es immer Israel, das anderen Land weggenommen, Städte zerstört und Orte dem Erdboden gleichgemacht hat. [...] In der ganzen Welt haben die Juden an Achtung und Vertrauen verloren." [ZJD_30.07.2006_Ans_001]

Das Dämonisierte wird stets außerhalb der gesellschaftlichen Werte und ethischen Normen verortet, die die Basis für die (positive) Selbstbewertung der Wir-Gruppe bilden (vgl. Befu 1999: 22 f.).

(44) „Ihr seid Bestien, Teufel, Unholde!!!!" [ZJD_27.12.2008_ano_003]

(45) „Und wir werden solang gegen Israel sein, bis Israel wieder auf den Weg der Menschen zurück gekommen ist." [IBD_08.07.2011__Wac_001]

Die Kontrastierung und absolute Entwertung erlauben es, die Dämonisierten bzw. das Dämonisierte ohne moralische Bedenken als (vermeintlichen) Zerstörer der Gemeinschaft zu verurteilen und seine Existenzberechtigung zu negieren.

(46) „Hallo ihr bluttriefenden Judenschweine! Ich bestreite ein Existenzrecht Israels und ein Lebensrecht der jüdischen Pestilenz." [IBD_26.04.2009_Kru_001]

(47) „Der Judenstaat Israel gleicht im Moment einer stinkenden Pestbeule, die ausgetrocknet werden muß." [IBD_10.08.2006_Mue_001]

Die wesentlichen Verbalindikatoren von Dämonisierung sind die Verwendung von pejorativen, das Referenzobjekt zumeist dehumanisierenden Lexemen, von negativen Hyperbeln und Metaphern sowie von NS-Vergleichen.[38]

---

38 Bei seriösen Kritikern findet man diese Verbalformen nicht.

Pejorative Lexik und Dehumanisierungen

Dass die Verwendung pejorativer Lexeme wie *Schweine, Schlächter, Verbrecher, Mörder, Monster* oder *Terroristen* ein lange tradiertes Charakteristikum der verbalen Judenfeindschaft ist, haben wir bereits anhand der diversen aggressiven Sprachhandlungen, die gegen Juden gerichtet waren und sind, erörtert (s. Kap. 10).

(48) „Sie zeigen einmal mehr, dass Israelis Schweine sind. Sie brechen die Waffenruhe um die Libanesen und die Hisbollah zu provozieren, damit sie weiter Menschen abschlachten können." [IBD_20.08.2006_Dro_001]

(49) „Der Staat Israel benimmt sich in Gaza wie eine Nation von Schweinen." [ZJD_09.01.2009_Wol_001]

Beim Anti-Israelismus zeigt oft eine gruppenindizierende Komponente wie in dem Kompositum *Judenschweine* oder der Nominalphrase *jüdische Verbrecher* an, dass mit dem Sprechakt nicht nur die Diffamierung Israels, sondern aller Juden beabsichtigt wird. Semantisch explizit wird angezeigt, dass die Beleidigungen und Drohungen kollektiv judenfeindlich gemeint sind. Die umfassende Gruppenzugehörigkeit kann aber auch implizit vermittelt werden wie in (50):

(50) „Ihr israelsichen schlächter, seit 2000 Jahren bringt ihr nur gewalt und krieg in die welt" [IBD_30.3.2006_Sur_001]

Hier wird die Geschichte des jüdischen Volkes als „Beleg" für die Verkommenheit der Israelis herangezogen und damit auf eine homogene Kategorie JUDEN zurückgegriffen. Vgl. entsprechend (51), wo jüdisches Volk und Israel in ein gemeinsames Konzept gefasst werden:

(51) „Es scheint so, das das jüdische Volk aus der Geschichte nichts gelernt hat und das was sie uns deutschen vorwerfen (3. Reich) nun in ähnlicher Form mit den Palästinensern machen, diese tagtäglich drangsalieren, bombardieren, mit Wasserknappheit bestrafen und so weiter." [IBD_05.06.2009_Jou_001]

Dehumanisierungen sind die häufigsten Formen der kollektiven Negierungen: Israel und seine Bevölkerung werden als *Pestgeschwür, Unrat, Teufelswerk, Monster, Kontergan-Gebilde* etc. bezeichnet:

(52) „Ihr seid einfach nur menschlicher Müll." [IBD_20.02.2009_Wei_001]

(53) „Widerwärtiges israelisches Pack, [...] Ihr Rattenpack."
    [IBD_05.05.2007_Kol_001]

Dehumanisierungen sind immer gleichzeitig auch Dämonisierungen, denn den Betroffenen menschliche Züge abzusprechen, ist eine extreme Form der Entwertung. Dämonisierungen gehen aber nicht notwendigerweise mit Dehumanisierung einher. Menschen können auch als (besonders schlechte, verkommene) Menschen aus der Wertegemeinschaft ausgegrenzt werden, ohne dass ihnen das Merkmal NICHT-MENSCHLICH zugeordnet wird.

(54) „Ihr Israelis seit doch allesamt nur erbärmliche wiederliche Möchtegerneopfer!!! Unmenschlich und Grausam gehen Sie gegen Hilfsschiffe vor....erbarmungslos töten sie Unschuldige Menschen [...]"
    [IBD_01.06.2010_Rei_001]

Jede verbale Dämonisierung vollzieht semantisch eine extreme Negativbewertung und Ausgrenzung. Sie basiert also auf einer bilateralen Konzeptualisierung – einem Manichäismus –, die strikt zwischen gut und böse unterscheidet, wobei das Konzept des PRINZIPIELL ANDEREN maßgeblich ist.

Als „kollektiver Jude" wird Israel zum Projektionsfeld judenfeindlicher Phantasien. Mehrfach ist in den Schreiben davon die Rede, die Israelis („*Jüdische Schlächter in Palästina*") seien „*blutdürstig*" [IBD_22.07.2006_Ble_002]: In dieser metaphorischen Verwendung ist eine aktualisierte Übertragung des tradierten BLUTKULT-Stereotyps auf Israel zu sehen. Zahlreiche andere uralte Stereotype (JUDEN ALS LÜGNER, ALS HINTERHÄLTIGE BETRÜGER, ALS AUSBEUTER UND SCHÄDLINGE) werden auf den modernen Staat projiziert (s. Beispiele in Kap. 4). Die politische Diskreditierung erfolgt zumeist über die Zuschreibung von (angeblich typisch jüdischen) Charaktereigenschaften:

(55) „Eure derzeitigen Provokationen [...] haben nur ein Ziel. Und dieses Ziel zeigt euren niederen Charakter und eure Hinterlistigkeit."
    [IBD_31.10.2006_ano_001]

Das mentale Bild des KOLLEKTIVEN JUDEN ISRAEL[39] wird explizit durch generische Referenzialisierungen im Singular oder im Plural ausgedrückt (s. auch Kap. 6):

---

39 Alle semantischen Kategorisierungen und auf tradierten Stereotypen aufbauenden Argumente zeigen, dass beim Anti-Israelismus die alten Muster der Judenfeindschaft

(56) „Aber was macht der 'Jude' denn jetzt mit den Palästinensern? [...] hat der 'Jude' damals nichts gelernt?" [ZJD_Gaza2009_271/816_ano_001]

(57) „Dir Dreckjuden direkt eine in die Fresse. Du bist schuld am Elend dieser Welt!" [IBD_19.08.2008_Bau_001]

Während in (56) und (57) die Konzeptualisierung eines homogenen Wesens jüdischer Natur durch den typisierenden Singular aktiviert wird, geschieht dies in (58) und (59) mittels pluraler Referenz, die persönlich (durch die Anrede) oder distanziert verbalisiert werden kann:

(58) „Die Juden in Israel gehen mit unvorstellbarer Brutalität vor." [ZJD_24.07.2009_Har_002]

(59) „Ihr dreckigen Juden und MOERDERBANDE." [IBD_05.08.2010_ano_001]

Beide Formen führen zu einer semantischen Reduktion mit der kategorialen Lesart 'typisch für Juden'.

Dass israelische Belange und Handlungen als jüdisch kategorisiert werden, zeigen auch die konzeptuelle Gleichsetzung durch die Synonymverwendung von *Juden/Israelis* wie in (60) und die Zuordnungen von israelischer Staatsangehörigkeit wie in (61) sowie die Adressierungen von Schreiben an den ZJD, wenn es um Vorwürfe gegen die Politik Israels geht.

(60) „Das alles, müßte euch Israelis doch bekantvorkommen." [ZJD_18.02.2006_Bri_001]

(61) „[...] Völkermord, den eure Regierung und die Köpfe eurer Religion in Gaza begehen [...]." [ZJD_Gaza2009_14/816_ano_001]

Mittels Hyperbeln beschreiben die Verfasser israelische Aktivitäten als „*die schlimmsten Massaker*", die „*furchtbarsten Gräueltaten*", die „*größten Ungerechtigkeiten*" und betonen dabei die Unikalität der unterstellten Bösartigkeit des „*Verbrecher- und Unrechtsstaates*" sowie die moralische Verkommenheit seiner Bürger:

---

aktualisiert werden. Es ist keineswegs der Nahostkonflikt, wie z. B. Klug (2004: 237) es annimmt, der hier eine wesentliche Rolle spielt. Die Krisenberichterstattung über diesen Konflikt gibt lediglich den konkreten Anlass für die Projektionsprozesse.

(62)   „Ihr seid doch das Unterste was Gott der Menschheit antun konnte."
       [IBD_22.07.2006_ano_007]

Israel selbst wird als Staat ebenfalls bevorzugt mittels hyperbolischer Wendungen und Metaphern charakterisiert und so als das Böse schlechthin stigmatisiert:

(63)   „Israel ist das größte Übel, das die Menschheit je hervorgebracht hat. Es wird höchste Zeit, daß der Iran seine Atombombe, die Israel ja längst hat, zur Einsatzreife bringt, und diese Krake Israel endgültig und auf Dauer vom Erdboden verschwindet und nie mehr auftaucht!"
       [IBD_03.06.2010_Spe_001]

(64)   „Das einzige rassistische Apartheidregime der Welt Israel ist die einzige Gefahr für Weltfrieden." [IBD_06.05.2009_Hai_002]

Der metaphorischen Konstruktion in (65) liegt die Konzeptkopplung ISRAEL ALS EITERBEULE zugrunde (s. hierzu auch Bsp. (47) zur Pestbeule):

(65)   „Israel ist die Eiterbeule im Nahen Osten!"
       [ZJD_Gaza2009_87/816_May_001]

Auf diese Weise wird Israel als 'krankhafter, ekliger Auswuchs' charakterisiert. Man kann daraus folgern, dass der Verfasser von (65) das Existenzrecht Israels infrage stellen möchte, da es üblich ist, Eiterbeulen mit Hilfe einer entsprechenden medizinischen Behandlung auszukurieren oder sogar durch einen operativen Eingriff zu entfernen.

Bei manchen Verfassern kennt die Maßlosigkeit der dämonisierenden Übertreibungen keine Grenzen. Die extreme Irrationalität, die mit jeder De-Realisierung einhergeht, wird hierbei transparent:

(66)   „Israel dort anzusiedeln war der größte Fehler der Neuzeit, sogar inklusive erster und zweiter Weltkrieg!" [ZJD_Gaza2009_498/816_May_001]

(67)   „Israel [...] Schlimmer als der Holocaust, falls es diesen überhaupt gegeben hat." [ZJD_Gaza2009_153/816_Rie_001]

Rechts – Links – Mitte

Bei aller Homogenität in Bezug auf dämonisierende Semantik und diskreditierende Argumentation über alle politischen Grenzen und Differenzen der Verfasser hinweg, lässt sich bei der Referenzialisierung in anti-israelischen Schreiben doch quantitativ und qualitativ ein Unterschied konstatieren: Rechtsorientierte und rechtsextremistische Verfasser lassen schon bei der Benennung „ihrer Feinde" keinen Zweifel daran, dass es nicht nur die Israelis sind, sondern alle Juden, die sie meinen. Entsprechend findet sich kaum ein Schreiben, in dem nicht Israelis auch als *Juden* oder *jüdisch* bezeichnet[40] werden. Linke und linksextremistische Sprachproduzenten dagegen benutzen bevorzugt das Lexem *Zionisten* (um zu verdeutlichen, dass sie gegen die Idee eines jüdischen Nationalstaates sind), oft in Verbindung mit dem Adjektiv *faschistisch*. Schreiber aus der Mitte, die sich als ehrbare Anti-Antisemiten darstellen und den Eindruck einer judenfeindlichen Einstellung vermeiden wollen, verwenden in der Mehrzahl das Lexem *Israelis* und verzichten damit auf eine direkte Zuordnung der Religion, kodieren aber implizit zahlreiche judeophobe Stereotype und adressieren ihre E-Mails öfter an den ZJD (statt an die IBD). Hinzu kommt bei diesen Schreibern meistens entweder die explizit formulierte Forderung an den Zentralrat in Deutschland, mehr für den Friedensprozess zu tun und Israel zu kritisieren:

(68)   „Sprechen sie klare Worte und distanzieren sie sich von diesem sinnlosen Morden." [ZJD_Gaza2009_582/816_Bac_001]

oder implizit mittels Aussagen, die Moralappelle darstellen, der Vorwurf, die Juden in Deutschland würden moralische Einsicht vermissen lassen (s. auch die Beispiele in Kap. 5):

(69)   „Es bedarf Mut zur Wahrhaftigkeit und ein paar Regungen echter Menschlichkeit." [ZJD_29.12.2006_Glo_002]

Hierdurch entsteht eine kollektive Verantwortungserweiterung der Art, nicht nur die Israelis, auch die deutschen Juden seien maßgeblich verantwortlich für den Konflikt in der Region und könnten die Entscheidungen der israelischen Regierung beeinflussen.[41] Entsprechend werden konkrete Vorschläge zur Lösung des Nahostkonflikts keineswegs nur der IBD unterbreitet, sondern auch dem ZJD:

---

40 Oft findet sich die Gleichsetzung bzw. Identifikation bereits in der Anrede: „Sehr geehrte Diplomaten Israels – sehr geehrte Juden!" [IBD_22.12.2006_Mar_001]
41 Dies ist eine weitere Variante der de-realisierten Weltsicht von Antisemiten, die auf dem

(70)   „Fangen Sie endlich an, Religionsgemeinschaft zu sein und das oberste Prinzip aller Religionen zu praktizieren: Frieden!"
[ZJD_01.09.2006_Haf_001]

(71)   „Schließt endlich Frieden und gebt das widerrechtlich angeeignete Land zurück." [ZJD_13.04.2007_ano_001]

In vielen Schreiben wird eine Polarisierung betrieben: Jüdische Deutsche werden (nach bekannter Tradition) abgesondert und als israeltreuer, unkritischer Verein charakterisiert, der solidarisch nicht mit Deutschland, sondern allein mit Israel sei (s. hierzu Bsp. (13), (18) und (25) in Kap. 5.2).

Der Konflikt in Nahost wird zum Anlass[42] genommen, lange gehegte Ressentiments zu aktivieren und als legitim zu deklarieren.

(72)   „Hass und Verachtung aller Juden in der Welt ist euch gewiß."
[IBD_23.07.2006_Hud_001, Postkarte]

(73)   „Der einzig wahre Grund des Krieg des Apartheidregime in Israel gegen palästinensischer Zivilbevölkerung ist Mordlust der israelischen Rassisten." [ZJD_Gaza2009_32/816_Hai_001]

(74)   „Die Judenfrage muss gelöst werden." [IBD_18.01.2009_ano_001]

Es ist klar, dass der Nahostkonflikt lediglich ein Katalysator für die anti-israelischen und antisemitischen Gefühle ist. Betrachtet man die lange Geschichte der Judenfeindschaft, so sieht man im Wandel der Zeit die emotionsintensivierende Rolle von jeweils aktuellen Krisen- und Konfliktsituationen. Wäre der Nahostkonflikt friedlich gelöst, würden womöglich andere Schuldzuweisungen gegenüber Israel konstruiert wie die Verantwortung für Umweltkatastrophen, die Erderwärmung, Risiken globaler Atompolitik etc.

Konzept der WELTWEITEN JÜDISCHEN ALLIANZ UND SOLIDARITÄT basiert.
42 Vgl. Kreis (2005: 29): „Nicht den unerreichbaren harten Antisemiten, sondern dem großen Publikum [...] des braven Mittelfeldes muß immer wieder deutlich gesagt werden, daß für Antisemitismus und dessen Ansteigen keine noch so kritisierbare Aktion Israels für verantwortlich erklärt werden kann. Nichts in der Welt (weder die gezielten Tötungen von Hamas-Führern noch die räuberischen Enteignungen von Land, noch die Zerstörung von Lebenszusammenhängen durch den 'Schutzzaun', noch irgendeine Form der Arroganz der Macht), keine Umweltverhältnisse sind für Eintreten oder Anwachsen von Antisemitismus verantwortlich. Verantwortlich ist immer nur derjenige, der einen derartigen 'Ismus' entwickelt und verstärkt."

Der Verfasser von (75), ein Student, sieht in dem Streubombenabwurf der israelischen Armee die Bestätigung für die Verkommenheit aller Juden und leitet davon die „kausale Notwendigkeit" des Holocausts ab:

(75) „Zutiefst erschüttert lese ich heute dass von der israelischen Armee, nach dem Krieg, Streubomben auf den Südlibanon geworfen wurden. In den letzten Wochen habe ich Hitler begriffen warum er die Juden ausrotten wollte! Ab heute sind die Juden auch meine Gegner, am besten ihr verschwindet als erstes aus Deutschland. Solche Kriegsverbrecher sind bei uns nicht erwünscht." [ZJD_01.09.2006_Sch_002]

Vergangenheitsbezogen gibt (sich) dieser Schreiber (über die aktuelle Projektionsfläche Nahostkonflikt) eine tradierte judeophobe Erklärung für die NS-Verbrechen ('Juden sind aufgrund ihrer Verderbtheit selbst schuld, dass man sie ausrotten wollte und will') und gegenwarts- wie zukunftsbezogen eine Rechtfertigung für seinen persönlichen Judenhass. Eine ähnliche Argumentation bietet (76):

(76) „Ihr habt endlich euer wahres Gesicht gezeigt! Jetzt kann ich A. H. verstehen. Denn ihr seid nicht besser." [IBD_01.06.2010_ano_042]

Der Verfasser von (76) findet in den Taten der Israelis einen Grund, die Verantwortung für die von Deutschen begangenen Verbrechen an den Juden von sich zu weisen und sich von der Erinnerungskultur Deutschlands zu distanzieren. Diese Täter-Opfer-Umkehr-Strategie mit ihrer Schuldabwehr- und Entlastungsdimension ist in zahlreichen E-Mails zu konstatieren.

(77) „Wer nach 57 Jahren Frieden und Freiheit in unserem Lande noch immer stichelt und sucht, was er uns an Schlechten anhängen kann, ist mehr als gut beraten in seinem eigenen Land für Ordnung und Frieden zu sorgen." [ZJD_07.06.2002_Bre_001]

(78) „Solange also das israelitische Volk (ein Teil davon) Scharon seine Buldozer/Schlächter Politik weitermachen läßt, möchte ich nie wieder anklagende Reden über den Holocaust, inklusive des architektonisch superhäßlichem Denkmal hören." [IBD_19.07.2006_Sch_003]

Dass durch die in solchen Beispielen enthaltene Analogie, welche die Militärschläge Israels mit dem Massenmord an den europäischen Juden auf eine Ebene setzt, eine de-realisierende Relativierung des Holocausts vorgenommen wird, vermögen auch die akademisch Gebildeten, die sich dieses Argumentes bedienen, nicht zu reflektieren.

„Ihr jüdischen Nazis": NS-Vergleiche als Mittel der Dämonisierung

Um das Ausmaß israelischer Gewalt verbal höchstmöglich zu potenzieren, werden mit NS-Vergleichen irreale Kontrastierungen etabliert. Sie konstituieren absolute Täter-Opfer-Oppositionen.

(79) „Heute sind die wehrlosen und unschuldigen Palästinenser die Opfer der Nazi-Juden!" [IBD_15.03.2007_Postkarte]

So findet sich auch bei nahezu allen Schreibern die Verwendung von (Juden und Israelis dämonisierenden und den Holocaust marginalisierenden) NS-Vergleichen in verschiedenen formalen und semantischen Varianten.[43]

Regierungsvertreter Israels werden mit Nazis verglichen oder gleichgesetzt:

(80) „Die israelische Regierung spricht wie die Nazis, sie handelt wie die Nazis – sie sind die Nazis des 21. Jahrhunderts."
[IBD_02.05.2006_L_001, Postkarte]

(81) „Die Mörderbande unter dem Davidstern macht der SS unterm Hackenkreuz alle Ehre. Ein Ministerpräsident Olmert und eine Aussenministerin mit KZ-Aufseher Mentalität lehnen jede Waffenpasue ab."
[ZJD_01.08.2006_ano_009]

Alle israelischen Bürger werden als Nazis beschimpft, die angeblich mit Nazi-Methoden agieren; ihnen wird eine (jüdische) Nazi-Mentalität attestiert:

(82) „IHR NAZIS UND KZWAECHTER DER PALAESTINENSER. DRECKSJUDEN !!!" [IBD_14.05.2010_ano_001]

(83) „Ihr seid die neuen NAZIS, killen provozieren, das könnt ihr gut!"
[IBD_25.10.2006_ano_002]

Selbst bei NS-Vergleichen finden manche der Schreiber noch Steigerungsmöglichkeiten:

---

43 S. hierzu auch Schwarz-Friesel (2007: 195–199) und Eitz/Stötzel (2009).

(84) „Ihr seid schlimmer als die Nazis!" [IBD_16.01.2009_Mar_002]

Der gesamte Staat Israel wird entweder direkt mit dem Nazi-Regime gleichgesetzt oder über die Nennung von Namen bekannter NS-Verbrecher in Analogie zu ihm gesetzt (s. hierzu Kap. 6):

(85) „Israel=Nazi-Staat"; „Nasrallahgrad." [ZJD_19.10.2006_Bor_001]

(86) „Hitler hat man überwunden - Israel leider noch nicht." [IBD_18.07.2006_Sta_001]

(87) „Adolf Hitler hätte seine helle Freude an den Faschistenkameraden in Israel!" [ZJD_25.07.2006_Wag_001]

(88) „Die Enteignung und Venichtung der Palästinänser hätten auch Eichmann & Co. nicht effektiver und menschenverachtender planen und ausführen können." [IBD_05.07.2006_Pue_001]

Aber auch jüdische Deutsche, in Stellvertretung für diese vor allem die Mitglieder des ZJD, werden zu Nazis deklariert (weil ihnen kollektiv Mitschuld an der Gewalt in Nahost zugesprochen wird). So befindet ein Publizist aus München, der Mitglied der Partei Die Linke ist:

(89) „Also: Stoppen Sie Ihren gezielten Völkermord, Sie sind das Ebenbild der Verbrecher von Auschwitz und Buchenwald." [ZJD_Gaza2009_776/816_Sch_001]

Die Palästinenserpolitik wird expressis verbis als *„israelischer Holocaust"* oder *„Genozid"* bezeichnet.

(90) „Jetzt betreibt Ihr den Holocaust!!" [IBD_04.08.2006_Pun_001]

Implizit findet sich diese Analogie zur NS-Zeit mittels Aussagen und Fragen formuliert, wie in den E-Mails von zwei Akademikern aus Halle und Berlin:

(91) „Hier werden ganz schlimme Erinnerungen für uns Deutsche wach." [IBD_07.04.2007_Lie_001][44]

---

[44] In einer Äußerung wie (91) ist eine doppelte Täter-Opfer-Umkehr-Implikatur enthalten: Zum einen werden Israelis als Täter stigmatisiert, zum anderen werden die Deutschen (und

(92) „Erinnert Sie das nicht an die schlimme Zeit in Deutschland, in der Sie selbst Opfer waren?" [ZJD_18.02.2006_Bri_001]

Juden erscheinen so (in der Täter-Opfer-Umkehr) als Tätervolk. Neben ihrer diskreditierenden Funktion dienen diese unangemessenen Vergleiche stets auch der Schuldaufrechnung (s. o.).

7.2.3 Fokussierung, unikaler Bewertungsmaßstab und Delegitimierung

Man muss sich beim Anti-Israelismus zwangsläufig die (über die textorientierte, kognitionslinguistische Analyse hinausgehende, den Gesamtkontext berücksichtigende) Frage stellen, warum ein kleines, demokratisches Land zum Weltenübel erklärt wird, das eine kritische Presse, ein unabhängiges Rechtssystem, eine frei gewählte Regierung und eine multikulturelle Bevölkerung hat, in dem Frauen gleichberechtigt sind und ihnen gesellschaftlich alle Möglichkeiten offen stehen, das liberal und offen im Umgang mit Homosexuellen ist und das korrupte und kriminelle Politiker vor Gericht stellt? Warum nicht Länder, in denen Frauen entmündigt, gedemütigt und gesteinigt und Homosexuelle umgebracht werden und in denen Kritik brutal unterdrückt wird; Länder, die Wahlen manipulieren oder gar nicht erst zulassen, die regelmäßig Massenvernichtungswaffen testen, um Nachbarländer zu bedrohen, während die Bevölkerung hungern muss, die kriminelle und korrupte Politiker gewähren lassen, während Regimekritiker bedroht, eingesperrt, misshandelt oder getötet werden, die Kinder zu Soldaten machen und Frauen Opfer von Massenvergewaltigungen werden lassen? Warum ist Israel das einzige Land der Erde, dem gegenüber sich ein „Ismus" entwickelt hat (kein Anti-Chinaismus, kein Anti-Nordkoreaismus, kein Anti-Sudanismus), der extreme Ausmaße angenommen hat? Warum wird bei allen anderen Ländern zwischen Regierung und Bevölkerung unterschieden, während Israel als ganzes Land über die Taten Einzelner diskreditiert wird? Warum wird die Existenzberechtigung bei keinem anderen Land der Welt in Frage gestellt?

Israel sieht sich einer im Vergleich zu anderen Krisen- und Konfliktregionen quantitativ wie qualitativ unverhältnismäßigen Kritik ausgesetzt, die ein auffälliges Ausmaß von extremer Emotionalität besitzt. Bei keinem anderen Thema schlagen die Emotionen Hass, Wut und Empörung so hoch wie bei Debatten und Kontroversen um den israelisch-palästinensischen Nahostkonflikt, ist das Bedürfnis so groß, „Lösungsvorschläge" und „gute Ratschläge" zu erteilen, „Strafmaßnahmen" zu verhängen. Wenn nun aber ohne jeden Zweifel Gewalt,

---

nicht die Juden) als Opfer der *„schlimmen Erinnerungen"* in den Fokus gestellt.

Menschenrechtsverletzungen und Konfliktaustragung in anderen Ländern wesentlich stärker ausgeprägt sind als in Israel, muss es einen anderen Grund für seine exzessive Verdammung und Verurteilung geben. Unsere Analysen legen als Grund nahe, dass Israel jüdisch ist und Juden seit Jahrhunderten Opfer von massiven Diffamierungskampagnen waren und sind.

Israel steht als jüdischer Staat im Fokus aller modernen Antisemiten. Eine Art Lupeneffekt ist zu konstatieren (Singling-Out), der Art, dass eine unikale Fokussierung und Bewertung stattfindet. Aufmerksamkeit und Kritik richten sich bei Personen mit einer anti-israelischen Einstellung allein und besonders heftig auf Israel und nicht auch auf andere kritikwürdige Krisen und Konflikte in der Welt. Die bereits erörterten Hyperbeln sind symptomatisch für diese Unikalitätsperspektive:

(93) „Ihr Land ist [...] das mit Abstand schlimmste Übel auf der Welt [...]."
[IBD_25.10.2006_Sch_002]

Der Nahostkonflikt wird als herausragendes Krisengebiet aufgefasst, das in der Weltpolitik absolute Priorität hat und als besondere Gefahr für die übrige Menschheit stilisiert wird. Andere regionale oder globale Konflikte werden entweder ignoriert oder nicht mit dem gleichen Maß an Kritik bedacht. In der Forschung ist dies als Doppelstandard[45] bezeichnet worden: Israel wird mit anderen Kriterien beurteilt, mit einem anderem Maßstab bewertet.[46] Was bei jedem anderen Land der Welt z. B. als legitime Selbstverteidigung, Kampf gegen Terrorismus oder zum Teil nicht zu vermeidende Begleiterscheinungen im Kriegszustand bewertet würde, wird in Bezug auf Israel als „Beweis" für dessen „Grausamkeit und Schlechtigkeit" gesehen (s. o.). Dem israelischen Militär wird entsprechend unterstellt, seine Einsätze zielten intentional auf Opfer in der Zivilbevölkerung.

(94) „Bomben mit einer derart gewaltigen Sprengkraft mitten in eine dicht besiedelte Stadt abzufeuern, hat absolut nichts mehr mit legitimer Gegenwehr zu tun. Da werden ganz bewusst zivile Opfer angestrebt. ... Dieser Staat Israel ist eine SCHANDE für die gesamte ZIVILISIERTE Welt

---

45 Dieser Terminus ist jedoch ambig und seine Semantik gibt nicht an, dass es sich um eine einmalige Bewertung handelt. Wir bevorzugen daher „unikaler Bewertungsmaßstab".
46 Es gab bislang noch nie Kommentare der Art „Syrien hat als Staat seine Existenzberechtigung verwirkt" oder „das serbische Volk ist im Blutrausch" oder „Nordkorea ist eine Schande für die Menschheit" oder „Nazi-Methoden in China". Gegenüber Israel sind solche Verbalexzesse an der Tagesordnung.

und für alle, die noch einen klitzekleinen Funken Anstand haben. UND ICH BIN KEIN ANTISEMIT!" [ZJD_Gaza2009_330/816_Gün_001]

Jeder tatsächliche oder angebliche Fehler Israels wird sofort benannt und dramatisch de-realisiert, jede Gewaltanwendung als besonders verwerflich und mutwillig böse interpretiert. So werden aus militärischen Aktionen infolge von Selbstverteidigungshandlungen „kaltblütige Morde":

(95) „Das brutale Vorgehen Ihrer Regierung gegen die FriedensaktivistInnen der Gaza Solidaritäts-Flotte erfüllt mich mit Entsetzen. Es schockiert mich, dass Ihr Land, dass sich als zivilisiert darstellt, diese Schiffe auf solch eine völkerrechtwidrige Weise gekapert und Menschen auf dem Schiff kaltblütig ermordet hat. Ich bin erschüttert, dass Menschen dafür sterben mussten, weil sie der Bevölkerung von Gaza Hilfe bringen und Hoffnung spenden wollten." [IBD_02.06.2010_Rat_001]

Es werden (zum Teil unerfüllbare) Erwartungen an Israel gestellt, die an kein anderes Land der Erde gestellt werden (z. B. die Forderung, auf Selbstverteidigung zu verzichten). Die in diesem Zusammenhang von Israel geforderte „besondere Verantwortung" besteht dabei für viele vor allem darin, dass Gewalt gegen die eigene Bevölkerung hingenommen werden soll:

(96) „Der Ausweg wäre [...] Rückzug der Armee. Darauf folgen sicherlich Selbstmordattentate. Dann aber darf eben nicht zurückgeschlagen werden." [ZJD_10.04.2002_Kut_001]

Sind auch objektiv betrachtet die militärischen Aktivitäten, Aufrüstungsbestrebungen und Menschenrechtsverletzungen in vielen (diktatorischen) Ländern wesentlich gravierender als in der Demokratie Israel (und würden daher weitaus berechtigter die Aufmerksamkeit von „Friedensaktivisten und Humanisten" erhalten müssen), so gilt doch die ganze Konzentration Israel.

(97) „ich protestiere [...] gegen die fortgesetzten und vorsätzlichen Vergehen gegen die Menschenrechte und die zahlreichen Verstösse gegen UN-Resolutionen, die der Staat Israel [...] in Palästina begeht und noch weiter begehen will." [IBD_29.03.2004_Sta_001]

Die unikale Fokussierung und Evaluation ist als unmittelbare Folge der de-realisierenden Dämonisierung zu sehen: Israel wird quasi zum „Juden unter den Staaten der Welt" (s. hierzu auch Grigat 2009) und damit Objekt exakt dergleichen Diskriminierungs- und Diffamierungsmechanismen wie Juden schon seit Hunderten von Jahren. So wie Juden für Antisemiten das Übel der Menschheit sind, so ist Israel per se der schlimmste aller Staaten, ganz gleich, was er tut oder nicht tut (s. repräsentativ hierfür auch Bsp. (93)).

(98) „Die Gründung des Staates Israel ist der größte Fehler, der je von Menschen gemacht wurde." [IBD_03.03.2008_Moe_001]

(99) „Der 3. Weltkrieg geht wohl von Israel aus!" [IBD_02.06.2010_Bra_001]

Das Kriterium des anderen Maßstabs liegt auch vor, wenn wie in (100), (101) und (102), E-Mails von Akademikern, explizit oder implizit argumentiert wird, ausgerechnet „der Staat der Holocaustopfer" dürfe nicht selbst zum „Tätervolk" werden.

(100) „das jüdische Volk hat in den letzten Jahrzehnten und Jahrhunderten viel zu erleiden und zu erdulden gehabt.Vertreibung, Terror, Diffamierung, Völkermord. Müßte also nicht gerade das jüdische Volk Vorbild und Vorreiter in Nächstenliebe, Güte Großmut und Toleranz sein?" [ZJD_07.04.2002_Pek_001]

(101) „Nach ihren eigenen schlimmen Erfahrungen eigentlich unfassbar." [IBD_30.11.2007_Rat_001]

(102) „Ist es nicht gerade Aufgabe des israelischen Volkes, nach den gemachten Erfahrungen andere Mittel als die Gewalt oder den Totschlag im Zusammenleben mit den Nachbarn anzuwenden?" [IBD_17.07.2006_Ley_001]

Die Geschichte hat bislang nicht gezeigt, dass leidvolle Erfahrung ein ganzes Volk kollektiv sensibler, besser (oder schlechter) macht und dies an folgende Generationen weitergibt. Trotzdem wird genau dies bei Israel aufgrund der Basis des homogenen Konzepts KOLLEKTIVER JUDE als Selbstverständlichkeit unterstellt. Hier werden pseudo-psychologische Zusammenhänge konstruiert, die der doppelten moralischen Verdammung von Israelis und Juden dienen: 'Sie sind verwerflich, weil sie Gewalt anwenden. Und dies, obgleich sie doch aufgrund ihrer leidvollen Geschichte gelernt haben und geläutert sein müssten. Das wiederum macht sie zu besonders schlechten Wesen.'

(103) „die Nachkommen der Opfer werden selbst zu unbeschreiblichen Tätern." [ZJD_01.08.2006_Bah_001]

(104) „Ihre Solidaritätsbekundung zu der kriegerischen Offensive Ihrer Landsleute in Israel ist ein Hohn für die Opfer Ihrer Bomben im Libanon. Hat denn gerade ihr Volk nicht aus dem zweiten Weltkrieg gelernt??"
[ZJD_29.07.2006_Boe_001]

Die von den Schreibern konstatierte Unsensibilität gegenüber vergangener Leiderfahrung ergibt sich sinnvoll nur aus der unterstellten Lernunfähigkeit des „jüdischen Volkes" und dem Transfer dieses „moralischen Versagens" auf den Staat Israel. Damit wird implizit eine konstante Charaktereigenschaft angenommen: 'Juden sind von Natur aus unverbesserlich schlecht.' Durch die Kontrastierung 'wir Deutschen haben sehr wohl etwas aus der Geschichte gelernt' wird diese Negativbewertung noch zusätzlich betont.[47]

Anti-israelisch eingestellte Personen belassen es oft nicht bei persönlicher verbaler Aggressivität, sondern sie suchen die Öffentlichkeit, versuchen, „Überzeugungsarbeit" zu leisten (und senden daher Kopien ihrer Schreiben an den ZJD und die IBD auch an Journalisten, Politiker und/oder die Bundesregierung und/oder stellen sie ins Internet). Zudem fordern sie nonverbale Aktionen; insbesondere rufen sie oft zu Protest- und Boykotthandlungen gegenüber Israel auf, die sie als *„notwendige Sanktionen"* bezeichnen.

(105) „Deutsche, kauft keine israelischen Früchte." [IBD_10.08.2006_Neu_001]

(106) „Sie sind ein miserables, miserables Land. Ich werde für den Rest meines Lebens alles boykottieren was aus Israel kommt."
[IBD_31.07.2006_Sch_008_Postkarte]

(107) „Ich hoffe die Deutschen boykottieren Israels Waren und kaufen keinerlei Waren mehr von diesem Land, bis Israel mal vernünftig handelt. Wir werden es so machen und haben auch unseren Urlaub in Israel abgesagt." [IBD_14.07.2006_Beh_001]

Dass solche Aktionen in der NS-Zeit gegen Juden usuell waren (und sprachlich nahezu strukturidentisch gefordert wurden) und welche Konsequenzen diese hatten, wird ausgeblendet oder als „legitim" verteidigt. Boykottaufrufe werden in den Schreiben an den Zentralrat und die Botschaft bevorzugt von linksorientier-

---

47 Derselben Pseudo-Logik folgend müsste man dann unterstellen, dass die Deutschen aufgrund ihrer brutalen Vergangenheit besonders erfahren und prädestiniert für Gewaltanwendungen seien. Damit wäre dann das zu Recht zurückgewiesene Tätervolk-Konzept legitimiert.

ten, sogenannten „Friedensaktivisten" artikuliert. Es gibt ein prototypisches Argumentationsmuster in den Texten, das bis in die kleinsten sprachlichen Details hin homogen bei allen Boykottbefürwortern aus der bürgerlichen Mitte anzutreffen ist: Werden sie für ihre unangemessenen Vorschläge und Unterschriftenaktionen kritisiert, sehen sie sich „*bösartig als Antisemiten verunglimpft*" und beklagen das angebliche Meinungsdiktat der „*Antisemitismuskeule*"; sie heben hervor, dass sie „*jüdische Freunde haben*" und sich „*dem Judentum verbunden*" fühlen, dass sie „*Kishon lieben*" und „*zu Klezmer-Konzerten*" gehen, dass sie von „*prominenter jüdischer Seite Unterstützung*" finden. Die ostentative Parallele zu den antisemitischen Boykottaufrufen der Nationalsozialisten „*vermögen*" sie „*nicht zu erkennen*", vielmehr lasse es „*ihr Gewissen nicht zu, tatenlos zuzusehen*".[48]

Auffällig ist, dass einige der Schreiber eine Wende bzw. einen Sinneswandel in ihrer Sicht auf Israel thematisieren, der „*ihnen die Augen geöffnet*" habe, nachdem sie jahrelang durch die „*gleichgeschaltete Presse*" und „*feige Zurückhaltung der offiziellen Regierungskreise*" indoktriniert worden seien (s. hierzu auch die Beispiele (178) bis (181) in Kap. 5.2). Typisch hierfür sind (108), die E-Mail eines Professors aus Sachsen, und (109), die E-Mail eines linksorientierten Bürgers aus Berlin:

(108) „Ich hatte bis vor wenigen Jahren die deutsche Standard-Meinung zu Israel, aber seit den Kriegen im Libanon und Gaza, bei denen die Israelis unvorstellbar grausam vorgingen, habe ich viel über Israel nachgedacht. Ich glaube, viele Leute in Deutschland sind am Umdenken, und bald wird die Stimmung kippen." [ZJD_24.07.2009_Har_001]

(109) „Glücklicherweise gibt es mit jeder israelischen Aggression mehr Anti-Zionisten vor allem auch in Deutschland und es bleibt zu hoffen, dass sich damit auch eine kritischere Grundhaltung gegenüber Juden in Deutschland allgemein durchsetzt." [ZJD_15.08.2006_Moe_001]

Das „*tabuisierte Thema*" müsse „*zur Sprache kommen*", die „*Fakten auf den Tisch gelegt*", das „*Meinungsdiktat durchbrochen*", das „*Schweigen beendet*" werden.[49]

---

48 Zuletzt fand dieses kommunikative Abwehr- und Legitimierungsmuster auch öffentlich in den Medien seinen Ausdruck: Der sozialdemokratische Oberbürgermeister in Jena glaubte, seinem „zerrissenen Herzen" folgen zu müssen und war einer der Erstunterzeichner für einen von Pax Christi initiierten Boykottaufruf gegen Obst und Gemüse aus israelischen Siedlungen. Umgehend zollte ihm die NPD dafür Beifall.
49 Günter Grass benutzte bei seiner Rechtfertigung nach massiver Kritik an seinem de-realisierenden Text fast exakt die gleichen Floskeln. Im Gespräch mit dem Journalisten Tom Buhrow äußerte er am 05.04.2012: „*Es muss endlich mal zur Sprache kommen. Aber was ich*

Ein ausgeprägter Missionarsdrang anti-israelischer Aktivisten ist Teil ihrer obsessiven Intoleranz: Antisemiten deklarieren ihre anti-israelischen Aussagen als *„Meinungsfreiheit"* und fordern uneingeschränktes Rederecht. *Ich fordere, ich verlange, ich bestehe auf meinem Recht* etc. sind Floskeln, die viel in diesem Zusammenhang benutzt werden. Dieses Recht sprechen sie Menschen, die eine andere Meinung vertreten, jedoch ab, indem sie es als *„Manipulation"* und *„hasserfülltes Anti-Deutschtum"* bewerten. Auffällig ist hierbei der unbedingte Wahrheitsanspruch, der keine andere Sicht zulässt:

(110) „Das ist Realität in Palästina. Das ist die Wahrheit!!"
[ZJD_11.03.2007_Mon_001]

Entsprechend beenden viele dieser Schreiber ihre E-Mails mit dem Appell an Zentralrat und Botschaft, ihre *„falsche Gesinnung"* zu überdenken und *„in der Hoffnung auf eine Änderung ihrer Ausrichtung und Werte"* [ZJD_01.09.2006_Tef_001].[50]

Jedes Gegenargument und jede Faktendarlegung, die ihrem Weltbild nicht entspricht, wird vehement und mit großer Polemik zurückgewiesen:

(111) „Ich lasse mich nicht in die antisemitische Ecke stellen, das ist Meinungsfaschismus!" [ZJD_04.03.2007_Mar_001]

Dies spiegelt sich in den E-Mails und Briefen (aber auch im Internet) darin wider, dass sowohl die Ergebnisse der Antisemitismusforschung diskreditiert werden (*„gekauft"*, *„unwissenschaftlich"*, *„methodisch anfechtbar"*, *„von jüdischen Geldgebern in Auftrag gegeben"*, *„unseriöse Wissenschaft"*) als auch Reportagen[51] in den Massenmedien, die ein realistisches, ausgewogenes Bild des Nahostkonflikts zeichnen (*„nicht objektiv"*, *„voreingenommen"* etc.).

(112) „Was soll das mit dem Antisemitismus. Wenn einer nur ein wenig Kritik an den Juden übt, ist er gleich ein Antisemit... Was ist aber mit den Juden,

---

dann erlebe, ist eine fast wie gleichgeschaltete Presse. Es kommen keine Gegenstimmen vor."
50 Der Verfasser hebt dabei in seiner E-Mail mehrmals hervor, er sei ein *„sensibilisierter Bürger"*: „Antisemitismus im Besonderen und der Ausgrenzung und Pauschalisierung gegenüber allen religiösen, ethnischen und individuellen Mitmenschen im Allgemeinen, bin ich gegenüber sehr sensibel und verpflichtet!" [ZJD_01.09.2006_Tef_001]
51 Reaktionen auf eine Fernsehsendung des Hessischen Rundfunks machen dies deutlich: Da in dieser Reportage u. a. kritisch über anti-israelische Propaganda und Tatsachenfälschung bei einem angeblichen Tötungsdelikt an einem Kind berichtet wurde, erhielt die Redakteurin eine Reihe von Schmähbriefen, die sie des Verbreitens der Unwahrheit und der Manipulation bezichtigten. Wir danken Esther Schapira, dass sie uns diese Schreiben zur Verfügung stellte.

die Tag täglich Verbrechen gegen das Palästinensische Volk ausüben... Dann darf man natürlich nichts sagen. Juden dürfen alles machen was sie wollen und alle müssen die Schnautze halten, sonst wird man als Antisemit beschimpft. Man wenn ich schon sowas lese, krieg isch'n Plack" [Userkommentar im Internet zum Antisemitismusbericht der Expertenkommission 2012 auf shortnews-kommentare.de]

Emphatische und emotionsausdrückende Phrasen wie „*Besorgnis erregend!*" sind nicht etwa Ausdruck der Betroffenheit angesichts rechtsradikaler Gewalttaten oder der erschreckenden Forschungsergebnisse zur Verbreitung von Antisemitismus in der bürgerlichen Mitte, sondern Empörungsinszenierungen bezüglich der Entlarvung scheinbarer Israel-Kritik als Antisemitismus. Alle Strategien, die zur Diffamierung von Juden benutzt werden, finden auch bei der Diskreditierung der Forschung und der Forscher(innen) ihre Anwendung: Übergeneralisierungen, Verfälschungen, Dekontextualisierungen von Forschungsergebnissen sind insbesondere im Internet in den Kommentarbereichen sowie auf Homepages stark verbreitet.

Delegitimierung

Aus der unikalen Be- bzw. Entwertung Israels ergibt sich (der pseudo-kausalen Logik von Antisemiten folgend) geradezu zwangsläufig die Delegitimierung des gesamten Staates Israel, denn ein Staat, der so abgrundtief böse und so gefährlich ist, so die Argumentation, hat in der zivilisierten Weltengemeinschaft keine Existenzberechtigung. Delegitimierung liegt vor, wenn das Existenzrecht Israels als Staat bezweifelt wird (was oft verbunden ist mit der Forderung, diesen Staat aufzulösen) und wenn ihm das Recht zur Selbstverteidigung abgesprochen wird.

(113)   „Seit Ausrufung eines jüdischen Staates vor 50 Jahren hat sich Israel noch nicht zu einer toleranten Demokratie entwickelt [...]. Jedenfalls haben Sie ihr Existenzrecht verwirkt." [ZJD_12.04.2002_Ana_004]

Die meisten der Schreiber verfügen über keinerlei eigene, sichere, überprüfte Erfahrung und sind eigenen Angaben zufolge noch nie in Israel gewesen (haben also ihre Meinung ausschließlich über sekundäre Informationsquellen erhalten), vertreten aber ihren Standpunkt so vehement und hoch emotional, als seien sie selbst in Israel Opfer oder Augenzeuge von unvorstellbaren Brutalitäten gewesen (s. Kap. 9.2). Das Bedürfnis und die Bereitschaft, an die Verkommenheit Israels zu glauben, jede unterstellte Schlechtigkeit als wahr zu akzeptieren, muss bei diesen Personen sehr groß sein. Anti-israelisch eingestellte Personen sind daher nicht auf Ausgleich oder Vermittlung aus, sondern wollen die Auflösung bzw. radikale Veränderung des jüdischen Staates. Dies kann drastisch und vulgär umgangssprachlich ausgedrückt werden, wie in den Zuschriften von Rechtsextremisten, die ihre Forderung nach Vernichtung des jüdischen Staates fast immer auch an die Negierung des Existenzrechtes aller Juden koppeln (s. die Beispiele (46) und (47)) oder verbal-aggressiv und dämonisierend als (linksextremer) Antizionismus wie in (114):

(114) „Die Errichtung des zionistischen Gebildes in Palästina gehört zu den großen Verbrechen der Menschheitsgeschichte, und das zionistische Gebilde genießt nicht das leiseste moralische Existenzrecht. Ich jedenfalls pflichte voll und ganz dem iranischen Präsidenten bei, wenn er sagt, der Zionismus sei eine Krankheit, und das zionistische Gebilde ein Unrechtsgebilde." [IBD_16.07.2006_Tsc_001]

Typisch für gebildete Schreiber aus der Mitte, die Israel als *Anachronismus, Anomalie* oder *Apartheidstaat* bezeichnen, ist es dagegen, *„zum Guten der Menschheit"*, im *„Sinne der Gerechtigkeit"* oder *„im Interesse des Weltfriedens"* globale *„Lösungsvorschläge"* (d. h. Auflösung oder Veränderung des jüdischen Staates) vorzutragen (die nicht immer realistisch sind):

(115) „Am Besten wäre die Verlegung von Israel auf deutschen Boden. Dann wäre der (deutsche nicht der jetzt israelische) Holocaust gesühnt und es kehrt endlich Ruhe in Nahost ein." [ZJD_Gaza2009_498/816_May_001]

Argumente, die zur Delegitimierung von Israels staatlicher Existenz herangezogen werden, basieren auf einer Reihe von Bewertungsgrundlagen und pseudokausalen Begründungszusammenhängen (s. hierzu die bereits aufgeführten Beispiele unter Kap. 7.1.3 und 7.2.1).

Die rassistische Delegitimierung basiert auf dem Feindbild des EWIGEN JUDEN (mit den Stereotyp-Kombinationen AUSBEUTER, PARASITEN und HEIMATLOSE NOMADEN):

(116) „Nur durch die Auflösung des israelischen Staates kann das Zusammenrotten der Juden unterbunden werden und damit ihre hochgradig aggressiven Tendenzen als vereintes Volk, daß die Erbaggression und Erbfrustration hemmungslos auslebt. Die aus Israel ausgezogenen Juden haben dann die Möglichkeit, sich wieder woanders anzusiedeln. Die Juden waren schon zu Zeiten des alten Testaments ein Normadenvolk, das mal

in Ägypten mal nach Babylon emigierte, letztes übrigens wegen moralischem Fehlverhalten, um dann wieder nach Israel zurückzuziehen." [ZJD_30.11.2006_Gel_001]

Die moralische Delegitimierung bezieht sich auf die unterstellte Gewalt gegenüber anderen arabischen Staaten (*"Gräueltaten der israelischen Kriegsführung"*) und den Palästinensern (*"unzivilisiertes Verhalten"*, *"unverhältnismäßige Gewalt"*, *"Staatsterror"*):

(117) „Aber ich akzeptiere nicht, dass die Politik Israels es in den Jahren seiner Existenz nicht verstanden hat, sich in einer fremden Region so zu assimilieren, dass dies ohne systematische Vernichtung (vor allem in jüngster Zeit) abgelaufen wäre." [ZJD_15.08.2006_Ran_001]

(118) „Immer mehr wird klar, dass Israel der einzige Aggressor im Nahen Osten ist – es wird Zeit, dieses Problem einer Endlösung zuzuführen! Israel hat sein Existenzrecht bereits verspielt!" [ZJD_15.08.2006_Moe_001]

Historische und politische Delegitimierung bezieht sich auf die Behauptungen, Israel sei ein Unrechtsstaat (s. die Apartheid-Vergleiche), dessen Gründung gegen das Völkerrecht verstoßen habe, Israel sei eine globale Gefahr für den Weltfrieden (*"aufgrund fortgesetzter Aggressivitäten"*) und betreibe imperialistische Besatzungspolitik (*"Landraub und gesetzeswidrige Okkupation"*):

(119) „Heute stelle ich fest: die Gründung des Staates Israel [...] war angesichts der gerade überwundenen Nazi-Gräuel nicht zu verhindern. Fest steht aber, dass diese Staatsgründung [...] eine völkerrechtswidrige Handlung war." [ZJD_08.11.2007_Wen_001]

(120) „[...] Politik in Israel [...] Diese ist aber ebenso ungerecht wie die damalige Apartheid in Südafrika, und ich nehme an, dass sie ebensowenig Bestand haben wird." [ZJD_20.12.2009_ Has_003]

In vielen Texten werden die drei Typen der Delegitimierungsargumentation miteinander kombiniert, wobei deren untrennbare Kopplung an die Dämonisierung Israels transparent wird:

(121) „Auf gestolenem land wurde ein historisches monster gezeugt, geboren und gemästet: Israel, die einzige Militär'demokratie' der welt!" [IBD_15.05.2006_Bec_001]

Als Konsequenz ergibt sich die Forderung, den Staat Israel zu reglementieren oder im Extremfall aufzulösen (zu den diversen „Lösungsvorschlägen" s. Kap. 10.3). In diesen Forderungen drückt sich eine Position der vermeintlichen (kognitiven, emotionalen und moralischen) Überlegenheit und einer erforderlichen Belehrung von einem (paternalistischen) Standpunkt aus, der Israel kollektiv entmündigt und das Recht auf eigene Entscheidungen und Selbstbestimmung nimmt.

Respektverweigerung und Delegitimierung artikulieren sich kommunikativ auch durch die Weigerung, den Namen des Staates, den man ablehnt, zu benutzen. Während Rechtsextremisten bei der Referenz auf Israel bevorzugt Neologismen wie *Israhell*, *IsraHölle* und *USrael* sowie metaphorische Schimpfwörter wie *KonterganStaat*, *Krüppel-Israel* verwenden, bevorzugen Linke Bezeichnungen wie *besetztes Gebiet*, *Territorium*, *Zionistenstaat* und benutzen Verfasser aus der Mitte Paraphrasen wie *Heiliges Land*, *das Land der Palästinenser* oder die für das Territorium vor der Staatsgründung übliche Bezeichnung *Palästina*, um sprachlich zu indizieren, dass Israel von ihnen nicht akzeptiert wird. Da Namen eine wichtige identitätsstiftende Funktion haben und als Symbole repräsentativ für die Person bzw. das Land an sich stehen (s. Bering 2010), zielt die Stigmatisierung von Namen immer auf die gesamte Existenz des Kritisierten.

7.3 „Wie ich gerade in meiner Tageszeitung las ..." Intertextuelle Verweise und verbale Konvergenzen: Zum Wirkungspotenzial monoperspektivischer Nahostkonfliktberichterstattung

Auffallend oft verweisen die Schreiber auf Berichte über den Nahostkonflikt, die sie in den Medien rezipiert haben.

(122) „Herr Botschafter, ich habe gerade Radio gehört und frage Sie: Warum wundern Sie sich noch, daß so viele Menschen die Israelis hassen, wenn diese Besatzer tagtäglich die Palästinenser demütigen, quälen und ihre Lebensgrundlage zerstören?" [IBD_23.12.2005_Sch_001, Brief]

Solche intertextuellen Verweise[52] auf massenmedial vermittelte Informationen in den Schreiben zeigen, dass viele Menschen bestimmte Krisenberichterstattungen zum Anlass nehmen, anti-israelische Meinungen zu artikulieren. Ob und

---

52 „Intertextualität" bezeichnet die spezifische, intendierte und markierte Form der Bezugnahme von Texten auf andere Texte/Diskurse und Textmuster. Intertextuelle Verweise dienen generell der Legitimation der vom Schreiber vertretenen Position (s. hierzu Kap. 11.2).

inwieweit sie zudem auch durch diese zum Teil monoperspektivischen Berichte und Kommentare beeinflusst worden sind, vermag eine textlinguistische Analyse nicht immer eindeutig zu eruieren. Man kann nur (angesichts der extrem emotionalen Reaktionen der Rezipienten, die dann als Produzenten ihrer Wut und Empörung Ausdruck verleihen) vermuten, dass es sich bei diesen Beiträgen um Konfliktberichterstattungen mit hohem Emotionspotenzial handelte. Teilweise geben die Verfasser aber auch detailliert Auskunft über ihre Quellen:

(123) „Freitag, 3. 4., 23.00 Uhr, ZDF, Aspekte: Langer Bericht über Ihre Kriegsverbrechen in Gaza. Es läuft einem kalt den Rücken runter! Sie Schufte, Sie Kriegs-Verbrecher!" [ZJD_27.12.2008_ano_001]

Viele Schreiber kopieren auch ganze Texte oder Textstellen in ihre E-Mails, um die eigene Argumentation zu bekräftigen und abzusichern. So legitimiert der Verfasser von (124) seine Äußerungen mit einem *Spiegel*-Newsticker, der den Tod von 20 libanesischen Zivilisten meldet. Der Newsticker wird unkommentiert als Vollzitat samt Quellenangabe in Form eines Hyperlinks angehängt:

(124) „[...] Warum müssen auch unschuldige Menschen sterben? ... Unschuldige Zivilisten töten? Das geht zu weit! Der Staat Isreal stellt sich nicht besser, als die Angreifer der Hisbollah, wenn es so weitergeht! http://www.spiegel.de/politik/ausland/0,1518,426884,00.html
Israels Luftwaffe beschießt Kleinbus - 20 Tote
Erneut fliegt Israels Luftwaffe heftige Angriffe im Libanon: Im Süden des Landes wurden laut libanesischen Sicherheitskreisen 20 Menschen getötet. Das Hauptquartier der Hisbollah in Beirut wurde zerstört. Auch im israelischen Tiberias am See Genezareth schlugen Raketen ein."
[IBD_15.07.2006_Koh_001]

Der Verfasser von (125) fügt seiner anti-israelischen E-Mail einen Anhang bei, der aus fünf anti-israelischen Volltextzitaten samt Quellenangaben besteht. Diese Zitate bezeichnet er als *„Denkanstöße"*. Dadurch drückt der Verfasser aus, dass er die in den zitierten Texten manifestierte anti-israelische Einstellung teilt. Es liegt demnach eine bestätigende Integration vor und die Zitate sollen die feindseligen Äußerungen des Verfassers faktisch untermauern.

(125) „Da unsere Bundesregierung resident gegen alle Tatsachen, einschließlich UNO-Ermittlungen die verbrecherische zionistische Kriegsführung unterstützt, wird dem Ansehen unseres Deutschen Volkes international erheblicher Schaden zugefügt. [...] Anhang: Denkanstöße anderer Art !" [Es

folgen 5 anti-israelische Texte aus den Internetquellen www.medico.de und Kommunisten-online.de und mit den Angaben „Erst schießen, dann fragen (Junge Welt) Von Rüdiger Göbel" und „Weißer Phosphor: Ist Gaza Testgelände für experimentelle Waffen? von Jonathan Cook 14.01.2009 – ZNet" ausgewiesene Texte.] [IBD_16.01.2009_ano_001]

Der Produzent von (126) führt das Volltextzitat einer dpa-Meldung mit dem Nebensatz „*wie der nachfolgende Bericht wohl beweist*" expressis verbis als faktische Legitimation für seine Beschimpfung „*Ihr seid die Terrorristen*" ein:

(126) „Sehr geehrte Damen und Herren, Ihr seid die Terrorristen, wie der nachfolgende Bericht wohl beweist. [...] Tel Aviv (dpa) - Israelische Soldaten haben die Öffentlichkeit mit Aussagen über wahlloses Töten von Zivilisten und mutwillige Zerstörung während des jüngsten Gaza-Kriegs schockiert." [IBD_19.03.2009_See_001]

In den meisten Fällen werden aber nicht die gesamten Texte, sondern nur die jeweils relevanten Passagen zitiert bzw. nur die Teile, welche die eigene Position stützen; es handelt sich also um partielle, zum Teil auch dekontextualisierte Zitate. Ob der vielfach thematisierte Sinneswandel tatsächlich (und ausschließlich) durch Medienberichte verursacht wird bzw. wurde, wie der Verfasser von (127) es darstellt, können wir dabei nicht rekonstruieren:

(127) „[...] die schrecklichen Bilder ihrer Gewalt im Fernsehen [...] Schämen Sie sich, für mich – der ich früher ein Freund Israels war – ist dieses Land gestorben." [IBD_05.02.2009_Kel_001]

Inwieweit Tendenzen in der Berichterstattung deutscher Medien maßgeblich dazu beitragen, dass ein emotional und kognitiv verzerrtes Bild von Israel vermittelt wird und zum Teil antisemitischem Gedankengut Vorschub geleistet wird, ist seit einigen Jahren Gegenstand wissenschaftlicher (und journalistischer) Untersuchungen (s. hierzu u. a. Dichanz/Breidenbach 2001, Faber 2002, Jäger/Jäger 2002, Behrens 2003, Sahm 2006, Langenbucher/Yasin 2009, Schapira/Hafner 2010, Schwarz-Friesel 2012c und Beyer 2012 sowie ausführlich Beyer, in Arbeit). Eine Vergleichsanalyse zu Texten aus unserem E-Mail-Korpus und medialen Texten hat gezeigt, dass es bei diesen beiden Diskurstypen zahlreiche Konvergenzen zwischen den Ausdrucksformen von israelfeindlichen Konzeptualisierungen gibt (s. hierzu auch Beyer/Leuschner 2010). Die von uns im Korpus konstatierte Häufigkeit der Verwendung des Lexems *unverhältnismäßig* spiegelt z. B. offensichtlich den starken Einfluss der Medienberichterstattung auf die Schreiber wider. Für den englischen Sprachraum[53] ist die Dominanz des Vorwurfs der Unverhältnismäßigkeit bereits von Kalb und Saivetz (2007: 49–52) herausgestellt worden:

> „there appears to be little doubt that the media everywhere emphasized the theme of 'disproportionality' from the opening day of the conflict, as though nothing else measured up to it in importance." (Kalb/Saivetz 2007: 49)

Als repräsentatives Beispiel dafür, wie im massenmedialen Kommunikationsraum durch einen extrem unsensiblen Sprachgebrauch Klischees bedient werden, die prototypisch für den antisemitischen Diskurs sind, sollen hier Äußerungen aus einem Transkript zur Talkshow *Hart aber fair: Blutige Trümmer in Gaza – wie weit geht unsere Solidarität mit Israel?* vom 21.01.2009, in der es um den Nahostkonflikt ging, genannt werden: Im Laufe dieser Fernsehsendung setzte der Journalist Ulrich Kienzle zunächst Israelis und Juden gleich bzw. nivellierte die notwendige Differenzierung, unterstellte ihnen Friedensunwilligkeit und verstärkte dieses Klischee noch zusätzlich, indem er den deutschen Staatsbürger Michel Friedman mit einer impliziten Schuldzuweisung ansprach (wobei dadurch das klassische judeophobe Stereotyp DEUTSCHE JUDEN ALS NICHT-DEUTSCHE bzw. ALS ISRAELIS kodiert wurde).

(128)   Kienzle: „Es ist leider die Wahrheit: Wir müssen mal wirklich zum Konflikt zurückgehen. Die Ursache hatte einen ganz simplen Grund. Die Israelis oder die Juden oder wie auch immer wir es nennen wollen, haben die Palästinenser vertrieben. [...] Es geht um die Ursache des Konfliktes 1947, und damals wurden sie vertrieben und Sie [an Friedman gerichtet, d. Verf.] lassen sie nicht zurück."

Die Ursachen des Nahostkonflikts wurden zudem historisch verzerrt sowie monokausal eingeengt und einseitig schuldzuweisend dargestellt: Statt auf den dann erfolgten Hinweis Friedmans, der mit der Richtigstellung, er sei deutscher Staatsbürger, die Unsinnigkeit der vorherigen Aussage klar macht, selbstkritisch zu reagieren, den Lapsus zu erkennen und diesen umgehend zu revidieren, verstärkt Kienzle seine klischeebelastete Argumentation noch mit der Behauptung *„aber manchmal wirken Sie wie ein israelischer Propagandist"*. Obgleich Friedman die Absurdität auch dieses Vorwurfs gegen ihn transparent macht, vermag sich

---

[53] Hove (2008: 159 ff.) hat gezeigt, wie die Berichterstattung über den Beginn der Zweiten Intifada im norwegischen Fernsehen durch Auslassungen und Verfälschungen so gestaltet war, dass Israel einseitig und de-realisiert als Aggressor dargestellt wurde. Trotz wiederholter Anfragen und Faktendarlegungen verweigerte die Sendungsleitung jeden Kommentar dazu.

der Journalist aus dem gängigen judeophoben Deutungsschema nicht zu lösen: *„Jetzt kommen Sie mit der alten Antisemitismus-Keule."*

Das persuasive, meinungsbestimmende und -lenkende Potenzial von sprachlichen Strukturen und ihre vorurteilsbildende und ressentimentverstärkende Funktion werden bei solchen Äußerungen ignoriert oder marginalisiert, vielleicht auch aus populistisch-journalistischen Gründen in Kauf genommen. Beiträge dieser Art aktivieren und reaktivieren über israelfeindliche und derealisierende Sprachgebrauchsmuster tradierte Stereotype des judenfeindlichen Diskurses auch im öffentlichen Kommunikationsraum[54] der Gesamtgesellschaft. „Die Wende [...] zu evidenten, öffentlich via Medien sichtbaren Ereignissen öffnet das Tor zur politischen Mitte" (Bergmann/Heitmeyer 2005b: 234; s. hierzu auch Schwarz-Friesel 2009b).

In vielen Pressetexten zum Nahostkonflikt findet sich seit Jahren eine extreme, auf intensive Gefühle setzende Kontrastierung und Polarisierung zwischen Palästinensern und Israelis: Die Palästinenser werden oft als schwach, unterlegen, leidend und hilflos dargestellt; es überwiegen idyllische Landschaftsschilderungen. Im Kontrast dazu werden die Israelis (fast ausschließlich vertreten durch Militärangehörige oder Nationalreligiöse) als überlegen, stark und als High-Tech-Macht mit absoluter Kontrollgewalt referenzialisiert. Bei Lexem-Analysen[55] zeigt sich, dass bei der Darstellung der Israelis die Verben *kontrollieren, zerstören, angreifen, schicken, befehlen, konfiszieren* dominant sind, bei der Beschreibung der Palästinenser dagegen die Verben *leiden, träumen, vertrieben worden sein, sterben*; nominale Lexeme stammen vor allem aus den Wortfeldern *Familie* sowie *Felder/Bauern*, emotionsbezeichnende und -ausdrückende Adjektive sind *traurig, ohnmächtig, wütend, unerträglich, hoffnungslos, schwach*.

Wenn das Elend und die Verzweiflung der Palästinenser betont, aber nicht die Trauer und die Angst von Israelis erwähnt werden, wenn Aktionen der Armee ohne Nennung von Gründen als willkürlich dargestellt und pauschale Täter-Opfer-Strukturen konstruiert werden, wenn Israel als übermächtiger Aggressor skizziert wird, liegt eine monoperspektivierte Berichterstattung[56] mit einem

---

54 S. hierzu auch Braune (2010), der auf der Basis einer Korpusanalyse zu Leserbriefen in der Presse der Mitte zeigen konnte, dass zunehmend, unzensiert und ohne kritischen Kommentar der Redaktion, auch antisemitische Kommentare publiziert werden.
55 Diese Analysen basieren auf einem Korpus von über 500 medialen Texten (aus der Mainstreampresse) zum Nahostkonflikt, die anlässlich des Libanon- und Gaza-Konflikts 2006 publiziert wurden.
56 Vereinzelt wird diese einseitige Berichterstattung zu Ungunsten Israels auch in den E-Mails kritisch angesprochen. Seit 2010 sind vermehrt Schreiben zu konstatieren, in denen die Verfasser ihren Unmut über die anti-israelischen Medienberichte artikulieren. Vgl.: „Sehr geehrte Damen und Herren, wieder einmal wurde eine Schreckensnachricht verbreitet: Mit

hohen Emotionspotenzial vor, die anti-israelische Bewertungen gekoppelt an intensive Gefühlswerte vermitteln kann (s. Schwarz-Friesel 2007: 222–230). Die möglichen Wirkungen einer so gestalteten Berichterstattung spiegeln sich dann in Äußerungen wie (129), (130) und (131) (sowie in den oben geschilderten Umfrageergebnissen zum Israelbild der Deutschen) wider:

(129) „Zu meiner Verwunderung musste ich feststellen, dass auch ich eine geistige Veränderung durch gemacht habe, von einem Freund der Juden zu einem Gegner. Ich bin nicht dem Braunen Mopp zuzuordnen sondern eher dem Liberalen Teil unserer deutschen Bevölkerung, und dieser Tatbestand beunruhigt mich am meisten. Ich hätte mit vor Wochen nicht vorstellen können solch einen Wandel durch zumachen. Die Bilder von den vielen unschuldigen Toten Kindern, Alten und Kranken Menschen die von der Israelischen Armee getötet wurden haben dazu beigetragen." [ZJD_01.08.2006_Wei_001]

(130) „Betreff: Der Spiegel 35/08 Seite 132[57]
Lese gerade im aktuellen Spiegel über Ihre Schweinereien in Palästina. Schande über alle Juden! [...] Was ich tun kann: Alles Jüdische wird konsequent boykottiert!" [ZJD_26.08.2008_ano_001]

---

ernster Miene verkündete die Sprecherin, dass (sinngemäß) Israel wieder einmal zugeschlagen und einen Angriff auf Gaza gestartet habe. Die involvierte Nachricht von den Raketen aus Gaza wirkte wie ein lapidarer Appendix. Die Art der Nachricht, die Darstellung, die Mimik, die schlecht zurückgehaltene Entrüstung sorgt intuitiv für antiisraelische Stimmung. Wochenlang vorher haben wir von den Angriffen der Terroristen auf der anderen Seite offiziell so gut wie nichts gehört. Nun ist wieder das Opfer der Täter, auf den man zeigen darf. 'Selber schuld. Warum verteidigt ihr euch ...!'. Da Israel eine Demokratie ist, in der verheimlichte Untaten wie bei uns sofort ans Licht kommen und in breiter Öffentlichkeit diskutiert werden, kann die nachfolgende Dokumentation nicht unglaubwürdig sein. Ich möchte sie Ihnen nicht vorenthalten. Über 'Ärztepfusch' wird so oft berichtet - wie wär's mal mit einer Recherche über 'Medien- oder Journalistenpfusch'? Halbwahrheiten sind immer auch halbe Lügen ..."
[IBD_ 12.03.2012_Kau_001]

[57] Dass im *Spiegel* auffallend oft brachiale Verbalismen zu verzeichnen sind, wenn es um die Charakterisierung von Israel und Israelis geht, hat bereits Behrens (2003) gezeigt. Unsere Analysen konnten diesen Eindruck bestätigen: *Spiegel*-Artikel zu Israel zeichnen sich oft durch den Gebrauch von intensiv evaluierenden Hyperbeln und Metaphern aus und die Referenzialisierungen von Israel weisen eine sensationalistische und überdramatisierende Tendenz auf.

(131) „Die schrecklichen Bilder bestätigen wieder einmal, dass der Judenstaat aus und mit Terror geboren wurde und er deswegen offenbar dazu verdammt ist, immerfort neuen Terror zu gebären."
[ZJD_Gaza2009_5/816_Stö_001]

Fazit

Aufgrund der gesellschaftlichen Ächtung und Sanktionierung explizit antisemitischer Äußerungen haben sich indirekte Verbalisierungsformen für die Darstellung und Verbreitung judenfeindlichen Gedankengutes entwickelt, die u. a. über die Referenz auf Israel als „Kritik" deklariert und als „Meinungsfreiheit" legitimiert werden (und auf diese Weise bereits auf allen Ebenen des öffentlichen Diskurses zu verzeichnen sind). Die Analyse der Inhalte und der verbalen Mittel dieser Äußerungen aber macht transparent, dass diese Formen der sprachlichen Diffamierung nichts mit legitimer Israel-Kritik gemeinsam haben. Israel-Kritik und Anti-Israelismus lassen sich sprach- und kognitionswissenschaftlich klar und präzise mittels diverser Klassifikationskriterien als zwei verschiedene Typen von Texten bzw. kommunikativen Handlungen voneinander abgrenzen.

Bei der Beschreibung von Israel fällt bei anti-israelischen Texten vor allem die De-Realisierung auf, d. h. eine verzerrte, realitätsabgehobene Darstellung in Form von Falschaussagen und/oder durch Ausblendung von Fakten und/oder durch hyperbolische Dämonisierungen. Die pejorativen Lexeme, Hyperbeln und Metaphern in den israelfeindlichen Texten geben ein verzerrtes Bild des Staates und diffamieren kollektiv nicht nur seine Bürger, sondern mittels allgemeiner Schuld- und Verantwortungszuweisungen in der Regel auch alle Juden. Aus der Dämonisierung des jüdischen Staates folgen argumentativ Muster der unikalen Bewertung und der Delegitimierung. Wenn Israel, der jüdische Staat, als einmalig böse und verkommen an den Pranger gestellt wird (während wesentlich schlimmere Vergehen, Fehler und Verbrechen von andern Staaten gar keine oder kaum Erwähnung finden), schließt sich der konzeptuelle Kreis zur Judenfeindschaft: Israel steht im Mittelpunkt der aggressiven Attacken, weil es ein genuines Symbol des aktuellen jüdischen Lebens ist. Die Sprachgebrauchsmuster, die benutzt werden, um Israel zu stigmatisieren, entsprechen insgesamt exakt den Mitteln und Strategien, die seit Jahrhunderten bei der Diskriminierung von Juden Anwendung gefunden haben. Sowohl argumentativ als auch grammatisch-lexikalisch unterscheiden sich die kommunikativen Handlungen von Antisemitismus und Anti-Israelismus nicht. Daher ergibt sich durch die empirisch gestützten Textanalysen als Resultat die Bestätigung, dass Anti-Israelismus als eine moderne Formvariante der alten Judenfeindschaft zu betrachten ist. Hass und Wut konzentrieren sich auf den jüdischen Staat, der als kollektiver Jude konzeptualisiert wird. Lediglich die Leugnungs-, Rechtfertigungs- und Legitimierungsstrategien von Antisemiten aus der bürgerlichen und gebildeten Mitte markieren eine Differenz gegenüber dem manifesten Antisemitismus von Rechtsradikalen. Die Selbsterklärungen der Verfasser, es handele sich um den Ausdruck von moralischer Empörung und Sorge, täuschen jedoch nicht darüber hinweg, dass hier ein tief empfundenes Ressentiment verbalisiert wird. Entsprechend sind die Beteuerungen, „keineswegs antisemitisch, sondern nur israelkritisch eingestellt zu sein", lediglich kommunikative Ablenkungsmanöver, die dem Schutz vor Sanktionen und Gesichtsverlust sowie der Selbstlegitimierung dienen. Abgesehen davon, dass anti-israelische Äußerungen (selbst wenn sie zum Teil tatsächlich nicht intentional antisemitisch artikuliert werden) nicht nur unangemessen, sprachunsensibel und unverantwortlich sind, da sie das Potenzial haben, über Inferenzen, Generalisierungen und Assoziationen[58] antisemitische Ressentiments zu aktivieren bzw. re-aktivieren, konstruieren sie ein irreales Zerrbild, in dem Israel realitätsenthoben zum Aggressor stilisiert wird. Israel, das wichtigste moderne Symbol jüdischen Lebens, mit NS-Vergleichen zu diffamieren und argumentativ durch Feindbildrhetorik und anti-jüdisch assoziierte Topoi zu stigmatisieren, birgt eine weitere Gefahr: Durch diese Sprachgebrauchspraxis wird die Basis für die Verstärkung antisemitischer Ressentiments in der gesamten Bevölkerung[59] etabliert und intensiviert.

---

58 Da Israel das bekannteste Symbol für jüdisches Leben darstellt und als jüdischer Staat konzeptualisiert wird, ergibt sich bei jedem anti-israelischen Text automatisch eine mentale Relation zwischen den Konzepten JUDENTUM und ISRAEL. Die Assoziationsrelation 'israelisch-jüdisch' kann kognitionslinguistisch als usuell und prozessual betrachtet als automatisiert angesehen werden.
59 Dies zeigen die am Anfang des Kapitels skizzierten Umfrageergebnisse sowie die Flut an Tausenden von antisemitischen Kommentaren und Hassparolen im Internet anlässlich der Debatte um das anti-israelische Gedicht von Günter Grass. Die IBD erhielt binnen weniger Tage eine große Menge an Schreiben zu diesem Text. Wir konnten diese jedoch bis zur Fertigstellung des hier vorliegenden Buches nicht mehr analysieren.

8 Europa im Vergleich: Ergebnisse einer kontrastiven Korpusanalyse

Anhand kontrastiver Textanalysen kann ermittelt werden, inwiefern die für den deutschen Diskurs typischen Kennzeichen verbal-antisemitischer Äußerungen auch generell charakteristisch für die Judenfeindschaft in Europa[1] sind oder ob und inwieweit es (aufgrund der Spezifik der deutschen NS-Vergangenheit) signifikante Unterschiede gibt. Ein Subkorpus von 1.002 E-Mails und Briefen, die zwischen 2010 und 2011 an die Botschaften Israels in Wien, Bern, Den Haag, Madrid, Brüssel, London, Dublin und Stockholm geschickt wurden,[2] ist dafür qualitativ und quantitativ untersucht worden. Quantitativ betrachtet lässt sich zunächst konstatieren, dass wesentlich weniger rechtsradikale Zuschriften zu verzeichnen sind. Während über 10 Prozent der deutschen Schreiber klar rechtsextremen und neonazistischen Gruppierungen zuzuordnen sind, ist der Anteil in den anderen europäischen Ländern deutlich geringer: Nur knappe drei Prozent der Verfasser sind Extremisten (mit der Ausnahme Österreichs, wo der Anteil bei über zehn Prozent liegt), der Großteil der Textproduzenten ist dagegen entweder in der Mitte der Gesellschaft oder stark links verortet. Quantitativ und qualitativ das signifikanteste Merkmal ist, dass nahezu alle Verfasser (d. h. 97 Prozent) die Formvariante des Anti-Israelismus kodieren, d. h. der Nahostkonflikt dient den Schreibern als Projektionsfläche für ihre judenfeindlichen Gedanken und Gefühle.

Österreich

Die größten Überschneidungen hinsichtlich Stereotypausdruck und judeophober Argumentation finden sich zwischen deutschen und österreichischen Verfassern:[3] Hier sind auch die Tendenzen von Schuld- und Erinnerungsabwehr nahezu identisch, die bei den anderen Ländern nicht auftauchen (was an

---

1 Die aktuelle Antisemitismusforschung hat bislang Anzeichen für eine starke Verbreitung des anti-israelischen Antisemitismus festgestellt (s. hierzu u. a. die Beiträge in Faber et al. 2006 und Rensmann/Schoeps 2008). Empirische Umfragen belegen diese Tendenz (vgl. EUMC 2004, Zick/Küpper 2006a, b und Zick 2010). Zum anti-israelischen Antisemitismus in Amerika s. Reinharz (2010).
2 Es handelt sich hierbei um eine Auswahl von Schreiben, die über Stichproben ermittelt und aus denen ein Subkorpus erstellt wurde. Laut Auskunft des Botschaftspersonals in Paris, das ebenfalls wegen Materials angefragt worden war, werden seit 2010 kaum noch E-Mails oder Briefe an die Botschaft gesendet. Stattdessen veröffentlichen die Sprachproduzenten ihre (zahlreichen) kritischen Texte auf der Facebook-Seite der Botschaft.
3 Dies zeigt sich auch bei den zahlreichen Schmähbriefen, die von 2000 bis 2011 an die

der engen historischen Symbiose dieser beiden Länder in der NS-Zeit und unter Umständen auch an der österreichischen Herkunft Hitlers liegt):

(1) „Wenn die Politik der Israelis (Golan am Wochenende) und der Juden (immer dieses Rumgemecker und Hochhalten des Lebenselexiers Auschwitz) so weitergeht, darf Israel und das Judentum sich nicht wundern, wenn es selbst dafür verantwortlich ist, dass es immer mehr Nazis produziert - vielleicht gehöre ich auch bald dazu, denn langsam bin ich es auch leid!" [IB_Wien_07.06.2011_Kun_001]

Eine starke Überdrussmentalität in Bezug auf die NS-Vergangenheit kommt in vielen österreichischen E-Mails wie in (1) zum Ausdruck. Diese ist zumeist gekoppelt an eine Täter-Opfer-Umkehr und das Klischee, Juden selbst erzeugten (durch angebliche Nazi-Methoden in Israel und Holocaust-Ausbeutung in Österreich) Antisemitismus. Entsprechend sind auf der sprachlichen Ebene Synonymverwendungen der Lexeme *jüdisch* und *israelisch* frequent. Zudem sind wie in (1) und (2) viele konzeptuelle Verschmelzungen von tradierten und aktuellen Stereotypen dominant.

(2) „Ich finde es nicht gut, dass die israelisch-jüdischen Toderschützen, wie der Jäger vom Hochsitz, gestern auf dem Golan vier, vielleicht sogar zwanzig Palästinenser wie wildes Vieh barbarisch und menschenverachtend, einfach der NS-Ideologie folgend, über den Haufen geschossen haben. Der besondere israelisch-jüdische Mut, in der restlichen Welt äußerste Feigheit genannt, wurde darin deutlich, dass man es fertig brachte, ein zwölfjähriges unbewaffnetes Kind mit schwerem militärischen Gerät und bewaffnet bis unter die Zähne einfach so abzuschlachten. Aber der ideologische Background ist offenbar die Thora, die solchen Ritualmord predigt. Einfach erbärmlich!" [IB_Wien_06.06.2011_Kat_001]

Israel wird moralisch diskreditiert, indem judenfeindliche Stereotype, die vor allem der Dämonisierung dienen, reaktiviert und auf den jüdischen Staat projiziert werden.

Israelitische Kultusgemeinde in Wien sowie diverse jüdische Organisationen in Österreich gesendet wurden (und uns in einer komprimierten Zusammenfassung vorliegen).

Schweiz

Schweizer Schreiber dagegen konzentrieren sich fast ausschließlich auf aktuelle Geschehnisse (im Nahen Osten) und zeichnen sich dabei durch eine extrem negative Haltung dem Staat Israel gegenüber aus, dessen Handlungen sie als *unrechtmäßig, völkerrechtswidrig* und *verbrecherisch* bezeichnen. De-realisierte Sachverhaltsdarstellungen und monokausale Schuldzuweisungen stehen im Vordergrund. Die E-Mail eines promovierten Baselers, der im Vorstand einer wirtschaftsorientierten Vereinigung ist, verdeutlicht dies:

(3) „Nach den neuerlichen Massakern an 23 unbewaffneten Zivilisten, die die Grenze zu den von Israel widerrechtlich besetzten Golanhöhen überschreiten wollten, werde ich darauf verzichten, Ihnen Vorträge über Völker- und Menschenrecht zu halten, ... in der Schweiz leben ... viele Flüchtlinge vor staatlichem Terrorismus wie ihn insbesondere auch Israel praktiziert. ...Vielmehr kündet die Sprache der israelischen Regierung von Xenophobie und Rassismus ......Sie können für diese Politik von uns Bürgern weder Unterstützung noch Verständnis erwarten." [IB_Bern_23.05.2011_Die_001]

Konzeptuelle Gleichsetzungen von Israelis und Juden durch Synonymverwendungen sind vereinzelt ebenfalls zu beobachten:

(4) „Gebt dem Palstinensischen Volk endlich das gestohlene Land zurück. Die ganze Welt weiss, wie schändlich die Juden die Nachbarn behandeln!!!! Wir wünschen dem Palstinenischen Volk viel Erfolg bei der Gründung des eigenen Staates." [IB_Bern_24.09.2011_Por_001]

Viele Schweizer beteuern in ihren verbal-aggressiven E-Mails, dass sie keine Antisemiten seien, obgleich sie judeophobe Stereotype und verschwörungstheoretische Vorstellungen verbalisieren und in Analogie zur NS-Zeit zu Boykottaktionen aufrufen:

(5) „Ich habe nichts gegen die Juden generell, aber ich habe etwas gegen die wenigen extremen Juden und gegen einen Teil der israelischen Regierung, welche die ganze Welt in Schach halten und der Grund allen Übels in der Welt sind. ihr provoziert ja den Judenhass, den der grösste Teil der auf der Welt lebenden Juden natürlich nicht verdient. Aber wenn ihr den kleinen anderen Teil nicht unter Kontrolle halten könnt, natürlich mit der mächtigen Lobby ..., dann seid ihr eben auch schuld daran." [IB_Bern_16.10.2011_Wil_001]

Die für Judenfeindschaft typische Widersprüchlichkeit zeigt sich: Einerseits ist die Artikulation höchst aggressiver Anschuldigungen und Drohungen zu sehen, andererseits die Leugnung[4] und Marginalisierung von Antisemitismus als Motiv für diese praktizierte verbale Gewalt.

(6) „Dieses bescheidene Instrument, das ich besitze, nütze ich solange aus, als sich die Situation in den palästinensischen Gebieten nicht verbessert und ich fordere auch meinen Freundeskreis dazu auf, ebenfalls auf die Herkunft von Produkten aus Ihrem Land zu verzichten. Dieser Boykott ist nicht Ausdruck von anti-semitischen Gefühlen. Er soll Ausdruck sein, über einen Zustand, den ich als ungerecht und als zutiefst verachtenswert empfinde." [IB_Bern_28.07.2011_Sto_001]

Insgesamt zeichnen sich alle Schreiben durch die Verwendung brachialer und unangemessener, da irreale Szenarien konstruierende Sprachgebrauchsmuster in Bezug auf Israel aus. Militäraktionen werden z. B. nahezu ausnahmslos als unnötige *Massaker* und *als Ausdruck von Rassismus* beschrieben.

Niederlande

Obgleich auch von den niederländischen Schreibern mehrheitlich ein gegenwartsbezogener, virulenter Israel-Hass kommuniziert wird, kommen vereinzelt vergangenheitsbezogene Verweise wie in (7) vor:

(7) „Ik kan hier kort over zijn: de verkeerde 6 miljoen zijn er vermoord toendertijd.Met de grootste minachting" [IB_Den_Haag_12.07.2011_Cou_001]
Deutsche Übersetzung:
„Das kann ich in aller Kürze sagen: Es wurden damals die falschen 6 Millionen umgebracht. Mit der größten Verachtung"

---

4 Der norwegische Schriftsteller Jostein Gaarder veröffentlichte am 5. August 2005 in der Zeitung *Aftenposten* den anti-israelischen Text *Guds utvalgte folk*, in dem er nahezu alle tradierten anti-jüdischen Stereotype auf Israel projizierte („*Wir nennen Kindermörder 'Kindermörder'...*"; „*nicht die Spirale der Vergeltung der Blutrache von 'Auge um Auge, Zahn um Zahn'...*") und alle Strategien der Dämonisierung und Delegitimierung benutzte, um den jüdischen Staat zu diffamieren. Dennoch bestritt er vehement, einen antisemitischen Text produziert zu haben.

Dies entspricht der in den deutschen Texten vielfach konstatierten konzeptuellen Kontrastierung GUTE JUDEN versus SCHLECHTE JUDEN (s. Kap. 5 und 11), wobei die „guten Juden" entweder tot oder extreme Israel-Kritiker sind, die „schlechten Juden" in Israel leben und/oder sich angeblich moralisch verwerflich benehmen. Die Implikatur in (7) ist aber nicht nur, dass es besser wäre, die jetzt in Israel lebenden Staatsbürger zu töten. Über die Anspielung auf den Holocaust wird auch impliziert, dass das Jüdisch-Sein der sechs Millionen entscheidend für die Verachtung und den Eliminierungswunsch des Verfassers ist.

Dominant sind in nahezu allen Schreiben aus den Niederlanden die Stereotype von Israelis als LANDRÄUBERN und SKRUPELLOSEN MÖRDERN sowie die für den antisemitischen Anti-Israelismus charakteristischen Kriterien der De-Realisierung und Delegitimierung:

(8) „When do you filthy murderers give the stolen land back to the rightfull people, the Palestinians! I despise all of Israël, this land has been stolen and now you are going to get on with murdering people who rightfully want THEIR land back, fuck all Israeli!"
[IB_Den_Haag_16.05.2011_Kpu_001]

Spanien

In den spanischen Schreiben werden besonders oft die Stereotype des Gottesmörders[5] und des ewigen Juden reaktiviert und kollektiv auf Israel projiziert:[6]

(9) „Subject: Re: Activista 'Pacifico' del Marmara. Esta fotografía fue publicada en la televisión turca.

---

5 Ein Grund hierfür könnte die stark katholische Ausrichtung der Gesellschaft sein, dies bleibt aber ohne weitere empirische Untersuchungen eine bloße Spekulation.
6 Auffallend bei dem spanischen Subkorpus ist aber, dass neben den zahlreichen hasserfüllten Schreiben auch ebenso viele positive E-Mails zu verzeichnen waren, in denen die Verfasser den virulenten Antisemitismus und Anti-Israelismus ihrer Landsleute und die vorverurteilenden Presseberichte in den Massenmedien beklagen und ihre solidarische Haltung mit Israel ausdrücken. Eine ähnliche Sachlage zeigt sich bei den Zuschriften aus Belgien anlässlich der Gaza-Flottillen-Aktion 2010: Bei der Botschaft in Brüssel gingen seinerzeit mehr positive Schreiben als negative ein. Viele Belgier schickten E-Mails, in denen sie betonen, keine Juden zu sein, aber die „pro-palästinensische Hysterie" der belgischen Öffentlichkeit verurteilen. Vgl.: „Je crois heureusement ne pas etre le selu belge qui reprouve l'hysterie pro-palestienne..." [IB_Brüssel_07.06.2010_Sim_001] („Ich glaube glücklicherweise nicht der einzige Belgier zu sein, der die pro-palästinensische Hysterie verurteilt...").

¡Dejarán ¡algun dia! de ser un pais perverso y criminal como cuando crucificaron a Cristo?Lo dudo. Siempre haciendo JUDIADAS. La única forma de de que dejaran de hacerlas serie meterles a todos, dejando a un lado a los poquitos judios decentes que quedarían , en parajes tan hospitalarios como treblinka o Auswich, Porque meterlos en el desierto de Nevada seria como llevarlos a una pasteleria. Si apareciese su tan esperado Mesías, uno nuevo que podia ser otro Cristo, ¿que harían con Él? lo probable es que le volverian a crucificar porque no se fian ni de su madre."
[IB_Madrid_03.06.2010_Fer_001]
Deutsche Übersetzung:
„Betreff: Re: 'Friedens-'Aktivist von der Marmara. Dieses Photo wurde im türkischen Fernsehen veröffentlicht.
Werden Sie irgendwann! aufhören, ein ruchloses und kriminelles Land zu sein, wie damals, als Sie Christus gekreuzigt haben?! Ich bezweifle es. Sie werden immer JUDEREIEN begehen. Die einzige Möglichkeit, Sie davon abzuhalten, wäre, Sie alle, abgesehen von den wenigen anständigen Juden, die bleiben würden, in solch hospitalische Gegenden wie treblinka und Auschwitz zu schaffen, denn Sie in die Wüste von Nevada zu schicken, hieße, Sie in eine Konditorei zu führen. Wenn Ihr so sehr erwarteter Messias erscheint, ein neuer, der ein neuer Christus sein könnte, was würden Sie mit ihm machen? Wahrscheinlich würden Sie ihn erneut kreuzigen, weil Sie nicht einmal Ihrer Mutter vertrauen."

NS-Vergleiche werden frequent benutzt; die Auslöschung des jüdischen Volkes wird als einzige Lösung für den Weltfrieden genannt:

(10) „Debo añadir que Vds. han superado en maldad y depravación a los nazis, pues además de ser tan malvados como ellos TODO lo manipulan hasta los extremos más increibles. Deben de ser expulsado de TODOS los lugares decentes pues son LArmoimn NEGACION DE TODO LO DIGNO Y deben ser tratados por lo menos, como tratan Vds a los palestinos, que los tratan como a escoria. Se deben, deberían, activar los campos de Auswich y Treblinka para volverlos a meter en ellos porque Vds. SON LA VERGÜENZA DE LA HUMANIDAD. No tienen perdón de Dios.Y USA, COMPAÑERO DE MISERIAS , quien siempre les ha protegido de las condenas de la humanidad, debe irse con Vds. a esos infames lugares de exterminio. Son lLA PURA VERGÜENZA DEL MUNDO."
[IB_Madrid_03.06.2010_Jul_001]
Deutsche Übersetzung:

„Ich muss hinzufügen, dass Sie die Nazis an Boshaftigkeit und Schändlichkeit übertroffen haben, und außerdem, dass Sie so bösartig wie jene sind. ALLES manipulieren Sie bis zu den unglaublichsten Extremen. Sie sollten von ALLEN ehrbaren Orten vertrieben werden, denn Sie sind DIE [unbekanntes Wort] NEGIERUNG VON ALLEM WÜRDIGEN UND Sie müssen mindestens so behandelt werden, wie Sie die Palästinenser behandeln, die Sie wie Abschaum behandeln. Man muss, müsste, die Lager von Auschwitz und Treblinka erneut eröffnen, um Sie wieder hinein zu schicken, weil Sie DER SCHANDFLECK DER MENSCHHEIT SIND. Gott verzeiht Ihnen nicht. UND DIE USA, WEGGEFÄHRTE DES ERBÄRMLICHEN, der Sie immer vor der Bestrafung durch die Menschheit beschützt hat, muss Sie in die schändlichen Vernichtungslager begleiten. Ihr seid DER SCHIERE SCHANDFLECK DER WELT."

Belgien

Neben einigen kurzen vulgär-antisemitischen Zuschriften wie (11), in denen typische anti-jüdische Beschimpfungen mit dehumanisierender Semantik verbalisiert werden,

(11)   „Les Juifs sont des Merdes!" [IB_Brüssel_01.07.2010_Tri_001] („Die Juden sind scheiße!")

überwiegen bei den belgischen Schreiben die als *„humanistisch"* deklarierten und *„aus Sorge geschriebenen"* anti-israelischen E-Mails, die in Israel mit seinen *„scheußlichen Verbrechen"* und *„Massakern"* (*„ces crimes innommables"*, *„les massacres"*) eine Gefahr für den Weltfrieden sehen:

(12)   „ils sont un danger pour la paix dans le monde..."
         [IB_Brüssel_02.06.2010_Sam_001] („sie sind eine Gefahr für den Weltfrieden...")

Dabei werden jüdische und israelische Referenz-Ebenen vermischt sowie tradierte Stereotype (JUDEN SIND KEINE NORMAL EMPFINDENDEN MENSCHEN) verbalisiert, und der eliminatorische Antisemitismus von Vergangenheit und Gegenwart wird als begründet legitimiert:

(13)   „Si vous étiez des Hommes, jamais vous ne re feriez vivre à d'autre le calvaire que vos parents ont vécu !!! C'est sa le judaïsme ? c'est faire du

mal aux autres, c'est tuer des enfants et des femmes ? c'est bonbarder des bâteaux humanitaire ? Alors je comprend mieux pourquoi on a voulu vous exterminer hier et aujourd'hui !!!" [IB_Brüssel_31.05.2010_Sab_001]
Deutsche Übersetzung:
„Wenn Sie Menschen wären, würden Sie niemals anderen den gleichen Leidensweg, den Ihre Eltern erlebt haben, zumuten! Ist das Judentum? Bedeutet es anderen weh zu tun, Kinder und Frauen umzubringen? Heißt es humanitäre Schiffe zu bombardieren? Wenn ja, dann verstehe ich besser, warum man Sie gestern und heute ausrotten wollte!"

England

Auffällig in den Texten aus England sind die zahlreichen monokausalen Schuldzuweisungen und die extremen Dämonisierungen Israels wie in (14), der E-Mail eines 60 Jahre alten Birminghamers, der expressis verbis bestätigt, dass seine Sicht in Bezug auf Israel allein auf sekundären Informationen basiert, d. h. auf Hörensagen und Berichten aus den Massenmedien:

(14) „I am listening on the radio to the ambassador. I am 60 years old and have been watching Israel over the past 50 year. My views have been informed by reading the history, talking to British soldiers who defended Palestine, and watching the activities of Israel. Israel does not have a right to exist. Its establishment after the the 2nd world war was a major mistake, and rode roughshod over the human rights of the residents of Palestine. People do not have the right to walk in and appropriate other people's land. The fact that some Hebrews lived there 2000 years ago is not relevant to the present. Until the current state of Israel accepts that it needs to return the land to the true owners of Palestine and abandons racial and religious cleansing, it will be considered a pariah. The human cost has been and will be massive. Zionism has transformed from religious philosophy to an evil world view." [IB_London_03.06.2011_Hoe_001]

Der Schreiber von (14) ist von der Wahrheit seines Glaubenssystems so unerschütterlich überzeugt, dass er ohne Bedenken kollektive Verurteilungen, antizionistische Beschuldigungen und abfällige Pauschaldelegitimierung artikuliert. Die Verknüpfung von jüdischen und israelischen Belangen wird durch den historischen Verweis *„some Hebrews"* und die Entwertung von Zionismus als *„evil world view"* indiziert. Sehr ähnlich ist die Argumentation eines akademischen

Vielfachschreibers aus London, für den alle israelischen Militäraktionen prinzipiell „*kriminell*" und „*grundlos böse*" sind:

(15) „All Israel achieves by these actions is to increase hatred against it and to further delegitimise itself as a civilised member of the international community." [IB_London_27.07.2011_Ale_001]

Israel wird kollektiv diskreditiert und von der zivilisierten Völkergemeinschaft ausgeschlossen, als „*korruptes Apartheidsystem*" und „*bankrottes Zionistenregime*" bezeichnet, das von „*Betrügern, Dieben und Mördern*" beherrscht wird. Den Botschaftsangehörigen, die dem Schreiber geantwortet hatten, wird unterstellt, sie würden notorisch lügen (wobei er das tradierte Klischee von JUDEN ALS LÜGNERN UND BETRÜGERN bedient):

(16) „I don't believe one word of your response. You lie, as always ..... It isn't difficult for an army of occupation, operating under a corrupt apartheid legal system, to imprison whomever they like whenever they like for as long as they like. ... unfortunately for the Palestinian People it has had to wait some 44 years for a Godot to come and rescue it from the deadly grip of the morally bankrupt Zionist regime. In acting as an apologist for that gang of cheats, thieves and murderers you make yourself just as guilty as the worst racist settler in Hebron, throwing her garbage and worse onto the innocent men, women and children below."
[IB_London_01.07.2011_Ale_001]

(17) ist die E-Mail eines promovierten Akademikers aus Oxford, der sich selbst als Pazifisten und Humanisten bezeichnet, der „*angeekelt von den Taten der Israelis*" drastische explizite NS-Vergleiche („*Israelis als Nazi-Abschaum*") verwendet, mit denen er alle Israelis kollektiv entwertet und diffamiert.

(17) „It is with disgust and horror that I watch the actions of Isreal. You behave like the Nazis, persecuting another race, committing atrocities. As a pacifist its hard to say this but I hope you pay the price according to your cred, namely an eye for an eye, I hope you suffer as much as the Palestinians (which would mean many many more Isrealis need to die to bring the justice you believe in). Disgusted human being who now sees Isrealis as Nazi scum. May your future pain bring humility."
[IB_London_15.09.2011_Coo_001]

Intensive Emotionen ausdrückende Lexeme („*with disgust and horror*") und Drohungen sowie Verwünschungen, die normalerweise mit einer pazifistischen Einstellung nicht vereinbar sind, kennzeichnen die extrem aggressiven Verbalhandlungen dieses Verfassers, der trotz seines Bildungsgrades tradierte judeophobe Klischees („*according to your cred, namely an eye for an eye*") bedient und sich der Tragweite der atavistischen und inhumanen Dimension seiner Argumentation (in der generische Leid- und Erniedrigungswünsche vorherrschen: „*I hope you suffer*", „*May your future pain bring humility*") nicht bewusst ist. Dass kognitive Haltung und emotionale Einstellung auseinanderklaffen, thematisiert der Schreiber zwar mit der Phrase „*As a pacifist it is hard to say this, but...*", die adversativ den Widerspruch andeutet, doch ist das intensive Gefühl der Ablehnung und des Hasses größer als die vernunftgeleitete Überlegung. So wird durch die Semantik des Textes das übermächtige judenfeindliche Ressentiment transparent: Der kognitiv orientierte Pazifismus des Schreibers erstreckt sich nicht auf das jüdische Israel.

Irland

Eines der wenigen anonymen, vulgär-antisemitischen und sehr kurzen Schreiben, die lediglich dämonisierende Beschimpfungen und Verwünschungen enthalten, ohne argumentativ ins Detail zu gehen, stammt aus Irland:

(18) „When I think of ISREAL I think of EVIL. I Hope you all Burn in Hell. Murdering SCUM you are Hated [dreifache Unterstreichung im Original, d. Verf.] all over the world. Stolen any IRISH PASSPORTS Lately??"
[IB_Dublin_10.06.2011_ano_001]

Die meisten Schreiber jedoch geben, wie die deutschen Textproduzenten auch, Namen und Adressen an, verlangen zum Teil Antworten und verfassen längere Texte, in denen sie pseudo-argumentativ ausführen, warum sie die Israelis bzw. Juden verachten und hassen. In (19), dem Brief eines Iren aus Westbury, verbinden sich so judeophobe Stereotypkodierungen mit anti-israelischen Diffamierungen:

(19) „It is with great anger that I put pen to paper so-as-to-speak to express my horror and utter disgust at the disgraceful behaviour of Israel [...] flotilla of Aid vessels bringing relief to an impoverished people, impoverished at the hands of a people which, I now see as the filth of the world. Israel has given the 'two fingers' to the decent and law abiding countries

of the world and their peoples, effectively saying that as jews we can do what we like, we can murder who we like, we can abuse international laws, we can abuse passport systems, we can commit crimes 'when and where we like' and be answerable to nobody. There is little I can do. But, I can boycott all jewish products and businesses. ...It is now my considered opinion that the jews are in reality, an utterly despicable, vile (and a most horrid race of people." [IB_Dublin_02.06.2010_Fit_001]

Tradierte, rassistisch basierte Stereotype (JUDEN ALS RASSE, JUDEN ALS AUSBEUTER UND NUTZNIESSER, JUDEN HABEN SONDERSTATUS) werden argumentativ in aktuelle, auf den Nahostkonflikt bezogene, anti-israelische Überlegungen eingebaut und als Begründung für das pseudo-kausale Gedankenfazit des Verfassers angeführt, dass Juden der Abschaum der Erde seien.

Schweden

Alle im Subkorpus analysierten Zuschriften zeichnen sich durch eine extreme Abwehrhaltung gegenüber Israel[7] aus. Israel wird durchgängig als „*Mörderstaat*" und „*Unrechtssystem*" referenzialisiert und delegitimiert. Die negativen Gefühle werden auf die Botschaftsangehörigen übertragen; diese werden oft aufgefordert, das Land als unerwünschte Subjekte zu verlassen wie in (20), einer Zuschrift aus Schweden:

(20)   „Still here? ? Get out or respect international laws. I will not go to Israel, please do not come here to my home country you killers Bye asap."
[IB_Stockholm_20.07.2011_Tho_001]

Das Korpusmaterial zeigt auch eine europaweite, über die Landesgrenzen greifende Kommunikationspraxis gegen Israel, die durch die Internetkommunikation ermöglicht wird: Es gibt eine Reihe von Zuschriften, die am selben Tag mit identischem Wortlaut an verschiedene Botschaften Israels und an Regierungsstellen der betreffenden Länder sowie an zentrale Presseorgane gemailt werden. Dies geschieht teils durch einzelne Personen, teils durch israelfeindliche Gruppen, die miteinander vernetzt sind und ihre diffamierenden Handlungen koordinieren. So wurde beispielsweise am 09.11.2011 ein und derselbe Text, der mit der Zeile in (21)

---

[7] Zu den aktuellen Manifestationsvarianten von Antisemitismus in den skandinavischen Ländern s. Gerstenfeld (2008).

beginnt, parallel an nahezu alle Botschaften Israels in Europa geschickt. Ausgetauscht wurden lediglich Anschrift und Namen der Absender.

(21) „I am writing to you to register my disgust at the actions of the Israeli state and military in its treatment of the activists on board the MV Saoirse and Tahrir."

Entsprechende Kommunikationspraktiken sind auch im Internet in den sozialen Netzwerken zu beobachten. Die Globalisierung durch technischen Fortschritt wird von Antisemiten gezielt instrumentalisiert.

Fazit

Die für den judenfeindlichen Diskurs in Deutschland konstatierten Charakteristika und Trends stellen kein isoliertes Phänomen dar. Europaweit lassen sich in den Verbalmanifestationen ähnliche Merkmale feststellen. Neben der Artikulation[8] antisemitischer Stereotype ist insbesondere die zunehmende Kommunikation brachialer anti-israelischer Äußerungen zu beobachten. Die komparative Korpusstudie zeigt hier länderübergreifend eine große Übereinstimmung. Die für die Formvariante des Antisemitismus als Anti-Israelismus typischen Kennzeichen von De-Realisierung, Dämonisierung und Delegitimierung finden sich in allen Texten. Während sich jedoch die judenfeindliche Argumentation im aktuellen deutschen Diskurs durch die Verbindung von vergangenheitsbezogener Schuldabwehr und gegenwartsbezogener Schuldkonstruktion (mittels Täter-Opfer-Umkehr) sowie durch die Projektion tradierter judenfeindlicher Stereotype auf Israel auszeichnet, dominiert in den antisemitischen Texten aus anderen europäischen Ländern klar die gegenwartsbezogene als Israel-Kritik artikulierte Judenfeindschaft. Wie in den deutschen Schreiben findet sich dabei allerdings auch oft konzeptuell und verbal die Verknüpfung bzw. Gleichsetzung von israelischen und jüdischen Aspekten. Die extreme Negativ-Konzeptualisierung von Israel wird entweder übergeneralisierend auf alle Juden übertragen oder umgekehrt werden tradierte judeophobe Stereotype[9] auf Israel projiziert. So wie Juden

---

8 Dies korreliert mit Umfrageergebnissen innerhalb der Europäischen Union, die seit der Jahrtausendwende einen Anstieg antisemitischer Straftaten verzeichnet (s. Rensmann/Schoeps 2008: 10; s. z. B. die Ergebnisse der ADL 2007).
9 Somit decken sich die qualitativen Textanalysen nur bedingt mit den Ergebnissen von Umfragen. Zick/Küpper (2006b: 118) sehen als wesentlichen Trend im Meinungsbild der Europäer „eine Verschiebung von traditionellen antisemitischen Meinungen hin zu

jahrhundertelang negativ konzeptualisiert und als Gegenentwurf zur Weltsicht der Betrachter ausgegrenzt wurden, so wird heute Israel als kollektiver Jude pauschal vorverurteilt, drastisch abgewertet und aus der Gemeinschaft der Völker bzw. Länder ausgeschlossen.

Auch bei gebildeten Schreibern lässt sich eine Einbettung des Stereotypengebrauchs in argumentative Muster beobachten. Wie in den deutschen Texten überwiegt eine Argumentation, die irrationale Radikalität und emotionale Aggressivität verbindet. Die vorherrschenden konzeptuellen Verschmelzungen sind JUDEN/ISRAELIS = TÄTER und ISRAEL ALS VERBRECHERSTAAT = JUDEN SIND VERBRECHER. Eine ausgeprägte Feindbildrhetorik gegenüber Israel weist dem jüdischen Staat die Rolle des Weltverbrechers zu. Der Nahostkonflikt wird nicht als ein vielschichtiges und kompliziertes Phänomen gesehen, sondern monokausal und zu Ungunsten Israels perspektiviert sowie auf eine simple, irreale Täter-Opfer-Struktur reduziert.

Während aber die Korpustexte aus Deutschland teils offensiv die emotionale Aggressivität, teils defensiv die implizite Schuld- und Erinnerungsabwehr zeigen, ist in den Schreiben der anderen Europäer klar die offensive Komponente dominant. Daher finden sich die Abschwächungs-, Legitimations-, Leugnungs- und Rechtfertigungsstrategien, die der moralischen Entlastung der Verfasser dienen sollen und die bei deutschen Schreibern (aus der Mitte) viel benutzt werden, um die radikale Semantik abzuschwächen und ein positives Selbstbild aufrecht zu erhalten, bei Verfassern aus anderen Ländern deutlich seltener. Auch die emotional fundierte Überdruss-Mentalität, die für viele deutsche Schreiber typisch ist und die sich in Scham- und Erinnerungsverweigerungen artikuliert, spielt bei den Textproduzenten aus anderen europäischen Ländern (mit der Ausnahme Österreichs) so gut wie keine Rolle.

---

subtilen, versteckten und sekundären antisemitischen Vorurteilen, die als transformierter Antisemitismus markiert" werden. Wir sehen jedoch die traditionellen Meinungen auch in den impliziten Verbalisierungsformen zum Vorschein kommen. Tradierte judeophobe Stereotype werden auf Israel projiziert (vgl. Kap. 7). So wird über die Umwegkommunikation zwar expressis verbis auf Israel referiert, dieses Referenzobjekt dann jedoch mittels aller gängigen judenfeindlichen Entwertungsmittel diffamiert.

9 Die emotionale Basis von moderner Judenfeindschaft

9.1 Zur Relevanz von Emotionen bei der Analyse von Antisemitismus

„Hatred of the Jew is not the result of a rational process. [...] Underneath [...] lies the powder keg of emotional predisposition, of a conception of the Jew which has nothing to do with facts or logic." (Trachtenberg 1943: 2f.)

Judenfeindschaft weist viele Dimensionen, Beweggründe und Facetten auf, hat diverse Manifestationsformen und ist in ihren konkreten Realisierungen stets eingebettet in die jeweiligen historischen Phasen zu sehen, in denen sie als religiöses, politisches, ökonomisches und/oder ideologisches Deutungsmuster in Erscheinung tritt. Bislang sind in der Antisemitismusforschung allerdings vor allem die sozial-ökonomischen und politisch-ideologischen Aspekte von Judenfeindschaft betrachtet und untersucht worden. Judenfeindschaft hat aber auch (und zwar ganz maßgeblich) eine emotionale Dimension, die wesentlich für die Erklärung judenfeindlicher Einstellungen und Aktivitäten ist. In zwei Buchtiteln des Antisemitismusforschers Robert Wistrich wird Antisemitismus treffend als „ältester Hass der Welt" (Wistrich 1991) und „tödliche Obsession" (Wistrich 2010) bezeichnet. Damit werden zwei wesentliche Komponenten der emotionalen Dimension von Judenfeindschaft genannt (die bei Broder 1986 mit der Phrase des „ewigen Antisemiten" ausgedrückt werden). Diese jenseits aller Erfahrungswerte und aller Prinzipien des Verstandes zu erfassende, tief irrationale Abwehr- und Ablehnungskomponente, die im emotionalen Bewertungssystem von Menschen verankert (und als antisemitisches Ressentiment benennbar; s. hierzu Kap. 4) ist, wurde bislang jedoch noch nicht ausreichend berücksichtigt bzw. detailliert analysiert (obgleich z. B. bereits Sartre 1948 in seiner phänomenologischen Abhandlung zum Antisemitismus einige wesentliche Charakteristika der emotionalen Grundlagen und der Irrationalität klar benannt[1] hat; vgl. u. a. auch Trachtenberg 1943 und Adorno [1950] 1973). Es gibt natürlich psychoanalytische und sozialpsychologische Ansätze, die sich mit den Ursachen des Antisemitismus beschäftigen. Simmel ([1946] 2002b: 60) bezeichnet den Antisemitismus beispielsweise als

---

[1] Antisemitismus beschreibt Sartre (1948: 47) als die Angst, Mensch zu sein. Er betont die mentale Konstruiertheit und Irrationalität des antisemitischen Weltbildes (Sartre 1948: 10): „Wenn es keinen Juden gäbe, der Antisemit würde ihn erfinden."

"psychologisches Krankheitsbild eines Individuums", das zur gesellschaftlichen Erklärungsvariable bzw. zum „Welterklärungsmuster" werden kann (s. auch Berliner [1946] 2002, Hacker 1990, Staub ⁵1995, Wahl et al. 2001, Glucksmann 2005, Hegener 2006). Ob Antisemitismus am besten als „Wahrnehmungsdefekt", als „Paranoia", „kollektiver Wahn" oder „Geisteskrankheit" einzuordnen ist (vgl. hierzu u. a. Pohl 2010), wird dabei u. a. fachspezifisch erörtert. Die kollektive emotionale Dimension von Judenfeindschaft ist aber so grundlegend und konstitutiv für dieses Phänomen, dass auch die geschichts-, sozial-, politik- und kognitionswissenschaftliche Antisemitismusforschung diese Komponente nicht ausklammern darf (s. ansatzweise hierzu auch Rensmann 2004: 129 ff., Botsch et al. 2010 und Salzborn 2010a). Dabei sollte insbesondere sehr klar gemacht werden, dass Antisemitismus keineswegs nur eine krankhafte Obsession einzelner auffälliger Extremisten und Narzissten ist, sondern sich auch bei gebildeten, feinfühligen und reflektierenden Personen findet (vgl. auch Glucksmann 2005: 85).

Emotionen wurden in der Forschung insgesamt lange als für kognitive und soziale Prozesse eher irrelevante und daher zu vernachlässigende Phänomene[2] und die Kognition ausschließlich störende Faktoren gesehen. Die Einbeziehung emotionaler Faktoren wurde in der Kognitionswissenschaft als irrelevant oder unseriös bzw. aus methodischen Gründen auch als höchst problematisch erachtet. Allein der Versuch, Emotionen präzise zu definieren, galt lange als schwierig. Emotionen sind aber nicht etwas Diffuses, Nebulöses, wissenschaftlich nicht Erfassbares, sondern sie lassen sich in Analogie zu den Modellen der Kognition als mentale Kenntnissysteme beschreiben. Seit der emotiven Wende, die zunächst maßgeblich durch Ergebnisse der Gehirnforschung bestimmt wurde, werden Gefühle nicht länger ausgeklammert, sondern als wichtige Determinanten unseres sozialen und kognitiven (Er)Lebens berücksichtigt (s. Schwarz-Friesel 2007: 15). Die menschliche Kognition wird nicht mehr als ein völlig autonomes System verstanden, das ausschließlich von Vernunft und Verstand regiert wird (s. hierzu auch Damasio 2000 und Kahneman 2011). Geistige (und soziale) Aktivitäten werden entscheidend von emotionalen Prozessen gesteuert und begleitet[3]

---

2 Die Trennung von Kognition und Emotion, von Denken und Fühlen hat eine sehr lange kulturelle Tradition: Das gesamte neuzeitliche, abendländische Menschenbild ist durch einen tiefgreifenden Dualismus hinsichtlich Geist und Gefühl geprägt. Emotionen hatten daher in Alltags- und Wissenschaftskonzeptualisierungen lange den Status irrelevanter Begleiterscheinungen und marginaler Nebeneffekte. Zur Thematisierung der Relevanz von Emotionen in der Geschichtswissenschaft s. Jensen/Morat (2008) und Frevert (2009).
3 Beim Antisemitismus dominieren die destruktiven Emotionen, die kognitive Operationen behindern, zerstören und derangieren, die Vernunft und Verstand außer Kraft setzen können sowie den Gesetzen der Logik zuwiderlaufen (s. Kap. 9.4). Nicht notwendigerweise stehen sich Emotion und Kognition jedoch strikt konträr gegenüber. Und nicht immer sind emotionale

(s. u. a. Salovey et al. 2004 und zu „sozioemotionalen Orientierungen" Wahl et al. 2001: 54). Denken und Fühlen sind nicht strikt zu trennen, vielmehr weisen Gedanken und Gefühle wesentlich mehr Gemeinsamkeiten auf als Unterschiede (s. Schwarz-Friesel 2008). Die denk- und verhaltensbeeinflussende Wirkung von Emotionen erklärt sich aus ihrer Bestimmung und Definition als Kenntnis- und Bewertungssystemen. Emotionen sind mehrdimensionale, intern repräsentierte und subjektiv erfahrbare Syndromkategorien, die sich vom Individuum introspektiv-geistig sowie körperlich registrieren lassen. Ihre wichtigste Funktion besteht darin, (positive oder negative) Bewertungen zu vermitteln. Diese Werturteile können für andere in wahrnehmbaren Ausdrucksvarianten realisiert werden. Die Prozesse der Bewertung betreffen Einschätzungen, mit denen ein Individuum entweder sich selbst, seine Körperempfindungen, seine Handlungsimpulse, seine kognitiven Denkinhalte oder andere Menschen, ihre Verhaltensweisen und allgemeine Umweltsituationen (im weitesten Sinne) beurteilt.[4] Subjektiv erfahrbar werden Emotionen als Gefühle wahrgenommen und ausgedrückt (s. Schwarz-Friesel 2007: 77 ff.).

Emotionen sind Bewertungen, die Einstellungen in Bezug auf die Welt bestimmen. Andererseits determinieren die kognitiven Einstellungen wiederum unsere Gefühle. Permanent verankerte Einstellungen sind Teil des Kenntnissystems, das im Langzeitgedächtnis (LZG) langfristig gespeichert ist. Sie sind Bestandteil unseres allgemeinen Bewertungssystems, mit dem wir die Welt, unsere Mitmenschen, ihre Handlungen etc. beurteilen. Das emotionale System speichert auch sozial vermittelte Gefühlswerte, die kollektives Wissen repräsentieren. Diese können die individuellen Einstellungen maßgeblich prägen. Das Phänomen der emotionalen Einstellungen zeigt auch die untrennbare Interaktion von emotionalem und kognitivem Kenntnissystem. Emotionale Einstellungen basieren auf kognitiven Repräsentationen und aufgrund dieser gebildeten Urteilen. Ein Vorurteil

---

Bewertungen irrational oder gar destruktiv. Es gibt auch positive, produktive und mit kognitiven Prozessen der Vernunft korrelierende Emotionen. Emotionale Zustände können kognitive Prozesse wie Verarbeiten, Lernen, Behalten, Erinnern optimieren und beschleunigen (s. Schwarz-Friesel 2007: 115 f.).

4 Dieser kognitivistische Emotionsansatz sieht die Bewertung als das konstitutive und zentrale Element von Emotionen an. Vgl. Scherer (2004) und Schwarz-Friesel (2007: 72 ff.). S. auch Solomon (^{3}2001: 172 f.): „Was sind Gefühle? Als fundamentale Urteile oder Urteilskomplexe bilden sie existentielle Initiativen, die [...] uns und unsere Stellung in der Welt bestimmen, Werte, Ideale, Strukturen und Mythologien entwerfen, nach denen wir uns richten und in deren Rahmen wir leben. Insofern hängen Gefühle stark von Meinungen und Überzeugungen ab. [...] Ärgern können wir uns nur in der Annahme, daß jemand uns Unrecht getan oder geschadet hat. [...] Gefühle sind wertende (oder 'normative') Urteile: über meine Lage sowie über mich und/oder alle anderen."

gegenüber einer bestimmten Menschengruppe ist somit eine im LZG gespeicherte komplexe Stereotyprepräsentation, die an eine emotionale Negativeinstellung gekoppelt ist. Zeichnet sich eine (z. B. ideologisch determinierte) Stereotyprepräsentation durch extrem negative Merkmale aus, ist in striktem Kontrast zum eigenen Selbstkonzept ausgerichtet und stellt eine Feindbildkonstruktion dar, kann diese kognitive Repräsentation dazu führen, dass grundlegende Gefühle wie Mitleid und Mitgefühl sowie moralische Empfindungen komplett ausgeblendet werden. So kann man erklären, wie Menschen anderen Menschen ohne Skrupel Gewalt zufügen und keinerlei Empathie für die Nöte anderer haben (s. hierzu auch Welzer 2005 und Haubl/Caysa 2007).

Da Einstellungen und emotionale Bewertungssysteme nicht beobachtbare innere Zustände sind, die sich aber in den Kodifizierungsformen sprachlicher Äußerungen widerspiegeln, bietet die Sprachanalyse methodisch die Möglichkeit, über die Verbalmanifestationen Einblick in die zugrunde liegenden Bewertungsmuster zu erhalten. Wir werden uns daher im Folgenden auf die empirisch nachweisbaren Manifestationen von emotionalen Zuständen und Prozessen konzentrieren, die sich über sprachliche Ausdrücke und textuelle Argumentation rekonstruieren lassen.

Zum einen geht es also um das Emotionspotenzial[5] antisemitischer Texte, das sich in zahlreichen Verbalformen zur emotionalen Befindlichkeit der Sprachproduzenten zeigt. Gefühle wie Hass, Wut, Angst, Unbehagen, Abneigung usw. werden explizit benannt und ausgedrückt. Zum anderen zeigt die Textanalyse aber auch den Einfluss von Emotionen (als irrationale Störfaktoren, die Vernunft und Logik zuwiderlaufen) auf argumentative Strukturen sowie semantisch-konzeptuelle Kohärenz: Verbal-antisemitische Texte zeichnen sich häufig durch eklatante Widersprüche, Fehlannahmen und Trugschlüsse aus.

9.2 Das Emotionspotenzial antisemitischer Texte: Emotionsausdruck und Gefühlsbezeichnungen

Das Emotionspotenzial der Schreiben,[6] die judenfeindliche Inhalte kommunizieren, ist sehr hoch. Die Texte enthalten überdurchschnittlich viele emotionsbe-

---

5 Das Emotionspotenzial einer sprachlichen Äußerung ergibt sich als textinterne Eigenschaft aus allen sprachlichen Formen der Emotionsbezeichnungen und des (expliziten wie impliziten) Emotionsausdrucks (s. Schwarz-Friesel 2007: 210 f.). So lässt sich das Emotionspotenzial eines Textes als hoch oder niedrig bestimmen.
6 Die quantitative Analyse eines Subkorpus von insgesamt 4.695 Schreiben aus den Jahren 2002 bis 2006 ergab, dass in den E-Mails an die IBD knapp 70 Prozent (68,9 Prozent)

zeichnende und emotionsausdrückende Lexeme. Mittels zahlreicher Verbalformen drücken die Verfasser ihre „ohnmächtige Wut und Empörung", ihren „großen Ärger" und „unmäßigen Zorn" aus, wenn es um die „Verbrechen der Israelis" oder die „freche Komplizenschaft des Zentralrats" geht.[7] Häufig thematisieren die Verfasser ein diffuses Gefühl der Aufregung und des Aufgebrachtseins und betonen ihre innere Aufgewühltheit beim Schreiben:

(1) „Ein total unstrukuriertes Mail ich weiss aber ich bin einfach zu aufgeregt." [IBD_12.07.2006_Fra_001]

Viele der Schreiber geben explizite Verweise wie in (2) und (3), dass ihre emotionale Situation sie nicht anders handeln lässt und dass das Bedürfnis, Juden scharf zu kritisieren und alles zu verbalisieren, was sie an Hass, Wut und Ekel empfinden, so groß ist, dass keine rationale Überlegung sie davon abhalten kann (s. hierzu auch weiter unten Bsp. (23)):

(2) „Ich habe hiermit geschrieben, was zu schreiben war. Dazu drängte es mich innerlich." [ZJD_Gaza2009_169/816_Len_001]

(3) „in meiner jetzigen Rage scheint es mir sogar sinnvoll zu sein, dies so zu schreiben, denn ich wünsche mir, daß Sie nicht so verstockt und verbohrt sind und das mein Apell Sie so erreicht!" [ZJD_27.07.2006_Stu_001]

Emotionen werden generell über drei grundlegende Parameter bestimmt: Wertigkeit (Positiv- oder Negativ-Emotion), Dauer (zeitliche Erstreckung des emotionalen Zustandes) und Intensität (vgl. Schwarz-Friesel 2007: 69 ff.). Bei verbalantisemitischen Texten weisen diese Parameter extreme Werte auf.

Es gibt viele verbale Indikatoren wie emphatische Phrasen in (4) und (5), dass der Parameter der Intensität bei den emotionalen Prozessen der Verfasser sehr hoch ist:

(4) „Ich bin fassungslos und tief erschüttert!!!!" [ZJD_23.11.2007_Wer_001]

---

emotionale Textteile, also emotionsbezeichnende oder -ausdrückende Lexeme enthalten sind. Bei den Zuschriften an den ZJD sind es 60,1 Prozent. Ab 2007 sind in über 70 Prozent der Texte an den ZJD emotionale Verbalformen enthalten.

[7] Mittels emotionsbezeichnender Lexeme wie *Angst*, *Hass*, *wütend* referiert man explizit auf bestimmte Gefühle; mit emotionsausdrückenden Lexemen vermittelt man emotionale Zustände und Prozesse über die (wertende) Semantik der Ausdrücke (z. B. mittels affektiver Adjektive wie *widerwärtig* oder Modalpartikeln wie *leider*; als emotionsausdrückend fungieren auch Interjektionen wie *Ih*).

(5) „es erschüttert mich bis ins Mark so etwas lesen zu müssen."
[ZJD_26.07.2006_ano_011]

Der Parameter der Intensität wird zudem durch graphemische Emphasesignale (vor allem zum Teil exzessiv aneinandergereihte Ausrufezeichen), Schriftgröße und -farbe (z. B. Fettdruck) kodiert. Interjektionen, mit denen die Schreiber Missfallen, Abscheu, Ekel o. Ä. ausdrücken, werden zu Beginn oder am Ende von evaluativen Aussagen eingefügt:

(6) „Pfui Israel, pfui!" [IBD_18.05.2006_Oss_001]

Häufig findet sich in diesem Zusammenhang die Thematisierung einer Fassungs- und Sprachlosigkeit angesichts des von den Verfassern als *„bedrohlich"*, *„entsetzlich"*, *„unfassbar"* und *„fürchterlich"* bezeichneten Geschehens im Nahen Osten (das auch den Juden in Deutschland angelastet wird wie in (8)):

(7) „mit Fassungslosigkeit habe ich in den Nachrichten ihre vollkommen überzogene Reaktion auf die entführung ihrer Soldaten verfolgt. Ich bin über ihre Gewalt entsetzt ,mit welchem Recht zerstören Sie Brücken und Straßen und Töten Unschuldige?" [IBD_12.07.2006_Fle_001]

(8) „mir fehlen die worte,schämen sie sich für ihr land ! meine familie und ich sind entsetzt.widerlich.ekelhaft." [ZJD_29.07.2006_Gol_001]

Solche intensiven Gefühlswerte sind normalerweise nur bei persönlicher Betroffenheit zu konstatieren, d. h. wenn es sich um eigene existenzielle und familiäre Angelegenheiten handelt. Die Verfasser zeigen also eine emotionale Involviertheit, die unverhältnismäßig für die Diskursform „Stellungnahme zu politischen Situationen" ist und in keiner Relation zum Anlass und der persönlichen Situation der Schreiber steht. Diese produzieren Texte mit einem so hohen Emotionspotenzial, als ob ihnen selbst unermessliches Leid zugefügt worden sei oder als ob sie einen nahen Verwandten verloren hätten, als ob sie sich selbst in großer Not und Gefahr befänden:

(9) „Diese Worte kommen aus meiner Seele, die zerrissen ist. [...] Auch jetzt, wenn die Waffen schweigen, geht es mir noch nicht viel besser."
[IBD_19.01.2009_Man_001]

Gerade die Korrelation von innerer Erregung bzw. Leid und Sprachlosigkeit bzw. Verbalisierungsproblemen zeigt sich für Individuen in Extremsituationen (s.

Schwarz-Friesel 2007: 234 f., 311 ff. und 2011a), für den politischen Diskurs ist sie nicht charakteristisch. Hier sind kritische Reflexion und rationale Argumentation (trotz eventuell großer Empörung) dominant. Die große affektive Involviertheit ist ein Indikator dafür, dass keine kritische Stellungnahme, sondern eine als bedrohlich, subjektiv höchst emotional empfundene Situation für die Schreiber vorliegt, die in Kontrast zur objektiven Sachlage steht.

Das Lexem *Hass* ist neben *Wut* das in den Schreiben am häufigsten benutzte. In über 49 Prozent der Texte finden sich Varianten wie *Hass, hasserfüllt, hassend* etc. „Hass" dient als Sammelbegriff für besonders aggressive Abwehr- und Feindseligkeitsgefühle. Hass ist eine heftige Abneigung gegenüber einer Person oder Gruppe und geht oft einher mit Verbitterung, Wut und als Ohnmacht empfundener Angst. Hass ist obsessiv (basiert auf einer starren, konzeptuell geschlossenen Einstellung, die alles am Gehassten zwanghaft ins Negative umdeutet und gefühlsmäßig keine Empathie zulässt). Hass manifestiert sich sprachlich keineswegs nur eruptiv und kognitiv arm an Inhalt, sondern kann (wie jede Emotion) bewusst und strategisch als Gefühl[8] artikuliert werden. Man kann also in den Äußerungen zwischen einem affektiven Hass und einem rationalen Hass unterscheiden (zu affektivem und rationalem Hass in antisemitischen Hass-Mails s. ausführlicher Schwarz-Friesel 2012b).

Während rechtsextremistische Schreiber ihr Gefühl direkt und ich-bezogen artikulieren wie in (10) und (11) und dies mit Beschimpfungen und Verwünschungen verknüpfen (s. hierzu Kap. 10):

(10) „Möget Ihr leiden – Ich hasse Euch alle – !!!!!!!!!!!!!!!!!"
      [ZJD_Gaza2009_754/816_ano_001]

(11) „Wir hassen Euch Judenschweine!" [IBD_09.04.2006_ano_026]

(12) „ich kann nicht beschreiben was ich für einen hass für euer land empfinde." [IBD_13.07.2006_ano_003]

---

[8] Gefühle sind erlebte Emotionen, d. h. subjektiv erfahrbare Bewertungen emotionaler Zustände. Die bewusste Repräsentation der Emotion setzt ihre Konzeptualisierung voraus. Damit sind Gefühle kognitiv beeinflusste Zustände, s. Scherer (2004) und Schwarz-Friesel (2007: 77 ff.). In der Emotionspsychologie unterscheidet man zwischen „hot emotion" und „cold emotion", d. h. verschiedenen Gefühlszuständen bzw. -prozessen einer Emotion (s. u. a. Teasdale 1999). Vgl. auch Haubl/Caysa (2007: 82): „Echter Hass muss also weder primitiv noch vorzivilisatorisch, noch unbeherrscht und irrational sein, sondern er kann vielmehr sublim, beherrscht, edel, zivilisiert, berechnend, klug und vernünftig auftreten."

deklarieren Verfasser aus der (gebildeten) Mitte ihre Aggressivität als *Sorge, Trauer, Enttäuschung* und *Entrüstung*, obgleich in den Texten deutlich erkennbar ist, dass es sich um judeophobe Abneigung handelt (s. hierzu auch Kap. 11.2).

(13) „ich schreibe ihnen aus Sorge um die Zivilisten, besonders um die Kinder, im Süden des Libanon." [IBD_26.09.2006_Fra_001]

(14) „Ich bin sehr enttäuscht und empört [...]" [ZJD_Gaza09_63/816_Wil_001]

Bei gebildeten Verfassern aus der Mitte ist der Hass nicht vulgär-affektiv, sondern artikuliert sich scheinbar rational. Er zeigt sich oft als kalte Wut und Verachtung in der Form eines paternalistischen Rechthabenwollens und Belehrens (s. auch die Beispiele in Kap. 10.2).

(15) „Betrachten Sie mein Schreiben bitte nicht als Angriff, sondern vielmehr als freundschaftlichen Rat." [ZJD_07.08.2006_Hön_001]

Vielfach erkennt man eine mühsam unterdrückte Aggressivität, die nur durch Sozialformen zurückgehalten wird (s. auch Bsp. [ZJD_27.07.2006_Rau_001] im Anhang).

(16) „Als deutsche Juden sollten Sie ihren Glaubensbrüdern in Israel einen Ratschlag geben." [ZJD_Gaza2009_98/816_Pet_001]

(17) „Wo ist Ihr Gerechtigkeitssinn wenn es um Israel und Palästina geht??? Wundern Sie sich daher nicht, wenn das jüdische Volk auch heute noch Feinde hat oder keine Freunde bekommt!"
[ZJD_Gaza2009_46/816_Bau_001]

Häufig werden emotionsbezeichnende Ausdrücke am Ende der E-Mails durch Grußformen wie *„mit besorgten Grüßen"* oder *„ein enttäuschter Israelfreund", „ohne solidarische Grüße"* usw. kommuniziert. Die Schreiber aus der Mitte vermeiden Ich-Botschaften der Art *Ich/wir hasse(n)*. Vielmehr kommunizieren sie Hassgefühle bevorzugt als generische, unpersönliche Aussagen wie *„Die Welt hasst Israel!"* [IBD_04.12.2007_Dro_001] oder *„So sät man Hass."* [ZJD_Gaza09_ Dös_001]. Oft werden Emotionen auch transferiert auf Dritte; die Verfasser schreiben also (scheinbar) nicht über sich selbst, sondern über die Emotionen Dritter (*„Meine Freunde bekommen richtige Hassgefühle."*) und vermeiden es so, sich als hass- oder wuterfüllte Menschen zu identifizieren. Oft werden die extremen Gefühle auch mit Verweis auf mediale Berichterstattungen oder Verlautbarungen des Zentralrates als kausal begründete Reaktionen der „legitimen Empörung oder Verachtung" ausgegeben:

(18) „Bei mir als Sozialwissenschaftler lösen Ihre Kommentare immer mehr negative Gefühle über Ihren Verein aus. Bedenken Sie, welche Folgen Ihre besserwisserischen Ausführungen auf Dauer erzeugen!" [ZJD_16.04.2007_Sch_004]

(19) „Was man jeden Tag im Radio hört, im TV sieht und in den Zeitungen lesen muß, verursacht echte Hassgefühle. Heute morgen hörte man einen Kommentar im Radio, wo über die Zustände im besetzten Westjordanland berichtet wurde..." [IBD_21.09.2011_Kub_001]

Inszenierte Emotionalität?

Inwieweit die im Text genannten Emotionen immer tatsächlich auch authentisch den gefühlten Emotionen entsprechen oder ob es sich um Emotionsinszenierungen handelt, die persuasiv eingesetzt werden, um z. B. das positive Selbstbild der Schreiber aufrechtzuerhalten oder den Äußerungen mehr Nachdruck zu verleihen, kann nicht eindeutig festgestellt werden. Wir stoßen hier teilweise auf das Problem der Differenzierung von tatsächlicher Emotionalität und vorgetäuschten Gefühlen. Bei der Mehrzahl der E-Mails und Briefe aber kann man davon ausgehen, dass genuine Gefühle verbalisiert sind, da die Schreiber sich unaufgefordert und ohne Öffentlichkeit an den ZJD und die IBD wenden.

Signifikant ist, dass die Verfasser aus der Mitte in ihren feindseligen Schreiben Strategien benutzen, die der Legitimierung des Hasses (der stets re-kodiert wird als *„Sorge um den Weltfrieden", „Furcht vor globalem Krieg"* oder *„humanistisch geprägtes Verantwortungsgefühl"*) dienen. Zu diesen Strategien gehört das Leugnen des eigenen Hasses (selbst dann, wenn dieser zuvor durch intensive emotions- und stereotypausdrückende Lexeme artikuliert wird), indem dies meta-kommunikativ thematisiert wird:

(20) „Ihr seid unverbesserliche fiese eigennützige Kreaturen! Dies ist kein Hassbrief – sondern meine eigene Meinung über Euch!" [ZJD_Gaza2009_20/816_ano_001]

Oft antizipieren die Schreiber nach ihren wütenden und hasserfüllten Verbalattacken deren Wirkungspotenzial, ohne dieses jedoch akzeptieren zu können:

(21) „Ach ja, ich weiß schon was jetzt kommt: Die unvermeidliche Antsemitismuskeule. Geschenkt." [ZJD_24.07.2006_Sch_001]

Obgleich einige Verfasser die spezifische Kommunikationssituation thematisieren, sind sie nicht in der Lage, sich aus ihrem konzeptuell geschlossenen Weltbild zu lösen und kritisch zu reflektieren, was sie schreiben. Zu groß ist das Bedürfnis, die intensiven Gefühle artikulieren zu wollen:

(22) „Diese, meine Meinung mußte ich endlich mal loswerden!!" [ZJD_24.06.2002_Mau_001]

Ein promovierter Dauerschreiber aus Berlin thematisiert den Konflikt zwischen gesellschaftlicher Erwartungshaltung und subjektiver Gefühlslage:

(23) „Was da speziell in den letzten Tagen des Konfliktes zwischen Libanon und Israel passiert ist, hat mir die Sprache verschlagen und mich richtiggehend wütend auf Juden gemacht. Ich weiß, daß man solche Wut- und Haßgefühle gegenüber Juden in diesem Land nicht äußern darf, und es mußte schon viel geschehen, bis mir der Kragen geplatzt ist." [ZJD_30.11.2006_Gel_001]

Die Feindseligkeit wird pseudo-objektiv begründet und argumentativ elaboriert vorgetragen. Das Hassobjekt wird zunächst transferiert: Nicht die Juden, sondern stellvertretend für diese wird der Staat Israel als „kollektiver Jude" stigmatisiert (s. Kap. 7). Dann aber erfolgt doch die Generalisierung und generische Referenz auf alle Juden. Dies zeigt zum einen, wie das moderne Selbstbild dieser Schreiber mit der Vorstellung eines von Vorurteilen determinierten Menschen kollidiert, und zum anderen, wie tief emotional verankert und der Reflexion entzogen das anti-jüdische Ressentiment bei diesen ist (s. hierzu auch Kap. 9.4.2).

Bei der Bewertung israelischer Militäraktionen dominiert die Gefühlsartikulation von Entrüstung:

(24) „Sehr geehrte Damen und Herren, hiermit möchte ich meine Empörung und meine Abscheu über die menschenverachtende und verbrecherische Politik der israelischen Regierung zum Ausdruck bringen." [ZJD_31.07.2006_Sch_003]

Wut kommt ebenfalls fast immer in Hinblick auf angebliche israelische Verbrechen (und auf die unterstellte Holocaustnutznießung deutscher Juden) zum Ausdruck, meist in der Verbalkonstruktion *macht mich/uns wütend/hat mich wütend gemacht*:

(25)   „hiermit möchte ich meine Verwunderung und meine Wut über den aktuellen Krieg der Juden gegen die Moslems zum Ausdruck!" [ZJD_28.07.2006_Ren_001]

Das Gefühl der Enttäuschung wird ebenfalls viel kommuniziert. Es impliziert immer das Element der Schuldzuweisung an den Adressaten. Zum einen wird die Dimension der Reaktivität fokussiert ('Israelis/Juden verhalten sich so böse, dass man zwangsläufig geschockt und enttäuscht ist') und zum anderen wird die eigene Emotionalität so rationalisiert ('es gibt eine Ursache bzw. einen Auslöser für die eigenen heftigen Gefühle') und legitimiert ('man kann gar nicht anders'). Die Emotionsausdrücke zu Enttäuschung, Empörung und Wut werden daher auch sehr häufig mit der expliziten oder impliziten Stereotypkodierung JUDEN SIND SELBST SCHULD, WENN MAN SIE NICHT MAG vorgebracht.

(26)   „Dabei verkennen Sie jedoch, daß gerade diese provozierende Haltung Ihrerseits immer mehr Menschen wütend macht - was bei mir nur Enttäuschung und tiefe Sorge auslöst." [ZJD_27.07.2006_Stu_001]

Von den zahlreichen Adjektiven, die auf emotionale Zustände referieren, werden *furchtbar* und *schrecklich* besonders häufig benutzt, wenn die israelische Politik bewertet werden soll:

(27)   „Ich, für meine Person, bin enttäuscht, traurig und beschämt, dass gerade die Israelis, die doch eigentlich am Besten wissen sollten, wie schrecklich Rechtlosigkeit, Tyrannei und Mord sind, sich zu solch einem barbarischen Treiben hinreissen lassen konnten." [ZJD_26.07.2006_Kra_001]

Die Referenzialisierungen zu Israel zeichnen sich in über 90 Prozent der E-Mails durch brachiale Verbalformen der Be- und Entwertung aus: Wörter wie *Massaker, unvorstellbare Grausamkeit, willkürliches Morden, Massenmord, unverhältnismäßige Gewalt,* mit denen Militäraktionen der Israelis bezeichnet werden, vermitteln über ihre Semantik drastische Perspektivierungen und Evaluationen. Sie implizieren zudem alle internale Attributionen[9] in Bezug auf die Verhaltensweisen von Juden und/oder Israelis.

---

[9] Bei der Beurteilung von menschlichem Verhalten findet immer eine kausale Attribution statt

(28) „Mittlerweile verstehe ich die Judenhasser. Was die Juden im Gazastreifen machen ist Massenmord." [ZJD_Gaza2009_211/816_Eku_001]

Der Hass kommt diesen Darstellungen zufolge nicht aus dem mentalen Innenleben und der Einstellungsstruktur der Sprachproduzenten, sondern wird stets extern hervorgerufen durch das Verhalten von Juden und/oder Israelis. Somit werden diese kausal nicht nur als Verursacher von Leid und Gewalt in der Welt, sondern auch für die persönliche „Gefühlsmisere" der Schreiber verantwortlich[10] gemacht:

(29) „Ihr allein seid an der ganzen Misere schuld. Man raubt anderen nicht den Lebensraum. Ich hasse Euch." [IBD_02.12.2006_ano_022]

(30) „So wie dieser Unmensch sich aufführt, kann einem nur Wut und Haß gegen Israel packen. Und da finde ich es nur gerechtfertigt, daß sich die Palästinenser mit Selbstmordattentaten wehren, denn Waffen, wie die frechen Israelis haben sie ja nicht." [ZJD_24.06.2002_Mau_001]

Solche Emotionskodierungen stellen eine besondere Variante der Selbststilisierung der Deutschen als Opfer dar: 'die an den Verbrechen der Israelis und des unverantwortlichen Versagens des jüdischen Zentralrats leidenden Deutschen, die keine Ruhe finden', die zu Ekel, Hass und Wut „gezwungen werden".

Auffällig oft wird bei diesen Gefühlsbekundungen (zumeist pseudo-religiös) eine metaphysische Macht angesprochen:

(31) „Wie konnte Gott es zulassen dass wir euch ertragen muessen."
[ZJD_23.10.2007_ano_001]

(32) „Oh bitte Gott, richte auch über den Mörder Staat ISRAEL"
[IBD_12.07.2006_ano_002]

(s. u. a. Weiner 1986). Diese spiegelt Überzeugungen über die Ursachen von Ereignissen und Sachverhalten wider. Externale Attributionen sehen die Gründe in äußeren Faktoren (Umwelt, Notwehrsituation, Gefahr etc.), internale Attributionen dagegen ordnen Verhaltensweisen dem Charakter von Menschen zu (s. hierzu Kap. 7).
10 In diesem Sinne ist auch auf der Gefühlsebene eine Täter-Opfer-Struktur zu erkennen: Die hassenden Antisemiten werden durch die „Untaten der Juden" gezwungen, negative Gefühle zu entwickeln. Sie sehen sich also emotional als die Opfer. Vgl. auch Haubl/Caysa (2007: 96): „Der Sündenbock ist selbst Schuld daran, dass man ihn hasst. Das Opfer ist [...] immer für alles verantwortlich und es ist auch verantwortlich für die Anschuldigungen, die ihm zu teil werden, egal, ob sie nun den Tatsachen entsprechen oder nicht. Der Hass erschafft erst sein Gegenüber als Feind [...]."

Neid

Das Gefühl des Neides wird im Vergleich zu Hass, Wut, Zorn und Abscheu/Ekel sehr selten ausgedrückt (in den Tausenden von E-Mails wird das Lexem *Neid* lediglich zwölfmal benutzt und kommt dabei nur bei rechtskonservativen bzw. rechtsextremen Autoren vor). Auch implizite Gefühlsausdrücke zu Neid wie in (33) sind nicht oft zu konstatieren.

(33) „Sie sprechen immer von Antisemitismus in Deutschland. Welche riesen Vorteile beziehen Sie daraus - Sie brauchen nur den Finger zu heben, schon werden Sie vom Deutschen Staat reichlich mit Geld beschenkt." [ZJD_27.07.2006_ano_008]

Signifikant ist, dass bei diesen Texten Neidgefühle immer gekoppelt an die Stereotype von JUDEN ALS AUSNUTZER/PARASITEN/MÄCHTIGE NUTZNIESSER vorkommen:

(34) „Juden waren es auch auch, die die perfiden Strategien der Bereicherung, die sich in unserer Welt durch den Einzug des Kapitalismus breit gemacht haben, als erstes schamlos ausgenutzt und über die Welt verbreitet haben. So kommt es nicht von ungefähr, daß viele von ihnen einen großen Reichtum und auch viel Einfluß in der Wirtschaft erlangt haben und sie sich für das Wohnen auch mit die schönsten Plätze unter den Nagel gerissen haben (ich erinnere in diesem Zusammenhang nur an die Liebermannvilla in Berlin Wannsee)." [ZJD_30.11.2006_Gel_001]

(35) „Das ist eine Ausnutzung des Holocaust-Bonus, den Sie mißbrauchen." [ZJD_31.08.2006_Ros_001]

Die insgesamt aber signifikant schwache Ausprägung von emotionsbezeichnenden und -ausdrückenden Mitteln zu Neid und Missgunst ist ein klarer Indikator dafür, dass dieses Gefühl (oder eine „Mischung destruktiver Neidgefühle", Hegener 2006: 19f.) keine wesentliche Rolle beim aktuellen Antisemitismus spielt. Und auch aus historischer Perspektive führt ein Ansatz, wie er z.B. von Aly (2011) vorgelegt wurde, der versucht, den eliminatorischen Judenhass mit seiner pseudo-religiös und ideologisch fundierten Erlösungskomponente eher auf materielle Spannungen und ökonomische Interessen zurückzuführen, in eine Sackgasse (s. auch Kap. 4.3).

Das Emotionspotenzial der Texte gibt insgesamt nicht nur Einblick in die individuellen Gefühlsmanifestationen der Schreiber, sondern verrät viel über kollektive Gefühle, die konstitutiv für Judenfeindschaft sind.

9.3 Die obsessive Dimension

9.3.1 Grausamkeit und Gefühlskälte

Aus den Gefühlen von Hass, Ärger, Zorn und Wut, die alle zu den destruktiven Emotionen zählen und der Dimension menschlicher Aggressivität zuzuordnen sind, ergibt sich zum einen eine mitleidslose Gefühlskälte, zum anderen eine grausame Brutalität gegenüber den als FEINDE, STÖRENFRIEDE, UNMENSCHEN konzeptualisierten Juden. Die aggressive Feindseligkeit artikuliert sich in Äußerungen wie (36) und (37):

(36) „Hoffentlich sterben noch viele Judenkinder-nur so lernt ihr Taeter."
[ZJD_27.12.2008_Did_001]

(37) „Und solange Scharon den Palästinensern das Recht auf einen eigenen Staat vorenthält, soll auch Israel keine Ruhe finden und in Angst vor den nächsten Attentaten leben." [ZJD_24.06.2002_Mau_001]

Eine auffällige Gefühlskälte gekoppelt an aggressive und für eine zivilisierte Wertegemeinschaft atavistisch anmutende Verwünschungen gegenüber Juden und Israelis drückt sich in vielen der Schreiben aus. So bekennt ein Herr aus Baden-Württemberg per Fax:

(38) „Am jüdischen Symbol dem Stern klebt Blut und ich habe kein Mitleid mit den Opfern in Israel." [IBD_12.08.2006_Sch_003]

Den emotionalen Selbstdarstellungen, die alle Anzeichen intensiv erlebter Zustände und Prozesse sind, steht eine ostentative Gleichgültigkeit gegenüber, wenn es um jüdische und/oder israelische Opfer[11] geht, die oft untrennbar gekop-

---

11 Im konzeptuellen Glaubenssystem der „antisemitischen Ethik" gibt es ein „just-world thinking, which is the tendency to believe that people who suffer, especially those already devalued, must deserve their suffering as a result of their deeds or their characters; and scapegoating, or blaming others for one's problems" (Staub ⁵1995: 17). Vgl. auch Haubl/Caysa (2007: 33 ff.): „Ihre Bekämpfung und Ausrottung geschieht ohne jegliches Schuldgefühl."

pelt ist an eine feindselige Aggression, die darin besteht, Juden und/oder Israelis intentional Schmerz, Verletzungen oder den Tod zu wünschen (s. hierzu ausführlich Kap. 10).

(39) „Betreff: Jüdische Verbrechen in Hebron. Jemand möge ihr Haus stürmen, Sie auf die Straße setzen etc." [ZJD_05.12.2008_ano_001]

(40) „Ich hoffe und wünsche, dass ... viele, viele Israeli sterben und ihre Familien leiden müssen." [IBD_22.03.2004_Sei_001]

So artikuliert auch der Verfasser von (41) mit großer Emphase seine Gewaltphantasien:

(41) „Ich bete zu Gott-den Juden nicht zu kennen scheinen-das die gleiche Anzahl Israelis jämmerlich zu Grunde gehen wie es die Kinder und Frauen der Palestinänser taten die ein Recht auf ihr Land haben das ihnen teilweise von Kriegsverbrechern gestohlen wird" [IBD_20.02.2009_Wei_001]

Die Schreiber werfen dabei in ihren Texten Juden und Israelis mehrheitlich *„moralisches Versagen"*, *„unglaubliche Grausamkeit"* und *„Mitleidlosigkeit"* vor. Sie verbalisieren mit solchen Fremdzuschreibungen aber exakt die Gefühlszustände, in denen sie sich selbst befinden. Über die Sprache projizieren sie so (erstaunlich präzise und sehr genau benannt) ihre eigenen emotionalen Defizite[12] auf das mentale Konstrukt JUDE.

Solche verbalen Gewaltakte mit Visionen eines derart destruktiven Ausmaßes können nur artikuliert werden, wenn keinerlei Empathie für die Menschen vorhanden ist, denen man dies wünscht. Empathie ist die Fähigkeit, sich selbst in die Lage eines anderen Menschen zu versetzen und so zu empfinden wie

---

12 Solche Äußerungen sind keineswegs auf das E-Mail-Korpus beschränkt. In zahlreichen Internet-Kommentaren finden sich, teils explizit, teils implizit, Aussagen, in denen die Sprachproduzenten Gefühle wie Mitleid für Juden oder Israelis verweigern. Im öffentlich einzusehenden Kommentarbereich von ARD und ZDF z. B. waren im März 2011 dutzende Einträge der folgenden Art zu lesen: „Wer Gewalt sät, erntet Gewalt. Das müßte den bibelfesten Juden doch wohl bekannt sein." [12.03.2011_17:23_Raimon] oder „Diese Siedlungen waren sind und bleiben ILLEGAL. Warum nur wird das in diesem Artikel mit keinem Wort erwähnt??! [...] Da kann man den israelischen Siedlern nur jeden gesunden Menschenverstand absprechen, da sie ihre Kinder in eine sehr gefährliche Lage bringen [...]." [12.03.2011_20:35_Maysoon] Anlass war ein Artikel zu einem besonders brutalen Mord an einer israelischen Familie in Itamar, die im Schlaf erstochen worden war, inklusive drei kleiner Kinder, das jüngste Mädchen drei Monate alt, auch ihre Kehle wurde durchgeschnitten.

dieser. Ein Mensch, der für andere Empathie fühlt, ist nicht in der Lage, ihnen gleichzeitig Schmerz und Leid zu wünschen. Denn wenn eine Identifikationsbasis gegeben wäre, könnten solche grausamen Verwünschungen kaum artikuliert werden. Da die feindselige und entmenschlichende Konzeptualisierung von JUDE jedoch eine Einfühlung, Annäherung oder Identifikation verhindert,[13] kann auf der Basis dieser absoluten Entwertung nur emotional radikal gefühlt werden.

Die Empathieverweigerung gegenüber Juden und Israelis steht in auffälligem Kontrast zu den intensiven Gefühlsbekundungen, die sich auf die Schreiber selbst, die *„intensiv leiden"*, sich *„so sehr sorgen"* und *„in empörter Rage"* sind, aber auch (projiziert) auf die angeblichen Opfer der *„Täter-Juden"* beziehen (s. hierzu auch Schwarz-Friesel 2010a: 47 und 2012b).

(42) „Ich verspuere nur Ekel, Abscheu und bin nach ueber 30 Jahren, die ich mich fuer Israel eingesetzt habe, nicht laenger bereit, dieses Land und seine diskriminierende Politik, die ein ganzes Volk seit Jahrzehnten unter die Knute zwingt und nicht menschenwuerdig leben laesst, zu unterstuetzen.......es reicht!!" [ZJD_26.07.2006_ano_005]

(43) „Ich bin zu tiefst erschüttert über die Verlogenheit der Zionisten." [ZJD_26.07.2006_Koe_002]

Sie sind *„voller Mitgefühl"* und *„ohnmächtiger Wut"*, es *„bricht"* ihnen *„das Herz"*, wenn sie an *„das Elend der Palästinenser"* denken und sie sind *„fassungslos angesichts der Herzlosigkeit von Juden"*, wie der Verfasser von (44), ein Arzt:

(44) „Mein Mitleid und meine Solidarität gilt dem palästimensischen Volk . Übrigens: viele meiner Patienten denken und fühlen ähnlich." [ZJD_Gaza2009_160/816_Dös_001]

So befindet etwa ein Ingenieur aus Nürnberg in seiner E-Mail an den Zentralrat:

(45) „Ich selbst empfinde gleichzeitig Trauer und ohnmächtige Wut ob ihrer Blindheit. Ihr Gruß heißt "Friede". Warum leben Sie ihn nicht? Shalom!" [ZJD_03.08.2006_Stu_001]

---

[13] „Empathie lässt sich dem Hassobjekt umso leichter verweigern, wenn es mit allen sprachlichen und bildlichen Mitteln als das nicht einfühlbare Andere dargestellt wird" (Haubl/ Caysa 2007: 46). Wir gehen davon aus, dass die verbale Dehumanisierung Resultat der mental-evaluativen Entmenschlichung ist.

Ein Dipl.-Ökonom aus Bochum artikuliert seine Gefühle ebenfalls sehr drastisch:

(46) „Es ekelt mich an, was Israel z.Zt. im Libanon treibt! Ich würde mich gern vor Ihrer Botschaft erbrechen, um zu unterstreichen, was ich von Ihrer Agressionspolitik halte..." [IBD_11.08.2006_Loe_001]

Offenkundig gibt es bei diesen Schreibern zweierlei Maß bei der Empfindung bzw. Bekundung von Empathie: zum einen Empathieverweigerung in Bezug auf Juden und Israelis, zum anderen ostentative und intensive Empathie für die *„Opfer des zionistisch-jüdischen Terrors"*. Diese emphatisch ausgedrückte Identifikation transferiert aber wohl nur das eigene Selbstmitleid der Verfasser auf eine moralisch wie gesellschaftlich akzeptable Ebene, nämlich die des Mitgefühls. Als nach außen projiziertes *„Mitleid"* deklariert werden die destruktiven Gefühle von Hass und Wut legitimiert, zugleich wird das Selbstmitleid extern kanalisiert. So dient die Identifikation mit den *„Opfern der Juden"* am Ende der Empathie mit sich selbst. Und sie hilft der Verdrängung der unter Umständen unangenehmen und emotional belastenden Selbsterkenntnis, dass die intensiven Gefühle einer tiefen mentalen Judenfeindschaft entspringen.

9.3.2 Überdrussmentalität und Empathieverweigerung

Als eine Form der emotionalen Grausamkeit lässt sich auch die Empathieverweigerung vieler Schreiber charakterisieren, wenn sie Juden vorwerfen, sie würden *„zu viel über den Holocaust reden"* (was sich auch in diversen Umfragen zeigt) und fordern *„endlich mit der ewigen Erinnerungs- und Mitleidstour"* aufzuhören.

(47) „Halten Sie bitte endlich den Mund. Der 2. Weltkrieg ist seit über 60 jahren vorbei." [ZJD_19.04.2007_Mue_001]

Die Schreiber finden es mittels drastischer Emotionsausdrücke *„zum Kotzen"*, *„erbärmlich"* und *„als widerwärtige Mitleidsschiene"*, dass Juden mahnend an die Gräueltaten in der NS-Zeit erinnern und der Opfer gedenken wollen.

(48) „ich kann Holocaust nicht mehr hören. Und den Zeigefinger vom Zentralrat der Juden nicht mehr sehen. Es ist genug!" [ZJD_13.06.2002_Mau_001]

(49) „Ihr hängt mir einfach mit Eurem ewigen drögen Gejammere zum Halse heraus - und der Mehrheit der Bürger auch!" [ZJD_23.11.2007_ano_001]

Das Zurückweisen der Erinnerungskultur ist gekoppelt an die Verweigerung eines emphatischen Gefühls: Keinerlei Verständnis wird für das Bedürfnis der Opfer(nachkommen) gezeigt, die Erinnerung an den Holocaust wachzuhalten.

(50) „Ich kann es nicht mehr ertragen, daß die Herren Spiegel und Friedmann ständig mit erhobenen Zeigefinger vor den Deutschen herumfuchteln und sich als Moralapostel aufspielen." [ZJD_08.06.2002_Her_001]

Im Gegenteil: Dieses Bedürfnis wird den Betroffenen als *„Ruhestörung"* und *„Grund für Antisemitismus"* vorgeworfen (s. Kap. 5).

(51) „Aber wir müssen ja wieder an unsere ewige Kollektivschuld erinnert werden. Immer und immer wieder – bis es auch dem letzten zum Hals raushängt und sich antisemitische Gefühle entwickeln."
[ZJD_01.05.2006_ano_001]

Die Schlussstrich-Forderung stützt sich dabei (auch bei Verfassern aus der Mitte) auf das Argument, lange genug sei der Erinnerungs- und Gedenkpflicht genüge getan und es seien hinreichend finanzielle Reparationen geleistet worden (s. hierzu auch Bsp. (164) in Kap. 5.2).
Funktional gekoppelt ist die Erinnerungsabwehr oft auch an Schuld- und Verantwortungsabwehr (s. hierzu bereits Adorno [1962] 1971: 115; s. auch Rensmann 2004 und Bergmann ³2006) und die Forderung, einen *„Schlussstrich unter die Vergangenheit zu ziehen"* und sie ruhen zu lassen (oft in Verbindung mit Täter-Opfer-Umkehrungen):

(52) „hören sie auf mir als deutschen Staatsbürger der 1961 geboren wurde eine kollektive Mitschuld zu verkaufen am Holocaust, denn es ist eine Frechheit mich verantwortlich zu machen an dem was ich gar nicht beinflussen konnte! Desweiteren schauen sie selbst mal in den spiegel welche Nazi-Methoden der staat israel angewerndet hat und noch heute ausübt!" [IBD_19.07.2011_Fre_001]

Verbunden mit dieser Schlussstrich-Forderung ist das Gefühl, durch die moralischen Appelle von Juden am Pranger zu stehen, und damit keinen Nationalstolz entwickeln zu dürfen.

(53) „Wir brauchen nach meiner Meinung keine ständigen Ermahnungen der Marke Knobloch oder Friedmann mehr -- ständige Veranstaltungen bei denen unsere Politiker zu Kreuze kriechen müssen und die dann noch

den Steuerzahler viel Geld kosten. Wer heute noch ständig Angst vor den neuen deutschen hat der sollte sich wirklich überlegen ob Deutschland dass richtige Land für ihn ist ‚es steht jedem frei auszureisen und uns mit seiner ständigen Erinnerungs und Mitleidstour verschonen (Wir können und wollen es ncht mehr hören)." [ZJD_10.11.2008_Hub_001]

Die Überdrussmentalität spiegelt sich in der Weigerung wider, Gefühle von Scham, Entsetzen und Trauer zu empfinden (s. hierzu maßgeblich Mitscherlich/ Mitscherlich 1967). Auch von den Opfern und ihren Angehörigen wird verlangt, nicht länger die Öffentlichkeit mit ihrem Schmerz zu behelligen. Oft schwingt dabei der stereotype Vorwurf mit, Juden in Deutschland würden in mahnender Funktion auftreten, um sich Vorteile zu verschaffen, so wie in der E-Mail eines Herrn aus dem Sauerland:

(54)　„Sie haben sich mit der 'deutschen Schuld' schon bei so vielen deutschen Politikern (z. B. J. Rau) ihre Vorteile verschafft, so daß wir Ihre Moralpredigten nicht mehr hören können." [ZJD_27.07.2006_Bar_001]

Dass angesichts des Ausmaßes von Leid und Zerstörung und präzedenzloser Inhumanität für die traumatisierten Opfer(familien) und deren Nachkommen die Erinnerung notwendig und unverzichtbar ist und auch jede zivilisierte und mit der eigenen Geschichte verantwortlich umgehende Gesellschaft auf eine Erinnerungskultur, die dem größten Zivilisationsbruch in der Menschheitsgeschichte gedenkt, nicht verzichten kann und darf, wird (auch von vielen Akademikern)[14] nicht in Betracht gezogen. Die Geschehnisse in der NS-Zeit werden emotional nicht als moralische Last, die innerlich zu existenzieller Trauer, Mitgefühl und Reflexion verpflichtet, sondern als ein Lästig-Sein empfunden, das von den Juden oktroyiert wird und das es abzuschütteln gilt. Ein Widerspruch wird dabei offenkundig: Die Erinnerungskultur wird einerseits als inflationär und als lästige Bürde empfunden, andererseits zeigt die massive Verwendung der Verbal-Antisemitismen der Verfasser, dass eine tiefgehende Aufarbeitung der Ursachen tradierter Judenfeindschaft dringend nötig wäre. Zum einen empfinden also viele Deutsche ein „Zuviel" an Erinnerungskultur und beklagen die „Überflu-

---

[14] Entsprechend werden auch Ergebnisse der Antisemitismusforschung, die zeigen, wie präsent judenfeindliches Gedankengut in der Mitte der Gesellschaft ist, vehement geleugnet und marginalisiert. Die Nie-Wieder-Mentalität in Bezug auf den Holocaust beschränkt sich bei vielen Menschen auf wenige Gedenktage im Jahr. Zur reinen Floskel erstarrt sind Phrasen wie *Gedenken an die Opfer* und *Wir sind uns unserer Verantwortung bewusst*. Eine kritische Auseinandersetzung mit der problematischen Gegenwart wird so verhindert.

tung" durch Studien zur NS-Zeit, zum anderen wissen heute, wie Umfragen in den letzten Jahren gezeigt haben, viele junge Deutsche nicht einmal mehr, was Auschwitz bedeutet und wofür es steht.[15] Dieser Widerspruch offenbart die Diskrepanz zwischen subjektiver, gefühlter Einschätzung und objektiver Situation. Im Bewusstsein vieler (auch hoch gebildeter) Deutscher – dies zeigen sowohl die Korpus-Texte als auch diverse Umfragen der letzten Jahre – ist die Konzeptualisierung vorhanden, nach 1945 habe es eine andauernde, lückenlose und intensive Vergangenheitsbewältigung gegeben, die alle erreicht habe, die umfassend aufgeklärt und die Bürger kollektiv sensibilisiert habe. Als sei kontinuierlich auf allen gesellschaftlichen Ebenen aufgearbeitet, erinnert und ermahnt worden. Dass dies aber imaginiert ist (und nach dem Zusammenbruch des NS-Regimes über 20 Jahre lang die Gräueltaten zunächst weitgehend ignoriert und relativiert wurden und so die Chance verpasst wurde, den Holocaust als Zäsur im kollektiven Bewusstsein zu verankern), haben Studien zum Nachkriegsdiskurs deutlich gezeigt (s. Kap. 4.4). Die Verfasser selbst führen diese Einschätzung zudem ad absurdum, indem sie in ihren stereotyp- und ressentimentbelasteten Schreiben erkennen lassen, dass ihnen Toleranz, Verständnis und Empathie fehlen, sie also keineswegs Lehren aus der (angeblich so überdimensional präsenten bzw. präsentierten) Geschichte gezogen haben.

9.4 Wider die Vernunft: Zur Dominanz der irrationalen Dimension in antisemitischen Texten

9.4.1 Trugschlüsse und selbsterfüllende Prophezeiungen

> „How is it that men believe of the Jews what common sense would forbid them to believe of anything else? Why? There can be but one answer: people believe such things because they want to believe them." (Trachtenberg 1943: 1 f.)

Der Einfluss von negativen Emotionen (als irrationale Störfaktoren, die Vernunft und Logik zuwiderlaufen) zeigt sich auch sehr deutlich bei den widersinnigen

---

15 S. hierzu z. B. die Forsa-Umfrage für den *Stern* zum Holocaustgedenktag im Januar 2012. 21 Prozent der 18- bis 29-jährigen Befragten wussten nicht, wofür das Wort *Auschwitz* steht; 31 Prozent aller Befragten wussten nicht, in welchem Land Auschwitz liegt. 40 Prozent aller Befragten wollen aber einen Schlussstrich unter die Vergangenheit ziehen und 65 Prozent aller Befragten gaben an, die Deutschen hätten aufgrund ihrer Geschichte keine besondere Verantwortung gegenüber anderen Völkern. In der ADL-Umfrage von 2009 kreuzten 44 Prozent der Befragten in Deutschland die Aussage an „Juden beziehen sich zu oft auf den Holocaust".

und paradoxen Argumentationsstrukturen sowie der semantisch-konzeptuellen Inkohärenz der Texte.

Kaum eine der Zusendungen an den Zentralrat der Juden oder die Israelische Botschaft in Deutschland kommt ohne Begründungen oder Argumentationen[16] aus (s. hierzu Kap. 11). Von reinen Solidaritätsbekundungen und einigen sehr kurzen Hassbotschaften abgesehen, besteht bei den Produzenten der Texte ein großes Bedürfnis, die eigene Stellungnahme und die oft daran anschließenden Forderungen argumentativ zu untermauern und durch die Angabe von Begründungszusammenhängen rational zu stützen. Diese Form der Obsessivität zeigt sich in zahlreichen „Beweisführungen" der Verfasser (deren Umfang teilweise den von Seminararbeiten – inklusive Anhängen, Literaturzitaten und Fußnoten – hat):

(55) „Sehr geehrter Herr Spiegel, ich lege Ihnen eine Übersicht über geschichtliche Fakten bei und ich bitte Sie, diese Fakten genau zu beachten." [ZJD_08.04.2002_Lud_001]

Dabei kommt es jedoch (vor allem aufgrund der hohen emotionalen Involviertheit) häufig zu Trug- und Fehlschlüssen innerhalb der Argumentationen.[17] Das Resultat sind pseudo-rationale Argumentationsketten, die auf der Oberfläche den Regeln des Verstandes zu folgen scheinen, tatsächlich aber semantisch-konzeptuelle Fehler beinhalten.

Solche ungültigen und den Prinzipien der Vernunft zuwiderlaufenden Argumente werden als Fallacien[18] bzw. Trugschlüsse bezeichnet. Sie entstehen durch

---

16 Argumentieren meint den Versuch eines Sprachproduzenten, den begründungsbedürftigen Geltungsanspruch einer Äußerung durch Berufung auf die unterstellte Gültigkeit einer anderen Äußerung einzulösen (s. hierzu u. a. Kopperschmidt 1989). Argumentationen zielen somit darauf, dass sich der Rezipient der Sichtweise des Produzenten anpasst, und zwar auf dem Weg über kognitive Prozesse (vgl. Sornig 1986: 251). Sie beruhen auf (alltags)logischen Schlüssen, also auf einer expliziten oder impliziten regelhaften Beziehung (s. Toulmin 1958).
17 Adorno ([1946] 2002: 153) hat bereits auf einige Eigenarten dieser Pseudo-Argumentation hingewiesen: „Sie [= die faschistische Propaganda, d. Verf.] folgt keiner diskursiven Logik, sondern läßt sich – besonders bei rhetorischen Darbietungen – eher als eine Art organisierter Gedankenflucht kennzeichnen. Die Relation zwischen Prämissen und Schlußfolgerungen wird durch eine Verknüpfung von Gedanken ersetzt, die auf bloßer Ähnlichkeit beruht und bei der oft ein und dasselbe charakteristische Wort in zwei Behauptungen figuriert, die in keinem Zusammenhang stehen, aber durch dieses Wort assoziativ verbunden werden. Dieses Verfahren entzieht sich nicht nur den Kontrollmechanismen einer rationalen Prüfung, sondern macht es dem Zuhörer leichter, zu 'folgen'."
18 Vgl. Löhner (1996), van Eemeren (2001). In der (historischen) Rhetorik unterscheidet man zwischen einem Trugschluss, d. h. einem formal unrichtigen Schluss, der mit der Absicht

den fehlerhaften inneren Aufbau eines Arguments, die Ziehung falscher Schlüsse aus den Prämissen eines Arguments oder durch eine anfechtbare Stützung bzw. fehlende Faktizität dieser Prämissen. In den judenfeindlichen Schreiben basieren Fallacien quantitativ am häufigsten auf dem Rückgriff auf falsche Prämissen, der Ausblendung von Fakten sowie dem Heranziehen unzulässiger stereotyper Topoi durch die Textproduzenten. Die starren kognitiven Stereotyprepräsentationen und die zum Teil starke Erregtheit bringen die Verfasser dazu, die Gesetze der logischen Argumentation außer Acht zu lassen bzw. zu verletzen, was ein typisches Kennzeichen antisemitischer Argumentation ist.

Fallacien aufgrund falscher Prämissen

Oft entstehen Trugschlüsse dadurch, dass die Textproduzenten von falschen Prämissen ausgehen, d. h. falsche Thesen bzw. vermeintliche Fakten als Ausgangsbasis für ihre Argumentation nutzen.

(56) „Unser deutsches Volk kämpft ums finanzielle Überleben, weil es von den Politikern verursachte Abgaben mehr und mehr stranguliert wird. Es wird in Berlin ein Holocaustdenkmal für 60 Millionen errichtet. Das ist ein Verbrechen am deutschen Volk." [ZJD_04.06.2002_Ric_001]

Der Verfasser aus Monheim geht von der Prämisse aus, dass sich das deutsche Volk bzw. der deutsche Staat aufgrund von Staatsschulden in einem Kampf um das *„finanzielle Überleben"* befinde (was eine de-realisierende Übertreibung ist). Da die erste Prämisse falsch ist, ist auch die Konklusion, das Berliner Holocaustdenkmal sei ein Verbrechen, falsch. Diesen argumentativen Trugschlussprozess kann man gut mit dem Argumentmodell nach Toulmin (1958) darstellen. Dieses baut auf dem klassischen Syllogismus auf, also einer Form von Argumenten, bei denen sich aus zwei Prämissen eine Konklusion ergibt. Toulmin erweitert dieses Modell durch eine Stütze, die erklärt, aus welchem argumentatorischen Feld heraus eine der beiden Prämissen generiert wird.

---

gemacht wird, andere zu täuschen, und einem Fehlschluss (Paralogismus), d. h. einem falschen Schluss, bei dem sich der Sprachproduzent unbeabsichtigt selbst täuscht. Die in den Korpustexten vielfach zu beobachtenden Fehlschlüsse sind mutmaßlich nicht-intentional gezogen worden. Die Verfasser sind von der Richtigkeit ihrer Aussagen und Urteile überzeugt, denn sie stellen das Fundament ihrer judenfeindlichen Einstellung dar. Letztlich lässt sich aber die Frage, inwieweit die Schreiber sich der Falschheit der verwendeten Thesen bewusst sind oder nicht, durch eine reine Korpusanalyse nicht sicher beantworten. Die Sprechhandlungen könnten prinzipiell auch den Status Lüge haben.

Eine Aufschlüsselung von Beispiel (56) nach diesem Modell sieht dann wie folgt aus:

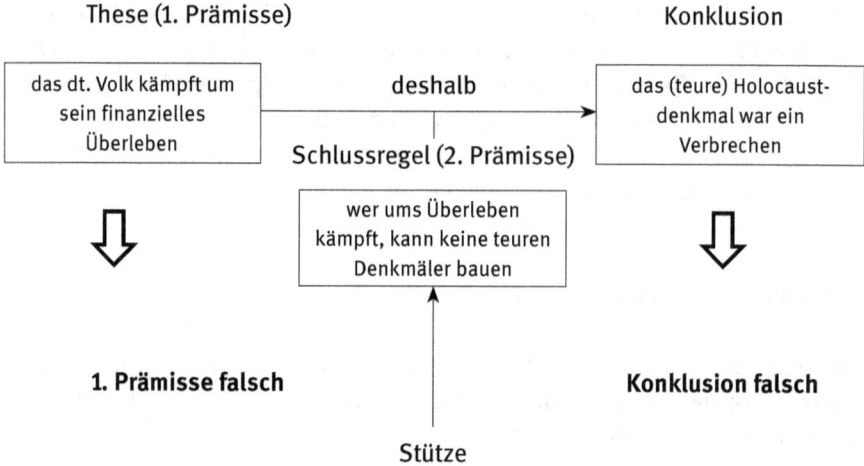

Auffällig ist bei vielen dieser Fallacien, dass häufig entweder nicht relevante Fakten, sondern irgendwelche (zum Teil beliebigen) oder erkennbar und nachweislich falsche Fakten angeführt werden, um die eigene Haltung oder Einstellung zu begründen. Diese werden dann als scheinbar aussagekräftig und sachbezogen eingeflochten (so hat die enorme Staatsverschuldung noch keine Regierung davon abgehalten, unnötige Investitionen zu tätigen). Man kann davon ausgehen, dass der Bau des Holocaustmahnmals für den Verfasser von (56) ein Ärgernis bzw. eine Provokation darstellt, die seiner auf Ablehnung der Erinnerungskultur basierenden Einstellung zuwiderläuft. Um seine Missbilligung nicht bloß als individuelle Meinung kundtun zu müssen, greift er daher auf scheinbar plausible, für die Allgemeinheit akzeptable und nachvollziehbare Gegenargumente zurück, die er im Themenspektrum der Staatsfinanzen bzw. Haushaltskonsolidierung findet.

(57)   „Palästinensische Kinder werden von den Israelis immer brutaler behandelt und ermordet. Die Zahlen steigen ständig. Die Welt ist ohne Israelis besser dran. Also ist das Fazit die Israelis auszurotten die einzige Lösung." [IBD_15.10.2007_Dro_001]

Aus der Prämisse, die auf der de-realisierten Weltsicht des Verfassers von (57) konstruiert wurde, die durch den scheinbar faktisch basierten, aber ebenfalls imaginierten Bezug auf steigende Zahlen gestützt wird, ergibt sich aus der judeophoben Sicht des Verfassers zwangläufig nur eine Konklusion: die Notwendigkeit der Eliminierung aller Israelis. Solche Konklusionen entstehen nach dem Prinzip der selbsterfüllenden Prophezeiungen:[19] Sie existieren als unerschütterliche Glaubenssätze (z. B. 'Alle Israelis sind jüdische (Kinder)Mörder und Verbrecher') bereits im Kopf der Sprachproduzenten, werden aber als Fakten ausgegeben, die der Realität entsprechen und durch selbst erfüllende, den Glaubenssatz bestätigende „Argumentationen" etabliert. Bezogen auf das Phänomen der Judenfeindschaft lässt sich dies folgendermaßen beschreiben: Im mentalen Modell von Antisemiten sind die Konzepte zu Juden an bestimmte stereotype Inhalte gekoppelt, die Voraussagen zu deren Verhalten beinhalten, z. B. 'Juden sind grausam und hinterlistig'. Alles, was Juden tun, ist per definitionem[20] schlecht und sämtliche pseudo-kausalen Urteile und Motive, die genannt werden, sind Rationalisierungen dieses Ressentiments. Der Generalverdacht gegen Juden, ein Konglomerat aus Argwohn, Misstrauen, Unkenntnis und fixen Stereotypen, findet hier seinen verbalen Ausdruck. Jede Gelegenheit und jede Information, und sei sie auch noch so unplausibel und vage, wird benutzt, um diesen Generalverdacht zu stützen und zu bestätigen.

Israelische Militäraktionen werden nach diesem Glaubenssystem entsprechend als grausam und hinterlistig bewertet. Eine andere Lesart wird kategorisch ausgeschlossen bzw. nicht einmal in Erwägung gezogen. So produzieren die Verfasser selbst systematisch genau die Bestätigungen, die sie erwarten. Formal wird Konsistenz etabliert, die aber eine konzeptuelle Scheinkonsistenz ist (s. hierzu auch Hacker 1990: 119).

Fallacien durch Stereotype

In zahlreichen Texten kommt es zur Simulierung von (scheinbarer) Plausibilität im Sinne von kausal bedingten Begründungszusammenhängen, indem antijüdische Stereotype als Stütze für Prämissen genutzt werden. Diese Stützen sind jedoch per se falsch, weil sie auf ungerechtfertigten Pauschalgeneralisierungen oder Fiktionen beruhen (vgl. Kap. 5).

---

19 Selbsterfüllende Prophezeiungen (engl. self-fulfilling prophecies) nennt man Vorhersagen, die sich erfüllen, weil diejenigen, die an diese Prophezeiung glauben, sich (oft unbewusst) aufgrund der Prophezeiung so verhalten, dass sie sich erfüllen bzw. bei anderen gerade das Verhalten entweder provozieren (oder als solches interpretieren), dass sie vorhergesagt haben. „The process by which one person's expectations about another become reality by eliciting behaviors that confirm the expectations" (Smith/Mackie: ²2000: 94).
20 S. hierzu auch Sartre (1948: 10): „Nicht die Erfahrung schafft den Begriff des Juden, sondern das Vorurteil fälscht die Erfahrung."

(58) „Die Deutschen wollen nicht mehr arbeiten, weil sie so viele Steuern und Renten zahlen müssen. Die Renten werden gekürzt und die Rentenerhöhung wird jedes Jahr niedriger. Wenn so weiter geht, haben die Ausländer in Deutschland das Sagen. Bei Handel und Industrie sind die Juden und Amerikaner die größten Kriegstreiber und die Blutrünstigsten der Welt." [ZJD_13.09.2002_ano_004]

So entsteht in Beispiel (58) Kohärenz, d. h. inhaltlicher Zusammenhang innerhalb des Textes, allein durch den Prozess einer stereotypbasierten Inferenzziehung. Nur wenn man die Schlussfolgerung zieht, dass sich die Konzepte AUSLÄNDER und JUDEN des Textproduzenten stark überschneiden (dass er also deutsche Juden als NICHT-DEUTSCH konzeptualisiert und damit das antisemitische Stereotyp von JUDEN ALS FREMDE verinnerlicht hat) und mit dem Konzept AUSLÄNDER den Informationsknoten SIND VERANTWORTLICH FÜR RENTENKÜRZUNGEN verbindet, ergibt die Äußerung einen kohärenten Sinnzusammenhang.

Heranziehen unzulässiger Topoi

Topoi, konzeptuelle Kategorien mit Themenschwerpunkten und zum Teil hoher bildlicher Vorstellungskomponente, sind mentale Quellen für Argumente. Man kann mit ihrer Hilfe sowohl Pro- als auch Kontra-Argumente in Bezug auf eine bestimmte (Streit)Frage generieren, jedoch nicht mit ihnen selbst argumentieren. Beispiele für solche Topoi sind Freiheit, Ökonomie oder auch Vergleichsschlüsse.

(59) „Der Anlaß zu meinem Schreiben ist das menschenverachtende Vorgehen der israelischen Streitkräfte im Gaza und vor allem im Libanon. [...] Es ist müßig, danach zu fragen, wer den ersten Stein warf, die Jahrtausende der jüdischen Geschichte sind voll von dem gewaltsamen, blutigen Vorgehen der Hebräer gegen ihre Nachbarn oder wenn es sein musste auch gegen unbotmäßige eigene Stämme. So ist das Pessach-Fest das Gedenken an ein furchtbares Massaker, bei dem alle erstgeborenen Ägypter erschlagen wurden, nicht von Jahwe, sondern von seinem gewaltbereiten Volk. [..., Bibelzitat] Bei der Eroberung von Jericho wurde alles Lebende umgebracht, Männer, Frauen, Kinder und auch Tiere, wie in der Bibel nachzulesen ist. Dieser Faden der Gewalt zieht sich durch die Jahrtausende und bis heute nicht abgerissen." [ZJD_29.07.2006_Gru_001]

In Beispiel (59) werden mithilfe des Topos 'Religion(sschriften)' bzw. des Vergleichsschlusses 'wie in der Bibel, so in der Gegenwart' Argumente gegen das

Vorgehen des israelischen Militärs, die aber kollektiv gegen alle Juden gerichtet sind, produziert. Dies wäre in einem religiösen Disput zumindest rhetorisch legitim, obwohl diese Art der Argumentation moralisch bedenklich und logisch falsch ist; der Textproduzent befindet sich jedoch nicht in einer solchen kommunikativen Situation. Er schreibt an den Zentralrat der Juden in Deutschland und argumentiert in einem politisch-militärischen Diskurs der Gegenwart. In diesem Zusammenhang ist sein vergangenheitsbezogener und religiöser Topos nicht zulässig und bedient zudem das judenfeindliche Klischee vom ewigen Juden als Unruhestifter. Das abschließende Argument, Gewaltanwendung sei dem Judentum seit Jahrtausenden inhärent, und die daraus zu inferierende Konklusion, dass das Verhalten israelischer Streitkräfte genau dieser blutigen Tradition entspreche, ergibt sich also ausschließlich aus dem stereotypen mentalen Schema JUDEN, das im Kopf des Schreibers gespeichert ist.

Ignorierung, Ausblendung und Umdeutung von Fakten

In Beispiel (60) äußert ein Akademiker aus München ebenfalls Argumente, die zu einer unzulässigen Schlussfolgerung führen, da er relevante historische und aktuelle Fakten außer Acht lässt. Er argumentiert rein militärstrategisch und vernachlässigt dabei zum einen, dass ein Staat und seine Existenzsicherung von mehr als seinem Militäretat abhängen, zum anderen, dass Israel bereits vielfach in Kriege verwickelt war, die von den umgebenden arabischen Staaten initiiert wurden. Ignoriert wird auch die feindselige, Gewalt androhende Rhetorik gegenüber Israel von vielen Staaten seiner Umgebung sowie die terroristischen Anschläge auf seine Bevölkerung innerhalb des Landes. Die Reduktion der Argumentation des Schreibers auf den Status quo der militärischen Ausstattung Israels führt daher zu einem die Realität verfälschenden Fehlschluss. Dieser ist jedoch kompatibel mit seinem Israelbild.

(60) „Sie argumentieren, Israel kämpfte um seine 'Existenz'. Zugegeben, das Leben in Israel ist unter diesen Umständen fast unzumutbar. Bedenken Sie aber bitte, Israel hat mehrere tausend Panzer und gepanzerte Fahrzeuge, die zweitstärkste Luftwaffe der Welt, in Extremsituationen zweieinhalb Millionen Soldaten und dazu Atomwaffen, die es –da habe ich keinen Zweifel- auch einsetzen würde. Welches Land könnte einen Krieg gegen Israel riskieren? Herr Präsident, dass Israel um seine Existenz kämpft, ist einfach Unsinn." [ZJD_05.04.2002_Stu_001]

Zum Teil stützen sich die Verfasser bei ihren Beurteilungen auf reine Spekulationen und Glaubenssätze, die sie jedoch als „faktische Argumente" umdeuten und anführen:

(61) „Die Erfahrung zeigt doch, daß mit jedem getöteten 'Terroristen' zwei neue geboren werden!! [...] dann betreiben Sie aber Staatsterrorismus, und stellen sich auf die gleiche Stufe wie die von Ihnen bekämpften Terroristen." [IBD_23.03.2003_Sch_001]

Mit Rückgriff auf die Topos-Stütze 'Erfahrung' wird die These aufgestellt, jeder getötete Terrorist würde zwei neue hervorbringen. Für diese These gibt es keine empirischen Erfahrungswerte, sie entspringt dem Glaubenssystem des Produzenten aus Hersbruck (und basiert mutmaßlich auf dem Floskelsatz *Gewalt produziert nur Gegengewalt*). Dem Verfasser dient sie aber maßgeblich als Stütze für seine ablehnende Haltung gegenüber israelischer Militärgewalt (auch im Fall von Gegen- oder Notwehr). Die auf diesem Argument geschlossene Konklusion, Israel betreibe Staatsterrorismus, weil es sich mittels Militäraktionen gegen Terrorismus wehre und damit die Gewalt verdopple, widerspricht allen Regeln der Vernunft (und des Völkerrechts) und ergibt nur durch das Anlegen eines besonderen (unikalen) Status an Israel[21] Sinn, klingt aber für den Textproduzenten offensichtlich plausibel und überzeugend. So simulieren die Verfasser gemäß ihrer juden- und israelfeindlichen Konzeptualisierungen Plausibilität und Rationalität, die de facto nicht existieren, bleiben so aber konsistent im mentalen System ihrer Überzeugung.

In Kontrast zur Irrationalität der mentalen Konstrukte steht folglich deren kommunikative Verwendung, d. h. ihre Verbalisierung und textuelle Einbettung.[22] Akribisch versuchen die Schreiber, ihre Meinung über Juden als empirisch begründet und argumentativ schlüssig hergeleitet darzustellen. So bilden Stereotype und vermeintliche Fakten, Argumente und Belege, die sich gegenseitig bedingen bzw. stützen, ein komplexes argumentatives Netz judenfeindlicher Pseudo-Logik.

Zusammenfassend lässt sich festhalten, dass in den Schreiben (auch von sehr gebildeten Verfassern) aus argumentationstheoretischer Sicht oft die expliziten Stützen oder Schlussregeln für vorgebrachte Argumente fehlen bzw. anfecht-

---

21 Zur unikalen Bewertung (Doppelstandard) von Israel s. Kap. 7.2.3. Hier ergibt sich diese einmalige Bewertung dadurch, dass Israel, im Gegensatz zu allen anderen Staaten der Erde, das Recht abgesprochen wird, gegen Terrorismus vorzugehen.
22 Hacker (1990: 33) bezeichnet dieses Phänomen treffend als eine „sich rational gebende Verwendung irrationaler Konzepte".

bar sind, teils weil die Produzenten rein emotional-irrational und auf der Basis geschlossener Weltbilder argumentieren und teils, weil sie unzulässige Prämissen zur Untermauerung ihrer Argumente heranziehen. Dabei bilden oft anti-jüdische Stereotype die mentale Basis für Prämissen bzw. Stützen. Logische Brüche und Trugschlüsse treten auf, wenn aus solchen Prämissen bestimmte Schlussfolgerungen abgeleitet werden (und zwar nicht aufgrund einer inhärenten Logik, sondern aufgrund von Erwünschtheit der von den Produzenten erzwungenen Konklusionen). Diese ähneln damit den selbsterfüllenden Prophezeiungen, d. h. sie entsprechen exakt den Erwartungen der Sprachproduzenten, weil sie aus deren Sichtweise heraus als plausibel und real konstruiert wurden. So produzieren antisemitische Textproduzenten, der inneren „Logik" ihres Bewertungssystems folgend, ihre eigenen Bestätigungen für ihr judeophobes Ressentiment.

9.4.2 Widersprüche und Paradoxien: Aussagen in Kollision

Neben ungültigen Argumentationsketten und falschen Behauptungen innerhalb der konstruierten Begründungszusammenhänge kommt es in den Zuschriften auch oft zu absurden inhaltlichen oder logischen Widersprüchen. Ein Widerspruch liegt vor, wenn ein Sprachproduzent in seinem Schreiben artikuliert, dass etwas der Fall ist und dass dieses nicht der Fall ist (nach dem Muster 'P ist und P ist nicht'). Hieraus ergeben sich Paradoxien, die den Gesetzen des Verstandes zuwiderlaufen. Unvereinbare Aussagen zeigen sich besonders oft nach Selbstattribuierungen[23] und -legitimierungen wie *„Ich bin ein Humanist"* oder *„Ich bin kein Antisemit"*, die in eklatantem Kontrast zu den weiteren (antisemitischen) Aussagen der Schreiber stehen. In (62) bescheinigt sich der Verfasser zunächst selbst, kein Antisemit zu sein, um dann in zahlreichen, Juden und Israelis gleichermaßen mittels Dehumanisierungen diskreditierenden Äußerungen diese Aussage selbst ostentativ zu widerlegen:

---

[23] Auch halten es viele Textproduzenten offensichtlich nicht für notwendig, ihre Anschreiben – die sie immerhin an Vertreter offizieller Institutionen wie den Botschafter, den Zentralratsvorsitzenden oder auch (in Kopie) an Regierungsvertreter wie Minister oder die Bundeskanzler(in) richten – vor dem Absenden nochmals zu prüfen, zu korrigieren oder zu revidieren. Auch die Vielzahl an Rechtschreibfehlern und falschen grammatischen Bezügen belegt die mangelnde reflexive Kontrolle, die angesichts der selbstbescheinigten Bildung und Informiertheit oder der signalisierten „aufgezwungenen" Zurückhaltung zu erwarten wäre.

(62)   „Ich bin deutscher Staatsbürger und kein Antisemit [...] Kreaturen aus Israel, die sich Menschen nennen, schlachten unschuldige Kinder und Frauen ab. [...] Ihr seid einfach nur menschlicher Müll."
[IBD_20.02.2009_Wei_001]

Diese in den Texten des Korpus vielfach auftretenden Widersprüche gehen mit einer auffälligen Diskrepanz zwischen Selbst- und Fremdwahrnehmung einher und basieren oft auf der Konzeptualisierung, dass Juden nicht mit den gleichen Maßstäben zu beurteilen seien, die für alle andern Menschen gelten.

(63)   „dazu gehört auch die tolteranz und der respekt vor fremden ebenso wie das eintreten für frieden und menschenrechte in der welt. [...] das was die menschenfresser in der israelischen regierung [...] anrichten, ist terror gegen die menschlichkeit." [ZJD_12.04.2002_Wie_001]

Solche semantischen Oppositionen und Inkompatibilitäten ergeben sich auch in Äußerungen wie (64) und (65):

(64)   „Ein Menschenfreund der die Juden abgrundtief haßt!"
[ZJD_Gaza2009_792/816_ano_001]

(65)   „Ich bin kein Rassist und achte die Menschen. [...] Halten sie sich für was besonderes ausser das sie Massenmörder sind? Ich bete zu gott das in meiner Familie kein JUDE auftaucht."
[ZJD_Gaza_2009_295/816_Ado_001]

Der Verfasser von (64) widerlegt bereits in der Prädikation desselben Satzes seine Selbstreferenzialisierung, ein Menschenfreund zu sein. Auf die Konzeptualisierung in seinem Kopf zurückgreifend, dass Juden keine Menschen seien, ist für ihn aber kein Widerspruch vorhanden. Die Verfasserin von (65) leugnet zunächst eine rassistische Einstellung und stellt sich selbstlegitimierend als jemand dar, der Respekt vor allen Menschen habe, führt aber dann mit großer emotionaler Emphase genau diese Aussagen ad absurdum, indem sie ihrer rassistischen Kollektiv-Ablehnung gegenüber Juden Ausdruck verleiht.

In (66) erklärt der (akademische) Schreiber zunächst seine Vorurteilsfreiheit und leugnet Ablehnungstendenzen und negative Gefühle gegenüber Juden.

(66)   „Ich bin Deutscher und stolz darauf. Mein Geburtsjahr ist 1951 und ich habe mit dem Nationalsozialismus nichts zu tun. Meine Generation hat den Juden niemals etwas getan und wird es auch nicht. Wir haben nichts

gegen Juden. [...] Ihr Verhalten erzeugt nur weiteren Hass zwischen meiner Generation und den Juden." [ZJD_09.11.2008_Det_001]

Diese Aussagen widersprechen jedoch der (stereotypbelasteten) Behauptung, der Zentralrat sei verantwortlich für den (vorher als nicht existent deklarierten) Hass zwischen Juden und Deutschen.

Die Produzentin von (67) verkündet zunächst die Meinung, der Nahostkonflikt gehe keinen Deutschen etwas an, und es sei besser, sich nicht einzumischen. Es folgen dann aber über viele Seiten hinweg Kommentare, utopische Lösungsvorschläge und Belehrungen, die diese zuvor getroffene Feststellung negieren.

(67) „Der Krieg in Israel ist doch nichts was uns Deutsche irgendetwas angeht. Ich bin auch absolut dagegen, dass wir uns da mit einmischen sollen. [...] Meine Kritik an [...] Vielleicht sollten die europäischen Juden doch auf ihr Land Einfluss nehmen um diesen unmöglichen und sinnlosen Krieg zu beenden." [ZJD_Gaza2009_238/816_Kla_001]

Strukturell ähnlich ist die E-Mail (68):

(68) „Ich schreibe Ihnen obwohl ich nicht viel Ahnung von Juden habe. ...Für mich gibt es nur Menschen. Rassenunterschiede kenn ich nicht. .Mittlerweile verstehe ich die Judenhasser.In meiner Familie gibt es Polen Russen,Inder usw. Ich möchte keinen Juden in der Familie haben. Diese Schande überlebe ich nicht." [ZJD_Gaza2009_349/816_Mah_001]

Obwohl die E-Mail-Schreiberin nach eigenen Angaben „*nicht viel Ahnung von Juden*" hat, kodiert sie in ihren danach folgenden langen Ausführungen ein Stereotyp nach dem anderen (s. Kap. 9.5). Trotz der eingeräumten Wissensdefizite ist sie überzeugt zu „*wissen*", dass „*Juden verkommen sind*" und in Israel „*Massenmord begehen*". Zugleich verfängt sie sich in einem weiteren Widerspruch: Sie beschreibt sich einerseits selbst als tolerant und vorurteilsfrei, kodiert andererseits aber eine extreme Judenfeindschaft. Ihre „anti-rassistische Toleranz" vermag sie bei Juden nicht zu praktizieren und lässt dadurch die tradierte und besonders in der NS-Zeit kommunizierte Konzeptualisierung von Juden als DEN PRINZIPIELL ANDEREN, den außerhalb der Wertegemeinschaft der Menschen stehenden Juden transparent werden.

Widersprüchlichkeit entsteht so als Folge der Negation des zuvor Artikulierten, d. h. wenn eine auf sich selbst anwendbare Aussage negiert wird. In (69) ergibt sich ein ostentativer inhaltlicher Widerspruch dadurch, dass die Verfasserin, eine promovierte Historikerin, genau das tut, was sie zuvor abgelehnt bzw.

von sich gewiesen hat: nämlich die Rechtfertigung von palästinensischen Terroranschlägen.

(69) „Ich bin weit davon entfernt, die Selbstmordattentate [= der Palästinenser, d. Verf.] zu rechtfertigen [...]. Aber die Selbstmordatentate sind die verzweifelte, teilweise von religiösem Wahn geprägte Reaktion auf eine jahrzehntelange israelische Politik der Vertreibung und permanenten Demütigung der Palästinenser." [ZJD_12.04.2002_Hei_001]

Dass verschiedene Aussagen in ein und derselben Zuschrift miteinander unvereinbar sind und dies den Produzenten (offensichtlich) nicht auffällt, deutet auf die konzeptuelle Geschlossenheit der Schreiber hin (bzw. auf ihr Bedürfnis, das positive Selbstbild unter allen Umständen aufrecht zu erhalten).

Die Widersprüche, die in den Briefen an den ZJD und die IBD häufig anzutreffen sind, finden sich auch in zahlreichen Internetkommentaren und judenfeindlichen Publikationen (die mutmaßlich nicht schnell und unreflektiert wie evtl. einige der E-Mails im Korpus verfasst wurden). Eine hierfür exemplarische Textstelle aus einem Pamphlet des rechtsextremistischen Verfassers Horst Mahler macht dies deutlich:

(70) „Sie [= die Juden, d. Verf.] arbeiten bewußt an der Zersetzung der Volksgeister und erstreben die Herrschaft über die Völker. Deshalb sind auch die Protokolle der Weisen von Zion – auch wenn es sich dabei um eine Fälschung handelt – authentische Zeugnisse des jüdischen Geistes." (Mahler, zit. n. BfV 2005: 12)

Die Bedeutungen von *Fälschung* und *authentisch* stehen in einer semantischen Opposition: Was falsch ist, kann nicht authentisch sein, eine als Fälschung akzeptierte Schrift kann nicht nach logisch-rationalen oder plausiblen Kriterien ein authentisches Zeugnis sein. Diese nach normalen Verstandesprinzipien sofort als Widerspruch erkennbare Textstelle entlarvt den nach irrationalen Kriterien arbeitenden Kopf des Verfassers: Alles wird subsumiert unter das antisemitische Weltbild, um dieses zu bestätigen, auch wenn sich dadurch logische Paradoxien und Kohärenzbrüche ergeben. Die als Fälschung bekannten verschwörungstheoretischen *Protokolle der Weisen von Zion*, ein prototypischer und viel in rechtsextremen Kreisen zitierter antisemitischer Text, werden als Beleg für die unterstellten Weltherrschaftsbestrebungen von Juden herangezogen, obgleich dem Verfasser selbst bewusst ist, dass diese „Protokolle" gefälscht sind.

9.5 Hass ohne reales Referenzobjekt: *Jude* als Abstraktum

Für viele Menschen mit erkennbarer antisemitischer Einstellung ist das Lexem *Jude* nicht ein Konkretum,[24] sondern ein Abstraktum: Dadurch ist es möglich, alles Negative auf dieses Konzept zu projizieren, ohne in Konflikt mit der anders gearteten Realität zu kommen. Die Abneigung gilt einem mentalen Konstrukt, keinem realen Objekt:[25]

(71) „ich hab noch nie mit Juden zutun gehabt, aber aus irgendeinem Grund mag ich euch nicht." [ZJD_08.08.2007_Bus_001]

(72) „Wissen Sie, Herr Botschafter, ich kenne nicht Ihre Geschichte, ich habe Sie nie sprechen hören, ich weiß nicht, wer Sie sind und was Sie denken, doch allein, daß Sie ein Amt ausfüllen, um einer solch verblendeten Politik zu dienen, macht mir eine große Abneigung gegen Sie. Aber nicht, weil Sie ein Jude sind, sondern weil Sie kein Jude sind, der nach Gerechtigkeit strebt, wie es Ihr Name verheißt." [IBD_13.07.2006_Hel_001]

(73) „Ich kenne persönlich keinen einzigen Menschen aus Israel, oder jüdischen Glaubens." [ZJD_Gaza2009_66/816_Her_001]

In Äußerungen wie (71), (72) und (73) wird expressis verbis artikuliert, was in zahlreichen Abhandlungen zum Antisemitismus bereits erwähnt und von uns erörtert worden ist (s. Kap. 3.4 und 4): Das antisemitische Ressentiment ist auf kein bestimmtes Referenzobjekt in der realen Welt ausgerichtet, sondern bezieht sich auf das im Kopf gespeicherte Konzept JUDE. „Für den Antisemiten bleibt der Jude ein unbekanntes Objekt, er weiß nicht, wovon er spricht" (Glucksmann 2005: 98).

Wider alle Vernunft ist das judeophobe Ressentiment „ein ganz allgemeiner Wertnegativismus, eine ganz unbegründet erscheinende und scheinbar regellos hervorbrechende, plötzliche haßerfüllte Ablehnung" (Scheler [4]1955: 36), die sich

---

[24] Konkreta zeichnen sich dadurch aus, dass sie ein Referenzpotenzial haben, das sich auf die erfahrbare, wahrnehmbare Realität erstreckt. Die Mitglieder werden unter eine übergeordnete, konkrete Kategorie subsumiert und können dabei viele individuelle Eigenarten aufweisen. Bei Abstrakta besteht kein direkter empirisch erfahrbarer Bezug zur Realität. Es sind Hypostasierungen des menschlichen Geistes. Instanzen von Abstrakta sind nicht mittels der Sinne erfahrbar (s. Schwarz [3]2008: 123 f.). *Jude* ist als Lexem ein Konkretum, aber es hat bei vielen Antisemiten den Status eines Abstraktums, da diese sich nicht auf reale Juden, sondern auf eine geistige Kategorie in ihrem Kopf beziehen.
[25] S. hierzu auch Hacker (1990: 46) und Hegener (2006: 19).

nur aufgrund der lange tradierten, kulturell, kommunikativ und kollektiv-emotional verankerten Judenfeindschaft erklären lässt.

Vermeintlich selbstkritisch ist der akademische Verfasser von (74), er möchte sich kein Urteil über den israelischen Botschafter anmaßen, weil er diesen nicht persönlich kenne. Dies hindert ihn nicht daran, die Geschehnisse in Israel zu beurteilen, obwohl er diese nur aus den Medien vermittelt kennt. Bei der Beurteilung des adressierten Botschafters ist also für den Schreiber nur eine direkte, primäre Erfahrung legitimierend, bei der (für ihn unumstößlichen, unzweifelhaften) Be- bzw. Entwertung Israels aber reicht ihm ungeprüfte mediale Sekundärerfahrung.

(74) „Sie selbst, sehr geehrter Herr Botschafter und sehr geehrte Damen und Herren, kenne ich nicht gut genug. Ich werde Sie auch nicht kennenlernen und kann mir daher kein Urteil über Sie anmaßen. Jedoch kann ich mir eine Meinung bilden und ein persönliches Urteil fällen über die Dinge, die ich in den Medien lese, höre und sehe und über die ich in Gesprächen mit Freunden und Bekannten erfahre. Und mein Urteil über die Regierung Ihres Landes steht ebenso fest wie mein Urteil über einen Präsidenten, der illegale Angriffskriege führt, das Völkerrecht missachtet und den Behörden, die für die Ahndung zuständig sind, mit Militäreinsatz droht, sofern sie ernsthaft ermitteln." [IBD_07.03.2007_Mue_001]

Zu den Widerspruchsphänomenen gehört auch, dass selbst hochgebildete, in wissenschaftlichem Denken trainierte und normalerweise strikt nach rationalen Prinzipien arbeitende Akademiker diese Prinzipien außer Acht lassen, wenn es um die Vor-Verurteilung und Diffamierung von Juden und/oder Israelis geht: So gibt ein Professor im Laufe einer sich über mehrere Tage hinziehenden E-Mail-Korrespondenz auf die Frage, ob er das Land, das er so sehr verdamme, denn auch persönlich gut genug kenne, um solche extrem diffamierenden Aussagen treffen zu können, als Antwort:

(75) „Ich war noch nie in Israel/Palästina, aber seit einem Vortrag von [...] 2002 in [...] (wo sie von ihrer Unterstützung für die Israel-Boykott-Bewegung berichtete), und erst recht seit dem Libanon-Krieg habe ich mich intensiv mit der Problematik befasst." [20.12.2009_Has_003]

Auf die Frage, auf welchen Beobachtungen und Primärquellen seine (durchweg de-realisierenden und stereotypbestimmten) Aussagen denn basierten, gibt er eine Rede von Jimmy Carter an. Dieser Schreiber, der als Wissenschaftler nach den Kriterien der intersubjektiven Überprüfbarkeit etc. forscht, verliert, wenn es um Israel geht, die Fähigkeit, rational zu denken. Ungeprüft werden Sekundärinformationen übernommen und entgegen der sonstigen Arbeits- und Denkweise wird allein Glaubensinhalten vertraut. Diese Personen tun etwas, was sie in ihrem Beruf nie tun würden, verlieren also ihre Professionalität und ihre Fähigkeit, logisch und klar zu denken. Diese Schreiber sind immun gegen faktische Argumente und sie lassen keinen Zweifel an sich selbst zu. Das Zufällige wird zum Wesentlichen erhoben, das Gelesene und Gehörte ohne eigene Erfahrungswerte als absolute Wahrheit deklariert. Spekulationen, die in das anti-israelische Weltbild passen, erhalten vor kritischen Denkprozessen den Vorrang. Hier zeigt sich eine jahrhundertelange Konstante von Judenfeindschaft: Die Bereitschaft, alle Informationen[26] in Bezug auf die Schlechtigkeit von Juden zu glauben, so unwahrscheinlich sie auch sein mögen. Dies belegt einen enormen Einfluss der emotional-irrationalen Dimension auf die kognitive Wahrnehmung.

Die ostentativen Widersprüche zeigen die Wirkungs- und Gestaltungsmacht der judenfeindlichen Konzeptualisierungen: Die Verfasser unterliegen dem Zwang, alle Informationen und Aussagen in ihr mentales Modell zu integrieren. Zweifel werden dabei nicht zugelassen und nicht passende Informationen werden zurechtgebogen, dabei bleiben die Gesetze der Logik, des Verstandes und der Plausibilität außen vor.

Fazit

Für die Erklärung des Phänomens der Judenfeindschaft spielen emotional geprägte Einstellungen eine herausragende Rolle. (Kollektive) Gefühle haben maßgeblich Einfluss auf die Art und Weise, wie Juden mental konzeptualisiert und verbal bewertet werden. Die Antisemitismusforschung steht somit auch vor neuen Herausforderungen insofern, als sie die ausgeklammerte bzw. zu wenig beachtete emotionale Dimension von Judenfeindschaft stärker in ihre Erklärungsansätze integrieren muss.

Viele antisemitische Äußerungen lassen über ihr hohes textuelles Emotionspotenzial erkennen, dass die Sprachproduzenten einen tiefen Hass und Argwohn

---

26 Entsprechend werden die von den Massenmedien zum Teil monoperspektivierten anti-israelischen Berichte zum Nahostkonflikt sofort geglaubt und persuasiv als autoritative Quelle genannt (s. Kap. 7.3), obgleich die meisten (akademischen) Verfasser sicherlich den Massenmedien, wenn es um andere Themen geht, mindestens so viel Skepsis entgegenbringen wie Luhmann (1996: 9): „Was wir über unsere Gesellschaft, ja über die Welt, in der wir leben, wissen, wissen wir durch die Massenmedien. […] Andererseits wissen wir so viel über die Massenmedien, dass wir diesen Quellen nicht trauen können."

gegenüber Juden und Judentum hegen, den sie jedoch mittels Umdeutungen, externalen Attributionen und Argumentationen zu rationalisieren und zu legitimieren versuchen. Die Weltsicht von Antisemiten ist durch eine irrationale Selektivität geprägt, d. h. die Wahrnehmungen und die mentalen Wissens- bzw. Glaubenskomponenten werden stets so ausgewählt und strukturiert, dass sie die eigene judeophobe Konzeptualisierung und emotionale Haltung bestätigen bzw. aufrechterhalten können. Dadurch entstehen hermetisch abgeschlossene Wirklichkeitskonstruktionen, die resistent gegenüber Fakten sind, stark de-realisierend, also realitätsverzerrend wirken und wider die Prinzipien von Verstand und Vernunft Denkstrukturen irrational beeinflussen. In den Texten spiegelt sich diese De-Realisierung in Trugschlüssen, Faktenausblendungen und Widersprüchen wider.

10 Handlungen der verbalen Gewalt

„ihr Schmarotzer, [...] ihr verbrecherisches Ungeziefer, als Futter sollte man euch verarbeiten, damit ihr einmal nützlich seit. wir hassen Euch Judenschweine!"
[IBD_01.08.2006_ano_026]

Die Sprache kann, wie wir bereits an anderen Stellen erörtert haben, als Instrument eingesetzt werden, um Menschen mental zu verletzen, ihnen kognitiv und emotional Schaden zuzufügen, ihnen seelisches Leid anzutun und sie in Furcht und Sorge zu versetzen. Dass Wörter wie Waffen eingesetzt werden können, wird besonders offenkundig, wenn Äußerungen semantisch pejorativ und pragmatisch destruktiv ausgerichtet sind. Destruktiv bedeutet, dass der jeweilige Handlungswert einer Äußerung darin besteht, dem Adressaten durch den Vollzug des Sprechaktes etwas Negatives anzutun bzw. dieses anzukündigen oder zu wünschen. Die (kommunikative Funktion der) als Imperativ formulierte(n) Aufforderung von (1) zeigt diese destruktive Dimension und macht zugleich das hohe Aggressivitätspotenzial des Produzenten transparent:

(1) „Verreckt!!!!" [ZJD_10.01.2009_Her_001]

Viele judenfeindliche Äußerungen sind von ihrem Handlungswert her nicht nur repräsentativ und expressiv, geben also diffamierende Feststellungen (von deren Wahrhaftigkeit der Produzent überzeugt ist) und affektive Einstellungen wider wie in (2) und (3):

(2) „Ich HASSE alle Israelis dieses Völkermordende Volk"
     [IBD_16.01.2009_Kös_001]

(3) „Ich spucke vor Abscheu vor ihnen auf den Boden!"
     [ZJD_Gaza2009_632/816_Jun_001]

Vielmehr weist eine große Anzahl der Sprachhandlungen einen stark direktiven Charakter auf. Direktiva (Appellativa) zeichnen sich als verbale Aktivitäten dadurch aus, dass sie etwas Spezifisches beim Adressaten bewirken sollen. Meist soll der Rezipient zu einer Handlung bewegt werden, die außersprachliche Welt also mit dem Inhalt der Äußerung (und damit dem Wunsch des Produzenten nachkommend) in Übereinstimmung gebracht werden. Die intendierte Reaktion einer Aufforderung ist es z. B., auf Seiten des Rezipienten eine spezifische Aktivität in Gang zu setzen.

(4)   „Verlassen Sie das Land der Palästinenser!" [IBD_22.03.2004_Sch_001]

(5)   „Ich fordere Sie dazu auf, sich dafür einzusetzen, dass von Israel ausgehenden Zerstörungen eingestellt werden."
[ZJD_Gaza2009_36/816_Fed_001]

Wie an (4) und (5) zu sehen ist, sind die meisten Sprechakte nie nur auf eine kommunikative Funktion festlegbar. Mit der Aufforderung in (4) vollzieht der Verfasser zugleich die Einstellungsbekundung, dass Israel unrechtmäßig Land okkupiere und somit keine Existenzberechtigung im Nahen Osten habe. Die direktive Sprachhandlung in (5) enthält neben der spezifischen Handlungsaufforderung zugleich implizit die Anschuldigung, die Zerstörungen würden allein von Israel ausgehen, und zudem die Unterstellung, der Zentralrat der Juden in Deutschland setze sich nicht gegen Gewalt im Nahen Osten ein. Dass die Aufforderung überhaupt an den Zentralrat und nicht an die Botschaft gesendet wurde, belegt zugleich die vom Sprecher als Fakt angenommene Verbindung zwischen deutschen Juden und israelischen Belangen. Dem Zentralrat wird so indirekt eine Mitverantwortung für israelische Militärhandlungen gegeben.

10.1 Beschimpfen/Beleidigen, Drohen, Verwünschen

In unserem Korpus dominieren drei Typen von besonders aggressiven Sprachhandlungen mit Appellfunktion: das Beschimpfen/Beleidigen, das Drohen[1] und das Verwünschen von Juden. Diese Aggressivität spiegelt sich bereits vielfach in den Betreffzeilen der E-Mails wider: Meist wird bereits in dieser für den Adressaten zuerst wahrnehmbaren Informationszeile das Anliegen als verbaler Angriff formuliert, wie die folgenden Beispiele (die alle Betreffzeilen von E-Mails an den Zentralrat darstellen) exemplarisch zeigen:

(6)   „Betreff: Jüdische Verbrechen in Hebron" [ZJD_05.12.2008_ano_001]

---

[1] Drohen fällt nach der sprechakttheoretischen Einteilung in die Klasse der sogenannten Kommissiva. Bei diesen Sprachhandlungen verpflichtet sich der Produzent der Äußerung, selbst etwas in der Zukunft zu tun oder zu unterlassen, was negativ für den Rezipienten ist. Bei einer Drohung ist aber auch die direktive Handlungsdimension vorhanden, da der Rezipient mittels der Drohung entweder mental eingeschüchtert oder zu einer Handlung bewegt werden soll. Beschimpfen ist primär expressiv, d. h. der Produzent artikuliert seine Gefühle in Bezug auf den Rezipienten, will dadurch aber direktiv ausgerichtet erreichen, dass der Adressat gekränkt, verunsichert oder verängstigt wird. Da Beschimpfen und Drohen zu den aggressiven Sprechakten gehören, subsumieren wir diese Typen hier entsprechend.

(7) „Betreff: Hallo Ihr Verbrecher !!!" [ZJD_06.01.2009_Hau_001]

(8) „Betreff: Ihr gottverdammten Hurensöhne" [ZJD_09.01.2009_Hel_001]

(9) „Betreff: Zionistische Mörder, Kindertöter, Feigeteroristen, Feigeagresoren" [ZJD_Gaza2009_92/816_ano_001]

Wesentlich für das Beschimpfen[2] ist die negative Adressatenbewertung: Der Angesprochene wird mittels pejorativer Wörter abgewertet. Damit verleiht der Produzent seiner stark affektiv geprägten Einstellung Ausdruck. Die intendierte Reaktion auf eine Beschimpfung ist das Beleidigt-Sein auf der Seite des Rezipienten. Die Bedeutung der gewählten Wörter ist bei Beschimpfungen entscheidend: Entsprechend kommt der pejorativen Lexik ein besonderer Status zu. Schimpfwörter zeichnen sich dadurch aus, dass sie etwas genuin Negatives im Benennungsakt auf den Adressaten prädizieren. Diese herabsetzende Referenzialisierung kann mittels Dehumanisierung (z. B. durch Tierbezeichnungen) oder Delegitimierung (z. B. Aberkennung von kognitiven Fähigkeiten wie bei *Idiot*) geschehen. Durch die Fokussierung auf als minderwertig erachtete geistige oder körperliche Merkmale wird das kommunikative Gegenüber als Person referenziell auf negative Merkmale reduziert, dadurch entsteht eine Inkongruenz zwischen Bedeutungs- und Weltebene.

Pejorative Lexik, deren Funktion primär der Beschimpfung und Beleidigung des Angesprochenen dient, ist im mentalen Lexikon der Sprachbenutzer[3] gespeichert und ihre Verwendung kann als usuell eingestuft werden. Viele antisemitische Schimpfwörter haben eine sehr lange Tradition (s. Kap. 4) und werden teils seit Jahrhunderten benutzt, um Juden zu diskreditieren. Die folgenden Typen,[4] die im aktuellen Sprachgebrauch zu beobachten sind, lassen sich unterscheiden:

a. Tierbezeichnungen wie *Schwein, Ratte, Aasgeier, Vieh*. Hierzu zählen auch Lexeme aus dem mikrobiologischen Bereich wie *Parasiten, Bazillen* sowie *Kreaturen, Brut*.

---

2 Beschimpfen unterscheidet sich vom Schimpfen dadurch, dass es personenausgerichtet ist, während Schimpfen auch objekt- und situationsorientiert sein kann (vgl. *So eine Mistlage, saumäßiges Verhalten* etc.).
3 Bestimmte Lexeme ergeben aber erst in einem spezifischen Kontext eine pejorative Lesart. *Jude* ist die Bezeichnung für einen Angehörigen einer bestimmten Religionsgemeinschaft. Wird dieses Wort jedoch kontextuell erkennbar abwertend benutzt, wird es zu einem Schimpfwort (s. hierzu die Beispiele (30) bis (36)).
4 Wir konzentrieren uns hier auf die im judenfeindlichen Sprachgebrauch frequent benutzten Schimpfwörter. Eine allgemeine Abhandlung zu generellen Aspekten von Schimpfwörtern findet sich z. B. bei Havryliv (2003). S. auch Kiener (1983).

b. Bezeichnungen aus dem (pseudo)religiösen und fiktiven Diskurs, die auf Wesen referieren, die das Böse per se personifizieren wie *Teufel, Satan, Antichrist, Unwesen, Unholde, Ungeheuer, Monster.*
c. Schimpfwörter, die sich auf minderwertige Substanzen, krankhafte Auswüchse und Fäkalien beziehen wie *Knochen, Mist, Dreck, Unrat, Geschwür, Pestbeule, Scheiße.*
d. Benennungen für körperlich, intellektuell oder moralisch eingeschränkte bzw. als minderwertig erachtete Menschen wie *Idiot, Missgeburt, Schwachkopf, Krüppel, Gehirnamputierter, Perversling, Heuchler, Lügner, Verbrecher, Mörder.*

Diese Schimpfwörter kommen oft in Kombinationen vor: Adjektiv-Nomen-Phrasen wie *mieses Judenschwein* z. B. verbinden die pejorativen Komponenten der Dehumanisierung und der moralischen Schlechtigkeit, ein Kompositum wie in *jüdische Teufelsbrut* koppelt die dehumanisierende Semantik von *Brut* mit der religiös-metaphysischen Entwertung. Damit folgen die Beschimpfungen dem generellen Muster der Feindbildkonstruktion, die auf Dehumanisierung und Dämonisierung basiert (s. hierzu bereits Kap. 3). Wortzusammensetzungen, in denen die Lexeme *Schwein, Dreck* oder *Mörder* in erster oder zweiter Position stehen, sind in den Schreiben an den ZJD und die IBD besonders häufig eingesetzte Schimpfwörter: *Judenschweine, Mörderbande, Kindermörder, Mörderbrut, Mördervolk, Krüppelvolk, Mörderpack, Drecksjuden, Schweinejuden, Dreckspack.* Intensiviert wird die pejorative Komponente durch Adjektive wie *stinkend, erbärmlich, widerlich, verlogen* etc. Der Staat Israel wird bevorzugt mittels Komposita und metaphorischer Konstruktionen als *Krebsgeschwür, Krüppelstaat, Kontergangebilde, Mörderwalze* und *Terroristennest* bezeichnet.

Die häufigste Beschimpfungsvariante im Korpus umfasst elliptische Exklamative und Aufzählungen von einzelnen Pejorativa mit direkten Anredeformen:

(10)   „ihr Judenschweine" [ZJD_08.09.2006_Mon_003]

(11)   „Ihr Kinderfresser." [ZJD_Gaza2009_9/816_Hai_001]

(12)   „Ihr Terroristen und Kriegsverbrecher!!!!!!!!!!!!!!!!" [IBD_11.08.2011_ano_001]

(13)   „Ihr feigen Scheisshaufen!" [ZJD_Gaza2009_677/816_Pan_001]

(14)   „Ihr Kinderschlächter." [ZJD_Gaza2009_432/816_Hel_001]

(15) „ihr Unmenschen, Ihr P***siten" [ZJD_Gaza2009_92/816_ano_001]

(16) „Ihr Mörder und kriminelles Gangster-Regime [...] Ihr Kindermörder, Kinderfresser, Organklauer" [IBD_04.01.2007_Ard_001]

(17) „Ihr dreckigen Juden und MOERDERBANDE." [IBD_05.08.2010_ano_001]

(18) „Ihr Voelkermoerder und Kriegstreiber." [IBD_06.05.2009_ano_001]

Jede Beschimpfung stellt eine Degradierung des Adressaten dar, die dessen Minderwertigkeit demonstrieren soll. Es sind Herabstufungen im kollektiven Wertesystem einer Gesellschaft.

Meistens werden die Adressaten geduzt: Diese Form der informellen und despektierlichen Anrede verstärkt den Ausdruck der Geringschätzung und fokussiert die Beleidigungsabsicht. Beispiele wie (19), in denen die Adressaten gesiezt werden, sind daher selten unter den Beschimpfungen:

(19) „Sie Schufte, Sie Kriegs-Verbrecher!" [IBD_03.04.2009_Kub_001]

Zu einem großen Teil werden die Adressaten, wird der Adressat auch gar nicht angesprochen. Dann bestehen die elliptischen Texte aus bloßen Beschimpfungen in Form von einzelnen Wörtern, Phrasen oder Wortaneinanderreihungen, die eine generische, also kollektiv referenzialisierende Lesart haben. Oft dient dabei der inflationäre Gebrauch von Interpunktionszeichen wie „!" als Emphasesignal.

(20) „BlurünstigeMörder, kriminelle Faschisten, Landdiebe, Plünderer Menschliche-Organ Klauer" [IBD_26.01.2007_Ard_001]

(21) „Massenmörder!!!!!!!!!!!!!!" [ZJD_09.08.2006_ano_001]

(22) „Dreckige arrogante Juden!!!" [IBD_06.05.2009_ano_002]

(23) „Nazi-Schergen!!!!!!!!!!!!!!!!!!!!!!!" [IBD_11.02.2011_ano_001]

Bei vielen Beschimpfungen werden Adjektive und Nomen benutzt, die seit Jahrhunderten tradiert werden und Floskelstatus haben, da sie Klischees bedienen: *hinterhältig, feige, rachsüchtig, Parasiten, Teufel* z. B. sind Lexeme, die schon habituell im Mittelalter zur Charakterisierung von Juden benutzt wurden (s. Kap. 4.1). Entsprechend finden sich viele Äußerungen, die solche negativen Eigenschaften als typisch für Juden prädizieren und damit aus Produzentensicht die alten Vorurteile explizit bestätigt sehen:

(24) „Offensichtlich sind das [= morden, Unfrieden stiften, Land rauben, d. Verf.] die Grundeigenschaften der Juden." [IBD_15.06.2009_ano_001]

(25) „JUDEN SIND DIE SCHLIMMSTEN LÜGNER UND GRÖSSTEN VERBRECHER DIE ES AUF DER WELT GIBT. JUDEN SIND DIE URSACHE DES TERRORISMUS." [IBD_07.07.2006_ano_045]

(26) „Ihr Juden koennt es nicht lassen ... Euer Staat ist eine Missgeburt wie Ihr selber wisst. Schaut das ihr mit euren Nachbarn zurecht kommt. Aber ihr fühlt Euch ja als das auserlesene Volk." [IBD_12.06.2006_ano_001]

Während viele der Schreiben sehr kurz sind und nur aus einigen aneinandergereihten Schimpfwörtern bestehen, also primär dem emotionsgeleiteten Ausdruck von Hass und Wut dienen, sind Beschimpfungen in zahlreichen E-Mails und Briefen oft lediglich der Auftakt für weitere Verbal-Aggressionen, die aus Warnungen, Drohungen und Verwünschungen bestehen:

(27) „Schande ueber Euch..Ihr widerlichen Drecksschweine. Eines Tages seid ihr ENDLICH ausgerottet.. Ihr arroganten, egoistischen, grausamen, affektierten Menschen.. Wer hat Euch die Fehlinformation gegeben, das ihr besser seid als alle Anderen?" [ZJD_Gaza2009_401/816_Jar_001]

(28) „Man sollte Euch Scheiss Juden auch die Kehle durchschneiden [...]" [ZJD_04.05.2007_Mau_001]

(29) „Judenschweine! Schade dass ihr nicht alle bei Adolf verreckt seid. Jeden einzelnen müsste man sicherheitshalber vergiften, vergasen und vorsichtshalber mit 10 Kugeln erschießen. Ihr Wichser seit wie eine Seuche und deshalb gehärt ihr ausgerottet. Wir werden Euch Dreckschweinen Schaden zufügen an allen Stellen. Ihr seid ein Scheißvolk! Es ist im Fernsehen wunderschön anzusehen, ein Genuss, nach einem Bombenanschlag, eine Judensau, egal ob jung oder alt, wichtig ist nur, dass sie verreckt im Straßendreck liegt. Kaum jemand auf der Welt mag einen Juden, überall nur Ablehnung! Man kann nur hoffen, dass es noch viele von Euch Superlumpengesindel tödlich erwischt."
[IBD_01.01.2006_ano_026]

Auch das Lexem *Jude* wird von manchen Verfassern wie ein Schimpfwort bereits in der Anrede bzw. der Begrüßung gebraucht.

(30) „Jude Simon Stein, mit deiner Äußerung hast du [...]"
      [IBD_23.07.2006_Hud_001]

(31) „JUDE!!!!!!!!!!!!!!!!!!!!!!!!!!!!!!" [ZJD_23.10.2007_ano_001]

(32) „Shalon ihr Juden, [...]" [IBD_22.04.2008_Pal_001]

Durch abwertende Attribute wie *dreckig* und *verdammt* sowie emotionsausdrückende Interjektionen wie *Iiih, pfui* wird der pejorative Effekt dabei noch verstärkt.

(33) „Ihr dreckigen Juden!!!!!!!!!!!!!!!!!!!!!!!!!!!!!!!!"
      [ZJD_Gaza2009_301/816_ano_001, anonymer Mehrfachschreiber]

(34) „Oh, ihr verdammten Juden!" [IBD_16.04.2009_Kub_001]

(35) „wie könnt ihr nur so streitsüchtig sein. igitt" [IBD_23.03.2008_ano_001]

(36) „Pfui Teufel ihr JUDEN." [IBD_27.05.2009_ano_001]

Das Lexem *Zionismus* (von seiner Denotation her 'die Bestrebung, Juden aus der Diaspora nach Israel zurückzubringen') wird in seinen verschiedenen grammatischen Varianten ebenfalls ausschließlich als Schimpfwort[5] benutzt. Die pejorative Komponente ist bereits als usuell zu konstatieren: Verfasser aller politischen Richtungen benutzen das Wort mit Abwertungsabsicht in den verschiedensten Variationen wie *Zionistenschweine, zionistischer Feind, zionistisches Dreckspack,*

---

5 Diese kommunikative Praxis hat einen realen Hintergrund: Am 10. November 1975 erfolgte im Rahmen der UN die Verurteilung des Zionismus (vgl. Resolution der UN-Vollversammlung, UNGV Res. 3379), wobei behauptet wurde, „dass der Zionismus eine Form des Rassismus und der rassischen Diskriminierung ist". Diese offizielle und institutionelle Entwertung des Zionismus wurde erst im Dezember 1991 auf Druck der USA mit Zustimmung Russlands wieder aufgehoben. Bis heute jedoch verweisen Antisemiten auf diese Resolution. Dass das Lexem *Zionist* bzw. *Zionismus* eine Bedeutungsveränderung erfahren hat, zeigt sich deutlich: Im gesamten Korpus findet sich kein einziges Textbeispiel mit einer neutralen oder positiven Lesart. Auch im Kommunikationsraum des Internets finden sich primär die pejorativ gemeinten Verwendungen (s. Schwarz-Friesel 2012a).

zionistische Hure (gemeint ist Charlotte Knobloch), *zionistischer Gefangenen-Befreiungsterror, zionistischer Staatsterror, Zionsbrut*:

(37) „Zionistischer Größenwahn und Kriegsverbechen wie Sabra und Shatilla werden dann zu bewerten und zu richten sein."
[IBD_14.07.2006_Bru_001]

(38) „Menschenverachtung und Kaltschnäuzigkeit zionistischer Verbrecher erreichen gerade jetzt einen einsamen Höhepunkt, da diese Gangster ein zuvor jahrzehntelang terrorisiertes, beraubtes, geknechtetes, drangsaliertes und in den Hungertod getriebenes Volk im Gaza Streifen nach allen Regeln einer perversen und außer Rand und Band geratenen Kriegsmaschinerie vor den Augen der Weltöffentlichkeit einfach abschlachten."
[ZJD_Gaza2009_399/816_Sne_001]

(39) „An die national-zionistische Mörderbande"
[ZJD_Gaza2009_686/816_Fra_001]

Besonders häufig wird das Wort allerdings von linken und linksextremen Schreibern artikuliert. *Zionistisch* wird hier quasi-synonym mit *imperialistisch, kolonialistisch* und *faschistisch* verwendet und taucht kollokativ besonders häufig in der Verbindung mit Wörtern aus dem semantischen Feld 'Terrorismus, Gewalt und Unterdrückung' auf. Die Kriegsmetaphorik ist dominant: Juden und Israelis werden unterschiedslos als aggressive, räuberische, Land enteignende Kapitalisten und Imperialisten charakterisiert, der Zentralrat der Juden wird entsprechend delegitimiert.

(40) „In meinen Augen sind sie mittlerweile nichts anderes als eine verboten gehörende Organisation die eigentlich keinerlei Daseinsberechtigung haben sollte da sie die Völkerwidrige Kriegstreiberei des Staates Israel in diesem Lande forcieren und jedwege Kritik mit Diskreditierung beantworten. PFUI!!!" [ZJD_02.09.2006_Man_001]

(41) „Kritik und Sanktionen für die zionistischen Kriegsverbrecher!"
[ZJD_Gaza2009_194/816_ano_001]

(42) „Dieser Krieg ist blanker Staatsterrorismus gegen ein fast wehrloses Volk." [IBD_19.07.2006_Bec_001]

Rechtsradikale Schreiber dagegen verwenden besonders oft Anal-Fäkal-Ausdrücke und greifen bevorzugt auf vulgäre Tier- und Unrat-Metaphorik zurück (s. hierzu Hortzitz 1999 und Pörksen ²2005).

(43) „Widerwärtiges israelisches Pack [...] Ihr Rattenpack [...]."
      [IBD_05.05.2007_Kol_001]

(44) „dreckeliger jaud zieht euch aus palästina zurück ihr stinkenden parasiten" [ZJD_22.05.2007_Lan_001]

(45) „kranke, widerwärtige und ultrabrutale Wichser"
      [IBD_10.06.2006_Bre_001]

(46) „BETREFF: stinkender, verpisster Judendreck."
      [IBD_11.01.2009_ano_001]

Es werden stets generische, d. h. alle Juden umfassende Referenzialisierungen wie in (47) vollzogen. Die dehumanisierende Semantik wird durch die Verwendung des unpersönlichen Pronomens *es* in der anaphorischen Wiederaufnahme intensiviert:

(47) „Der Jude ist kein Mensch, es ist eine Fäulniserscheinung"
      [IBD_01.08.2006_Mar_001]

(48) „Unmenschen!! Tiere, Dreckschweine!" [IBD_18.04.2011_ano_001]

Vielfach kommt es zu Lexem-Anleihen aus der NS-Ideologie wie *Untermenschengesindel, minderwertige Untermenschen* sowie Verweisen auf die „Endlösung" im Holocaust (s. hierzu Kap. 6).

(49) „Sieg Heil UNTERMENSCHENGESINDEL!" [IBD_19.01.2004_ano_001]

(50) „Jud Ade, Zyklon B tut nicht weh. Der Tag naht an dem das Welt Judemtum endlich ausgerottet ist. Wir vernichten Euch alle aber vorher müsst Ihr noch richtig leiden, erst dann werden wir Euch alle restlos vernichten." [IBD_11.01.2009_ano_001]

Überblickt man allerdings die E-Mails und Briefe in der Zeitspanne von 2002 bis 2011, fällt auf, dass sich die Sprachgebrauchsmuster zunehmend vermischen. Redewendungen, die bislang nur von Neonazis und Rechtsradikalen benutzt wurden, finden zunehmend auch Verwendung in Schreiben von Verfassern aus dem linksorientierten Lager und aus der Mitte (wie die folgenden exemplarischen Beispiele von erklärten linken und (links)liberalen Textproduzenten, zum Teil mit akademischen Titeln, zeigen).

(51) „Subject: Widerwärtiges israelisches Pack. Na haben Eure Faschisten-Brüder wieder ein paar Araber gemordet? [...] Nur Hass und Gewalt für Eurch. Und die Zeit, Ihr Rattenpack, arbeitet gegen Euch."
[IBD_05.05.2007_Ler_001]

(52) „Zur Hölle mit dem erzkriminellen zionischtischen Pack in Palästina und seinen Spießgesellen in Europa und Nordamerika!"
[ZJD_Gaza2009_521/816_Mel_001]

(53) „Es ist für mich als Antifaschist bestürzend, wie der Sicherheitsstaat Israel und seine Eliten blindwütig immer wieder in unnötige Unmenschlichkeiten zurückfallen und zu staatsterroristischen Hampelmännern [...] degenerieren. Die Unmenschen Göbbels und Hitler lachen sich in der Hölle bestimmt ins Fäustchen." [IBD_01.06.2010_Göl_001]

Nicht immer gibt es explizite Anredeformen der zweiten Person mit *Du/Ihr* oder *Sie*. Es gibt auch unpersönliche Referenzialisierungen als Beschimpfungen wie in (54). Hier wählt der Verfasser des Textes die Pronomina der dritten Person und stellt somit den Wahrheitsgehalt seiner Negativattribuierungen als allgemeingültigen Fakt hin:

(54) „JUDEN SIE SIND DAS KREGSGESCHWÜR AUF UNSERER WELT! DER ABSOLUTE DRECK DER MENSCHHEIT. EINES TAGES KOMMT DER WIRKLICHE HOLOCAUST. STEIN à SO SIEHT EIN GANGSTER AUS. DEM GLAUBT SOWIESO KEINER WAS: MIT JEDEM AUFTRITT IN DEN MEDIEN KOMMT NUR HASS AUF. EIN PERVERSER LÜGNER."
[IBD_01.08.2006_Mor_001, Postkarte]

Juden werden mittels des generischen Satzes kollektiv entwertet und der damalige Botschafter Shimon Stein als ein typisches Exemplar von JUDE negativ konzeptualisiert. So folgt diese „Argumentation" dem deduktiven Muster „vom Allgemeinen zum Spezifischen". In (55) sind die Beschimpfungen zusätzlich mit der impliziten Drohung verbunden, den Kindern des Botschafters Gewalt antun zu wollen.

(55)   „Hey du botschafterschwein, hast du vielleicht auch Kinder, die in berlin leben? Israelische Drecksau." [IBD_20.10.2003_ano_001]

Die meisten Beschimpfungen und Beleidigungen sind Kollektivattribuierungen mit generischer Lesart, d. h. nicht nur der Zentralrat bzw. die Botschaft als Adressaten sind gemeint, sondern alle Juden bzw. Israelis. Es gibt aber auch individuelle Beschimpfungen, bei denen ein spezifischer Adressat/die Adressaten persönlich angesprochen und anschließend durch beleidigende Aussagen negativ evaluiert wird/werden, wie in Beispiel (56), wo der damaligen Vorsitzenden des ZJD, Charlotte Knobloch, mit pseudo-religiösen Vokabeln Blasphemie und moralische Verkommenheit vorgeworfen wird.

(56)   „aber Sie [...] sind eine ÜBERFÜHRTE GOTTESLÄSTERERIN, die den jüdischen Gott des Lebens permanent zu einem zionistisch-tribalistischen Gott der Zerstörung und des Todes umdeutet hat!"
[ZJD_Gaza2009_136/816_Kra_001]

Während rechtsradikale Schreiber bei persönlichen Angriffen fast ausschließlich Schimpfwörter benutzen wie in (57) und (58), formulieren Textproduzenten aus der Mitte Beleidigungen bevorzugt in Frageform wie in (59):

(57)   „verlogene Moralhure Knobloch [...] Die ranzige Moralschlampe Knobloch widert mich nur noch abgrundtief an! Und den Holocaust kann sie sich sonstwohin stecken!" [ZJD_19.04.2007_Ber_001]

(58)   „Das die juedische Zentralratshure es bei der fehlenden Berichterstattung ueber Gaza es auch nocht wagt zu bemerken das die Presse den zionistischen Staat nicht genug repraesentiert ist Ekel erregend zynisch."
[ZJD_Gaza2009_267/816_ano_001]

(59)   „Sehr verehrte Frau Knobloch [...] Die Frage ist: leisten Sie sich Ihre Frechheiten mit Kalkül und aus der Stärke der Verschwörung heraus oder sind Sie schlichtweg senil?" [ZJD_31.08.2006_Hyp_001]

Der zuvor im Amt des Zentralratsvorsitzenden tätige Paul Spiegel wird verhöhnt[6] und der Lächerlichkeit preisgegeben, indem seine kommunikative und berufliche Tätigkeit mittels pejorativer Lexik abgewertet wird:

---

6 Der Sprechakt des Verhöhnens wird hier als eine Sonderform des Beleidigens verstanden: Spezifisch an einer verhöhnenden Beleidigung ist, dass der Adressat mittels Ironie, Sarkasmus

(60) „Sehr geehrter Herr Spiegel, in Ihrer Eigenschaft als Vorsitzender des Zentralrats der Juden in Deutschland haben Sie sich schon mehrmals in Ihrer Wortwahl vergriffen. Ich kann ja verstehen, daß ein Tingeltangel-Agent mit komplizierten Problematiken seine Schwierigkeiten hat. Aber könnten Sie sich in Zukunft nicht besser beraten lassen?" [ZJD_08.04.2005_Hah_001]

Spezifisch für rechtsextreme Zuschriften sind neben der Verwendung pejorativer Bezeichnungen und Beschimpfungen in der Anrede (*Pinkeljude, Drecksjuden*) auch saloppe Begrüßungsfloskeln wie *Hey, Hallo* und die Verunglimpfung von Namen (*Paulchen Spiegel* oder *Charlotte Knoblauch*). Es ist eine typisch antisemitische Strategie, die Namen von Juden z. B. durch Verdrehungen und negative Deutungen zu verhöhnen und zur Stigmatisierung zu benutzen (vgl. hierzu ausführlich Bering 1989a und ³1991).

(61) „Betreff: lotte knoblauch. verpassen sie ihrer vorsitzenden endlich einen maulkorb. sie mischt sich zu oft in innerdeutsche angelegenheiten ein, wozu sie keinerlei berechtigung hat, denn das judentum ist und bleibt eine ungeliebte - aber mußgeduldete - religiöse minderheit. charlottchen sollte sich mehr um ihre mazze und sabat-verpflegung kümmern und ihre impertinente visage aus der deuschen presse raushalten." [ZJD_23.10.2007_Sch_001]

(62) „sehr geehrter herr wolffsohn, mit dieser aussage haben sie ihren namen alle ehre gemacht." [13.05.04-m-U1][7]

Insbesondere die Zentralratsvorsitzenden werden von Rechtsextremen häufig auch nur mit Vornamen angesprochen, womit eine herablassende oder abschätzige Haltung ihnen gegenüber kommuniziert wird:

(63) „Damit kein falscher Eindruck entsteht, lieber Paul, [...]" [ZJD_27.05.2002_Sor_001]

---

oder Wortspielen verspottet und ins Lächerliche gezogen wird.
7 Diese Texte stammen aus einer Sammlung von ca. 1.000 E-Mails und Briefen, die Michael Wolffsohn (ein Deutscher jüdischen Glaubens und Geschichtsprofessor an der BWU in München) im Frühjahr 2004 erhalten hatte, nachdem er in einem Interview mit Sandra Maischberger bei N-TV (in dem es um neue Methoden im Kampf gegen den internationalen Terrorismus ging) auch den Einsatz von Folter befürwortete (s. Schwarz-Friesel 2007: 353).

(64) „Hallo Charlotte, da bin ich mal wieder, diesmal aus Berlin, meiner geliebten Reichshauptstadt, in der ich Deinem Vorgänger 'Paulchen' Spiegel immer so nahe war. Schade um ihn, denn zum Schluß hatte er seine Grenzen doch so klar erkannt!" [ZJD_18.11.2006_Seg_001]

Spezifisch für rechtsextreme Schreiber sind auch Verweise auf die Rechtmäßigkeit der „Judenpolitik" Hitlers („*Hitler hatte Recht!*") und „sprechende Namen", die auf revisionistische Bestrebungen hindeuten. Rechtsextreme verweisen zumeist auch auf ihre ausgeprägte Protesthaltung bzw. ihre politischen Überzeugungen oder Vorbilder wie in (66). In (65) wird dabei über das Lexem *Ketzer* die gesamte rechtsextreme Argumentationskette impliziert, der zufolge es in Deutschland ein Meinungstabu gebe, welches die sogenannten „*Systemparteien der BRD*" aufrecht erhalten, und dem man sich nur ketzerisch, also mit der Gefahr eines Märtyrertodes widersetzen kann. Dass die Bundesrepublik als illegitim und von einer angeblich immer noch präsenten alliierten Besatzungsmacht oktroyiert aufgefasst wird, ergibt sich daraus, dass der Schreiber in (67) die Rechtsnachfolge des Dritten Reiches für sich beansprucht.

(65) „Mit germanischen Gruß Erik der Ketzer" [ZJD_08.02.2007_Wol_001]

(66) „freundlichst, ein anhänger Henry Fords" [ZJD_22.03.2007_ano_001]

(67) „Für das Deutsche Reich in Geschäftsführung ohne Auftrag handelnd" [IBD_08.11.2006_Pat_001]

Beschimpfungen und Beleidigungen sind nicht immer strikt voneinander abzugrenzen. Beides sind Formen verbaler Gewalt, die das Ziel haben, die Würde und die Integrität des Adressaten anzugreifen bzw. zu beschmutzen. Beschimpfungen sind im Grunde genommen die primitivste Form der Beleidigung, es sind affektive Aggressivitäts- und Hassbekundungen ohne argumentative Inhalte. Die Herabwürdigung des kommunikativen Gegenübers erfolgt ausschließlich über den Ausdruck stark pejorativer Lexeme. Beleidigungen können dagegen auf einer elaborierten Argumentation basieren und müssen nicht notwendigerweise mittels Schimpfwörter erfolgen. Auch eine ironische Äußerung wie in (68), Sarkasmus wie in (69), eine rhetorische Frage wie in (70) und (71) oder eine diffamierende Feststellung wie (72), teils mittels unangemessener Analogien wie in (73) und (74), können beleidigend sein.

(68) „Die Armee des Mörder-, Folter- und Landraubstaates Israel hat wieder einen gloriosen Sieg über Steine werfende palästinensische Kinder und Jugendliche errungen." [IBD_28.03.2004_Wul_001]

(69) „Glückwünsche an die israelischen Brüder und Schwestern" [ZJD_05.01.2009_Nie_001]

(70) „ISRAEL - EIN VOLK VON MÖRDERN???" [IBD_19.03.2009_Müh_001]

(71) „Seid ihr noch normal?" [ZJD_09.01.2009_Cap_001]

(72) „Israelische Soldaten sind Mörder!" [ZJD_Gaza2009_87/816_May_001]

(73) „Was habt ihr gut von den Nazis gelernt !!!" [IBD_20.03.2008_Voc_001]

(74) „Ihr ermordet Palaestinenser wie es euch gefaellt, wie es frueher die KZ-Aufseher mit euch gemacht haben. Nur die wurden bestraft!" [IBD_20.04.2009_ano_001]

Beleidigungen können auf komplexen stereotypen Inhalten und pseudo-rationalen Argumentationsketten beruhen, die alle der Ab- und Entwertung des Adressaten dienen und stets NS-Vergleiche involvieren:

(75) „Sie werben für Solidarität für Israel. Ich kann nur sagen: Nieder mit den Juden! Sie haben aus Gaza ein Konzentrationslager gemacht. Seit Jahrzehnten sperren Sie die Einheimischen ein, haben ein Apartheid-System geschaffen - da ist es kein Wunder, wenn Widerstand bzw. Terrorismus entsteht. Wie sagte doch MP Andreotti so treffend: 'Wir wären alle Terroristen, wenn wir in einem Konzentrationslager wie Gaza aufwachsen und ohne irgendeine Perspetive leben müßten.' Stimmt. Geben Sie die Besatzung auf! Dann wird sich vielleicht etwas ändern. Was kann ich tun? Ich boykottiere strikt alles Jüdische - und spucke ich vor Ihnen aus!" [ZJD_Gaza2009_468/816_Kub_001]

(76) „Die Westbank wird genauso in Schutt und Asche gelegt wie Gaza. Die Menschen werden dort genau so abgeschlachtet wie in Gaza. Von Frieden keine Spur, weil SIrael gnadenlos alles niedermetzelt was palästinensisch. Vor allem die Bestien von Siedlern, die der größte israelische Abschaum sind, dürfen tun und lassen was sie wollen. Ermorden von Palästinensern, Gewaltakte gegen Palästinenser ausführen, Kinder der

Palästinenser misshandeln, Ernten vernichten und Eigentum der Palästinenser anzünden, Land rauben, Und vieles mehr. Aber die israelische Regierung ist nicht anders. Sie lässt die Palästinenser verhungern, verdursten, verweigert medizinische Hilfe, raubt permanent das Land der Palästinenser, vernichtet Eigentum der Palästinenser, schlachtet die Palästinenser ab (egal ob alt oder jung, egal ob Mann , Frau oder Kind) sie lässt Palästinenser entführen und foltern und in Konzentrationslager sperren, die den KZ der Nazis in nichts nachstehen."
[IBD_18.10.2007_Dro_001]

Beleidigend sind aber auch Äußerungen, die den/die Adressaten in unangemessener Weise belehren und maßregeln sollen und somit eine asymmetrische Kommunikationssituation konstruieren derart, dass die Adressaten als intellektuell, emotional und moralisch minderwertigere Personen disqualifiziert werden wie in *„Haben Sie keinen Funken Mitleid in sich?"*, *„Humanisten verachten Sie zu Recht!"*, *„Kommen Sie endlich zur Vernunft!"* Diese subtileren Formen der Beleidigung werden vor allem von Verfassern aus der Mitte der Gesellschaft und von Akademikern, die sich selbst als *linksliberal, nicht antisemitisch* und *besorgt* bezeichnen,[8] verwendet (s. hierzu 10.2 in diesem Kap.).

Drohungen beinhalten stets eine Handlungsankündigung des Produzenten: Die angekündigten Handlungen sind dabei für den Rezipienten immer negativ. Spezifische Drohungen kündigen ein partikulares Verhalten, unspezifische Drohungen eine nicht näher erläuterte zukünftige Aktion oder Bestrafung an:

(77) „Ich jedenfalls werde meinen Mund bestimmt nicht halten und die Verbrechen der Israelis, also der Juden, überall öffentlich machen."
[IBD_04.07.2007_Dro_001]

(78) „aber Ihr werdet die Rechnung noch kriegen." [ZJD_30.05.2002_Kre_001]

(79) „IHR WERDET EURE POLITIK NOCH BEREUEN , da kann auch Staatsterrorist Bush und Vasall(in) Merkel nicht mehr helfen!"
[IBD_13.07.2006_Fro_001]

---

8 Hiervon abzugrenzen sind Schreiben, deren Verfasser tatsächlich besorgt sind und in genuiner Ratlosigkeit beim Zentralrat und der Botschaft entweder um eine Auskunft bitten oder Fragen stellen. Diese Schreiber verzichten auf maßregelnde Moralappelle, die implizieren, dass Juden und Israelis kognitiv und affektiv minderbemittelt seien. Vgl. hierzu die Beispiele in Kap. 7.1.2.

(80) „Sie werden für diese Morde, für jedes einzelne Kleinkind, dass sie ermordet haben, für das, was sie Menschen angetan haben, werden sie büßen...sei es hier auf Erden sei es im Reich der unendlichen Gerechtigkeit... Aber wir werden nicht warten bis zum jüngsten Tag."
[IBD_12.02.2009_ano_001]

Solche Kommissiva, also Sprechakte, mit denen sich der Produzent auf eine zukünftige Handlung festlegt, setzen typischerweise voraus, dass der Verfasser der Äußerung in der Lage ist, seine angekündigte Handlung auch auszuführen. Dies ist jedoch bei den angedrohten Maßnahmen der Schreiber in Bezug auf den ZJD und die IBD nicht immer als gegeben anzusehen. Daher sind reale und irreale Drohungen zu differenzieren. Explizit taucht der Sprechakttyp der realen (An-)Drohung vor allem in Form von Boykottdrohungen, Protest- und Widerstandsankündigungen sowie Aufwiegelungsaktionen auf.

(81) „Ab sofort werde ich keinerlei Waren mehr kaufen, die aus Ihrem Land kommen! Und ich werde alle meine Bekannten und Freunde auffordern es genauso zu machen [...]" [IBD_13.07.2006_Fis_003]

(82) „Zumindest im Kleinen werde ich alles tun, um Ihren Staat nicht zu unterstützen. Ich werde weder Produkte kaufen, die für mich erkennbar aus Israel kommen, noch werde ich jemals einen Gedanken daran verschwenden meinen Urlaub im 'Heiligen' Land zu verbringen. Ich hoffe nur, dass ich damit Vorbild für viele Andere sein kann."
[IBD_05.06.2010_Hüb_001]

(83) „Auch ich werde mich ab sofort an Anti-Israel-Demonstrationen beteiligen." [IBD_16.01.2009_Kel_001]

(84) „So lange es nicht eine wirklich zum Frieden bereite Regierung gibt, werde ich nie mehr nach Israel reisen und alles tun, diese Politik, die den wichtigen und notwendigen Freidensprozess blockiert, anklagen. Als Journalist gibt es diese Möglichkeit häufig." [IBD_02.06.2010_Fra_001]

(85) „Ich werde alles tun, um meine Mitmenschen gegen Israel aufzuhetzen."
[ZJD_Gaza2009_799/816_ano_001]

Diese Boykott- und Protestandrohungen liegen im Handlungsspektrum des Möglichen. Entsprechend ist es mit Ankündigungen, die ein aktives Verhalten in Aussicht stellen. Dabei unterscheiden die meisten der Schreiber nicht zwischen israelischen und jüdischen Belangen: Die Juden in Deutschland werden kollektiv verantwortlich gemacht für israelische Militäroperationen etc. (wie die folgenden E-Mails an den Zentralrat belegen):

(86) „Wie bereits angemerkt bin ich kein Freund von Gewalt, aber den friedlichen Protest gegen Ihr Vorgehen werde ich mir nicht nehmen lassen."
[ZJD_Gaza2009_723/816_Kuh_001]

(87) „Ich boykottiere seit Jahren alles Jüdische - und so wird das auch bleiben. Ich wünsche Ihnen alles erdenklich Schlechte!"
[ZJD_05.12.2008_ano_001]

Irreale Drohungen dagegen beziehen sich auf Handlungsszenarien, die entweder vom Verfasser nicht zu realisieren sind, s. (88), oder Bezug auf fiktive Domänen nehmen, s. (89):

(88) „Und ich gehöre zu der Generation,die das Glück haben,Israel verrecken zu sehen.Und wenn Israel stirbt,wenn eure Städte zerfallen und eure Bevölkerung verreckt-werde ich auf die Knie sinken,demütig die Hände falten und werde Gott danken-für SEINE Gerechtigkeit. Fahrt zur Hölle-wo ihr hingehört.Denn ihr seid das Böse dieser Welt.Es wird sehr schön euch verrecken zu sehen!Ich danke Gott dafür-das erleben zu dürfen."
[IBD_09.05.2010_ano_012]

(89) „wo es irgend möglich ist werden sie bekämpft werden bis sie in einer 'hölle' untergehen." [IBD_26.07.2006_Mor_001]

Die Drohungen sind oft an Aufforderungen mit Bedingungen der Art „Wenn nicht x, dann y" gekoppelt: Dabei wird das zukünftige Eintreten eines Umstandes, der vom Produzenten antizipiert wird, vom Verhalten des Adressaten abhängig gemacht, s. (90) und (91):

(90) „Ich bin kein Prophet und kenne die Nahost-Probleme nicht. Es steht mir auch nicht zu, mich in die 'inneren' Probleme anderer Staaten einzumischen. Eines glaube ich aber zu wissen: Freiheit ist unteilbar. Wenn Israel dies nicht anerkennen will, werden die Folgen nicht ausbleiben."
[IBD_29.03.2004_Sta_001]

(91) „aber wenn nicht sofort ein Waffenstillstand von Seiten Israels ausgesprochen wird, werden wir nicht nur gegen die NPD sonder auch für den Frieden und damit [...] Israel demonstrieren!" [ZJD_30.07.2006_Wel_001]

Auffällig ist bei solchen an Bedingungen geknüpften Drohungen, dass dem Zentralrat der Juden in Deutschland immer die moralische Integrität abgesprochen wird, wie in (92).

(92) „Entweder Sie verhalten sich respektabel und werden dann auch entsprechend behandelt, oder man wird nie Verständnis für Ihre Religion und Ihr Volk aufbringen." [ZJD_Gaza2009_723/816_Kuh_001]

Die missionarisch auftretenden Schreiber artikulieren dabei wie strenge Schulmeister Anstands- und Benimmregeln (s. 10.2 in diesem Kap.). Diesem kommunikativen Verhalten liegt die Einstellung zugrunde, Juden seien selbst nicht in der Lage, ethische Prinzipien zu erkennen und zu realisieren. Die direkt auf Israel bezogenen Drohungen lassen meist eine Feindseligkeit erkennen, die auf der Konzeptualisierung beruht: ISRAEL IST UNABHÄNGIG VON SEINEN TATEN OHNEHIN ZU VERDAMMEN.

(93) „Wenn Israel weiter so agiert, hat Israel keine Überlebenschance. Und das ist dann auch gut so." [IBD_16.01.2009_ano_006]

(94) „Ich fürchte, wenn Israel sich nicht bewegt, wird es im mangelnden Realismus 'als auserwähltes Volk' seinen Untergang bewirken." [IBD_11.05.2010_Sta_001]

(95) „die betonköpfe in israel,werden den judenstaat an den abgrund seiner exestenz bringen,wenn nicht die h i t l e r r e g i e r u n g in israel gewaltsam,beseit4t wird!" [ZJD_Gaza2009_12/816_ano_001]

Indem der Produzent die Realisierung des Angedrohten von bestimmten Bedingungen abhängig macht, will er Druck ausüben und den Rezipienten zwingen, etwas zu tun oder zu unterlassen. Schreiber, die den ZJD und die IBD verbal auf diese Weise bedrohen, sind von der Rechtmäßigkeit ihrer Forderungen überzeugt und wollen dem kommunikativen Gegenüber verbal ihren Willen aufzwingen. Diese Drohungen richten sich nach der Devise „und bist du nicht willig, so brauch ich Gewalt ..." und offenbaren auf der Produzentenseite die tradierte Konzeptualisierung JUDEN SIND UNEINSICHTIG UND VERSTOCKT und WIR HABEN DIE PFLICHT UND VERANTWORTUNG, IHNEN DIE AUGEN ZU ÖFFNEN, SIE ZU LÄUTERN,

AUCH MIT GEWALT. Expressis verbis wird diese Gedankenkette z. B. in (96) artikuliert. Diese Drohung beinhaltet nicht nur eine zukünftige Gewaltankündigung als moralische Verpflichtung, sondern auch einen globalen Lösungsvorschlag (der in Analogie zur nationalsozialistischen „Endlösung" gemacht wird):

(96) „Um die Juden wieder zu Verstand zu bringen ist es die Pflicht eines jeden zivilisierten Menschen diese erbaermlichen Auserwaehlten zu schlagen, zu hauen zu stechen oder einfach von ihrem Wahn zu erloesen. [...] Am Ende wird es wieder eine diemal hoffentlich gruendliche 'Kristallnacht' geben." [ZJD_Gaza2009_676/816_Pan_001]

Viele Drohungen stehen nicht allein, sondern sind an Beschimpfungen und Gefühlsbekundungen gekoppelt:

(97) „Wie lange wollt ihr scheiss Juden eigentlich noch unschuldige Zivilisten ungestraft töten. Für jeden toten Libanesen müssten 1000 von Eurer Sorte verrotten. Ich kann nur hoffen das für Euch irgendwann die Kammern wieder geöffnet werden. Ihr kotzt mich einfach nur an. Jedenfalls,für jeden toten von Euch lass ich mir ein Glas extra schmecken. Und seid Euch sicher,dies ist keine Einzelmeinung." [ZJD_07.08.2006_ano_001]

Der (das Schreiben des Verfassers legitimierende) Hinweis auf die Repräsentativität der Meinung verstärkt das Drohungspotenzial.

Bei rechtsextremen Verfassern bestehen die Drohungen in Ankündigungen exzessiver körperlicher Gewalt. Obszönitäten und derb-vulgäre Lexik sind dominant. Dieser Vulgärantisemitismus ist typisch für die Artikulation des Judenhasses durch Neonazis und Rechtsextreme (auch im Internet, wie (101), ein Text von der Informationsplattform StudiVZ, zeigt).

(98) „Euch Schweinen werden wir die Hoden abreissen und die Fotzen verbrennen!" [ZJD_Gaza2009_677/816_ano_001]

(99) „Man sollte Euch Scheiss Juden auch die Kehle durchschneiden, aber da käme an Stelle von Blut nur Stinkende Scheisse raus."
[ZJD_04.05.2007_Mau_001]

(100) „Fuck Israhell" [ZJD_09.01.2009_Cap_001]

(101) „Ich werde euch im KZ Auschwitz feierlich vergasen! Eure Frauen werde ich zu Tode vergewaltigen. Das wird ein Genuss! Ihr elendiges Pack

bekommt genau das, was ihr verdient. Das deutsche Volk wird aus dieser ethnischen Säuberung groß und gereinigt hervorgehen! Ihr jüdisches Pack! Judentum ist Verbrechertum. Juden sind zum töten da" [studiVZ am 02.08.2008 um 18:33 Uhr; mittlerweile im Internet gelöscht]

Diese irrealen Drohungen spiegeln extreme Gewalt- und Mordphantasien der Verfasser wider und sind als Ausdruck ihres hasserfüllten Wunschdenkens zu betrachten. Bei Verfassern mit rechtsradikaler Gesinnung werden die Drohungen (oft mit dem Hitlergruß) stets zusammen mit Beschimpfungen kodiert, die erkennbar Lexik aus der NS-Zeit enthalten:

(102) „Sieg Heil UNTERMENSCHENSGESINDEL! So wie es aussieht haben unsere Großvaeter doch noch nicht gruendlich genug gearbeitet! Wird wieder einemla Zeit das richtige Arier den Gashahn aufdrehen! Hey Paul Spiegel kannst du uns hoeren Drecksjude???Der Tag der Abrechnung wird kommen-Sieg Heil und dann bekommt ihr euren Holocaust den es bis JETZT noch nie gegeben hat....hahah...aber was noch nicht ist kann a noch werden! HEIL HITLER!" [ZJD_19.01.2004_ano_001]

(103) „Ich gestatte mir noch einmal darauf aufmerksam zu machen, daß ich mit sofortiger Wirkung jeden Juden der mir über den Weg läuft absteche wie ein Schwein. Heil Hitler [...]" [IBD_26.04.2009_Kru_001]

Die Drohungen von gebildeten Schreibern, wie die eines promovierten Akademikers in (104), unterscheiden sich allerdings oft nur marginal vom Vulgärantisemitismus der Rechtsextremisten:

(104) „Wir bringen Euch nach Den Haag, morgen, in einem Jahr, vielleicht auch erst sehr viel später! Ihr, die Ihr von Deutschland aus Benzin in den Tank der IDF-Bestien füllt, die Bevölkerung manipuliert und Euch so biedermännisch gebt, Ihr seid Brandstifter, Mordkomplizen. Gaza ist Warschau, die IDF ist die Wehrmacht und die SS und auch Livni, Barak und Olmert sind Reinkarnationen! Ihr kommt nicht ungestraft davon, Den Haag wartet!" [ZJD_Gaza2009_154/816_Haf_001]

Aggressive Ankündigungen, die auf die Zukunft bezogen sind, lassen sich als prophezeiende Drohungen charakterisieren:

(105) „Ich mache Ihnen nun eine Prophezeiung, Herr Botschafter. Der Staat Israel wird von nun an beginnen auseinanderzufallen, er wird zerbre-

chen. Ihr werdet anfangen, Euch gegenseitig zu hassen für das, was Ihr verbrochen habt." [IBD_13.07.2006_Hel_001]

(106) „Es wird eine Zeit kommen, da werden die Israelis für ihre Kriegsverbrechen zur Rechenschaft gezogen." [IBD_16.01.2009_Kel_001]

(107) „Für da alles werdet ihr noch zur Rechenschaft gezogen und dafür werdet ihr sterben." [IBD_03.03.2008_Mie_001]

(108) „Sie werden vor der Gerechtigkeit der Menschheit, vor der Justiz von Rechtsstaaten, die ihre Greueltaten nicht billigen, vor Gericht gestellt und verurteilt werden." [IBD_12.02.2009_ano_001]

(109) „Aber vergisst eins nicht: 'Israel wird von der Landkarte gelöscht.'" [IBD_28.05.2010_Özd_001]

Es werden Aussagen über zukünftige negative Ereignisse gemacht, die den Adressaten betreffen. Vorausgesagt werden juristische und metaphysische Bestrafungen, die als gewiss angesehen werden. Die Verfasser solcher Drohprophezeiungen haben zugleich das Bedürfnis, dem Adressaten eine unheilvolle Zukunft vorherzusagen. Die Grenze zwischen solchen Drohbekundungen und den Sprechakten der Verwünschung ist daher fließend.[9] Vgl. zu Phantasie-Aggressionen allgemein auch Kiener (1983: 220).

(110) „Betreff: Ihr gottverdammten Hurensöhne. Wagt es nie mehr gegneüber uns uns Deutsche in der 2. Generation des Naziregimes euren moralischen Zeigenfinger wegen Verbrechen unserer Grossväter zu erheben, ihr Kinderschlächter. Ich hoffe inständig, das Iran wirklich über die Atombombe verfügt und eurem verlogenem Treiben endgültig ein Ende bereitet. Wennn dieses Schreiben zu rechtlichen Konsequenzen führen sollte, habe ich endgültig einen Grund, aktiv gegenüber euren Lügen und Morden an einer eingesperrten Zivilbevölkerung vorzugehen. Ich wün-

---

9 Bei Drohungen (auch irrealer Art) verpflichtet sich der Sprachproduzent dafür zu sorgen, dass sich die angekündigten Strafmaßnahmen etc. erfüllen; er stellt deren zukünftige Realisierung als sicher dar; bei Verwünschungen setzt der Kommunizierende dagegen darauf, dass „höhere Mächte" das Unheil über den Rezipienten bringen (sollen). Drohungen sind Ankündigungen, Verwünschungen (wie die Bestandteile der Wortbedeutung es angeben) sind **Wunschvorstellungen** des Sprachproduzenten.

sche euch die Pest und alles Schlechte an den Hals."
[ZJD_Gaza2009_432/816_Hel_001]

Verwünschungen (hier synonym mit Verfluchungen[10]) sind Äußerungen, in denen der Wunsch zum Ausdruck gebracht wird, dass dem Adressaten ein Unglück widerfährt. Es handelt sich um einen bestimmten Typ der Kommissiva. Obwohl sich die Verfasser nicht selbst zu der Handlung verpflichten, dem Adressaten ein Leid anzutun, haben die Verwünschungen eine ähnliche kommunikative Funktion wie Drohungen: Ziel dieser Sprachhandlung ist, neben dem Ausdruck der Entwertung, beim Rezipienten Furcht und Sorge zu aktivieren. Verwünschen bezieht sich auf den Rezipienten, sein Umfeld etc., denen Unheil gewünscht wird und denen etwas Schlimmes passieren soll.

(111) „Fluch auf Israel!" [IBD_07.08.2006_ano_001]

(112) „So spricht der Herr Israel du hast gemordet seit 3000 Jahren und fremdes Eigentum geraubt. Hunde sollen dein Blut lecken. Gott will Unheil über dich bringen und Dich vertilgen ? deine Nachkommen will ausrotten was männlich ist bis auf den letzten Mann so Gott will"
[IBD_15.07.2006_ano_Postkarte]

(113) „Saubande, hol Euch der Teufel ihr elenden Kriegstreiber."
[IBD_12.07.2006_ano_Postkarte]

(114) „Mein Wunsch ist: Das endlich die arabischen Völker sich gegen euch verbünden und euch in die Hölle schicken woher ihr hergekommen seid. Das 'Rote Meer' soll seinen Namen verdienen."
[ZJD_Gaza2009_792/816_ano_001]

(115) „Sollen eure Felder verdorren." [IBD_30.05.2007_ano_001]

(116) „Diese Verbrechen übersteigen jeden Anderen in Menschlicher Geschichte! Herr Stein Ihr zynische Haltung, Ihre Freude an Tod, Hungern, Morden, Foltern, Gefangenhalten und Plündern des palästinensischem Volk wird hoffentlich Ihnen jegliche Ruhe, Gesundheit und Glück nehmen. Ich wünsche Ihnen ein langes elendes unglückliches

---

[10] Verwünschungen/Verfluchungen beziehen sich auf den/die Adressaten. Fluchen kann wie Schimpfen rein situations- und objektbedingt sein und bezieht sich auf ärgerliche Situationen (*Verflucht, zum Teufel, das ist doch wie verhext, verdammt*).

Leben. Alles, was Sie dem Palästinensischen Kindern angetan haben, möge 1000 Fach Ihnen geschehen." [IBD_24.01.2007_Ard_001]

(117) „Weg mit Euch, [...] Ihr lügenhaften Engel, weg mit Euch. Die Erde soll sich auftun und Euch verschlucken, daß keine Spur von Euch bleibt und all Eure Mauern, Panzer, Bomber, Bulldozer sollen verschwinden. Fort mit Euch! Es lebe Palästina in Israel und Isra3el in Palästina" [IBD_18.07.2006_Bil_001]

(118) „Ich wünsche dem ZR der Juden, dem auserwählten Tätervolk von USrael, den jüdischen Terroristen,Kriegsverbrechern und deren Unterstützern für das neue Jahr alle Seuchen,Sprengstoffanschläge und Schlechtigkeiten dieser Welt an den Hals.Möget Ihr leiden ,schliesslich seid ihr ein selbsternanntes auserwähltes Volk." [ZJD_Gaza2009_754/816_ano_001]

Auch Akademiker aus der Mitte der Gesellschaft greifen manchmal auf Verwünschungen zurück und leben damit genau die atavistische Rachsucht aus, die sie sonst kollektiv den Juden unterstellen, wie die E-Mails eines promovierten Mediziners, s. (119), und die eines Rechtsanwalts, s. (120), zeigen:

(119) „[...] soll auch Israel keine Ruhe finden und in Angst vor den nächsten Attentaten leben." [ZJD_24.06.2002_Mau_001]

(120) „Gott wird Sie dafür strafen!" [IBD_05.02.2009_Kel_001]

Bei Verwünschungen handelt es sich um verbale Manifestationen von Hass und Aggression, die zugleich das Ausmaß ohnmächtiger Wut widerspiegeln. Auf Verwünschungen greift man zurück, wenn sich in der realen Welt keine Möglichkeit bietet, dem Hassobjekt tatsächlich Schaden zuzufügen.

(121) „Ich wünsche Ihnen alles erdenklich Schlechte!"
[IBD_20.03.2009_ano_001]

(122) „Ich wünsche euch ein langes Leben voller Schmerz, Qual, Schmach und Erniedrigung, jeden Atemzug soll euch Folter ohne Gleichen sein."
[IBD_04.01.2007_Ard_001]

(123) „Hoffentlich krepiert ihr alle jämmerlich!"
[ZJD_Gaza2009_301/816_ano_001]

(124) „Ich hoffe inständig, das Iran wirklich über die Atombombe verfügt und eurem verlogenem Treiben endgültig ein Ende bereitet." [ZJD_Gaza2009_432/816_Hes_001]

(125) „Es ist zu hoffen, daß Israel genügend Tote zu beklagen hat, wie Europa im 30-jährigen Krieg, um (im wahersten Sinne des Wortes) zur Vernunft zu kommen." [ZJD_Gaza2009_552/816_Mad_001]

In (121) bis (125) artikulieren die Verfasser unter Verwendung der expressiven Verben *wünschen* bzw. *hoffen* sowie des Satzadverbs *hoffentlich* ihre positive Einstellung zu den grauenvollen Dingen, die sie dem Adressaten wünschen. Solche Satzkonstruktionen weisen eine Doppelproposition auf: Es handelt sich um Sätze, bei denen die Proposition von einem emotiven Ausdruck, der die emotionale Einstellung des Produzenten und damit zugleich eine Bewertung ausdrückt, determiniert wird. Die lexikalische Bedeutung eines solchen Satzes beinhaltet damit einerseits diese spezifische Einstellung, andererseits die Sachverhaltsproposition, auf die sich der Einstellungsausdruck bezieht. Semantisch haben wir somit eine Doppelproposition: Eine Proposition in einer Einstellungsproposition, EP (P) (s. hierzu Schwarz-Friesel 2007: 174).

In Verwünschungen nehmen die Schreiber häufig Bezug auf höhere Mächte wie den Himmel oder die Hölle: *Die Hölle soll euch verschlucken, Gott wird euch strafen*. Häufig werden hierbei idiomatische Wendungen benutzt wie *die Pest an den Hals wünschen* und *der Teufel soll euch holen*. Floskelhafte Sprichwörter werden ebenfalls in verschiedenen Abwandlungen hierfür herangezogen: *Wer Gewalt sät, wird Gewalt ernten, Wer so viel Hass sät, wird selber Hass erhalten, Wer die Saat des Hasses pflanzt, soll selbst Hass ernten*.

(126) „'Wer Haß säht, wird Haß ernten'." [IBD_01.08.2006_Ren_001]

(127) „Hass sät Hass, das heutige Israel ist im Blutschlamm des Alten Testaments stecken geblieben." [IBD_01.06.2010_Göl_001]

Verwünschungen haben Ventilfunktion für die exzessiven Gefühle der Schreiber (s. hierzu Kap. 9). Es sind emotions- und affektgesteuerte sowie atavistische Kommunikationsformen; sie sind atavistisch in dem Sinne, dass sie auf dem Glauben an die reale Kraft von Sprachmagie basieren. Sie entsprechen exakt dem judeophoben Ressentiment: Sie drücken einerseits den tiefen Hass und Groll gegenüber Juden aus, sind aber auch Indikatoren für die als ohnmächtig empfundenen Wutgefühle der Verfasser: Wenn die Produzenten im realen Lebensbereich nichts gegen die *„verdorbenen Judenschweine"* auszurichten vermögen, so sollen wenigstens die Flüche wie ein Voodoo-Zauber ihre Wirkung entfalten. Dem unbedingten Wunsch, den verhassten Juden Schaden zufügen zu wollen, aber dies im realen Leben individuell nicht zu können, verleiht zumindest die Sprache mit ihrem semantischen Zerstörungspotenzial Ausdruck.

10.2 Judenfeindschaft als Missionarsdrang: Moralappelle und Ratschläge

Artikuliert sich der extremistische Antisemitismus mittels Hassausdruck und Gewaltphantasien als ostentative Aggressivität, kodieren Verfasser der Mitte ihre judeophobe Einstellung eher auf verbalen Umwegen, d. h. mittels Re-Kodierungen von Sprachhandlungen als „besorgte Kritik", „Entrüstung" und „moralische Verpflichtung" (s. hierzu die Strategien der Legitimierung und Abschwächung, Kap. 11.2 und 11.3). Stellen Extremisten Juden prinzipiell als minderwertige, verkommene Wesen eines verbrecherischen Volkes dar, so verweisen Textproduzenten aus der Mitte dagegen auf die insinuierten intellektuellen, affektiven und moralischen Schwächen der jüdischen Mitbürger sowie Israelis und treten kommunikativ wie Lehrer, Richter und/oder Ratgeber auf. Bei Verfassern aus der Mitte der Gesellschaft werden daher vor allem erzieherische Direktiva im Imperativ artikuliert, mit denen die Adressaten aufgefordert werden, sich zu schämen und/oder endlich zu bessern:

(128) „[...] schämen sie sich!" [IBD_05.02.2009_Mar_001]

(129) „[...] und schämen Sie sich!" [IBD_03.04.2009_Kub_001]

(130) „[...] schämt EUCH!!!" [ZJD_Gaza2009_306/816_ano_001]

(131) „Abschliessend möchte ich noch einmal an das für mich wichtigste Gebot Moses erinnern : Du sollst nicht töten. Haltet euch dran, verdammt." [ZJD_Gaza2009_14/816_ano_001]

Die Textproduzenten sehen sich selbst offensichtlich in einer dem Rezipienten hierarchisch übergeordneten Position, die ihnen eine derartige Aufforderung erlaubt. Die Aufforderung *Schämt euch!* ist vor allem im situativen Kontext der Kindererziehung gebräuchlich und impliziert, dass es auf Rezipientenseite einen Grund gibt, sich zu schämen, nämlich schlechtes Benehmen. Es handelt sich um Maßregelungen, denen eine asymmetrische Kommunikationskonstellation zugrundeliegt, bei der der Produzent aus seinem Überlegenheitsgefühl heraus den Rezipienten ermahnt. Es kommt in zahlreichen Schreiben zu dem Versuch der Verfasser, dem ZJD vorzuschreiben, was er tun oder unterlassen soll. Insbesondere wird immer wieder eine kritisch distanzierte Einstellung zu Israel angemahnt.

(132) „Warum aber meldet sich der Zentralrat der Juden in Deutschland nicht ebenfalls kritisch zu Wort und verurteilt das offensichtliche Unrecht, [...] Warum findet der Vizepräsident Ihrer Organisation gegen den aggressiven Krieg Israels gegen Palästina, der keine einfache Verteidigung gegen Terrorismus mehr ist, sondern selbst terrorisiert?"
[ZJD_09.04.2002_Sto_001]

(133) „Warum distanzieren Sie sich nicht von dem mörderischen Krieg des Staates Israel gegen die Zivilbevölkerung Palästinas?"
[ZJD_Gaza2009_409/816_Pat_001]

(134) „Distanzieren Sie sich entschieden von den Mördern- Feinden der Menschheit." [ZJD_Gaza2009_325/816_Kis_001]

Zugleich wird oft unterstellt, Juden würden kognitiv reduziert bzw. unangemessen mit Problemen umgehen, Fehler begehen, kein Verständnis für andere aufbringen und emotional begrenzt sein:

(135) „Ich hasse jegliche Gewalt auch Gewalt gegen Juden. Aber ich wünsche für die Zukunft meiner Kinder eine friedliche Welt. Ihr seid leider nicht daran interessiert, [...]" [IBD_20.07.2006_ano_008]

(136) „Denken Sie doch mal nach!" [ZJD_Gaza2009_723/816_Kuh_001]

(137) „was habt ihr nur nicht verstanden als ich schrieb, frieden !!!"
[ZJD_Gaza2009_600/816_ano_001]

(138) „So kann das nicht weitergehen. Sie und der Staat Israel verhalten sich mit einer Frivolität, die ihresgleichen sucht." [ZJD_27.07.2006_Rau_001]

Als Begründung werden dann judeophobe Konzeptualisierungen verbalisiert, wie in der E-Mail eines Professors:

(139) „Hintergrund ist wohl die zionistische Idee, ein auserwähltes Volk zu sein." [ZJD_27.07.2006_Rau_001]

Die Feststellung oder die als rhetorische Frage formulierte Unterstellung, Juden hätten keine (mit)menschlichen Gefühle, gehört bei diesen Diskreditierungen zu den am häufigsten artikulierten Vorwürfen an den Zentralrat:

(140) „Fassungslos stelle ich fest, daß Ihnen tote Kinder in Gaza und Libanon offenbar gänzlich egal sind." [ZJD_27.07.2006_Rau_001]

(141) „Ihr habt keine Achtung vor dem Leben!!!"
[ZJD_Gaza2009_210/816_ano_001]

(142) „Sie HAben keine menschliche gefühle." [IBD_02.06.2010_Bos_002]

(143) „Habt ihr so was wie menschliche Gefühle?" [ZJD_22.10.2008_Lie_001]

Auch der Vorwurf, Juden hätten aus der Geschichte nichts gelernt bzw. seien generell in keiner Weise lernfähig, wird signifikant oft artikuliert:

(144) „Haben Sie und Ihresgleichen nichts aus der Geschichte gelernt??"
[ZJD_03.09.2006_Gus_001]

(145) „Dies ist umso bedauerlicher, als daß das jüdische Volk weder aus deren Heilsgeschichte seit den Tagen Abrahams, noch aus den finsteren Tagen des 3. Reiches etwas gelernt hat ... und jetzt [...] dem Treiben im 'Heiligen Land' schweigend zusieht." [ZJD_15.04.2002_Fal_001]

Viele Deutsche verstehen sich als Mahner, die sich aus den „Lehren der deutschen Geschichte" heraus verpflichtet fühlen, nun die Juden zu warnen und zu maßregeln. Diesen wird vor allem Täterschaft oder Mittäterschaft an „*israelischen Verbrechen*" und „*zionistischem Staatsterror*" zum Vorwurf gemacht.

(146) „Und diejenigen, die versuchen, Israels Taten zu rechtfertigen, machen sich damit zu dessen Komplizen." [ZJD_30.08.2006_Cra_001]

(147) „Betreff: Frau Knobloch - Ihre Kritik gegen uns Deutsche [...] Wir haben aus unseren Fehlern gelernt, ihr begeht diese gerade."
[ZJD_30.08.2006_Mei_002]

(148) „wir Deutschen haben aus der geschichte gelernt, mir scheint es aber im Zentralrat der Juden da ein Defizit zu geben" [ZJD_29.08.2006_Bre_001]

(149) „Wir Deutschen haben bittere Erfahrung mit Auserwählten, Sie müssen das wohl noch lernen." [ZJD_27.07.2006_Rau_001]

Viele Verfasser maßen sich zugleich an, Aussagen des Zentralrates und der Botschaft als Lügen, Heuchelei oder Fiktionen zu deklarieren wie in (150) bis (152):

(150) „Offensichtlich sind Sie auf einem Auge blind, weil anders kann man IHRE Scheinheiligkeit nicht interpretieren." [ZJD_25.10.2006_Sch_001]

(151) „Glauben Sie allen Ernstes, daß Ihnen die Weltgemeinschaft abnimmt, die Entführung israelischer Soldaten sei Anlaß für die Kämpfe der letzten Wochen?" [ZJD_18.08.2006_Kan_001]

(152) „Angesichts der Tatsachenverdrehung und Verlogenheit mit der Leute wie der Botschafter Stein, Prof.Wolfenssohn, Frau Knobloch und der israelische UN-Botschafter Gillerman die israelischen Kriegsverbrechen in den Palästinensergebieten und im Libanon rechtfertigen, muß sich niemand über einen berechtigten Antizionismus in Deutschland wundern." [ZJD_04.08.2006_War_001]

Die Forderungen und Ratschläge werden primär über die Semantik der Modalverben *müssen*, *sollen* und *dürfen* zum Ausdruck gebracht. Mittels des Modalverbs *müssen* lassen sich „Normen und Vorschriften mit hoher Verbindlichkeit" (Duden [7]2006: 564) artikulieren:

(153) „Um in dieser Welt als Jude zu bestehen müsst Ihr Euer Tun absolut ändern: [...]" [ZJD_Gaza2009_20/816_ano_001]

(154) „Muss man sich nicht schämen, Frau Knobloch .....?" [ZJD_05.01.2009_Kil_001]

Zugleich weisen viele Verfasser in diesem Zusammenhang die offizielle Erinnerungskultur in Deutschland zurück: Sie treten als „Mahner" gegenüber den Juden auf, lehnen aber die mahnende Funktion des Zentralrats entschieden ab (s. hierzu Kap. 9.3.2).

(155) „Herr Spiegel [...] Wann hören Sie endlich mit Ihren Hetzparolen und Schuldzuweisungen gegen die deutsche und jetzt lebende Generation auf?" [ZJD_24.06.2002_Pin_001, im Anhang: Unterschriften von Freunden und Bekannten]

(156) „Sie sollten unbedingt Ihre Anspruchsmoral gegenüber nazideutschland, unter denen bis heute Unschuldige Nachgeborene leiden, mal mit der Moral daheim im faschistischen Israel vergleichen. Vielleicht fällt Ihnen was auf. Da haben auch Sie jede Menge Realität aufzuarbeiten. Und ansonsten verbitte ich mir für meine Person jede Bevormundung in Moral und Anspruch aus der Nazizeit." [ZJD_01.09.2006_Len_001]

Viele dieser Direktiva mit dem Modalverb *sollten* ähneln inhaltlich den erzieherischen Direktiva im Imperativ, vgl. (128) bis (130), mit denen die Adressaten aufgefordert werden, sich zu schämen:

(157) „Sie sollten sich schämen." [ZJD_Gaza2009_344/816_Bau_001]

(158) „Sie, die Vertreter Israels, sollten sich schämen."
[IBD_16.01.2009_Bau_001]

(159) „Sie und Ihr Land sollten sich in Grund und Boden schämen."
[IBD_19.03.2009_Knö_001]

Die sich selbst zu friedensliebenden, nicht antisemitischen Humanisten erklärenden Verfasser solcher Schreiben konstruieren eine Einstellungs- und Kommunikationsposition, welche die moralische Verurteilung der Adressaten legitimiert: Sie nehmen den Juden gegenüber eine besserwisserische Haltung ein. Aus ihrer verbalisierten Sicht steht es ihnen als moralisch integren Menschen zu, die *„dummen Juden"* und/oder *„verwerflichen Israelis"* eines Besseren zu belehren und ihnen ihre Schande vor Augen zu führen. Dies geschieht oft durch die Artikulation von Repräsentativa, die an moralische Bewertungen geknüpft sind wie *„Gewalt ist nie gut"*, *„Unterdrückung eines anderen Volkes ist schlecht"* oder *„Frieden und Mitmenschlichkeit sind das Wichtigste"*. Die Verantwortung für die Einhaltung ethischer Prinzipien bei den Konflikthandlungen wird dabei stets einseitig auf Seiten der Israelis eingefordert. Dass es terroristische und kriegstreiberische Aktivitäten einer anderen Konfliktpartei im Nahostkonflikt gibt und es historisch betrachtet andere Konfliktherde im Nahen Osten gegeben hat, wird geleugnet oder ausgeklammert (s. hierzu das Kap. 7.2.1).

(160) „Herr Präsident, dass Israel um seine Existenz kämpft, ist einfach Unsinn." [ZJD_05.04.2002_Stu_001]

(161) „Mit größter Empörung nehme ich wahr, das Ihr zionistischer Staat zigtausende Menschen zu bombardieren und zu vertreiben, die nichts getan

haben, außer dort zu leben...Machen Sie sich doch bitte klar, daß vor der Ankunft Israels im Nahen Osten Frieden herrschte. Seither ist Krieg. Gibt Ihnen das nicht irgendwie zu denken?" [ZJD_27.07.2006_Rau_001]

(162) „Israel führte [...] einen brutalen Krieg, [...] gegen die hilflose Zivilbevölkerung Dieser Teufelskreis von Gewalt und Gegengewalt, der nun schon ca. 60 Jahre andauert, muss endlich gestoppt werden.... Diese Spirale von Gewalt – Ungerechtigkeit – Hass muss beendet werden, sonst wird es niemals Frieden geben." [ZJD_Gaza2009_63/816_Wil_001]

Zum Teil werden diese allgemeingültigen Aussagen auch durch meinungsbekundende Phrasen wie *unserer Ansicht nach* oder *nach meinem Glauben* eingeleitet, vgl. (163) und (164).

(163) „In unseren Augen hat jedes Volk ein Recht auf eine Existenz in Würde und Gerechtigkeit." [ZJD_19.04.2002_Lin_001, mehrere Unterschriften]

(164) „Eines glaube ich aber zu wissen: Freiheit ist unteilbar. Wenn Israel dies nicht anerkennen will, werden die Folgen nicht ausbleiben." [IBD_29.03.2004_Sta_001]

Die studierte Verfasserin aus Braunschweig von (165) positioniert sich durch den doppelten Verweis auf ihre mentale und emotionale Normalität gegenüber den Adressaten, denen sie damit diese Eigenschaften implizit abspricht.

(165) „Ich halte mich für einen normal empfindenden und normal intelligenten Menschen mit gesundem Menschenverstand [...] Ich wünsche mir [...] zur Vesöhnung fähige, einsichtige, weise und kluge Staatsmänner und -frauen, die zur richtigen Zeit am richtigen Ort die richtigen Dinge tun." [IBD_12.08.2006_Sch_006]

Der Wunsch am Ende der seitenlangen Zuschrift zum Nahostkonflikt mit allen Formen von Anschuldigungen und Diffamierungen gegen Israel impliziert, dass es eben diese klugen Menschen auf Seiten der Israelis nicht gibt.

Hyperbolische Dämonisierungen wie in (166) und referenzielle De-Realisierungen wie in (167) finden sich auch bei Schreibern aus der gebildeten Mitte, wie die folgenden Äußerungen von promovierten Akademikern zeigen:

(166) „Israel ist das mit Abstand größte Übel auf der Welt [...]" [ZJD_25.10.2006_Sch_001]

(167) „Israel ist die größte Gefahr für den Weltfrieden."
[IBD_17.05.2009_Lor_002]

Während explizite und radikale Drohungen vor allem bei rechtsextremistischen Schreibern zu verzeichnen sind, vermitteln die akademischen Schreiber der Mitte ihre Drohungen implizit und reklassifizieren sie meist als Ratschläge, wie folgende Betreffzeilen von E-Mails zeigen:

(168) „Vernunftruf aus Erwitte" [IBD_16.01.2009_Bri_001]

(169) „Besonnenheit ist jetzt gefragt" [IBD_22.01.2009_Kam_001]

Moralappelle werden auch oft in Form von rhetorischen Fragen formuliert:

(170) „Haben Sie denn keinen Funken von Mitleid in sich?"
[ZJD_30.06.2008_Man_001]

(171) „Kennt Israel keine Scham ? Kein Mitleid ?"
[ZJD_Gaza2009_116/816_Sel_001]

(172) „Gibt es tatsächlich innerhalb der Gemeinschaft der Juden in Deutschland keine weisen, selbstkritischen und menschlich gerecht empfindenden Mitmenschen?" [ZJD_Gaza2009_502/816_Cri_001]

Kollektiv wird so auf eine implizite Weise das Stereotyp kodiert, Juden seien keine humanistisch geprägten Menschen. Diese „höflichen" Beleidigungen dienen alle der moralischen Diskreditierung von Juden, denen Mitverantwortung oder sogar Verantwortung für israelische Militäraktionen (die allesamt als unrechtmäßig, unverhältnismäßig und moralisch verwerflich klassifiziert werden) vorgeworfen wird:

(173) „Und diejenigen, die versuchen, Israels Taten zu rechtfertigen, machen sich damit zu dessen Komplizen." [ZJD_30.08.2006_Cra_001]

(174) „legen Sie ihre Opferrolle ab, weil sie schon längst mehrfachst Täter sind." [ZJD_25.10.2006_Sch_001]

(175) „unschuldige, kleine Kinder, Mütter und Väter durch Angriffe von Israel ums Leben bringen, ich schäme mich für alle Juden !"
[ZJD_05.01.2009_Kil_001]

(176) „Sie gehören ganz klar vor ein internationales Gericht wegen Unterstüzung von Kriegsverbrechen Frau Knobloch. Sie und und die Regierungsbande in Israel [...]" [ZJD_Gaza2009_568/816_Cap_001]

In (173) bis (176) werden die Mitglieder des ZJD zu Tätern stilisiert. Formuliert werden auch allgemeine Warnungen, die sich auf die politische Gesamtlage beziehen. Hyperbolische Behauptungen sind hier dominant:

(177) „Staatsterrorismus von der schlimmsten Art. Auf Euch wartet eine Strafe, eine Erschütterung, was es sein wird, eine Naturkatastrophe oder Zerstörung anderer Art." [IBD_13.07.2006_Hel_001]

(178) „der israelische h i t l e r s t a a t gefährdet den weltfrieden!" [ZJD_Gaza2009_12/816_Mah_001]

Warnungen unterscheiden sich von Drohungen dadurch, dass sie nicht mit Sanktionsankündigungen verbunden sind. Drohungen enthalten immer die Ankündigung möglicher negativer Konsequenzen bei Missachtung des vom Produzenten Eingeforderten, Warnungen prognostizieren lediglich eine Gefahr (wobei weiterführende Konsequenzen und Entwicklungen impliziert werden können):

(179) „Ihre Politik ist brandgefährlich!" [IBD_07.06.2011_Ört_001]

Warnen setzt voraus, dass der Produzent über mehr Wissen verfügt oder qualitativ besser unterrichtet ist als der Rezipient und dem Rezipienten unterstellt, die Gefahren nicht zu sehen. Warnungen sind daher stets Ausdruck eines Überlegenheitsgefühls gegenüber den Juden und Israelis. Diese gönnerhafte Haltung schlägt sich auch in Äußerungen wie (180) und (181) nieder:

(180) „Was aber ein menschliches und ethisches Wunder wäre: wenn sich der Zentralrat der Juden in Deutschland von den Kriegsführungsmethoden Israels distanzierte. Dann, erst dann hätte ich wieder Vertrauen zu Ihnenund einen Funken Interesse am Kontakt."
[ZJD_Gaza2009_11/816_Ges_001]

(181) „Und weil in Palästina immer Juden gelebt haben, sollten dort auch weiterhin immer Juden leben dürfen und neue dazukommen dürfen [...]. Aber einen 'Judenstaat', in dem andere Menschen weniger Rechte haben, finde ich genauso unakzeptabel wie ein Deutschland, in dem Juden,

Türken oder andere Menschen weniger Rechte haben als Mehrheitsdeutsche." [ZJD_24.07.2009_Has_001]

Die Verfasser lassen ein ausgeprägt übersteigertes Selbstwertgefühl erkennen, wenn sie die Existenz und die Gestaltung des Staates Israel sowie ihre Beziehung zum Zentralrat der Juden von ihren persönlichen Einstellungen abhängig machen. Das Modalwort *dürfen* enthält die Bedeutung 'die Erlaubnis haben'. Der Verfasser der E-Mail in (181) hält es also für angemessen, die Zukunft Israels[11] gemäß seiner Vorstellung zu gestalten. Es schwingt viel Herablassung und Anmaßung in solchen Äußerungen mit: Die Verfasser sind von der Rechtmäßigkeit ihrer Forderungen und Ermahnungen überzeugt und glauben, kompetent sowie gewichtig genug zu sein, um den ZJD und die IBD maßregeln zu können. Diese Selbsteinschätzung steht jedoch in eklatantem Widerspruch zur Realität: Die meisten der Moralisten und „Nahostexperten" (die zum Teil auch über das Internet ihre Vorschläge unterbreiten und Kopien ihrer E-Mails an Zeitungen sowie Politiker schicken) sind nach eigenem Bekunden noch nie in dem Land gewesen, dessen Zukunft sie so energisch gestalten wollen. Entsprechend erteilen viele der Schreiber „gute Ratschläge" und führen sich dem Zentralrat und der Botschaft wie Erwachsene gegenüber kleinen Kindern auf. Typisch hierfür ist z. B. die Anführung von Analogien, die den „begriffsstutzigen" Juden bzw. Israelis kognitiv und moralisch auf die Sprünge helfen sollen:

(182) „Ein Tipp vielleicht noch für die verantwortlichen Politiker beider Seiten: Wenn sich zwei Kinder im Kindergarten nicht über eine gerechte Aufteilung (z.B. ein Stück Kuchen) einigen können, dann darf das eine das Streitobjekt teilen und das andere darf sich als erstes seinen Anteil auswählen – selten habe ich eine gerechtere Aufteilung erlebt..." [ZJD_28.07.2006_Geh_001]

Diese kommunikative Asymmetrie wird oft mittels emotionsbezeichnender Phrasen wie *Ich bin sehr traurig, dass ...* oder *Ich bin enttäuscht von Ihnen* eingeleitet; es folgen Moralappelle und Verhaltensmaßregeln.

---

[11] Der Verfasser, ein promovierter Wissenschaftler, der nach eigenen Angaben noch nie in Israel war, den Staat aber als Apartheid- und Kolonialstaat diffamiert, bezieht seine Informationen ausschließlich über Pressemitteilungen. Es ist signifikant, dass auch gebildete und durch Forschungsaktivitäten für die Relevanz von Fakten(überprüfung) sensibilisierte Menschen ihre professionelle Haltung verlieren, wenn sie judeophob eingestellt sind. Dies bestätigt, dass Judenfeindschaft auf einem geschlossenen Weltdeutungssystem basiert, das resistent gegenüber Fakten und rationalen Argumenten ist (vgl. Kap. 9.4.2).

(183) „ich war sehr traurig, mal wieder zu lesen (auf SPIEGEL Online), dass der ZDJ sich wieder in eine Israel-Kontroverse [= zu Felicia Langers Bundesverdienstkreuz, d. Verf.] eingemischt hat. Sind Sie nicht dazu da, sich um die Juden in Deutschland zu kümmern?" [ZJD_21.07.2009_Has_001]

(184) „Sehr geehrte Damen und Herren, Ich bin sehr enttäuscht und empört [...]." [ZJD_Gaza2009_63/816_Wil_001]

(185) „Israel ist ein ganz anderes Land, warum beschäftigen Sie sich ständig damit? [...] Wie wäre es denn, wenn Sie einen Ableger gründen würden, z.B. 'Deutsch-Israelische Freundschaftsgesellschaft'? Die könnte sich dann öffentlich zu Israel äußern, und der ZDJ würde sich um Belange der deutschen Juden kümmern." [ZJD_21.07.2009_Has_001]

Auffällig oft werden in diesem Zusammenhang die Verben *auffordern, verlangen, appellieren, verbitten* und *protestieren* benutzt. Dies entspricht auch dem Sprachgebrauch im öffentlichen Kommunikationsraum, wie er Verwendung in Internetkommentaren und Pamphleten, wie beim Aufruf von Bremer Boykottbefürwortern,[12] findet (s. Schwarz-Friesel 2012a).

(186) „deshalb meine forderungen: [...]" [IBD_14.07.2006_Mue_001]

(187) „Ich möchte Sie auffordern, dies in aller Deutlichkeit ebenfalls zu tun." [ZJD_09.04.2002_Sto_001]

(188) „ich protestiere gegen die menschenverachtende Politik des Staates Israel und appelliere an Sie und alle verantwortlichen Politiker Ihres Landes, diesen verbrecherischen Krieg gegen Palästina und Libanon sofort zu beenden. [...] Es ist höchste Zeit, dass der Staat Israel die Wahrheit anerkennt und die Welt und sich selbst nicht noch länger belügt." [IBD_19.07.2006_Kno_001]

Implizite Aufforderungen werden als Bitten, Ratschläge, Erwartungen und Ermahnungen formuliert:

---

[12] Der Aufruf ist einsehbar unter: http://www.steinbergrecherche.com/20110500schinaglanchristlichjuedisch.pdf, letzter Zugriff am 02.09.2012.

(189) „Sehr geehrte Damen und Herren, liebe Mitmenschen! Ein wenig Toleranz, etwas weniger Beharrlichkeit hilft! Bitte nehmt doch diesen Gedanken mit." [IBD_17.01.2009_Hir_001]

(190) „So würde ich auch erwarten, dass sich der Zentralrat der Juden von diesen Gräueltaten in Gaza und auch anderswo distanziert und sich bei den Opfern entschuldigt, im Namen aller hier lebenden Juden und im Namen des Judentums." [ZJD_Gaza2009_64/816_Khu_001]

(191) „Ich ermahne ihren Staat Menschlichkeit an den Tag zu legen [...]." [IBD_17.01.2009_Sch_002]

(192) „Vergleichen Sie mal bitte Herrn Filbinger mit Herrn Sharon. Filbinger war sicher kein Held, der bereit gewesen wäre, sein Leben oder seine Existenz für Widerstand zu riskieren. Ihr Herr Sharon aber ist um einiges schlimmer: In Sabra und Shatila gab es keinen Befehlsnotstand. Herr Sharon war da nämlich der Befehlshaber. Sagen Sie doch mal etwas zu den Mordtaten der Israelis, dann würden Sie vielleicht wieder etwas glaubwürdiger" [ZJD_16.04.2007_Rau_001]

Dass solche „Ratschläge" uralte, Juden diffamierende Klischees bedienen und genauso judeophobe Stereotype transportieren wie die rechtsradikalen Beschimpfungen, nur stilistisch auf einer gehobenen Ebene und damit weniger ostentativ, scheint den selbst ernannten Humanisten nicht bewusst zu sein.

Da viele Autoren der E-Mails trotz ihrer judenfeindlichen Argumente als achtbare, integre Menschen betrachtet werden wollen, greifen sie zu verschiedensten Strategien, die die in ihren Texten präsentierten radikalen Inhalte salonfähig machen sollen (s. Kap. 11). Beim „Antisemitismus der Ehrbaren" (wie Jean Améry 1969 ihn genannt hat) täuschen die verhüllenden und verharmlosenden Verbalisierungen formal die Einhaltung von Höflichkeitskonventionen vor und sind somit als Scheinhöflichkeit einzuordnen (s. hierzu Malicke, in Arbeit). Davon unterscheiden sich zum einen die von Unhöflichkeit geprägten Zuschriften, deren Autoren ohne das Bestreben, ihr Gesicht zu wahren, unkultiviert Beschimpfungen und Beleidigungen ausstoßen und zum anderen die E-Mails, die von aufrichtiger Höflichkeit zeugen. Dem Adressaten kognitive Einsicht, moralische Tugenden und emotionale Empathiefähigkeit abzusprechen, ihn als lernunfähig bzw. -unwillig darzustellen, ist ebenso eine Beleidigung wie ihn als *Schwein* oder *Unmenschen* zu beschimpfen, nur weniger vulgär. Menschen die wichtigsten Werte, nämlich Verstand und Gefühl abzuerkennen, kommt ebenso einer Dehumanisierung und Herabstufung gleich. Nur der Stil ist anders, grundsätzlich bleibt die Entwertung, die Diffamierung des kommunikativen Gegenübers. Die Einhaltung von Höflichkeitsfloskeln und der Verzicht auf vulgäre Beschimpfungen vermag diese destruktive Komponente der nur formal ent-radikalisierten Semantik nicht zu vertuschen.

Betrachtet man vergleichend die Texte an den ZJD von 2000 bis 2009 und jene an die IBD von 2003 bis 2011, so fällt insgesamt auf, dass über den Zeitverlauf hinweg der Ton aggressiver, die Argumentation radikaler und die diffamierenden Verbalformen frequenter und damit usueller werden. In den Verbalattacken gegen den Zentralrat kommen seit 2006 mehr Beleidigungen und Drohungen vor. Schreiben an die Israelische Botschaft enthalten zunehmend Beschimpfungen und Verwünschungen. Auch von Schreibern aus der Mitte wird das Existenzrecht des Staates Israel mittlerweile explizit in Frage gestellt. Dabei ist zu konstatieren, dass Schreiben mit aggressiven Sprachhandlungen bis 2006 eher anonym versandt wurden, danach aber vermehrt mit der Angabe von Namen und Anschrift. Zwar wird die radikale Semantik von gebildeten Antisemiten, die sich als Anti-Antisemiten erklären, bislang noch größtenteils mit „verbalen Samthandschuhen", d. h. primär über implizite Formen (also indirekte Sprechakte) artikuliert, doch auch hier offenbart die pseudo-rationale Argumentation eine irrationale Radikalität und emotionale Aggressivität, die sich oft nur wenig vom extremistischen Gedankengut unterscheiden. Die Einhaltung von Höflichkeitskonventionen nimmt ab, die manifesten Kommunikationsformen sprachlicher Gewalt dagegen nehmen zu. Dass im öffentlichen und massenmedialen Kommunikationsraum unwidersprochen und ohne Sanktionsmaßnahmen extrem israelfeindliche Äußerungen sowie Verbal-Antisemitismen benutzt werden, ist hierbei sicher ein wichtiger Einflussfaktor. Hinzu kommt, dass die Nahostberichterstattung seit der Zweiten Intifada und insbesondere anlässlich des Libanon- und Gaza-Konflikts mit hohem Emotionspotenzial und zum Teil monoperspektivischer Tendenz zu Ungunsten Israels verlief. Dass zahlreiche Schreiber immer wieder auf diese Form der Berichterstattung in ihren E-Mails verweisen, ist ein Indikator für die Relaisfunktion der Medien als Vermittlungsinstanz zwischen öffentlicher und individueller Einstellung sowie Meinungsbildung (s. hierzu Beyer/Leuschner 2010 und Schwarz-Friesel 2012c). Die Tabuisierung judenfeindlicher Äußerungen schwindet, die Akzeptanz von Brachialverbalismen in der Öffentlichkeit[13] steigt.

---

13 In den letzten Jahren gab es kaum noch eine Talkshow zum Thema Nahost, bei der nicht extrem israel-kritische Gesprächsteilnehmer unkommentiert inadäquate, dämonisierende und de-realisierende Vokabeln wie *Apartheidsstaat, Staatsterror* etc. sowie NS-Vergleiche artikulieren durften. Gleichsetzungen von Israelis und Juden (vgl. *Hart aber fair: Blutige Trümmer in Gaza* vom 21.01.2009) werden dabei sogar von den Moderatoren kommuniziert (s. hierzu ausführlich Kap. 7.3).

10.3 Lösungsvorschläge für das „Judenproblem": „Endgültig ausrotten!" und „Den Staat Israel auflösen"

„Hoffentlich werden alle Juden mal von der Welt verschwunden sein."
[IBD_07.07.2006_ano_026]

Viele der Schreiber belassen es nicht bei Beschimpfungen, spezifischen Drohungen und Verwünschungen, sondern artikulieren auch diverse umfassende Lösungsvorschläge für das „jüdische Problem" oder (projiziert auf Israel) für „den Nahostkonflikt", „den Judenstaat", „das Heilige Land" oder „Palästina". Bei den meisten dieser „Vorschläge" wird keine Unterscheidung zwischen allgemeiner jüdischer Existenz und der Existenz des Staates Israel gemacht. Konzeptuell wird also nicht zwischen jüdisch und israelisch differenziert. Bei den meisten gebildeten Verfassern aus der Mitte jedoch wird immer klar abgegrenzt: Scheinbar selbstlegitimiert durch den Verweis, man sei kein Antisemit und habe nichts gegen Juden allgemein, erfolgen die „Lösungen" immer bezogen auf den Staat Israel, der „drastisch verändert", „abgeschafft", „aufgelöst" oder „internationalisiert" werden solle. Diese Vorschläge werden teils als Appelle, z. B. in Form von Aufforderungen (an Juden, Israel zu verlassen), teils als manifeste Drohungen oder als „Versprechen" (also implizite Drohungen) formuliert. Als gefühlsausdrückende Expressiva artikuliert, ähneln sie den prophezeienden Verwünschungen und stellen den zukünftigen Untergang aller Juden und/oder des jüdischen Staates Israel als Wunschvorstellung in Aussicht. Gemeinsam ist ihnen, dass sie eine finale Bewältigung der als problematisch erachteten Situation befürworten und an Überlegungen zum prinzipiellen Umgang[14] mit dem Problem Juden bzw. Israel geknüpft sind.

Bei vielen Schreibern, insbesondere den Vielfachschreibern, die im Laufe der Jahre wiederholt (und zum Teil mehrmals pro Monat) an den ZJD und/oder die IBD Texte schicken, hat es den Anschein, als sei es die wichtigste Aufgabe in ihrem Leben, sich um jüdische bzw. israelische Angelegenheiten zu kümmern. Die obsessive Komponente des Antisemitismus kommt hier stark zum Vorschein (s. Kap. 9). Die den generellen Vorschlägen zugrundeliegende alte und tradierte Konzeptualisierung lautet JUDEN SIND DAS GRUNDÜBEL DER WELT. Sprachlich manifestiert sich diese durch Aussagen wie „Ohne Juden wäre die Welt besser

---

[14] Dies unterscheidet sie von den in Kap. 10.1 erörterten Drohungen und Verwünschungen, die partikular ausgerichtet sind. Die Vorschläge richten sich auf das globale Problem und sind an allgemeine Überlegungen bzw. Erlösungsphantasien geknüpft. Allerdings lassen viele der affektgesteuerten Verwünschungen diese Komponente ebenfalls erkennen.

dran, Juden sind der Abschaum der Menschheit" oder *„Juden sind Unruhestifter/ Störenfriede"*. Exemplarisch hierfür sind Beispiele wie (193), (194) und (195):

(193) „Meine Meinung ist folgende: Solange es noch Juden gibt, gibt es kein Frieden auf der Welt"[15] [ZJD_08.01.2008_Hei_001]

(194) „Ihr selbst schafft die Grundlage für Antisemitismus in der Welt [...] !!!" [ZJD_Gaza2009_70/816_ano_001]

(195) „Ich betrachte euch als Abschaum der Menschheit." [IBD_15.07.2006_Dei_001]

Es ist die Ultima Ratio des judenfeindlichen Ressentiments, dafür zu sorgen, das von den Juden verkörperte Böse in der Welt zum Wohle der Menschen auszumerzen. Dieser Erlösungsantisemitismus war das ideologische Fundament der nationalsozialistischen „Endlösung" (s. Kap. 4.3).

Es lassen sich drei Typen von Lösungsvorschlägen unterscheiden, die regelmäßig von Schreibern verschiedener Herkunft, Bildung und politischer Ausrichtung vorgetragen werden: Radikale Tötungsappelle (die nicht nur auf Israel, sondern immer auf alle Juden weltweit bezogen sind), utopische Umsiedlungsprogramme (die den Nahostkonflikt beenden sollen) und Auflösungsvorschläge, die den Staat Israel in Nahost betreffen. In den radikal-extremistischen Ausrottungsplänen wird Juden *„die Pest an den Hals"*, *„der Untergang"*, *„die Ausrottung"*, *„der nukleare Untergang"*, *„die zweite, diesmal aber bitte richtige Endlösung"* gewünscht. In den extremistischen Vorschlägen wird keine Trennung zwischen Juden und Israelis vorgenommen. In der Konzeptualisierung verschmelzen entsprechend jüdische und israelische Belange:

(196) „Hallo ihr bluttriefenden Judenschweine! Ich bestreite ein Existenzrecht Israels und ein Lebensrecht der jüdischen Pestilenz." [IBD_26.04.2009_Kru_001]

Die Vernichtung aller Juden bzw. deren Vertreibung aus der Welt wird als erstrebenswert erachtet:

---

15 Implizit wird hier über die Aussage, dass erst dann Frieden herrscht, wenn es keine Juden mehr gibt, der Lösungsvorschlag vermittelt, man müsse dafür sorgen, dass es zukünftig keine Juden mehr geben solle.

Lösungsvorschläge für das „Judenproblem" — 337

(197) „Raus aus deutschland, Raus aus Gaza, Raus aus dieser Welt, Raus aus dem Universum!" [ZJD_Gaza2009_102/816_ano_001]

(198) „Eines Tages seid ihr ENDLICH ausgerottet.. Die Welt betet dafuer.." [ZJD_Gaza2009_401/816_Jar_001]

(199) „Ich hoffe so ihr verreckt bald [...] Ich bin ab sofort ANTISEMIT." [ZJD_Gaza2009_178/816_ano_001]

(200) „als Futter sollte man euch verarbeiten, damit ihr einmal nützlich seit." [IBD_01.08.2006_ano_026]

(201) „verschwindet aus unserem friedlichen leben und führt Kriege auf dem Planeten Mond von mir aus aber lasst uns auf dieser Erde in Ruhe." [IBD_12.08.2006_ano_001]

(202) „Euch muss man alle LÖSCHEn!!!" [IBD_01.05.2010_ano_024]

Viele dieser radikalen Lösungsvorschläge, die den Charakter von irrealen Verfluchungen haben, sind reine Mordphantasien, es finden sich aber auch immer wieder Verweise auf die in der NS-Zeit bereits real praktizierte „Endlösung" „zum Guten der Menschheit". Die Vollendung der „Endlösung" der Nationalsozialisten mittels deren Praktiken wird öfters angeführt, wobei auch auf NS-Lexik zurückgegriffen wird (s. Kap. 6):

(203) „Wird wieder einmal Zeit das richtige Arier den Gashahn aufdrehen!" [IBD_19.01.2004_ano_001]

(204) „Am Ende wird es wieder eine diemal hoffentlich gruendliche 'Kristallnacht' geben." [ZJD_Gaza2009_676/816_Pan_001]

(205) „Da wünsche ich mir sehnlichst die Gaskammern wieder [...]." [IBD_05.08.2008_Dro_001]

(206) „Geht doch in den ofen zurureck wo ihr herkommt!" [ZJD_30.07.2006_Ger_001]

(207) „und ab in die Gaskammer!" [ZJD_Gaza2009_677/816_Per_003]

Für den jüdischen Staat Israel, der das gelebte Judentum in der Welt symbolisiert, werden entsprechende Problemlösungen vorgeschlagen: Der Staat Israel solle *„vernichtet", „zerschlagen", „radikal verändert", „aufgelöst"* oder *„modifiziert"* werden.

(208) „ich hoffe der Iran hat die BOMBE." [IBD_01.06.2010_Thi_001]

(209) „Die Israelis sind die Ratten der Welt und sollten allesamt mit Zyankali vergiftet werden, wie man das bei Ratten so macht." [IBD_11.04.2007_Dro_001]

In Text (210) werden die Lösungsvorschläge eingebunden in pseudo-rationale Begründungszusammenhänge und affektive Gefühlsbekundungen, die mehrere für den extremen Verbal-Antisemitismus in der Formvariante des Anti-Israelismus charakteristische Komponenten enthalten (s. Kap. 7):

(210) „Hey ihr widerliches israelisches Verbrecherpack, mittlerweile freue ich mich wirklich über jedes israelische Arschloch, das irgendwo umgebracht wird - Nur tote Israelis sind gute Israelis....Hoffentlich verschwindet eure faschistoider Drecksstaat bald von der Landkarte. Da gebe ich gerne noch was dazu ... Ich finde, es wird wirklich an der Zeit eure 'Repräsentaten' hier in diesem Land vielleicht mal ab und an so zu behandeln, wie ihr Ratten es gerade vorgemacht habt." [IBD_28.05.2010_ano_018]

Die mentale Geschlossenheit des Weltbildes des Verfassers, in dem die Israelis die aktuellen Repräsentanten des „unmenschlichen, abgrundtief bösen Juden" sind, wird transparent.

Die weniger drastisch formulierten, aber nicht weniger irrealen Vorschläge bestimmter Schreiber sehen eine Umsiedelung der in Israel lebenden Juden vor und kommen dann bei einem Mehrfachschreiber aus Bochum folgendermaßen zum Ausdruck:

(211) „Mein Vorschlag ist, Israel nach Texas zu verlegen. Dann gäbe es das Morden nicht mehr. Die Amerikaner mögen die fleißigen Juden, aber das werden Ihre Leute natürlich nicht wollen, diese Lösung wäre zu einfach, sie ziehen das endlose Töten vor." [IBD_12.06.2006_Sch_001]

(212) „ich hoffe, daß mein Vorschlag, Israel nach Texas/USA zu verlegen, vielleicht doch noch aufgegriffen wird, damit endlich dieser Terror aufhört." [IBD_13.07.2006_Sch_004]

(213) „Mein Vorschlag ist, daß die Regierung Israels ein genügend großes Stück Land in Texas/USA kauft und seine Leute dorthin transferiert." [ZJD_27.07.2006_Sch_002]

(214) „Sie hätten die Möglichkeit, das Morden zu beenden, wenn Sie Israel in die USA verlegen würden." [IBD_11.06.2008_Sch_001]

Diese Utopien werden zum Teil elaboriert, d. h. mit vielen Erklärungen und Begründungen vorgetragen, wie in (215) von dem ausführlich argumentierenden Verfasser aus Erkrath:

(215) „Besteht für die israelische Regierung nicht die Möglichkeit Land in Ägypten zu erwerben, z.B durch Kauf, mieten oder pachten? (Sinai-Halbinsel o.ä.) Ägypten ist nur zu ca. 10 % besiedelt, der Rest ist Wüste bzw. Steppe. Das es auch ziemlich arm ist, würde Ägypten dadurch zusätzliche Einnahmen erhalten. Die Millionen, die Israel von den USA erhält, könnte doch zum Teil für Landkäufe eingesetzt werden. Auch wäre die EU bestimmt auch zur Hilfe bereit. Aber auch Syrien oder Jordanien könnten vielleicht für zusätzlichen Wohnraum sorgen. Israel müsste dann nicht mehr im Westjordanland oder in Ost-Jerusalem neue Häuser errichten. Stattdessen würde es z.B. für 100 Jahre Land in Ägypten mieten." [IBD_16.09.2009_Dap_001]

Umsiedelungspläne und die Auflösung des Staates Israel werden zum Teil zusammen vorgetragen wie in der insgesamt 25 Seiten langen E-Mail an den Zentralrat in (216):

(216) „Ich habe überlegt, wie dieser Konfliktherd für einen potentiellen dritten Weltkrieg ausgeschaltet werden kann, und nach meiner Meinung und reiflichen Überlegung gibt es nur eine dauerhafte Lösung dieses Konfliktes: [...] Nur durch die Auflösung des israelischen Staates kann das Zusammenrotten der Juden unterbunden werden und damit ihre hochgradig aggressiven Tendenzen als vereintes Volk, daß die Erbaggression und Erbfrustration hemmungslos auslebt. Die aus Israel ausgezogenen Juden haben dann die Möglichkeit, sich wieder woanders anzusiedeln." [ZJD_30.11.2006_Gel_001]

Zwischen Juden und Israelis wird auch bei den utopischen Vorschlägen in der Regel nicht differenziert:

(217) „Die Judenfrage muss gelöst werden. Ein Vorschlag wäre für die gläubigen Juden Flüchtlingslager im Iran vorzubereiten."
[IBD_18.01.2009_ano_001]

Die Vorschläge der gebildeten Verfasser aus der Mitte der Gesellschaft werden als „friedliche, humanistische" Lösungen für den Nahostkonflikt und den Weltfrieden ausgegeben. Die Problemlösung besteht immer darin, den Staat Israel aufzulösen.

(218) „Am besten für den Frieden auf der Welt und auch für die Juden wäre wenn Israel sich kamplos auflöst und wenn die Juden aus aller Welt die Verbrechen an den Palästinensern durch reichliche Spenden und den Wiederaufbau Plästinas für die Palästinenser wieder gut machen."
[IBD_30.06.2006_Bec_001]

Dass dabei eine Projektion des judenfeindlichen Ressentiments vollzogen wird, die auf der Konzeptualisierung ISRAEL ALS KOLLEKTIVER JUDE basiert, wird stets vehement geleugnet. In direkter Analogie zur judenfeindlichen Konzeptualisierung, der zufolge Juden das grundlegende Übel, der Störenfried per se in der Welt sind, wird aber Israel entsprechend dämonisiert und ostentativ mit den gleichen Kriterien entwertet (s. ausführlich hierzu Kap. 7):

(219) „Tatsache ist jedoch, daß der Staat Israel im Nahen Osten der Störenfried Nr. 1 ist." [IBD_24.07.2006_Ehr_001]

(220) „Israel ist der Störenfried in Nahost." [IBD_02.08.2006_Ser_002]

(221) „israel ist neben den 'usa' der schlimmste UNRECHTS-STAAT. ... jetzt sind wir endgültig davon überzeugt: Sie und ihr Volk sind Krank, an Geist und Körper!" [IBD_15.08.2006_Deu_001, fünf Unterschriften]

(222) „Ihr seid das ÜBEL dieser Welt, Krankheiten und Elend über euch und eure Kinder." [IBD_31.05.2010_Sch_014]

Wird Israel von radikalen und rechtsextremistischen Verfassern bevorzugt als *Krebsgeschwür, Krüppelstaat, Kontergangebilde, Mörderwalze, Missgeburt, Monsterstaat* und *Terroristennest* entwertet, findet die Delegitimierung bei gebildeten und linksliberalen Schreibern ihren Ausdruck in Lexemen wie *Unrechtsstaat, Apartheidregime/-staat, zionistischer Anachronismus* und *Kolonialüberbleibsel.* Dabei ist es den Schreibern, die solche Be- bzw. Verurteilungen (meist ohne Vermischung anti-israelischer Diffamierungen mit judenfeindlichen Kollektivattribuierungen und Synonymsetzungen) aussprechen, sehr wichtig zu betonen, dass dies alles nichts mit Antisemitismus zu tun habe:

(223) „Haben Sie begriffen wo das Übel liegt? Die Welt hat langsam genug von der vom Staat Israel professionell betriebenen Terroristenzucht. [...] Warum werden die Juden immer wieder verfolgt! Das müssen sie sich schon selber fragen. [...] Nennt mich nicht einen Antisemiten, denn das trifft nicht zu." [IBD_04.07.2006_Str_001]

(224) „Ich bin übrigens der Meinung, dass das Kritisieren vom Verhalten der israelischen Regierung bzw. der Armee nichts mit Antisemitismus oder Rechtsradikalismus zu tun hat." [ZJD_31.07.2006_Baa_001]

Die meisten der sich selbst als „weltoffen" charakterisierenden und „im Geiste der Aufklärung" argumentierenden Schreiber praktizieren dabei in Bezug auf das Judentum und den Staat Israel eine ausgeprägte Intoleranz, die sich zumeist als Verurteilung und Negierung eines jüdischen Nationalstaates artikuliert:

(225) „Sehr geehrte Damen und Herren jüdischen Glaubens! Es tut mir leid, aber genauso wenig wie Deutschland christlich ist, ist Israel jüdisch. Warum setzen Sie also immerfort Judentum mit Israel gleich [...]?" [ZJD_Gaza2009_28/816_Pah_001]

Von einem promovierten Unternehmensberater aus Bayern kommt der in einem Nebensatz als „gerecht" und „humanistisch" deklarierte Vorschlag:[16]

(226) „Es geht mir nicht um den zionistischen Staat, der gehört friedvoll aufgelöst." [ZJD_Gaza2009_72/816_Som_001]

Ein Herr aus Wesseling gibt entsprechend mit „freundlichen Grüßen" den Hinweis:

(227) „Es müsste so schnell wie möglich eine Vollversammlung der UN stattfinden, und die Auflösung diskutiert werden, die Auflösung des Staates Israel." [IBD_03.03.2008_Moe_001]

Und auch ein promovierter Akademiker aus Offenbach befindet:

---

[16] Dabei belassen es viele der Schreiber nicht nur bei ihren Briefen an den ZJD und die IBD, sondern senden diese Texte sowie diverse Kommentare auch an Presseorgane, Politiker und

(228) „Sehr geehrter Herr Botschafter Stein. Die beste Lösung für einen Dauerhaften Frieden im Nahen Osten ist die Auflösung des Staates Israel und Vernichtung aller Waffen." [IBD_23.03.2007_Hof_001]

Ein Professor versucht dem Zentralrat (in mehreren E-Mails) klarzumachen, dass der jüdische Charakter des Staates Israel verändert werden müsse: Ein multinationaler Staat, ohne religiöse Präferenzen solle entstehen. Die Entstehungsgeschichte Israels wird dabei mittels einer kruden Analogie zur rassistischen Kolonialpolitik als illegitim und moralisch verwerflich gedeutet:

(229) „Die Entsehung Israels wäre in dieser Form nach 1960 bereits völlig unmöglich gewesen. Im Jahre 1947 wurde die UNO noch von den Kolonialmächten dominiert, die es normal fanden, dass die Weißen weite Teile der nichtweißen Welt beherrschten." [ZJD_24.07.2009_Has_002]

Auf den Hinweis des Generalsekretärs des ZJD (der dem Professor mehrmals antwortete), Israel sei auch eine Garantie für jüdische Menschen und würde nach dem Holocaust vielen Juden ein Gefühl der Sicherheit geben, erfolgt erneut die de-realisierte Delegitimierung Israels (u. a. durch die irreale Gleichsetzung mit dem ehemaligen Apartheidregime in Südafrika) sowie der belehrende Hinweis, dass *„der zionistische Traum eines von Juden beherrschten Nationalstaates aufgegeben werden muss".*

(230) „Die Vorstellung, im Heiligen Land Sicherheit zu finden, mag in der Kolonialzeit Sinn gemacht haben, aber seit der Entkolonialisierung in den 60er Jahren ist klar, dass die Europäer nicht einfach fremdes Land in Afrika oder Asien besitzen dürfen. Israel ist eine Anomalie, die keinen Bestand haben wird. Früher oder später wird eine Lösung [...] gefunden werden müssen." [ZJD_27.07.2009_Has_003]

Um jede Möglichkeit einer radikalen, israel- oder judenfeindlichen Lesart vor den Adressaten, aber auch vor sich selbst auszuschließen, verweisen solche Verfasser stets auf allgemein anerkannte Vorbilder und deklarieren ihre Lösungen als Resultat ihres humanistisch geprägten Denkens und Fühlens.

(231) „Für Palästina ist die beste Lösung die schon von Albert Einstein und Hanna Arendt befürwortete Einstaatenlösung: Ein säkularer Staat, in

---

die Bundesregierung, setzen „Lösungsvorschläge" für den Nahostkonflikt ins Internet und verschicken Rundmails, in denen z. B. zum Boykott israelischer Waren aufgerufen wird.

dem alle Menschen, unabhängig von ihrer Religion und Ethnizität, dieselben Rechte haben und niemand die anderen zu beherrschen versucht." [ZJD_24.07.2009_Has_002]

(232) „dass auch wir in Deutschland uns in erster Linie für Gerechtigkeit einsetzen, und nicht in erster Linie für die Nachkommen der Holocaustopfer (zumal letztere in Israel eine kleine Minderheit sind)."
[ZJD 20.12.2009_Has_005]

Lösungsvorschläge für das „jüdische Problem" zu formulieren, gehört seit Jahrhunderten zur Geschichte der Judenfeindseligkeit. Der „älteste Hass der Welt" hat eine destruktive Dimension, die sich je nach Epoche und Weltbild bzw. Ideologie in Forderungen nach Assimilation oder Aggregation zeigt (s. hierzu die Beispiele in Kap. 4; vgl. auch Schwarz-Friesel/Friesel 2012). Im religiösen Bereich bedeutet(e) dies die Aufgabe des jüdischen Glaubens und (Zwangs)Konvertierung, im sozialen und politischen Bereich Ghettoisierung, Diskriminierung, Vertreibung, Ermordung oder Assimilierung. Diese Wunschvorstellungen von Nicht-Juden gegenüber Juden spiegeln sich bis zum heutigen Tag auch in Äußerungen wie (233) bis (236) wider:

(233) „Der Wille zur wirklichen Integration wäre zu wünschen und ein Schritt nach vorne [...]" [ZJD_30.05.2007_Gir_001]

(234) „Passt euch endlich an!" [ZJD_01.05.2008_Kro_001]

(235) „Verlasst Palästina!" [IBD_24.03.2009_Pet_001]

(236) „Verschwindet endlich damit die Menschheit wieder in Frieden leben kann." [ZJD_Gaza2009_577/816_ano_001]

Die „Lösung" aus nicht-jüdischer Sicht bedeutet für die Juden dabei immer nur eines: Auslöschung oder Aufgabe ihrer ureigenen Existenz als Juden.[17] Seit der

---

[17] Dass Juden nicht als Juden existieren sollen, wird auch öffentlich im Internet wiederholt und an verschiedenen Stellen (Foren, Chats, Social Networks etc.) artikuliert. Vgl. hierzu beispielhaft die auf die Homepage von Amazon gestellte Kundenrezension zu dem Buch „Esau's Tears. Modern Anti-Semitism and the Rise of the Jews" von Albert S. Lindemann (2000), in dem explizit die These vertreten wird, dass Juden gehasst werden, weil sie Juden sind und daher ihr Judentum in ihrem eigenen Interesse und im Interesse der nicht-jüdischen Gesellschaft ablegen sollten: „I am firmly convinced that the separation demanded by Jewish religion is the primary cause of anti-semitism, simply because of the implied insult to the

glühende Judenhasser Hundt-Radowsky vor fast 200 Jahren in seinem Buch *Der Judenspiegel* zwei prinzipielle Lösungen für das Problem des jüdischen „Ungeziefers" vorgeschlagen hat, haben sich die modernen Varianten trotz der Erfahrung des Holocaust in nichts verändert:

(237) „Am Beßten wäre es jedoch, man reinigte das Land ganz von dem Ungeziefer, und hiezu giebt es gleichfalls zwei Mittel. Entweder, sie durchaus zu vertilgen, oder sie auch, wie Pharao, die Meininger, Würzburger und Frankfurter es gemacht haben, zum Lande hinausjagen [...]."
(Hundt-Radowsky 1819: 146)

Dass Israel expressis verbis als jüdischer Staat auftritt und damit selbstbewusst die jüdische Existenz als legitim deklariert und sein Recht auf Verwirklichung demonstriert, ist für Antisemiten eine ungeheure Provokation: Zwangsläufig wird die Annullierung bzw. „Entjudung" dieses Staates als notwendig gefordert. Im christlichen Anti-Judaismus forderte man die „ungläubigen" Juden zur Konvertierung auf, im national-völkischen Antisemitismus die „undeutschen" Juden zur Assimilation und im rassistisch-eliminatorischen Antisemitismus betrieb man für die als „Untermenschen" klassifizierten Juden die „Endlösung". Heute wird „im Namen der Gerechtigkeit" und „im Interesse des Weltfriedens" die Auflösung Israels gefordert. Die modernen Antisemiten reihen sich mit ihren Vorschlägen[18] unmittelbar in die tradierte Herangehensweise an das „jüdische Problem" ein und halten damit die Kontinuität der Judenfeindschaft bis zum heutigen Tag aufrecht.

---

majority culture. If Jews would stop being separate, they would gradually stop being hated, but they would no longer be Jews, either. It's an uncomfortable situation for Jews, dealt with mostly by denying that there is any inherent insult in the traditional refusal to socialize, eat together, and intermarry" (http://www.amazon.ca/product-reviews/0521593697, letzter Zugriff am 02.09.2012). „The implied insult" bezieht sich auf das Konzept vom auserwählten Volk Gottes sowie die Beibehaltung jüdischer Sitten und Regeln. Dass die jüdische Existenz als solche als Beleidigung und Herausforderung/Provokation empfunden wird, ist Kern des judenfeindlichen Ressentiments.

18 Vgl. hierzu auch das Video des für die Piratenpartei kandidierenden Dietmar Moews (s. http://www.youtube.com/watch?v=O4Jo8Z5RVfs, veröffentlicht am 04.04.2012), der (nachdem er die üblichen Verschwörungskonstrukte wie z. B. das des „Weltjudentums" artikuliert) zum Schluss seines Beitrags die Empfehlung ausspricht, dass sich jede Minderheit der Mehrheit anschließen solle.

Fazit

Die Aggressivität, die in den modernen Texten erkennbar wird, zeigt sich manifest in verbalen Gewalthandlungen, die Juden als Juden beschimpfen, beleidigen, verhöhnen, verunglimpfen und bedrohen. Das Gewalt- und Diskriminierungspotenzial der Sprache artikuliert sich aber auch über Sprechakte, in denen Juden belehrt und ermahnt werden. Sie werden (insbesondere von akademischen Schreibern) als unmündige Personen behandelt, die auf die Ratschläge von Nicht-Juden angewiesen sind. Dadurch wird Juden die Fähigkeit abgesprochen, selbst in der Lage zu sein, kritisch oder intelligent zu urteilen und menschlich zu fühlen. Damit korrelieren Fragen und Feststellungen, die die moralische Integrität und rationale Kompetenz jüdischer Mitbürger in Frage stellen bzw. als nicht gegeben konstatieren. Selbst künftige „Lösungen der Judenfrage" (oft projiziert auf Israel als „Lösungsvorschläge für den Nahostkonflikt"), die entweder die vollständige Assimilation von Juden oder die Auflösung des Staates Israel fordern, werden (entsprechend dem Sprachgebrauch des national-völkischen Rassismus im 19. Jahrhundert und eliminatorischen Antisemitismus in der NS-Zeit) ohne kritische Reflexion, weder für die Parallelen zum historischen Endlösungsplan noch für die realen Konsequenzen in der Zukunft, vorgebracht.

11 Textstrategien und Argumentationsmuster

11.1 Kommunikative Strategien und argumentative Elaboration

Im Gegensatz zu rechtsradikalen oder fundamentalistischen Schreibern, die in ihren Äußerungen judenfeindliche Polemik vor allem mittels Beschimpfungen und manifester Diskriminierungsformen ausdrücken, geben sich die gebildeten Verfasser (von denen die meisten einen Hochschulabschluss und zum Teil akademische Titel haben) viel Mühe, ihre antisemitischen Einstellungen mittels argumentativer Strategien zu verteidigen und zu begründen. Eine bloße Beschimpfung durch das Wort *Saujude* oder eine Drohung wie *Ihr werdet alle krepieren!* lässt keine Argumentation erkennen. Die Texte[1] der akademischen Verfasser jedoch sind lang, weisen zahlreiche Argumentationsmuster auf und sind sprachlich-stilistisch oft auf einem hohen Niveau. In den textuellen Elaboraten aber werden, wie bereits in Kap. 5 erörtert, oft dieselben tradierten Stereotype kodiert, wie sie bei Extremisten zu finden sind. Dass die eigene, verbal ausgedrückte und in der Analyse klar erkennbare antisemitische Haltung als solche dabei fast immer vehement geleugnet wird, ist typisch für diese Textproduzenten. Die Leugnung selbst ist hier als eine Strategie zu betrachten, die der Selbstlegitimation (und damit der Rechtfertigung für die Artikulation der ressentimentbelasteten Äußerungen) dient (s. Kap. 11.2 und 11.4).

Um den Zusammenhang von mentaler Einstellung, kommunikativer Funktion und sprachlicher Realisierung bei diesem Typ des Verbal-Antisemitismus klar machen zu können, bedarf es einer kurzen Erörterung der linguistischen Grundbegriffe „Funktion", „Strategie" und „Mittel". Die kommunikative Funktion einer sprachlichen Äußerung entspricht ihrem Handlungswert. Mit einer Äußerung wie *Juden haben zu viel Einfluss im Finanzsektor* wird eine allgemeine Aussage getroffen, mit der der Schreiber eine bestimmte Funktion (z. B. Kritik oder Entwertung) realisieren will. Die kommunikative Funktion einer Äußerung geht über die Bedeutung der Äußerung hinaus und ist die Handlung, die vom Produzenten mit der Äußerung vollzogen wird (vgl. Schwarz/Chur [5]2007: 28–32).

---

[1] Um einem möglichen Missverständnis vorzubeugen: Analysiert werden in diesem Kapitel ausschließlich Texte, die als klar verbal-antisemitisch eingestuft worden sind, also judenfeindliche Stereotype und Argumente enthalten. Hiervon abzugrenzen sind Schreiben, die tatsächlich ernst gemeinte Sorge und legitime Kritik ausdrücken, ohne anti-jüdische Inhalte zu verbalisieren. Zum Teil ähneln sich diese Texte in ihrer sprachlichen Gestaltung. Erst eine kognitions- und textlinguistische Analyse macht den Unterschied zwischen Verbal-Antisemitismus und z. B. Israel-Kritik deutlich (s. hierzu Kap. 7).

Dabei ist zwischen der intendierten (beabsichtigten) Funktion des Sprachproduzenten und den potenziellen Funktionen, die die Äußerung zusätzlich (für die Rezipienten) haben kann, zu unterscheiden.

So haben NS-Vergleiche (z. B. *Scharon ist der Hitler des Nahen Ostens, Israel ist ein NS-Staat*) die Funktion, den/das Angegriffene(n) besonders drastisch zu kritisieren bzw. dem verglichenen Referenzbereich besondere Bedeutung zuzuschreiben (z. B. *Pogromstimmung in Palästina, Palästinenser werden heute so schikaniert wie damals die Juden*). Mit jedem NS-Vergleich aber wird auch automatisch über die involvierte und unverhältnismäßige Analogie nicht nur die NS-Zeit relativiert, sondern es werden auch ihre Opfer verhöhnt. Der NS-Zeit wird dadurch, intentional oder nicht-intentional, der Status des Singulären, des Präzedenzlosen genommen.

Die Realisierung kommunikativer Funktionen erfolgt mittels bestimmter verbaler Strategien.[2] Verbale Strategien sind kommunikative Handlungsmuster. Eine Strategie S (z. B. die der Täter-Opfer-Umkehr) wird eingesetzt, um die Funktion F (z. B. Kritik am Staat Israel und darüber hinaus dessen Delegitimierung) zu realisieren und eine Reaktion R (z. B. die emotionale Empörung oder handlungsorientierte die Akzeptanz des Boykotts israelischer Waren) beim Rezipienten zu erreichen. Strategisch zu handeln heißt, in Hinblick auf eine bestimmte (kommunikative) Funktion bestimmte Argumente und sprachliche Mittel nach deren Eignung auszuwählen. So kann die Funktion Kritik (je nach strategischem Kalkül) direkt als Beschimpfung oder indirekt als Ironie oder als rhetorische Frage realisiert werden, um den Rezipienten zu beleidigen, anzugreifen oder zu überzeugen. Damit stellen Strategien Ziel-Mittel-Relationen dar und lassen sich nach generalisierten Funktionen (Kritisieren, Disqualifizieren, Schuld abwehren, Leugnen usw.) mit Zielsetzungen (Beleidigen, Diskriminieren) benennen. Während rechtsradikale Schreiber auf Beleidigungen und Diskriminierungen abzielen und diese entsprechend radikal mittels direkter Sprechakte (Beschimpfungen, Verhöhnungen, Drohungen) verbalisieren (s. hierzu Kap. 10.1), möchten die Antisemiten der Mitte erstens ihr Gesicht wahren und zweitens die Rezipienten davon überzeugen, dass sie mit ihrer Kritik Recht haben.

---

2 Vgl. hierzu auch Brinker (1986: 180), Hoffmann (1998: 63), Ortak (2004: 135), Schwarz-Friesel (2007: 198). Sowohl der Funktions- als auch der Strategiebegriff sind nicht nur auf eine einzelne Äußerung zu beziehen, sondern auch auf größere Textteile oder einen gesamten Text. So lassen sich lokale und globale Strategien danach unterscheiden (vgl. auch Jucker 1986: 186), ob sie in einem einzelnen Sprechakt oder über eine größere Anzahl von sprachlichen Mustern realisiert sind. Ebenso kann zwischen der kommunikativen Funktion (Illokution) einer einzelnen Äußerung und der kommunikativen Funktion eines Textes (Globalillokution) differenziert werden.

Die Strategie der Täter-Opfer-Umkehr (die Juden nicht als Opfer, sondern als Täter darstellt) z. B. basiert aktuell auf der Konzeptualisierung, dass die Juden heute durch ihr schamloses, den deutschen Staat ausnutzendes Verhalten Täter und die Deutschen als Bürger dieses Staates Opfer sind bzw. dass die Israelis trotz ihrer jüdischen Herkunft und der Vergangenheit ihrer Eltern etc. nun zu Tätern an den Palästinensern, den neuen Opfern, geworden sind. Die Funktion dieser Täter-Opfer-Umkehr-Strategien liegt zum einen in der Kritik bzw. Diffamierung von Juden und/oder Israelis, zum anderen in der Relativierung der deutschen Schuld (auch wenn diese Relativierung nicht immer intendiert wird).

Inhaltlich basieren Strategien somit auf geistigen Repräsentationen. Bei der Täter-Opfer-Umkehr-Strategie sind dies entweder die Glaubensinhalte 'Israelis benutzten exzessive Gewalt. Sie haben nichts aus der Vergangenheit gelernt. Sie haben keine moralische Größe erworben.' und/oder 'Juden sind nicht wirklich Bürger des deutschen Staates. Ihre Solidarität gilt Israel. Sie nutzen den deutschen Staat aus.'

Solche Informationsstrukturen finden sich im antisemitischen Diskurs auch einzeln als Argumente[3] verbalisiert. Argumente sind in der Regel sprachlich kodierte „Beweisführungen", die meist in Form von mehreren Aussagen realisiert werden. Häufig repräsentieren sie pseudo-kausale Zusammenhänge, z. B. in der Art: 'Juden sind von Natur aus böse und habgierig. Die Israelis sind Juden, daher böse und habgierig, und sie haben den Palästinensern das Land geraubt. Deutschland ist für die Not der Palästinenser mitverantwortlich, da es den Staat Israel unterstützt (hat). Als Deutsche(r) hat man nun besondere Verantwortung und muss sich also für die armen Palästinenser einsetzen.'

Argumente sind also aus der Sicht des Sprachproduzenten wahre und begründete Behauptungen/Feststellungen, d. h. sie setzen ihre Rechtfertigungsfähigkeit voraus. Dabei können drei Typen von Argumenten[4] unterschieden werden:

---

3 In der Rhetorik wird unter einer Argumentation das Finden passender Argumente und deren Verbindung zu einer überzeugenden Argumentationskette verstanden (vgl. Ottmers ²2007: 66). Den Ausgangspunkt einer Argumentation bildet ein strittiger (oder als strittig erachteter) Sachverhalt, der in seinem Geltungsanspruch unstrittig gemacht werden soll. Hierfür werden als unstrittig erachtete Argumente (Informationen, Behauptungen) angeführt, die den Sachverhalt entweder stützen oder ihn widerlegen (vgl. Ottmers ²2007: 68–70, 72). Im sprachwissenschaftlichen Sinn kann mit Herbig (1992: 62) unter Argumentieren eine Sprachhandlung verstanden werden, „mit de[r]en Hilfe ein Sprecher aufgrund seiner Situationseinschätzung den für einen oder mehrere Adressaten erkennbaren Versuch unternimmt, diese(n) mit Hilfe einer oder mehrerer unterstützenden Äußerungen zu bewegen, tatsächliche oder nur der Situationseinschätzung nach 'strittige' Geltungsansprüche der Wahrheit oder Richtigkeit von Äußerungen zu akzeptieren."

4 Vgl. zur Argumentationsanalyse auch Toulmin (1958), Kopperschmidt (1989), Herbig (1992) und Bayer (²2007).

Faktische Argumente sind verifizierbar (durch historisches Wissen, Dokumente, Resolutionen etc.) und auf ihren Wahrheitswert hin prüfbar (z. B. *Gegen Israel wurden x Resolutionen bei der UN eingereicht.*), konzeptuelle Argumente (Plausibilitätsargumente) dagegen basieren allein auf Glaubensinhalten bzw. auf als allgemeingültig unterstellten Annahmen (z. B. *Der gesunde Menschenverstand sagt doch wohl, dass ...* oder *Niemand wird diesen/einen unmoralischen Staat unterstützen wollen ...*). Scheinargumente/Pseudoargumente werden aus strategischen Gründen (wider besseres Wissen) benutzt (z. B. werden Meinungen als Tatsachen ausgegeben wie in *Israel, da sind sich alle einig, ist ein Apartheidstaat* oder die eigene Person wird als Autorität aufgeführt wie in *Ich bin fünfmal in Israel gewesen, Sie können mir daher getrost glauben ...*).

Die Strategie des Zitierens von Autoritäten (*auch XY spricht vom Vernichtungskrieg*) beispielsweise dient wie in (1) und (2) der Legitimierung der eigenen Position. Diese Absicherung ist die kommunikative Funktion der Strategie, die auf dem faktischen Argument 'Auch Prominente/Experten sehen das so' basiert.

(1) „Moshe Zimmermann sprach am 14.Mai in Tübingen (Lucas-Preis) von einem 'nazistischen Potenzial eines bestimmten Gesellschaftssektors in Israel'." [ZJD_05.06.2002_Rud_001]

(2) „Der Politikwissenschaftler und Professor an der Bar Ilan Universität Tel Aviv, Menachem Klein, äusserte kürzlich in einem Interview öffentlich: [...]" [ZJD_22.04.2002_Gie_001]

Verbal-antisemitische Strategien basieren in der Regel auf mehreren Argumenten, um ihre Wirksamkeit zu erhöhen. Die Strategie der Delegitimierung Israels wird z. B. oft durch das faktische Argument 'UN-Resolutionen', das konzeptuelle Argument 'Massenvernichtungswaffen' sowie die Scheinargumente 'Landraub', 'Staatsterrorismus' oder 'Apartheid' etc. gestützt.

Jede Strategie kann nun mit unterschiedlichen sprachlichen Mitteln (Lexeme, Syntax) realisiert werden. Die Strategien sind also nicht mit den eingesetzten sprachlichen Mitteln gleichzusetzen. So kann die Täter-Opfer-Umkehr-Strategie vulgärsprachlich und syntaktisch simplifiziert als „*Jetzt seid ihr die Verbrecherschweine!*" [IBD_14.08.2006_Auf_001] zum Ausdruck kommen oder elaboriert und stilistisch gehoben als „*Ihr Opferstatus ist nicht mehr aufrecht zu erhalten. Durch ihre brutale Gewaltanwendung [...] sind sie schuldig an Verbrechen gegen die Menschlichkeit*" [ZJD_18.06.2002_Oeh_001].

Die Strategien des Verbal-Antisemitismus[5] sind demzufolge charakterisierbar als kommunikative Handlungsmuster mit spezifischen Funktionen, die auf bestimmten Argumenten beruhen und je nach Produzent und/oder Kontext sprachlich unterschiedlich realisiert sein können.

Die Textanalysen des Korpus zeigen, dass Zuschriften von Verfassern aus der Mitte, die eine antisemitische Einstellung erkennen lassen, häufig ähnliche kommunikative Strategien, argumentative Muster[6] und sprachliche Charakteristika aufweisen. Zum Teil entsteht aufgrund der frappierenden Ähnlichkeit der Textstrukturen der Eindruck, die Verfasser würden trotz aller individuellen Unterschiede hinsichtlich Alter, Geschlecht, Herkunft usw. wie miteinander verabredet auf abrufbare Schablonen zurückgreifen. Dies belegt aber nur, wie tief und wie homogen die kognitiven Stereotype und emotionalen Ressentiments gegen Juden aufgrund ihrer langen kulturellen Tradition in den Köpfen vieler Menschen kollektiv verankert sind.

Hinsichtlich ihrer kommunikativen Funktion lassen sich die sprachlichen Äußerungen der Zuschriften verschiedenen Strategien[7] zuordnen, wobei Legitimations-, Vermeidungs-, Rechtfertigungs-, Relativierungs- sowie Aus- und Abgrenzungsstrategien zu unterscheiden sind. Zudem lassen sich charakteristische sprachliche Realisationsformen und argumentative Muster beschreiben. Eine klare Eins-zu-eins-Zuordnung von einem argumentativen Muster zu einer Strategie ist hingegen nicht immer möglich, denn je nach Kontext sind konkrete Verbalmanifestationen unterschiedlichen kommunikativen Funktionen zuzuordnen. So wird in Beispiel (3) die Angabe des Alters angeführt, um die persönliche Schuldlosigkeit an den deutschen Verbrechen im Nationalsozialismus zu belegen und somit auch gegenwärtig eine deutsche Verantwortlichkeit abzulehnen.

(3) „Als im Jahr 1966 Geborener fühle ich mich nicht für die Verbrechen des 2. Weltkrieges verantwortlich [...]." [ZJD_01.03.2002_Lue_001]

---

[5] Hier handelt es sich um eine verkürzte Ausdrucksweise: Bei den *Strategien des Verbal-Antisemitismus* geht es um die spezifischen Strategien der Sprachbenutzer, um Antisemitismus über bestimmte sprachliche (formale) Mittel zu äußern. Dagegen bezieht sich die Formulierung *Antisemitismus als verbale Strategie* auf die generelle Tendenz, dass eben die Sprache und nicht Karikaturen oder Grabschändungen benutzt werden, um antisemitische Ressentiments in der gesellschaftlichen Mitte auszudrücken. Antisemitismus als verbale Strategie zielt auf eine Entradikalisierung und Legitimierung durch das Ersetzen von nonverbalen Handlungen durch Verbalmanifestationen.

[6] Wiederkehrende Argumente und Argumentfolgen können als argumentative Muster beschrieben werden.

[7] Vgl. hierzu auch die Beschreibungskategorien von Wodak (1990), Wodak et al. (1990) und Reisigl/Wodak (2001) sowie van Dijk (2002).

Hier steht die Funktion der Relativierung im Vordergrund. Eine Altersangabe kann aber auch erfolgen, um sich auf Erfahrungswissen zu berufen und verantwortungsvolles Handeln aufzuzeigen, wie in (4). Dabei dient die Information der Legitimierung des Schreibers.

(4) „Ich bin 65. Mein Leben ist stets nach humanistischen Prinzipien ausgerichtet gewesen." [ZJD_21.04.2005_Lan_001]

Da die jeweiligen Strategien in einem engen thematischen Zusammenhang stehen, sich zum Teil bedingen und ergänzen, kann es zu diversen Kopplungen und Überschneidungen kommen. Das Leugnen des eigenen Antisemitismus kann beispielsweise sowohl der Legitimation als auch der Vermeidung dienen. Dennoch lassen sich die Strategien innerhalb des Textaufbaus voneinander abgrenzen, und durch ihre Analyse wird die spezifische Argumentationsstruktur judenfeindlicher Texte transparent.

Im Folgenden werden die einzelnen Strategien anhand von Beispielen aus dem Korpus erläutert.

11.2 Legitimierungsstrategien und offensive Selbsterhöhung: „Ich bin durch und durch Humanist!"

Die globale Textstruktur einer Vielzahl der Zuschriften zeichnet sich im Einleitungsteil durch Legitimierungsstrategien aus, mit denen das Schreiben an sich gerechtfertigt und/oder einem möglichen Antisemitismus-Vorwurf vorgreifend entgegnet wird.[8]

Legitimierungsstrategien sind gekennzeichnet durch Argumente, die dem Aufbau eines positiven Selbstbildes dienen (positive Selbstdarstellung)[9] und Respektabilität bezeugen sollen. Der Textproduzent stellt sich als demokratisch eingestellte, politisch korrekte sowie menschlich-moralisch integre Persönlichkeit dar und schreibt sich insbesondere Eigenschaften und Kompetenzen wie Erfahrungs- und Fachwissen, Rationalität und Objektivität zu. Eigenschaften, die

---

8 Die Textanalysen vollständiger Zuschriften zeigen, dass sich für die jeweiligen Textstrategien innerhalb der globalen Textstruktur ein Verteilungsmuster zu ergeben scheint: Zuerst Selbstlegitimation, dann Abgrenzungs-, Vermeidungs- und Relativierungsstrategien; in der Schlussphase dann vor allem Rechtfertigungsstrategien. Ein typischer Beispieltext, der dies exemplarisch veranschaulicht, befindet sich unter [ZJD_01.09.2006_Tef_001] im Anhang.
9 Bei Wodak et al. (1990: 353) wird die positive Selbstdarstellung als eine Strategie der Argumentation klassifiziert, mit der der Sprecher seine „Unschuld, Integrität, philosemitische Haltung etc. betont".

ihn seines Erachtens befähigen und berechtigen, sich mit seinem Anliegen an die Israelische Botschaft in Berlin und/oder an den Zentralrat der Juden in Deutschland zu wenden bzw. seine Gedanken und seine Meinung zu äußern und gleichzeitig als seriöser Absender und Gesprächspartner wahrgenommen zu werden.

Die positive Selbstdarstellung kann sprachlich wie folgt realisiert werden:

a) über Selbsteinschätzungen in Form von Zuordnungen positiver Attribute: Dies sind Aussagen zur eigenen Person, die mit Hilfe positiv wertender Selbstattribuierungen und Pronomen der 1. Person Singular sprachlich als *Ich bin/tue x* realisiert werden (vgl. auch Wodak et al. 1990: 353). Wenn der Verfasser sich z. B. zu einem in demokratischen Gesellschaften positiv beurteilten Wert wie 'alle Menschen sind gleich' bekennt, sollen die Eigenschaften des Autors, tolerant und vorurteilsfrei zu sein, in den Vordergrund treten:

(5) „Ich gehöre zu den Bürgern, bei der der Mensch ein Mensch ist und auch bleibt. Egal welcher Religion oder Weltanschauung er angehört." [ZJD_08.04.2002_Lud_001]

Quantitativ ist das Wort *Humanist* das am häufigsten benutzte Mittel zur Selbstbeschreibung: Das ist insofern signifikant, da diese selbstreferenzielle Einschätzung im Kontrast zu den Adressaten implizieren kann, dass Juden und/oder Israelis nicht humanistisch gesinnt seien (s. hierzu Kap. 5.2 und 10). Die Darstellung moralischer und/oder politischer Integrität erfolgt des Weiteren über die explizite Selbstverortung im sozialdemokratischen Einstellungsbereich und/oder den Verweis auf einen „höheren" Wertekonnex wie Völkerverständigung, s. (6), und Weltfrieden, s. (7):

(6) „Sehr geehrte Damen und Herren, ich spreche hier in sozialdemokratischen Fundamenten und im Wunsch der friedlichen Völkerverständigung." [IBD_25.06.2006_Rei_001]

(7) „Ich bitte Sie im Namen des Friedens auf dieser Welt beenden Sie diesen sinnlosen Krieg." [ZJD_01.04.2002_Ask_001]

b) Eine spezifische Form der Selbsteinschätzung stellen biographische Auskünfte wie Altersangabe, Lebenslauf, Ausbildungsniveau bzw. Berufsbezeichnung sowie Angaben zum Bildungsstand und zur Informiertheit zum Thema „Juden" und/oder „Israel" dar.[10] Diese positive Selbstpräsentation erfolgt über den Verweis

---

10 Biographische Auskünfte treten aber nicht ausschließlich im Einleitungsteil (Legitimie-

auf persönliches Erfahrungs- und Allgemeinwissen, auf gesellschaftspolitisches Interesse sowie auf spezielle Sachkenntnis.

So können beispielsweise Altersangaben einerseits auf die persönliche demokratische Gesinnung verweisen, wie in folgendem Beispiel (8), bei dem der Autor seine politische Gesinnung explizit macht, obwohl er referenziell distanzierend von sich in der 3. Person Singular spricht:[11]

(8)   „Die Analyse, eines 27 jährigen deutschen, der politisch interessiert ist, und ein Aufrechter demokrat ist und für friedliches miteinander kämpft [...]" [IBD_18.02.2006_Bri_001]

Altersangaben können aber andererseits auch als Ausdruck von Lebenserfahrung benutzt werden, wobei sich die Schreiber dabei auf eine unterstellte Altersweisheit berufen, wie in (9):

(9)   „Ich will nicht behaupten, daß Herr Friedmann den von mir geschilderten Eindruck bewußt hervorruft, niemand kann ja bekanntlich aus seiner Haut, was ich als pensionierter Gymnasiallehrer sehr wohl weiß, da ich in dieser Hinsicht beruflich meine Erfahrungen gemacht habe (Jahrgang 1934)." [ZJD_06.06.2002_Hau_001]

Die explizite Altersangabe bei Schreibern der älteren Generation geht zudem oftmals mit einer emphatisch realisierten Abgrenzung vom Nationalsozialismus einher:

(10) „Ich bin 74 Jahre alt und bei Gott kein Nazi." [ZJD_24.10.2006_Bon_001]

(11) „Ich bin jetzt 62 Jahre alt. Spätestens Mitte der 50er Jahre - als ich langsam die Deutsche Geschichte begriff - habe ich mich als Deutscher für unsere Vergangenheit geschämt." [IBD_22.07.2006_ano_003]

Explizite Angaben zum Bildungsweg, aber auch Berufsbezeichnungen werden genannt, um eine fundierte und nicht auf Vorurteilen beruhende Meinungsbildung, Einstellung oder Forderung zu belegen:

---

rungsstrategie) auf; s. hierzu auch Vermeidungsstrategien und deren Funktion.
11 Gleichzeitig dient bei jüngeren Generationen die Altersangabe auch der Entlastung von der historischen deutschen Schuld.

(12) „Mir sind die geschichtlichen Entwicklungen seit der Gründung Israels bekannt, und ich habe mich auch durch das Studium der Politikwissenschaften immer wieder intensiv damit auseinandergesetzt." [IBD_10.06.2006_Sch_002]

Im nachfolgenden Beispiel (13) wird ferner Antisemitismus als eine mit geringem Bildungsgrad korrelierende Prädisposition dargestellt und somit als ein Bildungsproblem marginalisiert.

(13) „als Mensch mit Bildung [...] und demzufolge auch nicht mit einer antisemitischen 'Voreinstellung' versehen, möchte ich zu Ihren veröffentlichten Rechtfertigungsversuchen der oben genannten Art folgendes bemerken [...]" [ZJD_08.04.2002_Ram_001]

Für den Textproduzenten ergibt sich ein quasi-syllogistischer Schluss[12] mit der Oberprämisse 'Menschen mit Bildung sind keine Antisemiten'. Die Unterprämisse lautet 'ich bin ein Mensch mit Bildung', sodass als Konklusion abgeleitet wird 'weil ich ein Mensch mit Bildung bin und Menschen mit Bildung keine Antisemiten sind, bin ich kein Antisemit'. Während die Ober- und Unterprämisse implizit zu erschließen sind, markiert der Autor sprachlich explizit den Schlussfolgerungsprozess über die Kausalkonjunktion *demzufolge*.

Der Verweis auf eigenes Erfahrungswissen durch Begegnungen mit Juden sowie einer langwierigen Auseinandersetzung mit jüdischen und israelischen Themen wird ebenfalls als Beleg für eine vorurteilsfreie und sich auf die Realität beziehende Meinungsbildung herangezogen, wie in der E-Mail eines promovierten Akademikers aus Emden:

(14) „seit Längerem beschäftige ich - Jahrgang 1930, in einem, dem einer jüdischen Familie benachbarten Einfamilienhaus aufgewachsen, mit deren einzigem, dem Holocaust durch Exil entkommenen Sohn ich mich vor drei Jahren traf - mit den Problemen des Judentums und Israels, aber auch mit den Problemen durch das Judentum und durch Israel." [IBD_21.01.2008_Seg_001]

---

12 Solche Rechtfertigungsmuster finden sich auch im öffentlichen Diskurs: Ein bekanntes Beispiel hierfür ist Norbert Blüms in diversen Talkshows artikulierte Aussage, er könne als Christ gar kein Antisemit sein (s. hierzu die Ausführungen in Kap. 4, die zeigen, wie absurd diese Aussage ist).

c) Eine positive Selbstdarstellung erfolgt des Weiteren über Normenkongruenz, d. h. die allgemeingültige Bejahung von positiven, gesellschaftlich-politisch etablierten Normen. Im Unterschied zu a) und b) spricht der Textproduzent hierbei nicht in der 1. Person Singular von sich, sondern er identifiziert sich generalisierend über positiv wertende Aussagen mit einer Gruppe, sodass die individuelle Positivattribuierung implizit erfolgt. Im folgenden Beispiel wird der Wille zu einem friedvollen Zusammenleben der Religionen als allgemeines Ziel der deutschen Gesellschaft und zugleich normenkongruent durch die Verweisform *Wir* als Ziel des Schreibers etabliert:[13]

(15) „Wir wollen aber in Deutschland ein gutes und harmonisches Mitei-nander mit den hier lebenden Juden und auch Moslems."
[ZJD_07.05.2007_Zie_001]

d) Die quasi-vorurteilsfreie Argumentation, bei der die Ablehnung jeglicher Vorurteile betont wird (vgl. hierzu auch Wodak et al. 1990: 353), ist ebenfalls Teil der positiven Selbstdarstellung. In (16) distanziert sich der Textproduzent mitsamt seiner Gruppe explizit von rechter und nationalsozialistischer Gesinnung und verurteilt die Verbrechen des Nationalsozialismus gegenüber den Juden. Kontrastiv zu Anhängern der NS-Zeit, rechtem Gedankengut und somit implizit zum mit diesen Gruppen assoziierten Antisemitismus verortet sich der Textproduzent selbst in der gesellschaftlichen, demokratischen Mitte.

(16) „Ausdrücklich betone ich, dass wir keine 'braune Stammtischbrüder' - sondern ganz normale Deutsche mit einem ausgeprägten Sinn für Gerechtigkeit und guter Demokratie sind. NS-Anhänger sind wir auch keine. Wir verurteilen und bedauern die schlimmen begangenen Taten des NS-Regimes – besonders gegen das jüdische Volk – zutiefst."
[ZJD_07.05.2007_Zie_001]

Über diese Kontrastierung erfolgt die Aufwertung der eigenen Argumentation. Auffallend ist ein emphatischer Sprachgebrauch bezüglich der Modalität der Äußerung. So wird im repräsentativen Sprechakt Festlegen die Sprechereinstellung zum Inhalt der Äußerung mittels des Modalwortes *ausdrücklich* hervorgehoben. Des Weiteren unterstreicht der Textproduzent durch die Nominalphrase

---

13 Eine derartige Aussage kann im Textzusammenhang implizieren, dass diejenigen, die nicht in die Wir-Gruppe eingeordnet werden (d. h. die Juden), nicht an einem harmonischen Miteinander interessiert seien und sich somit im Gegensatz zur Wir-Gruppe nicht allgemein gültigen Normen und Werten der Gesellschaft verpflichtet fühlen.

ganz normale Deutsche und die präpositionale Erweiterung *mit einem ausgeprägten Sinn für Gerechtigkeit und guter Demokratie*, dass bei ihm die Akzeptanz der staatlichen Basiskonzepte besonders stark ausgeprägt und deshalb keine vorurteilsbehaftete Meinungsäußerung zu befürchten ist. Im expressiven Sprechakt Verurteilen und Bedauern wird mittels des Modaladverbs *zutiefst* die Dimension der Ablehnung der NS-Verbrechen als besonders intensiv hervorgehoben. Durch diese Angaben legitimiert sich der Schreiber als „quasi-vorurteilsfrei" (für die dann in der Regel folgenden antisemitischen Äußerungen).

e) Die positive Selbstdarstellung ist weiterhin gekennzeichnet durch das Aufzeigen der eigenen Rationalität[14] und Objektivität, welches sprachlich oft durch einen sachlichen Stil frei von Emotionsausdrücken sowie durch das Präsentieren von Faktenwissen gekennzeichnet ist, wie in (17):

(17)   „Sehr geehrter Herr Spiegel, ich lege Ihnen eine Übersicht über geschichtliche Fakten bei und ich bitte Sie, diese Fakten genau zu beachten." [ZJD_08.04.2002_Lud_001]

f) Plakativer Philosemitismus, in dem die jüdische Kultur als etwas Besonderes hervorgehoben, bewundert und anerkannt wird, oder ostentativer Philo-Israelismus, in dem eine bewundernde und anerkennende Haltung gegenüber Israel zum Ausdruck kommt, sind ebenfalls Teil der positiven Selbstdarstellung. Sprachliche Charakteristika solcher Äußerungen sind positiv wertende und oftmals emotionsbezeichnende Lexeme in Verbindung mit philosemitischen Stereotypen, wie in (18), oder ausschließliche Positivattribuierungen in Verbindung mit einem emphatischen Sprachgebrauch, wie (19).

(18)   „Ich liebe Kishon und aus tiefstem Herzen Ihre Musik. Vom 'Siebten Kreuz' über sehr, sehr, sehr viele andere Informationen verfügend, empfand ich immer ein Herz für Ihr gequäles Volk!"
       [IBD_10.06.2006_Reb_001]

---

14 Wodak et al. (1990: 353) verwenden den Terminus der pseudorationalen Beurteilung, mit dem gleichzeitig schon die Rationalität der Argumente in Frage gestellt wird. Die Bewertung der Argumentationsbasis hinsichtlich *rational* oder „nur" *Rationalität vortäuschend* sollte aber erst nach der Analyse der Argumente erfolgen. Deshalb plädieren wir für die zunächst neutrale Bezeichnung *Aufzeigen der eigenen Rationalität*; somit wird die Absicht des Textproduzenten in den Vordergrund gerückt und seine Vorgehensweise beschrieben.

(19) „Ich habe nach 1947 bis heute eine tiefste Bewunderung für das israelitische Volk empfunden, wie man durch harte Arbeit und hohe Intelligenz das Land ISrael aufgebaut hat." [ZJD_09.04.2002_Hor_001]

Solche offensiven Positivbewertungen werden in den Texten immer dann in der Einleitungsphase der Schreiben benutzt, wenn unmittelbar darauf antisemitische Stereotype oder besonders heftige anti-israelische Kritik verbalisiert werden. Die Verfasser wollen sich so gleichzeitig absichern und rechtfertigen.

11.3 Vermeidungsstrategien und defensive Selbstverteidigung: *„Ich bin kein Antisemit!"*

Als Vermeidungsstrategien gelten Argumentationsmuster, mit deren Hilfe die mögliche Brisanz der eigenen Argumentation relativiert wird, also die Gefahr, außerhalb der Political Correctness und/oder der moralisch-gesellschaftlichen Werte sowie Einstellungen der Mitte der Gesellschaft lokalisiert zu werden. Vermeidungsstrategien dienen allgemein der Aufrechterhaltung des positiven Selbstbildes und/oder speziell der direkten und indirekten Antisemitismus-Abwehr und der Abwehr gesellschaftlicher Sanktionen. Zumindest weisen sie darauf hin, dass dem Textproduzenten bewusst ist, dass die Leser die Äußerungen als vorurteilsbehaftet interpretieren können.

Innerhalb der argumentativen Muster zur Aufrechterhaltung des positiven Selbstbildes und der Antisemitismus-Abwehr (s. hierzu die Beispiele (26), (30), (31)) treten einzelne Argumente auf, die ebenfalls in argumentativen Mustern zum Aufbau des positiven Selbstbildes bei den Legitimierungsstrategien zu finden sind (vgl. Beispiele (8), (9), (10)). Der Unterschied liegt jedoch in der Funktion, denn bei den Legitimierungsstrategien dienen die Argumente der positiven Selbstdarstellung, um das Schreiben per se zu legitimieren, wohingegen sie bei den Vermeidungsstrategien dazu dienen, konkrete Inhalte und Äußerungen des Textes dem Antisemitismus-Vorwurf zu entziehen. Legitimierungsstrategien sind somit offensiv, Vermeidungsstrategien dagegen defensiv.

Die Aussage *Ich bin kein Antisemit* ist (in diversen Varianten) daher bei weitem die am häufigsten verbalisierte Form der Vermeidungsstrategie in den Texten an den ZJD und die IBD. Über 53 Prozent der Schreiber aus der Mitte benutzen sie. Sie wird in verschiedenen Manifestationen entweder am Anfang oder am Ende der Schreiben formuliert, zum Teil auch, insbesondere in langen Texten, mehrmals wiederholt. So soll kein Zweifel daran entstehen, dass der Anlass für die Äußerungen nicht dubios und verwerflich, sondern berechtigt und politisch korrekt ist.

(20) „Herr Kramer, [...] ich bin NICHT antisemitisch."
[ZJD_18.05.2005_Ben_001]

(21) „Ich bin garantiert kein Antisemit und verbitte mir Argumentationen in dieser Richtung - meine Kritik ist ausschließlich auf die Politik Israels gerichtet." [IBD_20.07.2006_Fle_001]

(22) „Ich bin SPD Wähler, schon immer [...] Wie gesagt, Ich als Durchschnittsdeutscher äußere Ihnen hier meine Gedanken. Ich bin kein Nazi. Kein Rechtswähler und kein Judenhasser." [ZJD_Gaza2009_14/816_ano_001]

Prinzipiell erfüllt die Strategie der Leugnung des eigenen Antisemitismus auch das Kriterium der Selbstlegitimierung. Denn indem der Verfasser negiert, judenfeindlich eingestellt zu sein, wird impliziert, dass seine heftige Kritik einen anderen, einen legitimen Grund haben muss.

(23) „Ich bin nicht Rechtsradikal, möchte es auch nicht werden. Nur das Verhalten Dieses Gewalttätigen Staates ist abscheulich. Der Staat Israel spielt uns immer vor, was alles im zweiten Weltkrieg passiert ist. Das war auch nicht rechtens, was damals geschah." [ZJD_30.07.2006_Bus_001]

(24) „Ich bin kein Nazi! Aber Ihr gieriger Verein mit seinen dauernden Geldforderungen regt mcih auf." [ZJD_30.07.2006_Kei_001]

In (23) und (24) antizipieren die Verfasser bewusst den Vorwurf, der ihnen gemacht werden kann. Durch die Vorwegnahme und Negierung des Vorwurfs versuchen sie, ihm seine Berechtigung zu nehmen. Schreiben, die mit solchen Leugnungen beginnen, lassen erkennen, dass sich ihre Verfasser der (prinzipiellen) Brisanz ihrer Äußerungen bewusst sind. Zugleich verteidigen sie diese aber als wichtig, richtig und notwendig. Das Bedürfnis, Kritik, Wut und Empörung auszudrücken, ist am Ende größer als die Sorge, als ein von Ressentiments besessener Antisemit wahrgenommen zu werden.

Als Antisemit betrachtet zu werden wäre für gebildete Schreiber sowohl aus der Fremd- als auch aus der Eigenperspektive ein nicht unerhebliches Problem: Ein Antisemit zu sein widerspricht ihrem eigenen Bild; ihr Selbstkonzept ist geprägt von den Konzepten einer modernen, aufgeklärten und toleranten Gesellschaft, die aus den Erfahrungen der Weltkriege und insbesondere aus den Gräueltaten im Holocaust gelernt hat. Es gehört zur Sozialisation der nach 1945 Geborenen, ein „Nie wieder" als unumstößliches ethisches Gebot anzuerkennen. Ein gebildeter Bürger, der über den Holocaust Bescheid weiß und daher kognitiv die

Gefahren ressentiment- und vorurteilsgesteuerter Einstellungen kennt, kann sich vor diesem Hintergrund nicht als bekennender Antisemit präsentieren, wenn er von den Mitgliedern der modernen Gesellschaft ernst genommen und (auch von sich selbst) als anständiger Mensch akzeptiert werden will.

Der vor anderen und sich selbst geleugnete Antisemitismus erhält somit das Wunschbild des vorurteilsfreien, verantwortungsbewussten Bürgers aufrecht. Für den wissenschaftlichen Betrachter der Texte stellt sich hier die Frage, inwieweit die Verfasser ihre zum Teil vehement artikulierten Leugnungsstrategien ernsthaft benutzen (können), obgleich sie in ihren Texten ein antisemitisches Stereotyp nach dem anderen artikulieren, ohne selbst zu bemerken, dass hier ein Widerspruch entsteht. Motiviert ist diese Vorgehensweise zum einen durch die Tabuisierung von öffentlich artikuliertem Antisemitismus seit 1945, d. h. das ostentative Leugnen der judenfeindlichen Einstellung schützt vor befürchteten Sanktionen. Zum anderen hält diese Leugnung das positive Selbstkonzept des Textproduzenten aufrecht. Aus tiefen- und emotionspsychologischer Sicht kann hier natürlich auch vermutet werden, dass bei einigen dieser Schreiber ein massiver Verdrängungsprozess stattgefunden hat. Sie verweigern sich selbst die unter Umständen schmerzhafte Erkenntnis, ressentimentabhängig zu fühlen und vorurteilsbelastet zu denken und leugnen somit das (für alle anderen) Offensichtliche.

(25) „Als Deutscher der kein Antisemit ist frage ich [...]" [IBD_17.07.2006_ Wei_001]; „Ich bin deutscher Staatsbürger und kein Antisemit, aber [...]" [IBD_20.02.2009_Wei_001]; „Ich bin kein Faschist und kein Antisemit ganz im Gegenteil, ich habe selbst jüdische Freunde [...]" [IBD_06.05.2009_Fil_001]

Auf der sprachlichen Ebene kann die Antisemitismus-Abwehr sowohl explizit als auch implizit erfolgen:

Sprachlich realisiert wird die Antisemitismus-Abwehr beispielsweise durch Selbsteinschätzungen, in denen der Textproduzent sich explizit in der verneinenden Form *Ich bin nicht x* charakterisiert, wobei x durch *Antisemit* oder *Faschist, Rechter* usw. ersetzt werden kann und/oder affirmativ formuliert, *Ich bin x*, wobei x durch *Linker, Demokrat* usw. ersetzt werden kann. All diese Aussagen haben konzeptuell gemeinsam, dass sie mit 'nicht antisemitisch sein' verbunden sind bzw. mit ihnen die Ablehnung von Antisemitismus assoziiert wird. Derartige repräsentative Sprechakte sind häufig negativ evaluierenden expressiven Sprechakten vorangestellt, in denen dann die kritische Einstellung geäußert wird. In (26) und (27) markieren die Textproduzenten diesen Kohärenzbruch sogar explizit über die Kontrajunktion *aber* (s. hierzu auch Beispiel (45)):

(26) „ich bin kein Faschist und sehe mich Mitte-Links angesiedelt. Aber Israel KOTZT mich in der letzten Zeit sowas von an [...]"
[IBD_05.02.2006_ano_001]

(27) „PS: Ich bin nicht Judenfeindlich eingestellt , aber sowas ärgert mich doch sehr !" [IBD_09.10.2007_Gro_001]

Eine indirekte Antisemitismus-Abwehr kann über eine Analogie erfolgen, beispielsweise wenn die Konzeptualisierung des deutsch-israelischen Verhältnisses als ein freundschaftliches und gleichberechtigtes zugrunde gelegt und somit Juden und Deutschen eine gemeinsame Gruppenzugehörigkeit zugesprochen wird. In Beispiel (28) erfolgt dies mit Hilfe des Modalverbs *dürfen* und über die Konstruktion der Analogie (das eigene Verhalten entspräche dem israelischen), sodass die Aussage des Textproduzenten als legitim erscheint:

(28) „Sowas darf man unter freundn sagen, das tut ihr uns gegenüber ja auch, es hat bisher nur selten welcher gemacht." [IBD_18.02.2006_Bri_001]

Biographische Auskünfte, wie die explizite Altersangabe des Textproduzenten (als *„Gnade der späten Geburt"*) und der Verweis auf jüdische Freunde/Bekannte oder Verwandte, s. (30), dienen ebenfalls einer impliziten, s. (29), bzw. expliziten, s. (30), Antisemitismus-Abwehr. Hierin spiegelt sich zugleich auch Schuldabwehr.

(29) „Als deutscher Staatsbürger, der erst 1968 geboren wurde"
[IBD_20.07.2011_Vul_001]

(30) „Vileicht denken Sie ich sei Antisemitisch aber das bin ich nicht, auch ich habe jüdisch Verwandtschaft und finde es Scheiße was früher in Deutschland passiert ist." [ZJD_23.04.2002_Doe_001]

Eine indirekte Antisemitismus-Abwehr liegt vor, wenn sich die Verfasser zur Schuld und moralischen Verantwortung der Deutschen aufgrund der NS-Geschichte bekennen, dieses Bekenntnis aber gleichzeitig als Begründung für die Kritik an der israelischen Politik herangezogen wird, wie in (31). In (31) werden gleichzeitig noch der hohe Bildungsgrad und die Berufswahl als weitere Argumente für die Lehre aus der Geschichte (sich gegen Diskriminierung und Verfolgung aufzulehnen) herangezogen.

(31) „Als Doktorandin der Geschichte und zukünftige Gymnasiallehrerin halte ich es gerade für Deutschland eine besondere Verpflichtung, sich gegen Diskriminierung und Verfolgung zu wenden - gerade auch im Falle des palästinensischen Volkes." [ZJD_09.04.2002_Sto_001]

Bei diesem argumentativen Muster lautet die Oberprämisse: 'Die deutsche Vergangenheit verpflichtet die Deutschen, Unrecht und Völkermord zu kritisieren'. Die Prämisse lautet: 'Das palästinensische Volk leidet unter Diskriminierung und Verfolgung', sodass sich als Konklusion ergibt: 'Die Deutschen sind verpflichtet, die Diskriminierung und Verfolgung der Palästinenser zu kritisieren'. Es wird vorausgesetzt, dass die israelische Politik verantwortlich für die Diskriminierung und Verfolgung der Palästinenser sei, sodass sich als erweiterte Konklusion ergibt: 'Die Deutschen sind verpflichtet, die israelische Politik gegenüber den Palästinensern zu kritisieren'.

Auf der sprachlichen Ebene erfolgt die Antisemitismus- und Sanktionsabwehr, wenn z. B. explizit eine mögliche antisemitische Lesart präventiv abgelehnt, ausgeschlossen oder negiert wird.

(32) „[...] damit kein Missverständnis entsteht. Die folgenden Zeilen sollen den gestrigen Selbstmordanschlag in Tel Aviv nicht rechtfertigen." [IBD_18.04.2006_Bor_001]

Die mögliche Implikatur, dass die Äußerungen antisemitisch motiviert sein könnten, wird in (32) expressis verbis über die Modalverbkonstruktion *sollen ... nicht* vom Textproduzenten verneint.

(33) „Wie ich hoffe, werden Sie diesen Brief nicht als Kritik verstehen, sondern als Zeichen der Anteilnahme und der Wertschätzung." [ZJD_25.09.2006_Hip_001]

In (33), der Zuschrift einer Jura-Professorin, wird die präferierte Lesart dem Rezipienten direkt vorgegeben. Antisemitismus-Abwehr kann auch über die Thematisierung einer gesellschaftlichen Diskreditierung oder einer strafrechtlichen Verfolgung (als mögliche Folgen der Äußerungen) ausgedrückt werden. In Beispiel (34) erfolgt dabei zwar eine explizite Sanktionsabwehr, ohne jedoch die Diffamierung an sich zurückzunehmen:

(34) „wenn es nicht strafrechtlich relevant wäre, würde ich Sie fragen wer den verantwortlichen israelischen Politikern, welche die laufenden Kriegsverbrechen in Gang gesetzt haben, ins Resthirn geschissen hat. Da ich

mir aber ein Strafverfahren ersparen möchte, richte ich diese Frage nicht an Sie, sondern stelle mir diese selber." [IBD_02.09.2005_Lur_001]

Es wird eine Konjunktivkonstruktion gewählt, um nicht explizit auf die Proposition festgelegt werden zu können.

Alle diese Formen der Sanktionsabwehr sind metakommunikativ, d. h. die Schreiber kommentieren ihre eigenen Äußerungen und thematisieren mögliche Les- und Interpretationsarten. In dem offensichtlichen Bedürfnis, nicht missverstanden zu werden, kommt ein vorhandenes Problembewusstsein zum Ausdruck: Die Sprecher scheinen sich darüber im Klaren zu sein, dass ihre kommunizierte Einstellung gesellschaftlich oder politisch unter Umständen inakzeptabel ist.

Vermeidungsstrategien, die den brisanten Inhalt des Artikulierten zumindest formal reduzieren sollen und gleichzeitig der Erhaltung des positiven Selbstbildes dienen, erfolgen auf der sprachlichen Ebene über:

a) Abschwächung,[15] wobei mit Hilfe von expressiven Sprechakten wie Entschuldigungen oftmals in Verbindung mit Modalwörtern (wie *leider*) die Brisanz der Proposition[16] gemildert wird bzw. reduziert werden soll, ohne jedoch die Proposition selbst infrage zu stellen:

(35) „Entschuldigung, ich habe ein paar für mich sehr wichtige Fragen!"
[IBD_13.06.2007_Fis_001]

(36) „leider muss ich sagen , so langsam aber sicher versteht man , auch als deutscher , warum es immer wieder Menschen gibt die es schaffen Massen hinter sich zu bringen um gegen das Judentum vorzugehen . Leider muß ich auch sagen, ihr seid das einzige Volk in der ganzen Bibelgeschichte das ständig und immer wieder von der ganzen Welt gehasst wird." [ZJD_27.07.2006_Zaj_001]

---

15 Reisigl/Wodak (2001) beschreiben die Abschwächung (bei ihnen Mitigation) als eine allgemeine Strategie innerhalb der antisemitischen Sprachverwendung, bei der es ihnen zufolge zu einer Abschwächung der eigenen Aussage kommt (vgl. Reisigl/Wodak 2001: 44 f.). Es kommt aber nicht wirklich zu einer Abschwächung der Aussage. Nur formal täuschen die Verfasser Rücksichtnahme auf den Adressaten vor.
16 Es handelt sich hierbei um die Konstruktion einer Doppelproposition EP (P). Eine Aussage erscheint so eingebettet in eine Einstellungsbeschreibung. S. Schwarz-Friesel (2007: 174 f.).

Die abschwächende Funktion erfolgt über die Semantik der emotionsausdrückenden Wörter und Phrasen, da diese das Gefühl des Bedauerns verbalisieren und zugleich die Einhaltung formaler Höflichkeitskonventionen signalisieren.

In Beispiel (37), von einem promovierten Soziologen an die IBD geschickt, werden der NS-Vergleich (dessen politische Brisanz dem Verfasser wohl bewusst ist) und die moralische Diskreditierung der israelischen Bevölkerung mittels diverser sprachlicher Mittel (Modalpartikel *bitte*, Emotionsausdruck *besorgt*, Abschwächung durch die Quasi-Entschuldigung *sehen Sie mir ... nach*) formal entradikalisiert. Semantisch jedoch bleibt die unangemessene Analogie erhalten.

(37) „Das ist ein Verbrechen und – sehen Sie mir bitte diesen Vergleich nach – diese Art von Attacken erinnern mich leider immer mehr an das Vorgehen der deutschen Nazis gegen die jüdische Bevölkerung in den Ghettos! [...] Ich hoffe sehr, die israelischen Entscheidungsträger und die Bevölkerung wachsen hinsichtlich moralischer Reife. [...] Mit entsetzten und äußerst besorgten Grüßen Shalom" [IBD_12.06.2006_Goe_001]

Zugleich erfolgt eine sprachliche Umdeutung der tatsächlich vollzogenen Sprachhandlung diffamierende Kritik, die stattdessen als besorgte Anteilnahme präsentiert wird. So stellt sich der Verfasser auf der formalen Kommunikationsebene als moralisch integre Persönlichkeit dar. Der ausgeprägte Hang zur Selbstgerechtigkeit, der in dieser E-Mail zum Vorschein kommt, ist allgemein ein typisches Charakteristikum der Schreiber aus der Mitte (s. hierzu Kap. 10.2).

b) rhetorische Fragen, wie in (38), und Konjunktivkonstruktionen, wie in (39), um das explizite Äußern und damit die Festlegung auf einen Äußerungsinhalt zu vermeiden.

(38) „Ist Israel denn gegenüber Deutschland aufgrund der deutschen Vergangenehit unantastbar?" [ZJD_08.04.2002_Nie_001]

(39) „Sollten sich durch die auch international geäusserte Kritik hieran Juden in aller Welt diskriminiert fühlen, wären Klagen darüber m.E. an die Adresse Israels zu richten und nicht an die Berichterstatter." [ZJD_11.08.2006_Bla_001]

Auch hier ist es lediglich die Form der Äußerung, die vorsichtig gewählt ist, doch der kommunikative Sinn ergibt sich unmissverständlich aus den Vorwürfen.

c) Einschränkung der Diskriminierung mittels Quantoren, wie in (40), und/oder eine kontrastive Einteilung in „böse" versus „gute" Juden und/oder Israelis, wie in (41). Insbesondere in Bezug auf Israel differenzieren die Schreiber häufig zwischen der *korrupten, verbrecherischen Regierung* und der *guten, leidenden Zivilbevölkerung*, s. (42).[17]

(40) „[...] und bin der festen Überzeugung, dass es auch in Israel viele Menschen gibt, die mit dem was Herr Sharon treibt, nicht einverstanden sind. Schließlich haben nicht alle Israelis diesen Menschen gewählt und manche, die ihn gewählt haben, tut es heute sicher schon leid." [ZJD_10.04.2002_Kem_001]

(41) „Es ist immer nur eine Minderheit, die den Konflikt schürt auch die Politik in Israel trägt dazu bei, das der Konflikt immer wieder eskaliert." [IBD_18.02.2006_Bri_001]

(42) „Ich bemitleide die israelische Bevölkerung für ihre Regierung, die mit aller Macht dafür sorgt, daß dieser Staat immer weniger Freunde auf der Welt hat." [ZJD_10.04.2002_Rot_001]

Es kommt auch vor, dass diese Kontrastierung zwischen den Gruppen der „(guten) Holocaustopfer" und der „(bösen) israelischen Täter" vorgenommen wird, wie in (43):

(43) „Die Verknüpfung der Verbrechen der gegenwärtigen israel. Regierung mit dem Mord an Millionen Juden durch die Faschisten betrachte ich als eine unerhörte Schändung des Ansehens Ihrer jüdischen Glaubensgenossen, die den Hitlerterror zum Opfer gefallen sind. Sharon ist ein Mörder und rassistischer Kriegstreiber. Er ist ein willfähriger Vollstrecker der Politik der USA. Terroristen sind nicht die Palästinenser, sondern die isreal. Militärs und Siedler, die geraubtes Land besetzt halten." [ZJD_14.04.2002_ano_004]

Die jeweiligen Einschränkungen sollen belegen, dass die Schreiber nicht generell alle Israelis und alle Juden verurteilen, sondern nur die „bösen". Es ist eine

---

[17] Auf diese Weise lassen sich Tatbestände wie z. B. die Raketenschüsse auf Südisrael, die nicht in das eigene Weltbild passen, relativieren. So seien diese Angriffe auf die Zivilisten natürlich zu verurteilen, aber man dürfe eben nicht die Verbrechen der israelischen Besatzungsarmee vergessen, die wesentlich schwerwiegender seien.

Strategie, die letztlich dem Vorwurf, generell judenfeindlich eingestellt zu sein, entgegentritt.

d) Eine besondere Form der Vermeidungsstrategien bilden Ja-Aber-Konstruktionen. Sie dienen in erster Linie der thematischen Informationsentfaltung im Text und schließen häufig an die Konstruktion eines positiven Selbstbildes an. Ja-Aber-Konstruktionen, die eine Verknüpfung der positiven Selbstdarstellung mit einer vorurteilsbehafteten oder als solcher interpretierbaren Äußerung darstellen, werden zur Aufrechterhaltung des positiven Selbstbildes sowie zur Antisemitismus- und Sanktionsabwehr eingesetzt.

Auf der sprachlichen Ebene wird mittels der Ja-Aber-Konstruktion[18] der Übergang von der positiven Selbstdarstellung (unter Aufrechterhaltung des positiven Selbstbildes) zur vorurteilsbehafteten Äußerung explizit markiert.

In den Beispielen, in denen die Textproduzenten sich als demokratisch, verantwortungsbewusst und moralisch beschreiben, werden diese gesellschaftlich als positiv bewerteten Eigenschaften als Schreibanlass/Vorwand instrumentalisiert, um sich kritisch zu äußern. Als allgemeines Muster gilt dabei: *Eben weil ich x bin, muss ich Folgendes sagen*, wobei x mit den oben genannten Selbstattribuierungen gefüllt werden kann.

Der Textproduzent markiert diesen Übergang sprachlich explizit beispielsweise über adversative Konjunktionen oder kausale Adverbien, s. (44), die ein konzessives Verhältnis anzeigen, also einen (scheinbaren) Kohärenzbruch, s. (45), indizieren.

(44)   „Diese unfassbaren Ereignisse [Verbrechen in den KZs, d. Verf.] dürfen nicht vergessen oder als erledigt betrachtet werden. Ich kann es aber nicht mehr ertragen, daß die Herren Spiegel und Friedmann ständig mit erhobenen Zeigefinger vor den Deutschen herumfuchteln und sich als Moralapostel aufspielen." [ZJD_08.06.2002_Her_001]

---

18 Die argumentativen Muster von van Dijk (2002) folgen auch dem Muster der vorgeblichen, generellen Zustimmung, die dann jedoch aufgeteilt oder eingeschränkt bzw. sogar widerrufen wird. In der Regel folgen solche Aussagen dem Muster *Ich habe/bin/denke ..., aber...* und lassen sich auf Antisemitismus und Anti-Israelismus wie folgt übertragen: Scheinbare Leugnung: *Wir haben nichts gegen Juden, aber...*; Scheinbare Konzession: *Einige von ihnen sind nett, aber im Allgemeinen...*; Scheinbare Empathie: *Natürlich haben die Israelis Probleme, aber...*; Scheinbare Ahnungslosigkeit: *Ich hab keine Ahnung, aber...*; Scheinbare Entschuldigung: *Entschuldigen Sie, aber...*; Rückbelastung (das Opfer bloßstellen): *Nicht Sie, wir sind die wahren Opfer...*; Transfer: *Mich stört es nicht, aber meine Freunde und Bekannten...*

(45) „Ich bin kein Antisemit, und trotzdem bin ich der Meinung, der Zentralrat soll sich soweit wie möglich aus der Politik heraushalten." [ZJD_20.09.2006_Glo_001]

Der Wechsel von der positiven Selbstdarstellung bzw. normresistenten Evaluation zu einer vorurteilsbehafteten oder als solcher interpretierbaren Äußerung kann aber auch über die Konstruktion einer (scheinbar) kausalen Beziehung mittels konsekutiver Konjunktionen oder Kausaladverbien erfolgen, sodass ein expliziter Kohärenzbruch vermieden wird, wie in (46) und (47).

(46) „Um so mehr missbillige und verurteile ich die derzeitigen Aktionen [...]" [ZJD_11.08.2009_Man_001]

(47) „ich bin an und für sich ein relativ unpolitischer Mensch, wenn man von der Tatsache absieht, dass ich ein eingefleischter 'Anti-Nazi' bin und dieses auch öffentlich in vieler Form kundtue. Gerade aufgrund dieser Tatsache möchte ich nun doch einmal eine ernsthafte Kritik an Ihrem Umgang mit kritischen Äußerungen zum Staat Israel loswerden." [ZJD_14.09.2006_Man_001]

Unter die Strategie der Vermeidung fallen prinzipiell alle impliziten Formen des Verbal-Antisemitismus (vgl. b); s. hierzu bereits Kap. 3). Sie besteht darin, dass sprachliche Äußerungen, die eine bestimmte Form-Funktion-Kopplung (z. B. Aussagesatz-Feststellung) haben, mit abweichender Funktion benutzt werden. Diese Äußerungen folgen dem Schema: Der Sprecher sagt x, meint aber tatsächlich y.

Die Äußerung (48), von einem promovierten Mediziner an den Zentralrat gesendet, scheint auf den ersten Blick ein reiner Assertiv zu sein, d. h. ein Sprechakt, mit dem der Sprecher eine Aussage über die Welt trifft bzw. sich auf einen Wahrheitswert festlegt, also ganz allgemein eine überprüfbare Behauptung oder Aussage verbalisiert.

(48) „Gewalt wird immer neue Gewalt nach sich ziehen, wenn es kein Innehalten, keine Besinnung gibt." [ZJD_07.04.2002_Bin_001]

(48) als Assertiv zu verstehen, erklärt jedoch nicht den kommunikativen Sinn: Warum sollte der Mediziner den Zentralrat der Juden über den Allgemeinplatz „Gewalt zieht Gewalt nach sich" informieren wollen? Diese Information ist für den Zentralrat nicht neu. Die kommunikative Absicht liegt hier nicht in einer Aufklärung, sondern vielmehr in einer Aufforderung zum Innehalten bzw. Einhalten.

Beispiel (48) kann also als Sprechakt mit direktivem Handlungswert (Auffordern) beschrieben werden, obwohl über die wörtliche Bedeutung nur eine Feststellung ausgedrückt wird. Gleichzeitig vollzieht sich hier die konzeptuelle Gleichsetzung von deutsch-jüdischen und israelischen Belangen, und der Verfasser stigmatisiert den Zentralrat als Mittäter bzw. mitverantwortliche Instanz für die Gewalt in Israel (s. Kap. 7.2.1 und 5.2).

Viele Aussagen werden mit den performativen Verben *sagen, betonen* oder *feststellen* realisiert und enthalten Abschwächungsmittel wie die Modalpartikeln *bitte, leider* etc.

(49) „Leider muss ich ihnen nunmehr sagen das ich nicht mehr als Verachtung für diese primitive Art der 'Poltik' habe." [ZJD_10.08.2006_Koe_001]

Tatsächlich handelt es sich aber um Verbal-Angriffe, die die Adressaten diskriminieren und diffamieren. Die kommunikativen Absichten der Schreiber, also Beleidigen oder Drohen, werden so entschärft, Diffamierungen und Beschimpfungen entsprechend als „berechtigte Kritik" oder in (50) gar als *„Mitgefühl"* deklariert dargeboten.

(50) „werten Sie dieses Schreiben als Zeichen des Mitgefühls für ihr Volk." [IBD_23.07.2006_Vol_001]

Sprechakte wie Sagen und Feststellen haben normalerweise die Funktion, den Wahrheitswert des ausgedrückten Inhalts festzulegen. Bei den Zuschriften an den ZJD und die IBD drücken diese Sprachhandlungen dagegen Beleidigungen, Diffamierungen und/oder subjektive Einschätzungen aus (s. hierzu Kap. 10).

Die diskriminierende und ressentimentgeladene Argumentation wird zumeist verteidigt als *„legitime Israel-Kritik"* (wobei der Vorwurf des Antisemitismus antizipiert und zurückgewiesen wird. Zur Abgrenzung von Anti-Israelismus und Israel-Kritik vgl. Kap. 7.1):

(51) „Nun bitte nicht mit den alten Klischees argumentieren, wer Israel kritisiert, wer Israel eine Mörderregierung bescheinigt, ist ein Antisemit." [ZJD_06.04.2002_5]

Die kommunikative Strategie, Israel anzugreifen, hat für die Schreiber den Vorteil, Schuld zu projizieren und Täterschaft auf der Adressatenseite zu konstruieren, ohne sich dem Verdacht auszusetzen, ein Antisemit zu sein (s. hierzu auch die Täter-Opfer-Umkehrung). Auf Israel wird verwiesen, tatsächlich aber geht es auf einem verbalen Umweg gegen Juden und Judentum.

Entsprechend verhält es sich mit den Direktiva (also Handlungsaufforderungen), wobei es jedoch quantitativ einen Unterschied zwischen den Zusendungen an den Zentralrat der Juden in Deutschland und an die Israelische Botschaft gibt; bei letzterer treten Direktiva weitaus seltener auf. Unabhängig vom Empfänger enthält die Mehrheit aller direktiven Sprechakte Verben im Imperativ, es handelt sich also um klassische Aufforderungssätze.

(52) „Stoppt eure Brüder in Israel und macht endlich Frieden!"
[ZJD_30.07.2006_Mra_001]

(53) „walten Sie der Gerechtigkeit, damit diese Verbrechen [„ethnischen Säuberung von Palästina", d. Verf.] gesühnt werden und endlich Frieden einkehren kann - ein Frieden, den Sie, wir und die ganze Region um Israel braucht. Frieden und nicht immer wieder Hass schüren."
[ZJD_03.12.2008_Oet_001]

Solche Direktiva vermitteln implizit stets Negativbewertungen (wie *Sie besetzen unrechtmäßig das Land anderer* oder *Bislang setzt sich der Zentralrat nicht für Frieden ein* o. Ä.). Die im Korpus vorkommenden Expressiva,[19] also Sprachhandlungen, die die emotionale Einstellung des Schreibers ausdrücken, werden häufig mit performativen Verben, vor allem *protestieren, verurteilen* und *(be)-danken*, getätigt oder über konventionalisierte Floskeln (wie *es ist eine Schande, es ist unerträglich, dass x*) realisiert. So werden Schreiben oft wie in Beispiel (54) eröffnet:

(54) „ich protestiere nachdrücklich und entschieden gegen die fortgesetzten und vorsätzlichen Vergehen gegen die Menschenrechte [...]. Es ist eine Schande, durch nichts zu rechtfertigen. Israel stellt sich nach meiner Ansicht dadurch in die Reihe der Schurkenstaaten."
[IBD_29.03.2004_Sta_001]

Werden Kommissiva, also Sprechakte, mit denen sich der Sprecher auf eine zukünftige Handlung festlegt, verbalisiert, sind sie meist als Drohungen zu ver-

---

19 Die klassische Sprechakteinteilung sieht fast ausschließlich die Expressiva als Möglichkeit, Gefühle sprachlich auszudrücken bzw. Äußerungen mit emotionalem Gehalt zu tätigen. Letztlich können wir aber mit allen Sprachhandlungstypen emotionale Zustände und Prozesse ansprechen und auslösen. Jede sprachliche Äußerung kann emotionale Inhalte vermitteln (s. Schwarz-Friesel 2007: 27).

stehen. Explizit taucht dieser Sprechakttyp z. B. in Form von Boykottankündigungen wie in Beispiel (55) auf.

(55)   „Ab sofort werde ich keinerlei Waren mehr kaufen, die aus Ihrem Land kommen! Und ich werde alle meine Bekannten und Freunde auffordern es genauso zu machen [...]" [IBD_13.07.2006_Fis_003]

Vordergründig wird auch in (56) nur die Aussage getroffen, Ariel Scharon sei ein Monster, jedoch wird auch hier zugleich ein zweiter Handlungstyp (Expressiv) vollzogen, da die Aussage die Einstellung des Schreibers beinhaltet.

(56)   „Ein Monstrum ist er [Ariel Scharon, d. Verf.] und kein Regierungschef." [ZJD_10.04.2002_Alt_001]

Dies geschieht über die Auswahl des pejorativen und dehumanisierenden Lexems *Monstrum*. Gleichzeitig wird damit auch der Akt des Beleidigens vollzogen.

Zusammenfassend lassen sich zwei Typen impliziter Verbal-Antisemitismen bei der Vermeidungsstrategie unterscheiden: Das Gesagte wird entweder mittels reklassifizierender Sprachformen ausgedrückt, umgedeutet und aufgewertet, wodurch das tatsächlich Gemeinte scheinbar negiert wird, oder das Gemeinte wird über zusätzlich zu ziehende Schlussfolgerungen (Implikaturen) vermittelt. Der erste Typ lässt sich paraphrasieren durch 'Das Gemeinte ist etwas Anderes als das Gesagte'; der zweite Typ als 'Das Gemeinte ist etwas Zusätzliches zum Gesagten'.

Das tatsächlich Gemeinte indirekt zu verbalisieren bzw. umzubenennen, hat für den Schreiber stets den Vorteil, sich nicht festlegen zu müssen; er kann sich jederzeit auf das expressis verbis Gesagte beziehen und das Gemeinte, implizit Vermittelte, leugnen. Bei allen indirekten Sprachhandlungen und allen Formen von Vermeidungsstrategien handelt es sich um eine Verschlüsselung judenfeindlicher Vorurteile, die es den Schreibern erlaubt, eine radikale Semantik über eine entradikalisierte Form zu vermitteln.

11.4   Rechtfertigungsstrategien: „*Sie provozieren das!*"

Zu den Rechtfertigungsstrategien zählen Begründungsmuster, mit denen die eigene Argumentation als rational und begründet abgesichert bzw. bewiesen werden soll. Relevant sind solche Begründungen, wenn eine persönliche und/

oder gesellschaftliche (moralische) Schuld bzw. Verantwortung der Deutschen gegenüber Juden und/oder Israel zurückgewiesen und delegitimiert wird.[20]

Den Kern der Rechtfertigungsstrategien bilden Argumentationsmuster, mit denen aufgezeigt wird, dass die vorgetragene Argumentation, die Verknüpfung der einzelnen Argumente, inhaltlich richtig, gesellschaftlich akzeptiert oder verbreitet ist. Es werden Motive genannt, und diese werden als „faktenbasiert" ausgegeben. Es werden vermeintlich faktische Argumente angeführt, die allerdings de facto subjektiv sind. Es sind das *„Schweigen"* und das *„moralische Versagen des Zentralrats"*, die *„Unrechtspolitik"* und der *„Staatsterror Israels"*, die die Verfasser an den Schreibtisch bzw. PC treiben:

(57)　„Ich muss Ihnen schreiben, weil ich mir große Sorgen um den Weltfrieden und um die Zukunft unserer Kinder mache." [ZJD_28.07.2007_Gab_001]

(58)　„Und ich sage: die jetzt den Mund nicht aufmachen gegen diese Verbrechen, gegen diesen Horror, machen sich durch ihr Schweigen automatisch mitschuldig." [ZJD_30.08.2006_Cra_001]

(59)　„Mittlerweile bin ich so sehr enttäuscht von Ihrer jahrelangen einseitigen neg. Darstellung der Palästinenser und Ihren vielen Provokationen, Ihrer fehlenden Einsicht, Ihrer provokativen Siedlungspolitik, Ihrem Eklat mit der Türkei usw." [IBD_01.11.2011_Ber_001]

Über die Legitimations- und Vermeidungsstrategien hinausgehend (bei denen die Legitimierung des Schreibens an sich und die Rechtfertigung einzelner Äußerungen/Argumente im Vordergrund stehen) trägt die Rechtfertigungsstrategie nicht nur zur Aufrechterhaltung des positiven Selbstbildes und insbesondere zur Antisemitismus-Abwehr und historischen Entlastung bei. Vielmehr wird hier neben der Betonung des globalen Anliegens (*Sorge um den Weltfrieden, Verantwortungsbewusstsein, Normalität für Deutsche* usw.) zusätzlich die Diskreditierung der Adressaten in den Vordergrund gerückt und der Eindruck von Faktizität und Objektivität vermittelt. Zugleich manifestieren sich bei den Rechtfertigungsversuchen der Schreiber oft Schuld- und Verantwortungsabwehr. Diese erfolgen

---

[20] Gleichzeitig handelt es sich bei dieser Abwehr um eine Gegenposition zum offiziellen gesellschaftlichen Konsens des politischen Mainstreams, der die Singularität des Holocaust, die deutsche Schuld und die heutige Verantwortung gegenüber Israel anerkennt. Hier spiegelt sich also ein Konflikt zur Normen-Akzeptanz wider, den die Schreiber für sich jedoch dadurch (auf)lösen, dass sie sich als mutige Verfechter von Meinungsfreiheit präsentieren, die sich nicht dem unterstellten Meinungsdiktat der Juden beugen.

über argumentative Muster, die eine Rationalität/Kausalität der Einstellung konstruieren oder die eigene Position als gesellschaftlich akzeptiert und mehrheitlich verbreitet darstellen. Die folgenden Beispiele werden aufgrund der Komplexität ihrer Begründungsmuster und der zugrunde liegenden Konzeptualisierungen teilweise etwas ausführlicher diskutiert.

a) Über die Konstruktion einer Analogie werden im folgenden Beispiel (60) jüdische und nicht-jüdische Deutsche gleichermaßen als Opfer und Leidtragende (einer Schicksalsgemeinschaft) des Nationalsozialismus dargestellt. Aufgrund dieser Aufrechnung und des Vergleichens von Leid werden das Ausmaß der nationalsozialistischen Verbrechen an der jüdischen Gemeinschaft und eine persönliche Schuld der damaligen Generation von nicht-jüdischen Deutschen negiert, um so die heutige deutsche Verantwortung gegenüber der jüdischen Gemeinschaft in Abrede stellen zu können (vgl. hierzu auch die Relativierungsstrategien).

(60) „Auch mein Großvater ist im Krieg gefallen und mein Vater mußte für die Mutter, und 3 kleine Geschwister sorgen. Wenn der Großvater sich damals geweigert hätte, dann hätten sie ihn erschossen. Also was wollen Sie eigentlich?" [ZJD_01.08.2006_Mue_001]

Auf der sprachlichen Ebene wird die Analogie mittels der additiven Junktion *auch* sowie über die kausalitätsanzeigende Wenn-dann-Satzkonstruktion realisiert. In der rhetorischen Frage wird schließlich als Resümee die Konsequenz aus der konstruierten Analogie gezogen: 'Juden haben keinen Grund zu klagen'. Der Vergleich basiert auf dem Argument 'Deutsche haben in der NS-Zeit genauso gelitten wie Juden'. Bezüglich der Deutschen findet anhand eines konkreten familiären Einzelschicksals eine Generalisierung statt, bei der die Beteiligten als repräsentativ für die Gesamtheit der Deutschen stehen. Zugleich bleibt die Analogie vage, denn die jüdischen Opfer werden weder als solche explizit benannt noch wird die Art ihres Leidens beschrieben, lediglich der Zentralrat wird durch das Anredepronomen *Sie* persönlich als Vertreter der jüdischen Gemeinschaft angesprochen.

b) Über deduktives Schließen wird in Beispiel (61) mit Hilfe eines indirekten NS-Vergleichs die Rationalität der dargelegten Haltung zu belegen versucht:

(61) „Zu Recht machen die Juden den Deutschen zum Vorwurf, während des Nazi-Regimes aus Feigheit weggeschaut zu haben. Jetzt verlangen Sie jedoch von uns erneut, wegzuschauen. Dazu bin ich aber nicht bereit." [ZJD_01.08.2006_Fle_001]

Im ersten assertiven Sprechakt werden die Deutschen mit dem negativ bewertenden Attribut *feige* charakterisiert, und diese amoralische Eigenschaft wird als Ursache für die Mitschuld der deutschen Gesellschaft an den NS-Verbrechen evaluiert. Zunächst wird also ein moralisches Versagen der Deutschen explizit eingestanden. In der anschließenden Behauptung wird dem Zentralrat unterstellt, er verlange jetzt erneut von den Deutschen, wegzuschauen, also wiederum moralisch zu versagen. Diese Äußerung impliziert durch das Verb *verlangen* und die adverbiale Bestimmung *erneut* erstens, dass das Wegschauen in der NS-Zeit gefordert, also keine freiwillige Entscheidung war, und zweitens, dass die jetzige Situation in Israel mit der NS-Zeit vergleichbar ist, sowie drittens, dass die israelische Politik dem Zentralrat zufolge nicht kritisiert werden darf. Der Textproduzent lehnt dann das als amoralisch diskreditierte Verhalten des Wegschauens ab, denn dieses führe, wie die deutsche Geschichte zeige, zu einem berechtigten Vorwurf. Die Einstellung des Autors gegenüber dem kritisierten Zentralrat wird somit über das deduktive Schließen und den indirekten NS-Vergleich als eine rational und moralisch aus der Geschichte abzuleitende Haltung gerechtfertigt.

c) Der Verweis auf Andere ist ebenfalls als Rechtfertigungsstrategie zu sehen, wenngleich diese auch stark an die Funktion der Vermeidung gekoppelt ist (da der Schreiber es vermeidet, die vorgetragene Meinung als seine eigene auszudrücken). Eine antisemitische Äußerung wird dabei nicht als persönliche Meinung, sondern auf der sprachlichen Ebene explizit als Einstellung einer anderen Person oder Gruppe wiedergegeben, wie in (62):

(62) „Hier hat man den Eindruck die Juden fühlen sich wohler, je mehr Feinde sie um sich haben. Und ich spreche hier nicht von mir, sondern das ist die Reaktion aus meinem Bekanntenkreis. Diese, sonst gemäßigte Rechts- und auch Linkswähler, bekommen in der Diskussion über dieses Thema richtig extremistische Gedanken." [ZJD_24.03.2005_Dei_001]

Der Produzent lehnt einerseits die Verantwortung für die antisemitische Aussage (die das Stereotyp des STREIT- UND RACHSÜCHTIGEN JUDEN bedient) ab, indem er sie einer anderen Instanz zuweist, zugleich aber die wiedergegebene Aussage nicht ablehnt und damit implizit akzeptiert. Andererseits rechtfertigt und legitimiert er durch den Hinweis, dass eine ganze Gruppe von integren Bürgern so denke, das zuvor Geäußerte. Der Verfasser von (63) präsentiert auf diese Weise (zugleich die Abschwächungsstrategie mittels der Verwendung von *leider* benutzend und sich damit distanzierend) die angeblich mehrheitsfähige Antipathie gegenüber dem Zentralrat der Juden.

(63) „Durch meine Außendiensttätigkeit in den Bundesländern Hessen, Rheinland – Pfalz und Saarland erfahre ich täglich mehrrnals die Meinungen von vielen Bürgerinnen und Bürgern unseres Vaterlandes, [...]. Nur kann und muss ich leider (!) feststellen, daß die überwiegenden Sympathien in dem immer schärfer werdenden Schlagabtausch zwischen Friedmann und Möllemann, sich auf der Seite von Herrn Möllemann - ganz eindeutig! – befinden." [ZJD_11.06.2002_Win_001]

Neben der exklusiven Variante wie in (62) und (63) findet sich auch oft die Strategie der inklusiven (den Schreiber mit einbeziehenden) Meinungsgeneralisierung. Sie dient der Absicherung, dass die negative Haltung nichts Exzeptionelles, sondern vielmehr eine von vielen Deutschen getragene, normale Einstellung sei:

(64) „In meinem Freundeskreis hat sich das Denken über Israel in den letzten 5 Jahren so nachhaltig zum Schlechten verändert, dass wir uns selbst wundern. Nein, wir sind keine Antisemiten. Wir sind in der Regel überdurchschnittlich Gebildete, links orientierte und humanistisch geprägte Deutsche mittleren Alters." [IBD_08.07.2011_Wac_001]

d) Das Sprechen im Namen der Mehrheit[21] wird somit als Ausdruck für die allgemeingültige Akzeptanz und Verbreitung der dargelegten Einstellung verwendet:

(65) „Ein Bundesbürger" [IBD_24.03.2004_ano_002][22]

(66) „Es grüßt Sie ein Mitglied der 'unanständigen Mehrheit' die Israels Machenschaften als völkerrechtswidrig ansieht."
[IBD_23.07.2004_Sch_001]

(67) „Mit Gruß einer der 65% Deutscher, die im Staat Israel eine Bedrohung des Weltfriedens sehen [...]" [IBD_25.03.2004_War_001]

Auf der sprachlichen Ebene sind hierbei die Selbstreferenzen der Produzenten in der 3. Person Singular sowie die Unterspezifikation auffällig. Oftmals stellt sich der Autor in der den Brief abschließenden Grußformel als Teil eines Kollek-

---

21 Siehe hierzu auch Wir-Gruppe-Ihr-Gruppe-(In-Group-Out-Group-)Konstruktionen.
22 Beispiele wie (65) können auch eine Form der Anonymisierung darstellen, wenn sich der Absender in der gesamten Zuschrift (Umschlag, Kopfbogen usw.) namentlich nicht nennt. Akademiker jedoch, die sich als solche zu erkennen geben, teilen immer Namen und Adresse mit.

tivs dar, wie in (65), welches hinsichtlich seiner Quantität als Mehrheit, s. (66), und seiner Qualität als moralisch integer, s. (67), charakterisiert wird. In diesem Zusammenhang werden oft Lexeme wie *Weltfrieden* und *Völkerrecht* verwendet, s. (66) und (67), sowie Komposita oder Derivationen auf Basis dieser Lexeme gebildet, wie in (66).[23]

Das Sprechen im Namen der Mehrheit kann auch durch den expliziten Verweis auf ein (jedoch unterspezifiziert bleibendes) Kollektiv erfolgen, wie in (68):

(68) „Die israelische Führung hat [mit ihrem Verhalten, d. Verf.] nicht nur bei mir das Existenzrecht Isreals in Frage gestellt."
[IBD_Datum_unleserlich_Brief]

Durch Mehrfachunterschriften, wie in (69), und/oder oder durch das Anhängen von Unterschriftslisten und das Einreichen von Petitionen wird diese Strategie ebenfalls oft realisiert:

(69) „W. L., Berlin, R. S. , Berlin, H. D., Fürth, A. H., Berlin [usw.]"
[ZJD_19.04.2002_Lin_001]

Tritt diese argumentative Generalisierung im Abschlussteil des Textes auf, ergibt sich als zusätzliche kommunikative Funktion der spezifischen Rechtfertigungsstrategie noch eine Rechtfertigung des Gesamttextes.

Indem die Verfasser unter Rekurs auf ein allgemeines Meinungsbild die antisemitischen Inhalte als gesellschaftsfähiges Gedankengut darstellen und als anti-antisemitisch deklarieren, legitimieren sie ihre Radikalität vor den Adressaten und auch vor sich selbst.

e) Der explizite Bezug auf (gesellschaftlich anerkannte) Autoritäten[24] bzw. Institutionen dient ebenfalls dem Selbstschutz durch Verantwortungsabgabe, wobei gleichzeitig eine allgemein positive Zustimmung zum Inhalt der brisanten Äußerungen suggeriert wird. Der Produzent verortet damit seine Einstellung als gesellschaftlich akzeptiert und legitimiert sich.

---

23 Gleichzeitig wird über derartige Äußerungen auch Normentreue und positive Selbsteinschätzung signalisiert, sodass hier eine Überschneidung verschiedener Strategien vorliegt.
24 Der Bezug auf Autoritäten ist eine argumentative (und persuasive) Strategie, die bereits in der klassischen Rhetorik genannt wird (vgl. z. B. Klein 1994).

(70) „'Es ist eine Gräueltat, welche als Bestrafung der Bevölkerung Gazas verübt wird. [...] Es ist ein Verbrechen. [...] Ich denke es ist eine Abscheulichkeit, dass dies weiter andauert', sagte der ehemalige amerikanische Präsident Jimmy Carter am Freitag." [IBD_21.04.2008_Gel_001]

(71) „Israel betreit eine Apartheitpolitik (J. Carter)." [IBD_17.01.2009_Boc_001]

Bei den argumentativen Begründungszusammenhängen, aber auch bei den Rechtfertigungs- und Legitimierungsstrategien spielen Verweise auf Autoritäten eine herausragende Rolle. Um die eigene Meinung zu begründen, wird auf die Aussagen von Politikern, Nahostexperten oder Historikern verwiesen. In diesem Zusammenhang werden zusätzlich oft die Kommentare verdienter Persönlichkeiten und Würdenträger zitiert.[25] Als Autorität gilt derjenige, dessen Status und Integrität allgemeine Achtung findet. Wer sich selbst auf eine solche Autorität berufen kann, profitiert von dieser Integrität; seine Meinung ist dann für andere leichter annehmbar oder zustimmungswürdig.

Solche „Autoritätenbeweise" treten in israelfeindlichen und israel-kritischen Zuschriften vor allem bei Schreibern der Mitte und bei Linken oder Linksextremen auf.

Bei anti-israelischen Äußerungen ist der Bezug auf UN-Resolutionen eine frequente Strategie des institutionellen Autoritätenbezugs:

(72) „Sie werfen dem Libanon vor, der UNO-Resolution 1559 nicht nachgekommen zu sein. Gibt es überhaupt eine der unzähligen Resolutionen, der Israel jemals nachgekommen ist ? Da ist doch Heuchelei und Verdummung." [ZJD_21.07.2006_Gie_001]

Die von den Schreibern angeführten „Beweise" für die „Verkommenheit" von Israelis und/oder Juden lassen allerdings stets wichtige Informationen aus: z. B., dass bestimmte Beschlüsse der UN zurückgenommen wurden und dass die Resolutionen zur Verurteilung Israels stets von arabischen Mitgliedsstaaten eingereicht werden.

Es werden keineswegs nur anerkannte Autoritäten zitiert: Als Autorität zählt bei manchen Schreibern prinzipiell jede/r, die/der im massenmedialen Diskurs eine gewisse Bekanntheit hat oder durch eine exzessiv israel-kritische Haltung aufgefallen ist.

---

25 Hier konzentrieren wir uns zunächst auf personale Autoritäten; mediale Autorität in Form von Meinungsführermedien und Mainstream-Berichterstattung werden im Zusammenhang mit dem Phänomen der Intertextualität diskutiert.

(73) „Die mutige und überzeugende Argumentation von Dr. Norbert Blüm, Ulrich Kienzle und Udo Steinbach hat mich sehr verwundert und tief beeindruckt." [IBD_22.01.2009_Wei_001]

(74) „Nehmen Sie sich ein Beispiel, Frau Knobloch, an der Tochter Ihres Vorgänges Galinski, Frau Evelyn Hecht-Galinski, die als Aktivistin von 'Jews for a Just Peace' ihre Augen nicht verschließt und dieses Unrecht in ehrenwerter Weise beim Namen nennt, anstatt sich in eine Schafherde einzureihen, die hinter Herrn Olmert hertrottet." [ZJD_31.08.2006_Goe_001]

f) Der Bezug auf (jüdische) Autoritäten ist eine (von allen Schreibern, gleich welcher politischen Richtung) frequent benutzte, offensichtlich als ausgesprochen schlagkräftig und wirkungsvoll beurteilte Rechtfertigungsstrategie. Hierbei handelt es sich um die klassische persuasive Strategie des Autoritätenbeweises, bei dem als besonders überzeugendes rhetorisches Mittel ein Vertreter der kritisierten Gruppe zitiert wird, der seine Gemeinschaft selbst kritisiert, um so einen internen Beweis anzubieten.

Insgesamt lassen sich drei Formvarianten unterscheiden, mit denen sich die Autoren strategisch auf jüdische „Autoritäten" beziehen, um ihre eigene Meinung oder die Interpretation des Geschehens in Nahost argumentativ abzusichern:

1. spezifischer Bezug auf eine konkrete jüdische oder israelische Person,
2. vager Bezug auf jüdische oder israelische Freunde und Bekannte,
3. Kontrastierung „gute" versus „schlechte" Juden ohne Bezug auf konkrete Personen (d. h. Generalisierung durch Dichotomisierung).

Die häufigste Variante stellt der explizite Bezug auf individuelle jüdische oder israelische Autoritäten dar; diese werden als *gute* oder *positive Vertreter der Juden* in Abgrenzung zu den kritikwürdigen *schlechten Juden* herangezogen. Zu den Repräsentanten der *schlechten Juden* zählen in erster Linie die beiden Institutionen IBD und ZJD, die man mittels Autoritätenbeweis kritisieren will. Daneben werden als Einzelpersonen am häufigsten Charlotte Knobloch, Dieter Graumann, Salomon Korn, Ehud Olmert und Schimon Stein erwähnt. Sind keine spezifischen Einzelpersonen genannt, werden unklar eingegrenzte jüdische und israelische Gruppen als kollektive Vertreter der schlechten Juden/Israelis angeführt, wie in (75):

(75) „in unserer westlichen Hemisphäre gibt es seriöse und schlitzohrige Menschen. Die Juden darf man wohl auch klassifizieren nach 'Falken' und 'Tauben'. Zu den 'Tauben' gehören soziale, kluge, gebildete, liebens-

werte, sensible und und musische Menschen. Zu den 'Falken' gehören aggressive, raffgierige und machtbesessene Menschen - Paul Wolfowitz - jüd. Medienmacher der deutschen Presse - israelische Politiker, etc. so zumindest nach meinem Empfinden." [ZJD_16.04.2007_Wac_001]

Auffällig ist in (75) die explizite kontrastive Attribuierung der beiden Gruppen in „seriös, sozial, klug, liebenswert, sensibel und musisch" versus „schlitzohrig, aggressiv, raffgierig und machtbesessen". Hier werden der Gruppe der schlechten Juden zugleich antisemitische Stereotype zugewiesen. Derartig plakative Einteilungen finden sich vor allem bei rechtsradikalen und linksextremistischen Schreibern, aber auch vereinzelt bei Verfassern aus der Mitte.

Die Kontrastierung von „guten" versus „schlechten" Juden ohne direkten Bezug auf einzelne Personen tritt vor allem dann auf, wenn Israel pauschal kritisiert wird. Die generische Kollektivierung aller Israelis spricht für die Bildung neuer israel-bezogener Stereotype, denn nicht der einzelne konkrete Politiker oder Soldat wird beschuldigt, sondern der Staat Israel oder die Gruppe der Israelis insgesamt (s. hierzu Kap. 7). Diesen generalisierten schlechten Juden werden die achtenswerten, weil israel-kritischen Juden oder Israelis als positive Ausnahmen gegenübergestellt. Auf deren Haltung zu Israel bzw. ihre zum Teil anti-israelischen Äußerungen und Texte bezieht man sich geflissentlich, um alle anderen „uneinsichtigen" Juden und Israelis zu diskreditieren. In der Regel werden bekannte linke Israel-Kritiker zitiert, allen voran Uri Avnery, aber auch Tony Judt, Benny Morris, Michael Lerner oder Reuven Moskovitz. Von den deutschen Juden sind Felicia Langer, Rolf Verleger oder Evelyn Hecht-Galinksy die Meistzitierten (vgl. Bsp. (76)). Als israelische moralische Autoritäten werden zudem auch David Grossman, Abraham B. Yehoshua und Amos Oz geführt. Auch Gruppen wie „Jews for a Just Peace" oder „Bürgerrechtler in Israel" (vgl. Bsp. (77)) werden zu den guten Juden gezählt.

(76) „Sehr geehrte Frau Knobloch, sehr geehrter Herr Dr. Graumann, ich bin froh, dass es Menschen wie Frau Hecht-Galinski, Frau Wieczorek-Zeul und Dr. Verleger gibt, die deutlich ihre Meinung zu den Vorgängen im Libanon sagen. [...] Vor allem aber ist es zynisch. Wenn Sie die Ministerin derart angreifen. Und wissen Sie, Herr Dr. Graumann, was noch zynisch ist? Dieses (Ihres!) Zitat: 'Die israelischen Streitkräfte bemühen sich nach Kräften, Zivilisten zu schonen und Kolateralschäden zu vermeiden. Gleichwohl gilt es, Raketenstellungen unschädlich zu machen, um die eigene Bevölkerung vor weiteren Angriffen zu schützen.' Mit Streubomben? [...] So bleibt das Ergebnis dieser Untersuchung ab-zuwarten, aber vor allem auch der Dank an die Personen, die ich am Anfang dieser Mail

genannt hatt- und die ausdrückliche Missbilligung Ihres- Frau Knobloch und Herr Dr. Graumann!-Verhaltens." [ZJD_02.09.2006_Fis_001]

(77) „Offensichtlich sind etliche der Israelis mit mher Menschlichkeit gesegnet als dieser Zentralrat! Die Armee kann offensichtlich tun was sie will und ihr klatscht Beifall. Nehmt euch ein Beispiel an den Bürgerrechtlern in Israel. Was soll das nach dem Holocaust? Ihr seit wahrlich grosse Bürger der Menschlichkeit!" [ZJD_ 22.11.2006_ano_001]

Der explizite Bezug auf jüdische Autoritäten läuft häufig nach dem gleichen Muster ab. Der Verweis erfolgt am Anfang der Zuschrift. Die herausragende Stellung der Autorität wird unterstrichen, indem beispielsweise akademische Titel angeführt werden oder die Personen attribuiert werden als *„renommiert"* oder *„bekannt"*. Wie im folgenden Beispiel (78) sind der explizite Verweis auf die jüdische Abstammung des zitierten Professors sowie hervorhebende Interpunktionszeichen typisch.

(78) „'[...] Israel ist blind gegenüber der Gefahr, dass seine Exzesse bis hin zum Einmarsch in den Libanon seinen imperialen Mentor an den Punkt der Irritation und darüber hinaus bringen. [...] radikaler Wandel [in der Politik Israels, d. Verf.] würde freilich jedes Klischee und jede Illusion in Frage stellen, mit denen sich Israel und seine politische Elite so behaglich eingerichtet haben.' Tony Judt, (jüdischer!) Prof. an der Universität New York" [IBD_20.07.2006_Hau_001; Hervorhebung im Original]

Auffällig sind Modalpartikeln wie *sogar*, *selbst* oder *auch*, die implizieren, dass jüdische Kritik an Israel irgendwie bemerkenswert sei oder besondere Aufmerksamkeit verdiene (vgl. Bsp. (79)).

(79) „Man kann die Parteilichkeit der Frau Knobloch als Jüdin verstehen, aber nicht hinnehmen. Sie soll doch etwas im Rahmen bleiben. Die israelische Armee hat schon von Anfang an brutale Angriffskriege geführt. Die bestätigte sogar der israelische Historiker Benny Morris." [ZJD_25.07.2006_Wie_001]

Zum einen wird in (79) ignoriert, dass in den jüdischen Gemeinden inner- und außerhalb Israels stets und ständig über israelische Politik debattiert wird und kontroverse Auseinandersetzungen geführt werden, jüdische Israel-Kritik also keineswegs eine Ausnahme ist. Zum anderen implizieren diese Modalpartikeln den rhetorischen Topos: 'Die Kritisierten sagen ja selbst ...'. Sehr häufig wird, um dieses Argument implizit einzuführen, explizit auf das Jüdisch-Sein der genannten Autoritäten verwiesen wie in (80).

(80) „Vielleicht sollten Sie einmal lesen, was Uri Avneri über den Nahost-Konflikt sagt und Frau Patricia Langer, die nach ihrer Darstellung mit Mord bedroht wurde und die richtig sagt: 'Die einzige Lehre aus Auschwitz ist Gerechtigkeit.' (Beides Juden)." [ZJD_30.03.2002_Kos_001]

Im Vergleich zu nicht-jüdischen wird jüdischen Autoritäten also eine höhere Relevanz bzw. argumentative Schlagkraft oder auch thematische Nähe oder Involviertheit unterstellt, denn wenn die „Betroffenen" der gleichen Meinung sind, kann die eigene Einschätzung nicht falsch sein. Ganz nach dem Grundsatz *Juden sagen ja selbst ..., also muss es richtig sein* wird implizit konstatiert, dass Israel-Kritiker à la Avnery als positive Ausnahme die Regel bestätigen.

Gern verweisen die Schreiber auch, genau dieses Argument benutzend, auf jüdische Freunde und Bekannte, welche die gleiche (israel-kritische) Position wie sie selbst vertreten, natürlich ganz objektiv und glaubwürdig, denn sie sind ja Juden. Das Jüdisch-Sein selbst hat hier also für die Schreiber schon autoritätssteigernden Charakter und wird als eine (wie auch immer geartete) Sachkenntnis oder Befugnis gesehen. Zugleich wird dabei eine Entlastungsstrategie und implizite Antisemitismus-Abwehr realisiert, indem auf den jüdischen Bekanntenkreis verwiesen wird, um einen möglichen Antisemitismusverdacht zu verhindern. Im Unterschied zu der Schuld- oder Verantwortungsabwehr durch die Nennung des Geburtsjahrgangs („*Gnade der späten Geburt*") wird der Bezug auf jüdische Freunde nicht am Anfang der Zuschrift, sondern wie in (81), der E-Mail eines promovierten Akademikers, eher am Ende des Textes realisiert.

(81) „Wenn Sie diese Äußerung zu anmaßend finden, darf ich Ihnen noch zur Kenntnis geben, daß ich seit Jahrzehnten mehrere jüdische Familien zu meinen Freunden zählen darf, auch im Ausland."
[ZJD_30.06.2002_Pol_001]

Neben den jüdischen Autoritäten stützen sich die Schreiber auch auf eine Vielzahl nicht-jüdischer Autoritäten, deren Äußerungen sie aus dem Kontext nehmen und je nach Funktion beliebig in ihre Argumentation einfügen.

(82) „ich habe Verständnis dafür, wie schwer es für Juden und Israelis sein muss, sich von Deutschen Kritik anhören zu müssen, das Folgende aber stammt aus der Feder eines unserer größten Dichter, Theodor Fontane, der hugenottischer Abkunft war und dem man nicht unterstellen kann,

Antisemit gewesen zu sein; Fontane[26] schrieb dies gegen Ende des neunzehnten Jahrhunderts - in echter Fürsorge, wie ich finde: 'Ich bin von Kindesbeinen an ein Judenfreund gewesen und habe persönlich nur Gutes von Juden erfahren. Dennoch hab' ich so sehr das Gefühl ihrer Schuld, ihres grenzenlosen Übermuts, daß ich ihnen eine ernste Niederlage nicht bloß gönne, sondern wünsche. Und das steht mir fest, wenn sie sie jetzt nicht erleiden und sich jetzt nicht ändern, so bricht in Zeiten, die wir beide' - die Adressatin des Briefes ist die Äbtissin Mathilde v. Rohr - 'freilich nicht mehr erleben werden, eine schwere Heimsuchung über sie herein.'" [ZJD_Gaza2009_17/816_Mie_001]

Diese Autoritäten haben dann in der Regel einen höheren Bekanntheitsgrad und können als „generelle moralische" Autoritäten bezeichnet werden. Zu den universellen Respektspersonen zählen u. a. Mahatma Gandhi, Dietrich Bonhoeffer oder Goethe und Machiavelli. Es ist sicher kein Zufall, dass die „universellen Respektspersonen" allesamt bereits verstorben sind.

(83)   „Wir zitierten ihm [einem 'alten israelischen Freund' und 'Holocaust-Überlebenden', d. Verf.] eine 'neue Weisheit', die des deutschen Pfarrers Dietrich Bonhoeffer, Nazigegner und Naziopfer: 'Es gibt keinen Frieden auf dem Weg der Sicherheit. Friede muss gewagt werde.'" [IBD_25.05.2006_Ste_001]

Eine besondere Stellung nehmen außerdem Bibelzitate, wie in (84), ein, die auf eine nicht-personelle moralische oder religiöse Autorität Bezug nehmen.

(84)   „In der Bibel steht 'Wer Haß säht, wird Haß ernten'."
       [IBD_23.04.2006_Ren_001]

Der Verfasser der E-Mail in (85) kombiniert verschiedene Subformen solcher Autoritätenbeweise, um seine Kritik am Zentralrat (dessen Verhalten er als „*skandalös, erschreckend, perfide*" und „*unanständig*" klassifiziert) zu bekräftigen; und er präsentiert sich zudem als philosemitisch durch den Abschiedsgruß „*Shalom*":

---

[26] Es ist belegt, dass Fontane die im 19. Jahrhundert weit verbreiteten judenfeindlichen Vorurteile hegte und sie z. B. in Briefen artikulierte (s. hierzu Kap. 4.2). Interessant an dem Fontane-Zitat in (82) ist, dass dort bereits das klassische Argumentationsmuster *Ich habe nichts gegen Juden, aber sie sind so verderbt* realisiert ist. Der moderne Verfasser von (82) trägt dieses Muster in die Gegenwart, ohne sich dessen Brisanz bewusst zu sein. Fontane wird dafür gar zu einem wahrhaft fürsorglichen Menschen aufgewertet.

(85) „Perfide vor allem deshalb, weil Sie genau wissen, dass (neben Hunderten durch die USA verhinderten Resolutionen) 9 Resolutionen bestehen, die Israel e i n d e u t i g auffordern, sich zum Beispiel auf die Grenzen des 6Tagekriegs zurückzuziehen (um nur mal eine der Resolutionen zu nennen). Ich empfehle Ihnen statt-dessen mal die Seiten www. jews for a just peace. com und jüdische Stimme. Shalom PS: Auge um Auge, Zahn um Zahn in Ihrer Thora ist letztlich ein Gebot zur Verhältnismäßigkeit. Es heißt schließlich nicht 10 Augen für ein Auge, so wie das gegenwärtige Opferverhältnis aussieht!!" [ZJD_24.07.2006_Sch_001]

Es lassen sich allgemein anerkannte Autoritäten von eher gruppenspezifischen Autoritäten unterscheiden. So ist Uri Avnery innerhalb links orientierter Kreise und bei Personen, die sich mit dem Themenzusammenhang Nahostkonflikt und Israel-Kritik beschäftigen, in der Regel bekannt. Für die große Mehrheit dürfte er jedoch relativ unbekannt und daher keine ausgewiesene Autorität sein.

Des Weiteren referieren die Schreiber auf politische, wissenschaftliche oder kulturelle Autoritäten wie Politiker, Professoren oder Schriftsteller, die sich israel-kritisch äußern:

(86) „In ähnlicher Weise wie Mr. Annan haben sich jüngst auch die Ehefrau des britischen Premierministers Blair und der britische Außenminister Straw geäußert. Ich frage mich, ob nach dem Verdikt des Zentralrats der Juden nunmehr auch Mr. Anan, Mrs. Blair und Mr. Straw als Antisemiten anzusehen sind?" [ZJD_23.06.2002_Gra_001]

(87) „2 renommierte Professoren der Havard+ Chicago-Universitäten, Walt und Mearsheimer beschreiben unter dem Titel: The Israel-Lobby und US Foreign Policy, wie gerade in 'Nahost' von Israel die Politik vorgeschrieben wird, die die USA zu befolgen haben [...]." [IBD_10.05.2006_Hue_001]

Solche „tagesaktuellen" Verweise auf Israel-Kritiker bilden sehr häufig den eigentlichen Anlass zum Schreiben, d. h. erst durch die Äußerungen der (jüdischen) Autoritäten, die ihnen das Argument also mehr oder weniger schon anbieten, sind die Absender motiviert, an den ZJD oder die IBD zu schreiben. Die Schreiber nehmen Kenntnis von diesen Äußerungen und haben damit einen Anlass, ihr Zustimmungsbedürfnis zu kommunizieren. Einige der Vielfach-Schreiber senden sogar immer dann einen Brief oder eine E-Mail an den ZJD oder die IBD, wenn sie einen neuen Text oder ein neues Interview von Uri Avnery oder anderen finden. Postwendend nach Erscheinen wird der entsprechende Text als Attachment mit der entsprechenden expliziten oder impliziten Zustimmung versendet. Daran schließt sich die Aufforderung an den ZJD oder die IBD an, diese Positionen endlich zur Kenntnis zu nehmen und danach zu handeln, wie in (88):

(88) „Ich kann natürlich verstehen, daß die Sympathien des Zentralrats der Juden bei Israel liegen. Aber würde ihm nicht trotzdem etwas kritische Distanz zu israelischen Gewaltexzessen gut anstehen? Sie wissen sicher, wer Reuven Moskowitz ist. Wenn doch Israel sich die Weisheit zu eigen machte, die er zu seiner Lebensleitlinie erklärt hat: Ein Held ist, wer seinen Feind zum Freund macht." [ZJD_15.08.2006_Heu_001]

Dass die Autoritätenbeweise häufig „gerade recht kommen" oder „verfügbar" waren und nicht gesucht wurden bzw. eine tiefergehende Auseinandersetzung mit den Meinungen der „Autoritäten" nicht stattfindet, wird daran ersichtlich, dass deren Namen zum Teil falsch zitiert werden (z. B. Patricia Langer statt Felicia Langer) oder Textpassagen falsch oder verkürzt wiedergegeben werden. Des Weiteren ist es natürlich immer eine Ermessensfrage, inwiefern es sich bei den einzelnen Personen, die zitiert oder genannt werden, tatsächlich um Autoritäten handelt. Häufig handelt es sich auch um Pseudoautoritäten, weil die Personen gar keine Sachkenntnis oder moralische Integrität vorweisen (so z. B. in (86), wo u. a. Cherie Blair aufgeführt wird, deren Autorität oder politisches Gewicht wohl darin bestehen soll, mit Tony Blair verheiratet zu sein).

In den meisten Fällen werden diese Verweise explizit verbalisiert, d. h. die Zitate werden mittels eines übergeordneten Matrixsatzes mit diversen sprechaktanzeigenden Verben wie *sagen/beschreiben/der Meinung sein, dass ...* usw. eingeleitet. Implizite Autoritätenbeweise kommen sehr selten vor, und wenn, dann auf textueller Makroebene, wenn z. B. Textpassagen einleitend oder abschließend zitiert oder ganze Artikel angehängt werden, dies aber in der Zuschrift selbst nicht kommentiert wird (hier sind vor allem vorangestellte Bibelverse oder Aphorismen zu nennen). Dabei ergibt sich aber über das für die Kommunikation basale Relevanzprinzip und die entsprechenden Implikaturen, dass die kommunikative Absicht des Verweises darin besteht, die eigene Meinung fundieren zu wollen. Das Zitieren oder Anhängen von Texten ist nur über diese Annahme plausibel zu erklären.

Auffällig ist, dass der Schluss vom als Argument angeführten Autoritätenbeweis zur eigenen Meinung fast nie expliziert wird, Formulierungen wie *Ich sehe dies ebenso .../Das ist auch meine Meinung .../Somit stimmt meine Auffassung, dass ...* usw. kommen kaum vor. Vielmehr wird der argumentative Schluss bzw. die Schlussregel 'meine Meinung ist fundiert und richtig, weil die Autorität/en der gleichen Meinung ist/sind' von vornherein unterstellt. Dies hängt sicherlich damit zusammen, dass der Autoritätenbeweis als eines der häufigsten rhetorischen Mittel konventionalisiert ist und seine argumentative Beweiskraft oder sein Aufbau automatisch mitgedacht wird.

Bei der Bezugnahme auf Autoritäten, und in besonderem Maße bei dem Verweis auf jüdische Autoritäten, zeichnet sich insgesamt eine klare Bewertungsdichotomie ab: Juden, die Israel und seine Politik kritisieren oder boykottieren, werden als moralische Autoritäten wahrgenommen und gelobt. Die Juden, die sich mit Israel solidarisieren, den Staat verteidigen oder Kritik zurückweisen, werden angegriffen und belehrt. So erheben die vermeintlich ethisch Integren das Verhältnis zu Israel und seiner Politik bzw. die Israel-Kritik zur moralischen Gretchenfrage, der sich jeder Jude zu stellen habe.

11.5 Relativierungsstrategien: *„Wir schreiben das Jahr 2007"*

Relativierungsstrategien basieren auf argumentativen Mustern, die der Revision und/oder Relativierung der deutschen Schuld und/oder Verantwortung auf gesamtgesellschaftlicher Ebene dienen. Bei den Relativierungsstrategien steht nicht primär die persönliche Absicherung der Äußerungen und Einstellungen des Textproduzenten (wie bei den Rechtfertigungsstrategien) im Vordergrund, sondern die allgemeine Rekonzeptualisierung der deutschen Vergangenheit. Natürlich geht aber implizit mit einer globalen Schuld- und Verantwortungsabwehr auch eine persönliche Entlastung einher. Relativierungsstrategien, von denen die Täter-Opfer-Umkehr die frequenteste ist, haben daher immer eine individuelle und eine kollektive Lesart (vgl. hierzu auch Wodak et al. 1990: 352, Bergmann/Erb 1991, Holz 2001, 2005).

Die Täter-Opfer-Umkehr-Strategie basiert auf der Konzeptualisierung DIE JUDEN SIND NICHT OPFER, SONDERN TÄTER.

Max Horkheimer hat die psychologische Dimension, die der Täter-Opfer-Umkehrung inhärent ist, treffend beschrieben:

> „Verletzter Stolz bedeutet eine Wunde im Kollektiv nicht weniger als im Individuum. Die Juden, die die Opfer waren, sie sind mit dem Gedanken an die Katastrophe verknüpft, mit der von Deutschen wie mit der an Deutschen geübten Gewalt. Im Unbewussten werden die Rollen vertauscht. 'Nicht der Mörder, der Ermordete ist schuldig.' Narzißtische Kränkung zu überwinden, ist überaus schwer, und noch die Generation, die gar nicht beteiligt war, leidet an der Wunde, die sie selbst nicht kennt." (Horkheimer [1961] ⁵1997: 314)

Allerdings muss in Ergänzung dazu festgehalten werden, dass es sich nicht immer um unbewusste Phänomene handelt. Als kommunikative Strategie wird die Täter-Opfer-Umkehr jedoch gezielt und bewusst eingesetzt. Es gibt diese Strategie in mehreren Manifestationsvarianten. Bei rechtsradikalen Schreibern und

Neonazis realisiert sie sich entweder vergangenheitsbezogen als Verweis auf die *Gefahr, die seinerzeit von den Juden für Deutschland ausging* und die Notwendigkeit, sich *gegen den jüdischen Feind zu wehren*. Rückwirkend wird das Verhältnis von Tätern und Opfern umgekehrt.

(89) „HITLER WAR VERRUECKT, ABER ER HAT ERKANNT DAS IHR EIN MOERDERPACK SEID. Scheiss JUDEN. IHR DRECKS-VOLK [...]"
[IBD_07.05.2010_ano_040]

(90) „HITLER hatte RECHT, Ihr seid eine kranke Rasse."
[IBD_01.06.2010_ano_017]

(91) „HitlereHAT VOR EUCH DRECKSPACK GEWANRT."
[IBD_01.06.2010_ano_024]

(92) „Warum wurden sie ['die selbst ernannten Juden', d. Verf.] denn auf der ganzen Welt verfolgt? [...] Einen Grund hatte der Herr Hitler vielleicht doch?" [ZJD_25.07.2006_ano_007]

Ähnliche Begründungszusammenhänge werden auch von Schreibern aus der Mitte konstruiert und angeführt (s. hierzu auch Kap. 6, Bsp. (23)):

(93) „In den letzten Wochen habe ich Hitler begriffen warum er die Juden ausrotten wollte!" [ZJD_01.09.2006_Sch_002]

(94) „Wenn alle Juden so sind, wie Sie, dann wissen wir jetzt warum die Vergangenheit in Deutschland so passiert ist." [IBD_19.04.2008_Bec_001]

Einer solchen Referenzialisierung folgt zumeist der Hinweis auf die aktuelle Bedrohung durch *jüdische Verschwörungen* sowie durch die *Weltgefahr* Israels.

(95) „Warum müsst ihr mit aller Macht die ganze Welt beherrschen?"
[ZJD_28.09.2007_Sch_001]

(96) „Israel kontrolliert Amerika und sicherlich morgen die ganze Welt."
[ZJD_Gaza2009_522/816_ano_001]

(97) „Die von Euch Juden hgeheim gebaute Atombombe hast das Gleichgewicht gestört. Und Euch und den Neo-Cons ist es am ehesten zuzutrauen dass sie diese Waffe auch einsetzen." [IBD_31.10.2006_ano_001]

In Verbindung mit Schuld- und Verantwortungsabwehr wird diese Strategie aber auch ausschließlich gegenwartsbezogen benutzt wie in (98), der E-Mail einer 37-jährigen Lektorin und Journalistin:

(98) „Das deutsche Volk hat über Generationen hinweg genug Buße tun müssen – in Form von erdrückenden Steuergeldern für die Juden. Was gibt's da also zu beschweren? Euch geht's doch bestens – auf Kosten des Staates, auf Kosten von mir und meinem Mann z. B. als Steuerzahler! Ist das denn immer noch nicht genug?" [ZJD_04.05.2005_Kar_001]

Hier dient die Täter-Opfer-Umkehr der gegenwärtigen Entlastung und entspricht dem Bedürfnis nach Normalität. Die in Deutschland lebenden Juden werden als erpresserische Holocaust-Ausbeuter in der Täterrolle dargestellt, die den leidenden Deutschen finanziell und moralisch Schaden zufügen. Auch bei dieser Variante spielt aber natürlich das Bewusstsein über den Opferstatus der Juden in der NS-Zeit eine Rolle. Dieser wird jedoch oft expressis verbis aufgehoben:

(99) „Dieses 'ach die armen Juden' habt ihr mittlerweile verspielt!" [IBD_30.06.2006_Wor_001]

(100) „Treten Sie endlich aus der ewigen Opferrolle heraus und stellen sich der eigenen Verbrechen." [ZJD_31.07.2006_Wol_001]

Krude Vermischungen von verschiedenen Referenz- und Zeitebenen wie in (101) zeigen die konzeptuelle Verschmelzung von jüdischen und israelischen Belangen:

(101) „Israel bezeichnet sich gerne als Opfer. Diese Rolle haben sie nach dem 2ten Weltkrieg beibehalten, obwohl sie mitlerweile Täter sind." [ZJD_13.04.2002_ano_002]

Die (gebildeten) Schreiber aus der Mitte projizieren bei der Täter-Opfer-Umkehr ihre anti-jüdischen Ressentiments weniger auf die Vergangenheit, sondern mehr auf die aktuelle Lage in Israel. Dabei spielt die Konzeptualisierung ISRAEL ALS KOLLEKTIVER JUDE eine entscheidende Rolle:

(102) „die Nachkommen der Opfer werden selbst zu unbeschreiblichen Tätern." [ZJD_01.08.2006_Bah_001]

Den in Deutschland lebenden Juden und dem Zentralrat wird Mittäterschaft an den „kriminellen Taten der Israelis" vorgeworfen. Viele Verfasser wollen den gesellschaftlichen Druck der historischen Belastung, die als Zwang empfundene moralische Entrüstung nicht akzeptieren. Sie relativieren „ihren deutschen Makel" durch die Konstruktion von Täterprofilen auf jüdischer Seite. Diese Täterschaft wird zugleich nach doppeltem Standard bzw. unikaler Fokussierung bewertet (vgl. hierzu auch Kap. 7.2.3). Dies bedeutet, dass die den modernen Juden unterstellten Verbrechen als besonders niederträchtig angesehen werden (da diese aufgrund ihrer Vergangenheit geläutert sein müssten):

(103) „Ausgerechnet die Juden, die so viel Leid erlitten haben, sind jetzt brutale Kriegsverbrecher." [ZJD_28.05.2007_Blu_001]

(104) „Nach ihren eigenen schlimmen Erfahrungen eigentlich unfassbar." [IBD_30.11.2007_Rat_001]

Das in solchen Äußerungen enthaltene Argument, dass 'Juden heute das mit den Palästinensern tun, was die Deutschen in der Vergangenheit mit den Juden getan haben', nimmt dem Holocaust zugleich seine Unikalität und minimiert seine zivilisationsbrechende Dimension sowie das Ausmaß seiner Unmenschlichkeit. Verfasser aus der Mitte versuchen diese Semantik stets mittels Vermeidungs- und Abschwächungsstrategien zu kaschieren.

(105) „Mit Erschrecken stelle ich fest, wie in meinen eigenen Bekanntenkreis immer mehr Menschen, die man wirklich nicht als rechtsradikal einstufen kann, massive Kritik an Israel üben. Noch geschieht dies hinter vorgehaltener Hand. Aber ich fürchte, das Tabu gegenüber öffentlicher Kritik an Israel könnte leicht zerbrechen. Die Sympathie einer ganzen Generation für Israel und für das jüdische Volk ist dabei, sich in Entsetzen und Enttäuschung aufzulösen. Es wird immer schwerer zu verstehen, wie ein Volk, das selbst eine lange Leidensgeschichte durchlebt hat, einem anderen Volk so viel Leid zufügen kann." [ZJD_01.05.2002_Sch_001]

Solche Schreiben kodieren den unzulässigen konzeptuellen Transfer ISRAELISCHE TATEN SIND JÜDISCHE TATEN, sie relativieren damit zugleich vergangenheitsbezogen die deutschen Verbrechen, sie konstruieren de-realisierend moralische Verkommenheit auf jüdischer Seite, und sie rechtfertigen ihre eigene, aber anderen in den Mund gelegte Abneigung gegenüber Juden, da diese als schlimme Täter gesehen werden.

Gekoppelt an die Täter-Opfer-Umkehr finden sich mehrere Argumentationsmuster, die in Relativierungsstrategien eingebunden sind: Argumentativ erfolgt die Revision der deutschen Schuld bei den untersuchten Zuschriften immer über die Form des Geschichtsrevisionismus, s. a). Hingegen werden bei einer Relativierung der deutschen Schuld und/oder Verantwortung, s. b), sowie bei einer Relativierung deutscher Verantwortung unter Anerkennung der deutschen Schuld, s. c), die historischen Fakten der NS-Geschichte nicht geleugnet, sondern in ihrer heutigen Relevanz infrage gestellt. Eine Relativierung und Abwehr der deutschen Verantwortung resultiert des Weiteren auch aus der Leugnung des aktuell in Deutschland auftretenden Antisemitismus bzw. aus dessen Marginalisierung als Randerscheinung, s. d).

a) Die Revision deutscher Schuld erfolgt in (106) explizit auf der Wortebene durch die Leugnung der NS-Verbrechen mittels des Determinativkompositums *Auschwitz-Lüge* auf der Basis von *Lüge* mit dem Bestimmungswort *Auschwitz*. Als einer der schlimmsten Orte der NS-Verbrechen an Juden steht Auschwitz synonym für die Gesamtverbrechen der Nationalsozialisten an der jüdischen Bevölkerung (vgl. Eitz/Stötzel 2007: 25, Chiffre Auschwitz). Solche manifesten Holocaustleugnungen und Rekonzeptualisierungen der deutschen Vergangenheit finden sich vor allem bei rechtsradikalen Schreibern, die meist anonym bleiben:

(106) „Auschwitz-Lüge" [IBD_2004_ano_Postkarte]

(107) „Ach, ja, ganz vergessen, die Juden wurden ja vergast, und diese 'Tatsache' müssen wir alle glauben, dafür sorgen die BRD-Gerichte."
[IBD_16.01.2009_ano_008]

Neben der globalen Revision treten auch partikulare Relativierungen und Fakten-Zurückweisungen wie in (108) auf:

(108) „'Aus der Haut ermordeter Gefangener fertigte man zynischerweise Gebrauchsgegenstände, wie Lampenschirme für SS-Angehörige [...]' Diese Geschichte ist ein Lügenmärchen! [...] das Lampenschirmmärchen." [ZJD_25.04.2007_Sch_001]

Die Tatsache, dass aus der Haut von ermordeten Gefangenen Lampenschirme für SS-Angehörige gefertigt wurden, wird explizit über das Determinativkompositum *Lügenmärchen* als falsch dargestellt.

Auffällig ist die Spezifizierung der Kompositionsbasis *Märchen* über das Bestimmungswort *Lüge*, denn hier werden zwei semantisch nahe stehende Konzepte – die semantische Gemeinsamkeit besteht in der fiktiven Komponente – miteinander verknüpft. Im Unterschied zum Märchen, bei dem die Fiktionalität erwartet und akzeptiert und somit positiv bewertet ist, ist mit dem Konzept LÜGE eine Negativbewertung und Sanktionierung der geäußerten Unwahrheit verbunden.

b) Eine Relativierung deutscher Schuld kann auf der Satzebene wie in Beispiel (109) über die Aufrechnung von eigenem Leid mit dem Leid der Opfer des Holocaust erfolgen.

(109) „Ich bin keine Antisemitin und auch unsere Familie hat unter dem 3. Reich gelitten!" [ZJD_06.04.2002_Ses_001]

Dieser Aussage liegt die kausal konstruierte Beziehung zugrunde: 'Weil meine Familie ebenfalls Leid erfahren hat, kann ich keine Antisemitin sein' und das impliziert wiederum 'wenn man selbst einer Opfergruppe angehört(e), kann man heute kein Täter sein.'

Im Beispiel (110) erfolgt eine implizite Relativierung deutscher Verantwortung und Schuld auf Textebene über die Verwendung rhetorischer Fragen und einer Analogiekonstruktion sowie über den Gebrauch von NS-Vergleichen.[27] Die Äußerung ist auf der Wortebene darüber hinaus durch Übertreibung und Verharmlosung sowie Vagheit gekennzeichnet:

(110) „Warum vergießt Ihr alle Krokodilstränen, wenn mal jemand einen Gegenstand auf eine jüdische Synagoge wirft, gleichzeitig aber schweigt Ihr, wenn unsere Geburtskirche in Bethlehem, von den jüdischen Militärhorden zerstört wird? Was müssen die jüdischen Nazihorden denn noch unternehmen, um deutsche 'Persönlichkeiten' zu einer Stellungnahme zu bewegen?" [ZJD_08.04.2002_Sch_001]

Mittels des Kompositums *Krokodilstränen* wird die öffentliche (deutsche) Reaktion auf die anti-jüdische Anschlagsserie in Frankreich und Belgien in der Osterzeit 2002[28] als heuchlerisch charakterisiert. Das Ausmaß der Anschläge wird verharmlosend dargestellt, indem vage mittels der Modalpartikel *mal*, dem Indefinitpronomen *jemand* und der unterspezifiziert bleibenden indefiniten Nomi-

---

27 Zu den Spezifika des NS-Vergleichs s. Kap. 7.2.2.
28 Es wurden vielerorts Synagogen, Geschäfte und Schulen in Brand gesetzt, Friedhöfe geschändet, Synagogen und Menschen mit Steinen beworfen (vgl. *NZZ* am 02.04.2002, S. 3 oder *Tagesspiegel* am 04.04.2002, S. 7).

nalphrase *einen Gegenstand* auf das Ereignis referiert wird. Zugleich erfolgt eine falsche Sachverhaltsrepräsentation durch die Behauptung, es sei nur eine Synagoge mit einem Gegenstand beworfen worden. Eine derart verzerrende Perspektive marginalisiert die antisemitischen Ereignisse. Kontrastiv wird der israelische Militäreinsatz, der der Befreiung der von bewaffneten Palästinensern belagerten Geburtskirche in Bethlehem diente, als *Zerstörung* bewertet; die Einsatzkräfte werden als *Militärhorden* und *Nazihorden* beschimpft. Mit dieser Israel als Täter dämonisierenden Perspektive geht wiederum eine de-realisierende Sachverhaltsrepräsentation einher, denn es wird behauptet, dass die Geburtskirche vernichtet worden sei (das Verb *zerstören* impliziert ein großes Ausmaß an Vernichtung). Des Weiteren ist ein Bruch bezüglich der Informationsstruktur zu erkennen, denn im Gegensatz zu den antijüdischen europäischen Ereignissen werden bei den israelischen die vermeintlichen israelischen „Täter" benannt und ausschließlich ihr Verhalten fokussiert. Auffällig ist die Lexemwahl *unsere Geburtskirche*. Mit Hilfe des Possessivpronomens wird eine religiös begründete Wir-Gruppe der Christen konstruiert, von der die Israelis als Ihr-Gruppe ausgeschlossen sind und der die Konzeptualisierung JUDEN = ISRAELIS zugrunde liegt.

Monoperspektivische Darstellungen von Ereignissen, wie in diesem Beispiel, die sich durch Verkürzung komplexer Sachverhalte und Aufgreifen einzelner brisanter und emotionaler Details kennzeichnen, die wiederum in eine in sich schlüssige (wenn auch realitätsferne) Argumentation passen, sind typischer Ausdruck eines konzeptuell geschlossenen Textweltmodells (vgl. Schwarz-Friesel 2007: 226).

c) Eine Relativierung deutscher Verantwortung kann auch unter Anerkennung der deutschen Schuld stattfinden, wie beispielsweise in (111) und (112) über eine explizite Schlussstrichforderung.

(111) „Wir schreiben das Jahr 2007 und nicht mehr 1945. Letzteres ist fast zwei Generationen her. Was damals geschehen war, soll in keiner Weise relativiert werden. Aber: Es reicht!" [ZJD_16.04.2007_Sch_003]

Argumentativ wird die Aufforderung, Ermahnung und Erinnerung zu beenden, lediglich mit dem langen Zeitabstand zu den NS-Verbrechen begründet.

In (112) wird die Schlussstrichforderung vage mittels der Gradpartikel *genug* begründet, und dieser Forderung wird durch das Modalverb *müssen* und die Modalpartikeln *endlich* und *mal* Nachdruck verliehen.

(112) „Deutschland hat genug für Israel und die Juden getan und damit muß entlich mal schluss sein ." [ZJD_13.05.2007_Lud_001]

d) Während in a) bis c) die Relativierung der deutschen Vergangenheit im Vordergrund steht, um die Verantwortung der Deutschen abzuwehren, zielt ein weiteres argumentatives Muster darauf, das Vorhandensein von Antisemitismus in der Gegenwart zu leugnen, wie in (113), bzw. zu relativieren, wie in (114). Solche Äußerungen fokussieren weniger die individuelle Einstellung als vielmehr eine angebliche gesamtgesellschaftliche Vorurteilsfreiheit. Der Textproduzent versteht sich aber immer auch als Teil der Gesellschaft und grenzt sich somit von einem Antisemitismus-Vorwurf ab. Das Ausmaß des Antisemitismus wird hierbei marginalisiert und die gesellschaftliche Relevanz der Auseinandersetzung mit Antisemitismus verneint (s. hierzu auch die Beispiele (182) ff. in Kap. 5.2).

(113) „Antisemitismus ist hier unbekannt." [IBD_23.07.2006_Her_002]

So wird beispielsweise in (113) der aktuelle Antisemitismus explizit geleugnet oder wie in (114) als rechtsextreme Randerscheinung marginalisiert sowie im Verhältnis zu Israels „Untaten" als harmlos charakterisiert, s. (115). Häufig wird auch eine rechtsextreme Einstellung als solche als ungefährlich erachtet und in diesem Zusammenhang relativierend auf einen israelischen Rassismus verwiesen.

(114) „Diese Aktivitäten in Israel scheinen mir derzeit um Einiges brisanter fuer den Weltfrieden zu sein als neonazistische Umtriebe in Deutschland." [ZJD_24.10.2006_Bud_001]

(115) „Von wegen rechtsradikale Vorboten eines neuen Hitler; QUATSCH. Viel harmloser sind diese Leute." [ZJD_24.10.2007_ano_003]

Bei diesen Formen des Entlastungsantisemitismus lassen sich zudem drei unterschiedliche Konzeptualisierungen unterscheiden, die Juden die Schuld geben (s. auch Kap. 5): a) JUDEN FÖRDERN GENERELL DURCH IHR VERHALTEN ANTISEMITISMUS, vgl. (116), b) JUDEN IN DEUTSCHLAND FÖRDERN ANTISEMITISMUS DURCH IHRE POSITIONIERUNG GEGENÜBER ISRAEL, vgl. (117), und c) ISRAEL(ISCHE POLITIK) IST SCHULD AM ANTISEMITISMUS IN DEUTSCHLAND, vgl. (118). So befindet ein Beamter, der seit 30 Jahren bei der Bundeswehr arbeitet:

(116) „irgendwie entsteht in der brd ein neuer judenhass – auch dank ihrer mithilfe." [ZJD_02.05.2007_Moh_001]

Ein Bürger aus Hildesheim verknüpft seine Beschwerde mit einem entsprechenden Vorwurf, der einen direkten kausalen Zusammenhang konstatiert:

(117) „Es ist einfach niederträchtig von Ihnen, jedes Wort der Kritik an israelischer Politik mit Antisemitismus gleichzusetzen. Sind Sie sich eigentlich bewußt darüber, dass Sie mit Ihren Äußerungen erst das hervorrufen, was Sie beklagen?" [ZJD_02.09.2006_Pap_001]

Ein Bedburger gibt die Erklärung expressis verbis formuliert: Antisemitische Aktivitäten resultieren einzig aus dem intolerablen Verhalten aller Israelis.

(118) „Und sie beschweren sich über die wachsende Judenfeindliche Handlungen in Europa? Das sind sie selber schuld. [...] Denn die Israelis betreiben Rassismus, Fremdenfeindlichkeit und Intoleranz" [IBD_04.07.2007_Dro_001]

Gleichzeitig werden in diesem Zusammenhang genuine antisemitische Tendenzen der Deutschen geleugnet oder relativiert, und damit wird die Verantwortung abgelehnt bzw. verschoben.

(119) „Wissen Sie, Herr Kramer, dass der so oft zitierte Antisemitismus im Grunde überhaupt kein Gewicht hat in der Bevölkerung? Wenn der Zentralrat der Juden behauptet, der Antisemitismus in Deutschland wachse und bezieht sich dabei auf 200 lächerliche Mails diverser Online-Junkies, halte ich das für wenig verantwortungsbewusst." [ZJD_27.07.2006_Gro_001]

(120) „Aber vielleicht brauchen Sie das ja, um Ihr Weltbild zu bestätigen, dass Deutschen "antisemitisch" eingestellt seien." [ZJD_30.07.2006_Cla_001]

Die Bagatellisierung des aktuellen Antisemitismus wird dabei stets durch die Behauptung vorgenommen, dass es keine (oder keine ernstzunehmende) Judenfeindschaft in der deutschen Mehrheitsgesellschaft gebe.

11.6 Abgrenzungsstrategien: *„Sie sind eine Truppe"*

Die Ab- und Ausgrenzung von Juden als Ihr-Gruppe (Out-Group) ist eine semantische Konstante im antisemitischen Diskurs, die über Kontrastierungen realisiert wird (vgl. hierzu bereits Kap. 5). Dies geschieht zum einen innerhalb der bereits genannten Textstrategien und zum anderen über spezifische Abgrenzungsmuster. Auf der sprachlichen Ebene zeichnen sich die jeweiligen argumentativen Muster durch eine Oppositionssetzung von Deutschen und Juden bzw. Israelis aus. Auffälliges Charakteristikum ist die Konzeptualisierung JUDEN = ISRAELIS und die damit einhergehende Synonymverwendung der Lexeme *Jude(n)* und *Israeli(s)*, die oftmals mit einer monoperspektivischen Wahrnehmung von Israel als einem Aggressorstaat einhergeht.

Da Abgrenzungsstrategien auf Formen der Kontrastierung bzw. Gegenüberstellung hinauslaufen, können sie auf vielfältige Weise sprachlich realisiert werden und im gesamten Text auftreten. Im Folgenden werden die geläufigsten Varianten aufgeführt.

Auf der Wortebene wird die Gegenüberstellung durch die Verwendung von Pronomina der 3. Person Singular oder Plural in Verbindung mit abfälligen Bezeichnungen realisiert, s. (121) bis (123):

(121)   „[...] ihre Vereinigung [...] Sie Herr Spiegel und ihre Organisation" [ZJD_12.06.2002_Sta_001]

(122)   „Eure geldgierige Truppe." [ZJD_04.05.2006_Kel_001]

(123)   „Ihrem widerlichen Lobbyiistenverband." [ZJD_17.03.2002_Lue_001]

Oft wird diese Kontrastierung zusätzlich über die Verwendung von Pronomina der 1. Person Singular oder Plural für die Wir-Gruppe, zu der sich der Textproduzent zählt, ausgedrückt. Dies geschieht kontrastiv zu den Pronomina der 3. Person Singular oder Plural für die Ihr-Gruppe, in der Juden und/oder Israelis vom Textproduzenten verortet werden (zu inklusivem versus exklusivem *Wir* vgl. Mautner 1998).

(124)   „[...] ich frage mich, was sie diese trauerrede angeht." [ZJD_16.04.2007_Moh_001]

Der Textproduzent von (124), ein Beamter, bringt so sein Unverständnis über kritische Kommentare des Zentralrats zur Rede des damaligen baden-württembergischen Ministerpräsidenten Günther Oettinger anlässlich des Todes des ehemaligen NS-Marinerichters Hans Filbinger zum Ausdruck. Über die rhetorische Frage und die Verwendung der Pronomina *ich* versus *sie* wird die Diskussion über die Trauerrede implizit als Angelegenheit der (deutschen) Wir-Gruppe außerhalb des Kompetenzbereichs des Zentralrats als Vertreter der (jüdischen) Ihr-Gruppe konzeptualisiert. Dieser Konzeptualisierung liegt das Stereotyp JUDEN SIND KEINE DEUTSCHEN zugrunde.

Häufig wird die Ausgrenzung von Juden als Nicht-Deutsche und von Israelis als Unmenschen auf der Wortebene mittels stark pejorativer Adjektive und Nomina ausgedrückt (s. hierzu Kap. 10.1):

(125) „widerwärtiges israelisches Pack [...] Ihr Rattenpack"
[IBD_08.05.2007_Kol_001]

(126) „kranke, widerwärtige und ultrabrutale Wichser"
[IBD_10.06.2006_Bre_001]

(127) „Mitleidlose Kreaturen seid Ihr." [ZJD_01.08.2006_Mon_001]

Dehumanisierung (z. B. durch Tierbezeichnungen) und moralische Ab- und Entwertung sind hierbei dominant.

Auf der Satzebene erfolgt die Ab- und Ausgrenzung auch explizit mittels direktiver Sprechakte wie Aufforderungen:

(128) „halten sie sich zurück mit ihrer kritik an deutschen aktivitäten im ausland. das ist eine einmischung in innere angegelenheiten des deutschen staates, der ihnen als nicht-europäische sekte nicht zusteht."
[ZJD_29.05.2007_Sch_002]

In Beispiel (129) lässt allein die Anhäufung rhetorischer Fragen und die Verwendung der Modalpartikel *eigentlich* auch ohne kontrastiv gesetzte Pronomina den Schluss zu, dass der Textproduzent in Deutschland lebende Juden nicht als Deutsche konzeptualisiert. Dass diese Schlussfolgerung gerechtfertigt ist, wird im nachfolgenden Satz deutlich.

(129) „Was sind die Mitglieder des ZENTRALRATES eigentlich: Jüdische Bürger in Deutschland ? Deutsche Juden ? Israelische Juden in Deutschland ? Letztere Deutung liegt nahe, verhalten sich doch Frau Knobloch und Herr Korn – wie ehedem die Herren Bubicz und Spiegel – gegenüber deutschen Politikern und Bürgern wie die '5. Kolonne' eines fremden Staates ?" [ZJD_02.11.2006_Buh_001]

Zwar sind Ab- und Ausgrenzungsstrategien, die auf tradierten judeophoben Stereotypen basieren, besonders oft bei rechtsradikalen Verfassern zu beobachten, doch auch gebildete Schreiber greifen auf diese Kontrastierungsmuster zurück. So wie in (130), wo ein promovierter Akademiker aus Lauf die deutschen Juden als Israelis (*Ihres Landes*) sieht:

(130) „Statt gekränkt über Antisemitissmus zu reden, sollte Herr Friedmann Format zeigen und sich Gedanken machen, ob nicht doch ein bisl Wahrheit in der Kritik Möllemanns steckt. Vornehme Zurückhaltung, gerade in der jetzt so schwierigen Lage Ihres Landes, würde dem guten deutsch jüdischen Verhältnis dienlich sein." [ZJD_07.06.2002_Ban_001]

Ein immer wiederkehrendes argumentatives Muster, das der Abgrenzung von Juden dient, ist die 'moralische Diskreditierung', die bei rechtsradikalen Schreibern direkt ausgedrückt wird, während Verfasser aus der Mitte dies über die Referenz auf Israel vollziehen.

Ein Schreiber aus Kornwestheim grenzt in seiner E-Mail an den Zentralrat Israel als ein barbarisches Land von anderen Ländern ab, indem er mittels diverser Vergleiche dessen angebliche Verkommenheit fokussiert und damit seine Hoffnung auf Gewalt und Leid legitimiert.

(131) „Israel betreibt den Holocaust an den Bewohnern Palestinas. [...] Es wird offenbar, daß Israel eben nicht zum Kreis der aufgeklärt humanistischen Völker zählt, sondern kulturtell und geistig-moralisch im barbarischen Zustand verblieben ist. Es ist zu hoffen, daß Israel genügend Tote zu beklagen hat, wie Europa im 30-jährigen Krieg, um (im wahersten Sinne des Wortes) zur Vernunft zu kommen."
[ZJD_Gaza2009_552/816_Mad_001]

Häufig wird dabei (vor allem von linksextremen und linken Verfassern) der Nahostkonflikt allein als Resultat der israelischen Politik simplifiziert und dies einseitig (monoperspektiviert) in Form von Aussagesätzen als Fakt dargestellt:

(132) „Gerade die Hisbollah ist doch eine Gründung infolge fortgesetzten Staatsterrorismus der israelischen Regierung und des Militärs gegen seine Nachbarstaaten. Immerhin ist es in jüngster Vergangenheit der Hisbollah zu verdanken, daß die profaschistische israelische Soldateska nicht wieder bis in das wehrlose Beirut vordringen konnte und mit Panzern eine Schneise des Todes und der Zerstörung durch die Flüchtlingslager Sabrah und Schatila wie vor einigen Jahren unter General Scharon zog." [ZJD_07.10.2006_Zim_001]

Kennzeichnend für die monoperspektivische Darstellung des Verfassers aus (132) sind auf der Textebene eine einseitige Informationsstruktur und auf der Wortebene Negativ-Referenzialisierungen Israels. Israel wird über Lexeme wie *Staatsterrorismus, profaschistisch, Schneise des Todes, Zerstörung* kriminalisiert und dämonisiert. Hingegen wird die Terrororganisation Hisbollah nicht mit den Konzepten TERROR, TOD, UNRECHT oder SCHULD assoziiert, sondern vielmehr als BESCHÜTZER konzeptualisiert. Es findet also eine eklatante De-Realisierung statt.

Wenn Juden und Israelis prinzipiell als moralisch verwerflich oder als außerhalb der ethischen Werte und Normen stehend dargestellt sind, lassen sich daran vielfältige antisemitische Argumente und Forderungen anschließen. So können auf dieser Basis auch stets die deutsche Schuld und Verantwortung für den Holocaust und seine Folgen relativiert und geleugnet, der israelische Staat delegitimiert sowie die judenfeindliche Einstellung gerechtfertigt werden. Die den Juden unterstellte Amoralität dient als eine variabel einsetzbare Prämisse für jedwede antisemitischen bzw. anti-israelischen Meinungsäußerungen und Argumentationsketten.

Die geläufigste Form der moralischen Diskreditierung erfolgt über NS-Vergleiche. So erfolgt z. B. in (133) mithilfe der Täter-Opfer-Umkehr-Strategie durch den impliziten NS-Vergleich eine Schuldrelativierung und/oder Verantwortungsabwehr:

(133) „Wiso wird denn über 60 jahre nach dem Ende des Nationalsozialismus immer noch so viel unnötiges gerede über diese lang abgehandelte Zeit gehalten? Räumt doch erst mal in eurem eigenen Land auf. Was passiert denn da mit den Palestinensern?" [ZJD_13.04.2007_ano_001]

Solchen an den Zentralrat gesendeten Texten ist stets die konzeptuelle Gleichsetzung von ISRAELIS und JUDEN inhärent. Deutsche Juden werden als Nicht-Deutsche von der Mehrheitsgesellschaft abgegrenzt. Eine moralische Diskreditierung erfolgt dabei häufig gekoppelt an das Anlegen eines doppelten moralischen Standards an Juden, wie in der E-Mail eines Diplomingenieurs aus Oberbayern:

(134) „Trotz ihrer leidvollen Vergangenheit scheint ihnen ein Mitgefühl für die nöte anderer Völker fremd zu sein" [ZJD_12.12.2006_Oeh_001]

Dieser Doppelstandard basiert auf der wie folgt beschreibbaren Konzeptualisierung: 'Menschen, denen Leid zugefügt wurde, müssen geläutert sein und sensibel für das Leid anderer. Die Juden aber sind moralisch besonders verkommen und roh, denn sie haben keine Lehre aus der Vergangenheit gezogen.' Die israelische Politik wird als Verstoß gegen die Normen der Wir-Gruppe (westliche demokratische Gesellschaften) allen Juden angelastet und somit als Begründung für die Ausgrenzung von Juden herangezogen (vgl. hierzu auch Holz 2005: 23–53).

Abgrenzungsstrategien beruhen insgesamt konzeptuell und emotional maßgeblich auf tradierten judenfeindlichen Stereotypen. Juden werden dabei immer als das Andere, das Böse und Verkommene dargestellt. Abgrenzungsstrategien dienen den antisemitischen Schreibern dazu, ihren eigenen Antisemitismus als legitim zu präsentieren und zu artikulieren.

Damit schließt sich ein argumentativer Kreis (judenfeindlichen Denkens und kommunikativen Handelns) in Bezug auf die erörterten Strategien: Die Ausgrenzung von Juden muss – dem antisemitischen Denken zufolge – sein, denn sie ist für die Sprachproduzenten (pseudo-)kausal begründet, wie die scheinbar rechtfertigenden Argumente zeigen, die durch die Legitimierung der eigenen Person und Position abgesichert sind. Zugleich muss sichergestellt sein, dass der Eindruck vermieden wird, man sei ein Rassist oder Antisemit. Offensive Selbsterhöhung und defensive Selbstverteidigung interagieren bei dem Versuch, das konzeptuell geschlossene Weltbild aufrechtzuerhalten und überzeugend an andere zu vermitteln.

Rechts versus Mitte

Die verbalen Strategien treten in den untersuchten Zuschriften nicht gleichmäßig verteilt auf. Vielmehr gibt es auffällige Unterschiede zwischen extremen und eher gemäßigten Zuschriften. Legitimations- und Vermeidungsstrategien treten besonders häufig bei Textproduzenten auf, die sich selbst in der gesellschaftlichen Mitte oder dem politischen Mainstream verorten. Die exemplarischen Analysen zeigen, dass Verfasser, die eliminatorischen bzw. vulgär-rechten Antisemitismus artikulieren, auf diese Strategien überwiegend verzichten. Rechtsextreme Schreiber halten es also für unnötig, ihre antisemitischen Meinungen zu kaschieren oder argumentativ zu begründen. Zugleich finden sich bei (den wenigen) Schreibern, die tatsächlich nur legitime Kritik an Israel üben, kaum Legitimations- und Vermeidungsstrategien. Dies deutet darauf hin, dass sich Verfasser, die anti-israelische und antisemitische Positionen vertreten, durchaus im Klaren darüber sind, dass ihre Meinungen brisant und zweifelhaft bzw. zumindest diskussionswürdig und angreifbar sind. Ohne dieses Bewusstsein gäbe es keine Motivation für die Verwendung der Strategien. Daher sind das Fehlen bzw. das Vorhandensein der erörterten Strategien wichtige Indikatoren für Verbal-Antisemitismus bei uneindeutigen oder stark impliziten Äußerungen und zwar insbesondere dann, wenn sie der kommunikativen Funktion der Antisemitismus- oder Sanktionsabwehr dienen.

Fazit

Die Analyse der Zuschriften von Schreibern aus der gesellschaftlichen Mitte zeigt (bei allen individuellen Unterschieden zwischen den Verfassern) eine erstaunlich große Homogenität in Bezug auf den textuellen Aufbau, die Verwendung spezifischer Strategien und argumentativer Muster. Die E-Mails und Briefe lesen sich mehrheitlich wie Abschriften mit geringfügigen Variationen zu einer gemeinsamen Vorlage. Inhalte und sprachliche Formen sind oft nahezu austauschbar. Es wird erkennbar, wie stark und überindividuell zum einen die judeophoben Stereotype mental präsent und einflussreich sind, zum anderen, wie der antisemitische Sprachgebrauch im 21. Jahrhundert vom Bewusstsein der Katastrophe des Holocaust geprägt ist. Den (gebildeten) Verfassern der judenfeindlichen Texte ist bewusst, dass ihre Äußerungen brisant und/oder moralisch zweifelhaft sind und/oder als solche wahrgenommen werden könnten. Doch der Wunsch, das unbedingte Bedürfnis, sich mit ihrer empfundenen Wut und Empörung gegenüber dem „jüdischen Störenfried", dem „Gegner und Feind" (in diesen Fällen verkörpert durch den Zentralrat und die Botschaft) artikulieren zu wollen, ist stärker als die Bedenken, die ihnen bei dieser Artikulation kommen. Somit zeigt sich auch bei gebildeten Antisemiten aus der Mitte der Gesellschaft die für das gesamte Phänomen des Antisemitismus charakteristische obsessive Komponente.

Der vor anderen und sich selbst geleugnete Antisemitismus erhält das Wunschbild des vorurteilsfreien, verantwortungsbewussten Bürgers aufrecht. Diese Konstellation ist (aufgrund der besonderen Geschichte) typisch für den deutschen Diskurs. Die Verfasser antisemitischer Schreiben, die der Mitte zuzuordnen sind, verschlüsseln ihre judenfeindlichen Vorurteile oft mittels impliziter oder re-klassifizierter Sprachformen und benutzen verschiedene Typen von Legitimierungs- und Rechtfertigungsstrategien, um ihre semantisch radikale Argumentation einerseits zu rechtfertigen und anderseits mittels verbaler Kodierung konzeptuell umzudeuten. Die Schreiber präsentieren sich selbst als Anti-Antisemiten, deren Gewissen, moralische Integrität und Verantwortungsbewusstsein es verlangen, Stellung zu beziehen gegen die aus ihrer Sicht moralisch verwerflichen Juden und/oder Israelis. Dieser „Antisemitismus ohne Antisemiten" gibt sich anti-rassistisch und ehrbar, bedient sich aber nahezu aller gängigen judenfeindlichen Stereotype und Vorurteile, benutzt dämonisierende NS-Vergleiche und artikuliert sich über einen extremen Anti-Israelismus. Diese Kennzeichen sind auch typisch für die extremistischen E-Mail-Schreiber.

Hier liegen klar die Gemeinsamkeiten zwischen Verbal-Antisemitismus von Rechts- und Linksextremisten sowie Sprachproduzenten aus der Mitte: Zwar benutzen Extremisten mehrheitlich eine vulgäre Beschimpfungslexik sowie Bedrohungssyntax und greifen auf eine eher primitive Diffamierungsrhetorik zurück. Blickt man jedoch auf die tiefer liegenden Denkmuster und Ressentiments, offenbaren sich die gleichen semantisch-konzeptuellen Inhalte. Diese werden beeinflusst von basalen Stereotypen und Weltdeutungsschemata.

Trotz aller ideologischen Differenzen ist der Sprachgebrauch der meisten Verfasser erstaunlich ähnlich und weist bis in die argumentative Detailstruktur der Texte hinein grundlegende Muster auf. Nicht nur die konzeptuellen Grundlagen der judenfeindlichen Sprache, sondern auch die kommunikativen Realisierungsstrategien sind über alle politischen und sozialen Unterschiede hinweg weitgehend homogen.

Anhang: Ausgewählte vollständige Texte

[ZJD_27.07.2006_Rau_001], E-Mail

Von: *********@*************
Gesendet: Donnerstag, 27. Juli 2006, 09:40
An: info@zentralratjuden.de
Betreff: mörderisches Verhalten

Sehr geehrte Damen und Herren,

da Sie sich dieser Tage ohne jede Kritik auf die Seite Israels stellen, ist nun wenigstens die Forderungen aus der Welt, man müsse zwischen dem Zentralrat und Israel differenzieren. Sie halten sich für eine Truppe, Sie sind eine Truppe.

Mit größter Empörung nehme ich wahr, daß Ihr zionistischer Staat zigtausende Menschen zu bombardieren und zu vertreiben, die nichts getan haben, außer dort zu leben, wo sich der seit 60 Jahren dauernde Kampf um eine gerechte Ordnung für die von Israel vertrieben Palästinenser abspielt. Fassungslos stelle ich fest, daß Ihnen tote Kinder in Gaza und Libanon offenbar gänzlich egal sind. Augenscheinliche vorsätzliche Tötung von UN-Soldaten gehört anscheinend auch zum Geschäft Ihres Staates. Herr Begin hat den Staat Israel mit Terror herbeigebombt und seither wird er mit Terror aufrecht erhalten.

Stellen wir uns einmal vor, dies alles täte Iran. Was wäre da los in Deutschland? Massendemonstrationen, Politiker, die harte Worte finden. Sie haben die öffentliche Meinung gut im Griff. Die Frau Bundesministerin für wirtschaftliche Zusammenarbeit wurde ja sofort abgemahnt, weil sie wagte, vorsichtig die Wahrheit zu formulieren. So kann das nicht weitergehen. Sie und der Staat Israel verhalten sich mit einer Frivolität, die ihresgleichen sucht. Moralisch unantastbar, im Besitz von Recht und Wahrheit. Hintergrund ist wohl die zionistische Ideologie, ein auserwähltes Volk zu sein. Wir Deutsche haben bittere Erfahrung mit Auserwählten, Sie müssen das wohl noch lernen. Statt in der sorgsam gepflegten Opferrolle immer mehr zum Täter zu werden, sollte Israel schnellstens erkennen, daß das durch seine Existenz geschaffene Unrecht an Tausendenden Palästinensern ausgeglichen werden muß, durch einen eigenen Staat ohne militante Siedlerinseln, durch Entschädigung für Eigentumsverlust, Jahrzehnte Lagerleben und die Chancenlosigkeit einer ganzen Generation und durch el Quds als Hauptstadt auch für diesen palästinensischen Staat.

Existenzrecht kann nicht ein dauernd mit Gewalt zu verteidigender selbst gemachter Anspruch sein. Existenzrecht kann gerade in einem Fall, in dem ein Staat schlicht auf fremdem Territorium entstanden ist, nur bedeuten, den dadurch unvermeidbar verursachten Schaden der vorher dort lebenden Menschen auszugleichen. Machen Sie sich doch bitte klar, daß vor der Ankunft Israels im Nahen Osten Frieden herrschte. Seither ist Krieg. Gibt Ihnen das nicht irgendwie zu denken?

Mit freundlichen Grüßen
Prof. Dr. [Vorname Name]
[Adresse etc.]

[ZJD_01.09.2006_Tef_001], E-Mail

Von: *******@******.de
Gesendet: Freitag, 1. September 2006, 21:59
An: info@zentralratdjuden.de
Betreff: aktuelle Diskussion und Situation

Sehr verehrte Frau Knobloch,
im Bewusstsein der Vergangenheit und der Verantwortung daraus, bin ich ein sensibilisierter Bürger dieses Landes, der die historische Verpflichtung aus der Geschichte in sich trägt und diese lebt.
Antisemitismus im Besonderen und der Ausgrenzung und Pauschalisierung gegenüber allen religiösen, ethnischen und individuellen Mitmenschen im Allgemeinen, bin ich gegenüber sehr sensibel und verpflichtet! Ich trage und leben die Verantwortung aus den Verbrechen der Deutschen zur Nazi-Zeit. Das ist meine Verpflichtung und tiefer, innerer Wert Deutscher zu sein. Gegenüber den Opfern der Ns-Diktatur fühle ich mich und bin ich verpflichtet

Sie und ihre Gemeinschaft werfen den Deutschen in den letzten Tagen Antisemitische- Stimmung und Tendenzen vor. Das stimmt meiner Meinung nach so nicht... und der Vorwurf darf so auch nicht gemacht werden. Für mich Das ist ein politischer, egoistischer Missbrauch eines ganz sensiblen Teils der Geschichte. Ich kann solche pauschalen Aussagen nicht nachvollziehen!
In einer Demokratie mit mulit-religiösen Bürgern ist es mehr als normal seine Meinung auch äußern zu dürfen. Dazu gehören auch eine objektive Beurteilung der Vorgehensweise und Behandlung Israelis gegenüber seinen Nachbarn.

Sie sollten das vielmehr wahrnehmen und beleuchten und nicht gleich mit dem Hammer verurteilen und schon gar nicht mit der Ausrede des Antisemitismus. Und schon gar nicht in Deutschland. da wir alle wissen was wirklicher Antisemitismus und die Folgen waren und sind ! Die Aussagen von Dieter Graumann :

„Unsere gemeinsame und wichtigste Aufgabe ist, die Verteidigung des Staates Israel und die dauerhafte Sicherung seiner Existenz in Frieden mit seinen Nachbarn. Wir werden unseren Teil dazu beitragen", bekräftigte Graumann.

ist so nicht tragbar.

Wir sprechen vom Zentralrat der Juden in Deutschland -->von Deutschen. Deutschen Juden in Deutschland. Und NICHT von den Handlungen und Durchsetzung der israelischen Interessen und der Ablehnung jeder kritischen Stimmen
Ich erwarte vom Zentralrat eine ganz andere Haltung, Ausrichtung und Inhalte!

Ich muss Ihnen leider sagen dass Sie mit solchen Aussagen und Inhalten den Antisemitismus nur fördern, und den Antisemiten damit stärken.
Ich hoffe wirklich dass die Das verstehen können. Ich höre und fühle was die Menschen denken und bewegt.

Was ich von Ihnen erwarte und auch vom Zentralrat allgemein ist folgendes:

Sie vertreten die Deutschen Juden. Nicht den Staat Israel. Deshalb würde ich mir eine objektive, kritischere Betrachtungsweise wünschen, zumindest aber die Akzeptanz und Wahrnehmung anderer Meinungen. Auch das ist eine historische Verpflichtung.

Juden in Deutschland dürfen nicht länger eine Gruppe von verfolgten, Unterdrückten und Opfern sein, sondern vielmehr fester Bestandteil der Gesellschaft mit den gleichen Rechten und Pflichten, wie auch alle anderen religiösen Gemeinschaften! Das sollten sie leben und vorantreiben
Sorgen sie für gute gemeinschaftliche Verhältnisse, jüdisches Leben in Deutschland zu etablieren und zu stärken und nicht die Handlungen Israels zu rechtfertigen ; und schon gar nicht unter dem Vorwand des Antisemitismus wenn kritische Stimmen verlauten! Das ist kontraproduktiv.
Ich bin wirklich sehr enttäuscht !

Ich lebe für Frieden und Freiheit , ein friedliches , brüderliches, kulturelles Miteinander, in den sich die religiösen und kulturellen Gruppen gegenseitig „befruchten".
Wir müssen die guten Werte, Inhalte und gemeinsam leben. Das ist die richtige Entwicklung.
Ich sage es noch einmal. Das schilde ich auch den Opfern der Nazi-Herrschaft!

Mit den besten Grüßen und der Hoffnung auf eine Änderung ihrer Ausrichtung und Werte.

[Vorname Name]
[Adresse]

[IBD_20.07.2006_ano_008], E-Mail

Von: ***********@*************
Gesendet: Donnerstag, 20. Juli 2006, 08:21:03 +0100
An: botschaft@israel.de
Betreff: Mörderwalze Israel

Habe soeben ein Interview mit Netanjahu in BBC4 gehört. Wenn ich diesem Herrn zu höre stellt sich mir die Frage:
„War Hitler ein weiser Mann-ein Mann der in die Zukunft schauen konnte?"
Ich kenne immer mehr Menschen die mit Hitlers kranker Idee Euch auszurotten sympathisieren. Ist das nicht beängstigend? DIese Leute behaupten sogar Ihr seid die neuen Nazis. Kann man dies nicht sogar verstehen?
Wenn N. dieMeinung von Euch Juden ist, ein Mensch der einen ganzen Korb von Unwahrheiten verbreitet gemixt mit Arroganz, Ignoranz, Herrenmenschen-Denken.
Nur durch die internationale Community wurde Euer Krüppelstaat gegründet.
  Die Welt wird von Euch an der Nase herumgeführt. Hunderte von Resolutionen wurden geblockt von US oder Ihr habt Euch einen S...... darum gekümmert.
Warum habt Ihr heimlich Atombomben gebaut. Eure Nachbarn bezeichnet Ihr als Kriminelle.   Mit einem Finger auf jemand anderen deuten heisst, das 3 Finger auf Euch zeigen.
Ich hoffe das die neue Deutsche Jugend sich von Eurem Jammerdiktat über die getöteten 6 oder 3? Millionen Juden löst und Euch zwingt sich den Regeln der Weltgemeinschaft anzupassen. DieEU sollte Euch als assoziiertes Mitglied

mit Sanktionen belegen. Eure Geschichte ist voll von Blut. Täter seid Ihr nicht Opfer.

Ich hasse jegliche Gewalt auch Gewalt gegen Juden. Aber ich wünsche für die Zukunft meiner Kinder eine friedliche Welt. Ihr seid leider nicht daran interessiert, vielleicht wollt ihr ja die Araber ausrotten? Eurem kranken Gehirn fällt vielleicht sogar das ein!

[IBD_16.07.2006_Tsc_001], E-Mail

Von: ***********@********.de
Gesendet: Sonntag, 16 Juli 2006, 10:12:23 +0200
An: botschaft@israel.de
Betreff: Kommentar zu den jüngsten Ereignissen im Libanon

Sehr geehrte Damen und Herren,

in den letzten Tagen bin ich mehr und mehr zu der Erkenntnis gelangt, dass der iranische Präsident Ahmadinedschad Recht hat: Die Welt wäre besser dran ohne die Existenz dieses aggressiven und unmenschlich handelnden zionistischen Gebildes in Palästina. Wieviele Menschenleben hätten seit 1948 gerettet werden können, wenn die UN niemals der Gründung dieses illegitimen zionistischen Gebildes in Palästina zugestimmt hätte?

Die jüngste Eskalation der Gewalt im Nahen Osten ist eindeutig die Schuld des zionistischen Gebildes: Denn die Angriffe der Hisbollah im Norden wurden erst durch das barbarische und menschenverachtende Vorgehen der zionistischen Militärmaschinerie im Gazastreifen sowie die Untätigkeit der Staatengemeinschaft, das zionistische Gebilde in die Schranken zu weisen, ausgelöst. Hätte sich das zionistische Gebilde besonnener und kompromissbereiter gezeigt, wäre der Konflikt mit der Hisbollah niemals ausgebrochen bzw. so eskaliert.

Aber wer die Geschichte des Nahostkonflikts kennt, der weiß, dass brutale Gewalt und Kollektivstrafen gegen ganze arabische Bevölkerungen (die übrigens laut Völkerrecht illegal sind) eine bewährte militärische Strategie des zionistischen Gebildes darstellen, von denen alle zionistischen Regierungen gerne Gebrauch gemacht haben. Scheinbar besitzt in der zionistischen

Philosophie nur jüdisches Leben einen Wert, während tote arabische Zivilisten für das zionistische Gebilde stets moralisch in den Hintergrund traten.

Ebenso hat das illegitime zionistische Gebilde stets das Völkerrecht und die Appelle der internationalen Staatengemeinschaft ignoriert und missachtet. So auch jetzt im gegenwärtigen Konflikt. Mich persönlich verwundert es da nicht, dass die Araber keinen anderen Ausweg sehen, als sich in Einkaufspassagen des zionistischen Gebildes in die Luft zu sprengen. Wenn niemand auf der Welt den Palästinensern hilft, gibt es nur noch wenige Möglichkeiten zum Widerstand.

Langer Rede, kurzer Sinn: Ich finde, es ist an der Zeit, dass sich die zivilisierte Welt erhebt und endlich das sagt, was viele denken, aber nicht auszusprechen wagen: Die Errichtung des zionistischen Gebildes in Palästina gehört zu den großen Verbrechen der Menschheitsgeschichte, und das zionistische Gebilde genießt nicht das leiseste moralische Existenzrecht. Ich jedenfalls pflichte voll und ganz dem iranischen Präsidenten bei, wenn er sagt, der Zionismus sei eine Krankheit, und das zionistische Gebilde ein Unrechtsgebilde.

Ich hoffe, die jüdische Bevölkerung des zionistischen Gebildes begreift endlich, auf welchem moralischen Irrweg sie sich befindet, und wieviel Blut bereits jetzt an den Händen eines jeden jüdischen Israelis klebt. Es ist das Blut arabischer Kinder, Frauen und Männer, die seit 1948 durch das zionistische Gebilde zu Tode gekommen sind. Auch jetzt geht das zionistische Gebilde wieder eifrig seiner Hauptbeschäftigung nach: der Ermordung und Vertreibung arabischer Zivilisten. Es bleibt die Frage, ob sich das zionistische Gebilde damit nicht letztendlich selbst ins Bein schießt.

Mit freundlichen Grüßen

[Vorname Name]

[IBD_10.08.2006_Uhl_001], Brief

Dr. [Vorname Name]

[Adresse]

D., den 10.08.2006

Herrn

Shimon Stein

Botschafter des Staates Israel

Auguste Viktoriastr. 74-76

14193 Berlin

Kriegsverbrechen Israelis im Libanon

Guten Tag, Herr Botschafter,

der von Ihnen vertretene Staat Israel hat mal wider alles getan um die Nachfolge Nazi-Deutschland unter Adolf Hitler nachzuahmen. Wie gleichen sich doch der Überfall Israels auf den Libanon mit seinen verherenden Zerstörungen der Infrastruktur und den fürchterlichen Folgen an den Menschen mit Hitlers Überfall auf Polen und Rußland. So hat die Entführung zweier israelischer Mordgesellen durch die Hisbollah bisher zu mehr als 1000 Toten, der Vernichtung ganzer Stadtteile und Häuser und zur Flucht von 500.000 Menschen geführt.
Der Judenstaat mit seinen heimatlosen Kosmopoliten, seinem Bombenholocaust und Staatsterrorismus ist jetzt endgültig zu einem Täterstaat und einem Tätervolk unter Olmert geworden.

Verbrechen gegen die Genfer-Konvention.

Israel tötet wahllose Zivilisten, greift Flüchtlingslager an, Phosphor und Streubomben sind Verbrechen gegen die Menschlichkeit und werden gegen die Bevölkerung eingesetzt. Hilfslieferungen des Roten Kreuzes und anderer Hilfsorganisationen werden behindert oder nicht durchgelassen. (Sollen die Menschen des Libanon auch"dünn" gemacht werden so wie die Palästinenser im Gazastreifen?) Vergleiche mit dem Warschauer Ghetto drängen sich auf.)

Der Angriff auf Kana war angeblich ein Versehen. (Bester Beweis jüdischer Chuzpe!)

Die Kriegsverbrechend es Judenstaates in Sabra, Schattila und Dschenin waren sicher auch nur ein Versehen?

Die 250.000.000 Euro die der „begnadete" ehemalige Außenminister der BRD (ehemals Scharons Schoßhündchen) dem Judenstaat, einschließlich des Geschenkes zweier U-Boote in den unersättlichen Rachen geworfen hat, sind sicher für Israels Kriegszüge gut angelegt worden. Den Bundesbürgern werden dafür die Steuern erhöht, daß die Bundesregierung in unerschütterlicherNibelungentreue zu Israel hält und seine Kriegsverbrechen finanziert. (1914 hat die Nibelungentreue Deutschlands zu seinen „Freunden" zum 1.Weltkrieg geführt. Führt Herrn Olmerts Wunsch, sich mit deutscher Schutztruppe zu schützen, in dieser Gemengelage wohlmöglich zum 3.Weltkrieg?)

Ich hoffe, daß die Kämpfer der Hisbollah dem blindwütigen Treiben Israels bald ein Ende setzen und unsere Partei-Nullen in Berlin endlich eine distanzierte Haltung zum Judenstaat bekommen.

Fazit: Der Judenstaat Israel gleicht im Moment einer stinkenden Pestbeule, die ausgetrocknet werden muß.

Vorschlag: Die Herren Olmert und Perez sind als Kriegsverbrecher international zur Fahndung auszuschreiben und dem Kriegsverbrecher-Tribunal in den Haag zu überstellen.

                Es grüßt Sie

Dr. [Vorname Name]

[ZJD_04.08.2006_Gra_001], E-Mail

Von: *******@***.de
Gesendet: Freitag, 4. August 2006, 13:14
An: info@zentralratdjuden.de
Betreff: aufforderung

Sehr geehrte Frau Knoblauch.

Was sich in den letzten drei Wochen im Mittleren Osten ereignet, ist ausschliesslich den Juden zuzuschreiben. Unterstuetzt von juedischen Geldgebern aus London und Amerika versuchen sie die totale Kontrolle ueber die Araber zu gewinnen, damit Ihre Geldgeber an die Oelquellen kommen und somit ihr schmutziges Geldschiebergeschaeft, was die Juden bisher immer schon getan haben. fortzusetzen. Bush und Blair sind doch nur Handlanger. Kennen Sie die Information in dem Buch „"Die Absteiger"". Einen Herrn Murdoch hat die australische Regierung ausgewiesen. Zieht man Bilanz auf Ihr Volk, so steht es nicht anderes wie mit Zigeunern. Ihre Mitglieder haben sich in der ganzen Welt herumgetrieben und fordern, was ihnen nicht zusteht. Wo sind die geklauten Gelder eines Herrn Maier aus Frankfurt? Dieser hatte eine Bank in Frankfurt; aenderte spaeter seinen Namen in Rot Schild, indem er ein solches Schild ueber seine Bank haengte. Verschwand dann sehr schnell mit Geldeinlagen und finazierte den Krieg zwischen England und Frankreich, wo er riesige Summen verdiente, bis er sich dann nach Amerika absetzte und dort die Rotschildbank gruendete. Das Buch die "Absteiger" zeigt unverfaelschte Dokumente ueber den eigentlichen Verlauf der Entwicklung der Juden.

Sie sollten besser daran tun, Ihrer Regierung zu empfehlen, dass der Hass gegen Ihr Volk nicht zunimmt. Alle diese von Ihren Publizisten und Medienbossen verbreiteten Meldungen basieren auf Falschmeldungen und Irrefuehrungen. Sie muessen sich eingestehen, dass Ihre Mitglieder, egal wo sie leben, nur Gaeste sind. Sie haben keinen Bundesstaat und somit- wie schon frueher - versuchen Sie sich ueberall einzuschleichen, um Ihre Macht auszudehnen. Die Zeit scheint aber abzulaufen.

Ich erwarte Ihre Nachricht und werde, was vollkommen legal ist, Details aus weiteren orginal Dokumenten publizieren.

Mit freundlichen Gruessen

[Vorname Name]

[IBD_28.07.2006_Pfa_001], Brief

[Dr. Vorname Name]

[Adresse]   28-07-06

Exzellenz,

Die Vorgänge im Nahen Osten beunruhigen mich. Das Verhalten der Israelischen Seite halte ich für völlig unangemessen und schlichtweg verbrecherisch. Der in Gaza „gekidnapte" Soldat hatte immerhin den Auftrag zu einer kriegerischen Handlung.

Wird Herzl's 1860 Traum vom „Judenstaat" (1903: „wenn ihr es wollt, ist es kein Märchen") nun zum Alptraum?

Oder wie zeitnah erscheint auf einmal:

Numeri 33.50-52 Und der Herr sprach zu Moses. „Rede mit den Söhnen Israels .... Zieht .. in das Land..., dann müßt ihr die Insassen des Landes vor euch vertilgen. Auch .. sollt ihr .... all *ihre Höhen verwüsten. Vor Land ergreift Besitz und siedelt darin!* Denn Euch gebe ich das Land zum Besitz." Der Herrgott als Vollstrecker Lord Balfours? Wollen die derzeitigen Machthaber den mehrere Tausend Jahre alten Auftrag perfektionieren?

Warum sollen eigentlich, nach der, dem UN-Beschluss entgegenstehenden, „Staatsgründung 48" durch Ben Gurion (früher David Grün) (nur) die Palästinenser den Preis (z. B. für den Holocaust) bezahlen?

In Palästina waren ursprünglich ca. 5 Mio Muslime und ca. 400000 Juden. Heute sind die Palästinenser verjagt, (weil sie die kriegerische Auseinandersetzung verloren hatten) und das Zahlenverhältnis ist umgekehrt. Zunächst (David Grün setzte sich besonders dafür ein) kamen, wenn es ihnen gelang, die Flüchtlinge vor der Naziherrschaft. Die Engländer taten alles, um den Zustrom in ihr Mandatsgebiet zu verhindern. Dann wurden etwas später, damit man genügend Volk hatte, aus aller Welt Menschen angeheuert, ins Land zu kommen. (zuletzt meinten Palästinenser aus Gaze, daß etliche Soldaten nicht einmal richtig Hebräisch können.)

Der „Held von sabra und shantilla", auch „Vater der Siedlungsbewegung" genannt, das bezog sich damals auf Samaria, Judäa, Gaza, war auf einmal für den Rückzug der Siedler aus dem Gazastreifen. Nun, für Gaza brauchte man für den Schutz vier mal so viele Soldaten wie Siedler. Wurde für den Rückzug eine nüchterne Finanzbetrachtung zum ehrenwerten Motiv umgemünzt?

Saddam Hussein wurde vorgeworfen, er unterstütze antiisraelische Kräfte.

Als Gamal Abd El Naser 1956 den Suezkanal verstaatlicht, überfällt im Okt 56 Israel Ägypten, dann greifen Engländer und Franzosen ein.

Wer hat die Flugzeuge bereit gestellt, die (von einem israelischen Collonel vor fast 40 Jahren selber gehört) für den Krieg 67 schnellstens umgespritzt werden mußten, damit die Erkennungszeichen verschwanden. Wer liefert, laut Zeitungsbericht die 3 Mrd $ Militärhilfe, wer liefert im Rahmen einer militärischen Unterstützung die ca. 5000 Bomben von denen 500 bis zu 3m Beton durchbrechen? Wo sind die Ziele mit 3m Beton? Wie geschäftstüchtig sind die israelischen Verhandler, wenn Deutschland die U-Boote mit ca 30% Preisnachlaß liefert? Übrigens an Taiwan nicht liefern durfte, weil es sich um Krisengebiet handelt. Fragen, die einen nachdenklich machen können.

An einen ganz schlimmen Spruch wurde ich gerade aus gegebenem Anlaß erinnert: -- Hitler: im großdeutschen Rundfunk mitgehört: „für einen getöteten Deutschen 100 Geiseln" – (Manches brennt sich einem ein, auch die Gestapo (zum ersten Mal) 1938. Ein „gekidnapter" Israeli gegen ein Kraftwerk? Die Verhältnismäßigkeit für entführte Soldaten. So schlimm das ist. Israel durfte zwar beliebig, wie man immer wieder in der Presse lesen konnte, Menschen verhaften und jahrelang ohne Prozeß einsperren, notfalls sie auch vom Helikopter aus mit Raketen umbringen. Auch wenn da noch ein paar Zivilisten umkamen. Übrigens, war dieser Soldat in bei einem von Israel befohlenen kriegerischen Einsatz, als er festgenommen wurde.

Und noch etwas: Vor 1945 haben wir von Sippenhaft gesprochen. Wie ist das, wenn man das Haus der Familie eines Selbstmordattentäters ausbombt? Alttestamentarisches Zahn um Zahn?

Und weil ich gerade auf dieser Welle bin: Bezüglich des von der Knesset verabschiedeten Ehegesetzes wundere ich mich, wie schüchtern sich die USA verhalten, die doch bei Südafrika noch so kühn aufgetreten sind. --- obwohl sie (nicht nur davor) noch genügend eigene Probleme hatten.

Wer die Situation mit einigermaßen wirtschaftlichem Verstand (aus den Wirtschaftsteilen der Zeitungen abzuleiten) beobachtet, kann nachrechnen, daß Israel aus dem eigenen Bruttosozialprodukt nicht in der Lage wäre, die fortwährende Situation, ohne von außen kommende außerordentliche Unterstützung zu beherrschen. Woher kommt die? Übrigens um 1986 wurde Irak für den Stellvertreterkrieg gegen Iran unterstützt. Haben die USA mit ihrer Unterstützung etwa vielleicht eigene Ziele? Vergleich mit 1956 Suez?

Gerade jetzt wurden die nachdenklichen Bemerkungen von Kofi Annan im Fernsehen vorgetragen, aber unmittelbar darauf wurde er durch das Auftreten eines Amerikaners geradezu lächerlich gemacht. USA-Politik? Und für einen Israelischen General sind, wie er im Interview meinte, die Entscheidungen und Empfehlungen der UN irrelevant.

Ganz katastrophal die Bemerkung eines Israelischen Generals, man wolle Libanon um 20 Jahre zurückbomben.

Es ist schon auffallend, wie Israel UN-Resolutionen einfach überhaupt nicht beachtet, ohne, daß das irgendwelche Folgen hätte. Im Zweifelsfall legt der USA-Vertreter sein Veto ein, was den Verdacht einer gewissen Parteilichkeit aufkommen läßt, und die Sache nur schlimmer macht. Geld- Material- und Waffentransfer waren schon angesprochen. Stimmt es, daß in den USA ungefähr ebenso viele Juden leben, wie in Israel.

Allewelt scheint sich darüber einig zu sein, daß die Hisbollah oder Hamas die Bösen sind. Die Irgun oder auch Haganna – von den Engländern so gefürchtet, daß die schließlich sogar abzogen – waren anscheinend die Guten? Ich erinnere mich noch an die Radioberichte über den Bombenanschlag auf die britische Botschaft in Rom 1946. Primitive Frage: die erstere Gruppe kämpfte um ihr Land um es zu behalten, die zweite Gruppe um es sich anzueignen (Numeri?). Jüdische Siedlungen wie Sommersprossen auf der Landkarte eines Landes, das bisher anderen gehörte. Ist etwa der UNO-Beschluß von vor 1948 von Israel beachtet worden, oder hat Ben Gurion eigenmächtig gehandelt?

Wenn heute die überwiegende Mehrheit der Israelischen Gesellschaft (entsprechend einseitig und im Zweifelsfall sogar betrügerisch indoktriniert) für diese erneute kriegerische Auseinandersetzung bejaht, dann erinnere ich mich das an den Berliner Sportpalast: „wollt ihr den totalen Krieg". Welcher Göbbels hat es denn jetzt den Israelis indoktriniert?

Es gibt ja so viel, über das man nachdenklich werden muß. Matthäus 27.24 „Ich bin unschuldig am Blute dieses Gerechten" und die Menge schrie: 27.25: „Sein Blut komme über uns und unsere Kinder." Das hatte schlimmes Fehlverhalten zur Folge.

Und vielleicht war es ja gar nicht nur die Tempelzerstörung und Kaiser Hadrian mit der Vertreibung der Juden aus Jerusalem. Vielleicht war es eher der abtrünnige Paulus, der dem Jüdischen Volk seine Identität raubte. Luc. 4.14 1. Brief an die Thesaloniker. Die Diaspora der Juden? ... die dann 2000 Jahre später (vielleicht sogar ein Missverständnis in der eigenen Religion) in „ihr" Land zurückkehren?

Kaiser Konstantin verlangte von den Juden eine Extrasteuer. Es gab Progrome in Spanien, in 1348 Prag die Judenschlacht, die Progrome in Rußland und Rumänien, auf die sich Herzl bezog, es gab den Terror in Deutschland, es gab, was Ben-Gurion bewegte, zu helfen, es gab den 9. November 1938, und es gab Maidaneck, Birkenau, Treblinka Theresienstadt, Auschwitz und so weiter und es gab über 6 Mio Umgebrachte.

Genügt da ein Lea Rosh Gedächtnisfeld? Und wie verhalten sich die Enkel?

Der Antisemitismus hätte (vielleicht auf einer Linie wie Barenboim, Seligmann, vielleicht auch Ihres Vorgängers Avi Primor) vorbei sein können. Zeigen die Handlanger (nicht nur in Israel), wie man mit alttestamentarischer Rachsucht nicht den Frieden erreichen kann sondern den Antisemitismus fördert?

Sie Herr Botschafter müssen dabei selbstverständlich dem Auftrag Ihrer Regierung nachkommen.

Ich gehe davon aus, daß eine Botschaft als Informationsquelle für ihr Land dient. In diesem Sinne möchte ich Ihnen und Ihrer Regierungsmannschaft meine Meinung übermitteln. Es ist schlichtweg unakzeptabel, wie einer der israelischen „Vollstreckern des Bösen" in typisch menschenverachtender Weise gemeint hat, den Libanon um 20 Jahre zurückzubomben. Ist das Israel? Sind das die 80 – 90% Israelis, die für den Krieg sind? Schon 1982 hatte Sharon versprochen, den Terrorismus ein- für allemal beendigt zu haben. Na und...? Und wer belügt das Volk heute?

Die USA wollen sich, wie jetzt angekündigt, vorläufig zurückhalten, (damit die von USA gelieferten F16 in Stil eines Bomber-„Harris" (in Deutschland wissen wir, was Bombenterror bedeutet) noch mehr niederbomben können?), dann erinnert mich das erschreckend an „Belehrungen" aus 1943, die uns vor der „Bedrohung durch das Internationale Judentum" (Mein Kampf) warnten. (an Menschen zahlengleich in USA und Israel? US-Militärhilfe 3 Mrd $?, umgespritzte US-Flugzeuge?, 5000 Tausend US-Präzisionsbomben?, wiederholtes Veto des US-Vertreters bei der UN, wenn es um Kritik an Israel ging? Sharon war häufiger als jeder andere Präsident zu Besuch beim US-Präsidenten).

Es könnte der Eindruck entstehen, Israel habe nie wirklich Frieden gewollt. Jeder Rabbatz von der anderen Seite schien mehr als erwünscht. Den Gegner so lange provozieren, bis er endlich zuschlägt. Damit hatte man die Rechtfertigung zur Gegenmaßnahme. Ansonsten mußte Sharon im September 2000 erst mal provokativ auf dem Tempelberg auftreten. Und mit der damit ausgelösten Intifada sah man, wo die Bösen sind?

Das ganze Dilemma ist dadurch entstanden, daß Israel von Anfang an allezeit eigenwillig und überheblich geglaubt hat, sich selber durchzusetzen. Man hatte geglaubt, so mehr zu erreichen, was schert uns UNO, als in Zusammenarbeit mit den anderen Staaten. Israel hat nicht kapiert, daß es nichts bringt, Selbstmordattentätern mit der Todesstrafe zu drohen.

Ein kräftiger Beitrag zu einem internationalen Antisemitismus wird durch die maßlose Verhaltensweise Israels, mit dem Verbrechen an den Menschen in der Nachbarschaft mit Sicherheit erreicht werden. Die einseitige Unterstützung durch die USA zeigt die Verlogenheit der internationalen Politik.

mit freundlichem Gruß

Dr. [Vorname Name]

[IBD_19.04.2008_Bec_001], E-Mail

Von: *********@***.de
Gesendet: Samstag, 19. April, 2008, 17:01
An: botschaft@israel.de
Betreff: Ihr Besuch bei uns an der Schule

Sehr geehrter Herr Mor,
Sie waren bei uns in der Schule, um für Israel zu werben.

Wenn alle Juden so sind, wie Sie, dann wissen wir jetzt warum die Vergangenheit in Deutschland so passiert ist.
Die meisten aus unserem Kurs fanden Sie genauso abstoßend wie ich.
Vielen Dank, dass Sie uns Schülern in Ihrer Person die Erkenntnis gebracht haben, wie Juden wirklich sind.
Mit freundlichen Grüßen

P. S.: dies ist die Email-Adresse von einer Freundin, sie würden ja sonst zur Schule petzen gehen..., wie die Juden es immer tun.

Literaturverzeichnis

Quellen

ARNDT, Ernst Moritz, 1814. Blick aus der Zeit auf die Zeit. Frankfurt a. M.: Eichenberg.
AUGUSTINUS, Aurelius, [413–426] 1479. De Civitate Dei. Basel: Wenßler.
BACON, Francis, [1620] 1974. Neues Organ der Wissenschaften. Darmstadt: Wissenschaftliche Buchgesellschaft.
BOKSCH, Rudolf, 1880. Nachlaß Treitschke. Kasten 5. Lfd. Nr. 68. 19.11.1880.
BORCHERT, Wolfgang, [1947] 2009. Kartoffelpuffer, Gott und Stacheldraht. KZ-Literatur. In: BORCHERT, Wolfgang, 2009. Das Gesamtwerk. Reinbek: Rowohlt, 497–504.
BUSCH, Wilhelm, 1882. Sämtliche Bildergeschichten. München: Bassermann.
CALIC, Edouard, 1968. Ohne Maske. Hitler-Breiting Geheimgespräche 1931. Frankfurt a. M.: Societäts-Verlag.
CHAMBERLAIN, Houston Stewart, [1899] [30]1944. Die Grundlagen des neunzehnten Jahrhunderts. München: Bruckmann.
DE LAGARDE, Paul, 1884. Programm für die konservative Partei Preußens. Göttingen: Dieterich.
DE LAGARDE, Paul, 1887. Juden und Indogermanen. Göttingen: Dieterich.
DÜHRING, Eugen, 1881. Die Judenfrage als Racen-, Sitten- und Culturfrage. Mit einer weltgeschichtlichen Antwort. Karlsruhe, Leipzig: Reuther.
FEDER, Gottfried, 1927. Das Programm der N.S.D.A.P. und seine weltanschaulichen Grundgedanken. München: Eher.
FICHTE, Johann Gottlieb, [1793] 1845. Sämmtliche Werke. Bd. 6. Abt. 3. Populärphilosophische Schriften. Bd. 1. Zur Politik und Moral. Berlin: Veit und Comp.
FINKELSTEIN, Norman, [5]2001. Die Holocaust-Industrie. Wie das Leiden der Juden ausgebeutet wird. München, Zürich: Piper.
FREYTAG, Gustav, 1855. Soll und Haben. Roman in sechs Büchern. Leipzig: Hirzel.
FRIES, Jakob Friedrich, 1816. Ueber die Gefaehrdung des Wohlstandes und Charakters der Deutschen durch die Juden. Heidelberg: Mohr und Winter.
FRIESEL, Evyatar (Hg.), 2006. Quellen zum Antisemitismus in Deutschland 1850–1935. (Broschüre).
GLAGAU, Otto, 1878. Der Bankrott des Nationalliberalismus und die „Reaction". Berlin: Luckhardt.
GOBINEAU, Joseph Arthur de, 1853. Essai sur l'inégalité des races humaines. Paris: Firmin-Didot.
GOEBBELS, Joseph, 1943. Die Juden sind schuld! In: GOEBBELS, Joseph, 1943. Das eherne Herz. Reden und Aufsätze aus den Jahren 1941/42. München: Eher, 85–91.
GOETHE, Johann Wolfgang von, [1773] [2]1973. Das Jahrmarktsfest zu Plundersweilern. Ein Schönbartspiel. In: GOETHE, Johann Wolfgang von, [2]1973. Poetische Werke. Dramatische Dichtungen. Bd. 1. Berlin [u. a.]: Aufbau (= Berliner Ausgabe 5), 124–145.
GRATTENAUER, Karl Wilhelm Friedrich, [3]1803. Wider die Juden. Ein Wort der Warnung an alle unsere christliche Mitbuerger. Berlin: Schmidt.
HEGEL, Georg Wilhelm Friedrich, 1907. Hegels theologische Jugendschriften nach den Handschriften der Kgl. Bibliothek in Berlin. Hrsg. von Hermann Nohl. Tübingen: Mohr.
HIMMLER, Heinrich, 1943. Posener Rede vom 04.10.1941. Unter: http://www.nationalsozialismus.de/dokumente/texte/heinrich-himmler-posener-rede-vom-04-10-1943-volltext.html (Zugriff am 02.09.2012).
HITLER, Adolf, 1934. Mein Kampf. München: Eher.

HITLER, Adolf, 1945. Politisches Testament. Unter: http://www.ns-archiv.de/personen/hitler/testament/politisches-testament.php (Zugriff am 02.09.2012).
HOLST, Ludolf, 1821. Judenthum in allen dessen Theilen aus einem Staatswissenschaftlichen Standpuncte betrachtet. Mainz: Kupferberg.
HÖSS, Rudolf, 1958. Kommandant in Auschwitz. Autobiographische Aufzeichnungen von Rudolf Höß. Stuttgart: DVA (= Quellen und Darstellungen zur Zeitgeschichte 5).
HUNDT-RADOWSKY, Hartwig von, 1819. Judenspiegel. Ein Schand- und Sittengemälde alter und neuer Zeit. Würzburg: Schlagehart.
KANT, Immanuel, [1798] 1839. Schriften zur Anthropologie und Pädagogik: nebst einer Sammlung von Briefen und öffentlichen Erklärungen und einem chronologischen Verzeichnisse sämmtlicher Schriften Kant's. Bd. 10. Leipzig: Modes und Baumann.
LUTHER, Martin, [1543] 1577. Von den Jüden und iren Lügen. Leipzig: Berwald.
MARR, Wilhelm, ³1879. Der Sieg des Judenthums über das Germanenthum. Vom nicht confessionellen Standpunkt aus betrachtet. Bern: Costenoble.
MOMMSEN, Theodor, 1880. Auch ein Wort über unser Judenthum. Berlin: Weidmann.
NAUDH, H. [Nordmann, Heinrich], 1861. Die Juden und der Deutsche Staat. Berlin, Posen: Nicolai.
NIGRINUS, Georg, 1570. Jüden Feind. Von den Edlen Früchten der Thalmudischen Jüden, so jetziger zeit in Teutschlande wonen, ein ernste, wolgegründe Schrifft. Oberursel: Henricus.
PHELPS, Reginald H., 1968. Hitlers „grundlegende" Rede über den Antisemitismus. In: Vierteljahresheft für Zeitgeschichte 16, 4, 390–420.
RAABE, Wilhelm, 1864. Der Hungerpastor. Berlin: Janke.
SACHS, Nelly, 1961. Fahrt ins Staublose. Gedichte. Frankfurt a. M.: Suhrkamp.
SALOMON, Felix, ³1924. Die deutschen Parteiprogramme: Vom Erwachen des politischen Lebens in Deutschland bis zur Gegenwart. Heft 2: Im deutschen Kaiserreich 1871–1918. Leipzig, Berlin: Teubner (= Quellensammlung zur deutschen Geschichte).
SALTZMANN, Balthasar Friedrich, 1661. Jüdische Brüderschafft. Predigt anlässlich der Taufe eines Juden. O. O.: o. V.
SAUERWEIN, Wilhelm, 1831. Beleuchtung der Judenemancipation. Ein Wort ans deutsche Volk. Offenbach: Hauch.
SCHARFF-SCHARFFENSTEIN, Hermann von, 1871. Das entlarvte Judenthum der Neuzeit. XI. Die Juden in Bayern. Zürich: Verlagsmagazin.
SMITH, Bradley/Agnes PETERSON (Hg.), 1974. Heinrich Himmler. Geheimreden 1933 bis 1945 und andere Ansprachen. Frankfurt a. M. [u. a.]: Propyläen.
STEINER, Rudolf, 1888. Robert Hamerling: „Homunkulus". Modernes Epos in 10 Gesängen. In: Deutsche Wochenschrift 16/17 (= GA 32).
STEINER, Rudolf, 1919. Vergangenheits- und Zukunftsimpulse im sozialen Geschehen. Siebenter Vortrag vom 5. April 1919, Dornach (= GA 190). PDF unter: http://anthroposophie.byu.edu/vortraege/190.pdf (Zugriff am 02.09.2012).
STUCKART, Wilhelm/Hans GLOBKE, 1936. Kommentare zur deutschen Rassengesetzgebung. München, Berlin: Beck.
TREITSCHKE, Heinrich von, 1879. Unsere Aussichten. In: Preußische Jahrbücher 44, 559–576.
VOLTAIRE, 1785. Essai sur les Mœurs et l'Esprit des Nations, et sur les principaux faits de l'histoire depuis Charlemagne jusqu'à Louis XIII. Vol. 1. In: VOLTAIRE, 1785. Œuvres complètes de Voltaire. Vol. 16. Gotha: Ettinger.
WAGNER, Richard, 1850. Das Judenthum in der Musik. In: WAGNER, Richard, ²1888. Gesammelte Schriften und Dichtungen von Richard Wagner. Bd. 5. Leipzig: Fritzsch, 66–85.

Forschungsliteratur

ADAM, Uwe Dietrich, 2003. Judenpolitik im Dritten Reich. Düsseldorf: Droste.
ADL (ANTI DEFAMATION LEAGUE), 2007. Attitudes Toward Jews and the Middle East in Five European Countries. New York: ADL. PDF unter: http://www.adl.org/anti_semitism/european_attitudes_survey_may_2007.pdf (Zugriff am 02.09.2012).
ADL (ANTI DEFAMATION LEAGUE), 2009. Attitudes Toward Jews in Seven European Countries. New York: ADL. PDF unter: http://www.adl.org/Public%20ADL%20Anti-Semitism%20Presentation%20February%202009%20_3_.pdf (Zugriff am 02.09.2012).
ADORNO, Theodor W., [1946] 2002. Antisemitismus und faschistische Propaganda. In: SIMMEL, Ernst (Hg.), [1946] 2002a, 148–161.
ADORNO, Theodor W., [1950] 1973. Studien zum autoritären Charakter. Frankfurt a. M.: Suhrkamp (= suhrkamp taschenbuch 107).
ADORNO, Theodor W., [1951] 1980. Minima Moralia. Reflexionen aus dem beschädigten Leben. Frankfurt a. M.: Suhrkamp (= Gesammelte Schriften 4).
ADORNO, Theodor W., [1962] 1971. Zur Bekämpfung des Antisemitismus heute. In: ADORNO, Theodor W., 1971. Kritik. Kleine Schriften zur Gesellschaft. Frankfurt a. M.: Suhrkamp, 105–133.
AITCHISON, Jean, [4]2012. Words in the Mind. An Introduction to the Mental Lexicon. Chichester: Wiley-Blackwell.
ALLPORT, Gordon, 1954. The Nature of Prejudice. Cambridge: Addison-Wesley. (deutsche Fassung: ALLPORT, Gordon, 1971. Die Natur des Vorurteils. Köln: Kiepenheuer & Witsch).
ALMOG, Shmuel (ed.), 1988. Antisemitism through the Ages. Oxford: Pergamon.
ALY, Götz, 2011. Warum die Deutschen? Warum die Juden? Gleichheit, Neid und Rassenhass. Frankfurt a. M.: Fischer.
AMADEU ANTONIO STIFTUNG (Hg.), 2009. „Die Juden sind schuld". Antisemitismus in der Einwanderungsgesellschaft am Beispiel muslimisch sozialisierter Milieus. Beispiele, Erfahrungen und Handlungsoptionen aus der pädagogischen und kommunalen Arbeit. Berlin: Amadeu Antonio Stiftung. PDF unter: http://www.amadeu-antonio-stiftung.de/w/files/pdfs/diejuden.pdf (Zugriff am 02.09.2012).
AMÉRY, Jean, [1966] [6]2008. Jenseits von Schuld und Sühne. Bewältigungsversuche eines Überwältigten. Stuttgart: Klett-Cotta.
AMÉRY, Jean, 1969. Der ehrbare Antisemitismus. In: DIE ZEIT vom 25.07.1969. Danach in: AMÉRY, Jean, 1971. Widersprüche. Stuttgart: Klett-Cotta, 242–249.
ARENDT, Hannah, 1955. Elemente und Ursprünge totaler Herrschaft. Frankfurt a. M.: Europäische Verlagsanstalt.
ASSMANN, Aleida, 2006. Der lange Schatten der Vergangenheit. Erinnerungskultur und Geschichtspolitik. München: Beck.
ASSMANN, Aleida, 2009. Introduction. In: PELINKA, Anton/Karin BISCHOF/Karin STÖGNER (eds.), 2009. Handbook of Prejudice. Amherst/NY: Cambria, 1–33.
ASSMANN, Jan, 1988. Kollektives Gedächtnis und kulturelle Identität. In: ASSMANN, Jan/Tonio HÖLSCHER (Hg.), 1988. Kultur und Gedächtnis. Frankfurt a. M.: Suhrkamp, 9–19.
ATTESLANDER, Peter, [12]2008. Methoden der empirischen Sozialforschung. Berlin: Schmidt.
AUGSTEIN, Rudolf (Hg.), [4]1987. „Historikerstreit". Die Dokumentation über die Kontroverse um die Einzigartigkeit der nationalsozialistischen Judenvernichtung. München [u. a.]: Piper.
AUSTIN, John L., 1962. How to do things with words. Cambridge/MA: Harvard University Press.

BACKES, Uwe, 1989. Politischer Extremismus in demokratischen Verfassungsstaaten. Elemente einer normativen Rahmentheorie. Wiesbaden: Westdeutscher Verlag.
BACKES, Uwe/Eckhard JESSE, 1989. Politischer Extremismus in der Bundesrepublik Deutschland. Bonn: Bundeszentrale für politische Bildung.
BAJOHR, Frank, 2003. „Unser Hotel ist judenfrei". Bäder-Antisemitismus im 19. und 20. Jahrhundert. Frankfurt a. M.: Fischer.
BAKER, Rabbi Andrew, 2006. Sachverständigenaussage zum Antisemitismus in Europa. Aussage vor dem Ausschuss für Auslandsbeziehungen des Senats der Vereinigten Staaten – Unterausschuss für europäische Angelegenheiten, 8. April 2004. In: FABER, Klaus/Julius H. SCHOEPS/Sacha STAWSKI (Hg.), 2006, 155–163.
BANAJI, Mahzarin R., 2001. Social Psychology of Stereotypes. In: SMELSER, Neil J./Paul B. BALTES (eds.), 2001. International Encyclopedia of the Social & Behavioral Sciences. Vol. 22. Amsterdam [et al.]: Elsevier, 15100–15104.
BARKAI, Avraham, 1999. Einundzwanzigstes Bild: „Der Kapitalist". In: SCHOEPS, Julius H./ Joachim SCHLÖR (Hg.), 1999, 265–272.
BAUER, Yehuda, 1982. A History of the Holocaust. With the Assistance of Nili Keren. New York: Watts.
BAUER, Yehuda, 1985. Antisemitism today. Myth and reality. Jerusalem: Vidal Sassoon International Centre for the Study of Antisemitism, The Hebrew University of Jerusalem.
BAUER, Yehuda, 1992. Vom christlichen Judenhaß zum modernen Antisemitismus. Ein Erklärungsversuch. In: BENZ, Wolfgang (Hg.), 1992. Jahrbuch für Antisemitismusforschung 1. Frankfurt a. M.: Campus, 77–90.
BAUER, Yehuda, 2001. Rethinking the Holocaust. New Haven: Yale University Press.
BAUER, Yehuda, 2011. Current Anti-Semitism Problems. Vortragsmanuskript, Berlin.
BAYER, Klaus, ²2007. Argument und Argumentation. Logische Grundlagen der Argumentationsanalyse. Göttingen: Vandenhoeck & Ruprecht.
BECK, Ulrich, 2003. Der neue europäische Antisemitismus. Globalisierte Emotionen. In: Süddeutsche Zeitung vom 17.11.2003. PDF unter: http://www.info3.de/ycms_alt/printartikel_1213.shtml (Zugriff am 02.09.2012).
BECKER, Matthias J., in Arbeit. Antisemitismus im Internet – eine linguistische Untersuchung deutscher und französischer Chatbeiträge. Dissertationsschrift, TU Berlin.
BEFU, Harumi, 1999. Demonizing the "Other". In: WISTRICH, Robert S. (ed.), 1999, 17–30.
BEHRENS, Rolf, 2003. „Raketen gegen Steinewerfer". Das Bild Israels im „Spiegel". Münster [u. a.]: Lit.
BENZ, Wolfgang, 1995. Antisemitische Stereotype in Deutschland. In: KLAMPER, Elisabeth (Hg.), 1995, 366–373.
BENZ, Wolfgang, 2001. Bilder vom Juden: Studien zum alltäglichen Antisemitismus. München: Beck (= Beck'sche Reihe 1449).
BENZ, Wolfgang, 2004. Was ist Antisemitismus? München: Beck.
BENZ, Wolfgang/Juliane WETZEL, 2007. Antisemitismus und radikaler Islamismus. Essen: Klartext.
BERGER WALDENEGG, Georg Christoph, 2000. Antisemitismus. Eine gefährliche Vokabel? Zur Diagnose eines Begriffs. In: BENZ, Wolfgang (Hg.), 2000. Jahrbuch für Antisemitismusforschung 9. Frankfurt a. M., New York: Campus, 108–126.
BERGMANN, Werner, 1997. Antisemitismus in öffentlichen Konflikten. Kollektives Lernen in der politischen Kultur der Bundesrepublik 1949–1989. Frankfurt a. M.: Campus.

BERGMANN, Werner, 2001. Antisemitismus. In: BpB (BUNDESZENTRALE FÜR POLITISCHE BILDUNG) (Hg.), 2001, 37–42.
BERGMANN, Werner, ³2006. Geschichte des Antisemitismus. München: Beck.
BERGMANN, Werner, 2008. Vergleichende Meinungsforschung zum Antisemitismus in Europa und die Frage nach einem „neuen europäischen Antisemitismus". In: RENSMANN, Lars/ Julius H. SCHOEPS (Hg.), 2008, 473–507.
BERGMANN, Werner/Rainer ERB, 1986. Kommunikationslatenz, Moral und öffentliche Meinung. Theoretische Überlegungen zum Antisemitismus in der Bundesrepublik Deutschland. In: Kölner Zeitschrift für Soziologie und Sozialpsychologie 38, 223–246.
BERGMANN, Werner/Rainer ERB, 1991. Antisemitismus in der Bundesrepublik Deutschland. Ergebnisse einer empirischen Forschung von 1946–1989. Opladen: Leske & Budrich.
BERGMANN, Werner/Wilhelm HEITMEYER, 2005a. Communicating Anti-Semitism. Are the "Boundaries of the Speakable" Shifting? In: ZUCKERMANN, Moshe (Hg.), 2005, 70–89.
BERGMANN, Werner/Wilhelm HEITMEYER, 2005b. Antisemitismus. Verliert die Vorurteilsrepression ihre Wirkung? In: HEITMEYER, Wilhelm (Hg.), 2005a, 224–238.
BERING, Dietz, 1989a. Gewalt gegen Namen. Ein sprachwissenschaftlicher Beitrag zur Geschichte und Wirkung des Alltagsantisemitismus. In: Muttersprache 99, 193–212.
BERING, Dietz, 1989b. Gibt es bei Luther einen antisemitischen Wortschatz? Zur Widerlegung einer politischen Legende. In: Zeitschrift für Germanistische Linguistik 17, 137–161.
BERING, Dietz, 1990. Eine Tragödie der Nähe? Luther und die Juden. In: ERNST, Ulrich/Bernhard SOWINSKI (Hg.), 1990. Architectura Poetica. Festschrift für Johannes Rathofer zum 65. Geburtstag. Köln: Böhlau (= Kölner Germanistische Studien 30), 327–344.
BERING, Dietz, 1991. Sprache und Antisemitismus im 19. Jahrhundert. In: WIMMER, Rainer (Hg.), 1991. Das 19. Jahrhundert. Sprachgeschichtliche Wurzeln des heutigen Deutsch. Berlin: de Gruyter, 325–354.
BERING, Dietz, ³1991. Der Name als Stigma. Antisemitismus im deutschen Alltag 1812–1933. Stuttgart: Klett-Cotta.
BERING, Dietz, 2002. Gutachten über den antisemitischen Charakter einer namenpolemischen Passage aus der Rede Jörg Haiders, 28.2.2001. In: PELINKA, Anton/Ruth WODAK (Hg.), 2002, 173–186.
BERING, Dietz, 2004. Vom kleinen Teil zum großen Ganzen. Etappen der Antisemitismusforschung in der Sprachwissenschaft. In: BERGMANN, Werner/Mona KÖRTE (Hg.), 2004. Antisemitismusforschung in den Wissenschaften. Berlin: Metropol, 375–398.
BERING, Dietz, 2010. Namen-Polemik. In: BENZ, Wolfgang (Hg.), 2010. Handbuch des Antisemitismus. Judenfeindschaft in Geschichte und Gegenwart. Bd. 3: Begriffe, Theorien, Ideologien. Berlin, New York: de Gruyter, 217–220.
BERLINER, Bernhard, [1946] 2002. Einige religiöse Motive des Antisemitismus. In: SIMMEL, Ernst (Hg.), [1946] 2002a, 101–107.
BERTELSMANN, 2009. Deutsche und Juden – Verbindende Vergangenheit, trennende Gegenwart? Eine Studie der Bertelsmann Stiftung zum Deutschland-Bild unter Juden in Israel und den USA und zum Israel-Bild in Deutschland. PDF unter: http://www.bertelsmann-stiftung.de/bst/de/media/xcms_bst_dms_29584_29585_2.pdf (Zugriff am 02.09.2012).
BEYER, Robert, 2012, im Druck. „Olmert ertrinkt in Blut" – Mediale Israelfeindschaft als aktuelle Formvariante von Antisemitismus? Textlinguistische Analysen antisemitischer und israelfeindlicher Medienbeiträge. In: NAGEL, Michael/Moshe ZIMMERMANN (Hg.), 2012, im Druck.

BEYER, Robert, in Arbeit. Israelkritische und einseitig perspektivierte Nahostberichterstattung in der deutschen Presse. Eine Inhaltsanalyse mit linguistischem Schwerpunkt. Dissertationsschrift, TU Berlin.
BEYER, Robert/Eva LEUSCHNER, 2010. Aktion und/oder Reaktion – funktionale Konvergenz von medialen Diskursen und antisemitischen Äußerungsformen. In: SCHWARZ-FRIESEL, Monika/Evyatar FRIESEL/Jehuda REINHARZ (Hg.), 2010, 133–161.
BfV (BUNDESAMT FÜR VERFASSUNGSSCHUTZ) (Hg.), 2005. Argumentationsmuster im rechtsextremistischen Antisemitismus. Aktuelle Entwicklungen. PDF unter: http://www.verfassungsschutz.de/de/publikationen/pb_rechtsextremismus/broschuere_2_0511_argumentationsmuster_im_rechtsextremistischen_antisemitismus/ (Zugriff am 02.09.2012).
BLUM, Johanna, 2010. Explizite und implizite Verbalisierungen antisemitischer Stereotype in Onlinekommentaren. Zur Konstruktion eines feindlichen Judenbildes im aktuellen Diskurs der gesellschaftlichen „Mitte". Wissenschaftliche Hausarbeit zur Ersten Staatsprüfung für das Lehramt an Gymnasien im Bereich Linguistik, Universität Jena.
BMI (BUNDESMINISTERIUM DES INNERN) (Hg.), 2011. Antisemitismus in Deutschland. Erscheinungsformen, Bedingungen, Präventionsansätze. Bericht des unabhängigen Expertenkreises Antisemitismus. Rostock: Publikationsversand der Bundesregierung.
BOEHLICH, Walter (Hg.), 1965. Der Berliner Antisemitismusstreit. Frankfurt a. M.: Insel (= Sammlung Insel 6).
BOTSCH, Gideon/Christoph KOPKE/Lars RENSMANN/Julius H. SCHOEPS (Hg.), 2010. Politik des Hasses. Antisemitismus und radikale Rechte in Europa. Hildesheim: Olms.
BpB (BUNDESZENTRALE FÜR POLITISCHE BILDUNG) (Hg.), 2001. Informationen zur politischen Bildung 271. Vorurteile – Stereotype – Feindbilder.
BRAUN, Christian A., 2007. Nationalsozialistischer Sprachstil. Theoretischer Zugang und praktische Analysen auf der Grundlage einer pragmatisch-textlinguistisch orientierten Stilistik. Heidelberg: Winter.
BRAUNE, Holger, 2010. Expliziter und impliziter Verbal-Antisemitismus in aktuellen Leserbriefen. In: SCHWARZ-FRIESEL, Monika/Evyatar FRIESEL/Jehuda REINHARZ (Hg.), 2010, 93–114.
BRINKER, Klaus, 1986. Strategische Aspekte von Argumentationen am Beispiel eines Mediengesprächs. In: HUNDSNURSCHER, Franz/Edda WEIGAND (Hg.), 1986, 173–184.
BRODER, Henryk M., 1986. Der ewige Antisemit. Über Sinn und Funktion eines beständigen Gefühls. Frankfurt a. M.: Lembeck.
BROSIUS, Hans-Bernd/Friederike KOSCHEL, 2001. Methoden der empirischen Kommunikationsforschung. Eine Einführung. Wiesbaden: Westdeutscher Verlag (= Studienbücher zur Kommunikations- und Medienwissenschaft).
BROWNING, Christopher, 2003. Die Entfesselung der Endlösung. Nationalsozialistische Judenpolitik 1939–1942. München: Propyläen.
BUBENHOFER, Noah, 2008. Diskurse berechnen? Wege zu einer korpuslinguistischen Diskursanalyse. In: WARNKE, Ingo H./Jürgen SPITZMÜLLER (Hg.), 2008. Methoden der Diskursanalyse. Sprachwissenschaftliche Zugänge zur transtextuellen Ebene. Berlin, New York: de Gruyter, 407–434.
BUBENHOFER, Noah, 2009. Sprachgebrauchsmuster. Korpuslinguistik als Methode der Diskurs- und Kulturanalyse. Berlin, New York: de Gruyter (= Sprache und Wissen 4).
BUBLITZ, Wolfram, ²2009. Englische Pragmatik. Eine Einführung. Berlin: Schmidt.
BUNZL, John, 2005. Spiegelbilder. Wahrnehmung und Interesse im Israel/Palästina-Konflikt. In: ZUCKERMANN, Moshe (Hg.), 2005, 277–289.

BURGER, Harald, ³2007. Phraseologie. Eine Einführung am Beispiel des Deutschen. Berlin: Schmidt.
BUSSE, Dietrich/Wolfgang TEUBERT, 1994. Ist Diskurs ein sprachwissenschaftliches Objekt? Überlegungen zu einer linguistischen Diskurssemantik. In: BUSSE, Dietrich/Fritz HERMANNS/ Wolfgang TEUBERT (Hg.), 1994. Zeichengeschichte, Begriffsgeschichte, Diskursgeschichte. Opladen: Westdeutscher Verlag, 10–28.
BUSSMANN, Hadumod (Hg.), ⁴2008. Lexikon der Sprachwissenschaft. Stuttgart: Kröner.
BUTLER, Judith, 1998. Haß spricht. Zur Politik des Performativen. Berlin: Berlin Verlag.
CHESLER, Phyllis, 2004. Der neue Antisemitismus. Die globale Krise seit dem 11. September. Hamburg: Schwartzkopff.
CLAUSSEN, Detlev, 1995. Versuch über den Antizionismus – Ein Rückblick. In: HENTGES, Gudrun/ Reinhard KÜHNL (Hg.), 1995. Antisemitismus. Geschichte, Interessenstruktur, Aktualität. Heilbronn: Distel, 169–180.
COBET, Christoph, 1973. Der Wortschatz des Antisemitismus in der Bismarckzeit. München: Fink (= Münchner Germanistische Beiträge 11).
COHEN, Haim, 1977. The Trial and Death of Jesus. New York: Ktav.
CORBINEAU-HOFFMANN, Angelika/Pascal NICKLAS (Hg.), 2000. Gewalt der Sprache – Sprache der Gewalt. Beispiele aus philologischer Sicht. Hildesheim [u. a.]: Olms.
DAMASIO, Antonio, 2000. Ich fühle, also bin ich. Die Entschlüsselung des Bewusstseins. Berlin: List.
DECKER, Oliver/Elmar BRÄHLER/Norman GEISSLER, 2006. Vom Rand zur Mitte. Rechtsextreme Einstellungen und ihre Einflussfaktoren in Deutschland. Berlin: Friedrich-Ebert-Stiftung/ Forum Berlin. PDF unter: http://www.fes.de/rechtsextremismus/pdf/Vom_Rand_zur_Mitte. pdf (Zugriff am 02.09.2012).
DECKER, Oliver/Marliese WEISSMANN/Johannes KIESS/Elmar BRÄHLER, 2010. Die Mitte in der Krise. Rechtsextreme Einstellungen in Deutschland 2010. Berlin: Friedrich-Ebert-Stiftung.
DELGADO, Richard/Jean STEFANCIC, 2004. Understanding Words that Wound. Boulder: Westview.
DICHANZ, Horst/Barbara BREIDENBACH, 2001. Antisemitismus in den Medien. Beispiele und Analysen. In: TUOR-KURTH, Christina (Hg.), 2001. Neuer Antisemitismus – alte Vorurteile? Stuttgart: Kohlhammer (= Judentum und Christentum 5), 117–136.
DIEKMANN, Andreas, ¹⁹2008. Empirische Sozialforschung. Grundlagen, Methoden, Anwendungen. Reinbek: Rowohlt (= rowohlts enzyklopädie 55678).
DUDEN, ³2002. Deutsches Universalwörterbuch. Mannheim [u. a.]: Dudenverlag.
DUDEN, ⁷2006. Die Grammatik. Mannheim: Bibliographisches Institut, Brockhaus (= Duden 4).
EC (EUROPEAN COMMISSION), 2003. Eurobarometer. Iraq and Peace in the World. Full Report. PDF unter: http://ec.europa.eu/public_opinion/flash/fl151_iraq_full_report.pdf (Zugriff am 02.09.2012).
EDELMAN, Murray J., 1976. Politik als Ritual. Die symbolische Funktion staatlicher Institutionen und politischen Handelns. Frankfurt a. M. [u. a.]: Campus.
EHLICH, Konrad (Hg.), 1989. Sprache im Faschismus. Frankfurt a. M.: Suhrkamp.
EHLICH, Konrad, 1998. Vorurteile, Vor-Urteile, Wissenstypen, mentale und diskursive Strukturen. In: HEINEMANN, Margot (Hg.), 1998. Sprachliche und soziale Stereotype. Frankfurt a. M. [u. a.]: Lang (= forum ANGEWANDTE LINGUISTIK 33), 11–24.
EITZ, Thorsten/Georg STÖTZEL, 2007. Wörterbuch der „Vergangenheitsbewältigung". Die NS-Vergangenheit im öffentlichen Sprachgebrauch. Bd. 1. Hildesheim: Olms.
EITZ, Thorsten/Georg STÖTZEL, 2009. Wörterbuch der „Vergangenheitsbewältigung". Die NS-Vergangenheit im öffentlichen Sprachgebrauch. Bd. 2. Hildesheim: Olms.

ERB, Rainer, 1999. Drittes Bild: Der „Ritualmord". In: SCHOEPS, Julius H./Joachim SCHLÖR (Hg.), 1999, 74–79.
ERLER, Katja, 2004. Deutschlandbilder in der französischen Literatur nach dem Fall der Berliner Mauer. Berlin: Schmidt (= Studienreihe Romania 20).
ERZGRÄBER, Ursula/Alfred HIRSCH (Hg.), 2001. Sprache und Gewalt. Berlin: Spitz.
EUMC (EUROPEAN MONITORING CENTRE ON RACISM AND XENOPHOBIA) (ed.), 2003. Manifestations of anti-Semitism in the European Union. First Semester 2002. Synthesis Report. PDF unter: http://www.spiegel.de/media/0,4906,3553,00.pdf (Zugriff am 02.09.2012).
EUMC (EUROPEAN MONITORING CENTRE ON RACISM AND XENOPHOBIA) (ed.), 2004. Manifestations of Antisemitism in the EU 2002–2003. Based on information by the National Focal Points of the RAXEN Information Network. PDF unter: http://fra.europa.eu/fraWebsite/attachments/AS-Main-report.pdf (Zugriff am 02.09.2012).
EVANS, Richard, 1991. Im Schatten Hitlers? Historikerstreit und Vergangenheitsbewältigung in der Bundesrepublik Deutschland. Frankfurt a. M.: Suhrkamp.
EWEN, Elizabeth/Stuart EWEN, 2009. Typen und Stereotypen. Die Geschichte des Vorurteils. Berlin: Parthas.
FABER, Klaus, 2002. Nach Möllemann. Antisemitismus und Antizionismus in Deutschland. Eine gefährliche Verbindung in Medien und Politik. In: KAUFMANN, Tobias/Manja ORLOWSKI (Hg.), 2002, 143–154.
FABER, Klaus/Julius H. SCHOEPS/Sacha STAWSKI (Hg.), 2006. Neu-alter Judenhass. Antisemitismus, arabisch-israelischer Konflikt und europäische Politik. Berlin: Verlag für Berlin-Brandenburg.
FABER, Richard, 1999. Zwanzigstes Bild: „Der Zersetzer" In: SCHOEPS, Julius H./Joachim SCHLÖR (Hg.), 1999, 260–264.
FLEISCHER, Michael, 1995. Fontane auf Norderney. Norderney: Soltau.
FODOR, Jerry, 1983. The Modularity of Mind. Cambridge/MA: MIT Press.
FRA (EUROPEAN UNION AGENCY FOR FUNDAMENTAL RIGHTS), 2009. Anti-Semitism. Summary overview of the situation in the European Union 2001–2008. Wien. PDF unter: http://fra.europa.eu/fraWebsite/attachments/Antisemitism_Update_2009.pdf (Zugriff am 02.09.2012).
FREI, Norbert, 1997. Vergangenheitspolitik. Die Anfänge der Bundesrepublik und die NS-Vergangenheit. München: Beck.
FREI, Norbert, 2005. 1945 und wir. Das Dritte Reich im Bewußtsein der Deutschen. München: Beck.
FREUD, Sigmund, 1926. Die Frage der Laienanalyse. Unterredungen mit einem Unparteiischen. Leipzig [u. a.]: Internationaler Psychoanalytischer Verlag.
FREVERT, Ute, 2009. Was haben Gefühle in der Geschichte zu suchen? In: Geschichte und Gesellschaft 35, 183–208.
FRIEDLÄNDER, Saul, 2006. Die Jahre der Vernichtung. Das Dritte Reich und die Juden 1939–1945. München: Beck.
FRINDTE, Wolfgang, 1999. Antisemitismus. In: FRINDTE, Wolfgang (Hg.), 1999. Fremde, Freunde, Feindlichkeiten. Sozialpsychologische Untersuchungen. Opladen: Westdeutscher Verlag, 83–102.
FRIESEL, Evyatar, 1990. Atlas of Modern Jewish History. New York, Oxford: Oxford University Press.
FRIESEL, Evyatar, 2010. Aktuelle jüdische Judeophobie. Juden gegen Israel. In: SCHWARZ-FRIESEL, Monika/Evyatar FRIESEL/Jehuda REINHARZ (Hg.), 2010, 163–185.

FUCHS, Eduard, 1921. Die Juden in der Karikatur. Ein Beitrag zur Kulturgeschichte. München: Langen.
GERSTENFELD, Manfred (ed.), 2008. Behind the Humanitarian Mask. The Nordic Countries, Israel, and the Jews. Jerusalem: JCPA.
GESSLER, Philipp, 2004. Der neue Antisemitismus. Hinter den Kulissen der Normalität. Freiburg: Herder.
GLUCKSMANN, André, 2005. Hass. Die Rückkehr einer elementaren Gewalt. Darmstadt: Wissenschaftliche Buchgesellschaft.
GOLDAMMER, Peter, 1993. Nietzsche-Kult – Antisemitismus – und eine späte Rezension des Romans „Vor dem Sturm". Zu Fontanes Briefen an Friedrich Paulsen. In: Fontane Blätter 56, 48–62.
GOLDHAGEN, Daniel J., 1996. Hitlers willige Vollstrecker. Ganz gewöhnliche Deutsche und der Holocaust. Berlin: Siedler.
GOLDHAGEN, Daniel J., 2004. Die Globalisierung des Antisemitismus. In: RABINOVICI, Doron/ Ulrich SPECK/Natan SZNAIDER (Hg.), 2004, 93–100.
GRAMMEL, Eva, 2002. Antijudaismus, Antisemitismus, Antizionismus. Versuch einer Definition. In: KAUFMANN, Tobias/Manja ORLOWSKI (Hg.), 2002, 9–14.
GRAUMANN, Carl Friedrich/Margret WINTERMANTEL, 2007. Diskriminierende Sprechakte. Ein Funktionaler Ansatz. In: HERRMANN, Steffen K./Sybille KRÄMER/Hannes KUCH (Hg.), 2007, 147–178.
GRICE, Herbert P., 1975. Logic and Conversation. In: COLE, Peter/Jerry L. MORGAN (eds.), 1975. Syntax and Semantics. Vol. 3. Speech Acts. New York: Academic Press, 41–58.
GRIGAT, Stephan, 2009. Israel als Jude unter den Staaten. Unter: http://www.hagalil.com/01/de/ Israel.php?itemid=3188 (Zugriff am 02.09.2012).
GRÖZINGER, Elvira/Karl E. GRÖZINGER, 1998. „Judenmauschel". Der antisemitische Sprachgebrauch und die jüdische Identität. In: GRÖZINGER, Karl E. (Hg.), 1998. Sprache und Identität im Judentum. Wiesbaden: Harrassowitz, 173–198.
GRÖZINGER, Karl E., 1999. Erstes Bild: Die „Gottesmörder". In: SCHOEPS, Julius H./Joachim SCHLÖR (Hg.), 1999, 57–66.
GRUNBERGER, Béla, 1962. Der Antisemit und der Ödipuskomplex. In: Psyche 5, 255–272.
GRUNBERGER, Béla/Pierre DESSUANT, 2000. Narzißmus, Christentum, Antisemitismus. Eine psychoanalytische Untersuchung. Stuttgart: Klett-Cotta.
HABERMAS, Jürgen, 1981. Theorie des kommunikativen Handelns. Bd. 1. Handlungsrationalität und gesellschaftliche Rationalisierung. Frankfurt a. M.: Suhrkamp (= suhrkamp taschenbuch wissenschaft 1175).
HACKER, Friedrich, 1990. Das Faschismus-Syndrom. Psychoanalyse eines aktuellen Phänomens. Düsseldorf [u. a.]: Econ.
HART, Christopher, 2007. Critical Discourse Analysis and Conceptualisation: Mental Spaces, Blended Spaces and Discourse Spaces in the British National Party. In: HART, Christopher/ Dominik LUKEŠ (eds.), 2007. Cognitive Linguistics in Critical Discourse Analysis. Application and Theory. Newcastle: Cambridge Scholars, 107–131.
HAUBL, Rolf, 2007. Gattungsschicksal Hass. In: HAUBL, Rolf/Volker CAYSA (Hg.), 2007, 7–68.
HAUBL, Rolf/Volker CAYSA (Hg.), 2007. Hass und Gewaltbereitschaft. Göttingen: Vandenhoeck & Ruprecht (= Philosophie und Psychologie im Dialog 3).
HAURY, Thomas, 2001. Der Antizionismus der Neuen Linken in der BRD. Sekundärer Antisemitismus nach Auschwitz. In: ARBEITSKREIS KRITIK DES DEUTSCHEN ANTISEMITISMUS (Hg.),

2001. Antisemitismus – die deutsche Normalität. Geschichte und Wirkungsweisen des Vernichtungswahns. Freiburg: ca ira, 217–229.
HAURY, Thomas, 2007. „Das ist Völkermord!" Das „antifaschistische Deutschland" im Kampf gegen den „imperialistischen Brückenkopf" und gegen die deutsche Vergangenheit. In: BROSCH, Matthias/Michael ELM/Norman GEISSLER/Brigitta Elisa SIMBÜRGER/Oliver VON WROCHEM (Hg.), 2007. Exklusive Solidarität. Linker Antisemitismus in Deutschland. Berlin: Metropol, 285–300.
HAVRYLIV, Oksana, 2003. Pejorative Lexik. Untersuchungen zu ihrem semantischen und kommunikativ-pragmatischen Aspekt am Beispiel moderner deutschsprachiger, besonders österreichischer Literatur. Frankfurt a. M. [u. a.]: Lang (= Schriften zur deutschen Sprache in Österreich 31).
HAVRYLIV, Oksana, 2009. Verbale Aggression. Formen und Funktionen am Beispiel des Wienerischen. Frankfurt a. M. [u. a.]: Lang (= Schriften zur deutschen Sprache in Österreich 39).
HEGENER, Wolfgang, 2006. Antisemitismus – Judentum – Psychoanalyse. Einleitung. In: HEGENER, Wolfgang (Hg.), 2006. Das unmögliche Erbe. Antisemitismus – Judentum – Psychoanalyse. Gießen: Psychosozial (= Edition psychosozial), 7–22.
HEIL, Johannes, 2001. Fremde, Fremdsein – von der Normalität eines scheinbaren Problemzustandes. In: BPB (BUNDESZENTRALE FÜR POLITISCHE BILDUNG) (Hg.), 2001, 10–16.
HEINEMANN, Isaac, 1931. Antisemitismus. In: KROLL, Wilhelm (Hg.), 1931. Paulys Realencyclopädie der classischen Altertumswissenschaft. Supplementband V. Agamemnon bis Statilius. Stuttgart: Druckenmüller, 4–42.
HEINSOHN, Gunnar, 1988. Was ist Antisemitismus? Der Ursprung von Monotheismus und Judenhaß – Warum Antizionismus? Frankfurt a. M.: Skarabäus bei Eichborn.
HEITMEYER, Wilhelm (Hg.), 2002–2012. Deutsche Zustände. Folge 1–10. Frankfurt a. M.: Suhrkamp.
HEITMEYER, Wilhelm (Hg.), 2005a. Deutsche Zustände. Folge 3. Frankfurt a. M.: Suhrkamp.
HEITMEYER, Wilhelm, 2005b. Gruppenbezogene Menschenfeindlichkeit. Die theoretische Konzeption und empirische Ergebnisse aus den Jahren 2002, 2003 und 2004. In: HEITMEYER, Wilhelm (Hg.), 2005a, 13–36.
HEITMEYER, Wilhelm (Hg.), 2006. Antisemitismus in Europa: Ergebnisse empirischer Studien. Frankfurt a. M.: Suhrkamp.
HEITMEYER, Wilhelm (Hg.), 2007. Deutsche Zustände. Folge 5. Frankfurt a. M.: Suhrkamp.
HELAS, Horst/Dagmar RUBISCH/Reiner ZILKENAT (Hg.), 2008. Neues vom Antisemitismus. Zustände in Deutschland. Berlin: Dietz (= Rosa-Luxemburg-Stiftung Texte 46).
HENTGES, Gudrun, 1999. Schattenseiten der Aufklärung. Die Darstellung von Juden und „Wilden" in philosophischen Schriften des 18. und 19. Jahrhunderts. Schwalbach a. Ts.: Wochenschau.
HERBERT-QUANDT-STIFTUNG (Hg.), 2007. Zwischen Erosion und Erneuerung. Die gesellschaftliche Mitte in Deutschland. Ein Lagebericht. Frankfurt a. M.: Societäts-Verlag.
HERBERT, Ulrich (Hg.), 1998. Nationalsozialistische Vernichtungspolitik 1939–1945. Neue Forschungen und Kontroversen. Frankfurt a. M.: Fischer.
HERBIG, Albert F., 1992. „Sie argumentieren doch scheinheilig!" Sprach- und sprechwissenschaftliche Aspekte einer Stilistik des Argumentierens. Frankfurt a. M.: Lang.
HERR, Moshe David, 1988. The Sages' Reaction to Antisemitism in the Hellenistic-Roman World. In: ALMOG, Shmuel (ed.), 1988, 27–38.
HERRMANN, Steffen K./Sybille KRÄMER/Hannes KUCH (Hg.), 2007. Verletzende Worte. Die Grammatik sprachlicher Missachtung. Bielefeld: transcript.
HEYDER, Aribert/Julia ISER/Peter SCHMIDT, 2005. Israelkritik oder Antisemitismus? Meinungsbilder zwischen Öffentlichkeit, Medien und Tabus. In: HEITMEYER, Wilhelm (Hg.), 2005a, 144–165.

HOFFMANN, Michael, 1998. Gestaltungsstrategien und strategisches Gestalten. In: HOFFMANN, Michael (Hg.), 1998. Beiträge zur Persuasionsforschung. Frankfurt a. M.: Lang, 57–100.
HOLZ, Klaus, 2001. Nationaler Antisemitismus. Wissenssoziologie einer Weltanschauung. Weilerswist: Hamburger Edition.
HOLZ, Klaus, 2004. Die antisemitische Konstruktion des „Dritten" und die nationale Ordnung der Welt. In: VON BRAUN, Christina/Eva-Maria ZIEGE (Hg.), 2004, 43–61.
HOLZ, Klaus, 2005. Die Gegenwart des Antisemitismus: islamistische, demokratische und antizionistische Judenfeindschaft. Hamburg: Hamburger Edition.
HOMANN, Ursula, 2002. Goethe und das Judentum. In: Goethe-Blätter 1. Bonn: Bernstein, 23–86. Unter: http://www.ursulahomann.de/GoetheUndDasJudentum/komplett.html (Zugriff am 02.09.2012).
HORKHEIMER, Max, [1946] 2002. Der soziologische Hintergrund des psychoanalytischen Forschungsansatzes. In: SIMMEL, Ernst (Hg.), [1946] 2002a, 23–34.
HORKHEIMER, Max, [1961] ⁵1997. Über die deutschen Juden. In: HORKHEIMER, Max, ⁵1997. Zur Kritik der instrumentellen Vernunft. Frankfurt a. M.: Fischer.
HORTZITZ, Nicoline, 1988. „Früh-Antisemitismus" in Deutschland (1789–1871/72). Strukturelle Untersuchungen zu Wortschatz, Text und Argumentation. Tübingen: Niemeyer.
HORTZITZ, Nicoline, 1999. Die Sprache der Judenfeindschaft. In: SCHOEPS, Julius H./Joachim SCHLÖR (Hg.), 1999, 19–40.
HORTZITZ, Nicoline, 2005. Die Sprache der Judenfeindschaft in der frühen Neuzeit (1450–1700). Untersuchungen zu Wortschatz, Text und Argumentation. Heidelberg: Winter (= Sprache – Literatur und Geschichte 28).
HOVE, Odd Sverre, 2008. The Cut-and-Omit TV News: Norway. In: GERSTENFELD, Manfred (ed.), 2008, 159–164.
HRADIL, Stefan/Holger SCHMIDT, 2007. Angst und Chancen. Zur Lage der gesellschaftlichen Mitte aus soziologischer Sicht. In: HERBERT-QUANDT-STIFTUNG (Hg.), 2007, 163–226.
HUNDSNURSCHER, Franz/Edda WEIGAND (Hg.), 1986. Dialoganalyse. Referate der 1. Arbeitstagung Münster 1986. Tübingen: Niemeyer (= Linguistische Arbeiten 176).
HUTTON, Christopher M., 1999. Linguistics and the Third Reich. Mother-Tongue Fascism, Race and the Science of Language. London: Routledge.
JAECKER, Tobias, 2004. Antisemitische Verschwörungstheorien nach dem 11. September. Neue Varianten eines alten Deutungsmusters. Münster [u. a.]: Lit.
JÄGER, Margret/Siegfried JÄGER (Hg.), 2002. Medien im Krieg. Der Anteil der Printmedien an der Erzeugung von Ohnmachts- und Zerrissenheitsgefühlen. Duisburg: DISS.
JÄGER, Siegfried, ³2001. Kritische Diskursanalyse. Eine Einführung. Duisburg: DISS.
JÄGER, Siegfried/Margret JÄGER, 2003. Medienbild Israel. Zwischen Solidarität und Antisemitismus. Münster: Lit (= Medien Forschung und Wissenschaft 3).
JÄGER, Siegfried/Margret JÄGER/Gabriele CLEVE/Ina RUTH/Frank WICHERT/Frank JESSEN/Jan ZÖLLER/Alfred SCHOBERT, 2003. Die Nahost-Berichterstattung zur Zweiten Intifada in den deutschen Printmedien unter besonderer Berücksichtigung des Israel-Bildes. Analyse diskursiver Ereignisse im Zeitraum von September 2000 bis August 2001. Duisburg: DISS.
JENSEN, Uffa/Daniel MORAT (Hg.), 2008. Rationalisierungen des Gefühls. Zum Verhältnis von Wissenschaft und Emotionen 1880–1930. Paderborn, München: Fink.
JUCKER, Andreas H., 1986. Dialogstrategien in englischen Nachrichteninterviews. In: HUNDSNURSCHER, Franz/Edda WEIGAND (Hg.), 1986, 185–197.
KAHNEMAN, Daniel, 2011. Thinking, Fast and Slow. New York: Farrar, Straus and Giroux.

KALB, Marvin/Carol SAIVETZ, 2007. The Israeli-Hezbollah War of 2006. The Media as a Weapon in Asymmetrical Conflict. In: The Harvard International Journal of Press/Politics 3, 12, 43–66.
KÄMPER, Heidrun, 2005. Der Schulddiskurs in der frühen Nachkriegszeit. Ein Beitrag zur Geschichte des sprachlichen Umbruchs nach 1945. Berlin: de Gruyter (= Studia Linguistica Germanica 78).
KÄMPER, Heidrun, 2007. Opfer – Täter – Nichttäter. Ein Wörterbuch zum Schulddiskurs 1945–1955. Berlin: de Gruyter.
KATZ, Jacob, 1980. From Prejudice to Destruction. Anti-Semitism 1700–1933. Cambridge/MA: Harvard University Press.
KATZ, Jacob, 1986. The Darker Side of Genius. Richard Wagner's Anti-Semitism. Hanover/NH: Brandeis University Press.
KATZ, Jacob, 1990. Vom Vorurteil bis zur Vernichtung. Antisemitismus 1700–1933. Berlin: Union.
KAUFMANN, Tobias/Manja ORLOWSKI (Hg.), 2002. „Ich würde mich auch wehren...". Antisemitismus und Israel-Kritik – Bestandsaufnahme nach Möllemann. Potsdam: Weber.
KIENER, Franz, 1983. Das Wort als Waffe. Zur Psychologie der verbalen Aggression. Göttingen: Vandenhoeck & Ruprecht.
KILIAN, Jörg, 2005. Assoziative Stereotype. Sprachtheoretische, sprachkritische und sprachdidaktische Anmerkungen zum lexikalisch verknüpften Mythos, Aberglauben, Vorurteil. In: BUSSE, Dietrich/Thomas NIEHR/Martin WENGELER (Hg.), 2005. Brisante Semantik. Neuere Konzepte und Forschungsergebnisse einer kulturwissenschaftlichen Linguistik. Tübingen: Niemeyer (= Reihe germanistische Linguistik 259), 117–132.
KINNE, Michael/Johannes SCHWITALLA, 1994. Sprache im Nationalsozialismus. Heidelberg: Groos (= Studienbibliografien Sprachwissenschaft 9).
KIRCHHOFF, Sabine/Sonja KUHNT/Peter LIPP/Siegfried SCHLAWIN, ³2003. Der Fragebogen. Datenbasis, Konstruktion und Auswertung. Opladen: Leske & Budrich (= UTB 2245).
KLAMPER, Elisabeth (Hg.), 1995. Die Macht der Bilder. Antisemitische Vorurteile und Mythen. Wien: Picus.
KLEIN, Josef, 1994. Medienneutrale und medienspezifische Verfahren der Absicherung von Bewertungen in Presse und Fernsehen. Typologie und semiotische Distribution. In: MOILANEN, Markku/Liisa TIITTULA (Hg.), 1994. Überredung in der Presse. Texte, Strategien, Analysen. Berlin, New York: de Gruyter (= Sprache, Politik, Öffentlichkeit 3), 3–17.
KLEMPERER, Victor, [1947] ²⁴2010. LTI. Notizbuch eines Philologen. Stuttgart: Reclam.
KLOKE, Martin W., ²1994. Israel und die deutsche Linke. Zur Geschichte eines schwierigen Verhältnisses. Frankfurt a. M.: Haag & Herchen.
KLOKE, Martin W., 2005. 40 Jahre deutsch-israelische Beziehungen. Bonn: BpB (= Infoaktuell – Informationen zur politischen Bildung aktuell).
KLOKE, Martin W., 2010. Israelkritik und Antizionismus in der deutschen Linken: ehrbarer Antisemitismus? In: SCHWARZ-FRIESEL, Monika/Evyatar FRIESEL/Jehuda REINHARZ (Hg.), 2010, 73–91.
KLUG, Brian, 2004. The collective Jew. In: VON BRAUN, Christina/Eva-Maria ZIEGE (Hg.), 2004, 221–239.
KÖNIGSEDER, Angelika, 2011. Boykott-Tag, 1. April 1933. In: BENZ, Wolfgang (Hg.), 2011. Handbuch des Antisemitismus. Judenfeindschaft in Geschichte und Gegenwart. Bd. 4: Ereignisse, Dekrete, Kontroversen. Berlin, Boston: de Gruyter, 61.
KOPPERSCHMIDT, Josef, 1989. Methodik der Argumentationsanalyse. Stuttgart: Fromman-Holzboog.

KRÄMER, Sybille/Elke KOCH (Hg.), 2010. Gewalt in der Sprache. Rhetoriken verletzenden Sprechens. München: Fink.
KREIS, Georg, 2005. Israelkritik und Antisemitismus. Versuch einer Reflexion jenseits von Religion und Nationalität. In: ZUCKERMANN, Moshe (Hg.), 2005, 17–32.
KRIEGER, Karsten, 2002. Der Berliner Antisemitismusstreit 1879–1881. Eine Debatte um die Zugehörigkeit der deutschen Juden zur deutschen Nation. In: BENZ, Wolfgang/Angelika KÖNIGSEDER (Hg.), 2002. Judenfeindschaft als Paradigma. Studien zur Vorurteilsforschung. Berlin: Metropol, 89–95.
KROUCHEVA, Katerina, 2009. „… eine bestimmtere Erklärung mochten wir aus mehreren Gründen nicht verlangen". Kurze Einführung in die Theorie und Geschichte der Imagologie. In: CASPER-HEHNE, Hiltraud/Irmy SCHWEIGER (Hg.), 2009. Kulturelle Vielfalt deutscher Literatur, Sprache und Medien. Sommerschule für Alumni aus Osteuropa und der Welt. 16.–27. August 2009. Göttingen: Universitätsverlag, 125–139.
KÜNTZEL, Matthias, 2007. Islamischer Antisemitismus und deutsche Politik. „Die Juden werden brennen, wir werden auf ihren Gräbern tanzen…". Berlin [u. a.]: Lit.
LANGENBUCHER, Wolfgang R./Guni YASIN, 2009. Produziert die Logik des Journalismus Anti-Israelismus? Von den Schwierigkeiten, aus Israel zu berichten. In: HOLTZ-BACHA, Christina/Gunter REUS/Lee B. BECKER (Hg.), 2009. Wissenschaft mit Wirkung. Beiträge zur Journalismus- und Medienwirkungsforschung. Festschrift für Klaus Schönbach. Wiesbaden: Verlag für Sozialwissenschaften, 257–278.
LAQUEUR, Walter, 2006. Gesichter des Antisemitismus. Berlin: Propyläen.
LESCHNITZER, Adolf, 1956. The Magic Background of Modern Anti-Semitism. New York: International Universities Press.
LEVELT, Willem J. M., 1989. Speaking. From Intention to Articulation. Cambridge/MA: MIT Press.
LICHTENSTEIN, Heiner, 1999. Vierundzwanzigstes Bild: Die „Auschwitz-Lüge". In: SCHOEPS, Julius H./Joachim SCHLÖR (Hg.), 1999, 294–301.
LIEDTKE, Frank (Hg.), 1995. Implikaturen: Grammatische und pragmatische Analysen. Tübingen: Niemeyer.
LIPPMANN, Walter, 1922. Public Opinion. London: Allen & Unwin.
LÖHNER, Michael, 1996. Fallazien. In: UEDING, Gert (Hg.), 1996. Historisches Wörterbuch der Rhetorik. Bd. 3. Tübingen: Niemeyer, 206–208.
LONGERICH, Peter, 1998. Politik der Vernichtung. Eine Gesamtdarstellung der nationalsozialistischen Judenverfolgung. München: Piper.
LOW, Alfred D., 1979. Jews in the Eyes of the Germans. From the Enlightenment to Imperial Germany. Philadelphia: Institute for the Study of Human Issues.
LUHMANN, Niklas, 1996. Die Realität der Massenmedien. Wiesbaden: Westdeutscher Verlag.
MALICKE, Judith, in Arbeit. Verbale Scheinhöflichkeit. Eine pragmalinguistische Korpusanalyse von Zuschriften an den Zentralrat der Juden in Deutschland und die Israelische Botschaft in Berlin. Dissertationsschrift, TU Berlin.
MANSTEAD, Antony S. R./Nico FRIJDA/Agneta FISCHER (eds.), 2004. Feelings and Emotions. The Amsterdam Symposium. Cambridge: Cambridge University Press (= Studies in Emotion and Social Interaction 2).
MARCUSE, Herbert, 1984. Schriften 8. Aufsätze und Vorlesungen 1948–1969. Versuch über die Befreiung. Frankfurt a. M.: Suhrkamp.
MARIN, Bernd, 1979/2000. Antisemitismus ohne Antisemiten. Autoritäre Vorurteile und Feindbilder. Frankfurt, New York: Campus (= Wohlfahrtspolitik und Sozialforschung 10).

MARKOVITS, Andrei S., 2004. Amerika, dich hasst sich's besser. Antiamerikanismus und Antisemitismus in Europa. Hamburg: Konkret Literatur.
MARRUS, Michael R., 1986. Is There a New Antisemitism? In: CURTIS, Michael (ed.), 1986. Antisemitism in the contemporary world. Boulder: Westview, 172–181.
MARX, Konstanze/Monika SCHWARZ-FRIESEL, 2012, im Druck. Sprache und Kommunikation im technischen Zeitalter. Wieviel Technik (v)erträgt unsere Gesellschaft? Berlin, New York: de Gruyter.
MAUTNER, Gerlinde, 1998. We are not like them and never have been. Zum persuasiven Potential der Wir-Gruppen-Konstruktion. In: HOFFMANN, Michael/Christine KESSLER (Hg.), 1998. Beiträge zur Persuasionsforschung. Unter besonderer Berücksichtigung textlinguistischer und stilistischer Aspekte. Frankfurt [u. a.]: Lang (= Sprache – System und Tätigkeit 26), 177–190.
MEIBAUER, Jörg, ²2001. Pragmatik. Eine Einführung. Tübingen: Stauffenburg.
MEIBAUER, Jörg, 2007. Zitat und Lüge. In: BRENDEL, Elke/Jörg MEIBAUER/Markus STEINBACH (Hg.), 2007. Zitat und Bedeutung. Hamburg: Buske (= Linguistische Berichte Sonderheft 15).
MEIBAUER, Jörg (Hg.), 2012. Hassrede/Hate Speech. Interdisziplinäre Beiträge des gleichnamigen Workshops, Mainz 2009. Gießen: Gießener Elektronische Bibliothek (= Linguistische Untersuchungen).
MERTENS, Lothar, 1995. Antizionismus. Feindschaft gegen Israel als eine neue Form des Antisemitismus. In: BENZ, Wolfgang (Hg.), 1995. Antisemitismus in Deutschland. Zur Aktualität eines Vorurteils. München: DTV, 89–100.
MEYER, Michael, 1966. Great Debate on Antisemitism. Jewish Reaction to New Hostility in Germany. 1879–1881. In: LBIYB 11, 137–170.
MILLER, George A., 1995. Wörter. Streifzüge durch die Psycholinguistik. Frankfurt a. M.: Zweitausendeins.
MILSON, Menahem, 2008. Arab and Islamic Antisemitism. In: Inquiry and Analysis Series 442, May 27, 2008. Unter: www.memri.org (Zugriff am 02.09.2012).
MITSCHERLICH, Alexander/Margarete MITSCHERLICH, 1967. Die Unfähigkeit zu trauern. Grundlagen kollektiven Verhaltens. München [u. a.]: Piper.
MÜLLER, Hildegard, 2006. Deutschlands Verantwortung in Europa. Antisemitischem Denken, Reden und Handeln entgegenwirken! In: FABER, Klaus/Julius H. SCHOEPS/Sacha STAWSKI (Hg.), 2006, 309–311.
NAGEL, Michael/Moshe ZIMMERMANN (Hg.), 2012, im Druck. Judenfeindschaft und Antisemitismus in der deutschen Presse über fünf Jahrhunderte. Erscheinungsformen, Rezeption, Debatte und Gegenwehr. Bremen: edition lumière.
NAUMANN, Michael (Hg.), 2002. „Es muss doch in diesem Lande wieder möglich sein...". Der neue Antisemitismus-Streit. München: Ullstein.
NEUGEBAUER, Wolfgang, 2003. Israelkritik als neuer Antisemitismus? In: Schalom. Zeitschrift der Österreichisch-Israelischen Gesellschaft 3/4, 28–30.
NICKLAS, Hans/Änne OSTERMANN, 1976. Vorurteile und Feindbilder. München [u. a.]: Urban und Schwarzenberg.
NIEDERMÜLLER, Peter, 1999. Zweiundzwanzigstes Bild: „Der Kommunist". In: SCHOEPS, Julius H./Joachim SCHLÖR (Hg.), 1999, 273–278.
NIPPERDEY, Thomas/Reinhard RÜRUP, 1994. Antisemitismus. In: BRUNNER, Otto/Werner CONZE/Reinhart KOSELLECK (Hg.), 1994. Geschichtliche Grundbegriffe. Historisches Lexikon zur politisch-sozialen Sprache in Deutschland. Bd. 1. A–D. Stuttgart: Klett-Cotta, 129–153.

NOLTE, Paul/Dagmar HILPERT, 2007. Wandel und Selbstbehauptung. Die gesellschaftliche Mitte in historischer Perspektive. In: HERBERT-QUANDT-STIFTUNG (Hg.), 2007, 11–103.

NONN, Christoph, 2008. Antisemitismus. Darmstadt: Wissenschaftliche Buchgesellschaft (= Kontroversen um die Geschichte).

OHDE, Christina, 1994. Der Irre von Bagdad. Zur Konstruktion von Feindbildern in überregionalen deutschen Tageszeitungen während der Golfkrise 1990/91. Frankfurt a. M. [u. a.]: Lang (= Europäische Hochschulschriften 40, Kommunikationswissenschaft und Publizistik 45).

OPERARIO, Don/Susan T. FISKE, 2001. Stereotypes. Content, Structures, Processes and Context. In: BROWN, Rupert/Samuel L. GAERTNER (eds.), 2001. Blackwell Handbook of Social Psychology: Intergroup processes. Malden/MA: Blackwell, 22–44.

ORLAND, Nachum, 1999. Dreiundzwanzigstes Bild: „Der Israeli". Antizionismus und Antisemitismus. In: SCHOEPS, Julius H./Joachim SCHLÖR (Hg.), 1999, 279–293.

ORTAK, Nuri, 2004. Persuasion. Zur textlinguistischen Beschreibung eines dialogischen Strategiemusters. Tübingen: Niemeyer (= Beiträge zur Dialogforschung 26).

OTTMERS, Clemens, ²2007. Rhetorik. Stuttgart, Weimar: Metzler.

PALLADE, Yves, 2008a. Antisemitismus in Deutschland. Politikwissenschaftliche Analysen. In: RENSMANN, Lars/Julius H. SCHOEPS (Hg.), 2008, 297–344.

PALLADE, Yves, 2008b. Aktueller Antisemitismus in der Bundesrepublik Deutschland. In: HELAS, Horst/Dagmar RUBISCH/Reiner ZILKENAT (Hg.), 2008, 97–106.

PARKES, James, 1963. Antisemitism. London: Vallentine Mitchell.

PARKES, James, 1981. The Conflict of the Church and the Synagogue. A Study in the Origins of Antisemitsm. New York: Atheneum.

PAUL, Hermann, ¹⁰2002. Deutsches Wörterbuch. Bedeutungsgeschichte und Aufbau unseres Wortschatzes. Bearbeitet von Helmut Henne, Heidrun Kämper und Georg Objartel. Tübingen: Niemeyer.

PAULSEN, Wolfgang, 1981. Theodor Fontane. The Philosemitic Antisemite. In: LBIYB 26, 303–322.

PELINKA, Anton/Karin BISCHOF/Karin STÖGNER (eds.), 2009. Handbook of Prejudice. Amherst/NY: Cambria.

PELINKA, Anton/Ruth WODAK (Hg.), 2002. „Dreck am Stecken". Politik der Ausgrenzung. Wien: Czernin.

PERKUHN, Rainer/Cyril BELICA, 2004. Eine kurze Einführung in die Kookkurrenzanalyse und syntagmatische Muster. IDS Mannheim. Unter: http://www.ids-mannheim.de/kl/misc/tutorial.html (Zugriff am 02.09.2012).

PEW RESEARCH CENTER (ed.), 2008. Unfavorable Views of Jews and Muslims on the Increase in Europe. Washington: Pew Research Center (= The Pew Global Attitudes Project).

PFAHL-TRAUGHBER, Armin, 2002. Antisemitismus in der deutschen Geschichte. Opladen: Leske & Budrich.

PFAHL-TRAUGHBER, Armin, 2007a. Antisemitische und nicht-antisemitische Israel-Kritik. Eine Auseinandersetzung mit den Kriterien zur Unterscheidung. In: Aufklärung und Kritik 1, 49–58.

PFAHL-TRAUGHBER, Armin, 2007b. Ideologische Erscheinungsformen des Antisemitismus. In: Aus Politik und Zeitgeschichte 31, 4–11.

POHL, Rolf, 2010. Der antisemitische Wahn. Aktuelle Ansätze zur Psychoanalyse einer sozialen Pathologie. In: STENDER, Wolfram/Guido FOLLERT/Mihri ÖZDOGAN (Hg.), 2010. Konstellationen des Antisemitismus. Antisemitismusforschung und sozialpädagogische Praxis. Wiesbaden: Verlag für Sozialwissenschaften (= Perspektiven kritischer Sozialer Arbeit 8), 41–68.

POLIAKOV, Léon 1983. Geschichte des Antisemitismus. Bd. 5. Die Aufklärung und ihre judenfeindlichen Tendenzen. Worms [u. a.]: Heintz.
POLIAKOV, Léon, 1985. The History of Anti-Semitism. The Littman Libary of Jewish Civilisation. London: Routledge.
POLLAK, Alexander/Nina EGER, 2002. Antisemitismus mit Anspielungscharakter. Über Analogien zwischen den Äußerungen Haiders gegenüber Muzicant und NS-antisemitischer Argumentation. In: PELINKA, Anton/Ruth WODAK (Hg.), 2002, 187–210.
PÖRKSEN, Bernhard, ²2005. Die Konstruktion von Feindbildern. Zum Sprachgebrauch in neonazistischen Medien. Wiesbaden: Verlag für Sozialwissenschaften.
PORST, Rolf, 2008. Fragebogen. Ein Arbeitsbuch. Wiesbaden: Verlag für Sozialwissenschaften (= Studienskripten zur Soziologie).
PRAGER, Dennis/Joseph TELUSHKIN, 2003. Why the Jews? The Reason for Antisemitism. New York: Simon and Schuster.
PRIESTER, Karin, 2003. Rassismus. Eine Sozialgeschichte. Leipzig: Reclam.
PULZER, Peter G. J., 1966. Die Entstehung des politischen Antisemitismus in Deutschland und Österreich 1867–1914. Gütersloh: Mohn.
PULZER, Peter G. J., 2003. The New Antisemitism, or when is a taboo not a taboo? In: IGANSKI, Paul/Barry KOSMIN (eds.), 2003. A New Antisemitism? Debating Judeophobia in 21st Century Britain. London: Profile Books, 79–101.
QUADFASEL, Lars, 2005. Für das Gute, gegen die Juden. Die Modernisierung des Antisemitismus im Antizionismus. In: INITIATIVE ANTISEMITISMUSKRITIK (Hg.), 2005. Israel in deutschen Wohnzimmern. Realität und antisemitische Wahrnehmungsmuster des Nahostkonflikts. Dokumentation einer Veranstaltungsreihe in Hannover 2003. Stuttgart: ibidem, 163–213.
QUASTHOFF, Uta, 1973. Soziales Vorurteil und Kommunikation – eine sprachwissenschaftliche Analyse des Stereotyps. Ein interdisziplinärer Versuch im Bereich von Linguistik, Sozialwissenschaft und Psychologie. Frankfurt a. M.: Athenäum (= Fischer Athenäum Taschenbücher 2025).
QUASTHOFF, Uta, 1987. Linguistic Prejudice/Stereotypes. In: AMMON, Ulrich/Norbert DITTMAR/ Klaus MATTHEIER (Hg.), 1987. Sociolinguistics/Soziolinguistik. Ein internationales Handbuch zur Wissenschaft von Sprache und Gesellschaft. 1. Halbband. Berlin, New York: de Gruyter, 785–799.
RAABE, Tobias/Andreas BEELMANN, 2011. Development of Ethnic, Racial, and National Prejudice in Childhood and Adolescence: A Multinational Meta-Analysis of Age Differences. In: Child Development 6, 82, 1715–1737.
RABINOVICI, Doron, 2006. Altneuhaß. Moderne Varianten des Antisemitismus. In: FABER, Klaus/ Julius H. SCHOEPS/Sacha STAWSKI (Hg.), 2006, 245–250.
RABINOVICI, Doron/Ulrich SPECK/Natan SZNAIDER (Hg.), 2004. Neuer Antisemitismus? Eine globale Debatte. Frankfurt a. M.: Suhrkamp.
RAPHAEL, Freddy, 1999. Sechstes Bild: „Der Wucherer". In: SCHOEPS, Julius H./Joachim SCHLÖR (Hg.), 1999, 103–118.
RAUSCHER, Hans, 2004. Israel, Europa und der neue Antisemitismus. Ein aktuelles Handbuch. Wien: Molden.
REICHEL, John, in Arbeit. NS-Vergleiche in öffentlichen und halböffentlichen Diskursen. Dissertationsschrift, TU Berlin.
REINFRANK, Timo, 2008. Globalisierter Antisemitismus im 21. Jahrhundert. Zur Arbeit gegen den aktuellen Antisemitismus in Deutschland. In: HELAS, Horst/Dagmar RUBISCH/Reiner ZILKENAT (Hg.), 2008, 107–116.

REINFRANK, Timo/Tobias EBBRECHT, 2004. Antisemitismus im 21. Jahrhundert. Über die neuen (alten) Formen des deutschen Antisemitismus. In: ZENTRUM DEMOKRATISCHE KULTUR (Hg.), 2004. Antisemitismus und Antiamerikanismus in Deutschland. PDF-Bulletin 5, 2004. Leipzig: Klett, 44–51.

REINHARZ, Jehuda, 1975. Fatherland or Promised Land? The Dilemma of the German Jews, 1893–1914. Ann Arbor: University of Michigan Press.

REINHARZ, Jehuda (ed.), 1987. Living with Antisemitism – Modern Jewish Responses. Hanover/NH: University Press of New England.

REINHARZ, Jehuda, 2010. Aktuelle Judenfeindschaft: Ein Vergleich zwischen den USA und Deutschland. In: SCHWARZ-FRIESEL, Monika/Evyatar FRIESEL/Jehuda REINHARZ (Hg.), 2010, 213–223.

REISIGL, Martin/Ruth WODAK, 2001. Discourse and Discrimination. Rhetorics of racism and antisemitism. London: Routledge.

RENSMANN, Lars, 2004. Demokratie und Judenbild. Antisemitismus in der politischen Kultur der Bundesrepublik Deutschland. Wiesbaden: Verlag für Sozialwissenschaften.

RENSMANN, Lars, 2006. Der Nahost-Konflikt in der Perzeption des Rechts- und Linksextremismus. In: FABER, Klaus/Julius H. SCHOEPS/Sacha STAWSKI (Hg.), 2006, 33–48.

RENSMANN, Lars/Julius H. SCHOEPS (Hg.), 2008. Feindbild Judentum – Antisemitismus in Europa. Berlin: Verlag für Berlin-Brandenburg.

RICHTER, Maria/Judith ECK/Thomas STRAUBE/Wolfgang H. R. MILTNER/Thomas WEISS, 2010. Do words hurt? Brain activation during explicit and implicit processing of pain-related words. In: Pain 148, 198–205.

ROKEAH, David, 1988. The Church Fathers and the Jews in Writings Designed for Internal and External Use. In: ALMOG, Shmuel (ed.), 1988, 39–69.

RÖMER, Ruth, 1985. Sprachwissenschaft und Rassenideologie in Deutschland. München: Fink.

SAHM, Ulrich W., 2006. Deutsche Medien und der Nahostkonflikt. In: FABER, Klaus/Julius H. SCHOEPS/Sacha STAWSKI (Hg.), 2006, 127–138.

SALOVEY, Peter/Marja KOKKONEN/Paulo N. LOPES/John D. MAYER, 2004. Emotional Intelligence. What Do We Know? In: MANSTEAD, Antony S. R./Nico FRIJDA/Agneta FISCHER (eds.), 2004, 321–340.

SALZBORN, Samuel, 2005. Katholischer Antisemitismus. In: Blätter für deutsche und internationale Politik 8, 919–921.

SALZBORN, Samuel, 2008. Uncovering Latent Anti-Semitism in Germany. Report on a Pilot Study. In: Yalkut Moreshet 5, 155–170.

SALZBORN, Samuel, 2010a. Halbierte Empathie – Antisemitische Schuldprojektion und die Angst vor der eigenen Vergangenheit. In: SCHWARZ-FRIESEL, Monika/Evyatar FRIESEL/Jehuda REINHARZ (Hg.), 2010, 51–72.

SALZBORN, Samuel, 2010b. Antisemitismus als negative Leitidee der Moderne. Sozialwissenschaftliche Theorien im Vergleich. Frankfurt, New York: Campus.

SALZBORN, Samuel/Sebastian VOIGT, 2011. Antisemiten als Koalitionspartner? Die Linkspartei zwischen antizionistischem Antisemitismus und dem Streben nach Regierungsfähigkeit. In: Zeitschrift für Politik 3, 290–309.

SARTRE, Jean-Paul, 1948. Betrachtungen zur Judenfrage. Psychoanalyse des Antisemitismus. Zürich: Europa.

SCHAPIRA, Esther/Georg M. HAFNER, 2006. Entlastungsantisemitismus in Deutschland. In: FABER, Klaus/Julius H. SCHOEPS/Sacha STAWSKI (Hg.), 2006, 67–77.

SCHAPIRA, Esther/Georg M. HAFNER, 2010. Die Wahrheit unter Beschuss – der Nahostkonflikt und die Medien. In: SCHWARZ-FRIESEL, Monika/Evyatar FRIESEL/Jehuda REINHARZ (Hg.), 2010, 115–131.
SCHELER, Max, [1912] ⁴1955. Das Ressentiment im Aufbau der Moralen. In: SCHELER, Max, ⁴1955. Vom Sturz der Werte. Abhandlungen und Aufsätze. Bern: Francke (= Gesammelte Werke 3), 33–147.
SCHERER, Carmen, 2006. Korpuslinguistik. Heidelberg: Winter (= KEGLI 2).
SCHERER, Klaus, 2004. Feelings Integrate the Central Representation of Appraisal-driven Response Organization in Emotion. In: MANSTEAD, Antony S. R./Nico FRIJDA/Agneta FISCHER (eds.), 2004, 136–157.
SCHERR, Albert, 2011. Verbreitung von Stereotypen über Juden und antisemitischer Vorurteile in der evangelischen Kirche. Expertise: Freiburg.
SCHERR, Albert/Barbara SCHÄUBLE, 2007. „Ich habe nichts gegen Juden, aber ...". Ausgangsbedingungen und Perspektiven gesellschaftspolitischer Bildungsarbeit gegen Antisemitismus. Berlin: Amadeu Antonio Stiftung. PDF mit der Langfassung des Abschlussberichts unter: http://www.amadeu-antonio-stiftung.de/w/files/pdfs/ich_habe_nichts_2.pdf (Zugriff am 02.09.2012).
SCHERR, Albert/Barbara SCHÄUBLE, 2008. „Wir" und „die Juden". Gegenwärtiger Antisemitismus als Differenzkonstruktion. In: Berliner Debatte Initial 19, 3–14.
SCHMITZ-BERNING, Cornelia, 1998. Vokabular des Nationalsozialismus. Berlin, New York: de Gruyter.
SCHOEPS, Julius H./Joachim SCHLÖR (Hg.), 1999. Antisemitismus. Vorurteile und Mythen. München: Piper.
SCHWARZ, Monika, ³2008. Einführung in die Kognitive Linguistik. Tübingen, Basel: Francke (= UTB 1636).
SCHWARZ, Monika/Jeannette CHUR, ⁵2007. Semantik. Ein Arbeitsbuch. Tübingen: Narr.
SCHWARZ-FRIESEL, Monika, 2007. Sprache und Emotion. Tübingen, Basel: Francke (= UTB 2939).
SCHWARZ-FRIESEL, Monika, 2008. Sprache, Kognition und Emotion: Neue Wege in der Kognitionswissenschaft. In: KÄMPER, Heidrun/Ludwig M. EICHINGER (Hg.), 2008. Sprache – Kognition – Kultur. Berlin, New York: de Gruyter (= Jahrbuch des IDS 2007), 277–301.
SCHWARZ-FRIESEL, Monika, 2009a. Worte wie Waffen. Wie Antisemitismus und Antiisraelismus über Begriffe und Vergleiche in der bürgerlichen Mitte salonfähig geworden sind. In: Jüdische Allgemeine vom 26.02.2009, 9, 8.
SCHWARZ-FRIESEL, Monika, 2009b. Der Tatort Sprache in Deutschland. Antisemitismus im öffentlichen Kommunikationsraum. In: TRIBÜNE 189, 48, 178–186.
SCHWARZ-FRIESEL, Monika, 2010a. „Ich habe gar nichts gegen Juden!" Der „legitime" Antisemitismus der Mitte. In: SCHWARZ-FRIESEL, Monika/Evyatar FRIESEL/Jehuda REINHARZ (Hg.), 2010, 27–50.
SCHWARZ-FRIESEL, Monika, 2010b. Tatort Sprache. Aktueller Antisemitismus in Deutschland als verbale Strategie. In: NEEF, Martin/Christina NOACK (Hg.), 2010. Sprachgeschichten. Eine Braunschweiger Vorlesung. Bielefeld: Verlag für Regionalgeschichte (= Braunschweiger Beiträge zur deutschen Sprache und Literatur 14), 193–213.
SCHWARZ-FRIESEL, Monika, 2011a. Dem Grauen einen Namen geben? Zur Verbalisierung von Emotionen in der Holocaust-Literatur – Prolegomena zu einer Kognitiven Linguistik der Opfersprache. In: Germanistische Studien. Jubiläumsausgabe 10. Sprachen und Emotionen, 128–139.

SCHWARZ-FRIESEL, Monika, 2011b. Das unbekannte Land Israel. Textlinguistische Analysen zur De-Realisierung. Unveröffentlichtes Manuskript.
SCHWARZ-FRIESEL, Monika, 2012a, im Druck. „Juden sind zum Töten da" (studivz.net, 2008). Hass via Internet – Zugänglichkeit und Verbreitung von Antisemitismen im World Wide Web. In: MARX, Konstanze/Monika SCHWARZ-FRIESEL, 2012, im Druck, 213–236.
SCHWARZ-FRIESEL, Monika, 2012b. „Dies ist kein Hassbrief – sondern meine eigene Meinung über Euch!" – Zur kognitiven und emotionalen Basis der aktuellen antisemitischen Hass-Rede. In: MEIBAUER, Jörg (Hg.), 2012, 149–170.
SCHWARZ-FRIESEL, Monika, 2012c, im Druck. Explizite und implizite Formen des Verbal-Antisemitismus in aktuellen Texten der regionalen und überregionalen Presse (2002–2010) und ihr Einfluss auf den alltäglichen Sprachgebrauch. In: NAGEL, Michael/Moshe ZIMMERMANN (Hg.), 2012, im Druck.
SCHWARZ-FRIESEL, Monika/Evyatar FRIESEL, 2012. „Gestern die Juden, heute die Muslime…"? – Von den Gefahren falscher Analogien. In: BOTSCH, Gideon/Olaf GLÖCKNER/Christoph KOPKE/Michael SPIEKER (Hg.), 2012. Islamophobie und Antisemitismus – ein umstrittener Vergleich. Berlin, Boston: de Gruyter (= Europäisch-jüdische Studien. Kontroversen 1), 29–50.
SCHWARZ-FRIESEL, Monika/Evyatar FRIESEL/Jehuda REINHARZ (Hg.), 2010. Aktueller Antisemitismus in Deutschland. Ein Phänomen der Mitte. Berlin, New York: de Gruyter.
SCHWARZ-FRIESEL, Monika/Konstanze MARX/Sally DAMISCH, 2012. Persuasive Strategien der affektiven Verunsicherung im aktuellen Diskurs: Ironisieren, kritisieren und beleidigen in öffentlichen Streitgesprächen. In: POHL, Inge/Horst EHRHARDT (Hg.), 2012. Sprache und Emotion in öffentlicher Kommunikation. Frankfurt a. M. [u. a.]: Lang, 1–28.
SCHWITALLA, Johannes, ³2006. Gesprochenes Deutsch. Eine Einführung. Berlin: Schmidt (= Grundlagen der Germanistik 33).
SEARLE, John, 1969. Speech acts. An essay in the philosophy of language. Cambridge: Cambridge University Press.
SHATZMILLER, Joseph, 2007. Shylock geht in Revision. Juden, Geldleihe und Gesellschaft im Mittelalter. Trier: Kliomedia.
SIMMEL, Ernst (Hg.), [1946] 2002a. Antisemitismus. Frankfurt a. M.: Fischer.
SIMMEL, Ernst, [1946] 2002b. Antisemitismus und Massen-Psychopathologie. In: SIMMEL, Ernst (Hg.), [1946] 2002a, 58–100.
SIMON, Marcel, 1996. Verus Israel. A Study of the Relations between Christians and Jews in the Roman Empire AD 135–425. Oxford: Littman.
SKIRL, Helge/Monika SCHWARZ-FRIESEL, 2007. Metapher. Heidelberg: Winter (= KEGLI 4).
SMITH, Eliot R./Diane M. MACKIE, ²2000. Social Psychology. Philadelphia: Psychology Press.
SOLOMON, Robert C., ³2001. Gefühle und der Sinn des Lebens. Frankfurt a. M.: Zweitausendeins.
SORIC, Aleksandar, 2005. „Bomben-Holocaust". Eine sprachkritische Analyse eines kontroversen Ausdrucks mit rechtsextremistischem Hintergrund. In: Aptum. Zeitschrift für Sprachkritik und Sprachkultur 2, 178–192.
SORNIG, Karl, 1986. Bemerkungen zu persuasiven Sprachstrategien. In: HUNDSNURSCHER, Franz/Edda WEIGAND (Hg.), 1986, 249–263.
STANGOR, Charles (ed.), 2000. Stereotypes and Prejudice. Hove: Psychology.
STANGOR, Charles, 2009. The Study of Stereotyping, Prejudice, and Discrimination Within Social Psychology. A Quick History of Theory and Research. In: NELSON, Todd D. (ed.), 2009. Handbook of Prejudice, Stereotyping, and Discrimination. New York: Psychology Press, 1–22.

STAUB, Ervin, ⁵1995. The Roots of Evil. The Origins of Genocide and Other Group Violence. Cambridge: Cambridge University Press.
STAV, Arieh, 1999. Peace. The Arabian caricature. A study of anti-semitic imagery. New York: Gefen.
STEFANOWITSCH, Anatol/Stefan T. GRIES (eds.), 2006. Corpus-Based Approaches to Metaphor and Metonymy. Berlin, New York: de Gruyter (= Trends in Linguistics. Studies and Monographs 171).
STEPHEN ROTH INSTITUTE, 2010. Antisemitism Worldwide 2009. General Analysis. Tel Aviv: Stephen Roth Institute for the Study of Contemporary Antisemitism and Racism. PDF unter: http://www.tau.ac.il/Anti-Semitism/asw2009/general-analysis-09.pdf (Zugriff am 02.09.2012).
STERN, Frank, 1991a. Im Anfang war Auschwitz. Antisemitismus und Philosemitismus im deutschen Nachkrieg. Gerlingen: Bleicher.
STERN, Frank, 1991b. Philosemitismus statt Antisemitismus. Entstehung und Funktion einer neuen Ideologie in Westdeutschland. In: BENZ, Wolfgang (Hg.), 1991. Zwischen Antisemitismus und Philosemitismus. Juden in der Bundesrepublik. Berlin: Metropol, 47–62.
STERN, Frank, 1993. Antisemitic and Philosemitic Discourse in Postwar Germany. Folia Linguistica 27, 3/4, 277–292.
STERN, Frank, 2002. Dem Antijüdischen nach dem Munde geredet. Zur Entwicklung, Klassifizierung und Beurteilung antisemitischer und antijüdischer Äußerungen in der Bundesrepublik Deutschland. In: PELINKA, Anton/Ruth WODAK (Hg.), 2002, 211–222.
TAGUIEFF, Pierre-André, 2002. La nouvelle judéophobie. Paris: Mille et une Nuits.
TEASDALE, John D., 1999. Multi-Level Theories of Cognition-Emotion Relations. In: DALGLEISH, Tim/Michael J. POWER (eds.), 1999. Handbook of Cognition and Emotion. Chichester: Wiley, 591–611.
TOULMIN, Stephen, 1958. The Uses of Argument. Cambridge: Cambridge University Press.
TRACHTENBERG, Joshua, 1943. The Devil and the Jews. The Medieval Conception of the Jew and its Relation to Modern Antisemitism. New Haven: Yale University Press.
UNITED STATES DEPARTMENT OF STATE, 2008. Contemporary Global Anti-Semitism: A Report Provided to the United States Congress. PDF unter: http://www.state.gov/documents/organization/102301.pdf (Zugriff am 02.09.2012).
VAN DIJK, Teun A., 1984. Prejudice in Discourse. An Analysis of Ethnic Prejudice in Cognition and Conversation. Amsterdam: Benjamins.
VAN DIJK, Teun A., 2002. Discourse and Racism. In: GOLDBERG, David T./John SOLOMOS (eds.), 2002. A Companion to Racial and Ethnic Studies. Oxford: Blackwell (= Blackwell Companions in Cultural Studies 4), 145–159. PDF unter http://www.discourses.org/OldArticles/Discourse%20and%20racism.pdf (Zugriff am 02.09.2012).
VAN EEMEREN, Frans H., 2001. Fallacies. In: SLOANE, Thomas O. (ed.), 2001. Encyclopedia of Rhetoric. Oxford [u. a.]: Oxford University Press, 295–301.
VOLKOV, Shulamit, 1990. Jüdisches Leben und Antisemitismus im 19. und 20. Jahrhundert. Zehn Essays. München: Beck.
VOLKOV, Shulamit, 2000. Antisemitismus als kultureller Code. In: VOLKOV, Shulamit (Hg.), ²2000. Antisemitismus als kultureller Code. Zehn Essays. München: Beck (= Beck'sche Reihe 1349), 13–36.
VOLKOV, Shulamit, 2006. Germans, Jews, and Antisemites. Trials in Emancipation. Cambridge [u. a.]: Cambridge University Press.

VON BRAUN, Christina, 1999. Viertes Bild: „Blut und Blutschande". In: SCHOEPS, Julius H./ Joachim SCHLÖR (Hg.), 1999, 80–95.
VON BRAUN, Christina, 2004. Einführung. In: VON BRAUN, Christina/Eva-Maria ZIEGE (Hg.), 2004, 11–42.
VON BRAUN, Christina/Wolfgang GERLACH (Hg.), ²2000. Der ewige Judenhaß. Christlicher Antijudaismus, Deutschnationale Judenfeindlichkeit, Rassistischer Antisemitismus. Berlin, Wien: Philo.
VON BRAUN, Christina/Eva-Maria ZIEGE (Hg.), 2004. „Das ‚bewegliche' Vorurteil". Aspekte des internationalen Antisemitismus. Würzburg: Königshausen & Neumann.
VON POLENZ, Peter, 1999. Deutsche Sprachgeschichte vom Spätmittelalter bis zur Gegenwart. Bd. 3. 19. und 20. Jahrhundert. Berlin, New York: de Gruyter.
WAGNER, Franc, 2001. Implizite sprachliche Diskriminierung als Sprechakt. Lexikalische Indikatoren implizierter Diskriminierung in Medientexten. Tübingen: Narr (= Studien zur deutschen Sprache 20).
WAHL, Klaus/Christiane TRAMITZ/Jörg BLUMTRITT, 2001. Fremdenfeindlichkeit. Auf den Spuren extremer Emotionen. Opladen: Leske & Budrich.
WEBER, Matthias, 2012. Israel verliert bei den Deutschen an Ansehen. In: stern.de vom 23.05.2012. Unter: http://www.stern.de/politik/deutschland/stern-umfrage-israel-verliert-bei-den-deutschen-an-ansehen-1830648.html (Zugriff am 02.09.2012).
WEINER, Bernard, 1986. An Attributional Theory of Motivation and Emotion. New York [et al.]: Springer (= Springer Series in Social Psychology).
WEINZIERL, Erika, 1995. Stereotype christlicher Judenfeindschaft. In: KLAMPER, Elisabeth (Hg.), 1995, 130–144.
WEISS, Volker, 2005. „Volksklassenkampf" – Die antizionistische Rezeption des Nahostkonflikts in der militanten Linken der BRD. In: ZUCKERMANN, Moshe (Hg.), 2005, 214–238.
WELZER, Harald, 2002. Das kommunikative Gedächtnis. Eine Theorie der Erinnerung. München: Beck.
WELZER, Harald, 2005. Täter. Wie aus ganz normalen Menschen Massenmörder werden. Frankfurt a. M.: Fischer.
WENZEL, Angelika, 1978. Stereotype in gesprochener Sprache. Form, Vorkommen und Funktion in Dialogen. München: Beck.
WETZEL, Juliane, 2005. Der schwierige Umgang mit einem Phänomen. Die EU und der Antisemitismus. In: ZUCKERMANN, Moshe (Hg.), 2005, 90–109.
WETZEL, Juliane, 2008. Entwicklungen seit der Berliner Antisemitismus-Konferenz 2004. In: HELAS, Horst/Dagmar RUBISCH/Reiner ZILKENAT (Hg.), 2008, 87–95.
WHINE, Michael, 2006. Progress in the Struggle Against Anti-Semitism in Europe: The Berlin Declaration and the European Union Monitoring Centre on Racism and Xenophobia's Working Definition of Anti-Semitism. In: Post-Holocaust and Anti-Semitism 41. Unter: http://www.jcpa.org/phas/phas-041-whine.htm (Zugriff am 02.09.2012).
WISTRICH, Robert S. (ed.), 1990. Anti-Zionism and Antisemitism in the Contemporary World. Houndmills [et al.]: Macmillan.
WISTRICH, Robert S., 1991. Antisemitism. The Longest Hatred. New York: Pantheon.
WISTRICH, Robert S. (ed.), 1999. Demonizing the Other. Antisemitism, Racism and Xenophobia. Amsterdam: Harwood Academic.
WISTRICH, Robert S., 2003. Confronting Antisemitism and Prejudice in the Media. New Strategies. Vortrag auf der International Conference. Antisemitism & Prejudice in the Contemporary

Media. The Vidal Sassoon International Center for the Study of Antisemitism. The Hebrew University of Jerusalem, Jerusalem, 18.–21. Februar 2003.
WISTRICH, Robert S., 2005. European Anti-Semitism Reinvents Itself. New York: The American Jewish Committee. PDF unter: http://www.ajc.org/atf/cf/%7B42D75369-D582-4380-8395-D25925B85EAF%7D/wistrich.pdf (Zugriff am 02.09.2012).
WISTRICH, Robert S., 2007. Antisemitism, the World's Obsession. An Interview with Robert Wistrich by Barry Rubin and Judith Roumani. In: Covenant Global Jewish Magazine 3, 1. Unter: http://covenant.idc.ac.il/en/vol1/issue3/Antisemitism-The-World-Obsession_print.html (Zugriff am 02.09.2012).
WISTRICH, Robert S., 2010. A Lethal Obsession: Anti-Semitism from Antiquity to the Global Jihad. New York: Random House.
WISTRICH, Robert S., 2011. Muslimischer Antisemitismus. Eine aktuelle Gefahr. Berlin: Edition Critic.
WODAK, Ruth, 1990. Opfer der Opfer? Der „alltägliche Antisemitismus" in Österreich. Erste qualitative soziolinguistische Überlegungen. In: BERGMANN, Werner/Rainer ERB (Hg.), 1990. Antisemitismus in der politischen Kultur nach 1945. Opladen: Westdeutscher Verlag, 292–318.
WODAK, Ruth, 1997. Aspects of Critical Discourse Analysis. Zeitschrift für Angewandte Linguistik 36, 5–31.
WODAK, Ruth/Peter NOWAK/Johann PELINKA/Helmut GRUBER/Rudolf DECILLA/Richard MITTEN, 1990. Wir sind alle unschuldige Täter. Diskurshistorische Studien zum Nachkriegsantisemitismus. Frankfurt a. M.: Suhrkamp.
WOLFRADT, Uwe, 2003. Depersonalisation. Selbstentfremdung und Realitätsstörung. Köln: Kölner Studien-Verlag.
WOLGAST, Eike, 2001. Die Wahrnehmung des Dritten Reiches in der unmittelbaren Nachkriegszeit (1945/46). Heidelberg: Winter.
ZICK, Andreas, 2010. Aktueller Antisemitismus im Spiegel von Umfragen – ein Phänomen der Mitte. In: SCHWARZ-FRIESEL, Monika/Evyatar FRIESEL/Jehuda REINHARZ (Hg.), 2010, 225–246.
ZICK, Andreas/Beate KÜPPER, 2006a. Traditioneller und moderner Antisemitismus. Antisemitismus in modernem Gewand. Unter: http://www.bpb.de/themen/N04GE7.html (Zugriff am 02.09.2012).
ZICK, Andreas/Beate KÜPPER, 2006b. Politische Mitte. Normal feindselig. In: HEITMEYER, Wilhelm (Hg.), 2006. Deutsche Zustände. Folge 4. Frankfurt a. M.: Suhrkamp, 115–134.
ZIMMER, Anja, 2001. Hate Speech im Völkerrecht. Rassendiskriminierende Äußerungen im Spannungsfeld zwischen Rassendiskriminierungsverbot und Meinungsfreiheit. Frankfurt a. M.: Lang.
ZIMMERMANN, Moshe, 1986. Wilhelm Marr. The Patriarch of Anti-Semitism. New York, Oxford: Oxford University Press.
ZIMMERMANN, Moshe, 2005. Deutsch-jüdische Vergangenheit. Der Judenhass als Herausforderung. Paderborn: Schöningh.
ZUCKERMANN, Moshe (Hg.), 2005. Antisemitismus, Antizionismus, Israelkritik. Göttingen: Wallstein (= Tel Aviver Jahrbuch für deutsche Geschichte 33).

Register

Abgrenzung 34, 48 ff., 60 ff., 76, 81, 116 f., 121 f., 172, 195 ff., 222, 350 ff., 376, 391 ff.
Abgrenzungsstrategien 350 ff., 391 ff.
Abschwächung 263, 323, 362 ff., 372, 386
Abstraktum, *Jude* als 108, 115 ff., 295 ff.
Abwehrhaltung 84 f., 195 f., 261
Abwehrkommunikation 92, 195 f.
Aggressivität 40, 141, 214, 263, 270 f., 277 ff., 299, 345, 323, 311, 334, 345
    verbale 16 f., 52, 88, 202, 237, 300
Aktivierungsausbreitung 33 ff., 40 ff.
Alter Ego 36, 114
Analogien, unverhältnismäßige 36, 42, 184, 209 f., 230 ff., 253, 311 f., 317, 342, 347, 363, 371
Anonymität 22 ff., 260, 334, 373, 387
Anspielung 38, 53, 255
Anti-Israelismus
    als Antisemitismus 6, 31, 98 ff., 157 f., 194 ff., 207 ff., 250 ff., 365
    bei Akademikern 102 f., 220 ff.
    bei Linksextremen 183, 228 ff.
    bei Rechtsextremen 228 ff., 241, 396
    in der Mitte 102 f., 193, 219, 228 ff., 250, 396
Anti-Judaismus, christlicher 26, 60 ff., 72, 344
Antike 60, 115
Antisemitismus
    akademischer 11, 82 f., 93, 102 f., 116, 119 ff., 128, 140 f., 144, 154, 170, 176, 178, 184 f., 216, 282, 297, 313, 318, 321 f., 329, 346
    aktueller 19, 98 ff., 106 f., 174, 251, 276, 390 f.
    als kultureller Code 72 f.
    als Weltdeutungssystem 47 ff., 59 ff., 73, 108, 115, 331
    arabischer 36, 99 f., 102, 128, 130
    der Mitte 11, 17 ff., 30 ff., 121, 128, 140 f., 154 f., 159, 161 f., 165, 182 f., 188, 191 f., 219 f., 228 ff., 238 ff., 250 f., 270 ff., 307 ff., 323 f., 328 f., 335, 340 f., 350, 357 ff., 363, 375, 385 f., 393 f., 396
    eliminatorischer 73, 85 ff., 255, 287
    im 19. Jahrhundert 71 ff.
    im Internet 42 f., 50, 98, 103 f., 128 f., 131 f., 149, 157, 166, 169, 183, 198, 210, 240, 250, 261 f., 278, 305, 317 f., 332, 341 ff.
    islamistischer 20 f., 99, 128
    israelbezogener 6, 31, 98 ff., 157 f., 194 ff., 207 ff., 250 ff., 365
    klassischer 58 ff., 72 ff., 96 f., 115 ff., 135, 151
    konzeptueller 47 ff.
    nach 1945 91 ff.
    neuer 98 ff.
    ohne Antisemiten 98, 397
    rassistischer 75 ff., 85 ff.
    verbaler 47 ff.
Antisemitismus-Abwehr 23, 26, 31, 192, 357 ff., 370, 379
Antisemitismusforschung 1 ff., 7 ff., 45, 51, 84, 98, 157, 174, 239, 251, 264 f., 297 f.
Antizionismus 100 ff., 193, 296, 207, 241, 326
Apartheidanalogie 42, 194, 216 ff.
Argument 6, 93, 142, 161, 169 f., 173 ff., 193, 201, 222, 284 ff., 346 ff.
Argumentationskette 191, 284, 311 f., 395
Argumentationsmuster 4, 191, 207, 238, 346 ff., 357, 361, 365, 370 ff., 383 ff., 391 ff.
    antisemitische 49, 73, 99, 165, 180, 186 f., 191, 200, 225 f., 308
Arndt, Ernst Moritz 58, 67, 75
Assertiv 39, 113, 165, 210, 366, 371 f.
Assimilation, von Juden 73, 82, 343 ff.
Assoziationen 33, 41 f., 128, 187, 221, 250
Asymmetrie, kommunikative 313, 331 f.
Attribution
    externale 275, 298
    internale 164, 274 f.
    kausale 274
Aufforderungen 88, 160, 175, 185, 220 f., 299 f., 315, 323, 332, 335, 366 ff., 382, 389, 393, 407
Aufklärung, Epoche der 69, 341

Aufklärung, über Antisemitismus 2, 6, 59, 70, 92, 103 ff., 113, 115, 196, 366
Augustinus 61
Auschwitz 59, 95 f., 137, 152, 157, 282 ff., 387
Autoritäten, Bezug auf 179, 297, 349, 374
Autoritätenbeweise 130, 375 f., 380, 382 f.

Bagatellisierung 165, 391
Bedeutungserweiterung 42, 186
Bedeutungszuordnung 41, 109
Befragungsstudien 12
Belehrungen 271, 293, 313, 327, 331, 345
Beleidigungen 16, 39 f., 45, 47, 200, 209, 220, 301 ff., 309 ff., 329, 333 f., 347, 367
Berichterstattung, massenmediale 4, 7 f., 16, 43 f., 98 f., 102 f., 149, 151 f., 156, 169, 174, 194 ff., 239, 243 ff., 255, 297, 334, 375
Beschneidungsdebatte 128
Bewusstsein 1, 40 ff., 79, 89 ff., 105, 123, 182, 194, 209, 218, 283, 385, 396 f.
Bewusstseinsprozesse 49, 58
Bibel 129, 141 f., 288
Bibelzitate 109, 129 f., 142, 288, 380
Bildung 27 f., 70, 137, 178, 213, 216, 336, 352, 354 f.
Blutkultlegende 108, 126 ff., 172, 225
Borchert, Wolfgang 94
Boykottaufforderungen 98, 110, 185, 237 f., 253, 314 f., 342
Boykottbefürworter 238, 332, 347
Brachialverbalismen 88, 194, 197, 211, 334
Brutalität 90, 141, 213, 218, 240, 277

Christentum 60, 62 f., 83, 143

Dämonisierung 61, 65, 72, 88, 105, 130, 136, 140, 178 f., 201, 203 ff., 219 f., 222 ff. 231, 235, 249, 252, 258, 262, 302, 328
Dehumanisierung 53 f., 88, 135 ff., 154, 178, 205, 224 ff., 279, 291, 301 f., 333, 393
Dekontextualisierung 129 f., 172, 186, 216 ff., 240, 245
Delegitimierung 53, 88, 139, 172 f., 203 f., 210, 233, 240 ff., 255, 301, 340, 342, 349
Denkprozesse 33, 36, 297
Denkschablonen 69, 105, 124, 398

Denkstörung 209
Denkstrukturen 4, 7, 45, 104, 298
 abendländische 71, 91
 antisemitische 7, 45, 82, 104
De-Realisierung 43, 53, 92, 105, 169, 197, 209 ff., 220 ff., 227, 249, 255, 298, 328, 395
Direktiva 38, 299, 323, 327, 368
Diskreditierung 124, 148, 182, 202, 225, 240, 325, 329, 361, 363, 370, 394 f.
Diskrepanz, zwischen Selbst- und Fremdwahrnehmung 292, 351 ff., 357 ff.
Diskriminierung, verbale 40 f., 53
Diskursanalyse 4, 52
 kritische 9
Doppelstandard (unikaler Bewertungsmaßstab) 204, 210, 217, 222, 234, 290, 395
Drohungen 16 f., 38, 52 f., 88, 129, 160, 175, 178 f., 192, 260, 300 ff., 313 ff., 329 f., 335, 368 f.
Dühring, Eugen 75 f., 85

Eigen- und Fremdgruppe 40, 116, 121, 205
Einmischung 145 f., 189
Einstellung
 emotionale 40, 44 ff., 106, 114, 167, 260, 266, 322, 368
 politische 11, 24
Einstellungsmuster 13
Einstellungsproposition 322
Elaboration, konzeptuelle 31, 100, 156, 216
Emotionen
 als Bewertungen 4, 121, 264 ff.
 Parameter der 268 f.
 Relevanz von 265 ff.
Emotionsinszenierungen 272
Emotionspotenzial, antisemitischer Texte 198, 244, 248, 267 ff., 277, 297, 334
Empathie, Mangel an 93, 113, 267, 270, 278 ff., 333
Empathieverweigerung
 aktuelle 279 ff.
 nach 1945 91 ff.
Emphase 269, 278, 292, 303
Empörung 233, 240, 244, 250, 268, 271 f., 347, 358, 397

Empörungsinszenierungen 240
Entlastungsantisemitismus 160, 390
Entwertung 48, 53 ff., 63 f., 66, 88, 124 f., 146, 154, 172 ff., 220, 222 ff., 240 ff., 274 ff., 393
Entwertungsstrategien, implizite 154
Erinnerungsabwehr 6, 102, 113, 174, 251, 263, 281
Erinnerungskultur 146, 159, 230, 281 f., 286, 326
Euphemismen 43
Europa 6, 8, 16, 84, 99, 103, 174, 251 ff.
Evaluation 113, 235, 274, 366
Evaluierung, negative 34, 187 f., 190
Expertenkommission des Bundestages (BDI) 2, 104, 106, 240

Facebook 50, 131, 219, 251
Faktenausblendungen 209 ff., 249 f., 298
Fakten-Zurückweisungen 55, 115, 124, 198, 387
Faktizität 73, 82, 285, 370
Fallacien 284 ff., 287
Falschaussagen 209 ff., 212, 249
Falsifizierbarkeit 112
Fehlannahmen 267
Feind(bild)erschaffung 1, 35, 36, 67
Feindbilder 1, 36, 43, 48, 64 f., 99, 136, 199, 212, 241
Feindbildrhetorik 104, 182, 188, 196, 250, 263
Feindseligkeit 59, 63, 72, 75, 98 f., 108, 114, 161, 207, 273, 277, 316
Fichte, Johann Gottlieb 78 f.
Filbinger, Hans 21, 123, 333, 392
Finkelstein, Norman G. 159
Fixierung 52 ff., 100
Floskeln 1, 26, 49, 68, 85, 106, 110, 113 f., 126, 132, 156, 171, 175, 187, 193, 204 f., 238 f., 310, 334, 368
Fokussierung, unikale 233 ff.
Fontane, Theodor 78, 80, 379 f.
Frage, rhetorische 38, 118, 122, 311, 325, 347, 363, 392
Fremdzuschreibungen 278
Freytag, Gustav 78
Funktion, kommunikative 299 f., 320, 347, 349, 374

Gaarder, Jostein 254
Gabriel, Sigmar 219
Gedächtnis 41, 43, 49, 107, 147, 178, 193, 266
 kollektives 49, 73, 104, 157
 kommunikatives 49, 57, 105
 kulturelles 5, 49, 132
Gedanken, Beeinflussung von 36 f., 41 f., 113
Gefühle
 antijüdische 3, 6, 48, 53, 158, 168, 229, 281
 intensive 247, 260, 270 f., 273 ff.
 kollektive 277, 297
Gefühlsartikulation 273
Gefühlsdimension 164
Gefühlskälte 90, 277 ff.
Gehirn 41 f., 265
Generalisierung 56, 108, 113, 120, 188, 190, 218, 240, 250, 273, 371, 374, 376
Geschichtsrevisionismus 387
Gewalt, verbale 40, 52, 203, 207, 254, 299 ff.
Gewaltphantasien 73, 278, 323
Glaubenssätze 113 f., 287, 290
Glaubenssystem 1, 36, 46, 48, 71 ff., 93, 112, 153, 171, 173, 210, 222, 258, 277, 287, 290
Gleichgültigkeit 73, 94, 150, 277
Goebbels, Joseph 88 f., 143, 166, 175 f.
Goethe, Johann Wolfgang von 69, 380
Grass, Günter 3, 7, 47, 166, 171, 186, 195, 197, 238, 250
Grimms Märchen 78

Habitualisierung 42, 92, 103, 110, 113, 211, 219, 305
Hamas, Charta der 36
Handlung, verbale 40 f., 299 ff.
Hass 46, 53, 59 ff., 71, 86, 88, 91, 97, 127, 149, 155, 164, 191, 233, 250, 255, 260, 265, 267 f., 270 ff., 275 ff., 280, 293, 295, 297, 304, 308, 321 f., 343
 affektiver 135, 270 f.
 rationaler 270 f.
Hassobjekt 273, 279
Hass-Rede 39, 135
Hegel, Georg Wilhelm Friedrich 70 f.
Himmler, Heinrich 89 f.

Hitler, Adolf 36, 73 f., 86 f., 90, 95, 143, 164, 166, 175 ff., 182, 187, 191, 252, 311, 347
Höflichkeit 201, 203, 333 f., 363
Holocaust 2, 6, 26, 31, 38 f., 42, 91 f., 94 ff., 99, 105, 108, 113, 115, 152 f., 155 ff., 169, 171, 173 f., 179 ff., 184, 186, 193, 206, 209, 230, 231 f., 280 ff., 307, 342, 344, 358, 370, 386, 388, 395, 397
Holocaustleugnung 53, 55, 63, 96, 99, 129, 193, 387
Holocaustnutznießung, Unterstellung von 113, 134 f., 155 f., 159, 252, 255, 273, 385
Homogenität
 der Argumentation 173, 228, 238 f., 350, 397 ff.
 der Sprachgebrauchsmuster 36, 58, 350 ff., 398
 der Stereotypverbalisierungen 5, 59, 113 f., 152, 397 f.
Hundt-Radowsky, Hartwig von 73, 344
Hyperbeln 103, 153, 223, 226, 234, 248 f.

Identifikationsbasis 95, 279
Ihr-Gruppe 373, 389, 391 f.
Imperativ 299, 323, 327, 368
Implikaturen 2, 9, 38 f., 51, 221, 369, 382
Informationsentfaltung 365
Inhaltsanalyse 9, 18
Interjektionen 268 f., 305
Internet 7, 42, 50, 98, 103 f., 115, 124, 128 f., 131, 157, 166, 169, 183, 198, 210, 237, 239 f., 245, 250, 262, 278, 294, 305, 317, 331 f., 342 f.
Internetdiskurse 8
Internetkommunikation 261
Interpunktionszeichen 125, 303, 378
Intertextualität 129, 243, 375
Intoleranz 63, 82, 164, 207, 209, 239, 341, 391
Ironie 309, 311, 347
Irrationalität 227, 264, 290
Ismus 203, 208, 229, 233
Israel-Kritik
 antisemitische 42, 47, 98, 170, 195 f., 199, 203 ff., 240, 249 f., 262, 367
 legitime 199 ff.

Jesus 60 ff., 130
JUDE, das Konzept 52, 57, 124, 191, 295
Jude, das Wort 2, 38, 42 f., 46 f., 68, 177, 295, 305, 392
 als Abstraktum 108, 115 ff., 295 ff.
 als Schimpfwort 43, 68, 305
Judenfeindschaft
 als Kulturgut 84
 als mentales Glaubenssystem 45, 72
 emotionale Basis von 265 ff.
 Genese der 58 ff.
 Unikalität von 59, 84, 108
Jugendsprache 42
Junge Freiheit 50

Kant, Immanuel 70
Karikaturen 27, 77, 85, 103, 110, 130, 132, 185, 350
Katalogisierung 17 ff.
Kategorien, binäre 114
Kirchenväter 63, 129
Klassifikation 3, 17, 43, 45, 48 f., 52, 203, 208 f.
Klassifikationskriterien 3, 25 ff., 249
Klischees 5, 13, 47, 59, 68 f., 74 f., 78, 96, 104 f., 106 ff., 115, 119, 121 f., 126 ff., 130 ff., 134, 140, 142, 145, 147, 149, 156, 163, 165 ff., 174 f., 187, 189, 193, 197, 246, 259 f., 289, 303 f., 333, 367
 Genese von 109 f.
Kognition 9, 41, 52, 72, 97, 107, 187, 198, 203, 233, 265, 346
Kognitionswissenschaft 2 f., 5, 7, 13, 42, 44 ff., 51, 107, 112, 249, 265
Kohärenz 201, 267, 284, 288
Kohärenzbrüche 180, 294, 359, 365 f.
Kollektivattribuierungen 54, 66, 78, 127, 175, 309, 341
Kollokationen 21, 143, 176, 186, 188, 221
Kommissiva 38, 300, 314, 320, 368
Kommunikation
 massenmediale 43 ff.
 öffentliche 4, 44, 52, 98
Kommunikationslatenz 97
Kommunikationsraum, öffentlicher 8, 97, 103, 156, 167, 169, 184, 186, 194, 211, 247, 332

Komposita 42, 175, 177, 190, 302, 374
Konnotationen 43, 111
Kontinuität, von Judenfeindschaft 58, 115, 344
Kontradiktion 181
Kontrajunktion 359
Kontrastierung 111, 117, 223, 231, 237, 247, 255, 355, 364, 376 f., 391 ff.
Konzept
   ISRAEL ALS KOLLEKTIVER JUDE 122, 138, 145, 225, 236, 250, 340, 385
   JUDE 52, 57, 124, 191, 295
Konzeptualisierung 1, 44 ff., 59 ff., 152 ff., 194 ff., 389 ff.
   homogene 113, 173 f., 215, 224, 236
Konzeptualisierungsmuster 35, 59
Korpusanalyse
   kontrastive 7, 174, 251
   qualitative 3, 18, 30
   quantitative 3, 9
Krankheitsmetaphern 74, 88, 178, 227, 302
kreuz.net 63, 124, 129
Kriegsmetaphorik 306
Kritik, als kommunikative Handlung 199 ff.

Lagarde, Paul de 76 f.
latent, als Begriff 5, 51 f.
Legitimierungsstrategien 54, 114, 123 f., 129 f., 135, 137, 144, 149, 159, 166, 244, 272, 291 ff., 327 f., 335, 349, 351 ff.
Legitimierungsversuche 123
Leserbriefe 4, 149, 166, 247
Leugnung, von Antisemitismus 49, 165, 254, 346, 358, 365, 387
Lexem
   Auschwitzkeule 42, 110 f., 152, 166 f.
   Jude 2, 38, 42 f., 46 f., 68, 177, 295, 305, 392
Lexeme, emotionsausdrückende 25, 240, 268, 274, 305, 363
Lexemkombinationen 143 ff., 176
Lexik
   gehobene 333, 349
   pejorative 224, 301, 309
   vulgäre 317, 397
Linguistik, kognitive 9, 13, 44, 46, 72, 97, 187, 203, 233, 251

Linke, Die (Partei) 23, 184, 194, 232
Linksextreme 11, 20, 23, 32, 183, 185, 193, 241, 306, 375, 394
Lösungsvorschläge 207, 233, 243, 293, 335 ff.
Luther, Martin 58, 65 f.

Macht, des Wortes 41 ff.
Mahler, Horst 294
Manifest, als Begriff 2, 5, 51 f.
Marcion 60
Marginalisierung
   des Holocaust 91 ff.
   von Antisemitismus 192, 198, 254, 387
Marr, Wilhelm 81 f., 164, 166
Massenmedien 43, 88, 103, 175, 187, 196 f., 239, 255, 258, 297
Medienberichte 16, 149, 202, 245, 247
   Verweise auf 25, 119
Meinungsbildung 36, 334, 353 f.
Meinungsdiktat, unterstelltes 23, 151, 169, 171, 186, 196, 198, 238
Meinungsgeneralisierung, Strategie der 373 f.
Menschenfeindschaft, gruppenbezogene 59, 108
Metaphern 6, 79, 128, 152, 166, 175, 178, 223, 227, 249
Missionarsdrang 323
Mitte, der Gesellschaft 17, 19, 30, 100, 128, 165, 195, 219, 251, 282, 313, 321, 323, 340, 357, 397
Mittelalter 35, 64, 68, 96, 125 ff., 136, 147, 156 f., 171, 303
Modalwort 165, 331, 355, 362
Modell, mentales 34, 57, 173, 297
Möllemann, Jürgen 14, 21, 53, 189, 192, 201 f., 373, 394
Mommsen, Theodor 83
Monoperspektive 16, 209, 215
monoperspektivisch 202, 243 ff., 334, 389, 392
Moralappelle, maßregelnde 313, 323, 329, 331
Mordphantasien 318, 337
Muster, argumentative 18, 263, 350, 371, 390, 394

Nachkriegsantisemitismus 2, 91, 95 f., 99, 155
Nahostberichterstattung 7, 121, 148, 198, 202, 334
Nahostkonfliktberichterstattung 243 ff.
Namen 17, 22 f., 35, 43, 126, 148, 167, 175, 232, 243, 260, 262, 310 f., 334, 373 f., 382
Nationalsozialismus 23, 72, 90, 92, 95, 99, 106, 175, 177, 187, 191, 193, 204, 350, 353, 355, 371
National-Zeitung 37, 50
Negativ-Attribuierungen, kollektive 115, 125
Negierung, totale 48, 224, 241, 341
Neid 78, 176
Neonazis 95, 176, 180, 182, 193, 251, 307, 317, 384, 390
Nie-Wieder-Mentalität 282
Normalisierung 42, 43, 103, 110, 113
Normalität, Bedürfnis nach 161, 385
Normen-Akzeptanz 370
Notationskonventionen 32, 46
NS-Ideologie 89, 138, 175 f., 187, 307
NS-Sprache 174, 178, 192
NS-Vergangenheit 6, 21, 134, 152, 201, 219, 251 f.
NS-Vergleiche 17, 21, 26 f., 29, 31, 42, 53, 55, 103, 111, 154, 174, 177 f., 182 ff., 193, 195, 205, 219, 223, 231, 250, 256, 259, 312, 334, 347, 388, 395, 397
NS-Vokabeln 6, 174 ff., 200 f.
Nürnberger Rassegesetze 88, 90, 177

Obsession 265
obsessiv 158, 197, 222, 239, 270, 277 ff., 335, 397
Obsessivität 170, 277 ff., 284
Online-Kommentare 7, 103, 115, 128, 131 f., 149, 166, 169, 198, 239 f., 250, 278, 294, 332
Opposition, semantische 292, 294

Pamphlet 65, 73, 77, 81, 122, 135, 166, 171, 294, 332
Paradoxien 165, 291 f.
Pars pro toto 189, 216
Paternalismus 221, 243, 271, 323 ff.
Paulus 61

Pauschalgeneralisierungen 9, 190 f., 263, 287
Personifikation 79, 136, 189, 222, 302
Perspektivierung 26, 34 f., 148, 263, 274
Philosemitismus 3, 26, 29 f., 351, 356, 380
Plausibilität 36, 61, 221, 286 f., 290 f., 294, 297, 349
Pogromaufrufe 71
Polarisierung 79, 117, 154, 229, 247
Pragmatik 51, 53, 184, 299
Primär-Antisemitismus, als Begriff 26, 96
Problembewusstsein, fehlendes 195, 202
Problemlösung 200, 202, 338 ff.
Projektion 47, 67, 95, 112, 114, 127, 136, 152, 154, 172, 193, 198, 223, 225 f., 230, 251 f., 254 f., 262 f., 278 ff., 295, 335, 340, 345, 367, 385
Pronomina 117, 121 f., 191, 307 f., 352, 371, 388 f., 392 f.
Propaganda 17, 40, 43, 88, 99, 175 ff., 187, 190, 194, 239, 284
Prophezeiungen 178 f., 318 ff., 335
   selbsterfüllende 283 ff.
Protokolle der Weisen von Zion 35 f., 74, 84, 294
Prozesse, mentale 41, 50
Psychoanalyse 95, 264 f.
Psychopathologie 20, 29, 73, 77, 209

Raabe, Wilhelm 78 ff.
Rachsucht, atavistische 321
Radikalisierung 16 f., 334 f.
Radikalität 24, 50, 59, 73, 89, 99 f., 135, 175 f., 263, 279, 318, 329, 333, 336 f., 342, 369, 374, 383 f., 387, 397
Rassismus 23, 46, 55, 74 ff., 80, 82, 85 ff., 92 f., 99 f., 131, 135, 138 ff., 175 ff., 193, 205, 214, 241, 261, 292, 344 f.
Ratschläge 140, 201, 221, 233, 323 ff., 345
Reaktivität 12, 30, 274
Realität, konstruierte 34 ff., 47, 57, 72, 89, 107, 112, 169, 171, 197, 210, 212 f., 219, 249 f., 287, 289, 295 ff., 389
Realitätsstörung 209
Realitätsstrukturen 33 f., 36
Rechtfertigung 93, 171, 230, 238, 294, 346, 348
Rechtfertigungsmuster 182, 354

Rechtfertigungsstrategien 250, 263, 350 f., 369 ff., 397
Rechtschreibfehler 32, 291
Rechtsextreme 10 f., 17, 20 f., 23 f., 29, 50, 69, 95, 97, 102, 104, 122, 130, 140, 154, 159, 176 ff., 187, 193, 228, 241, 243, 251, 270, 276, 294, 310 f., 317, 340, 396
Redewendungen 26, 49, 85, 110, 307 f.
Referenz, generische 146, 180 f., 225, 273
Referenzialisierung 37, 44 f., 136, 209, 274
Relationen, pseudo-kausale 120, 152, 182, 222, 348
Relativierungsstrategie 137, 351, 383 ff.
Repräsentationen, mentale 13, 41 f., 107 f., 112, 122
Repräsentativität 4 f., 8, 10 ff., 17
Resistenz, von Stereotypen 6, 72 ff., 112, 157, 222, 331
Ressentiment 6, 44 ff., 58 ff., 72 ff., 85 ff., 106 ff., 295 f.
    antisemitisches 57, 58 ff., 198 f., 295 f.
    judeophobes 58 ff., 70, 164, 171, 295 f., 322
Rote Fahne 23

Sagbarkeitsfeld 97, 100, 194
Sanktionen 23, 37 f., 91, 97, 101, 137, 168, 195, 249 f., 334, 357 ff.
Scham 94 ff., 219, 263, 282, 323 f.
Scheinkonsistenz 287
Schemata 34, 107 ff., 117, 209
Schimpfwort, *Jude* als 43, 68, 305
Schimpfwörter 42 f., 123 f., 243 f., 301 ff.
Schlussstrichforderung 146, 160 f., 191, 281 ff., 389
Schuldabwehr 31, 92 ff., 99, 174, 193, 230, 251 f., 262 f., 350, 360, 370 f.
Schuldrelativierung 26, 95, 160, 348, 383 ff., 395
Schuldzuweisungen 36, 92, 145 f., 170, 205, 216 ff., 229, 246, 275, 367
    kollektive 56, 61, 95, 115, 119 f., 125, 133 f., 153 ff., 161 ff., 191, 194 ff., 203 ff., 209 ff., 231 ff., 377, 390 f.
Sekundär-Antisemitismus, als Begriff 26, 96 f., 101, 156
Sekundärerfahrung 112, 240 f., 258, 296 f.

Selbstauskünfte, der Verfasser 10, 22 ff., 353 ff.
Selbstgerechtigkeit 363
Selbsthass, jüdischer 116
Selbstlegitimierung 250, 351 ff., 358
Selbstmitleid 94, 280 f.
Selbststilisierung 275, 352 ff.
Selbstzuschreibungen, der Verfasser 137, 351 ff., 357 ff.
Semantik 33 ff., 39 ff., 50 f., 101, 184, 205, 220, 268
    der Dehumanisierung 54 f., 154 f., 205, 257, 302
    homogene 58, 99 ff., 111, 113, 228, 236
    radikale 77, 263, 274, 334, 369
Simplifizierung 107 f., 349, 394
Solidaritätsschreiben 3, 8, 16, 26, 30, 255, 284
Sozialisierung 40, 113, 348 f.
Sozialneid 87
Spekulation 43, 199, 290, 297
Sprache
    als Handlungsinstrument 33 ff., 38 f.
    als Kenntnissystem 33 ff.
    als Machtmittel 39 ff., 92, 110, 218, 299 ff.
    als Waffe 38 ff., 299
    der Gewalt 39 ff., 203 ff., 299 ff.
    Gewalt durch 1 f., 38 ff., 52, 103, 203 ff., 299 ff., 334
    Manipulation durch 40 f., 85 ff., 110, 217
    zur Relevanz von 1 f., 5, 33 ff., 39 ff., 44 ff.
Sprachgebrauchsmuster 1, 11 f., 16 f., 32, 49 f., 57, 58 f., 95, 105, 156, 171, 174 ff., 307 f.
Sprachlenkung 40, 115
Sprachrezeption 41 f., 113
Sprechakte
    direkte 37, 50 f., 347, 369
    expressive 39, 335, 368
    indirekte 37 f., 50 f., 122, 142
Stereotypbildung 108
Stereotype
    aktuelle 98 ff., 115 ff.
    als geistige Konstrukte 33 ff., 44 ff., 72 ff., 106 ff., 290, 295 ff.

als mentale Repräsentationen 33 ff.,
   44 ff., 106 ff.
   antisemitische 47 ff., 58 ff., 106 ff.
   historische 58 ff., 72 ff.
   judeophobe 35 f., 47 ff., 58 ff., 195, 263
   Tradierung von 35 f., 44 ff., 47 ff., 58 ff.,
   72 ff.
Stereotypenmodifikation 96, 173
Stereotypenresistenz 6, 72 ff., 112, 157, 171,
   222
Stereotypmanifestationen, aktuelle 110, 115 ff.
Stereotyp-Verbalisierungen 106 ff., 115 ff.
Stereotypverknüpfungen 107, 112, 122
Stereotypzuordnung 26, 54, 109
Stigmatisierung 40, 48, 62, 88 f., 130, 148,
   174 f., 310
Stoecker, Adolf 76
Strategien, verbale 346 ff., 351 ff., 357 ff.,
   369 ff., 383 ff., 391 ff.
Stürmer, Der 34, 83, 88, 110, 143, 185
Sündenbockfunktion 67, 275
Synonymverwendung, der Wörter *Jude* und
   Israeli 34, 49 f., 117 ff., 226, 252 f., 392

Tabuisierung 37 f., 91, 97, 101, 104, 149, 334 f.
Talkshow 95, 149, 156, 166, 246, 334, 354,
   359
Täter-Opfer-Umkehr 55, 95, 99 ff., 125, 160 f.,
   219, 275, 347 ff., 383 ff.
Testament, Altes 141 ff., 218 ff.
Testament, Neues 64, 142 f.
Texte
   von Akademikern 24, 116, 121, 128 f.,
      140 ff., 159, 170, 178, 182 ff., 238, 258 f.,
      271, 292 f., 296, 308, 321, 328 ff., 340 f.,
      346 ff.
   von Islamisten 20 f., 128
   von Linken 20 f., 23, 135 ff., 140, 183 ff.,
      194, 228 ff., 237 f., 243, 251, 306 ff.,
      375 ff., 394 f.
   von Rechtsextremisten 10 f., 20 f., 23 f.,
      50, 69, 96 f., 130 f., 135 ff., 138 ff., 159 ff.,
      176 ff., 183, 187, 193, 228 ff., 241, 243,
      251, 270, 276, 307 ff., 317 f., 340, 346 ff.,
      377, 384 f., 387, 396
Textstruktur 350 f.
Text-Welt 35, 46

Textweltmodell 35, 389
Themenanlässe 14 ff.
Tier-, Schädlings- und Krankheitsmetaphern
   72, 77, 88 f., 90, 96, 135 ff., 175 f., 178,
   180, 225, 301, 307
Tierbezeichnungen 72, 77, 88 f., 135 ff., 175,
   301, 307
Topos 61, 250, 288 ff., 378 f.
Transfer, konzeptueller 158, 172, 216 f., 237,
   273, 386
Treitschke, Heinrich von 34, 82 f.
Trugschlüsse 182, 267, 283 ff., 291

Überdrussmentalität 160, 252, 263, 280 ff.
Umdeutung 45, 92 f., 165 f., 363
   von Fakten 289 ff.
Umfragen 9 f., 12 f., 18, 43, 59, 95, 98 f., 103,
   194 f., 216, 251, 262, 283
Umwegkommunikation 37, 52, 97, 100, 195,
   263, 323
Unikalität, von Judenfeindschaft 59, 84, 108
usuell 43, 111, 113 f., 175 f., 188, 237 f., 250,
   301, 305
Utopien 339 f.

Ventilfunktion 322 f.
Verantwortungsabwehr 281 f., 370 f., 383 ff.,
   395
Verbal-Aggressivität 16 f., 24 f., 36 ff., 40, 52,
   88, 135, 175 f., 202, 220 f., 224 ff., 260,
   277 ff., 299 ff.
Verbal-Antisemitismus 2 f., 30 ff., 45 ff., 50 ff.,
   194 ff.
   Definition von 45 ff., 48, 52, 54 ff.
   expliziter 23 f., 31, 45 ff., 50 ff., 111, 122
   impliziter 31, 37 f., 45 ff., 50 ff., 97 ff., 111,
      142, 195, 369
   intentionaler 45 ff., 48 ff., 202
   nicht-intentionaler 26, 45 ff., 48 ff., 202
   Typen von 53 ff., 115 ff., 194 ff., 209 ff.
verbale Diskriminierung, implizite 2, 37, 40,
   46 ff., 111, 118 f.
Verbalformen, brachiale 101 f., 223, 274, 334
Verbalisierungsmuster 9, 13
Verbalmanifestationen 7, 37, 48, 111, 140,
   262, 267, 350
Verben, expressive 322

Verdrängung 6, 49, 92 f., 96, 280
Verdrängungsprozess 93, 359
Verfasser
    akademische 24, 116, 121, 128 f., 140 ff., 159, 170, 178, 182 ff., 238, 258 f., 271, 292 f., 296, 308, 321, 328 ff., 340 f., 346 ff.
    aus der Mitte 11, 17 ff., 30 ff., 121, 128, 140 f., 154 f., 159, 161 f., 165, 182 f., 188, 191 f., 219 f., 228 ff., 238 ff., 251, 270 ff., 307 ff., 323 f., 335, 340 f., 350, 357 ff., 363, 375, 385 f., 393 f., 396
    linke und linksextreme 20 f., 23, 135 ff., 140, 183 ff., 194, 228 ff., 237 f., 243, 251, 306 ff., 375 ff., 394 f.
    rechte und rechtsextreme 10 f., 20 f., 23 f., 50, 69, 96 f., 130 f., 135 ff., 138 ff., 159 ff., 176 ff., 183, 187, 193, 228 ff., 241, 243, 251, 270, 276, 307 ff., 317 f., 340, 346 ff., 377, 384 f., 387, 396
Vergangenheitsaufarbeitung 6, 91 ff.
Vergangenheitsbewältigung 99 ff., 174, 192 f., 283
Vergleiche, unangemessene 25 ff., 31, 42, 174, 182 ff., 194, 204, 231 ff., 334, 347, 371 ff.
Vergleichskorpus 8, 251 ff.
Vergleichsstudie 6, 8, 251 ff.
Verhöhnen 39 f., 42, 309 f., 347
Vernunft
    Prinzipien der 69, 265 ff., 284
    wider die 122, 283 ff., 290, 295
Verschiebung, referenzielle 38, 42 f., 53
Verschmelzung, konzeptuelle 15, 106, 121, 134, 172, 188 ff., 216, 252, 336, 385
Verschwörungstheorien 35 f., 46, 73, 81, 87, 96, 106 f., 119, 132 f., 150 ff., 175, 183, 294
Verteidigungsmechanismen 195, 357 ff.
Verus Israel 61
Verweise, intertextuelle 36, 129 f., 141 f., 159, 177, 184, 220, 243 ff.
Verwünschungen 16 f., 260, 270, 277 ff., 300 ff., 319 ff., 334 f.
Vielfachschreiber 17, 258 f., 305, 335, 338 f.
Volksverhetzung 38, 40, 97
Voltaire 69 f.

Vorsichtsmaßnahme, kommunikative 38, 142, 357 ff.
Vorurteile 59 f., 77, 84, 104, 106 ff., 266 f., 287, 304, 355
Vorwürfe 68, 71, 134, 154, 158, 187, 190 f., 226, 228, 246 f., 282, 325, 363

Wagner, Richard 78
Wahrheitsanspruch 35, 239
Wahrheitsgehalt 112, 308
Walser, Martin 101 f., 166 f.
Wannseekonferenz, Protokoll der 89
Warnungen 88, 175, 304, 325, 330 f.
Weltbild
    antisemitisches 48, 66 f., 90, 114, 205, 264, 294
    geschlossenes 36, 88 ff., 122 f., 153 ff.
Weltdeutungssystem 47 f., 59 ff., 115, 181, 331
Weltsicht, de-realisierte 209 ff., 228 f., 286 f.
Wertegemeinschaft 119, 225, 277, 293
Widersprüche 165 ff., 178, 181 f., 254, 267, 282 f., 291 f., 331, 359
Wir-Gruppe 86, 122, 223, 355, 373, 389, 392, 395
Wissen
    kollektives 33, 36, 49, 68, 109, 114 f., 187, 266
    kulturelles 47, 59, 69
Wut 61 ff., 77, 233, 244, 267 ff., 272 ff., 304, 321 f.

Zäsur 6, 94, 283
Zeitverlauf 21, 24 f., 334
Zentralität 11
Zivilisationsbruch 6, 42, 90 ff., 157, 282
Zuschriften
    an den Zentralrat der Juden 7 f., 13 ff., 334 f.
    an die Israelische Botschaft in Berlin 7 f., 13 ff., 334 f.
    an die Israelischen Botschaften in Europa 8, 174, 251 ff.
    an Esther Schapira 8, 148, 239
    an die Israelitische Kultusgemeinde Wien 252
    an Michael Wolffsohn 8, 138, 310

www.ingramcontent.com/pod-product-compliance
Lightning Source LLC
Chambersburg PA
CBHW071808230426
43670CB00013B/2395